PRINCIPES

DE

DROIT CIVIL FRANÇAIS.

Bruxelles. — Typ. BRUYLANT CHRISTOPHE & Cie.

PRINCIPES

DE

DROIT CIVIL

FRANÇAIS

PAR

F. LAURENT,

PROFESSEUR A L'UNIVERSITÉ DE GAND.

—

TOME VINGTIÈME.

PARIS.

A. DURAND & PEDONE LAURIEL,

RUE CUJAS, 9.

BRUXELLES.

BRUYLANT-CHRISTOPHE & COMP.,

RUE BLAES, 33.

—

1876

TITRE IV.

DES OBLIGATIONS (suite).

CHAPITRE VIII.

DE LA PREUVE (suite).

SECTION V. De la chose jugée (1).

§ Ier. *Notions générales.*

N° 1. QU'EST-CE QUE LA CHOSE JUGÉE?

1. Le code place parmi les présomptions légales l'autorité que la loi attribue à la chose jugée (art. 1350, n° 3). Qu'est-ce que cette autorité? Pothier répond : « L'autorité de la chose jugée fait présumer vrai et équitable tout ce qui est contenu dans le jugement : *Res judicata pro veritate accipitur* ». La vérité ne peut plus être mise en question ; les parties ne sont donc pas admises à porter de nouveau en justice ce qui a été décidé par un premier jugement; la présomption de vérité, dit Pothier, est *juris et de jure*, elle exclut toute preuve contraire. Sans doute, le juge peut se tromper en fait ou en droit; mais les parties ne sont pas admises à prouver ces erreurs, la loi leur dénie l'action en justice, comme le dit énergiquement l'ar-

---

(1) Griolet, *De l'autorité de la chose jugée.* Paris, 1868, un vol. in-8°. Extrait de la *Revue pratique de droit français*, tomes XXIII et XXIV, année 1867.

ticle 1352. Pourquoi, malgré cette possibilité d'erreur, et alors même que des documents authentiques prouveraient que le juge s'est trompé, la loi ne permet-elle pas de revenir sur la chose jugée? Le législateur a tenu compte des chances d'erreur ; comme remède au mal, il a établi deux degrés de juridiction : le juge d'appel peut redresser les erreurs qui sont échappées au premier juge. Mais quand les recours que la loi organise sont épuisés, il faut que les procès aient une fin; si l'on pouvait toujours les renouveler sous prétexte d'erreur, les contestations se perpétueraient et le monde ne serait qu'un immense procès. Or, les procès sont un grand mal; ils laissent les droits dans l'incertitude, ce qui entrave et arrête les transactions civiles; ils entretiennent et enveniment les mauvaises passions, la haine et la discorde; il importe donc d'y mettre une fin, afin de calmer les dissentiments et afin de donner de la certitude et de la stabilité aux droits. Vainement invoque-t-on contre l'autorité de la chose jugée le droit des individus que l'on sacrifie à l'intérêt général. Nous répondons que la chose jugée est plus qu'un intérêt: sans l'autorité qui y est attachée, il n'y aurait pas de société possible ; or, la conservation de la société est la base des droits qui appartiennent aux individus; le droit de tous doit l'emporter sur le droit, pour mieux dire, sur les prétentions de quelques-uns. Si les droits revendiqués en justice avaient la certitude que l'on invoque, le législateur ne pourrait leur opposer la présomption de vérité qui résulte de la chose jugée; car la présomption de vérité doit céder devant la vérité démontrée. Mais telle est la condition des choses humaines que les hommes ne peuvent jamais affirmer la certitude absolue d'un fait litigieux. A quoi servirait donc la nouvelle instance que les parties voudraient intenter? Qui garantit que la décision d'un nouveau juge serait l'expression de la vérité, étant rendue par des hommes faillibles? Quand il y a toujours des chances d'erreur, mieux vaut mettre un terme aux débats que de perpétuer les procès (1).

(1) Colmet de Santerre, t. V, p. 624, n° 328 *bis* I et II.

2. Quels sont les effets de la chose jugée? Il faut distinguer si c'est le demandeur ou si c'est le défendeur
qui a obtenu gain de cause. Le demandeur réclame le
payement d'une dette de 10,000 francs pour cause de
prêt, le défendeur est condamné à payer cette somme; il
est présumé la devoir effectivement. Celui qui a obtenu le
jugement peut, en conséquence, contraindre son débiteur
à exécuter le jugement par la saisie et la vente de ses
biens, sans que le débiteur soit admis à prouver qu'il ne
doit rien; il a été jugé qu'il doit; ce qui a été jugé est
présumé la vérité et cette présomption n'admet point la
preuve contraire. Si, au contraire, le juge a décidé qu'il
n'est rien dû au demandeur, il sera jugé, avec présomption de vérité, que le demandeur n'était pas créancier des
10,000 francs à titre de prêt, et, par suite, il ne peut pas
réclamer, par une nouvelle instance et sous prétexte d'erreur, la même chose de la même personne et pour la
même cause; le défendeur repousserait sa demande par
l'exception de chose jugée.

L'autorité de la chose jugée se manifeste donc d'une
manière différente, selon que le jugement est rendu en
faveur du demandeur ou en faveur du défendeur. Cela n'empêche pas que le jugement soit présumé la vérité à l'égard
de chacune des parties qui ont été engagée dans l'instance.
Si le jugement donne gain de cause au défendeur, il a l'exception de chose jugée qu'il peut opposer au demandeur;
mais si celui-ci a intérêt à se prévaloir du jugement rendu
contre lui, il est certain qu'il le peut, car le jugement est
présumé être la vérité d'une manière absolue; tel est le
caractère de la vérité, donc les deux parties peuvent, au
besoin, invoquer comme vrai ce qui a été décidé contre
elles, comme ce qui a été décidé pour elles. Mais, comme
d'ordinaire le jugement n'est invoqué que par celui au
profit duquel il a été rendu, on dit qu'il donne lieu à une
action appelée *actio judicati* au profit du demandeur s'il
a obtenu gain de cause, et à une *exception* appelée *ex-
ceptio rei judicatæ*, au profit du défendeur qui a obtenu
gain de cause. La présomption de vérité est attachée à
l'action aussi bien qu'à l'exception; il y a toujours chose

jugée, et les conditions [de la chose jugée sont identiques (1).

I. *Il faut que le jugement soit rendu par un tribunal belge.*

3. L'article 546 du code de procédure porte : « Les
jugements rendus par des tribunaux étrangers ne seront
susceptibles d'exécution en France que de la manière et
dans les cas prévus par les articles 2123 et 2128 du code
civil. » Aux termes de l'article 2123, l'hypothèque ne
peut résulter des jugements rendus en pays étrangers
qu'autant qu'ils ont été *déclarés exécutoires* par un tribunal français, sans préjudice des dispositions contraires
qui peuvent être dans les lois politiques ou dans les traités. » L'article 2128 répète cette disposition pour les hypothèques conventionnelles : « Les contrats passés en pays
étranger ne peuvent donner hypothèque sur les biens de
France, s'il n'y a des dispositions contraires à ce principe
dans les lois politiques ou dans les traités. »

Il suit de là que les jugements rendus à l'étranger ne
produisent pas par eux-mêmes l'autorité attachée à la chose
jugée ; ils ne l'acquièrent que lorsqu'ils ont été rendus exécutoires par un tribunal français. L'ordonnance de 1629
(art. 121) le disait en termes formels : « Les jugements rendus, contrats ou obligations reçus ès royaumes et souverai-
netés étrangères, pour quelque cause que ce soit, n'auront aucune hypothèque ni exécution en notre royaume,
ainsi tiendront les contrats lieu de simples promesses, et
*nonobstant les jugements, nos sujets contre lesquels ils ont
été rendus pourront de nouveau débattre leurs droits
comme entiers par-devant nos officiers.* » Le code de procédure et le code civil sont moins explicites, mais ils
aboutissent à la même conséquence. En effet, pour acquérir l'autorité de chose jugée, les jugements rendus à

---

(1) Duranton, t. XIII, p. 479, nᵒˢ 447 et 448. Larombière, t. V, p. 325,
nº 149 (Ed. B., t. III, p. 277).

l'étranger doivent être déclarés exécutoires, et cela se fait en vertu d'un nouveau jugement. Donc le jugement porté à l'étranger est considéré comme non avenu (1).

On fonde ce principe sur la division de l'humanité en nations ou Etats dont chacun n'est souverain que dans les limites de son territoire. Les jugements sont des actes de souveraineté, donc ils ne peuvent avoir de force et d'autorité que dans le territoire sur lequel l'Etat exerce sa puissance souveraine; hors de ce territoire, ils sont considérés comme non avenus (2). La conséquence est juridique, mais elle accuse une organisation bien imparfaite de l'humanité. Qui ne se rappelle l'amère ironie de Pascal : vérité de ce côté-ci de la rivière, erreur au delà! Là vérité change-t-elle d'un Etat à l'autre? On conçoit cette défiance contre les jugements étrangers quand la barbarie règne au delà des frontières, mais dans le monde civilisé, les garanties d'une bonne justice sont les mêmes partout. Voilà certes un point sur lequel toutes les nations civilisées pourraient s'entendre ; pourquoi tardent-elles tant à faire un code de droit civil international qui serait un premier pas vers la confédération des peuples ?

Cette défiance contre ce qui se fait à l'étranger éclate d'une manière blessante dans un arrêté du 9 septembre 1814 ainsi conçu : « Les arrêts et jugements rendus en France n'auront aucune exécution en Belgique. Nonobstant ces jugements, les habitants de la Belgique pourront de nouveau débattre leurs droits devant les tribunaux qui y sont établis, soit en demandant, soit en défendant. » Ces dispositions étaient inutiles pour l'avenir, à partir de la séparation de la Belgique et de la France, puisqu'elles ne font que consacrer la règle établie par le code de procédure. Quant aux jugements rendus avant la séparation, ils n'étaient pas émanés d'une juridiction étrangère, puisque les Belges ont été Français jusqu'à la chute de l'empire.

4. Ces principes ne reçoivent pas leur application aux

_____

(1) Liége, 15 juillet 1831 (*Pasicrisie*, 1831, p. 207). Bruxelles, 13 mar 1841 (Dalloz, au mot *Chose jugée*, n° 26).
(2) Toullier, t. V, 2, p. 69, n°ˢ 76 et 77 et p. 77, n° 85.

jugements rendus par des arbitres. Les arbitres ne sont pas de véritables juges ; ils n'exercent pas une fonction qui leur est déléguée par la puissance souveraine ; ce sont des personnes particulières et privées qui tiennent leur mission de la volonté des parties. Dès lors les motifs pour lesquels les jugements rendus à l'étranger n'ont pas l'autorité de chose jugée en Belgique ne sont pas applicables aux sentences arbitrales. L'article 2123 consacre cette distinction ; après avoir dit que l'hypothèque judiciaire résulte des jugements, il ajoute : « Les décisions arbitrales n'emportent hypothèque qu'autant qu'elles sont revêtues de l'ordonnance judiciaire d'exécution. » Il suffit donc d'une ordonnance du président pour rendre les sentences arbitrales exécutoires, tandis que pour les jugements rendus à l'étranger, il faut une nouvelle décision rendue par les tribunaux belges. Cela est aussi fondé en raison : ceux qui nomment des arbitres pour décider leurs différends se soumettent à leur décision d'une manière absolue, en ce sens qu'ils n'entendent pas limiter leur confiance au territoire de l'Etat où les arbitres sont constitués ; cela n'aurait pas de sens. La jurisprudence et la doctrine sont d'accord (1).

II. *Il faut que le jugement soit rendu en matière contentieuse.*

5. On distingue la juridiction en contentieuse et en gracieuse ou volontaire. La juridiction contentieuse décide les contestations qui s'élèvent entre les particuliers. Dans la juridiction volontaire, il n'y a pas de procès, elle a pour objet de conserver les droits. Jadis les deux juridictions étaient confondues, les tribunaux exerçaient l'une et l'autre. La révolution les sépara, en attribuant les fonctions de la juridiction volontaire à des officiers de l'ordre administratif, notamment aux notaires et aux conservateurs des hypothèques. Toutefois la séparation ne

(1) Toullier, t. V, 2, p. 82, n° 87. Paris, 16 décembre 1809 (Dalloz, au mot *Arbitrage*, n° 1196. Merlin, *Questions de droit*, au mot *Jugement*, § XIV, n° 3.

fut pas complète : les tribunaux conservent une partie de
la juridiction volontaire. Ainsi ils interviennent en matière d'adoption pour constater le contrat qui se fait entre
l'adoptant et l'adopté. Quand le juge de paix reçoit le
contrat d'adoption, il ne juge pas, il n'y a rien à juger,
puisqu'il n'y a pas de procès, il fait fonction de notaire.
Le tribunal de première instance et la cour d'appel homo-
loguent cet acte, cela se fait sous forme de jugement ; en
réalité, il n'y a pas de jugement, puisque aucune contestation n'est soumise aux juges (art. 353-357).

Les tribunaux exercent encore la juridiction volontaire
en matière de tutelle. Il y a des actes que le tuteur ne
peut faire qu'avec l'autorisation du conseil de famille et
après avoir obtenu l'homologation du tribunal. Cela se
fait sous forme de jugement, mais l'homologation n'est
pas un jugement, car il n'y a pas de contestation ; si le
juge intervient, c'est uniquement pour sauvegarder les
intérêts des mineurs ; il fait l'office d'un collége pupillaire,
c'est-à-dire d'une autorité administrative (art. 458).

Les immeubles dotaux de la femme mariée sous le régime dotal ne peuvent être aliénés et échangés que dans
les cas et sous les conditions déterminés par la loi ; pour
garantir que l'aliénation ne se fasse que dans les cas où
la loi la permet, les tribunaux interviennent ; l'autorisation ou la permission qu'ils donnent n'est pas un jugement proprement dit, car aucune contestation ne leur est
soumise ; le but de leur intervention est de sauvegarder
les intérêts de la femme dotale (art. 1558 et 1559).

La distinction des deux juridictions a une conséquence
très-importante, en ce qui concerne l'autorité de la chose
jugée. Pour qu'un acte ait l'autorité de la chose jugée, il
faut que ce soit un jugement ; or, il n'y a de jugement que
lorsque les tribunaux décident une contestation ; ils ne
jugent pas quand ils exercent la juridiction volontaire.

Donc les jugements rendus en matière contentieuse ont
seuls l'autorité de chose jugée ; quant aux actes de juridiction volontaire, ils n'ont que l'apparence de jugements,
ils ne décident aucun procès ; dès lors il n'y a pas de raison pour leur attribuer l'autorité de chose jugée, pas plus

qu'on ne reconnaît l'autorité de chose jugée aux actes des notaires ou aux délibérations des conseils de famille. Les motifs pour lesquels la loi a établi la présomption de vérité qu'elle attache aux jugements impliquent l'existence d'un procès, ils sont étrangers à la juridiction gracieuse (1).

6. Tout jugement proprement dit a l'autorité de chose jugée. Les sentences rendues par des arbitres sont des jugements, donc elles ont l'autorité que la loi attribue à la chose jugée (2); mais comme elles émanent de particuliers, la loi veut qu'elles soient rendues exécutoires par une ordonnance du président du tribunal (code de proc., art. 1021). Il suit de là que les arbitres sont liés par les jugements qu'ils rendent; s'ils sont appelés à décider la même contestation entre les mêmes parties, ils doivent respecter la décision qu'ils ont rendue ; s'ils s'en écartaient, ils violeraient la chose jugée et leur jugement serait sujet à cassation. Il en est ainsi même des arbitres que l'on appelle amiables compositeurs ; ceux-ci ne sont pas liés par les règles de droit, comme le sont les arbitres en général (code de proc., art. 1019); toutefois ils sont liés par la chose jugée, à moins que les parties intéressées, en les nommant, n'aient renoncé expressément aux effets de la chose jugée et donné aux amiables compositeurs le pouvoir de juger d'après l'équité, sans qu'ils soient tenus de respecter les décisions intervenues dans la cause. La cour de cassation l'a jugé ainsi dans une affaire où les arbitres, après avoir jugé à titre d'amiables compositeurs, furent nommés par les mêmes parties pour décider une nouvelle contestation; la prétention du demandeur, quoique modifiée dans la forme, n'était autre que celle sur laquelle la première sentence arbitrale avait prononcé ; rejetée par cette sentence, elle fut accueillie par une sentence nouvelle. Pourvoi en cassation. La cour décida que l'autorité de la chose jugée

---

(1) Aubry et Rau, t. VI, p. 479 et note 5, § 769. Larombière, t. V, p. 206, n° 12 (Ed. B., t. III, p. 232).

(2) Voyez un exemple dans un arrêt de cassation du 26 août 1873 (Dalloz, 1874, 1, 475).

s'attache à une sentence arbitrale aussi bien qu'à toute autre décision judiciaire; qu'il n'y a point à distinguer, sous ce rapport, entre les arbitres ordinaires et les arbitres amiables compositeurs; il est vrai que le pouvoir de ceux-ci n'est pas limité par les règles de droit, mais, dit la cour, il ne saurait aller au delà du compromis; les arbitres sont constitués pour décider les contestations qui divisent les parties; or, ce qui a été jugé par une sentence antérieure n'est plus un chef de contestation. Par leur première sentence, les arbitres avaient épuisé leur pouvoir quant à tous les points qu'elle décidait; il eût fallu un compromis nouveau pour remettre en question ce qui avait été définitivement jugé, pour que les arbitres eussent le droit de revenir sur leur première sentence. Dans le silence du compromis, ils étaient liés par la chose jugée (1).

7. Dans l'ancien droit, les avis de parents homologués par le tribunal produisaient la chose jugée. Il faut écarter la tradition en cette matière, parce que les lois nouvelles ont séparé la juridiction contentieuse et la juridiction volontaire, qui jadis étaient confondues. On jugeait aussi, sous l'ancien droit, que le jugement qui homologuait une transaction consentie par une commune acquérait l'autorité de chose jugée (2). Les tribunaux étant investis de la juridiction volontaire, on était porté à confondre les actes de cette juridiction avec les jugements. Maintenant que les deux juridictions sont séparées, il est évident que les délibérations des conseils de famille ne peuvent pas avoir l'autorité attachée à la chose jugée, nous en avons dit la raison; les avis de famille, quoique homologués, ne sont pas des jugements, donc ils ne peuvent pas avoir l'autorité de chose jugée.

8. La jurisprudence a de la peine à se fixer en cette matière. Nous avons dit que les jugements qui autorisent l'aliénation d'un immeuble dotal sont des actes de juri-

---

(1) Cassation, 21 juin 1852 (Dalloz, 1853, 1, 109).
(2) Rejet, 1er nivôse an IV (Dalloz, au mot *Chose jugée*, n° 27). Rejet, 20 mai 1828 (Dalloz, au mot *Commune*, n° 2471, 1°).

diction gracieuse (n° 5) : cela décide la question de la chose jugée. Puisqu'il n'y a point de jugement, il ne peut être question d'une présomption de vérité qui n'est attachée qu'à la chose jugée. La jurisprudence est hésitante.

Une femme, mariée sous le régime dotal, hypothèque un immeuble dotal pour sûreté d'une dette contractée dans l'intérêt du mari; la cause pour laquelle l'hypothèque était consentie ne rentrait dans aucun des cas où la loi, par exception, permet d'aliéner ou d'hypothéquer les biens dotaux; néanmoins le tribunal accorda l'autorisation. Ce jugement pouvait-il être opposé à la femme demandant la nullité de l'hypothèque? La cour d'Aix et, sur pourvoi, la cour de cassation ont décidé que la demande de la femme ne pouvait être repoussée par l'exception de chose jugée. Il y a de cela une raison décisive, c'est qu'il n'y a point de jugement. L'autorisation d'hypothéquer est, à la vérité, accordée sous forme de jugement; mais, dit la cour de cassation, c'est un jugement sur requête, rendu en la chambre du conseil; c'est donc un acte de juridiction volontaire qui ne peut lier les magistrats mieux éclairés sur les faits; il n'a pas besoin, pour être réformé, d'être attaqué par les voies ordinaires. L'oppose-t-on à la femme réclamant la nullité de l'hypothèque, elle peut se borner à répondre que l'acte qu'on lui oppose n'est pas un jugement, qu'il ne peut donc en résulter une exception de chose jugée. On objecte l'intérêt des tiers qui voient leurs droits annulés, bien qu'ils n'aient traité avec la femme que sur une autorisation de justice. L'objection confond deux ordres d'idées tout à fait distincts. Si le tribunal intervient, ce n'est pas pour déclarer que la femme est capable, l'inaliénabilité du fonds dotal ne tient pas à l'incapacité de la femme, c'est une garantie de ses intérêts; le juge est appelé à veiller à ces intérêts et à les sauvegarder; si, par erreur, il les sacrifie, au lieu de les assurer, dira-t-on qu'il y a chose jugée contre la femme? Nous demanderons qui invoquera cette chose jugée. Le tiers qui a traité avec la femme dotale? Il n'a pas été partie en cause ; comment se prévaudra-t-il d'un jugement qui lui est étranger? Cela prouve qu'il ne peut être question de chose jugée, car l'une des conditions exigées par la loi pour qu'il y ait chose jugée est que la nouvelle demande soit formée contre la partie qui a été en cause dans une première instance; or, dans l'espèce, il n'y a pas eu de parties en cause lors de la demande d'autorisation; la femme adresse une requête, mais elle n'a pas de contradicteur, le tiers qui a intérêt à l'autorisation ne figure pas dans l'instance; pour mieux dire, il n'y a pas de débat. Comment y aurait-il chose jugée, alors qu'il n'y a personne qui puisse l'invoquer (1)?

Il y a des arrêts qui admettent des distinctions. Une femme dotale est instituée par son contrat de mariage donataire de la moitié des biens de ses père et mère; cette partie de son patrimoine était donc dotale, partant inaliénable. Elle recueillit ensuite l'autre moitié des biens à titre d'héritière; ces biens étaient paraphernaux, puisqu'ils n'avaient pas été constitués en dot. Afin de déterminer quels biens étaient dotaux et quels biens étaient paraphernaux, la femme et le mari s'adressèrent à la justice pour faire fixer leur situation, contradictoirement avec le ministère public; une expertise fut ordonnée et homologuée par le tribunal. Ce jugement formait-il chose jugée? D'abord nous ne voyons pas de quel droit le tribunal est intervenu. Il n'y avait pas de procès et il ne s'agissait pas d'autoriser la femme à aliéner, donc il n'y avait pas lieu à l'exercice de la juridiction volontaire que la loi confie aux tribunaux en cette matière. Et en supposant que le jugement fût légal, ce n'était qu'un acte de juridiction gracieuse, donc il ne pouvait passer en force de chose jugée. Enfin, de quel droit les tiers étrangers au jugement l'invoquaient-ils contre la femme? Néanmoins la cour de Pau a jugé que les tiers pouvaient se prévaloir du jugement. Ce qui paraît l'avoir décidé, c'est qu'il avait été rendu contradictoirement avec le ministère public (2). Mauvaise raison, nous semble-t-il; le ministère public

_____

(1) Aix, 5 août 1850, et Rejet, 7 juillet 1851, sur le rapport de Hardouin (Dalloz, 1851, 1, 297) Dans le même sens, cassation. 29 août 1860 (Dalloz, 1860, 1, 393). Lyon, 31 janvier 1872 (Dalloz, 1874, 2, 43).
(2) Pau, 3 mars 1853 (Dalloz, 1853, 2, 148).

ne représente pas les tiers, et ceux qui ne sont pas parties en cause ne peuvent pas invoquer le jugement comme ayant jugé en leur faveur.

Un arrêt récent de la cour de cassation, rendu sur le rapport de Larombière, semble admettre une autre distinction. La femme dotale avait consenti une transaction concernant ses biens dotaux; elle demanda et obtint l'homologation de cet acte. Il a été jugé que cette décision n'avait pas l'autorité de chose jugée, ce qui nous paraît évident. La transaction avait mis fin au litige qui divisait les parties; aucune contestation n'était soumise au tribunal; on lui demandait d'homologuer une transaction, il aurait dû décider qu'il n'avait aucune qualité pour cela, car l'homologation est un acte de juridiction volontaire; or, les tribunaux n'ont cette juridiction que par exception dans les cas déterminés par la loi, et où est la loi qui donne au juge le droit d'homologuer des transactions consenties par une femme dotale? Le tribunal était donc radicalement incompétent, et eût-il été compétent, l'homologation n'était rien qu'un acte de juridiction gracieuse et comme tel le jugement ne pouvait avoir force de chose jugée. La cour de cassation allègue d'autres motifs : « L'arrêt, dit-elle, qui sanctionne la transaction se fonde, non sur une appréciation en fait et en droit des prétentions respectives des parties, mais uniquement sur l'existence du contrat qui est l'œuvre de leurs volontés ; le dispositif même n'est autre chose que la teneur de la transaction dont la cour d'appel ordonne l'annexion à la minute de son arrêt; la force obligatoire d'un pareil acte d'homologation ne diffère point de celle qui s'attache à la transaction elle-même. » Cependant la cour d'appel avait admis la chose jugée : sa décision a été cassée (1). On pourrait induire des motifs de l'arrêt de cassation, et l'arrêtiste en tire cette conséquence, que si le juge avait motivé sa décision sur des considérations de fait et de droit à lui propres, on ne pourrait lui refuser le caractère de jugement et, par suite, de chose jugée. Nous doutons que

_____

(1) Cassation, 11 novembre 1873 (Dalloz, 1873, 1, 457).

telle ait été la pensée de la cour. Ce serait, en tout cas, une erreur. Motivée ou non, l'homologation est toujours un acte de juridiction volontaire, et à ce titre elle ne peut produire l'autorité de chose jugée.

La question présente encore d'autres difficultés, que nous examinerons au titre du *Contrat de mariage*.

9. Les jugements d'adjudication ont-ils l'autorité de chose jugée? La cour de cassation a jugé que le cahier des charges d'une vente ou d'une licitation constitue un véritable contrat de vente; cette vente ne change pas de nature, parce qu'elle se fait en justice; le jugement d'adjudication équivaut à l'acte dressé par le notaire, c'est donc essentiellement un acte de juridiction volontaire. De là suit que ce jugement ne peut avoir l'autorité de la chose jugée à l'égard des contestations qui s'élèveraient ultérieurement au sujet des immeubles vendus ou licités entre les parties qui ont figuré audit jugement (1). Il y a un léger motif de douter qui ne se présente pas dans les actes ordinaires de juridiction gracieuse : c'est que les mêmes parties entre lesquelles le procès s'élève ont été en cause dans le jugement d'adjudication. Mais quand on dit qu'elles ont été *en cause* dans l'adjudication, on s'exprime inexactement; il n'y a pas de véritable instance judiciaire, parce qu'il n'y a rien à juger; dès lors les parties intéressées ne peuvent pas se prévaloir de ce qui a été décidé, parce que rien n'a été décidé, pas plus que si la vente s'était passée par-devant notaire.

Il se peut cependant que le jugement d'adjudication décide un incident qui constitue une véritable contestation. Dans ce cas, il y a un jugement contentieux sur l'incident et ce jugement, comme toute décision judiciaire rendue en matière contentieuse, a l'autorité de chose jugée (2).

(1) Rejet, 24 février 1868 (Dalloz, 1868, 1, 308).
(2) Comparez Rejet, chambre civile, 6 avril 1857 (Dalloz, 1857, 1, 157).

III. *Faut-il que le jugement soit valable?*

10. Y a-t-il des conditions requises pour qu'un jugement existe? et à défaut de l'une de ces conditions faut-il
dire que le jugement est inexistant, en ce sens qu'il ne
peut avoir aucun effet? Si l'on admet la théorie des actes
inexistants pour les contrats, il est difficile de ne pas
l'admettre pour les jugements, car les jugements sont des
espèces de contrats : *in judiciis quoque contrahimus.* Il
en résulte une conséquence très-importante, c'est que les
jugements inexistants n'ont pas l'autorité de la chose
jugée. La conséquence ne saurait être contestée, mais
reste à savoir dans quels cas un jugement est inexistant,
dans quels cas il est seulement nul; car, à la différence
du jugement inexistant, le jugement nul produit les effets
attachés à toute décision judiciaire, tant qu'il n'est pas
révoqué par une voie légale. La matière est trop étrangère à notre travail pour qu'il nous soit permis de nous
aventurer dans cette digression. Nous devons nous borner à poser quelques principes en prenant appui sur la
tradition et sur la jurisprudence.

11. On objecte souvent contre la distinction des actes
inexistants et des actes nuls que cette théorie est de l'invention des auteurs modernes, que la tradition l'ignore.
La vérité est que cette théorie est aussi vieille que la
science du droit; on la trouve, en ce qui concerne les
jugements, chez Pothier, et Pothier n'a fait que s'inspirer
du droit romain.

Pothier appelle nuls les jugements que nous appelons
inexistants; il pose en principe qu'un jugement nul ne
peut avoir l'autorité de chose jugée. Un jugement est nul
quand l'objet de la condamnation qu'il prononce est incertain. Par exemple, le jugement est ainsi conçu : « Nous
condamnons le défendeur à payer au demandeur tout ce
qu'il lui doit. » Il est évident, dit Pothier, qu'un tel jugement serait absolument nul et qu'il n'aurait pas l'autorité
de chose jugée. Cette décision doit être suivie sous l'empire du code civil. L'article 1351 dit que l'autorité de la

chose jugée n'a lieu qu'à l'égard de ce qui a fait l'objet du jugement. Comment savoir si la chose demandée dans la seconde instance est la même, quand on ne sait pas sur quoi porte la décision du premier juge? Or, on ne le sait pas quand le juge a oublié de préciser l'objet de la condamnation.

Il en serait de même, dit Pothier, si le jugement contenait des dispositions qui impliquent contradiction. On revendique contre moi un héritage que vous m'avez vendu; je vous appelle en garantie. Le jugement me donne congé de la demande et vous condamne à me rendre le prix de l'héritage avec dommages et intérêts. Ces dispositions se contredisent : il implique que je ne sois pas évincé et que mon garant soit condamné. Cette contrariété rend le jugement nul ; le demandeur pourra l'attaquer par la voie de la requête civile; s'il ne le fait pas, le jugement qui a rejeté la demande contre moi acquerra force de chose jugée; mais il n'aura jamais effet contre mon garant, quand même il ne se serait pas pourvu par la voie de la requête civile, car le congé que le jugement donne de la demande formée contre moi réclame perpétuellement contre la condamnation de mon garant: n'étant pas évincé, je ne puis agir en garantie (1).

Ce premier cas de non-existence du jugement peut être comparé au défaut d'objet en matière de contrats. Il n'y a pas de contrat sans objet, et l'objet est une chose certaine ou un fait déterminé. De même, il ne peut y avoir de jugement et, par suite, de chose jugée que si le juge a reconnu et sanctionné un droit certain.

12. En droit romain, les jugements étaient nuls lorsqu'ils prononçaient expressément contre les lois, c'est-à-dire si le juge décidait que la loi ne devait pas être observée; dans ce cas, le jugement était nul de plein droit. Pothier remarque que, d'après le droit français, il faudrait se pourvoir en cassation, lorsqu'il n'y a pas lieu à la voie ordinaire de l'appel. En effet, on ne peut pas dire, dans ce cas, qu'il n'y ait pas de jugement; il y a un jugement

(1) Pothier, *Des obligations*, nos 866 et 871.

qui viole la loi. Or, la cour de cassation est établie pour annuler les jugements qui contiendraient une contravention expresse au texte de la loi (1).

13. Le juge dépasse encore ses pouvoirs ou il ne remplit pas la mission qui lui est confiée lorsqu'il prononce sur ce qui ne lui a pas été demandé, ou lorsqu'il condamne une partie à plus qu'il ne lui a été demandé. Ces nullités tirées de ce que le juge a prononcé sur ce qui n'était pas soumis à son jugement n'ont pas lieu de plein droit; elles doivent être opposées ou par la voie ordinaire de l'appel, ou par la voie de la requête civile. Lorsque la partie a laissé passer le temps sans se pourvoir contre le jugement, les nullités sont couvertes (2).

14. Restent les nullités de forme. Pothier dit qu'elles n'ont pas lieu de plein droit. Cela se comprend quand il s'agit d'une forme de procédure; la nullité n'empêche pas le jugement d'exister; il produit donc ses effets jusqu'à ce qu'il ait été réformé ou cassé. La loi du 20 avril 1810 énumère les formalités prescrites à peine de nullité : le jugement est nul quand il n'a pas été rendu par le nombre de juges prescrit, si des juges qui n'ont pas assisté à toutes les audiences y ont concouru, s'il n'a pas été rendu publiquement et s'il ne contient pas les motifs (art. 7). Ces nullités se couvrent, elles n'empêchent donc pas la chose jugée (3).

Cependant l'on admet qu'il y a des formes substantielles, sans lesquelles le jugement ne peut produire aucun effet. Ceux qui opposent la chose jugée doivent prouver qu'il y a un jugement, ils doivent donc produire un acte qui a les caractères extérieurs d'un jugement. On lit dans un avis du conseil d'Etat du 31 janvier 1806 que l'autorité attachée aux jugements repose, non sur la certitude acquise qu'un arrêt est juste, mais sur la présomption de sa justice quand il est revêtu des formes qui lui donnent le caractère d'un jugement. On ne saurait recon-

(1) Pothier, *Des obligations*, n° 870. Loi du 1er décembre 1790, art. 1.
(2) Pothier, *Des obligations*, n°s 872-874.
(3) Pothier, *Des obligations*, n° 884. Toullier, t. V, 2, p. 102, n° 113. Aubry et Rau, t. VI, p. 479, note 9.

naître l'autorité de la chose jugée à un acte informe destitué des apparences mêmes d'une décision judiciaire (1). Il a été jugé que pour qu'un jugement puisse être opposé comme exception de chose jugée, il faut qu'il ait été signifié à avoué (2).

15. Il y a une question plus importante. En théorie, la condition essentielle pour qu'il y ait jugement, c'est qu'il y ait un juge. D'après la législation française, il y a une justice administrative dont les attributions sont très-étendues. La loi fondamentale de 1815 et la constitution belge ont aboli la juridiction administrative, en ce qui concerne les contestations sur des droits civils. De là la question de savoir si un jugement rendu par un tribunal administratif en matière de droits civils aurait l'autorité de chose jugée. La jurisprudence s'est prononcée pour la négative. Une décision rendue par la députation permanente sur une question de propriété peut-elle être invoquée comme chose jugée? Non, dit la cour de Bruxelles, car une autorité sans juridiction ne peut porter un jugement (3). La cour a raison de dire que cela est évident : il ne saurait y avoir de jugement et de chose jugée là où il n'y a pas de pouvoir de juridiction.

Cependant il est de jurisprudence et de doctrine que la nullité résultant de l'incompétence n'empêche pas le jugement d'acquérir l'autorité de chose jugée, quand même il y aurait incompétence à raison de la matière et fondée sur des motifs d'ordre public. Un tribunal décide une question qui est de la compétence du pouvoir administratif : l'exception d'incompétence est proposée et rejetée. Il y a chose jugée, dit la cour de cassation : « L'autorité qui s'attache à la chose jugée est si absolue, qu'il est interdit d'y porter atteinte, alors même que le jugement duquel elle résulte aurait méconnu ou violé des règles de compétence fondées sur des motifs d'ordre pu-

---

(1) Rejet, 16 mai 1836 (Dalloz, au mot *Chose jugée*, n° 123), 14 février 1837 (Dalloz, au mot *Cassation*, n° 869) et 14 juillet 1873 (Dalloz, 1874, 1, 308). Larombière, t. V, p. 204, n° 10 (Ed. B., t. III, p. 231).
(2) Gand, 19 janvier 1855 (*Pasicrisie*, 1855, 2, 372).
(3) Bruxelles, 15 janvier 1840 (*Pasicrisie*, 1840, 2, 14). Comparez Bruxelles, 22 février 1821 (*Pasicrisie*, 1821, p. 310).

blic (1). » La cour de cassation de Belgique a également décidé que la loi, en ce qui concerne l'autorité de la chose jugée, ne fait aucune distinction entre les matières où l'ordre public est intéressé et celles où il ne l'est pas; que, dans un intérêt social, le législateur a voulu mettre fin aux contestations judiciaires; que, par suite, c'est à la partie qui se croit lésée à provoquer la réformation ou la cassation de la décision qui viole les règles de compétence, sinon elle passera en force de chose jugée (2).

Il a été décidé, en conséquence, que le jugement rendu par un juge de paix sur une question de propriété qu'il aurait dû renvoyer devant le tribunal d'arrondissement a néanmoins l'autorité de chose jugée (3). De même quand un tribunal de commerce décide une question qui est de la compétence des tribunaux civils, le jugement acquiert l'autorité de chose jugée s'il n'est point réformé (4).

La jurisprudence n'est-elle pas trop absolue? Remarquons d'abord qu'elle est contradictoire. Si un tribunal administratif est radicalement incompétent pour décider des questions de propriété, les tribunaux de commerce aussi sont incompétents pour juger des affaires civiles. Et comment un juge, sans juridiction, pourrait-il rendre un jugement? Il faudrait distinguer, nous semble-t-il, entre les juridictions qui ont un pouvoir général de juger et les juridictions exceptionnelles. Quand un tribunal civil décide une question commerciale, il est incompétent, il est vrai, à raison de la matière; mais on ne peut pas dire qu'il soit sans juridiction, car les cours d'appel jugent les affaires commerciales, et là où il n'y a pas de tribunal de commerce, les tribunaux d'arrondissement en remplissent les fonctions; il y a donc un tribunal ayant capacité et mission de juger. Mais quand un tribunal de commerce juge une affaire civile, il est sans juridiction, son

---

(1) Rejet, 18 juillet 1861 (Dalloz, 1862, 1, 86). Comparez 12 mars 1873 (Dalloz, 1873, 1, 376).
(2) Rejet, 19 février 1857 (*Pasicrisie*, 1857, 1, 165) et 26 janvier 1843 (*ibid.*, 1843, 1, 150).
(3) Cassation, 20 août 1867 (Dalloz, 1867, 1, 376).
(4) Rejet, 3 mai 1852 (Dalloz, 1852, 1, 122). Bruxelles, 10 août 1836 (*Pasicrisie*, 1836, 2, 207).

incompétence est radicale; donc la décision qu'il rend ne devrait pas avoir l'autorité de chose jugée. Nous ne poursuivons pas cette discussion, parce qu'on pourrait aussi nous reprocher notre incompétence.

16. Quand un jugement est rendu par le tribunal qui a juridiction, la décision acquiert l'autorité de chose jugée, quelles que soient les causes de nullité qui l'entachent. Cela n'est pas douteux. Il y a un jugement; c'est à la partie qui se croit lésée à en poursuivre la réformation ou la cassation. Ainsi les jugements qui portent atteinte à l'ordre public (1), ou qui contiennent un excès de pouvoir (2), ceux-là mêmes qui auraient été obtenus à raison de manœuvres frauduleuses (3), ont l'autorité de chose jugée. C'est pour garantir les droits et les intérêts des parties que la loi a organisé des voies de recours, appel, cassation, requête civile; lorsque ces voies sont épuisées ou que l'on a négligé d'y avoir recours, les procès doivent avoir une fin, et la présomption de vérité couvre toutes les causes de nullité : il n'y a pas de motif d'ordre public plus puissant que celui-là.

IV. *Faut-il que le jugement soit inattaquable?*

17. L'ordonnance de 1667 (tit. 27, art. 5) contenait une disposition particulière pour déterminer quels jugements ont l'autorité de la chose jugée; elle était ainsi conçue: « Les sentences et jugements qui doivent passer en force de chose jugée sont ceux rendus en dernier ressort et dont il n'y a appel ou dont l'appel n'est pas recevable, soit que les parties y eussent formellement acquiescé, ou qu'elles n'en eussent interjeté appel dans le temps, ou que l'appel ait été déclaré péri, » c'est-à-dire périmé. Faut-il conclure de là que les jugements sujets à appel n'ont pas l'autorité de chose jugée, tant que l'appel est recevable? La même question se présente pour les jugements rendus par défaut : ont-ils l'autorité de chose

(1) Cassation, 5 novembre 1811 (Dalloz, au mot *Arbitrage*, n° 997).
(2) Cassation, 17 brumaire an XI (Dalloz, au mot *Chose jugée*, n° 99, 1°).
(3) Cassation, 12 mars 1873 (Dalloz, 1873, 1, 366).

jugée, tant qu'ils peuvent être anéantis par l'opposition?

Pothier répond à la question. Les jugements dont il n'y a pas d'appel interjeté ont, de même que ceux rendus en dernier ressort, *une espèce* d'autorité de chose jugée qui donne à la partie en faveur de laquelle ils ont été rendus, le droit d'en poursuivre l'exécution; il forme une *espèce de présomption de vérité* qui exclut la partie contre laquelle ils ont été rendus de pouvoir rien proposer contre, tant qu'il n'y a pas d'appel interjeté; mais cette autorité et la présomption qui en résulte ne sont que momentanées et sont détruites aussitôt qu'il y a un appel interjeté. Ainsi Pothier ne dit pas, comme on le lui a fait dire, que tout jugement, quoique susceptible d'appel, forme chose jugée dès qu'il est rendu; il dit qu'il en résulte une *espèce* de chose jugée et une *espèce* de présomption, mais que tout cela n'est que provisoire. A vrai dire, il n'y a pas de chose jugée, et cela est impossible, tant que le délai de l'appel n'est pas écoulé ou qu'il n'y a pas acquiescement. En effet, la chose jugée est fondée sur une présomption de vérité; or, y a-t-il une vérité temporaire, une vérité qui peut être détruite d'un instant à l'autre? La vérité est éternelle ou elle n'existe pas; donc il ne saurait y avoir une présomption de vérité, tant que le jugement qui la produit peut être anéanti par l'appel.

Il en est de même des jugements rendus par défaut. Lorsque, dit Pothier, le jugement en dernier ressort est contradictoire, il a l'autorité de chose jugée aussitôt qu'il est rendu; mais lorsqu'il a été rendu par défaut, la partie défaillante est reçue à y former opposition. Cette opposition détruit l'effet du jugement; ce n'est qu'après que la partie défaillante a laissé passer la huitaine sans former opposition, que les jugements rendus par défaut acquièrent l'autorité de chose jugée. Pothier ajoute que cette autorité est stable et perpétuelle. C'est trop dire; il faut encore tenir compte des voies extraordinaires par lesquelles un jugement peut être révoqué ou annulé : nous reviendrons sur ce point (1).

---

(1) Pothier, *Des obligations*, nᵒˢ 852 et 853. Larombière, t. V, p. 196,

18. Tel est le principe. Lorsque le jugement est en premier ressort, l'appel anéantit l'*espèce* d'autorité qui y est attachée, et, par suite, l'*espèce* de présomption de vérité qui en résulte s'évanouit. Que faut-il décider si l'appel est partiel? Les chefs du jugement rendu par le premier juge acquerront, dans ce cas, l'autorité de chose jugée à l'égard de la partie adverse qui n'a point interjeté d'appel incident. La cour de cassation a fait une application du principe. Un jugement condamne une personne, en qualité d'héritier de Pierre, à payer telle somme à Paul, créancier du défunt. La partie condamnée interjette appel et le créancier néglige d'interjeter appel incident du jugement relativement à l'attribution de la qualité d'héritier, il ne pourra plus soutenir que la partie condamnée n'était point héritier de son débiteur, il y a chose jugée à cet égard (1). De même s'il y a plusieurs parties demanderesses ou défenderesses et qu'il n'y ait appel qu'à l'égard de l'une des parties avec lesquelles il a été rendu, il aura l'autorité de chose jugée à l'égard des autres parties (2).

Lorsque le premier jugement est infirmé par la cour d'appel, il perd toute sa force et il ne peut plus être question de chose jugée; l'*espèce* de présomption qui y était attachée provisoirement a déjà perdu sa force par l'appel et elle la perd définitivement par la réformation de la décision du premier juge.

19. L'application du principe aux jugements par défaut donne lieu à quelques légères difficultés. On suppose que le demandeur fait défaut; aux termes de l'article 434 (C. de pr.), le tribunal donne défaut contre le demandeur et renvoie le défendeur de la demande. Est-ce que, dans ce cas, le demandeur peut former une nouvelle demande ayant le même objet? On a prétendu que le jugement par défaut prononcé contre le demandeur était un simple renvoi de la citation qui ne préjugeait rien et laissait au demandeur la faculté de reproduire sa demande dans une instance

---

n° 2 (Ed. B., t. III, p. 228). Comparez Marcadé, t. V, p. 163, n° I de l'article 1351).

(1) Cassation, 2 mai 1808 (Dalloz, au mot *Chose jugée*, n° 56).

(2) Cassation, 30 novembre 1825 (Dalloz, au mot *Chose jugée*, n° 57).

nouvelle. La jurisprudence a repoussé cette interprétation. Il est vrai que l'article 434, en parlant du défaut donné contre le défendeur, dit que les conclusions du demandeur seront adjugées si elles se trouvent justes et bien vérifiées, et la loi ne dit pas que le juge doit vérifier le droit du défendeur lorsque le demandeur fait défaut. Mais cela n'empêche pas que le jugement par défaut ne décide que le demandeur est sans droit; c'est à lui d'établir le fondement et la légitimité de sa demande; s'il ne le fait pas, il est prouvé par cela même qu'il n'a pas de droit. Cela est aussi fondé en raison ; le prétendu créancier ne doit pas se faire un jeu de la justice au préjudice de celui contre lequel il prétend avoir un droit; s'il lui était permis de renouveler sa demande, il pourrait poursuivre sans cesse la partie adverse, ce qui nuirait au crédit du défendeur et l'exposerait à des frais frustratoires. Le demandeur n'a pas à se plaindre de ce que le jugement rendu contre lui passe en force de chose jugée, sans qu'il ait été à même de soutenir son droit, car il dépendait de lui de former opposition (1).

Il en serait de même de l'arrêt que la cour d'appel rend par défaut contre l'appelant. On a soutenu que le seul effet de l'arrêt par défaut était de faire considérer l'appel comme non avenu, sauf à l'appelant à former un nouvel appel s'il se trouve encore dans le délai légal. La cour de Poitiers a appliqué, et avec raison, au défaut en appel les principes qui régissent le défaut en première instance. Ce n'est pas un simple renvoi, c'est une décision judiciaire qui déclare l'appelant sans droit; si donc il n'y a pas d'opposition, le procès est terminé, le jugement attaqué devient définitif et acquiert l'autorité de chose jugée (2).

Lorsqu'il y a eu opposition régulière contre un jugement par défaut, le jugement perd toute autorité ; le juge peut donc, quand il rend sa décision, juger en sens contraire. On a prétendu que cette contradiction était une

_____

(1) Chambéry, 12 janvier 1863 (Dalloz, 1864, 2, 43). Metz, 1er août 1855 et Douai, 20 janvier 1855 (Dalloz, 1856, 2, 281 et 282).
(2) Poitiers, 26 novembre 1856 (Dalloz, 1857, 2, 162).

violation de la chose jugée. La cour de cassation répond, et la réponse est péremptoire, qu'il ne saurait y avoir de violation de la chose jugée là où il n'y a point de chose jugée, et il n'y a point de chose jugée là où il n'y a point de jugement (1).

20. Les voies de recours extraordinaire ne font point obstacle à la chose jugée. Il est de principe que le pourvoi en cassation n'est pas suspensif en matière civile ; d'où suit que le jugement ou l'arrêt contre lequel il est formé n'en a pas moins l'autorité de chose jugée (2). La cour de cassation a tiré de là une conséquence très-intéressante. Un jugement en dernier ressort est attaqué par le recours en cassation ; avant que la cour ait statué, il intervient un second jugement qui viole la chose jugée par le premier, puis la cour de cassation annule le premier jugement ; le second n'en doit pas moins être cassé, car, au moment où il a été rendu, il existait un jugement ayant l'autorité de chose jugée malgré le pourvoi dont il était frappé ; donc ce jugement devait être cassé, sinon on donnerait un effet suspensif au pourvoi en cassation (3).

Cependant c'est aller trop loin que de dire, comme le fait Pothier, qu'un jugement en dernier ressort et contradictoire a une autorité de chose jugée *stable* et *perpétuelle*. En effet, la décision peut être cassée et, dans ce cas, elle est censée n'avoir jamais existé ; donc il n'y a jamais eu de chose jugée. La cour de cassation peut casser le jugement ou l'arrêt pour le tout, elle peut aussi ne le casser que sur un ou plusieurs chefs et rejeter le pourvoi quant aux autres. Dans le dernier cas, la chose jugée subsiste et devient irrévocable pour les chefs rejetés par la cour. Dans le premier cas, la décision cassée perd toute autorité, même quant aux questions de fait dont la cour de cassation n'a pas eu à s'occuper. Cela a été jugé ainsi dans l'espèce suivante. Une donation déguisée sous forme de vente est annulée ; l'arrêt constate que l'acte a été fait par une personne saine d'esprit. La cour de cassation

(1) Rejet, 29 août 1832 (Dalloz, au mot *Chose jugée*, n° 52, 4°).
(2) Duranton, t. XIII, p. 484, n° 457.
(3) Cassation, 17 novembre 1835 (Dalloz, au mot *Cassation*, n° 1522).

casse l'arrêt conformément à sa jurisprudence qui admet la validité des donations déguisées et renvoie les parties devant une autre cour. Celle-ci, tout en admettant en principe que les donations déguisées sont valables, annule l'acte litigieux en se fondant sur l'état d'imbécillité du donateur. Y a-t-il violation de la chose jugée? Non, car le premier arrêt qui décidait que le donateur était sain d'esprit a été cassé sans restriction aucune; donc il est censé n'avoir pas été rendu et, par suite, il n'en peut résulter une autorité quelconque de chose jugée (1).

Il suit de là que l'autorité de chose jugée attachée à un jugement en dernier ressort ou à un arrêt ne devient irrévocable que lorsqu'il ne peut plus être cassé. C'est en ce sens que la cour de Bruxelles dit que l'arrêt d'une cour d'appel n'acquiert pas irrévocablement l'autorité de chose jugée tant qu'il peut être attaqué par le pourvoi en cassation. La question n'est pas de pure théorie. Dans l'espèce jugée par la cour de Bruxelles, il s'agissait de savoir ce qu'il fallait entendre par *biens du clergé* dans la loi du 5 novembre 1790. Cette loi nationalise *tous les biens du clergé*. Un arrêté du 6 juillet 1822 déclare qu'il faut comprendre, dans ces mots, les biens des fabriques d'église. Ces biens sont donc réunis au domaine de l'Etat, mais, dit l'arrêté, « sans préjudice des droits acquis à des tiers en vertu de *jugements ayant force de chose jugée*. » On demandait si un jugement, contre lequel les délais pour le pourvoi en cassation sont encore ouverts, a force de chose jugée. La cour de Bruxelles se décida pour la négative et, dans l'espèce, la question n'était pas douteuse. Il est vrai que les jugements en dernier ressort et les arrêts ont l'autorité de chose jugée malgré le pourvoi, parce que le pourvoi n'est pas suspensif; mais cela ne prouve pas que le droit résultant de ces décisions judiciaires est un droit acquis; le droit n'est acquis, *stable* et *perpétuel*, que lorsque le délai du pourvoi est expiré ou que le pourvoi est rejeté (2).

---

(1) Cassation, 23 janvier 1816 (Dalloz, au mot *Cassation*, n° 2070).
(2) Bruxelles, chambre de cassation, 5 juillet 1823 (*Pasicrisie*, 1823, p. 478).

Il reste une dernière difficulté qui, en réalité, n'en est pas une. On a prétendu, devant la cour de cassation de Belgique, que les arrêts de la cour de cassation forment chose jugée. La négative est certaine. Aux termes de la loi du 4 août 1832 (art. 17), la cour ne connaît pas du fond des affaires, elle ne décide donc pas la contestation; partant les arrêts portant cassation ne peuvent former la base d'une exception de chose jugée (1).

21. La requête civile est aussi une voie extraordinaire pour attaquer les jugements; elle n'est ouverte qu'à ceux qui ont été parties au procès et pour les causes déterminées par la loi. On applique à la requête civile ce que nous venons de dire du pourvoi en cassation, elle n'est pas suspensive; le code de procédure veut même que celui qui a été condamné à délaisser un héritage rapporte la preuve de l'exécution du jugement pour être reçu à plaider sur la requête civile; la requête n'ôte donc point au jugement ou à l'arrêt l'autorité de la chose jugée jusqu'à ce qu'il ait été rétracté (2).

La tierce opposition est encore une voie extraordinaire pour se pourvoir contre les jugements. Elle est ouverte à celui aux droits duquel un jugement préjudicie et qui n'y a point été partie. La tierce opposition n'empêche pas la décision attaquée par cette voie de former chose jugée. Nous reviendrons sur ce point (3).

V. Il faut un jugement définitif.

22. Tout jugement n'a pas l'autorité de chose jugée. La présomption de vérité qui est attachée aux jugements implique qu'ils décident une contestation, puisque le but de la présomption est de mettre fin à la contestation quand elle est définitivement jugée. De là la conséquence que la chose jugée ne résulte que des jugements qui statuent définitivement sur la contestation. Il ne faut pas entendre le principe en ce sens que l'autorité de chose jugée ne

(1) Rejet, 11 août 1851 (*Pasicrisie*, 1852, 1, 233).
(2) Code de proc., art. 480, 497. Duranton, t. XIII, p. 484, n° 458.
(3) Code de proc., art. 466. Duranton, t. XIII, p. 485, n° 459.

soit attribuée qu'au jugement qui met fin au procès. Il peut, dans une même affaire, intervenir plusieurs jugements définitifs, en ce sens qu'ils décident définitivement certains points débattus entre les parties ; tous ces jugements ont l'autorité de chose jugée. Mais il y a des jugements qui ne décident pas un point contesté entre les parties et qui, par conséquent, ne peuvent pas passer en force decho se jugée : ces ont les jugements préparatoires et simplement interlocutoires (1).

Comment distinguer les jugements définitifs qui ont l'autorité de chose jugée des jugements préparatoires et interlocutoires qui ne l'ont point? La question donne lieu à des débats incessants, preuve qu'il n'y a pas de principe certain sur la matière. Le code civil est d'un laconisme excessif ; l'article 1351, la seule disposition que nous ayons sur la chose jugée, parle en termes généraux des jugements et semble dire que tout jugement a l'autorité de chose jugée. Il est impossible de donner ce sens à la loi. L'article 1351 ne fait que consacrer la tradition ; or, il a toujours été de principe que les jugements définitifs ont seuls l'autorité de chose jugée ; Pothier le dit, et il en conclut que les jugements interlocutoires ne peuvent avoir l'autorité de chose jugée ; il ne dit rien des jugements préparatoires. Le code de procédure distingue ces deux espèces de jugements et il les définit comme suit : « Sont réputés *préparatoires* les jugements rendus pour l'instruction de la cause et qui tendent à mettre le procès en état de recevoir jugement définitif. Sont réputés *interlocutoires* les jugements rendus lorsque le tribunal ordonne, avant dire droit, une preuve, une vérification ou une instruction qui préjuge le fond » (art. 452). La définition est assez vague et, de plus, elle est étrangère à la chose jugée ; de sorte qu'elle ne suffit point pour décider les difficultés qui se représentent sans cesse. Il faudrait un principe ; nous ne le trouvons pas plus dans le code de procédure que dans le code civil.

Interrogeons la tradition. Pothier, qui la résume pour

(1) Aubry et Rau, t. VI, p. 479 et note 6, § 769.

les auteurs du code civil, donne une définition très-restrictive des jugements qui ont l'autorité de chose jugée. « Pour qu'un jugement ait l'autorité de chose jugée, dit-il, et même pour qu'il puisse en avoir le nom, il faut que ce soit un jugement définitif qui contienne ou une condamnation ou un congé de demande. » La loi romaine à laquelle Pothier emprunte sa définition s'énonce d'une manière plus exacte, nous semble-t-il, en disant qu'il y a chose jugée lorsque le juge met fin à une contestation en prononçant soit une condamnation, soit une absolution(1). Ce qui caractérise donc les jugements proprement dits, les seuls, comme dit Pothier, qui puissent avoir ce nom, c'est qu'ils décident une contestation entre les parties en donnant gain de cause à l'une ou à l'autre. C'est en ce sens qu'il faut entendre les mots de *condamnation* et d'*absolution* dont se sert le jurisconsulte romain; il y a condamnation par cela seul que le juge rejette une prétention de l'une des parties combattue par l'autre, quand même elle ne serait pas condamnée à prester une chose. Tel est le principe; nous allons en faire l'application sans entrer dans les détails des difficultés, la matière des jugements étant étrangère à notre travail.

23. Le jugement est préparatoire quand il ordonne un moyen d'instruction. Ce jugement ne décide aucune contestation, il a pour but d'éclairer le juge; si le juge trouve que le mode d'instruction qu'il a prescrit n'atteint pas son but, il peut le révoquer de son propre mouvement et ordonner un autre mode d'instruction qui lui paraît plus convenable. Il suit de là qu'un jugement préparatoire ne saurait avoir l'autorité de chose jugée. Comment une présomption de vérité s'attacherait-elle à un jugement qui tend seulement à rechercher la vérité? Le juge l'ignore encore, il instruit et il doit jouir de la plus entière liberté quand il s'agit de s'éclairer; ce serait donc une chose absurde de dire qu'un jugement que le juge a porté pour s'éclairer lie le juge, en ce sens qu'il ne peut pas revenir sur ce qu'il a ordonné; en effet, ce serait dire qu'il lui est

(1) Pothier, *Des obligations,* nº 850. L. I, D., *de re judic.* (XLII, 1).

défendu de s'éclairer. De ces jugements-là il faut dire
avec Pothier qu'on ne peut pas leur en donner le nom(2).

Nous empruntons quelques applications à la jurisprudence. Il y a procès entre une commune et un particulier
sur les limites de leurs propriétés respectives. Le juge
ordonne de lever un plan de ces propriétés, et que, lors
de cette opération, la commune sera tenue de présenter ses
titres à l'effet de déterminer l'étendue du terrain appartenant à chacune des parties. Plus tard, un jugement
attribue le terrain litigieux à la commune sans que celle-
ci eût produit aucun titre. Y a-t-il violation de la chose
jugée? Non, dit la cour de cassation, car le premier jugement était purement préparatoire (2); il ordonnait une
mesure d'instruction dans le but d'éclairer le juge; si le
juge trouve ensuite que les documents du procès suffisent
pour l'éclairer, lui dira-t-on qu'il a tort de se trouver suffisamment éclairé? Cela serait ridicule.

Un premier jugement ordonne une expertise pour fixer
la valeur de constructions élevées sur un terrain litigieux.
L'expertise n'a pas lieu; le jugement définitif détermine
la valeur d'après d'autres documents du procès, entre
autres par l'acte constatant le payement des honoraires
de l'architecte. Pourvoi en cassation pour violation de la
chose jugée. La cour décida que le premier jugement
était simplement préparatoire (3). D'après la définition du
code de procédure, on aurait pu dire que le jugement
était interlocutoire, mais peu importe le nom; il faut voir
si le jugement décidait une contestation entre les parties; or, la négative est évidente; l'expertise avait pour
objet d'éclairer le juge sur la valeur des constructions, il
trouve d'autres éléments de conviction : dira-t-on qu'il
était lié par sa première sentence et qu'il devait procéder
à une expertise, alors même qu'elle était inutile? Cela
serait absurde.

(1) Duranton, t. XIII, p. 481, n° 452. Rejet, 18 décembre 1821 (Dalloz,
au mot Chose jugée, n° 40, 1°).

(2) Rejet, 28 février 1837 (Dalloz, au mot Chose jugée, n° 40, 10°).

(3) Rejet, 3 décembre 1838 (Dalloz, au mot Chose jugée, n° 41, 2°), et
20 août 1839 (idem, ibid., n° 41, 3°). Comparez les autres arrêts rapportés
ibid., nos 40-43).

Le juge renvoie les parties devant un notaire pour liquider la communauté. Est-ce un jugement préparatoire? L'affirmative n'est pas douteuse. En effet, le juge ne décidait pas quels étaient les droits des parties dans la communauté, et c'était là l'objet du litige; donc le jugement ne décidait aucune contestation, dès lors il ne pouvait être question de chose jugée (1).

Alors même que le jugement préparatoire reçoit son exécution, le juge n'est pas lié par l'expertise ou toute autre mesure d'instruction qu'il a ordonnée. On a soutenu le contraire devant la cour de cassation de France, parce que toutes les parties avaient concouru à l'expertise et en avaient accepté les bases. La cour a décidé que le juge n'était jamais lié par une décision préparatoire (2). Dans l'espèce, il n'y avait aucun débat entre les parties sur l'expertise, c'était une simple mesure d'instruction : si les parties y avaient concouru, c'était pour veiller à leurs intérêts; mais ce concours n'impliquait aucune contestation, donc le jugement ne décidait aucune contestation; ce n'était pas un jugement, comme le dit Pothier.

Si un jugement dit préparatoire contenait une décision définitive sur un point contesté entre les parties, il faudrait dire qu'il y a chose jugée. La cour de cassation l'a jugé ainsi implicitement dans l'espèce suivante. Par trois jugements successifs un tribunal ordonne la liquidation de la communauté, puis la vente des immeubles et enfin une expertise destinée à établir la situation de la communauté. Etaient-ce des mesures de pure instruction? Les demandeurs prétendaient qu'il n'y avait pas lieu à liquider et à partager la communauté, attendu qu'un acte antérieur constituait une licitation entre les parties sous forme de donation. En apparence, les jugements préparatoires préjugeaient qu'il y avait lieu à liquidation et à partage, puisqu'ils prescrivaient des mesures tendantes à la liquidation. Cependant la cour de cassation décida que c'étaient de simples jugements préparatoires,

(1) Bruxelles, 10 juillet 1858 (*Pasicrisie*, 1859, 2, 13).
(2) Rejet, chambre civile, 19 avril 1870 (Dalloz, 1870, 1, 219). Comparez Rejet, chambre civile, 12 août 1851 (Dalloz, 1851, 1, 235).

mais elle a soin d'ajouter : *dans l'état des faits constatés
par l'arrêt attaqué.* Or, l'arrêt constatait que les demandeurs n'avaient jamais renoncé à leurs conclusions premières, et les juges, en prononçant les jugements préparatoires, ne l'avaient fait que sous toute réserve des
conclusions principales et comme des mesures préalables
nécessaires pour en apprécier le mérite; ce qui était décisif (1).

24. Les jugements interlocutoires, tels que le code de
procédure les définit, ont-ils l'autorité de la chose jugée?
C'est une des questions les plus difficiles dans cette difficile matière. La doctrine est incertaine, ainsi que la jurisprudence. Les uns disent que l'autorité de chose jugée
n'est pas attachée aux jugements simplement interlocutoires (2), ce qui implique qu'il y a des jugements interlocutoires qui passent en force de chose jugée; mais quel
est le principe qui sert à distinguer les uns des autres?
Larombière répond que les jugements interlocutoires forment chose jugée quand ils contiennent une décision définitive sur tous ou quelques-uns des chefs du débat. Notre
question revient : comment savoir quels sont les jugements interlocutoires qui sont définitifs ou non? Les
décisions qui n'ont pour objet qu'une simple mesure d'instruction, dit Larombière, sont des jugements interlocutoires, et ils n'ont pas l'autorité de chose jugée (3).
C'est la définition du code de procédure : si on l'admet
en matière de chose jugée, il faut dire qu'aucun jugement
interlocutoire ne passe en force de chose jugée. Duranton,
au contraire, semble dire que tous les jugements interlocutoires peuvent acquérir l'autorité de chose jugée si la
partie y acquiesce ou n'en appelle pas dans les délais. Il
ajoute que ces jugements renfermant un droit, un avantage pour la partie qui les a obtenus, le juge ne peut *pas
toujours* les réformer pour prendre une autre voie d'instruction (4). Quand peut-il les réformer, quand ne le

---

(1) Rejet, 25 mars 1872 (Dalloz, 1872, 1, 416).
(2) Aubry et Rau, t. VI, p. 479 et note 7, § 769.
(3) Larombière, t. V, p. 212, n° 16 (Éd. B., t. III, p. 233).
(4) Duranton, t. XIII, p. 481, n° 453.

peut-il pas? Nous allons essayer d'appliquer le principe que nous avons établi (n° 22) en rendant compte de la jurisprudence.

25. Quand un jugement, interlocutoire en apparence, décide réellement un point contesté entre les parties, il est définitif et il a, par conséquent, l'autorité de chose jugée. Voici un cas qui s'est présenté devant la cour de cassation et qui n'est point douteux. Lorsque plusieurs successions sont indivises entre les mêmes cohéritiers, chacune de ces successions doit être l'objet d'un partage distinct, à moins que les cohéritiers ne s'entendent pour comprendre toutes les successions dans un même partage. Un jugement ordonne, après débat contradictoire, que les opérations de partage relatives à chacune de ces successions se feront d'une manière distincte, sans en confondre les biens : est-ce un jugement interlocutoire? Il n'est interlocutoire qu'en ce sens que c'est un jugement d'avant-faire-droit qui ne met pas fin au procès. Mais c'est un jugement définitif quant à la question de droit qu'il décide : le tribunal est lié par cette décision, il ne peut donc plus prescrire un partage unique, si plus tard les parties forment une nouvelle demande en partage portant tout ensemble sur les successions qui ont fait l'objet du premier jugement et sur d'autres successions réunies dans la même indivision. La raison de décider donnée par la cour de cassation est que, dans l'espèce, il y avait eu des conclusions contradictoires, donc le point était litigieux, et le juge avait décidé une contestation; partant il avait rendu une décision définitive qui était passée en force de chose jugée (1).

26. Il peut aussi y avoir un jugement interlocutoire qui contienne une décision définitive sur certains points; il aura l'autorité de chose jugée sur les points qu'il a réglés définitivement (2). Des héritiers intentent une action en partage; ils sont en contestation non-seulement sur

---

(1) Cassation, 8 juin 1859 (Dalloz, 1859, 1, 255).
(2) L'arrêt qui, à raison de l'existence d'un commencement de preuve par écrit, déclare la preuve testimoniale admissible et autorise la partie à faire cette preuve a l'autorité de la chose jugée quant à l'admissibilité de la preuve. Rejet, 29 juillet 1873 (Dalloz, 1874, 1, 263).

le mode de partage, mais avant tout sur la part qui doit revenir à chacune des branches appelées à succéder. Un jugement ordonne l'expertise de tous les biens et détermine en même temps la part proportionnelle de chacune des branches. La cour de cassation a décidé que l'arrêt était interlocutoire quant à l'expertise, simple mesure d'instruction sur laquelle il n'y avait aucun débat, et définitif quant à la part attribuée à chacune des branches copartageantes, part qui était contestée et qui devait être réglée définitivement avant que l'on pût procéder au partage. Ainsi l'arrêt contenait tout ensemble des dispositions interlocutoires qui n'étaient pas susceptibles de passer en force de chose jugée et des dispositions définitives qui, faute d'avoir été attaquées dans le délai légal, avaient acquis l'autorité de chose jugée (1).

Un testateur lègue tout son mobilier à son conjoint. Que comprend ce legs? Un jugement décide qu'il comprend toutes les valeurs mobilières qui se trouvaient dans la succession du testateur. Le même jugement ordonne qu'il sera procédé par experts à la consistance, à la liquidation et au partage de la société d'acquêts qui avait existé entre les époux; que les époux rapporteront à la masse des biens existants tout ce dont ils étaient débiteurs envers la communauté, à titre de récompense ou d'indemnité, et que, sur la masse générale des acquêts ainsi composée, il sera fait prélèvement des reprises des époux dans l'ordre établi par les articles 1470 et 1471; enfin que le surplus sera partagé en deux lots égaux. Ce jugement était tout ensemble interlocutoire et définitif; interlocutoire en ce qui concerne l'expertise, simple mesure d'instruction sur laquelle il n'y avait aucun débat, et définitif quant aux bases de liquidation qu'il fixait sur les conclusions prises par la veuve demanderesse; ces bases formaient donc chose jugée. Le notaire liquidateur y ayant contrevenu en ce qui concerne le mode de rapport, l'arrêt qui homologuait le partage fut cassé comme violant la chose jugée (2).

(1) Rejet, 20 décembre 1814 (Dalloz, au mot *Chose jugée*, n° 49, 1°).
(2) Cassation, 8 décembre 1869 (Dalloz, 1870, 1, 31). Comparez Cassa-

Sur la demande de l'une des parties, le tribunal ordonne une enquête : il ne peut révoquer sa décision, dit Duranton. Cela n'est-il pas trop absolu ? Quand il y a débat sur la question de savoir si la preuve testimoniale est admissible, il y a jugement définitif sur ce point. Ainsi le juge décide que tel acte forme un commencement de preuve par écrit et il admet, en conséquence, la preuve testimoniale. Ce jugement est définitif et a l'autorité de chose jugée quant au commencement de preuve ; mais il est interlocutoire quant à la preuve testimoniale qu'il ordonne, en ce sens que le juge n'est pas lié par cette décision ; il lui appartient toujours d'apprécier l'enquête et, par conséquent, il est libre de prescrire d'autres mesures d'instruction ou de décider le différend, non d'après les témoignages, mais d'après les faits et circonstances de la cause (1).

27. Restent les jugements interlocutoires proprement dits, ordonnant simplement une expertise, une vérification, une preuve. S'il n'y a aucun débat entre les parties sur la mesure que le tribunal ordonne, on ne peut pas dire qu'il y ait un jugement ni, par conséquent, chose jugée. Un premier arrêt ordonne que les dommages-intérêts réclamés par un preneur pour résiliation de son bail seront donnés par état pour être vérifiés par experts. Un second arrêt liquide les dommages-intérêts sans avoir recours à une expertise. Pourvoi en cassation pour violation de la chose jugée. La cour rejette le pourvoi. Il est de principe que le juge est expert de droit, et il n'est pas lié par le résultat de l'expertise qu'il a ordonnée ; ce qui décide la question (2).

Cela suppose qu'il n'y a eu aucun débat entre les par-

tion, 5 décembre 1860 (Dalloz, 1861, 1, 88). Il a été jugé dans le même sens que le jugement qui ordonne l'établissement d'un compte, d'après certaines bases, a l'autorité de la chose jugée, quant à ces bases. Rejet, chambre civile, 19 avril 1870 (Dalloz, 1871, 1, 244).

(1) Liége, 4 février 1871 (*Pasicrisie*, 1872, 2, 214). Rejet, 29 juillet 1873 (Dalloz, 1874, 2, 263).

(2) Rejet, 27 décembre 1810 (Dalloz, au mot *Chose jugée*, n° 50, 7°). Un arrêt de rejet, du 25 novembre 1873, décide que le jugement qui a ordonné une expertise sur la demande formée par un entrepreneur en payement de travaux supplémentaires, ne met pas obstacle à ce qu'il soit

ties sur la mesure d'instruction prescrite par le tribunal : dès qu'il y a contestation, il y a condamnation ou absolution, comme le disent les lois romaines que nous avons citées (n° 22), donc chose jugée. Un jugement prononce la résiliation d'un marché de travaux entre des entrepreneurs et une compagnie de chemin de fer, et condamne la compagnie aux dommages-intérêts, pour l'évaluation desquels il prescrit une expertise. Les experts ayant fait leur rapport, le tribunal rend un second jugement dans lequel on lit que « le seul moyen de calculer le montant des dommages-intérêts est de décomposer, après toutes les opérations de recherches, de fouilles et d'examen sur les lieux, les différents éléments de chaque valeur d'ouvrage par unité, et d'obtenir ainsi d'une manière exacte son prix de revient pour le comparer ensuite au prix attribué par le devis à la même unité d'ouvrage. » L'opération n'ayant pas été faite ainsi, le tribunal en ordonna une nouvelle, d'après la base qu'il venait d'indiquer. Les nouveaux experts arrivèrent à un chiffre double de celui que les premiers experts avaient admis. Sur l'appel, la cour se prononça pour la première expertise. Pourvoi en cassation pour violation de la chose jugée par le second jugement. La cour de cassation décida que le mode de calcul suivi par les premiers experts avait été définitivement rejeté après contradiction de la part de la compagnie ; donc le jugement qui avait prescrit un nouveau mode de calculer les dommages-intérêts décidait une contestation, il était donc définitif ; non pas que la cour d'appel fût liée par le rapport des seconds experts quant au chiffre de l'indemnité due par la compagnie, mais elle était liée par le mode que le second jugement prescrivait comme étant seul admissible ; la cour ne pouvait donc, sans violer la chose jugée, revenir au mode de calcul que le tribunal avait rejeté ; la cour de cassation a soin d'ajouter : *malgré la résistance de la compagnie.* C'est donc le débat contradictoire qui distingue le jugement interlocu-

définitivement jugé qu'aucune indemnité n'est due à raison de ces travaux (Dalloz, 1875, 1, 135). Comparez Rejet, 24 juin 1873 (Dalloz, 1874, 1, 54) et Cassation, 19 janvier 1874 (Dalloz, 1874, 1, 141).

toire du jugement définitif, plutôt que la nature de la mesure d'instruction prescrite par le juge (1).

La cour de cassation l'a décidé ainsi par un arrêt récent. Dans un de ces scandaleux procès en séparation de corps qui retentissent devant les cours de France, la femme invoquait, entre autres causes, la communication d'une maladie vénérienne. Sur l'appel du jugement qui avait ordonné la preuve par témoins des faits allégués par la demanderesse, le mari défendeur demanda que la preuve par témoins de la communication de la maladie vénérienne ne fût pas admise, jusqu'à ce qu'il fût établi par le rapport d'un expert médecin que la femme était réellement atteinte de ladite maladie, et que, de plus, les notes produites par la demanderesse seraient vérifiées par experts à l'effet de constater si les remèdes qui y étaient portés supposaient une maladie vénérienne. L'arrêt rendu en conséquence était interlocutoire, puisqu'il statuait sur un mode d'instruction, mais il avait été rendu après débat contradictoire, sur les conclusions formelles des parties ; le juge avait écarté tels moyens d'instruction proposés pour s'en tenir exclusivement à d'autres moyens qu'il précisait. Pouvait-il, en statuant sur le fond, se décider par les moyens que l'interlocutoire rejetait? Non, dit la cour. Ce n'est pas à dire que le juge soit jamais lié par le résultat de la mesure d'instruction qu'il a ordonnée; il reste absolument libre sur la décision du fond. La cour, dans l'espèce, aurait donc pu rejeter la demande en séparation de corps sans tenir compte du résultat de la mesure ordonnée par l'interlocutoire, mais il ne lui était pas permis d'écarter un jugement rendu sur conclusions contradictoires (2).

28. Pothier range encore parmi les jugements qui n'ont pas force de chose jugée les jugements qui contiennent une condamnation provisionnelle. Il est vrai que la partie qui l'a obtenu a le droit de contraindre la partie

_____

(1) Cassation, 14 juillet 1869 (Dalloz, 1869, 1, 345). Comparez Liége, 23 décembre 1874; Gand, 18 juin 1874 et Bruxelles, 27 novembre 1874 (*Pasicrisie*, 1875, 2, 129, 141 et 154).
(2) Cassation, 4 juin 1872 (Dalloz, 1873, 1, 486).

condamnée à payer par provision la somme ou les choses portées par la condamnation ; mais il n'en résulte pas une présomption *juris et de jure* que cette somme ou ces choses soient dues ; en effet, la partie condamnée, après qu'elle a satisfait par provision à la condamnation, est reçue à prouver que la chose n'est pas due et peut, en conséquence, faire révoquer le jugement (1). Cette doctrine est fondée en raison ; on ne conçoit pas une vérité provisoire ; donc un jugement qui par sa nature est provisoire ne peut pas acquérir l'autorité de chose jugée, laquelle est fondée sur une présomption de vérité absolue.

Un jugement ordonne, à raison du péril de l'éviction, qu'un acquéreur ne payera les intérêts de son prix à un créancier délégué pour le recevoir qu'à la charge par celui-ci de donner caution. C'est un jugement provisoire ; les faits peuvent donner la preuve que les craintes d'éviction n'étaient pas fondées et, par suite, un jugement postérieur peut ordonner le payement des intérêts sans caution (2).

Il y a des jugements qui, par leur nature, peuvent toujours être modifiés ; en ce sens ils ne forment jamais chose jugée. Tels sont les jugements qui accordent une pension alimentaire, les aliments variant d'après les besoins de celui qui y a droit (art. 208) ; le juge peut toujours les augmenter, les diminuer, ou décider qu'ils cessent d'être dus (3).

VI. *Qu'est-ce qui forme chose jugée dans les jugements ?*

29. Il est de principe que le dispositif seul des jugements a autorité de chose jugée ; les motifs donnés par le juge ne décident rien, il n'en peut donc résulter de chose jugée. Cela est aussi fondé en raison ; la présomption de vérité est attachée aux jugements afin de mettre fin aux procès et pour éviter qu'un second jugement soit en contradiction avec une première décision. La chose jugée

(1) Pothier, *Des obligations,* n° 850. Toullier, t. V, 2, p. 93, n° 95.
(2) Rejet, 26 juin 1816 (Dalloz, au mot *Chose jugée,* n° 34, 1°).
(3) Paris, 1er décembre 1832 (Dalloz, au mot *Chose jugée,* n° 34, 2°).

implique donc l'existence d'une décision judiciaire. Peu importe que les motifs expriment une opinion relative à un point contesté; si le dispositif ne consacre pas cette opinion, en admettant ou en rejetant l'opinion énoncée dans les considérants, il n'y a pas de chose jugée (1). Un arrêt reconnaît, dans ses motifs, que le terrain litigieux est vain et vague et que la commune demanderesse en doit être réputée propriétaire; mais le dispositif ne prononce rien à cet égard, il se borne à ordonner une expertise en réservant tous les droits des parties. La commune prétend qu'il y a chose jugée sur la nature du terrain et sur la question de propriété, en se fondant sur les motifs de l'arrêt. Il a été décidé par la cour de cassation que la chose jugée doit s'induire du dispositif et non des motifs (2). A plus forte raison, un jugement qui se borne à donner acte de simples réserves non contestées ne peut être invoqué comme ayant jugé la question réservée, bien que, dans les motifs, le jugement déclare que le droit réservé appartient à la partie qui a fait la réserve (3).

30. Il ne faut pas conclure de là que les motifs sont sans influence sur la chose jugée. D'abord on doit les prendre en considération pour expliquer le dispositif et, par conséquent, pour déterminer l'étendue de la chose jugée. Le dispositif d'un arrêt se borne à mettre l'appel au néant et à ordonner que le jugement sortira son plein et entier effet. Dans l'espèce, l'appelant avait pris pour la première fois des conclusions subsidiaires devant la cour. Etaient-elles rejetées aussi bien que les conclusions principales? A s'en tenir au dispositif, on en pouvait douter, car le dispositif ne parlait pas des conclusions subsidiaires; mais, dans ses motifs, l'arrêt considérait ces conclusions comme frappées de la même fin de non-recevoir que les conclusions principales. Donc il y avait décision et, par

(1) Aubry et Rau, t. VI, p. 480 et note 10, § 769.
(2) Rejet, 9 janvier 1838 (Dalloz, au mot *Chose jugée*, n° 22, p. 218). Comparez Rejet, 9 juin 1873 (Dalloz 1873, 1, 411). Nous ne citons que le dernier arrêt, la jurisprudence est unanime. Il en est de même de la jurisprudence des cours de Belgique. Rejet, 3 mai 1867 (*Pasicrisie*, 1867, 1, 320).
(3) Rejet, 21 décembre 1853 (Dalloz, 1854, 1, 437).

suite, chose jugée et pour les conclusions subsidiaires et pour les conclusions principales. Il s'agissait de la demande en rescision d'un partage d'ascendant pour cause de lésion ; en appel, le demandeur avait conclu subsidiairement à ce que le partage fût modifié comme renfermant une donation sujette à réduction. Les considérants de l'arrêt déclaraient l'action prescrite, soit qu'elle eût pour objet la rescision, soit qu'elle eût pour objet la réduction ; les motifs expliquaient le dispositif et prouvaient que la cour avait entendu rejeter l'action par la même fin de non-recevoir. De là la conséquence que la demande formulée dans les conclusions subsidiaires ne pouvait être reproduite en justice (1).

31. Du principe que le dispositif a seul l'autorité de chose jugée suit que si les motifs d'un premier jugement sont en contradiction avec le dispositif d'un jugement postérieur, cela n'empêche pas que ce jugement n'acquière l'autorité que la loi attache à la chose jugée. Les habitants d'une commune réclament le droit de puiser l'eau à une source qui se trouve dans une propriété particulière. Un premier jugement ordonne que la commune prouvera, tant par titres que par témoins, qu'il y a pour les habitants utilité très-grande à prendre à ladite source l'eau qui leur est nécessaire ; on lit dans les motifs qu'il suffit qu'il y ait pour les habitants utilité marquée, avantage considérable, pour qu'ils aient le droit de réclamer l'usage des eaux d'une source privée. Après l'enquête, un nouveau jugement déclara mal fondée l'action de la commune, attendu qu'il n'était pas démontré que l'eau de la source litigieuse fût *nécessaire* aux habitants de la commune, dans le sens de l'article 643 ; qu'il ne suffisait pas que l'usage de la source présentât de la commodité pour la commune, que la loi exigeait la nécessité comme condition essentielle. La commune se pourvoit en cassation pour violation de l'article 1351 ; le jugement attaqué, dit-elle, décidait que les habitants n'avaient pas droit à

---

(1) Rejet, chambre civile, 24 novembre 1856 (Dalloz, 1856, 1, 399). Comparez Bruxelles, 14 juillet 1828 (*Pasicrisie*, 1828, p. 254).

l'usage de la source, par le motif que ces eaux ne leur étaient pas *nécessaires* ; tandis que le jugement passé en force de chose jugée qui ordonnait l'enquête avait déclaré dans ses motifs qu'il suffisait qu'il y eût *utilité* pour les habitants à se servir desdites eaux. La cour de cassation rejeta le pourvoi, en se fondant sur le principe que « la chose jugée réside uniquement dans le dispositif et non dans les motifs des jugements et arrêts ». Peu importait donc qu'il y eût contradiction entre les motifs du premier jugement et le dispositif du second, ce dispositif avait seul l'autorité de chose jugée. La commune s'était encore prévalue du dispositif du premier jugement ; ce motif du pourvoi a aussi été rejeté, parce que le jugement ordonnant une enquête était interlocutoire et ne pouvait, comme tel, avoir autorité de chose jugée sur le fond du procès (1).

A plus forte raison n'y a-t-il pas violation de la chose jugée lorsque les motifs d'un second jugement sont en contradiction avec les motifs d'un premier jugement. C'est une conséquence évidente du principe que les motifs ne font pas chose jugée (2).

32. Le dispositif d'un jugement a-t-il l'autorité de chose jugée à l'égard de tout ce qui s'y trouve énoncé ? Non ; si le dispositif fait chose jugée, c'est parce qu'il décide une contestation, tel est le principe qui domine la matière : tout ce qui est étranger à la décision est aussi étranger à l'autorité que la loi attribue à la chose jugée. Ainsi les simples énonciations qui ne décident rien n'ont jamais l'autorité de chose jugée. Cela est aussi fondé en raison. La loi attache une présomption de vérité aux décisions judiciaires, parce qu'elle suppose que le juge les a mûrement délibérées et qu'il a pesé tous les termes de sa sentence. Cette raison ne s'applique pas aux simples énonciations ; c'est une opinion que le juge émet en passant et sans en avoir fait l'objet d'une délibération.

Un jugement accorde à une personne des aliments en

(1) Rejet, 10 juin 1856 (Dalloz, 1856, 1, 425).
(2) Rejet de la cour de cassation de Belgique, 28 janvier 1848 (*Pasicrisie*, 1848, 1, 296).

qualité d'enfant. A-t-il l'autorité de chose jugée sur la question de filiation? Si la question a été débattue entre les parties, l'affirmative n'est point douteuse; nous supposons qu'elle n'a fait l'objet d'aucun débat, dès lors il ne peut être question de chose jugée. C'est l'application du vieil adage : *Tantum judicatum quantum litigatum.* Quand même dans le dispositif le demandeur serait qualifié d'enfant, le jugement ne ferait pas chose jugée sur la question de filiation. On objecte que le demandeur a réclamé les aliments en qualité d'enfant et qu'il ne peut les obtenir qu'à ce titre. Sans doute le juge n'a accordé les aliments qu'en supposant qu'il était enfant du défendeur, mais supposer n'est pas juger. La raison est d'accord avec la subtilité du droit. L'état d'enfant légitime est la base de l'ordre civil; quand il est contesté, toute l'attention du juge se concentre sur les preuves de la filiation; tandis que, dans une demande d'aliments, le juge considère avant tout les besoins de celui qui les réclame; quand le défendeur ne soulève pas la question de filiation, le juge n'a pas à l'examiner; et comment le jugement aurait-il l'autorité de chose jugée sur une question aussi importante, alors qu'elle n'a pas été débattue devant lui (1)?

Le créancier demande contre son débiteur les intérêts d'un capital, le juge condamne le débiteur à les payer. Y a-t-il chose jugée quant au capital? On suppose que le dispositif énonce le montant du capital. Il a été jugé que la décision n'avait pas l'autorité de chose jugée quant au capital (2). On peut objecter que le juge, en allouant les intérêts, décide implicitement que le capital est dû, puisqu'il ne peut y avoir d'intérêts sans capital. Sans doute, mais la question est de savoir s'il y a chose jugée; or, le juge n'a rien décidé quant au capital, cette question n'a pas été agitée devant lui, il est donc impossible qu'il l'ait décidée, partant il n'y a pas chose jugée.

Une instance s'engage sur une adjudication. L'adjudi-

---

(1) Toullier, t. V, 2, p. 190, nos 228 et 229, et tous les auteurs.
(2) Rejet, 25 août 1829 (Dalloz, au mot *Chose jugée*, no 24), et tous les auteurs.

cataire allègue diverses créances qui devaient être imputées sur le prix; le jugement fixe le chiffre de ces
créances, et énonce, dans le dispositif, la somme de
125,050 francs qui constitue le prix. Postérieurement
l'adjudicataire soutient qu'une remise de 5,050 francs lui
avait été consentie. On lui oppose la chose jugée. La cour
de cassation a décidé qu'il n'y avait point de chose jugée
quant au prix d'adjudication. En effet, le prix n'avait été
l'objet d'aucunes conclusions et d'aucun débat entre les
parties; les juges, ni dans les motifs, ni dans le dispositif, n'examinaient ni ne décidaient une question qui ne
leur était pas soumise (1).

33. Toute décision judiciaire a l'autorité de chose
jugée, sans qu'il y ait à distinguer entre ce qui a été décidé incidemment et ce qui a été décidé principalement,
pourvu que le jugement soit intervenu sur les conclusions
formelles des parties. J'intente une action en pétition
d'hérédité; le défendeur conteste mon état; il soutient
que je suis un enfant naturel et, comme tel, exclu de la
succession collatérale que je réclame. Le juge décide que
je suis enfant légitime et que j'ai droit à l'hérédité comme
tel. Quoique la question d'état n'ait pas fait l'objet de ma
demande principale, elle n'en est pas moins décidée sur
débat contradictoire; donc il y aura chose jugée (2). La
raison d'ailleurs nous dit que cette décision incidente a
la même gravité et doit avoir la même autorité que si
j'avais intenté une action principale en réclamation d'état;
il doit donc y avoir présomption de vérité pour les décisions incidentes aussi bien que pour les décisions principales (3).

34. Faut-il que la décision soit expresse pour qu'elle
ait l'autorité de chose jugée? ou suffit-il qu'elle soit implicite? La loi n'exige pas une décision expresse, elle ne
dit rien sur la forme dans laquelle doit être conçu le dis-

(1) Cassation, 14 janvier 1852 (Dalloz, 1852, 1, 29).
(2) Cassation, sections réunies, 25 pluviôse an II (Dalloz, au mot *Chose
jugée*, n° 163) et 15 juin 1818 (Dalloz, au mot *Filiation*, n° 390).
(3) Duranton, t. XIII, p. 510, n° 483. Aubry et Rau, t. VI, p. 480 et note 14,
§ 769.

positif. Cela décide la question. L'article 1351 énumère les conditions requises pour qu'il y ait chose jugée; tout ce qu'il exige, c'est qu'il y ait un jugement, c'est-à-dire un dispositif qui décide la contestation. Quant à la forme. la loi l'abandonne au juge. Sans doute, les juges devraient, en cette matière, se rappeler toujours le bon mot de Talleyrand : « Les choses qui vont sans dire vont encore mieux en les disant. » Si les jugements étaient rédigés avec plus de soin, bien des procès sur la chose jugée seraient écartés. Mais, en droit, il n'en faut pas moins admettre qu'une décision implicite a force de chose jugée aussi bien qu'une décision explicite, l'interprète ne pouvant pas exiger des conditions que la loi ne prescrit point. La jurisprudence est d'accord sur ce point avec la doctrine. On lit dans un arrêt de la cour de cassation de Belgique rendu sur le rapport d'un excellent jurisconsulte, M. De Cuyper : « Si le juge ne décide réellement que ce qu'il déclare pour droit dans le dispositif de son jugement, la loi néanmoins n'a point déterminé de formule obligatoire pour ce dispositif, d'où suit que la décision du juge peut résulter virtuellement de ce qu'il a ordonné (1). »

La difficulté est de savoir quand il y a décision implicite. Il faut que la décision soit une suite nécessaire d'une disposition expresse. Le principe résulte de l'essence même de l'autorité qu'a la chose jugée : elle est attribuée au jugement; pour qu'il y ait jugement, il faut une décision qui ne laisse aucun doute sur la volonté du juge; cette volonté doit donc être exprimée dans le jugement; si elle ne s'y trouve pas en toutes lettres, il faut du moins qu'elle résulte nécessairement des expressions du dispositif: on peut dire alors qu'elle y est exprimée (2). L'application du principe n'est point sans difficulté. Un vieil adage dit: *Quod judex non adjudicat abjudicat.* C'est l'argument *à contrario* appliqué aux jugements. L'argument a peu

_____

(1) Rejet, 20 décembre 1851 (*Pasicrisie*, 1851, 1, 174). Comparez Cassation, 4 décembre 1837 (Dalloz, au mot *Chose jugée*, n° 122).
(2) Aubry et Rau, t. VI, p. 481, § 769. Larombière, t. V, p. 222, n° 27 (Ed. B., t. III, p. 238).

de valeur, soit pour l'interprétation des lois, soit pour l'interprétation des contrats. En matière de décisions judiciaires, il faut s'en tenir strictement à la lettre du jugement; tout ce qui n'est pas compris dans sa lettre en est par cela même exclu. En ce sens on peut invoquer le vieil adage que nous venons de citer.

Les considérants peuvent faire connaître la volonté du juge; quand ces considérants prouvent à l'évidence qu'il a regardé comme non fondée une exception proposée par l'une des parties, on doit admettre que le juge l'a implicitement abjugée, quoique le dispositif garde le silence sur cette exception. C'est, dit la cour de Bruxelles, le cas d'appliquer l'adage : *Quod judex non adjudicat abjudicat* (1).

Il faut encore prendre en considération les principes dont le juge fait application à l'espèce. Dans une instance en partage, le juge décide que les fruits perçus depuis l'ouverture de la succession jusqu'à une certaine époque ne seront pas restitués. Ce jugement décide par cela même que les fruits perçus postérieurement devront être restitués pour être compris dans la masse partageable. C'est une argumentation *a contrario*, mais elle est conforme aux principes, car, de droit commun, les fruits appartiennent à l'hérédité et l'augmentent; donc il faut les y comprendre, à moins de disposition contraire; d'où suit que tous les fruits que le jugement n'a pas accordés à l'héritier qui les a perçus doivent par cela même être restitués (2).

Enfin, pour interpréter le dispositif, il faut tenir compte des conclusions que le jugement admet ou rejette, car c'est une question d'interprétation. Un créancier demande à être admis au passif d'une faillite pour une somme de 136,856 francs. Deux jugements admettent la demande; le dernier ordonne que le créancier sera admis au passif de la faillite pour le montant des titres de créance qu'il avait présentés et sur lesquels il était en contestation

(1) Bruxelles, 3 mars 1825 (*Pasicrisie*, 1825, p. 329); 11 décembre 1852 (*ibid.*, 1853, 2, 342).

(2) Cassation, 6 décembre 1852 (Dalloz, 1853, 1, 50).

avec les syndics. Plus tard, de nouvelles difficultés s'éle-
vèrent ; ledit créancier présenta un compte où figurait la
créance de 136,856 francs. La cour d'Angers décida que
la créance devait être réduite à 31,800 francs. Pourvoi en
cassation pour violation de la chose jugée. On opposa au
pourvoi que le jugement n'énonçait pas le montant de la
créance dans son dispositif ; la cour de cassation répond
qu'il fallait mettre le dispositif en rapport avec les conclusions. Sur quoi le créancier était-il en contestation
avec les syndics ? Sur le chiffre de sa créance. Qu'est-ce
que le juge lui alloua ? Le chiffre de la créance, telle qu'il
l'avait présentée et affirmée. Donc le dispositif décidait
implicitement que c'est le chiffre pour lequel le demandeur devait être admis au passif (1).

35. La cour de cassation a fait l'application de ces
principes dans l'espèce suivante. Demande en revendication fondée sur des actes et sur la prescription. Un premier jugement rejeta dans ses motifs la preuve par titres,
parce que l'acte d'acquisition du défendeur comprenait
formellement le terrain litigieux ; mais comme les demandeurs invoquaient aussi la prescription, le tribunal
les admit à prouver qu'ils avaient possédé le terrain depuis plus de trente ans. Après l'enquête, nouveau jugement qui rejeta la demande en revendication. Dans ce
second jugement, il était dit que le premier avait décidé,
d'après les titres produits au procès, que le défendeur
devait être considéré comme propriétaire du terrain litigieux. Pourvoi en cassation pour violation de l'art. 1351 :
le tribunal et la cour de Bordeaux ayant attribué l'autorité de chose jugée à un jugement qui ne décidait pas la
question de propriété, en tant qu'elle dépendait de l'examen des titres, les motifs seuls contenaient une appréciation des actes produits par le défendeur ; le tribunal et la
cour avaient donc reconnu l'autorité de chose jugée à des
motifs sans qu'il y eût aucun dispositif. La cour de cassation rejeta le pourvoi. Elle invoque d'abord les conclusions des demandeurs ; ils se prétendaient propriétaires

(1) Cassation, 13 mars 1832 (Dalloz, au mot *Chose jugée*, n° 182).

du terrain en litige, soit d'après leurs titres, soit par la prescription. Que fit le tribunal? Dans son premier jugement, il commença par apprécier les titres, et il déclara, dans les motifs, que les titres repoussaient la demande; puis, statuant sur la prescription, il ordonna une enquête. De ce que la déclaration concernant les titres n'était pas reproduite dans le dispositif, fallait-il conclure qu'il n'y avait aucune décision à cet égard, comme le prétendait le pourvoi? Non, car il résultait des termes du jugement et du rapprochement de ses diverses dispositions que le tribunal avait entendu rejeter et qu'il avait rejeté, en effet, la demande en revendication, en tant qu'elle était fondée sur des titres. La cour ajoute que l'enquête ordonnée sur l'exception de prescription impliquait le rejet de la demande en tant que fondée sur des titres (1). Voilà l'argument *a contrario* ou l'application de l'adage *Quod judex non adjudicat abjudicat*. Dans l'espèce, cette argumentation n'était pas douteuse, puisque le juge déclarait expressément sa volonté dans les motifs; il y avait donc concours de toutes les raisons qui permettent d'induire une décision implicite d'un jugement qui ne contient pas de décision explicite sur le point litigieux, conclusions, motifs et argument *a contrario*.

36. Un arrêt récent de la cour de cassation fait l'application du même principe à une autre espèce. Si nous multiplions les exemples, c'est que la matière abstraite que nous traitons ne se comprend que lorsqu'on voit les principes en action. Un propriétaire riverain de la forêt de Compiègne demande que le fossé qui sépare ses pièces de terre de la forêt soit déclaré mitoyen. Ladite forêt est close par des cours d'eau, des murs, des routes et, pour plus de moitié, par des fossés. Il existe, en outre, des

_____

(1) Rejet, 25 février 1863 (Dalloz, 1864, 1, 283). Il y a un arrêt dans le même sens, de la cour de Besançon, jugeant sur renvoi; elle pose nettement le principe en ces termes : « Considérant, en droit, que la loi n'a point prescrit de formule sacramentelle pour les jugements, et qu'il suffit que l'admission des moyens présentés soit la conséquence nécessaire et indispensable du dispositif, pour que l'on doive décider que ce dispositif a jugé la difficulté que les motifs avaient déjà appréciée. » Besançon, 3 août 1861 (Dalloz, 1862, 2, 12).

bornes plantées tantôt du côté de la forêt, tantôt du côté des riverains, tantôt dans le fossé. Le premier juge en conclut que la limite n'est pas la ligne tracée par des bornes si irrégulièrement plantées, mais le fossé. Comme le fossé est censé appartenir exclusivement à celui du côté duquel se trouve le rejet des terres, le tribunal ordonna qu'il serait procédé à la visite des lieux, afin de constater comment les bornes étaient placées et de quel côté était le rejet des terres. Il se trouva que le rejet était tout entier sur le sol de la forêt dans la partie limitrophe qui formait l'objet du litige : ce qui décidait la question. Appel. La cour d'Amiens décida que le jugement de première instance avait jugé définitivement la question de savoir si la délimitation de la forêt avait été faite par un bornage régulier ; les premiers juges ayant déclaré insuffisants les titres produits pour l'établir, ils ont cherché la solution du litige ailleurs, dans le rejet des terres. La cour se décida par la même considération et rejeta la demande. Pourvoi en cassation pour violation de l'article 1351, en ce que l'arrêt avait attribué la force de la chose jugée sur le fond du droit litigieux à une sentence qui prescrivait seulement une expertise, en réservant les droits des parties. La cour de cassation dit que le jugement contenait une décision définitive sur la question de savoir si la limite des héritages était la ligne tracée par les bornes, et qu'il décidait que la limite était le fossé qui séparait de la forêt de Compiègne le terrain du demandeur. Il est vrai que cette déclaration du jugement n'était mentionnée explicitement que dans les motifs, mais elle était confirmée implicitement par le dispositif qui nommait des experts pour vérifier de quel côté se trouvait le rejet des terres. En effet, cette vérification eût été inutile si le jugement n'avait pas entendu décider définitivement que les bornes devaient être écartées du procès, puisqu'elles ne déterminaient pas la limite des propriétés des parties. C'est donc avec raison que l'arrêt avait reconnu l'autorité de la chose jugée à cette partie du jugement (1).

_____

(1) Rejet, 19 mars 1872 (Dalloz, 1873, 1, 67).

37. Il y a une dernière règle qui sert à déterminer s'il y a ou non chose jugée et quelle est l'étendue de la chose jugée. Le dispositif, qui garde parfois le silence sur le fait litigieux, peut aussi être conçu dans des termes trop absolus. Pour en fixer le véritable sens, il faut consulter non-seulement les motifs, mais surtout les conclusions des parties. Quelque généraux que soient les termes du dispositif, il faut les limiter, lorsqu'il s'agit de les interpréter, par les conclusions des parties; c'est ici le cas de dire : *Tantum judicatum quantum litigatum.* Nous disons qu'il faut interpréter le dispositif par les conclusions, ce qui suppose que le sens et la portée du dispositif sont douteux. Il se peut que le jugement ait évidemment dépassé les conclusions; cela n'empêchera pas qu'il ait l'autorité de la chose jugée, sauf aux parties à se pourvoir par la requête civile pour le faire révoquer (code de proc., article 480, nᵒˢ 3 et 4) (1). Le vieil adage que nous venons de répéter n'est donc qu'une règle d'interprétation et, à ce titre, il est fondé en raison. Tout jugement est une décision, et qu'est-ce que le juge est appelé à décider? La contestation que les parties lui soumettent; dès qu'il dépasse les conclusions des parties, il est sans mission, car il n'a pas d'initiative comme le législateur. Mais on ne peut pas admettre facilement que le juge commette un excès de pouvoir, il faut donc interpréter le dispositif par les conclusions (2).

La jurisprudence est en ce sens. On lit dans un arrêt de la cour de Liége qu'il n'y a de chose jugée sur un point qu'autant qu'il a été l'objet de conclusions prises par les parties et qu'une disposition du jugement en a prononcé le rejet ou l'admission (3). C'est la conséquence du principe qui domine la matière; il faut, comme disent les jurisconsultes romains, une condamnation ou une absolution, ce qui implique l'admission ou le rejet des

---

(1) Aubry et Rau, t. VI, p. 481, note 17. Larombière, t. V, p. 225, nᵒ 30 (Éd. B., t. III, p. 239).

(2) Rejet, section civile, 27 août 1817 (Dalloz, au mot *Chose jugée,* nᵒ 204, 2ᵒ).

(3) Liége, 17 février 1866 (*Pasicrisie,* 1867, 2, 391). Comparez Bruxelles, 21 mars 1855 (*ibid.,* 1856, 2, 102).

conclusions. C'est dans ces limites que l'on doit restreindre le dispositif et, par conséquent, l'autorité de la chose jugée. Le jugement fixe l'actif et le passif d'une communauté ; il détermine le montant en capital des reprises dont la femme est créancière, en gardant le silence quant aux intérêts. Y a-t-il chose jugée implicite quant aux intérêts? Il faut voir les conclusions. Dans une espèce qui s'est présentée devant la cour de cassation, il n'y avait pas de conclusion quant aux intérêts ; cela était décisif. Le juge ne pouvait pas rejeter une demande qui n'avait pas été faite. La cour de Colmar avait admis la chose jugée. C'était une erreur évidente. Comment y aurait-il une décision et chose jugée, alors qu'aucune demande n'avait été formée et qu'il n'avait été pris aucunes conclusions sur le chef des intérêts? Il y avait omission de la part des parties intéressées : c'était à elles de la réparer (1).

§ II. *Des conditions requises pour qu'il y ait chose jugée.*

38. L'article 1351 énumère les conditions qui sont requises pour qu'il y ait autorité de la chose jugée : il faut qu'il y ait identité d'objet, de cause et de personnes. Ces conditions sont-elles générales? ou ne concernent-elles que ce que l'on appelle l'*exception de chose jugée?* D'après les termes de l'article 1351, on pourrait le croire, et cette opinion a été soutenue plus d'une fois devant la cour de cassation. La loi dit : « Il faut que la chose *demandée* soit la *même*, que la *demande* soit fondée sur la *même cause*, que la *demande* soit entre les *mêmes parties*, ce qui suppose que c'est le *demandeur* qui a produit en justice une demande qui a déjà été jugée et décidée contre lui par un premier jugement. Est-ce à dire que le demandeur ne puisse pas opposer la chose jugée? L'affirmative n'est pas douteuse. Il n'y a qu'une vérité ; la décision judiciaire est donc présumée la vérité à l'égard des deux parties qui sont en cause, et partant chacune d'elles peut

(1) Cassation, 28 décembre 1859 (Dalloz, 1860, 1, 345).

se prévaloir de l'autorité de la chose jugée. Si ces termes de la loi ne prévoient que le cas où la chose jugée est opposée par le défendeur, c'est parce que tel est le cas ordinaire, et les lois ne décident que les difficultés qui se présentent habituellement. Mais le principe n'en est pas moins général; on ne conçoit même pas qu'il puisse ne pas l'être : la présomption de vérité ne se divise pas, parce qu'il n'y a qu'une vérité. Il a été jugé que les conditions de la chose jugée s'appliquent aux demandes reconventionnelles ou aux exceptions présentées par le défendeur, aussi bien qu'aux demandes principales (1). Le premier juge s'y était trompé; il suffit de rappeler un principe élémentaire pour prouver son erreur sur la question de droit, quand on la dégage des difficultés de fait qui viennent toujours embarrasser la décision et font souvent perdre de vue les principes les plus simples. Le défendeur qui oppose une exception ou une demande reconventionnelle devient *demandeur* quant à l'exception; on peut donc lui appliquer la lettre de l'article 1351. Et l'esprit de la loi est tout aussi évident. La chose jugée repose sur une présomption de vérité. Ce qui est vrai pour le demandeur est aussi vrai pour le défendeur. Quant aux conditions requises pour qu'il y ait présomption de vérité, elles doivent être les mêmes, car ces conditions, comme nous allons le dire, résultent de l'essence de la chose jugée.

De même, si le premier jugement a condamné le défendeur, il y a chose jugée contre lui, mais seulement sous les conditions déterminées par la loi. Il peut donc former une demande pour se soustraire à l'exécution de la décision passée en force de chose jugée, si cette demande est fondée sur une cause qu'il n'a pas fait valoir devant le premier juge. Ainsi le défendeur est condamné à l'exécution d'une donation. Il demande ensuite la révocation de la donation pour cause de survenance d'enfants; peut-on lui opposer la chose jugée? On l'a prétendu devant la cour de cassation. Il y avait, dans l'espèce, un léger motif

(1) Cassation, 18 mars 1863 (Dalloz, 1863, 1, 193).

de douter, c'est que cette révocation existait déjà lors du premier jugement. Mais qu'importe? Sans doute, le défendeur, lors de la première instance, aurait pu faire valoir cette cause de révocation, et le juge aurait dû l'admettre; mais il ne l'avait pas fait. Le juge n'avait pas pu décider une question qui ne lui était pas soumise, partant il n'y avait pas chose jugée quant à la survenance d'enfants. Restait à savoir si le défendeur, dans la première instance, pouvait se prévaloir des principes qui régissent l'autorité de la chose jugée; or, cette question n'en est pas une. L'autorité de la chose jugée, dit la cour de cassation, n'a lieu qu'autant que la demande est fondée sur la même cause; ce principe général et absolu n'admet pas de distinction entre le demandeur et le défendeur (1).

ARTICLE 1er. Même objet.

N° 1. PRINCIPE.

39. L'article 1351 porte : « L'autorité de la chose jugée n'a lieu qu'à l'égard de ce qui a fait l'objet du jugement. Il faut que la chose demandée soit la même. » Quel est le motif de cette première condition de la chose jugée? Toullier répond : « Il est évident qu'il n'y a point de chose jugée à opposer à la seconde demande si l'objet en est différent, s'il n'est plus le même que celui de la première, puisque le magistrat n'avait entendu juger, comme les parties n'avaient entendu soumettre à sa décision, que l'objet de la première demande et non celui de la seconde (2). » Cela est, en effet, évident, mais il est bon de donner le motif de l'évidence, car ce sont les motifs qui font connaître les principes, et les principes servent à décider toutes les difficultés qui se présentent dans l'application de la loi. Et les difficultés ne manquent pas dans notre matière; chaque jour il s'en présente de nouvelles;

(1) Rejet, 14 novembre 1866, chambre civile (Dalloz, 1867, 1, 336).
(2) Toullier, t. V, 2, p. 123, n° 144.

il n'y a pas d'article dans le code qui donne lieu à autant de procès que l'article 1351 ; les principes mêmes, comme nous le dirons plus loin, sont l'objet de vives contro-verses. L'interprète ne peut donc pas se contenter de dire que la chose est évidente; il doit rendre cette évi-dence palpable.

L'autorité de la chose jugée repose sur une présomp-tion de vérité, et toute présomption est fondée sur une probabilité qui touche à la certitude et qui légalement est la certitude, car la présomption de vérité attachée aux jugements n'admet point de preuve contraire, pas même le serment et l'aveu (1). Il est, en effet, probable que le juge, éclairé par les débats contradictoires des parties et par le réquisitoire du ministère public, a porté une déci-sion fondée en fait et en droit. Mais cette probabilité n'existe que pour les points de droit et de fait qui ont été l'objet des conclusions des parties, les points sur lesquels a roulé le débat, les points que le juge a décidés. S'agit-il d'un autre point que les parties n'ont point soumis au juge, que le juge n'a pas décidé, la probabilité n'a plus de raison d'être; quelque rapport qu'il y ait entre l'objet de la nouvelle demande et l'objet du premier jugement, on ne peut pas dire que le premier juge l'a décidé, alors qu'il ne lui était pas soumis ; on peut conjecturer qu'il l'aurait décidé dans le même sens, mais cette conjecture n'a rien de commun avec le principe de la chose jugée ; comme le dit le mot, il s'agit de la chose qui a été jugée ; la société est intéressée à ce que la chose jugée soit stable, elle n'a aucun intérêt à ce que les jugements soient con-sidérés comme la vérité quant aux points de fait et de droit qu'ils n'ont pas décidés; loin de là, il y a un intérêt très-grave à ce que l'on ne puisse étendre les effets de la chose jugée à des contestations nouvelles, l'intérêt de la défense. C'est plus qu'un intérêt, c'est un droit; les parties n'ont pas pu soutenir leurs prétentions sur des objets qui n'ont pas été débattus devant le premier juge; or, c'est un droit, et un droit sacré, que celui de la dé-

(1) Voyez t. XIX de mes *Principes*, p. 623, n° 603.

fense, et par défense on entend, en cette matière, le droit du demandeur aussi bien que celui du défendeur. Donc le principe de la chose jugée, sous toutes ses faces, ne peut recevoir d'application qu'à la chose qui a été l'objet du jugement.

40. En exposant les motifs de la première condition requise pour qu'il y ait chose jugée, nous avons posé en même temps le principe qui sert à décider quand il y a identité d'objet. Les auteurs se bornent, en général, à invoquer le principe tel qu'il est formulé par les jurisconsultes romains. Quand peut-on dire que la chose demandée dans une seconde instance est la même que celle qui a fait l'objet du premier jugement? Il faut, dit-on, que ce soit le même corps, la même quantité s'il s'agit de choses corporelles, le même droit s'il s'agit de choses incorporelles (1). Ce prétendu principe ne nous fait pas connaître quand la chose demandée est la même, c'est une périphrase; on nous dit en quoi consiste l'objet, on ne nous dit pas quand cet objet est le même. *Idem corpus* : sans doute, mais quand le corps est-il le même? *Quantitas eadem* : cela ne fait pas question quand il s'agit d'une quantité en chiffres, mais la controverse est grande sur le point de savoir si le plus ou le moins influe sur la chose jugée, et ce n'est pas la formule romaine qui nous aidera à résoudre la difficulté. *Idem jus* : fort bien, mais quand le droit est-il le même? La formule ne nous le dit certainement pas.

Mais les motifs de la loi le disent. Pourquoi attache-t-elle une présomption de vérité au jugement? Pour ne pas ébranler l'autorité que doivent avoir les jugements, parce que cette autorité est la base de l'ordre social. Comment empêcher que ce qui a été jugé en un sens par le premier juge ne soit jugé en un sens contraire par un nouveau juge? Il faut que l'on puisse repousser par l'autorité de la chose jugée, c'est-à-dire par une fin de non-recevoir absolue, celui qui veut remettre en question, dans une seconde instance, ce qui a déjà été jugé dans

---

(1) Toullier, t. V, 2, p. 123, n° 144. Colmet de Santerre, t. V, p. 625, n° 328 *bis*, IV. Aubry et Rau, t. VI, p. 493, note 55, § 769.

une première instance, car le second juge pourrait décider le contraire de ce qu'a décidé le premier. La difficulté se réduit donc a savoir ce qu'a décidé le premier juge ; nous y avons répondu d'avance : c'est ce qui a été demandé par les conclusions des parties, ce qui a été débattu dans le cours du procès, ce que le juge a décidé dans le disposi-ţif du jugement. Ainsi la chose jugée est strictement limitée par les conclusions, les débats et le dispositif; l'étendre au delà, c'est violer le droit de défense, c'est méconnaître les motifs sur lesquels est fondée la présomp-tion de vérité qui s'attache aux jugements. Il y a donc deux intérêts, pour mieux dire, deux droits en présence et en conflit. La société est intéressée à ce que les jugements soient stables et à ce que les procès aient une fin; c'est plus qu'un intérêt, c'est le droit de conservation, le pre-mier de tous les droits, sans lequel il n'y a plus de so-ciété ; et que deviendraient les droits des individus dans une société dont les fondements seraient sans cesse ébran-lés? Mais il y a un autre droit tout aussi essentiel : c'est que l'individu puisse recourir à la justice pour réclamer ses biens et ses droits. Il faut concilier ces deux intérêts, il ne faut pas sacrifier le droit de l'individu au droit de la société, sous le prétexte que la chose jugée est d'intérêt public; le droit de la défense est aussi d'intérêt public. Les deux intérêts, quoique souvent en conflit, ne sont pas opposés. La chose jugée doit être stable, mais seulement la chose jugée; il faut donc limiter l'autorité qui y est attachée à ce qui a été demandé, délibéré et décidé dans la première instance. Hors de là, le droit des individus reparaît avec toute son énergie; on ne peut pas les re-pousser du seuil de la justice en leur opposant que ce qu'ils demandent a déjà été jugé, quand ils demandent autre chose que ce qui a été demandé et décidé dans la première instance.

A l'appui du principe, tel que nous le formulons, nous invoquons la tradition. Voet est le jurisconsulte pratique par excellence, et ce que nous cherchons, c'est un principe qui nous serve de guide dans l'application de la chose jugée. Quand la chose est-elle la même? Voet répond : « Quand on demande au second juge ce qui avait été demandé au premier (1). » Ce sont les termes de l'article 1351. Or, quel est l'acte par lequel les parties demandent au juge ce qu'elles veulent obtenir ? Ce sont les conclusions qu'elles prennent. Les conclusions servent de base au jugement, il faut donc combiner le dispositif du jugement avec les conclusions ; par là on apprendra ce qui a été débattu devant le premier juge, c'est-à-dire quel a été l'objet du litige. Ce qui a été débattu devant le premier juge ne peut plus être demandé au second, sinon on risquerait d'avoir un second jugement qui déciderait le contraire de ce qu'a décidé le premier. Quand donc la chose demandée sera-t-elle la même ? Quand le second jugement, en le supposant rendu conformément aux conclusions principales ou reconventionnelles des parties, détruirait le premier en tout ou en partie. Si le second jugement, en le supposant conforme aux conclusions des parties, laisse subsister le premier, s'il ne le contredit pas, la chose demandée ne sera pas la même. Dans le premier cas, l'intérêt social exige que le débat ne soit pas renouvelé ; dans le second, le droit de la défense exige que le procès ait son cours (2).

La jurisprudence n'a pas et ne peut guère avoir la rigueur de la doctrine. Toutefois elle consacre le principe que nous venons de formuler. Nous nous bornons, pour le moment, à citer quelques décisions des cours de Belgique. La cour de Bruxelles dit que, s'il ne résulte ni des motifs ni du dispositif de la première décision que le point litigieux a été débattu et examiné, il n'y a pas autorité de chose jugée ; les inductions que l'on tirerait du premier jugement seraient tout au plus des conjectures, ce qu'on appelle un préjugé ; mais un préjugé n'est pas la chose jugée, car il laisse au magistrat pleine liberté d'apprécier le nouveau litige (3). Dans un arrêt rendu par la cour de Liége, on lit qu'il n'y a chose jugée sur un point qu'autant

---

(1) Voet, *Comment. ad Pandect.*, XLIV, II, 3.
(2) Marcadé, t. V, p. 167 n°s 3 et 4 de l'article 1351. Mourlon, *Répétitions*, t. II, p. 853, n°s 1619 et 1621.
(3) Bruxelles, 8 mai 1862 (*Pasicrisie*, 1863, 2, 254).

qu'il a été l'objet de conclusions prises par les parties, ou qu'une disposition du jugement en prononce l'admission ou le rejet (1). Nous allons appliquer le principe aux diverses matières dont traite le code civil, en empruntant ces applications aux nombreuses décisions rendues presque toutes par la cour de cassation.

N° 2. APPLICATION DU PRINCIPE.

I. *Des droits d'état personnel.*

41. Un premier arrêt rejette une demande en interdiction ; il y est dit que la personne dont les parents poursuivaient l'interdiction avait été appelée en chambre du conseil et que, loin de donner des preuves de démence, elle avait montré qu'elle était saine d'esprit et qu'elle jouissait entièrement de ses facultés. Le jour même où l'arrêt fut prononcé, le défendeur fit un testament par lequel il léguait toute sa fortune à un étranger, en déshéritant sa famille. Plus tard, il fut interdit. Après sa mort, ses héritiers demandèrent la nullité du testament, en se fondant sur ce que le testateur n'était pas sain d'esprit au moment où il avait testé. Le légataire soutint qu'il y avait chose jugée, le testament ayant été fait le jour même où un arrêt avait prononcé le rejet de la demande en interdiction. Cette exception fut rejetée. Qu'est-ce qui avait été demandé au premier juge ? L'interdiction, et l'interdiction ne peut être prononcée que lorsqu'une personne se trouve dans un état habituel d'aliénation mentale. Rejeter la demande en interdiction, c'est donc décider que la personne que l'on voulait faire interdire ne se trouvait pas dans un état habituel d'imbécillité, de démence ou de fureur. Que demandait-on au second juge ? La nullité du testament ; pour tester, il faut être sain d'esprit au moment où l'on teste ; or, celui qui est dans un état habituel d'aliénation peut être sain d'esprit au moment où il teste ; de même celui qui n'est pas dans un état habituel d'alié-

(1) Liége, 17 février 1866 (*Pasicrisie*, 1867, 2, 391).

nation et qui, par conséquent, ne peut pas être interdit, peut ne pas être sain d'esprit au moment où il teste. Il suit de là que la demande en nullité du testament n'avait pas le même objet que la demande d'interdiction : en annulant le testament parce que le testateur n'était pas sain d'esprit au moment où il l'avait fait, le second juge ne contredisait donc pas le premier, qui avait décidé que le testateur ne pouvait être interdit, parce qu'il ne se trouvait pas dans un état habituel de démence. Peu importait que le testament eût été fait le jour même où le premier arrêt fut prononcé : il n'y avait pas contradiction ; le premier juge décidait que le défunt ne s'était pas trouvé dans un état habituel d'aliénation, le second décidait qu'il n'était pas sain d'esprit au moment où il avait testé; or, l'on peut très-bien ne pas être dans un état habituel de folie et n'être pas sain d'esprit à un moment donné (1).

II. *Droits de propriété.*

42. Un premier jugement décide que le défendeur n'était pas propriétaire d'une portion divise, trente arpents, dans un marais de l'île d'Oléron et que, par suite, il n'avait pas eu le droit de les défricher et de les mettre en culture. Le dispositif porte que le défendeur sera tenu de rétablir les lieux dans l'état où ils étaient avant son entreprise. Plus tard, une nouvelle instance s'engage sur la question de savoir si le défendeur avait un droit de copropriété indivise dans ledit marais. La chose demandée était-elle la même et y avait-il chose jugée? Non, certes. Car qu'est-ce qui avait été demandé au premier juge? Qu'il décidât que le défendeur n'avait pas la propriété exclusive ni un droit privatif de jouissance sur les trente arpents par lui défrichés. Qu'est-ce que l'on demandait dans la seconde instance? Qu'il fût reconnu que ledit défendeur avait un droit de propriété commune et indivise. En décidant qu'il était copropriétaire par indivis de tout le marais,

(1) Bruxelles, 15 juin 1832 (*Pasicrisie*, 1833. 2, 177). Comparez Rejet de la cour de cassation de Belgique, 26 août 1833 (*Pasicrisie*, 1833, 1, 144). Rejet, cour de cassation de France, 28 juillet 1874 (Dalloz, 1875, 1, 108).

le second juge contredisait-il le premier jugement, qui décidait qu'il n'était pas propriétaire exclusif de trente arpents? Le premier juge n'avait pas décidé la question de copropriété indivise, et il ne pouvait pas la décider, car elle ne lui avait pas été soumise ; aussi le juge s'était-il borné à décider que le défendeur était tenu de rétablir les trente arpents dans l'état où ils étaient avant son entreprise, ce qui laissait entière la question de savoir si le défendeur était copropriétaire ; la question de copropriété ne faisait pas l'objet des conclusions des parties, elle n'avait pas été débattue, elle ne fut pas décidée par le dispositif du jugement ; un second juge pouvait donc la décider en faveur du défendeur primitif. La raison et le bon sens sont d'accord avec le droit. Est-ce que je ne puis pas être copropriétaire d'un marais, bien qu'un jugement ait décidé que je ne suis pas propriétaire exclusif de trente arpents de ce marais? Il n'y a donc aucune contradiction entre un second jugement qui me reconnaît copropriétaire et le premier jugement qui m'a abjugé la propriété exclusive de trente arpents. Par conséquent, il n'y a pas chose jugée. La cour de Poitiers avait cependant admis la chose jugée; son arrêt a été cassé (1).

43. Dans un débat entre une commune et un particulier, il est jugé que la commune n'est pas propriétaire du terrain qui faisait l'objet du litige. La commune réclame ensuite un droit d'usage sur le terrain litigieux. Est-ce demander la même chose? La négative est certaine. Quel était l'objet des premières conclusions, du premier débat et du jugement? La question de savoir si la commune était propriétaire. Qu'est-ce que la commune demanda dans la seconde instance? Qu'elle fût reconnue usagère du terrain litigieux, c'est-à-dire qu'on lui adjugeât un droit de servitude sur ledit terrain. Le second juge décida qu'elle avait un droit d'usage. Etait-ce contredire le premier, qui avait jugé qu'elle n'était pas propriétaire? Une commune peut être usagère et n'être pas propriétaire, parce que autre chose est la propriété, autre chose est un

(1) Cassation, 14 février 1831 (Dalloz, au mot *Chose jugée*, n° 124).

droit d'usage (1). Il est inutile de répéter ce que nous venons de dire, l'argumentation est identique.

44. Une sentence rendue au possessoire reconnaît à l'une des parties la possession annale : a-t-elle l'autorité de chose jugée sur une autre action possessoire intentée par la même partie plusieurs années après? Il suffit de poser la question pour la résoudre; cependant elle a été portée devant la cour de cassation. La chose jugée présente souvent de grandes difficultés; mais on abuse aussi de ces difficultés, en plaidant sur des questions que l'on ne devrait pas porter devant les tribunaux. Qu'est-ce que le premier juge avait décidé dans l'espèce? Que la partie avait la possession annale, donc la possession pendant telle année. Qu'est-ce qu'elle demanda au second juge? Qu'il lui reconnût la possession annale pendant une autre année. De ce que je suis possesseur en 1874, est-ce à dire que je le suis aussi en 1880? La possession ne peut-elle pas tous les jours changer de main et de caractère(2)? Nous n'insistons pas : ce serait imiter les plaideurs téméraires qui combattent l'évidence.

III. *Droits d'obligation.*

45. Un premier jugement alloue une certaine somme au créancier pour tous dommages-intérêts : un second jugement peut-il accorder, en outre, les intérêts à partir de la demande primitive? Il faut voir quel était l'objet de la première demande : les intérêts y étaient-ils compris? ont-ils fait l'objet du débat? ont-ils été abjugés? Dans.l'espèce, la question n'était guère douteuse. Le demandeur réclamait deux choses : d'abord des dommages-intérêts, puis les intérêts à partir de la demande; les intérêts avaient donc fait l'objet du débat; et que décida le premier juge? Sans s'expliquer spécialement sur les intérêts, il attribua une certaine somme pour *tous* dommages-

---

(1) Rejet, 9 juillet 1817 (Dalloz, au mot *Chose jugée*, n° 110, 5°).
(2) Rejet, 26 janvier 1869 (Dalloz, 1871, 1, 207).

intérêts : le dispositif, combiné avec les conclusions, signifiait que le juge abjugeait les intérêts, par cela seul qu'il ne les adjugeait pas ; ou, pour mieux dire, il les comprenait dans la somme totale de dommages-intérêts qu'il accordait au demandeur. Le second arrêt, en allouant des intérêts que le premier avait refusés, violait donc la chose jugée (1).

46. Une action est intentée par un mineur contre son tuteur en reddition de compte d'un capital de 12,000 fr. ; le demandeur conclut à ce que le tuteur soit condamné à payer les intérêts à compter de la réception du capital. Le jugement ordonna le compte et ajouta que, faute par le défendeur de le rendre dans un délai déterminé, il y serait contraint par voie de saisie jusqu'à concurrence du capital de 12,000 francs. Cette décision avait-elle l'autorité de chose jugée, en ce sens qu'elle abjugeait les intérêts par cela seul qu'elle ne les adjugeait pas ? On l'a soutenu devant la cour de cassation. C'était une erreur. Le jugement ne statuait pas sur le montant de la créance que le pupille réclamait contre son tuteur ; il se bornait à ordonner le compte, ce qui impliquait qu'il y aurait un second jugement qui déterminerait le montant des condamnations. Si le premier juge rappelait, dans le dispositif, le capital de la somme réclamée par le mineur, ce n'était pas pour limiter à ce chiffre la créance pupillaire ; il ne pouvait pas être question de la limiter, puisque le débat ne portait pas encore sur le montant de la créance ; il s'agissait uniquement de contraindre le tuteur à rendre compte, et pour l'y contraindre, le juge autorisait le mineur à saisir les biens du tuteur ; il fallait donc dire pour quelle somme. Le tribunal indiqua la somme réclamée en capital, mais uniquement au point de vue de la saisie, sans entendre décider qu'une somme de 10,000 fr. était due par le tuteur ; et s'il ne décidait pas la question du capital, à plus forte raison ne décidait-il pas la question des intérêts ; il réservait, au contraire, tous les droits qui pouvaient appartenir au pupille. Donc rien n'était

(1) Cassation, 7 mars 1838 (Dalloz, au mot *Chose jugée,* n° 120).

jugé; par conséquent, le juge avait pu allouer les intérêts par un second jugement (1).

47. Des dommages-intérêts sont accordés par un premier jugement au propriétaire d'une mine contre les concessionnaires d'un chemin de fer, à raison de travaux qui avaient occasionné un dommage. Plus tard, la compagnie obtint un arrêté administratif qui interdisait l'exploitation de la mine jusqu'à un certain périmètre du chemin de fer et soumettait les propriétaires à certains travaux de sûreté. De là une nouvelle demande en dommages-intérêts. On invoqua la chose jugée. La prétention était mal fondée. Comment y aurait-il eu chose jugée sur une question de dommages-intérêts qui ne pouvait pas même être soulevée devant le premier juge, puisque, lors de la première instance, il n'y avait pas encore d'arrêté administratif? Et c'est sur cet arrêté qu'était fondée la seconde demande (2)!

48. Un créancier prend inscription d'une hypothèque. On demande la nullité de l'hypothèque, en se fondant sur la nullité de l'obligation pour sûreté de laquelle l'hypothèque avait été consentie. Le juge rejeta l'action en nullité pour cause de dol, et ordonna, en conséquence, le maintien de l'inscription hypothécaire. Par une nouvelle action, on demanda la nullité de l'hypothèque pour un vice inhérent à la constitution de l'hypothèque; elle avait été constituée en vertu d'un mandat sous seing privé, elle était donc nulle en la forme. Y avait-il chose jugée pour la validité de l'hypothèque en vertu du premier jugement qui avait ordonné de maintenir l'inscription hypothécaire? La cour de cassation répond, et la réponse est péremptoire, que la validité de l'hypothèque n'étant point contestée dans la première instance, le juge n'avait pu décider une question qui ne lui était pas soumise; s'il ordonna le maintien de l'inscription, c'est parce que l'obligation étant reconnue valable, l'hypothèque, qui n'était pas attaquée, devait être maintenue, ainsi que l'inscrip-

---

(1) Rejet, 24 janvier 1865 (Dalloz, 1865, 1, 232).
(2) Rejet, 18 juillet 1837 (Dalloz, au mot *Chose jugée*, n° 140).

tion hypothécaire. Dans la nouvelle instance, il ne s'agissait plus de l'obligation qui avait fait l'objet du premier
débat; donc, en annulant l'hypothèque, le second jugement ne portait pas atteinte à la chose jugée par le premier jugement; l'obligation déclarée valable par le premier juge restait valable; l'hypothèque était annulée, mais
le premier juge ne l'avait pas déclarée valable; s'il avait
maintenu l'inscription, c'était uniquement par voie de
conséquence, parce qu'il rejetait l'action en nullité de
l'obligation (1).

49. Un jugement condamne le débiteur et la caution,
en cette qualité, à payer la dette, objet du litige. Le créancier poursuit la caution : celle-ci peut-elle lui opposer les
exceptions que la loi lui donne, exceptions de discussion,
de division, ou *cedendarum actionum?* L'affirmative n'est
pas douteuse. Qu'est-ce que le premier juge avait décidé?
Qu'il y avait dette et que, par suite, la caution était tenue
de la payer. Que demandait-on au second juge? De décider qu'il n'y avait pas de dette, ou pas de cautionnement? Non, la demande impliquait, au contraire, que le
cautionnement existait et que la caution était obligée de
payer; mais, quoique obligée, la caution a certains bénéfices; elle pouvait les opposer malgré le premier jugement. En effet, le premier juge n'avait pas décidé que la
caution ne jouissait pas de ces bénéfices, ou qu'elle en
était déchue, car la question ne lui avait pas été soumise;
or, ce qui n'est ni demandé, ni débattu, ni jugé ne peut
avoir l'autorité de chose jugée (2).

50. Ce qui trompe par fois les plaideurs, mais ce qui
ne devrait pas tromper leurs conseils, c'est que l'un d'eux a
le même intérêt dans les deux instances, d'où ils concluent
que le premier jugement doit empêcher l'introduction
d'une seconde demande. L'intérêt peut être identique,
mais dès que l'objet des deux demandes diffère, il ne peut
être question de chose jugée. Par un premier arrêt, il est
jugé qu'une inscription hypothécaire est valable. Un

(1) Rejet, 19 janvier 1864 (Dalloz, 1864, 1, 292).
(2) Rejet, 20 mars 1843 (Dalloz, au mot *Cautionnement*, n° 334, p. 599).

second arrêt décide qu'elle est périmée. Y a-t-il violation de la chose jugée? Il suffit de poser la question pour la résoudre : l'inscription est nulle quand l'obligation ou l'hypothèque sont nulles, ou quand elle est nulle en la forme; cela n'a rien de commun avec la péremption, qui suppose, au contraire, que l'inscription est valable. Il ne pouvait donc être question de chose jugée, car la chose demandée n'était pas la même dans la seconde instance(1).

51. Dans une affaire très-compliquée, il intervint cinq arrêts portant adjudication. Le pourvoi prétendait qu'il y avait contradiction entre les trois premiers et les deux derniers et, par suite, violation de la chose jugée. Il se présentait bien d'autres difficultés : celle qui concernait la chose jugée n'était pas sérieuse. La cour de cassation rejeta le pourvoi par le motif que, dans les espèces jugées par les trois premiers arrêts, il s'agissait des prix de trois adjudications différentes à payer par des adjudicataires différents, tandis que, dans les espèces jugées par les deux autres arrêts, il s'était agi des prix d'autres adjudications à payer par d'autres adjudicataires. De là suivait que la chose demandée n'avait été ni la même, ni entre les mêmes parties dans les cinq instances successivement et séparément engagées; donc il n'y avait pas identité dans ce qui avait fait l'objet de ces divers arrêts. Le pourvoi objectait que la question à résoudre pour fixer le rang respectif des créanciers dans toutes ces instances était la même. En supposant qu'il en fût ainsi, tout ce qui en résulterait, c'est que la cause était la même ; mais il ne suffit pas de l'identité de cause, il faut aussi que les parties soient les mêmes ; or, dans chacune des instances, les adjudicataires différaient. Il faut surtout que l'objet soit le même ; or, l'objet différait dans les cinq instances, puisque c'était chaque fois un autre lot qui était adjugé et pour un prix différent. La seule identité qu'il y eût dans les cinq procès, c'était celle de l'intérêt des créanciers, mais cela ne constitue pas l'identité d'objet (2).

_____

(1) Rejet de la cour de cassation de Belgique, 6 août 1846 (*Pasicrisie,* 1847, 1, 139).
(2) Arrêt de la chambre civile du 31 mars 1851 (Dalloz, 1851, 1, 65).

52. Une femme mariée sous le régime dotal consent une hypothèque sur ses biens dotaux pour sûreté d'une dette contractée par elle et par son mari; l'année suivante, après avoir obtenu la séparation de biens contre son mari, elle ratifie ladite obligation. Le créancier fait une saisie qui fut déclarée valable par un jugement contre lequel il n'y eut pas d'appel. Sur une nouvelle saisie, les enfants intervinrent et se prétendirent donataires des biens saisis; le créancier ayant attaqué la donation comme frauduleuse, les défendeurs soutinrent que le demandeur était sans intérêt, l'obligation contractée par la femme dotale étant nulle. Ces conclusions furent admises par la cour de Caen. Pourvoi en cassation pour violation de la chose jugée. Le tribunal, en validant la saisie, avait implicitement jugé valable l'obligation en vertu de laquelle elle était pratiquée; la cour de Caen, en annulant cette même obligation, violait donc l'autorité de la chose jugée. Arrêt de rejet qui décide qu'il n'y avait pas identité d'objet entre les deux décisions. Quel était l'objet du débat devant le premier juge et sur quoi prononça-t-il? Il s'agissait uniquement des actes de poursuite exercés par le créancier; quant à l'obligation et à la ratification consenties par la femme dotale, elles n'étaient pas attaquées : comment le juge aurait-il statué sur un objet qui ne lui était pas soumis et qui n'avait pas été débattu devant lui? Devant la cour de Caen, au contraire, des conclusions formelles furent prises contre l'obligation et la ratification; donc l'arrêt portait sur un objet différent, partant il ne pouvait violer la chose jugée (1).

53. Un premier jugement condamne le défendeur à remettre des titres entre les mains du demandeur. La remise ne se fait point. Nouvelle demande tendante à la remise des titres et à des dommages-intérêts à raison du retard. La cour de Paris décida qu'il y avait chose jugée, Pourvoi en cassation pour violation de l'article 1351. Par ma première action, dit le demandeur, je concluais à ce que, par mes offres réelles, les lettres de change et la

(1) Rejet, 14 août 1828 (Dalloz, au mot *Chose jugée,* n° 168, 12°).

contre-lettre me fussent remis. Mes adversaires ont refusé d'exécuter les obligations que le jugement leur imposait : voilà un fait nouveau qui me porte préjudice et pour lequel j'ai pu demander des dommages-intérêts. Le premier juge a-t-il pu statuer sur des dommages-intérêts qui ne sont résultés que postérieurement à sa décision et de l'inexécution de son jugement? Il est évident, dit la cour de cassation, qu'il n'avait pas été prononcé sur cette demande par le premier jugement; la cour de Paris avait donc faussement appliqué l'autorité de la chose jugée et, par suite, violé les articles 1147 et 1382, en vertu desquels le demandeur réclamait des dommages-intérêts; la cour devait ou les allouer ou motiver le refus de les allouer (1).

IV. *Droit héréditaire.*

54. Un mari donne, puis lègue à sa femme sa maison d'habitation située à Saint-Domingue avec tout le mobilier qui la garnit. La maison n'était pas payée, et il y avait une caution pour la garantie de ce qui restait dû du prix. Après la loi de 1826 sur l'indemnité de Saint-Domingue, une opposition fut faite sur l'indemnité accordée pour l'habitation, qui avait été incendiée. Plus tard, nouvelle demande tendante à faire payer le restant de la créance sur la valeur du mobilier légué. Le tribunal admit la demande, en invoquant le premier jugement intervenu entre les parties à titre de chose jugée. Sur l'appel, la décision fut réformée. La cour de Rennes dit que la première action était immobilière, puisqu'elle était dirigée sous forme d'opposition contre l'indemnité de Saint-Domingue, représentative de l'immeuble grevé de la créance des demandeurs; tandis que la nouvelle action, n'ayant pour objet que le rapport de valeurs mobilières, était essentiellement mobilière. L'arrêt de la cour de Rennes fut confirmé par la cour de cassation. Il y avait un motif de douter, c'est que le jugement que l'on invoquait comme

---

(1) Cassation, 18 février 1822 (Dalloz, au mot *Chose jugée*, n° 148).

chose jugée avait réellement résolu la question soumise à la cour de Rennes, mais c'était dans les motifs; le dispositif gardait le silence sur une question que le tribunal n'avait pas à décider. Dès lors il n'y avait pas chose jugée, puisque les motifs n'ont pas l'autorité de la chose jugée (1).

55. Un neveu soustrait, pendant la maladie de son oncle et dans une intention frauduleuse, des valeurs qui dépendaient de la succession ouverte plus tard. Par application de l'article 792, il fut déclaré déchu de sa part héréditaire dans lesdits objets. Plus tard, s'éleva la question de savoir si lesdites valeurs pouvaient être revendiquées comme objets volés en vertu de l'article 2279. Le juge admit la revendication. Pourvoi en cassation pour violation de la chose jugée, fondé sur ce que le premier jugement avait qualifié le fait de distraction aux dépens de la succession; le second juge ne pouvait pas, disait-on, qualifier le même fait de vol. La cour de cassation décida qu'il n'y avait pas chose jugée. Elle invoque les termes de l'arrêt intervenu entre les cohéritiers; la cour d'Orléans ne se bornait pas à constater le fait matériel du détournement, elle en déterminait la nature particulière et y reconnaissait expressément les caractères d'une soustraction frauduleuse; donc le second arrêt, en jugeant que les valeurs avaient été volées par le vendeur, bien loin de se mettre en contradiction avec le premier, avait fait exactement la même appréciation de la nature et des caractères du fait qui lui était soumis (2). Il y a plus; si la loi ne voit dans le détournement des valeurs appartenant à une hérédité qu'un fait d'acceptation, c'est par une pure fiction, comme nous l'avons dit ailleurs; cette fiction ne concerne que les rapports des cohéritiers entre eux, elle est étrangère aux tiers qui ont intérêt et droit à faire juger quel est le vrai caractère du détournement. Peu importe donc que le premier juge, saisi du débat entre cohéritiers, qualifie le fait de détournement; cette décision

---

(1) Rejet, 26 mai 1840 (Dalloz, au mot *Chose jugée*, n° 147).
(2) Rejet, 20 août 1872 (Dalloz, 1873, 1, 481).

ne ferait pas chose jugée dans une nouvelle instance engagée contre les tiers acheteurs, non plus par application de l'article 792, mais en conséquence de l'article 2279.

N° 3. L'IDENTITÉ DOIT-ELLE ÊTRE ABSOLUE?

56. Il est de principe que l'identité ne doit pas être absolue. Tout le monde admet que les changements survenus dans le corps qui faisait l'objet de la première demande n'empêchent pas qu'au point de vue de la chose jugée il ne soit le même dans la seconde, quoiqu'il ait reçu des augmentations ou éprouvé des diminutions. C'est le principe du droit romain; on le suivait dans l'ancienne jurisprudence, et l'article 1351 ne fait que consacrer la tradition (1).

57. L'application du principe soulève une difficulté qui a donné lieu à une vive controverse. Pothier enseigne, conformément au droit romain, que la chose demandée est la même quand elle fait partie de celle qui a été l'objet du premier jugement, parce que la partie est comprise dans le tout; et il applique ce principe à toute chose, objet corporel, quantité ou droit. Toullier reproduit comme une règle absolue le principe ainsi expliqué. « Il est encore censé, dit-il, que l'objet de la seconde action est le même que celui de la première si, après avoir demandé un tout par celle-ci, je demande par la seconde une chose qui faisait partie de ce tout; qu'il s'agisse d'un corps certain, d'une quantité ou d'un droit, peu importe, dans tous les cas, il y a lieu à l'exception de la chose jugée. Par exemple, j'ai d'abord demandé la totalité d'un fonds, j'en demande ensuite une partie déterminée ou indivise; la seconde demande sera repoussée par l'exception de chose jugée, parce qu'elle était implicitement comprise dans la première; c'est, dit Toullier, l'application de la maxime de logique que la partie est comprise dans le tout. » M. Col-

---

(1) Pothier, *Des obligations*, n° 889. Toullier, t. V, 2, p. 123, n° 145. Aubry et Rau, t. VI, p. 495, note 62.

met de Santerre abonde dans ces idées. Demander le
tout, dit-il, c'est mettre en question chaque partie, en
sorte qu'il y a identité d'objet entre des prétentions relatives l'une à la totalité du bien et l'autre à une partie de
ce bien (1).

58. Marcadé a vivement attaqué cette doctrine. Si l'on
entend le principe dans un sens absolu, comme feraient
les mathématiciens, Marcadé a raison. Au point de vue
mathématique, il est d'évidence que la partie est comprise
dans le tout. Mais la question est de savoir si cette maxime
est applicable aux rapports juridiques et, notamment, à
la chose jugée. Or, les relations de la vie qui font l'objet
du droit n'ont rien d'absolu, et la chose jugée, notamment, se fonde, dans chaque espèce, sur un motif de fait :
le premier juge a-t-il été saisi de la contestation qui est
portée devant le second? Il faut voir ce qui a été demandé
au premier juge, ce qui a été débattu devant lui, ce qu'il
a décidé. Or, il y a une infinité de nuances dans les diverses espèces, et il en faut tenir compte pour déterminer
ce qui a été d'abord jugé et ce que l'on remet en question; cela suffit pour que l'on doive rejeter toute formule
absolue. Je demande dans une première instance un fonds
pour le total; le juge décide que je n'en suis pas propriétaire. Par une nouvelle action, je demande le tiers du
fonds, ou une partie spéciale, une prairie, un bois faisant
partie de ce fonds : peut-on me repousser par l'autorité
de la chose jugée? Si l'on admet le principe mathématique
que le tout comprend la partie, il faut dire oui. Mais la
réponse sera tout autre si l'on remonte au fondement rationnel de la chose jugée. Qu'ai-je demandé au premier
juge? La propriété de tout le fonds ; c'est cette question
qui a été débattue devant lui et qu'il a décidée contre moi.
Je demande ensuite le tiers de ce domaine ou une prairie
qui en fait partie. Le premier jugement a-t-il décidé que
je n'étais pas propriétaire du tiers ou de la prairie? Mes
conclusions ne portaient pas sur ce tiers, sur cette prai-

_____

(1) Pothier, *Des obligations*, n° 890. Toullier, t. V, 2, p. 123, n°ˢ 146 et
147. Colmet de Santerre, t. V, p. 626, n° 328 *bis* VIII.

rie, la question n'a pas été débattue devant le premier
juge ; il est donc impossible qu'il l'ait décidée. Il l'a décidée implicitement, dit-on : en m'abjugeant le tout, il m'a
abjugé, toutes les parties de ce tout. Ici est le nœud de la
difficulté. Il y aurait décision implicite si, en m'abjugeant
le tout, la décision avait pour conséquence nécessaire de
m'abjuger toutes les parties qui composent le tout. Or,
cela n'est point. Je puis, en effet, ne pas être propriétaire de tout le fonds et avoir la propriété du tiers ou
d'une prairie qui en dépend. On insiste et l'on dit que si
le second juge m'adjuge le tiers ou la prairie, il m'adjuge ce que le premier m'a abjugé. C'est le même argument sous une autre forme. Nous répondons : Non, le
premier juge ne m'a pas abjugé le tiers ni la prairie, car
je ne les lui ai pas demandés ; si je les lui avais demandés,
il y aurait eu deux questions : Suis-je propriétaire de tout
le fonds ? et si je ne suis pas propriétaire de tout le fonds,
suis-je au moins propriétaire du tiers ou de la prairie ? Si
telles avaient été mes conclusions, le juge aurait certainement pu m'adjuger le tiers ou la prairie, tout en m'abjugeant le tout. Donc il n'y a pas identité entre les deux
demandes et, par conséquent, le second juge peut m'adjuger la seconde, bien que le premier juge m'ait abjugé
la première (1).

59. La critique de Marcadé n'a pas trouvé faveur ; il
combattait un principe absolu ; or, dit-on, le principe n'a
jamais été entendu, en droit romain, dans ce sens absolu (2). Nous laissons le droit romain de côté ; ce que
nous avons dit de la doctrine suffit et au delà, car la vie
réelle ignore les débats que l'on va chercher dans les
textes du Digeste. Nous nous bornons à répondre à une
objection faite par MM. Aubry et Rau et reproduite par
M. Colmet de Santerre.

Marcadé dit que le jugement qui rejette une demande
en payement de 20,000 francs ne s'oppose pas à la réclamation ultérieure de 2,000 ou de 1,200 francs en vertu

(1) Comparez Marcadé, t. V, p. 167-169, nos III et IV de l'article 1351.
(2) Comparez Aubry et Rau, t. VI, p. 495 et note 63.

de la même cause. C'est une erreur évidente, disent les éditeurs de Zachariæ, parce que celui qui réclame l'exécution intégrale d'une obligation engage la contestation sur toutes et chacune des quantités qui la composent. Cette critique nous paraît aussi trop absolue; nous croyons inutile de rentrer dans le débat. MM. Aubry et Rau ajoutent que le système de Marcadé entraînerait la possibilité d'une série indéterminée de demandes fondées sur la même obligation; ce qui est manifestement contraire à la raison d'utilité publique en vue de laquelle la chose jugée a été établie. L'objection se place exclusivement sur le terrain de l'intérêt général, qui demande que les procès ne soient pas inutilement multipliés. Est-ce bien là la théorie de la chose jugée? Je puis intenter vingt actions ayant toutes le même objet, pourvu que je les fonde sur une cause différente. Donc le principe de la chose jugée n'a pas pour but de prévenir la multiplicité des procès, il a pour but de prévenir un nouveau procès sur une chose qui a déjà été jugée. Si la chose n'a pas été jugée, il y a un autre intérêt, individuel tout ensemble et général, qui exige qu'on admette les actions successives que la même partie intente contre le même défendeur; cet intérêt est le plus précieux des droits, c'est le droit de défense (n° 39). Dans la doctrine que nous combattons, on sacrifie cet intérêt et ce droit à l'utilité publique; à notre avis, il n'y a pas d'utilité publique contre le droit.

60. Nous avons hâte d'arriver à la jurisprudence. La seconde demande peut être identique avec la première, quoique le montant pécuniaire des deux litiges ne soit pas le même. Par un premier jugement, des associés commanditaires sont condamnés à payer le quart alors échu des actions pour lesquelles ils avaient souscrit. Le jugement est fondé sur ce que l'acte de société en commandite était valable et obligatoire pour tous. Nouvelle demande tendante au payement des trois autres quarts des mêmes actions contre les mêmes associés. L'arrêt opposa aux défendeurs la chose jugée. Pourvoi en cassation. La cour décida que la seconde demande était la même, quoique la somme fût différente, car l'objet de cette demande était l'exécution du même contrat, l'acquit de la même dette; les défendeurs renouvelaient donc, à une seconde échéance, la prétention de ne pas devoir qui avait été rejetée lors de la première ; par conséquent, ils remettaient en question ce qui avait été jugé. De là suit que l'arrêt attaqué avait fait une juste application de l'article 1351, en repoussant cette prétention par l'autorité de la chose jugée (1).

61. Duranton, qui admet aussi le principe que le jugement sur le tout fait chose jugée quant aux parties qui composent le tout, donne l'exemple suivant. Après avoir prétendu d'une manière générale que vous vous êtes interdit de bâtir sur tel terrain et avoir succombé, je prétends ensuite que vous n'avez pas le droit de bâtir à moins de vingt pieds de mon fonds. Il y a chose jugée, dit Duranton. Un cas analogue s'est présenté devant la cour de cassation, qui l'a décidé en sens contraire.

Une vente de terrain est faite avec la clause suivante : « à la charge qu'il ne pourra être fait aucun bâtiment sur ledit terrain que du côté de la rue Richelieu, sans qu'il puisse être élevé ni construit d'autres bâtiments sur le surplus dudit terrain, notamment du côté du jardin des vendeurs, pour quelque cause ou sous quelque prétexte que ce puisse être. » Une nouvelle rue ayant été ouverte, les ayants cause de l'acquéreur se crurent affranchis de la servitude et prétendirent qu'ils avaient le droit d'élever sur la rue Vivienne les constructions qu'ils jugeraient convenables. La cour de Paris rejeta ces prétentions : « Le percement de la rue nouvelle qui borde l'héritage servant donne bien au propriétaire le droit de faire dans son mur de clôture des ouvertures et des vues sur ladite rue, mais l'ouverture d'une rue n'éteint pas la servitude qui grève l'héritage riverain et ne lui donne, par conséquent, pas le droit d'élever des constructions sur son terrain dans l'alignement de la même rue. » Postérieurement le propriétaire du fonds servant éleva des boutiques dans la hauteur de l'ancien mur de clôture. Nouveau procès. Le propriétaire du fonds dominant sou-

(1) Rejet, 20 décembre 1830 (Dalloz, au mot *Chose jugée*, n° 112).

tint qu'il y avait chose jugée quant à toutes espèces de constructions que l'on voudrait élever sur le fonds grevé de la servitude de ne pas bâtir. La cour de Paris décida qu'il n'y avait pas chose jugée. Dans la première instance, dit la cour, il s'agissait de l'affranchissement de toute servitude; le propriétaire servant réclamait le droit d'élever des constructions autres que le mur de clôture qui existait à cette époque. Dans l'instance actuelle, il s'agit uniquement de l'exploitation utile de ce mur de clôture, en lui donnant de la profondeur et en y pratiquant, sur la voie publique, des ouvertures de fenêtres et des boutiques, sans toutefois les surélever. La cour en conclut que l'objet des deux demandes n'était pas le même et qu'en conséquence il n'y avait pas chose jugée.

Pourvoi en cassation fondé sur la violation de l'article 1351. Le demandeur invoquait le principe traditionnel que la partie est comprise dans le tout; il en concluait, avec la doctrine, qu'il y a chose jugée lorsque, dans une seconde instance, on demande une partie seulement de ce que l'on avait demandé d'abord. Il invoquait encore la raison qui a fait établir l'autorité de la chose jugée, c'est qu'il faut mettre une fin aux procès. Or, de quoi s'agissait-il dans la première instance? De constructions à élever sur un terrain grevé de la servitude de ne pas bâtir. De quoi s'agit-il dans la seconde instance? De constructions aussi, quoique moins considérables; on demande donc le moins après qu'il a été décidé que l'on n'avait pas droit au plus, le droit moindre est compris dans le droit le plus considérable; donc l'arrêt qui rejette celui-ci rejette implicitement celui-là.

La cour de cassation décida qu'il n'y avait pas chose jugée. Nous transcrivons le considérant, parce qu'il pose un principe qui, s'il n'est pas formulé dans les mêmes termes que le nôtre, nous paraît néanmoins identique au fond : « La demande générale par laquelle on réclame un droit absolu et sans bornes est tout à fait différente de la demande spéciale, par laquelle on réclame un droit déterminé *distinct du premier* et *dont il n'a été nullement question à l'occasion du premier arrêt.* » De là la cour conclut que la disposition générale du premier arrêt qui rejette la *demande générale* ne rejette nullement la *demande spéciale*, à l'égard de laquelle les parties n'ont rien réclamé et le juge n'a rien jugé (1).

Marcadé invoque cet arrêt à l'appui de sa doctrine. MM. Aubry et Rau disent qu'il est étranger à la question du *total* et de la *partie*. En effet, la cour de cassation a évité de se servir de la terminologie traditionnelle; au lieu de parler du *total* et de la *partie*, elle parle d'une disposition *générale* et d'une disposition *spéciale*. N'est-ce pas par respect pour la tradition et pour ne pas se mettre en opposition avec la doctrine généralement reçue? En réalité, il s'agissait d'une seule et même servitude, de celle de ne pas bâtir; cette servitude est plus ou moins étendue, elle comporte donc un plus et un moins; la prohibition de bâtir peut être absolue, elle peut être restreinte. Or, que disait le premier arrêt? Il décidait que la prohibition était absolue, ce qui implique même la servitude de ne pas bâtir jusqu'à telle hauteur. Et que décidait le second arrêt? Que le propriétaire du fonds servant pouvait élever des boutiques jusqu'à la hauteur du mur de clôture. Le premier, en décidant que la prohibition était totale, comprenait la prohibition partielle, si l'on admet la théorie traditionnelle. Vainement s'attachait-on à la disposition du premier arrêt qui déclarait que le propriétaire servant pouvait pratiquer des ouvertures dans son mur de clôture; il avait ce droit, puisqu'il était riverain d'une rue; mais autre chose est d'ouvrir des portes et des fenêtres, autre chose est de bâtir.

Si les juges n'ont pas appliqué, dans l'espèce, la théorie traditionnelle, c'est qu'ils ont reculé devant l'iniquité à laquelle elle aboutissait. Dans notre opinion, le premier arrêt laissait la question entière, en ce sens que tout en déclarant que le fonds était grevé de la servitude de ne pas bâtir, il n'empêchait pas le second juge de déclarer que la convention permettait de bâtir jusqu'à la hauteur

---

(1) Rejet, 30 mars 1837, sur le rapport de Lasagny (Dalloz, au mot *Chose jugée*, n° 178).

du mur en cas de percement de la rue ; le plus peut être
prohibé sans que le moins le soit. On peut, du moins,
interpréter ainsi les jugements.

62. Dans l'opinion générale, le jugement qui porte
sur le total implique la décision sur la partie, parce que
la partie est contenue dans le tout. Que faut-il décider
si le premier jugement statue sur la partie et que, dans
une seconde instance, on demande le tout? Le tout n'est
point compris dans la partie, répond Toullier ; donc on
peut, sans violer la chose jugée, demander, par une seconde action, le tout dont on avait, par une première action, demandé quelque partie (1). Cela paraît, en effet,
logique quand on raisonne mathématiquement ; mais la
logique porte souvent malheur aux mauvaises causes,
parce qu'elle en révèle la faiblesse ; en poussant l'argumentation mathématique dans ses dernières conséquences,
on s'aperçoit que le principe même est faux. L'opinion de
Toullier est restée isolée. Duranton dit que, si c'est une
part qui a d'abord été demandée et si l'on demande ensuite le tout, l'exception de chose jugée pourra être opposée. Car dès qu'il a été jugé que le demandeur n'avait
pas même droit à une part de la chose, il a été jugé par
cela même qu'il n'avait pas droit au tout, puisque le tout
comprend la partie ; or, s'il eût eu le tout, il aurait dû
avoir la part qu'il avait d'abord demandée (2). En d'autres
termes, et pour appliquer notre principe, il faut dire que,
si un premier jugement a abjugé au demandeur le tiers,
un second jugement ne peut lui adjuger le tout, puisqu'il
déciderait que le tiers, que le premier juge a déclaré ne
pas appartenir au demandeur, lui appartient ; il y aurait
donc contradiction entre les deux décisions, ce qui prouve
que la seconde viole la chose jugée par la première.

Il y a un arrêt dans le sens de l'opinion générale. Une
veuve remariée cède avec son second mari, en qualité de
tutrice et de cotuteur d'un enfant du premier lit, les droits
que leur pupille avait dans les successions de son père
et de son frère consanguin. En exécution de cette ces-

(1) Toullier, t. V, 2, p. 126, n° 153.
(2) Duranton, t. XIII, p. 489, n° 464. Aubry et Rau, t. VI, p. 496, n° 96.

sion, le cessionnaire réclama certains objets mobiliers qui y étaient compris. Le tribunal, se fondant sur la nullité de la cession, le débouta de sa demande. Par une nouvelle action, le cessionnaire demanda l'exécution entière de la cession. La cour de Limoges jugea qu'il y avait chose jugée ; il est vrai que le premier juge n'avait statué expressément que sur les choses particulières qui étaient l'objet du litige, mais, en consacrant l'une des conséquences nécessaires de la nullité de la cession, il statuait implicitement sur l'intégralité du droit réclamé par le demandeur. Dans notre opinion, la chose jugée est également évidente. Si le second juge avait adjugé la demande tendant. à l'exécution intégrale de la cession, il aurait décidé que le cessionnaire avait droit à tous les objets compris dans la cession, donc aux objets que le premier juge lui avait abjugés. Il y aurait donc eu contradiction entre les deux décisions, c'est dire que la seconde eût violé la chose jugée par la première.

ARTICLE 2. La même cause.

N° 1. DÉFINITION.

63. La deuxième condition exigée par l'article 1351 pour qu'il y ait chose jugée, c'est que la demande soit fondée sur la même *cause*. Qu'entend-on par *cause?* Le code ne définit pas le mot ; de là de grandes difficultés dans l'application. Comme il s'agit d'une matière traditionnelle, on recourt naturellement à la tradition. Mais la tradition ne fait qu'obscurcir le débat. Pothier ne dit pas ce que c'est que la cause ; il établit une différence entre les actions réelles et les actions personnelles(1) ; or, tous les auteurs s'accordent à dire que cette distinction, empruntée au droit romain, ne reçoit plus d'application dans notre droit français. Cela prouve déjà que la tradition est un mauvais guide dans cette matière.

On lit dans un arrêt qui constate la tradition française : « Au milieu des incertitudes qu'offrent les déci-

(1) Pothier, *Des obligations*, n° 894.

sions nombreuses de l'ancienne jurisprudence sur cette matière, il est pourtant trois règles que l'on peut poser pour résoudre les exceptions de chose jugée qui concernent les actions en délaissement. » Ainsi la cour de Montpellier ne trouve pas de définition, pas de principe applicables à toutes les actions ; elle établit seulement quelques règles pour les demandes en délaissement ; encore ces règles sont-elles contestables. En premier lieu, un titre qui n'existait pas lors de la première instance constitue une cause nouvelle. En deuxième lieu, si la première demande en délaissement a été formée en vertu d'un titre déterminé, elle s'identifie et se confond avec lui et se circonscrit dans le titre lui-même ; d'où suit qu'un titre autre, bien que préexistant, constitue une cause différente. En troisième lieu, si la première demande a été formée d'une manière vague et générale, sans détermination d'aucun titre particulier, il est vrai de dire que tous les droits du demandeur sont remis en jugement (1). Que de distinctions et que de doutes ! Et il ne s'agit encore que d'une seule espèce d'actions. Que dire des actions personnelles ? Conçoit-on que, pour une seule et même condition, il y ait des principes différents ? Où trouver un appui et une autorité pour ces distinctions ?

Consultons les auteurs. Le plus exact définit la cause en ces termes : « C'est le fait juridique qui forme le fondement *direct* et *immédiat* du droit ou du bénéfice légal que l'une des parties fait valoir par voie d'action ou d'exception (2). » Cette définition implique une distinction entre la cause *indirecte* et la cause *directe*, entre la cause *immédiate* et la cause *médiate* ou *éloignée*. La distinction remonte au jurisconsulte Neratius. Nous dirons plus loin les conséquences que l'on en déduit : la théorie de la cause *prochaine* (*proxima*) et de la cause *éloignée* (*remota*) est fausse, à notre avis, en ce sens du moins qu'elle ne donne pas un principe certain qui serve à décider les difficultés, aussi nombreuses sous l'empire du code qu'elles l'étaient dans l'ancienne jurisprudence. Nous croyons

(1) Montpellier, 15 février 1841 (Dalloz, au mot *Chose jugée*, n° 197, 1°).
(2) Aubry et Rau, t. VI, p. 498, § 769.

qu'il faut laisser de côté ces distinctions et se borner à dire, avec Colmet de Santerre, que la cause est le fait juridique qui constitue le fondement du droit (1). Je demande 10,000 francs à titre de prêt : quelle est la cause de ma demande? Le prêt. Je demande 10,000 francs à titre de prix d'une vente : quelle est la cause de ma demande? Le contrat de vente. Je puis, après avoir succombé dans ma demande de 10,000 francs pour prêt, demander la même somme pour prix de vente; la cause diffère, et quand la cause est différente, la contestation soumise au juge est tout autre; dès lors on ne peut pas dire que le juge qui m'alloue 10,000 francs à titre de vente contredit la première décision qui m'a abjugé 10,000 francs à titre de prêt; partant il n'y a pas violation de la chose jugée. C'est dire que la première décision, fondée sur telle cause, n'a pas l'autorité de chose jugée pour une autre cause. Cela est aussi fondé en raison. Pourquoi la loi attache-t-elle une présomption de vérité aux jugements? Parce que toutes les probabilités sont pour la vérité de ce que le juge a décidé. Cela suppose que la question qui fait l'objet du procès a été débattue devant lui et décidée par lui. Or, quand la demande est fondée sur un prêt, c'est la question du prêt qui seule est débattue, c'est la seule que le juge décide; sa décision ne peut donc avoir l'autorité de chose jugée que pour le prêt. Quant au point de savoir si les 10,000 francs sont dus pour cause de vente, elle n'a pas été portée devant le premier juge, il n'a donc pu la décider. Dès lors il ne peut s'agir de chose jugée. Je dois avoir le droit de saisir le juge d'une réclamation qui n'a pas encore été jugée : m'opposer comme fin de non-recevoir le premier jugement serait un déni de justice. Vainement dirait-on que je devais connaître la cause pour laquelle la somme de 10,000 francs m'était due et que me permettre d'alléguer une cause nouvelle dans une seconde instance, puis une troisième cause dans une troisième instance, ce serait éterniser les procès, ce qui est en opposition avec les

(1) Colmet de Santerre, t. V, p. 627, n° 328 *bis*, IX.

motifs qui ont fait admettre la présomption de chose
jugée. On répond, et la réponse est péremptoire, que ce
que la loi veut, c'est que le procès une fois décidé ne soit
point renouvelé; mais elle n'entend point empêcher qu'on
porte devant les tribunaux des contestations qui n'ont
pas encore fait l'objet d'un jugement, quelque nombreuses
que puissent être ces contestations; c'est, sans doute, un
mal, mais ce serait un bien plus grand mal si l'on m'empêchait d'agir, alors que je prétends avoir un droit sur
lequel il n'est pas encore intervenu de jugement, car ce
serait un déni de justice.

Tels sont les motifs pour lesquels il faut identité de
cause pour qu'il y ait chose jugée. Quand la nouvelle demande est fondée sur la même cause, on peut la repousser par l'exception de chose jugée, car elle a été jugée;
si l'on admettait une nouvelle action, il pourrait y avoir
contrariété de décisions et, par suite, atteinte à l'autorité
que la loi attache aux jugements. Dans ce cas, on peut
dire que le procès doit avoir une fin, car il a été décidé,
et on ne peut pas permettre que cette décision soit remise
en question. Celui qui forme une nouvelle demande, fondée sur la même cause, n'a pas le droit de se plaindre si
on le repousse par une fin de non-recevoir; il n'éprouve
pas un déni de justice, car il a pu soutenir son droit, et
il l'a soutenu devant le premier juge.

Nous avons dû insister sur les motifs pour lesquels la
loi exige l'identité de cause comme condition de la chose
jugée, car ce sont ces motifs qui établissent le principe et
le précisent. Eh bien, ces motifs s'appliquent à la lettre
à toute cause *indirecte* ou *directe, médiate* ou *immédiate,*
éloignée ou *prochaine.* C'est ce que nous prouverons plus
loin, et dès maintenant la démonstration est faite. Avant
d'aborder les difficultés de la matière, il faut encore nous
arrêter sur le principe; tout dépend de la précision qu'on
lui donne.

64. La théorie des causes éloignées et prochaines a si
bien embrouillé les idées, que les interprètes en sont
venus à confondre la *cause* avec le *droit sur lequel la*
demande est fondée, ce qui aboutit à la confusion de la

cause et de l'objet. Je revendique un fonds comme m'appartenant en vertu d'une vente. Quel est le droit que je réclame? Le droit de propriété sur le fonds que je prétends avoir acheté; la réclamation de ce droit ou la revendication forme aussi l'objet de ma demande; en ce sens, le droit et l'objet de la contestation se confondent. Quelle est la cause de ma demande? Le fait juridique, qui est le fondement du droit de propriété que je réclame, c'est-à-dire la vente. Le droit de propriété est un et le même, tandis que les causes sur lesquelles il est fondé peuvent varier. Je puis être propriétaire comme acheteur, je puis l'être comme échangiste, ou en vertu d'une dation en payement, ou à titre de donataire ou de légataire, ou comme héritier *ab intestat* ou contractuel. Donc, après avoir échoué dans ma demande en revendication fondée sur la vente, je puis intenter une demande nouvelle tendant aussi à la revendication du droit de propriété du même fonds en alléguant une autre cause, et si je succombe dans la seconde instance, je puis en former une troisième ou une quatrième, en me fondant chaque fois sur une cause nouvelle; la diversité de la cause fera qu'il n'y a pas chose jugée, quoique le droit réclamé soit toujours le même dans les diverses instances. Cette différence entre le droit et la cause sur laquelle il est fondé est élémentaire; si nous la rappelons, c'est pour montrer à quoi aboutit la théorie des causes *éloignées* et *prochaines;* les glossateurs avaient si bien subtilisé en cette matière, qu'ils confondaient ce que le simple bon sens suffit pour distinguer (1).

65. Il y a une autre confusion plus dangereuse, c'est celle de la *cause* et des *moyens.* La distinction est cependant élémentaire. Le demandeur qui réclame le droit de propriété en alléguant une vente doit prouver qu'il y a vente; la *cause* sur laquelle il fonde son droit doit donc être établie par les preuves de fait et de droit qui servent à prouver le fondement d'une demande ou d'une exception : voilà les *moyens.* S'il y a une distinction simple et

(1) Aubry et Rau, t. VI, p. 498, note 68.

évidente, c'est celle-là. La doctrine et la jurisprudence
l'ont néanmoins méconnue, en qualifiant de moyens ce
qui est une véritable cause. Il nous faut donc insister sur
le principe.

Pour établir que je suis propriétaire en vertu d'une
vente, je dois régulièrement produire un acte qui constate la vente ; mais si le prix est inférieur à 150 francs,
je serai admis à prouver la vente par témoins ; je serai
encore admis à la preuve testimoniale si j'ai un commencement de preuve par écrit, ou si, par un cas fortuit résultant d'une force majeure, j'ai perdu le titre qui avait
été dressé. A défaut de preuve littérale, je puis invoquer les présomptions si j'ai un commencement de preuve
par écrit ; enfin je puis me prévaloir de l'aveu de mon
vendeur et, par suite, le faire interroger sur faits et
articles. Il y a donc plusieurs moyens pour établir une
seule et même cause. De là la question de savoir s'il faut
appliquer aux moyens ce que nous venons de dire de la
cause : c'est-à-dire, le demandeur dont l'action en revendication a été rejetée parce qu'il n'a pas prouvé qu'il y eût
vente pourra-t-il former une nouvelle action fondée sur
la vente, en produisant une preuve nouvelle, telle qu'un
acte de vente qu'il n'avait pas produit dans la première
instance ? Non, car la loi ne parle pas des moyens, elle ne
parle que de la cause ; et dès qu'il y a identité de cause,
il y a chose jugée ; d'où suit que le demandeur serait repoussé par l'exception de chose jugée s'il formait une nouvelle action fondée sur la vente, quand même il aurait
des preuves nouvelles qui n'avaient pas été soumises au
premier juge. En droit, cette doctrine ne souffre aucune
difficulté. En effet, le premier juge a décidé qu'il n'y avait
pas de vente, donc le second juge ne peut pas être appelé
à juger s'il y a ou s'il n'y a pas vente : la chose est jugée.
On invoque l'équité contre la rigueur du droit. Si le premier juge a décidé, faute de preuve, qu'il n'y avait pas
vente, l'équité, la justice même ne demandent-elles pas
qu'un nouveau juge puisse décider qu'il y a vente si l'on
produit des pièces que le premier juge n'a pas pu apprécier, puisqu'elles ne lui ont pas été soumises ? Non, tout

ce que l'équité exige, c'est que le demandeur puisse soutenir son droit; or, il l'a fait; s'il a négligé de faire valoir des moyens qui lui auraient donné gain de cause, il y a une faute à lui reprocher, une négligence quelconque, c'est lui qui en doit supporter les conséquences. Il ne faut pas que les procès décidés puissent se renouveler par la faute de celui qui a négligé d'éclairer le tribunal : ce serait subordonner l'intérêt général à l'intérêt individuel, tandis que si les deux intérêts sont en conflit, l'intérêt privé doit céder devant l'intérêt de la société (1). Il n'y a qu'un cas dans lequel le législateur permette de revenir sur ce qui a été jugé, à raison d'un moyen nouveau découvert après la décision du procès : c'est quand, depuis le jugement, la partie condamnée à recouvré des pièces décisives et qui avaient été retenues par le fait de la partie adverse ; celle-ci est coupable de dol, tandis qu'aucune faute ne peut être reprochée à l'autre. Encore la loi ne permet-elle pas d'intenter une nouvelle demande, elle ouvre une voie extraordinaire, celle de la requête civile par laquelle le jugement sera rétracté. La voie de la requête donne satisfaction aux droits de la partie qui a succombé, sans porter atteinte au respect dû à la chose jugée, car le jugement sera rétracté pour cause d'erreur, et l'erreur a été le résultat du dol.

La jurisprudence est d'accord avec la doctrine, et elle prouve que l'équité n'est pas aussi souvent engagée dans ces débats qu'on est disposé à le croire en théorie. Il ne peut dépendre des parties, dit notre cour de cassation, de remettre en question un point définitivement jugé, en invoquant un nouveau texte de loi (2). Il n'y a pas faute de la part des parties, il y a incurie ou ignorance de la part de l'avocat; l'intérêt public n'en doit pas souffrir. Dans une instance en élargissement, le débiteur, emprisonné, avait négligé d'invoquer la loi du 4 floréal an VI; il forma une nouvelle demande fondée sur cette loi. La

(1) Colmet de Santerre, t. V, p. 624, nº 328 bis, X. Mourlon, Répétitions, t. II, p. 854, nº 1622. Aubry et Rau, t. VI, p. 498, note 70. Larombière, t. V, p. 250, nº 63 (Ed. B., t. III, p. 249).
(2) Rejet, 13 mars 1845 (Pasicrisie, 1845, 1, 302).

cour de Paris et la cour de cassation décidèrent qu'un moyen nouveau ne permettait pas de demander la même chose et pour la même cause. Or, la loi de floréal existait quand le premier juge refusa d'élargir le détenu ; le juge la connaissait, les parties devaient la connaître et s'en prévaloir s'il y avait lieu ; l'allégation de cette loi ne formait qu'un nouveau moyen, le droit restait le même, et il avait été définitivement jugé (1). Bien moins peut-on fonder une action nouvelle sur un simple argument de droit que l'on avait négligé de plaider dans la première instance (2).

Les moyens de fait que l'on a négligé de faire valoir devant le premier juge n'autorisent pas une demande nouvelle (3). Il en est même ainsi de la découverte d'une nouvelle pièce, à moins que cette pièce ne fournisse une nouvelle cause (4).

66. On est encore disposé à confondre le but de la demande avec la cause sur laquelle elle est fondée. Le but que les parties poursuivent n'a rien de commun avec la cause : celle-ci est de droit et le but est de fait. Ainsi le propriétaire d'un étang supérieur demande l'abaissement d'un étang inférieur pour que les eaux de son étang puissent s'écouler librement ; il conclut dans sa demande à ce que le déversoir de l'étang inférieur soit baissé de telle sorte que l'étang supérieur puisse être facilement pêché. Le tribunal rejeta la demande. Vingt ans plus tard, il renouvela la demande en abaissement du même déversoir, dans le but d'opérer le desséchement de son marais. La cour décida qu'il y avait chose jugée. Pourvoi en cassation pour violation de l'article 1351. Le pourvoi soutint qu'il y avait cause différente. C'était confondre le motif de fait qui engageait le propriétaire à demander l'abaissement des eaux avec le fondement juridique de son action. Il réclamait l'abaissement du déversoir dans l'une et l'autre instance, et il la fondait sur la même

(1) Rejet, chambre civile, 16 juillet 1817 (Dalloz, au mot *Chose jugée*, n° 315).
(2) Rejet, 9 mars 1846 (Dalloz, 1846, 1, 285).
(3) Bruxelles, 24 février 1846 (*Pasicrisie*, 1847, 2, 38).
(4) Bruxelles, 18 janvier 1827 (*Pasicrisie*, 1827, p. 28).

cause, sur l'existence d'une servitude. Qu'importait après cela le motif de fait pour lequel il voulait que le déversoir fût abaissé (1)?

N° 2. APPLICATION DU PRINCIPE.

67. Un jugement constate l'existence d'une servitude au profit de l'acquéreur d'un immeuble, servitude fondée sur le titre d'acquisition. Le jugement déclarait ce titre obligatoire pour le maître du fonds servant. Plus tard, le vendeur réclama la même servitude en faveur d'autres immeubles qu'il avait conservés. Il prétendit qu'il y avait chose jugée, la servitude réclamée dans les deux instances étant la même, ainsi que la cause, puisque la nouvelle demande était fondée sur ce que le titre invoqué dans le premier procès, le titre d'acquisition, était la conséquence de la servitude réclamée dans le second. Y avait-il identité de cause? Non, dit la cour de cassation. Dans la première instance, les demandeurs fondaient leur droit de servitude sur leur titre d'acquisition. Dans la seconde instance, on n'invoquait plus ces actes, ils étaient complétement étrangers au débat; la cause de la seconde demande était dans un autre acte, constitutif de la société demanderesse. La société invoquait en outre la destination du père de famille, ce qui prouvait encore que la cause de la demande n'avait rien de commun avec la cause de la première action (2). Nous remarquons que l'arrêt, très-bien rédigé, cite le terme traditionnel *causa proxima actionis*. A quoi bon mêler une expression latine à un arrêt français, alors que cette expression et la théorie à laquelle elle se rattache sont complétement étrangères à la décision? C'est embrouiller et obscurcir ce qui est clair.

68. Un créancier demande à être colloqué dans un ordre en vertu d'une hypothèque à lui propre; il succombe. Il demande ensuite sa collocation en vertu de l'hypothèque légale de la femme du débiteur à laquelle il a été subrogé.

(1) Rejet, 6 avril 1831 (Dalloz, au mot *Chose jugée*, n° 210).
(2) Rejet, 1e décembre 1866 (Dalloz, 1867, 1, 498).

Y a-t-il identité de cause? La cour d'Amiens s'est prononcée pour l'affirmative : la créance était la même, la
demande fondée sur la même cause, une hypothèque, donc
il y avait chose jugée. C'est la théorie traditionnelle qui
a égaré la cour. Le créancier qui a une hypothèque conventionnelle et qui est aussi subrogé à une hypothèque
légale a, en réalité, deux causes différentes, quoique l'une
et l'autre lui donnent le même rang de préférence; donc
s'il succombe sur l'une, il peut encore invoquer l'autre;
là où il y avait deux *causes* diverses, la cour n'avait vu
que des *moyens* différents. La cour de cassation redressa
l'erreur. On lit dans l'arrêt par lequel elle a cassé la décision attaquée : « Le créancier qui n'a qu'un droit à
exercer est tenu de présenter simultanément tous les
moyens propres à l'établir, et s'il succombe dans une première demande, il ne peut pas la renouveler sous prétexte
qu'il a de nouveaux *moyens* à invoquer. Au contraire, le
créancier qui a des *droits* distincts par leur cause et leur
objet n'est nullement tenu d'en cumuler l'exercice, il peut
faire valoir successivement chacun de ses droits; or, le
créancier, dans l'espèce, avait deux droits bien distincts,
deux hypothèques, l'une de son chef, l'autre du chef de
la femme du débiteur à laquelle il était subrogé : une
hypothèque conventionnelle et une hypothèque légale;
donc il pouvait les faire valoir successivement jusqu'à la
clôture de l'ordre (1). Dans la doctrine traditionnelle, on
dit que le droit réclamé, c'est le droit de préférence en
vertu d'une hypothèque; la convention et la loi, sur lesquelles l'hypothèque est fondée, sont considérées comme
des moyens. L'erreur est palpable. Le *moyen*, c'est l'acte
notarié et le texte de loi que l'on produit pour établir qu'il
y a une hypothèque conventionnelle ou une hypothèque
légale. Quant à l'hypothèque, c'est le fondement juridique
de la préférence que le créancier réclame, c'est donc une
cause, partant le droit de préférence peut avoir plusieurs
causes; quand on succombe sur l'une, on peut encore
faire valoir l'autre. On voit que la théorie traditionnelle

(1) Cassation, 5 avril 1831 (Dalloz, au mot *Chose jugée*, n° 202, 2°).

ne sert qu'à obscurcir les idées les plus simples; ce qui est inévitable, puisqu'elle repose sur une confusion d'idées, comme nous le prouverons plus loin.

69. Dans une première instance, les demandeurs réclament la propriété d'un domaine, en invoquant une possession plus que trentenaire. Quelle est la cause de leur demande? La prescription. Il est jugé que les faits de possession allégués sont insuffisants et que, par suite, la prescription n'est pas acquise. Dans une nouvelle instance, les mêmes demandeurs réclament la propriété du même domaine en vertu d'un titre. Le premier juge rejeta l'exception de chose jugée que le défendeur opposait; la cour de Bordeaux l'admit. Pourvoi en cassation. L'arrêt a été cassé pour fausse application de l'article 1351. La question, telle que nous venons de la présenter, dégagée des complications de fait, n'est point douteuse; tout le monde admet que l'on peut réclamer successivement la propriété d'une chose en vertu de causes différentes; or, la prescription et un titre de propriété sont certainement des causes différentes. Ce qui a trompé la cour d'appel, c'est que la demande primitive était une action en partage du domaine litigieux. A cette action, les défendeurs opposèrent qu'ils étaient propriétaires en vertu de la prescription trentenaire; la cour rejeta la prescription et ordonna, en conséquence, qu'il serait procédé au partage. La nouvelle action tendait à écarter le partage; donc, dit la cour, on peut opposer aux demandeurs l'exception de chose jugée; il est jugé qu'il doit y avoir partage, un nouveau jugement ne peut pas décider qu'il n'y aura pas partage. L'objection était sérieuse; l'arrêt de cassation ne fut rendu qu'après délibération en la chambre, et sur les conclusions contraires de l'avocat général. La cour a redressé l'erreur de manière à la rendre palpable. Les défendeurs à l'action en partage étaient devenus demandeurs en opposant l'exception de prescription; dès lors les rôles étaient intervertis et le débat changeait de nature. Il s'agissait de savoir si les défendeurs devenus demandeurs étaient propriétaires exclusifs du domaine : cette question dominait celle du partage, car il ne peut être question de partager un do-

maine qui est la propriété exclusive de l'une des parties
en cause. Quelle était la décision du premier arrêt qui
rejetait la prescription? La chose jugée se réduisait à cette
proposition : que la propriété exclusive du domaine litigieux n'était pas acquise par la prescription aux défendeurs
devenus demandeurs. Mais l'exception de prescription
opposée, en première ligne de défense, par le défendeur
originaire qui se constitue ainsi demandeur ne fait pas
obstacle à ce qu'il puisse ultérieurement produire son
titre de propriété, ce qui constituera une nouvelle cause
de demande. Dira-t-on qu'il y a chose jugée sur cette
cause? Non, car les titres n'avaient pas été allégués devant le premier juge, la cause résultant des titres n'avait
pas fait l'objet d'un débat; donc le juge n'avait pas pu prononcer sur cette cause (1).

70. Les héritiers légitimes intentent une action en
pétition d'hérédité contre les légataires qui s'étaient mis
en possession des biens. On leur oppose un testament
contenant une institution universelle. La cour annule le
testament pour vice de forme et condamne les légataires
au délaissement, sauf leur recours en garantie contre le
notaire. Alors les défendeurs produisirent un testament
antérieur qui les instituait légataires pour moitié, et ils
demandèrent le prélèvement de cette moitié sur les biens
qu'ils étaient condamnés à délaisser. On leur opposa l'exception de chose jugée. La cour de Montpellier décida qu'il
n'y avait pas chose jugée. Cela nous paraît si évident, que
nous avons de la peine à comprendre les hésitations et
les doutes dont l'arrêt témoigne. C'est que la cour s'était
placée sur le terrain de la tradition, au lieu de s'en tenir
au texte et à l'esprit du code civil. Deux testaments, dont
le dernier révoque le premier, en léguant la totalité des
biens aux légataires qui, par le premier testament, n'étaient
institués que pour moitié, forment-ils une seule et même
cause? La cour hésita : les deux testaments ne seraient-ils
pas des *moyens* différents? Là dessus la cour se mit à
interroger la tradition; nous avons rapporté la définition

(1) Cassation, 6 décembre 1837 (Dalloz, au mot *Chose jugée*, n° 103).

de la *cause* qu'elle emprunta à l'ancienne jurisprudence; elle n'était guère propre à éclairer le débat (n° 63). La cour décida que les deux testaments formaient des causes différentes. Comment en douter? Les *moyens* doivent être proposés simultanément, quand même on les ignorerait; à plus forte raison quand on les connaît et qu'on a les actes en main. Or, conçoit-on que les légataires, dans l'espèce, produisent à la fois un premier testament qui les institue pour moitié et un second qui révoque le premier et qui les institue pour le tout? Cela n'a pas de sens; quand on réclame toute l'hérédité, on ne va pas alléguer un testament révoqué qui ne contient qu'une institution pour moitié.

Nouveau doute très-grave, dit la cour. Dans l'ancienne jurisprudence, il a été soutenu que le défendeur assigné en délaissement devait proposer cumulativement toutes ses exceptions. Décidément la tradition, en cette matière, est un guide qui égare. N'est-il pas de principe élémentaire que les défendeurs deviennent demandeurs en opposant une exception? Or, le demandeur ne doit pas proposer à la fois toutes les *causes* qu'il peut faire valoir à l'appui de sa réclamation. La cour de cassation, nous venons de le dire, l'a ainsi jugé, et le bon sens suffit pour le décider. D'ailleurs la loi le dit : en exigeant que la cause soit la même dans la nouvelle demande, l'article 1351 ne dit-il pas que de nouvelles demandes sont indéfiniment admissibles quand il y a des causes nouvelles? Et ce qui est vrai des demandes ne l'est-il pas des exceptions? L'espèce que la cour de Montpellier avait à juger prouve combien la doctrine traditionnelle est absurde. Je suis légataire universel en vertu d'un second testament et légataire pour moitié en vertu d'un testament antérieur révoqué par le second. Si j'agissais comme demandeur, je ne devrais pas produire les deux testaments à la fois. Et l'on veut que je les produise à la fois quand je suis défendeur ! C'est-à-dire que pour établir mon droit à toute l'hérédité que je possède, je devrais invoquer un testament qui m'institue pour moitié et qui est révoqué (1)!

(1) Montpellier, 15 février 1841 (Dalloz, au mot *Chose jugée*, n° 197, 1°). Comparez Liége, 11 juillet 1814 (*Pasicrisie*, 1814, p. 138).

71. Une société pour la distribution des eaux, traduite devant un tribunal de commerce, oppose l'exception d'incompétence à raison du *lieu*. Elle succombe; puis elle oppose l'exception à raison de la *matière,* fondée sur ce qu'elle n'est pas une société de commerce. La cour de Nîmes a décidé qu'il y a chose jugée. Pourvoi en cassation. L'arrêt fut cassé. Il nous semble que l'erreur de la cour d'appel était évidente. L'exception à raison de la matière est-elle un *moyen* ou une *cause?* Il suffit de considérer l'objet de la demande pour se convaincre qu'il ne s'agit pas de *moyens.* La compagnie défenderesse oppose une fin de non-recevoir fondée sur l'incompétence. L'objet du litige est donc de savoir si le tribunal est compétent ou non. Quel est le motif juridique sur lequel se fonde l'exception d'incompétence? Devant le premier juge, c'est le *lieu;* voilà la *cause* : elle n'est pas admise. Devant le second juge, la compagnie invoque une autre *cause* d'incompétence, la *matière* : les *moyens* consistent dans les deux instances, dans les textes de loi et dans l'appréciation des faits. Donc il s'agissait de *causes* diverses (1). Si la cour d'appel s'est trompée, c'est, nous semble-t-il, parce que les magistrats, comme les auteurs, se laissent égarer par la doctrine traditionnelle qui consacre précisément la confusion de la *cause* et des *moyens.* Cette doctrine, nous allons l'exposer et la combattre.

N° 3. CAUSE ET MOYEN.

72. Il y a des cas où la cause ressemble au moyen. Pour mieux dire, les auteurs considèrent la cause comme un moyen par un motif d'intérêt général, afin d'empêcher de nouveaux procès. Nous prenons comme exemple le cas le plus favorable à l'opinion générale. Je demande la nullité d'un testament parce que tel témoin était mineur; je succombe. Puis je forme une nouvelle action en nullité fondée sur ce qu'un autre témoin était étranger : est-ce la même

_____

(1) Cassation, 26 février 1872 (Dalloz, 1872, 1, 10). Comparez Rejet, chambre criminelle, 15 mars 1855 (Dalloz, 1855, 1, 126).

cause ? et, par suite, y a-t-il chose jugée? L'affirmative est généralement enseignée. Cependant, chose remarquable, l'un des auteurs qui, par la nature de son ouvrage, n'est guère que rapporteur de la doctrine comme de la jurisprudence, Dalloz, avoue que si l'on s'en tient à la définition de la cause généralement admise, il faut dire que, dans l'espèce, il n'y avait pas identité de cause, et partant pas de chose jugée. Quel est, en effet, le fondement juridique de la première demande? C'est la minorité d'un témoin. Quel est le fondement juridique de la seconde demande? C'est que l'un des témoins est étranger. C'est un vice de forme, il est vrai, mais un vice différent de celui sur lequel était fondée ma première demande ; donc il y a cause diverse et, par suite, on ne peut pas m'opposer la chose jugée (1).

Les auteurs enseignent tous que ce que nous appelons *cause* est un *moyen ;* or, un moyen nouveau n'autorise pas le demandeur à former une nouvelle demande. Pour justifier cette doctrine, on distingue la cause *prochaine* et la cause *éloignée.* La cause prochaine de ma première action, ainsi que de la seconde, dit Toullier, est un vice de forme ; il y a donc identité de cause, les moyens seuls diffèrent. Qu'entend-on par cause *prochaine* et par cause *éloignée,* et sur quoi se base cette distinction ? Marcadé a très-bien exposé cette théorie ; nous allons l'entendre. Quelle est, dans l'exemple que nous avons donné, la cause de ma première demande? Le motif *prochain,* le fondement *immédiat,* la raison *dernière,* ce n'est pas la minorité prétendue d'un témoin, c'est un vice de forme. Qu'ai-je demandé? La nullité de l'acte. Pourquoi l'acte était-il nul, selon moi? Parce qu'il était irrégulier dans la forme. Le vice de forme est donc le *motif prochain* de mon action, c'est-à-dire sa *cause.* Mais pourquoi l'acte était-il nul en la forme? Parce que l'un des témoins était mineur. Ce fait de minorité est *la cause de la cause,* en d'autres termes, le fondement médiat, un simple *moyen.* Quelle est la *cause prochaine* de ma seconde demande? C'est encore un

(1) Dalloz, au mot *Chose jugée,* n° 198, p. 294.

vice de forme, donc la cause est identique; il n'y a que la *cause de la cause*, c'est-à-dire le *moyen*, qui diffère.

Marcadé est un esprit logique. Il s'aperçoit que cette argumentation confond la *cause* et le *moyen*, et il l'avoue. Sans doute, dit-il, les *moyens* sont aussi des *causes*, puisqu'ils concourent à *fonder* ma prétention; et la *cause* est aussi un *moyen*, puisqu'elle est la première raison alléguée à l'appui de ma prétention. De même, en physique, on appelle *nuage* le *brouillard* dans lequel on n'est pas, et on appelle *brouillard* le *nuage* dans lequel on est; de même on appelle *cause* le *moyen* qui motive immédiatement la prétention, et on appelle *moyens* les *causes* qui se trouvent *plus éloignées*. Si Marcadé avait trouvé cette comparaison dans un des auteurs qu'il aime à attaquer, il aurait dit que comparaison n'est pas raison et que tout ce que la comparaison prouve, c'est que la doctrine des causes *prochaines* et *éloignées* est un vrai *brouillard* qui embrouille et confond les notions les plus simples, à ce point que l'on ne sait plus ce qui est cause et ce qui est moyen, car la cause devient un moyen et le moyen devient une cause.

Reste à justifier la distinction des causes *prochaines* et *éloignées*. C'est un jurisconsulte romain, Nératius, qui, le premier, a prononcé le mot de *cause prochaine*. Marcadé, qui n'aime pas à invoquer le droit romain, ne cite pas le Digeste. En effet, le mot ne nous apprend rien : nous cherchons la raison du mot. Marcadé avoue que la théorie que nous venons d'exposer est peu naturelle et peu équitable; il avoue que l'irrégularité de forme sur laquelle la seconde demande est fondée est *complétement différente* de la première; il avoue que l'irrégularité que la seconde demande soumet au juge n'a pas été soumise au premier; il avoue que le demandeur et le juge n'y avaient pas même songé. Ainsi il y a chose jugée sur un point qui n'a pas été demandé, qui n'a pas été débattu, et il se trouve que le juge a décidé une chose à laquelle il n'a pas songé! L'aveu revient à dire ce que Dalloz dit plus ouvertement, que, dans la réalité des choses, les diverses irrégularités de formes constituent des causes diverses. Marcadé finit par dire que la raison, l'équité et l'exactitude même du langage ne permettent pas de dire que la chose est jugée. Pourquoi donc admet-il une distinction que rien ne justifie ? Elle s'explique, dit-il, et elle se justifie par le sacrifice, toujours nécessaire, de l'intérêt particulier à l'intérêt général. Si l'on considérait comme *causes* même celles qui sont les plus éloignées, on ouvrirait de nouveaux débats pour toutes causes nouvelles, c'est-à-dire que l'on éterniserait les procès ; ce qui aboutirait à détruire l'autorité de la chose jugée et à renverser l'une des bases de l'ordre social. Pour prévenir la multiplicité des procès qui remettraient sans cesse en question ce qui a été jugé, il faut limiter l'idée de cause à la cause prochaine et considérer les causes éloignées comme des moyens. Telle est la conclusion et la justification de la théorie traditionnelle des causes prochaines et éloignées (1).

73. Il est facile de critiquer une théorie qui n'a de fondement légal ni dans le texte ni dans l'esprit de la loi. On invoque l'intérêt général ; nous admettons que l'*intérêt privé* doit céder devant l'*intérêt de la société,* quand il n'y a que des intérêts en cause ; encore faut-il que, dans ce cas, le législateur impose ce sacrifice aux particuliers : les interprètes n'ont pas ce droit-là. Bien moins encore ont-ils, dans le silence de la loi, le pouvoir de sacrifier les *droits* des individus à l'*intérêt* général. Donc, avant de parler du sacrifice des intérêts privés à l'intérêt public, il faudrait voir s'il n'y a que des intérêts en cause. Nous avons entendu la voix de l'intérêt ; il faut entendre ce que dit le droit.

Pour donner à la théorie des causes *prochaines* et *éloignées* une couleur juridique, il faut supposer que celui qui demande la nullité d'un acte en se fondant sur la minorité d'un témoin, demande la nullité pour cause d'irrégularité de l'acte, et que le juge décide que l'acte est

(I) C'est l'opinion générale. Toullier, t. V, 2, p. 138, n° 166. Marcadé, t. V, p. 175, n° VI de l'article 1351. Aubry et Rau, t. VI, p. 498, note 71. Larombière, t. V, p. 272, n° 83 (Ed. B., t. III, p. 257). Mourlon est le seul qui, sans discuter la question, déclare que l'opinion générale est très-contestable (t. II, p. 855 note).

irrégulier en la forme, non-seulement pour cause de minorité d'un témoin, mais pour tout autre vice résultant
de l'inobservation d'une formalité prescrite par la loi. Cette
supposition est une pure fiction; pour l'admettre, il faudrait une disposition formelle de la loi, car le législateur
seul peut créer des fictions. Laissons là la fiction que le
code ignore et voyons ce qui se passe dans la réalité des
choses. Il est de principe élémentaire, en matière de
chose jugée, que pour savoir ce qui a été jugé, il faut voir
ce qui a été demandé au juge et ce qui a été débattu devant lui. Or, qu'est-ce que je demande au juge quand
j'attaque un testament pour vice de formes? Est-ce que je
dis dans mes conclusions que le testament est nul pour
irrégularité? Est-ce que je fonde mon action sur l'inobservation de toutes les formes légales? Jamais une demande
ainsi formulée n'a été présentée en justice; elle n'aurait
pas de sens. Mes conclusions portent que le testament est
nul, parce que l'un des témoins était mineur : tel est
l'unique fondement de ma demande, tel est le seul point
débattu devant le juge, telle est la seule question qu'il
décide. La minorité d'un témoin est donc le fondement
juridique et l'unique fondement de ma demande, donc
c'est là la cause. Partant il y a autant de causes différentes qu'il y a de formes différentes. Je puis, si je
succombe sur ma demande, en intenter une nouvelle fondée sur un autre vice de forme. M'opposera-t-on la chose
jugée? Je répondrai, avec les auteurs mêmes que j'invoque,
qu'il ne peut y avoir de chose jugée sur un vice de forme
qui n'était pas mentionné dans mes conclusions, qui n'a
pas été débattu et qui n'a pas été décidé, sur un vice
auquel ni le demandeur ni le juge n'ont même songé.
Pourquoi la loi exige-t-elle l'identité de cause pour qu'il
y ait chose jugée? Afin d'empêcher que ce qui a été jugé
par le premier juge ne soit décidé en sens contraire par
un nouveau juge. Or, si le premier juge décide que tel
témoin n'est pas mineur et si le second juge décide que
tel témoin est étranger, est-ce que le second juge aura
décidé le contraire de ce qu'a décidé le premier? La question, encore une fois, n'a point de sens. Ainsi le texte du

code ignore la distinction des causes prochaines et éloignées, ce qui déjà décide la question, puisqu'il n'est pas permis à l'interprète de distinguer quand la loi ne distingue pas. Et l'esprit de la loi repousse cette distinction; car là où il n'y a aucune contrariété de décisions à craindre, il ne saurait être question de chose jugée.

On objecte que la présomption de vérité que la loi attache à la chose jugée a pour but de prévenir la multiplicité des procès en mettant fin au litige dès que le premier juge l'a définitivement décidé. Cela n'est pas tout à fait exact. L'autorité de la chose jugée n'empêche un nouveau procès que sur les points qui ont fait l'objet des conclusions dans la première instance, qui ont été débattus par les parties et décidés par le juge. Dans ce cas, il faut prévenir un nouveau procès, non pas pour éviter la multiplicité des procès, mais pour empêcher que le second juge ne décide le contraire de ce qu'a décidé le premier. Si ce danger n'est pas à craindre, il n'y a plus de raison pour invoquer l'autorité de la chose jugée. Loin de là, il y a un intérêt tout aussi sacré; disons mieux, un *droit naturel* qui est aussi un des fondements de l'ordre social, le droit de défense qui exige impérieusement, malgré les abus possibles, que les particuliers puissent toujours faire valoir leurs droits ou leurs prétentions en justice. Eh bien, ce droit on le méconnaît dans l'opinion générale; sous le prétexte d'intérêt public, on m'empêche de recourir à la justice; c'est m'enlever un droit sans lequel il n'y a plus de société, c'est me dépouiller des bénéfices du droit que je voulais faire valoir, c'est porter atteinte au droit de propriété. Je suis héritier légitime, appelé, comme tel, par la loi, par le sang, par la voix de Dieu, à recueillir l'héritage de la famille dans laquelle Dieu m'a fait naître. On m'oppose un testament; c'est aussi un droit, mais il déroge au droit divin, et la loi, pour s'assurer que le testament est l'expression de la volonté véritable, réfléchie du testateur, l'entoure de formalités nombreuses, toutes substantielles, toutes prescrites sous peine de nullité. Je soutiens que le testament est nul pour l'inobservation de telle forme légale; je succombe. Je découvre ensuite un autre vice de forme; je veux le faire valoir en justice, on me repousse par l'exception de chose jugée. Qu'est-ce à dire? Me voilà dépouillé de l'héritage auquel j'avais droit et je suis dépouillé par un testament que je prétends n'être pas l'expression de la volonté du testateur, parce qu'il est nul en la forme; et on refuse de m'écouter! On me dépouille sans m'entendre! Que l'on ne dise pas que j'ai été entendu, que j'aurais dû faire valoir toutes les causes de nullité dans la première instance, et que si j'ai négligé de le faire, je dois supporter les conséquences de ma négligence. Non, je n'ai pas été entendu et le juge n'a pas décidé la nouvelle contestation contre moi; ni moi ni lui nous n'avons songé à un vice que nous ignorions. Et quand même je l'aurais connu, où est la loi qui m'oblige de faire valoir toutes les causes de nullité dans une seule et même instance? L'article 1346, qui contient une disposition pareille pour sanctionner la prohibition de la preuve testimoniale, est une exception, et, en matière de chose jugée, il n'y a qu'une seule exception au droit illimité de défense, c'est celle qui est définie par l'art. 1351; hors de là, je reste sous l'empire du droit commun et je fais valoir mes droits comme je l'entends. Vainement crie-t-on à l'abus. On peut abuser de tout droit, ce qui n'empêche pas le droit d'exister. Même dans l'opinion générale on admet que les parties peuvent faire valoir successivement les causes de nullité qui concernent le fond, sans que l'on puisse opposer l'exception de chose jugée, alors même que la cause de nullité serait connue lors de la première demande. Si l'on permet de renouveler la contestation pour une nullité de fond, pourquoi ne le permettrait-on pas pour les nullités de forme? Les abus que l'on craint seront toujours très-rares, car on plaide pour gagner son procès, et quand on a deux causes de nullité à opposer, on ne manque pas de les faire valoir. Et s'il y avait des abus, ils seraient toujours moindres que le déni de justice : le juge a le moyen de punir le plaideur téméraire en le condamnant aux dépens et aux dommages-intérêts, tandis que le déni de justice est un mal sans remède.

74. Les auteurs appliquent la même doctrine aux vices

de consentement (1). Je demande la nullité d'une convention pour vice d'erreur; je succombe. Je découvre ensuite des manœuvres frauduleuses qui m'ont induit en erreur et qui m'ont engagé à contracter; j'intente une nouvelle action pour cause de dol. Est-ce une nouvelle *cause* dans le sens de l'article 1351? Non, dit-on, c'est un nouveau *moyen*. La *cause prochaine* de ma demande ne consiste pas dans l'erreur que j'ai invoquée, elle consiste dans l'absence de consentement valable; quant à l'*erreur*, c'est une *cause éloignée* de l'action, donc un *moyen*. La *cause prochaine* est commune aux deux actions, c'est le vice de consentement; donc le premier juge, en rejetant la demande fondée sur l'erreur, rejette implicitement la demande nouvelle fondée sur le dol, c'est un nouveau *moyen* que j'invoque pour établir la même cause; or, on ne peut pas reproduire une demande qui a été rejetée, quand même on alléguerait de *nouveaux moyens.*

A notre avis, cette application que l'on fait du principe traditionnel en prouve la fausseté. Je demande la nullité d'une convention et je me fonde sur ce que mon consentement a été vicié par l'erreur. Quel est l'objet du débat? C'est toujours cette question-là qu'il faut poser quand il s'agit de chose jugée. Le débat porte uniquement, exclusivement sur l'erreur, c'est-à-dire sur le point de savoir si l'erreur que j'allègue est une erreur sur la substance de la chose. C'est cette question et rien que cette question que le juge décide. Dans l'opinion contraire, on est obligé de dire que ma demande *toute spéciale* était *générale;* que, tout en spécifiant le vice d'*erreur,* « je n'ai pas laissé de faire valoir d'une manière générale, et dans les termes absolus de la loi, l'absence d'un consentement valable (2). » Pure fiction qui me fait dire une chose à laquelle je n'ai pas même songé; si j'y avais songé, j'aurais allégué les deux vices et j'aurais dû les prouver. Est-ce que le dol qui, dit-on, est compris dans ma demande, a fait l'objet du débat? Le mot n'a pas même été prononcé,

---

(1) Aubry et Rau, t. VI, p. 499, note 72, § 769. Toullier, t. V, 2, p. 137, n° 165.

(2) Larombière, t. V, 270, n° 81 (Ed. B., t. III, p. 256).

et il ne l'est pas davantage dans le jugement. Voyez l'iniquité révoltante qui en résulte. Si j'ai succombé dans ma première demande, c'est que l'erreur que j'invoquais n'était pas substantielle; mais il y a une autre erreur qui ne doit pas porter sur la substance de la chose, c'est celle qui résulte du dol. Est-ce que le juge, en décidant qu'il n'y a pas erreur sur la substance de la chose, a décidé que je n'ai pas été victime des manœuvres frauduleuses qui m'ont engagé à contracter? Le bon sens répond que non, et le droit ferait bien de ne pas se mettre en opposition avec le bon sens.

Larombière applique la même doctrine à l'incapacité. « Le jugement qui aura rejeté une action en nullité fondée sur ce que le contractant était mineur produira l'exception de chose jugée contre toute autre demande de même nature qui serait fondée sur l'état d'interdiction ou le défaut d'autorisation maritale. » Pour le coup, la logique porte malheur aux causes *éloignées* et *prochaines*. Est-ce qu'en demandant la nullité pour cause de minorité, je demande la nullité pour incapacité en général? Et le juge, en décidant que la partie contractante n'était pas mineure, décidera par là qu'elle n'était pas interdite, et que, si c'est une femme mariée, elle avait obtenu l'autorisation maritale? Il suffit de poser de pareilles questions pour les résoudre. Pour mieux dire, on ne devrait pas poser de pareilles questions, car elles déconsidèrent notre science en faisant croire que le droit dit toujours le contraire de ce que dit le bon sens.

75. Un premier arrêt rejette la demande en nullité d'une saisie-exécution. Le demandeur forme une nouvelle demande en nullité fondée sur une autre irrégularité. Peut-on lui opposer l'exception de chose jugée? Oui, dit la cour de Bruxelles. L'arrêt est si mal rédigé, que l'on ne sait pas s'il s'agissait d'un vice de forme autre que celui qui avait été proposé dans le premier procès, ou si le vice était le même et si les moyens seulement différaient. S'il s'agissait de simples moyens, la cour a raison de dire que les parties doivent opposer leurs moyens à la fois. Mais elle a tort s'il s'agissait d'irrégularités différentes : aucune loi, aucun principe ne commandent aux parties de proposer toutes leurs causes à la fois (1).

Dans une première instance, le débiteur demande la nullité de l'acte constatant son obligation en se fondant sur la minorité de l'un des témoins; dans une seconde instance, il demande encore la nullité de l'acte en se fondant sur la qualité d'étranger de l'autre témoin instrumentaire. Y a-t-il chose jugée parce que la cause est la même? La cour de cassation a décidé que la *cause* invoquée dans le second procès était seulement un nouveau *moyen;* que l'une et l'autre action avaient eu *évidemment* le même *objet* et la même *cause* (2). Pas d'autres motifs. Dire qu'il y a *évidemment* même cause, c'est faire une allégation; en droit, il ne suffit pas d'affirmer qu'une chose est évidente, il faut prouver l'évidence, et la chose est si peu évidente dans l'espèce, que les auteurs avouent leur perplexité.

Opposition est faite à une ordonnance d'*exequatur* d'un jugement arbitral; le demandeur se fonde sur ce que les arbitres n'auraient pas prononcé dans le délai prescrit. La cour rejette l'opposition. Nouvelle demande fondée sur ce que l'ordonnance aurait dû être délivrée par le président du tribunal de première instance, au lieu de l'être par le président de la cour royale. La cour de Grenoble admet l'opposition. Son arrêt a été cassé. Les deux demandes, dit la cour de cassation, étaient fondées sur la même *cause,* la nullité de l'ordonnance. Non, car la nullité de l'ordonnance formait l'*objet* de la demande; la cour confond donc l'*objet* avec la *cause.* La cour avoue que les deux arrêts avaient jugé des *questions différentes;* n'est-ce pas avouer qu'il ne peut s'agir de la chose jugée? Où est la contrariété entre deux décisions qui jugent des questions différentes? Les causes de nullité, continue la cour, constituent des *moyens* différents. C'est ce qu'il fallait prouver, et l'arrêt de cassation n'en dit pas un mot(3).

(1) Bruxelles, 9 septembre 1822 (*Pasicrisie,* 1822, p. 236). Comparez Paris, 10 mai 1850 (Dalloz, 1851, 2, 125).
(2) Rejet, 8 février 1818 (Dalloz, au mot *Chose jugée,* n° 200, 1°).
(3) Cassation, 29 janvier 1821 (Dalloz, au mot *Chose jugée,* n° 200, 2°).

La cour de cassation a encore décidé que le jugement qui rejette l'action en nullité d'une hypothèque, fondée sur le défaut de stipulation de l'hypothèque dans le titre en vertu duquel l'inscription a été prise, forme chose jugée contre une nouvelle action en nullité, par laquelle le créancier attaque l'hypothèque pour défaut d'authenticité du titre. La cour dit que l'*objet* des deux demandes est le même. Cela est vrai; mais la *cause* était-elle aussi la même? Telle était la vraie difficulté, et la cour n'en dit rien (1).

76. La question de savoir s'il y a *cause* ou *moyen* se présente dans des cas analogues à ceux que nous venons d'exposer; la solution devrait donc être la même. Cependant les cours décident, tantôt qu'il y a cause, tantôt qu'il y a moyen; de sorte que la doctrine traditionnelle aboutit, en définitive, à une absence complète de principes. En effet, l'utilité publique ou l'intérêt général n'est pas un principe, c'est un fait, et une considération de fait peut conduire aux décisions les plus contradictoires. La jurisprudence n'invoque pas même ce prétendu principe; nous avons constaté qu'elle est à peine motivée, on peut donc dire qu'elle est sans principe aucun.

Un premier jugement rejette une demande en nullité fondée sur l'incapacité d'un témoin. Nouvelle demande en nullité fondée sur ce que l'un des témoins n'a pas signé. Y a-t-il chose jugée? La cour de Rouen a décidé que la cause était différente, et la cour de cassation a confirmé l'arrêt : il n'y a pas la même *ratio petendi*, dit-elle, par conséquent point d'autorité de chose jugée (2). Pas d'autre motif. La contradiction entre cette décision et la théorie traditionnelle nous paraît palpable. On demandait, dans les deux instances, la nullité du testament pour vice de formes; donc la cause *prochaine* était la même, la cause *éloignée*, c'était la nature du vice, et cette cause éloignée est un *moyen*. Ainsi la cour de cassation se contredit,

---

(1) Rejet, chambre civile, 15 janvier 1828 (Dalloz, au mot *Chose jugée*, n° 200, 3°.

(2) Rejet, 1er juin 1814 (Dalloz, au mot *Chose jugée*, n° 199).

sans que l'on découvre un motif qui explique la diversité de ses décisions.

Un testament est attaqué pour défaut d'assistance des témoins à la rédaction et à la lecture de l'acte. La cour rejette la demande. Nouvelle action en nullité fondée sur le défaut d'approbation d'un renvoi. Y a-t-il chose jugée? Dans notre opinion, non. Et si l'on appliquait, par analogie, la décision de la cour de cassation que nous venons de rapporter, il faudrait dire également qu'il n'y a pas la même *ratio petendi*. Cependant il a été jugé qu'il y avait identité de *cause* et diversité de *moyens* (1), sans motif aucun. La cour de Pau affirme que la cause est un *moyen*, comme la cour de cassation affirme que la *ratio petendi* est une *cause*.

77. Toullier rattache à la doctrine traditionnelle du *tout* et de la *partie* la question de savoir si les jugements sur le possessoire ont l'autorité de la chose jugée au pétitoire : il répond négativement, parce que le *tout* n'est pas compris dans la *partie* (2). Si tel était le vrai motif de décider, il faudrait dire, de l'aveu de tout le monde (n° 52), qu'il y a chose jugée. En réalité, l'*objet* des deux demandes diffère, ainsi que la *cause*. L'*objet* diffère, car, d'un côté, on réclame la possession qui est de fait et, d'autre part, on réclame la propriété qui est de droit. Et sur quoi se fonde-t-on au possessoire? Sur les caractères de la possession. Sur quoi se fonde-t-on au pétitoire? Sur l'une des causes en vertu desquelles on acquiert la propriété. Ainsi Toullier confond l'*objet* et la *cause*, et il applique, à tort, à ce cas la doctrine traditionnelle. On pourrait objecter contre l'opinion générale que celui qui agit au pétitoire ne peut plus agir au possessoire, ce qui semble confirmer l'opinion de Toullier. A vrai dire, la disposition qui défend d'agir au possessoire, quand on commence par agir au pétitoire, n'a rien de commun avec les principes qui régissent la chose jugée (code de proc., art. 26) : le code de procédure présume que celui qui introduit une

(1) Pau, 21 avril 1868 (Dalloz, 1870, 1, 125).
(2) Toullier, t. V, 2, n° 156, p. 129.

action pétitoire renonce à l'avantage de la possession ; la présomption est contestable, mais il est certain qu'elle est étrangère à la théorie de la chose jugée (1).

La jurisprudence est dans le sens de la doctrine. Il n'y a pas chose jugée, dit la cour de Caen, parce que la chose demandée n'est pas la même (2). Pas d'autre motif. Il y a cependant un point sur lequel il y a quelque doute. La possession et ses caractères font l'objet du débat dans l'instance sur le possessoire, et les caractères de la possession peuvent aussi être débattus dans l'instance sur le pétitoire : n'en faut-il pas conclure que, sur ce point, il y a chose jugée? Cependant il est de jurisprudence que la sentence rendue au possessoire par le juge de paix n'a pas, au pétitoire, l'autorité de la chose jugée, même en ce qui concerne les caractères de la possession. Ainsi la possession que le juge de paix a maintenue comme constituant une possession à titre de propriétaire peut, au pétitoire, être déclarée simple détention précaire, insuffisante pour servir de base à la prescription (3). Cela est très-juridique. Au possessoire, la possession n'est considérée que comme un fait, et ce fait est simplement maintenu par le juge, sans que l'on puisse s'en prévaloir quant au droit. Il y a plus. Le juge de paix accueille une action en complainte sur le motif que le demandeur était depuis plus d'une année en possession. Au pétitoire, le défendeur primitif devient demandeur en revendication, et il est jugé que c'est lui qui avait la possession et que, par suite, il peut invoquer la présomption de possession intermédiaire qui existe au profit du possesseur actuel quand il prouve qu'il a anciennement possédé (4). La contradiction entre les deux décisions n'est qu'apparente ; le premier juge n'a rien décidé sur la possession considérée comme un droit, il est donc impossible qu'il y ait chose jugée à cet égard.

Bien moins encore peut-on se prévaloir d'une décision

(1) Duranton, t. XIII, p. 497, n° 468. Aubry et Rau, t. VI, p. 500, note 80. Larombière, t. V, p. 233, n° 41 (Éd. B., t. III, p. 242).
(2) Caen, 21 mai 1856 (Dalloz, 1857, 2, 80).
(3) Rejet, 28 décembre 1857 (Dalloz, 1858, 1, 113).
(4) Rejet, chambre civile, 11 avril 1865 (Dalloz, 1865, 1, 268). Comparez Rejet, 18 décembre 1865 (Dalloz, 1866, 1, 255).

rendue au possessoire, quand le juge de paix a décidé implicitement un point de droit. L'action est fondée sur un trouble souffert par le demandeur dans sa possession plus qu'annale d'une servitude de vue; le juge de paix la rejette par le motif que le fonds servant avait cessé, par l'effet de sa réunion au domaine public, d'être susceptible de possession privée, à titre de propriété ou à titre de servitude. Ce motif implique que la servitude était éteinte. Au pétitoire, le demandeur conclut à ce que l'existence de la servitude soit reconnue. Y a-t-il chose jugée faisant obstacle à la demande nouvelle? Non; dans l'espèce, on ne pouvait pas même dire que le juge de paix avait décidé un point de droit, car il ne touchait la question de l'existence de la servitude que dans un considérant, et l'eût-il décidée dans le dispositif, il n'y aurait pas eu chose jugée, parce que, dit la cour de cassation, il est constant, en jurisprudence, que les jugements rendus au possessoire ne forment ni titre ni chose jugée relativement au pétitoire (1).

78. Faut-il appliquer la doctrine traditionnelle concernant les causes *prochaines* et *éloignées* aux demandes en nullité, en rescision et en résolution? Logiquement, on devrait le faire; il peut y avoir diverses causes de nullité au fond, comme il y a diverses causes de nullité quant à la forme. On ne permet pas de porter successivement devant les tribunaux les diverses causes de nullité fondées sur un vice différent de forme : pourquoi permet-on d'intenter des actions successives en nullité quant au fond du droit(2)? Pourquoi y a-t-il chose jugée dans un cas, tandis qu'il n'y en a pas dans l'autre? La jurisprudence ne donne pas de réponse à nos questions, et nous en cherchons vainement une dans les principes. Cela ne prouverait-il pas, comme nous le disons, que la distinction des causes *prochaines* et *éloignées* n'est pas un principe?

Dans une première instance, on demande la nullité d'une vente en se fondant sur ce que les maisons vendues

(1) Rejet, 20 janvier 1868 (Dalloz, 1868, 1, 133).
(2) Aubry et Rau, t. VI, 2, p. 499, § 769.

étaient litigieuses et sur ce que l'acquéreur avait été, pendant le litige, l'avocat et le conseil de la venderesse. Dans une nouvelle instance, on demande la nullité de la vente en se fondant sur ce que le prétendu contrat de vente n'était qu'un simple engagement. On opposa l'autorité de la chose jugée. La cour de Pau décida qu'il n'y avait pas chose jugée, et la cour de cassation confirma l'arrêt. Dans notre opinion, il n'y a pas le moindre doute. Il n'en est pas de même dans l'opinion traditionnelle. Les quelques motifs que la cour de cassation donne sont aussi ceux que nous avons invoqués contre la confusion du *moyen* et de la *cause*. Dans la première instance, dit la cour, il s'agissait uniquement de savoir si l'acheteur, avocat et conseil de la venderesse, avait pu acquérir des maisons dont la propriété était contestée ; la simulation de la vente n'avait pas fait l'objet du litige, d'où suit qu'elle n'avait ni été ni pu être décidée par le premier juge : comment y aurait-il chose jugée sur ce qui n'a été ni débattu ni jugé (1)?

On demande la nullité d'une vente faite à une communauté religieuse ; l'action est fondée sur l'incapacité de la communauté de recevoir à titre gratuit sans autorisation. Il est décidé que l'acte attaqué ne cachait pas une libéralité, que c'était une véritable vente. Nouvelle demande en nullité de l'acte considéré comme vente et fondée sur ce que les communautés religieuses sont aussi incapables d'acquérir à titre onéreux qu'à titre gratuit. On prétendit qu'il y avait chose jugée. Et, au point de vue de la doctrine des causes *éloignées* et *prochaines*, on pouvait très-bien le soutenir. Sur quoi étaient fondées les deux demandes en nullité? Sur l'incapacité de la communauté religieuse : telle était la cause *prochaine*. Sur quoi était fondée cette cause? La cause de la cause, c'est-à-dire le *moyen*, était, dans la première instance, que l'acquisition était à titre gratuit et par personne interposée, et, dans la seconde demande, on soutenait que cette incapacité

(1) Rejet, chambre civile, 27 août 1817 (Dalloz, au mot *Chose jugée*, n° 204, 2°).

s'appliquait aussi aux contrats onéreux : le *moyen* était nouveau, mais la *cause prochaine* était la même. La cour de cassation décida que l'incapacité d'acquérir à titre gratuit et l'incapacité d'acquérir à titre onéreux formaient des *causes* diverses, et non des *moyens* différents ; que la question que faisait naître la seconde demande n'avait été ni posée, ni examinée, ni résolue lors du premier arrêt ; que cet arrêt ne pouvait donc avoir l'autorité de la chose jugée relativement à la seconde demande (1). La décision est très-juridique, mais elle est en opposition directe avec la doctrine traditionnelle, telle que nous l'avons exposée plus haut (n° 74). On voit que la jurisprudence et la doctrine ne s'accordent qu'en une chose, c'est qu'elles n'ont ni l'une ni l'autre un principe certain.

79. Demande en payement d'une donation contractuelle. Le défendeur oppose l'exception de nullité pour vice de forme. Il fut jugé que le contrat était valable et exécutoire. Nouvelle demande en payement d'une autre donation faite par le même contrat entre les mêmes parties ; le défendeur oppose la nullité de la libéralité pour cause d'incapacité du donateur. La cour admit la nullité. Pourvoi en cassation pour violation de l'article 1351. Quelle est la cause des deux actions ? disait-on. On demande la nullité de la donation, dans l'une et l'autre instance, en se fondant sur la nullité du contrat de mariage ; c'est cette nullité, pour parler le langage traditionnel, qui constitue la *cause prochaine* de l'action. La *cause de cette cause*, c'est-à-dire le *moyen*, était différent dans les deux instances, mais la différence de moyens n'empêche pas la chose jugée. Ce système fut repoussé par la cour de cassation, sans discuter la question ; elle se contente de dire que les deux demandes n'avaient pas le même objet ; ce qui est exact, puisqu'il s'agissait de donations différentes ; et elles n'avaient pas la même cause, puisque, dans la première, il s'agissait d'un vice de forme et, dans la seconde, de l'incapacité du donateur (2).

(1) Rejet, 15 décembre 1856 (Dalloz, 1857, 1, 97).
(2) Rejet, 8 mai 1839 (Dalloz, au mot *Chose jugée*, n° 142).

Dans notre opinion, cela n'est pas douteux; dans l'opinion traditionnelle, il y avait un doute sérieux, et l'arrêt de la cour n'y répond pas.

On trouve, sur des questions identiques, des décisions contradictoires. Action en nullité d'une vente, fondée sur ce que le contrat est entaché de fraude et de dol et contient une donation déguisée au profit d'une personne incapable. La demande fut rejetée. Nouvelle demande, dans laquelle on s'inscrit en faux incident et principal contre l'acte. Il fut décidé qu'il y avait chose jugée. La cour de cassation ne donne d'autre motif sinon que la seconde demande était aussi une action en nullité (1). Pour mieux dire, l'arrêt n'est pas motivé, et il nous paraît impossible de le justifier. La première demande s'attaquait au fond de la convention, la seconde s'attaquait à l'acte, à l'écrit : qu'est-ce qu'il y a de commun, en ce qui concerne la chose jugée, entre l'écrit et la convention? Rien.

C'est ce que la cour de cassation a décidé dans une espèce tout à fait analogue. Demande en nullité d'une donation fondée sur ce que le donateur avait imposé au donataire l'obligation de payer une somme indéterminée. Le premier jugement valida la donation. Nouvelle demande ayant pour objet de faire déclarer que l'acte contenant la donation était faux et de faire admettre l'inscription de faux formée contre cet acte. La cour de Dijon rejeta la demande en se fondant sur la chose jugée. Pourvoi en cassation. La cour décida que la cause de la seconde demande n'était pas la même; elle cassa l'arrêt attaqué pour fausse application de l'article 1351 (2). C'est cette seconde décision qui est la bonne; cela n'est pas douteux. Les hésitations et les contradictions de la jurisprudence témoignent qu'elle n'a pas de principe certain.

80. C'est sans doute aux incertitudes de la doctrine et de la jurisprudence qu'il faut attribuer les nombreux procès qui sont portés devant la cour de cassation en cette

(1) Rejet, 21 janvier 1853 (Dalloz, 1854, 5, 112).
(2) Cassation, 8 novembre 1864 (Dalloz, 1865, 1, 374.)

matière. En définitive, on ne sait pas ce qui est *cause* et ce qui est *moyen*; de sorte que l'on peut toujours plaider que la *cause* est un *moyen* et que le *moyen* est une *cause*. Dans une première instance, on demandait la rescision d'un acte de partage pour cause de lésion. Le procès fut terminé par une transaction. Longtemps après, on demanda la nullité de l'acte comme contenant aliénation d'un immeuble dotal. On opposa la chose jugée. Y avait-il *cause* nouvelle ou *moyen* nouveau? Dans notre opinion, la question ne peut pas même être posée. La cour de cassation décida qu'il y avait *cause* nouvelle, et partant pas de chose jugée, mais sans motiver sa décision (1). Jusqu'ici nous n'avons pas encore rencontré un seul arrêt de la cour de cassation qui fût motivé en matière de *cause* : faut-il s'étonner si les plaideurs soutiennent des choses insoutenables?

Y a-t-il identité de cause entre une demande fondée sur la nullité du consentement et la demande fondée sur la lésion? Voilà une de ces questions qui ne devraient pas être portées devant les tribunaux : le langage même de la loi, comme le dit la cour de Chambéry, proteste contre l'identité de deux causes qui sont régies par des principes essentiellement différents. Ce qui, dans l'espèce, prêtait à quelque apparence de doute, c'est que, dans l'instance en nullité, il avait été parlé de lésion; mais il ne suffit pas que l'on parle d'une cause pour qu'il y ait décision et même débat; on ne débat réellement que ce qui fait l'objet des conclusions, et les conclusions ne portaient pas sur la rescision pour cause de lésion (2).

Y a-t-il identité de cause entre une demande en révocation d'une donation fondée sur la survenance d'enfant et la demande en réduction pour fournir la réserve? S'il y avait un principe arrêté sur la cause, la question que nous venons de poser n'aurait certes pas divisé une cour d'appel et la cour de cassation. La survenance d'un enfant anéantit la donation, en la révoquant de plein droit; tan-

(1) Rejet, 15 juin 1837 (Dalloz, au mot *Contrat de mariage*, n° 3806).
(2) Chambéry, 31 août 1861 (Dalloz, 1862, 2, 159)

dis que la réduction suppose que la donation existe. Ainsi la différence est radicale. Sans doute l'effet peut être le même, au moins quant à la propriété; on en concluait que dans les deux procès il s'agissait d'un *combat de propriété*. Voilà un de ces mots qui tiennent lieu d'idées et de principes. La propriété peut être contestée pour bien des causes : est-ce à dire que toutes ces causes se confondent et n'en forment qu'une seule, parce qu'elles impliquent toutes un *combat de propriété?* S'il en était ainsi, il faudrait effacer de l'article 1351 la seconde condition exigée pour qu'il y ait chose jugée, car il y aurait toujours identité de cause (1).

N° 4. ACTIONS DIVERSES DÉCOULANT D'UNE MÊME CAUSE.

81. Les auteurs posent encore comme principe que lorsque deux actions principales découlent concurremment d'une seule et même cause, le jugement intervenu sur l'une d'elles a l'autorité de la chose jugée relativement à l'autre, lors même que cette dernière est plus étendue, ou qu'elle est formée dans un but ou dans un intérêt différent (2). Ce principe est emprunté au droit romain. Pothier l'enseigne; l'exemple qu'il donne fait comprendre le principe et le justifie. Quand la chose vendue est infectée d'un vice rédhibitoire, l'acheteur a deux actions : l'action rédhibitoire proprement dite, par laquelle il demande la résolution de la vente et, par suite, la restitution du prix et des dommages-intérêts s'il y a lieu; l'action appelée *quanti minoris*, par laquelle l'acheteur ne demande pas la résolution de la vente, mais seulement la restitution d'une partie du prix, à raison de la moins-value que les vices donnent à la chose vendue. L'acheteur a le choix entre les deux actions (art. 1644); mais s'il s'est décidé pour l'action *quanti minoris* et s'il a échoué, peut-il encore demander la résolution de la vente? Non, dit Pothier, il y a chose jugée, quoique la seconde demande ait un

(1) Cassation, 5 juin 1821, et sur renvoi Bourges, 11 décembre 1821 (Dalloz, au mot *Chose jugée*, n° 202, 1°).
(2) Aubry et Rau, t. VI, p. 501 et note 81, § 769.

autre objet que la première; l'action est différente, mais, dans la seconde aussi bien que dans la première, il s'agit de savoir s'il y a un vice rédhibitoire et si le vendeur en est garant. Or, le premier juge a décidé qu'il n'y avait pas de vice rédhibitoire et que le vendeur n'était pas garant; donc l'autorité de la chose jugée s'oppose à ce qu'un second juge décide qu'il y avait un vice rédhibitoire et que le vendeur en était garant. Ainsi les deux actions se confondent en une seule et même cause, donc il y a chose jugée (1).

Nous admettons le principe, parce qu'il découle de l'essence de la chose jugée. La présomption de vérité a pour but de maintenir l'autorité dont doivent jouir les jugements; il faut donc éviter que ce qui a été jugé soit remis en question. Or, dans l'espèce, on remettrait en question ce que le premier juge a décidé, si l'on permettait à l'acquéreur d'intenter l'action en résolution après avoir échoué sur l'action *quanti minoris;* il ne ferait que changer le nom du débat, mais le débat serait identique. Cela est décisif; peu importe que le résultat des deux actions diffère, elles n'en procurent pas moins la même utilité au demandeur; d'ailleurs ce n'est pas l'avantage résultant de la demande qu'il faut considérer, c'est le motif juridique qui fait l'objet du débat, et ce motif est le même.

Toullier donne une autre explication; il rattache le principe à la théorie des causes *prochaines* et *éloignées.* « La cause de la seconde action, dit-il, *causa proxima actionis,* est la même que celle de la première (2). » Si telle était la vraie raison du principe, nous devrions le rejeter. Mais Toullier est le seul auteur qui justifie un principe vrai par cette mauvaise raison. Le principe de l'unité de cause, malgré la diversité des actions, découle de l'essence même de la chose jugée, comme nous venons de le dire; et c'est dans le sens de la théorie de la chose jugée qu'il faut l'entendre. Cette remarque n'est pas sans importance. La règle n'est pas absolue; il y aura iden-

(1) Pothier, *Des obligations*, n° 898.
(2) Toullier, t. V, 2, p. 134, n° 163.

tité de cause quoiqu'il y ait diversité d'actions, si réellement c'est la même question qui est débattue dans les deux instances; tandis qu'il n'y aura pas cause identique si l'objet du débat est différent.

82. Le vendeur de choses mobilières a l'action en résolution; il a aussi l'action en payement du prix garantie par un privilége. Pour assurer l'exercice de ces droits, la loi lui permet de revendiquer la chose vendue dans la huitaine de la livraison. La résolution et la revendication sont deux droits qui naissent de la même cause, le défaut de payement du prix. On suppose que le vendeur échoue dans la revendication : peut-il encore exercer la résolution, ou y a-t-il chose jugée? Sous l'empire du code civil, il a été jugé qu'il y avait chose jugée, parce que les deux actions ont le *même objet* (1); la cour de cassation veut dire la même *cause;* il importe de se servir des termes légaux dans une matière aussi difficile. La décision de la cour n'est pas vraie d'une manière absolue, et il est encore moins vrai de dire, comme le fait l'arrêtiste, que la revendication est une *sorte de résolution,* ce qui impliquerait que le jugement sur la revendication a nécessairement l'autorité de la chose jugée sur la résolution. La loi elle-même nous dit ce que c'est que la revendication; on ne peut pas même dire que ce soit une action judiciaire, c'est une saisie qui a pour but d'empêcher la revente; tandis que la résolution doit être demandée en justice. Ces deux droits diffèrent aussi quant à leurs effets : la résolution résout la vente, la revendication met seulement la chose dans la main du vendeur, sauf à lui à demander ensuite soit le payement du prix, soit la résolution du contrat. Enfin les conditions des deux droits diffèrent: la loi exige pour la revendication des conditions spéciales qu'elle ne prescrit pas pour l'action en résolution (2). Ce dernier point est très-important au point de vue de la chose jugée. Si le premier juge a décidé qu'il n'y a pas lieu à la revendication, parce que la vente a

(1) Rejet, 19 avril 1836 (Dalloz, au mot *Chose jugée,* n° 209).
(2) Code civil, art. 2102 4°, et loi hypothécaire belge, article 20, n° 5.

été faite avec terme, y aura-t-il chose jugée quant à la résolution? Non, certes, car la résolution peut être demandée, qu'il y ait terme ou non. De là suit que l'objet du débat n'est pas le même dans les deux instances : dans la première, il s'agit de savoir si la vente est à terme ou sans terme ; dans la seconde, le débat porte uniquement sur le défaut de payement du prix, car c'est la seule condition requise pour qu'il y ait lieu à la résolution de la vente. L'objet du débat n'étant pas le même dans les deux instances, il n'y a pas chose jugée. Dans l'espèce qui s'est présentée devant la cour de cassation, il y avait chose jugée; car le premier juge avait décidé en fait que le vendeur avait renoncé à son action en résolution : dès lors le second juge ne pouvait plus admettre la résolution, la chose demandée dans la seconde instance ayant été abjugée au demandeur. Tout dépend de ce qui a fait l'objet du débat (1). D'après notre loi hypothécaire, il y a encore une autre distinction à faire, elle déroge au code civil en disposant que la déchéance de l'action revendicatoire emporte celle de l'action en résolution à l'égard des autres créanciers; d'où suit que si le premier juge a décidé que le vendeur est déchu de son droit de revendication, il y a chose jugée quant à la résolution, bien entendu si les parties sont les mêmes dans les deux instances. Nous reviendrons sur cette innovation au titre des *Hypothèques.*

83. Dans le cas d'éviction partielle, l'acheteur a deux actions : il peut demander la résolution de la vente ou le remboursement de la valeur de la partie dont il se trouve évincé; mais le droit de résoudre la vente ne lui appartient que dans le cas où la partie dont il est évincé est de telle conséquence, qu'il n'eût point acheté sans cette partie (art. 1636 et 1637). Par une première action, il demande la résiliation de la vente, il échoue : y a-t-il chose jugée si, dans une seconde instance, il demande le remboursement d'une partie du prix? On ne peut pas répondre d'une manière absolue qu'il y a ou qu'il n'y a pas chose jugée(2);

(1) Comparez Larombière, t. V, p. 259, n° 73 (Ed. B., t. III, p. 252).
(2) Aubry et Rau, t. VI, p, 501 et note 85, § 769.

tout dépend de la question qui a été débattue devant le premier juge. Lorsque le débat a porté sur le point de savoir si la partie dont l'acheteur a été évincé est de telle conséquence qu'il n'eût point acheté sans cette partie, et si le juge décide qu'il n'y a pas lieu de résilier la vente, parce que l'acheteur aurait acheté quand même cette partie eût manqué, il n'y a pas chose jugée en ce qui concerne le remboursement de la valeur de la partie dont l'acheteur a été évincé, car l'objet du débat n'est pas le même, quoique la seconde action naisse de la même cause que la première, l'éviction partielle. Il n'y aura chose jugée que si l'objet du débat est identique. C'est une conséquence des principes généraux qui régissent la chose jugée, et c'est dans la limite de ces principes qu'il faut entendre la règle que la cause est identique quand deux actions procèdent de la même cause (1).

84. Il va sans dire que le principe n'est plus applicable si les deux actions qui appartiennent à une personne sont fondées sur des causes différentes, quoique relatives au même objet. Dès que la cause n'est plus la même, il ne peut être question de chose jugée. Comment saura-t-on que les deux actions procèdent de causes diverses ou d'une seule et même cause? Ce sont toujours les principes généraux qui décident la difficulté. Il faut voir quel est l'objet du débat et ce que le premier juge a décidé. Le propriétaire d'un immeuble en demande la restitution en se fondant sur une convention d'antichrèse; il échoue. Il intente ensuite une action en revendication : y a-t-il chose jugée? Non; la première action était personnelle, elle procédait du contrat, la seconde est réelle. Le premier juge, en décidant qu'il n'y avait pas antichrèse, n'a pas décidé la question de propriété, elle ne lui a pas été soumise. Donc la question reste entière : le second juge peut décider que le demandeur est propriétaire sans se mettre en contradiction avec le premier jugement; c'est dire qu'il n'y a pas chose jugée (2).

---

(1) Larombière, t. V, p. 258, n° 72 (Ed. B., t. III, p. 251).
(2) Aubry et Rau, t. VI, p. 501 et note 86, § 769.

85. Le jugement a-t-il l'autorité de la chose jugée quant aux causes qui naissent postérieurement au jugement? La négative n'est pas douteuse, elle résulte du fondement sur lequel repose la présomption de vérité attachée à la chose jugée. Il est probable que le premier juge a bien jugé, car il a entendu les parties, et la question a été débattue devant lui en tous sens. Cela suppose que la cause, le motif juridique sur lequel la demande est basée, existait au moment où l'action a été poursuivie; il est impossible que le juge décide d'avance un débat qui n'est pas né : le juge statue sur des faits accomplis, et non sur l'avenir. Cela paraît si évident que l'on est porté à croire que la difficulté ne peut pas se présenter. Toutefois elle se présente assez souvent en matière de dommages-intérêts. La raison de décider résulte des principes que nous venons d'exposer : dès que la question n'a pas été débattue devant le premier juge, il est impossible qu'il l'ait décidée; donc il n'y a pas chose jugée (1).

86. Le propriétaire d'une maison exhausse le mur mitoyen qui sépare sa propriété de celle de son voisin. Celui-ci demande la démolition des travaux avec dommages-intérêts, en se fondant sur une servitude dont le mur était grevé, d'après lui. La cour de Paris ordonna que les travaux fussent démolis; mais elle refusa d'allouer des dommages-intérêts, attendu que la démolition ordonnée serait une réparation suffisante du préjudice causé. Postérieurement le demandeur fut lui-même actionné par un de ses locataires qui réclamait une diminution de loyers à raison de la privation d'air et de lumière résultant, à son détriment, des travaux d'exhaussement. Le propriétaire appela son voisin en garantie. Cette demande fut rejetée par le premier juge, qui condamna le bailleur à 300 francs de dommages-intérêts sans lui don-

---

(1) Larombière, t. V, p. 254, n° 64 (Ed. B., t. III, p. 249). Voyez la jurisprudence dans le *Répertoire* de Dalloz, n° 215.

ner de recours; le tribunal se fondait sur le considérant de
l'arrêt qui avait décidé que la démolition des travaux
serait une réparation suffisante du préjudice causé et qui,
pour ce motif, avait refusé d'allouer des dommages-intérêts. Sur l'appel, la cour de Paris décida qu'il n'y avait
pas chose jugée. Dans le premier procès, le propriétaire
demandait contre son voisin la réparation du préjudice
direct dont il souffrait lui-même à titre de propriétaire,
tandis que, dans le second procès, le demandeur agissait
comme bailleur. C'était une cause nouvelle sur laquelle le
premier juge n'avait pas statué et n'avait pu statuer, puisqu'elle n'existait point lors du procès : le dommage, il est
vrai, existait, mais il n'y avait pas d'action du locataire
à raison de ce dommage; donc le bailleur n'aurait pas
même pu réclamer. Sur le pourvoi, la cour de cassation
dit très-bien que l'arrêt dont on induisait la chose jugée
n'avait rien préjugé et n'avait pu rien préjuger sur l'objet
d'une autre instance dont la cour de Paris n'était pas
saisie (1).

87. Le demandeur réclame des dommages-intérêts
pour le cas où le défendeur n'exécuterait pas le jugement
dans un certain délai. Tout en lui donnant gain de cause,
le tribunal refusa d'allouer des dommages-intérêts éventuels. Les prévisions du demandeur se réalisèrent; les
défendeurs, par un mauvais vouloir concerté, paralysèrent
l'effet des condamnations prononcées contre eux. Nouvelle demande en dommages-intérêts. On opposa la chose
jugée. La cour de cassation répond, et la réponse est péremptoire, que le second arrêt prononçait sur des faits
postérieurs au premier et n'avait pas, par conséquent,
violé l'autorité de la chose jugée (2).

ARTICLE 3. Mêmes parties.

Nº 1. PRINCIPE.

88. L'article 1351 exige une troisième condition pour
qu'il y ait chose jugée : « il faut que la demande soit entre

(1) Rejet, 5 février 1868 (Dalloz, 1868, 1, 348).
(2) Rejet, 12 avril 1856 (Dalloz, 1856, 1, 260).

les mêmes parties et formée par elles et contre elles en la même qualité. » C'est un vieil adage que la chose jugée ne profite pas aux tiers et ne leur nuit point. L'article 1165 établit le même principe quant aux conventions : elles n'ont d'effet qu'entre les parties contractantes, elles ne nuisent point aux tiers et elles ne leur profitent point. On dit d'ordinaire que les jugements sont aussi des conventions, et on fonde sur cette analogie le principe d'après lequel la chose jugée n'a d'effet qu'entre les parties qui sont en cause (1). A vrai dire, l'analogie est une comparaison plutôt qu'une raison. Ce n'est pas le consentement des parties qui fait l'essence du jugement, c'est l'exercice du pouvoir souverain que la nation délègue aux tribunaux. Et il est aussi de l'essence du pouvoir judiciaire que ses décisions n'aient d'effet qu'entre les parties qui sont en cause. Le jugement qui alloue les conclusions de l'une des parties rejette celles de l'autre ; cela suppose que le juge a entendu les deux parties et qu'elles ont pu faire valoir leurs raisons. Tout jugement implique donc que le juge prononce en connaissance de cause ; dès lors il ne peut avoir aucun effet à l'égard de ceux qui n'ont pas figuré au procès, le juge ne fait que déclarer quels sont les droits des parties ; pour les déclarer, il doit les connaître ; et comment connaîtrait-il des droits contestés alors que ces droits n'ont pas été débattus devant lui (2)?

Ce principe est si naturel que l'on ne comprend pas que des magistrats l'aient méconnu. Le cas s'est cependant présenté. Le dispositif d'un jugement rendu en 1831 prononçait des condamnations contre une personne dont il n'indiquait ni les prénoms, ni la profession, ni la demeure ; l'arrêt attaqué faisait application de ce dispositif à un individu mort depuis 1808, et ses enfants n'avaient jamais figuré dans l'instance ; leurs noms ne se trouvaient pas dans les qualités du jugement, ce qui prouve qu'ils n'avaient pas été assignés. La chose jugée leur était donc complétement étrangère. C'était une méprise du juge.

---

(1) Colmet de Santerre, t. VI, p. 629, n° 328 *bis* XIV. Aubry et Rau, t. VI. p. 482, note 18, § 769.
(2) Larombière, t. V, p. 278, n° 90 (Ed. B., t. III, p. 259).

Pour excuser la cour, on alléguait qu'elle n'avait eu connaissance que des motifs et du dispositif du jugement. L'objection, dit la cour de cassation, est inadmissible; car le devoir des magistrats, lorsqu'ils déclarent qu'un jugement a acquis l'autorité de la chose jugée, était de le vérifier en son entier et dans chacun de ses éléments (1).

89. Ce qui a parfois trompé les magistrats, c'est que la question débattue dans les deux procès est identique, en ce sens qu'elle dépend d'une même cause, qu'elle se décide par les mêmes moyens; de sorte que le second juge, si on lui soumettait la question, devrait la décider dans le même sens que le premier; de là on induit qu'il est inutile que la contestation soit portée devant lui. Des hommes de loi ne devraient pas s'arrêter devant de pareilles considérations. Pothier a pris la peine de les réfuter, et les jurisconsultes romains en avaient déjà fait la remarque. J'ai donné en dépôt une somme de 12,000 fr. à un ami; il meurt laissant trois enfants. La dette se divise entre eux, je poursuis l'un des héritiers : le juge, dit Pothier, ne faisant pas assez d'attention aux preuves que le demandeur allègue, donne à l'héritier congé de la demande. J'agis ensuite contre les deux autres héritiers. Peuvent-ils m'opposer la chose jugée? Non, car ils ne peuvent pas invoquer contre moi un jugement où ils n'ont pas été parties; si le jugement m'avait été favorable, il ne leur aurait pas nui, il ne peut leur profiter s'il m'est défavorable. Cependant la question débattue dans le second procès est la même que celle qui a été jugée contre moi par le premier juge; elle dépend de la même cause, car ma seconde demande, de même que la première, est fondée sur le dépôt que je prétends avoir fait. Mais les personnes sont différentes, ce qui empêche l'autorité de la chose jugée. Il faut ajouter, avec Pothier, que l'objet de la seconde demande est différent, quoique la cause soit identique. En effet, qu'ai-je demandé dans la première instance? Le tiers de la somme de 12,000 francs que je

_____
(1) Cassation, 4 août 1845 (Dalloz, 1846, 4, 65).

prétends avoir confiée au défunt. Qu'est-ce que je demande dans la seconde instance? Un autre tiers, ou deux autres tiers. Or, chacun de ces tiers forme une dette différente car, par suite de la division de la dette, il y a autant de dettes que d'héritiers (1).

90. Une espèce analogue s'est présentée devant la cour de cassation. L'un des héritiers demande et obtient l'annulation d'un testament pour cause de suggestion et de captation. Cet arrêt n'avait d'effet qu'à l'égard de l'héritier demandeur, il ne profitait pas aux autres héritiers qui n'avaient pas été parties en cause. De là suit que le légataire universel institué par le testament annulé conservait son droit à l'hérédité pour la part des héritiers qui n'avaient pas figuré au procès; donc il avait le droit de partager les biens avec celui des héritiers qui avait fait annuler le testament. Cette conséquence, très-juridique, est très-choquante. Le premier juge et la cour d'appel se refusèrent à l'admettre. Des héritiers légitimes étaient exclus par un légataire dont le legs avait été annulé, et ce prétendu légataire partageait l'hérédité avec celui qui l'avait fait exclure! Pour partager, il faut avoir un titre, dit la cour de Bourges : et quel est le titre du légataire?-Un titre qu'un arrêt souverain a brisé. Quant aux héritiers légitimes, ils n'ont pas de justification à faire, leur droit résulte de la loi. La cour oubliait que si le titre du légataire était brisé, il ne l'était qu'en vertu d'un jugement, et que ce jugement ne pouvait être invoqué par les héritiers qui n'y avaient pas été parties. Chacun des héritiers n'étant héritier que pour sa part, le droit de l'un était différent du droit de l'autre; donc il n'y avait pas chose jugée à l'égard de ceux qui ne figuraient pas au procès. On pouvait appliquer, à la lettre, la doctrine de Pothier ; c'est ce que la cour de cassation fit en cassant l'arrêt de Bourges.

Dans la même espèce, il se présentait une autre difficulté qui reçut la même solution, étrange pour les per-

---

(1) Pothier, *Des obligations*, n° 906. Toullier, t. V, 2, p. 164, n° 195. Duranton, t. XIII, p. 548, n° 515.

sonnes qui ignorent le droit, mais parfaitement juridique au point de vue des principes qui régissent la chose jugée.

Le légataire universel détenait comme locataire verbal un immeuble de la succession. Après l'annulation du testament, les héritiers poursuivent contre lui le payement des loyers et, à défaut de payement, la résolution du bail. Le légataire opposa le testament aux héritiers qui n'en avaient pas demandé l'annulation. Il n'y avait rien à répondre à cette fin de non-recevoir, cependant la cour de Bourges la rejeta. Que dit-elle pour échapper à l'article 1351? Que les héritiers légitimes n'agissent point en vertu de l'arrêt qui avait annulé le testament, qu'ils agissent en vertu de la loi et qu'ils ne peuvent être écartés qu'en vertu d'un titre non attaqué, émané de la volonté sincère du défunt. Or, continue la cour, le légataire ne peut pas opposer un titre de cette nature, puisque le testament dont il se prévaut a été annulé comme frauduleux. Oui, le testament était annulé; mais à l'égard de qui? Au profit de l'héritier qui avait agi, et pour sa part héréditaire; il subsistait à l'égard des autres héritiers, et pour leur part. La cour cherche vainement à échapper à cette conséquence en imaginant une indivisibilité dans une matière essentiellement divisible. Elle dit que l'annulation avait été prononcée par des motifs généraux et, en quelque sorte, d'ordre public, et elle en conclut que la décision est essentiellement indivisible de sa nature. C'est se payer de mots. Qu'importaient les motifs pour lesquels le testament avait été annulé? Il s'agissait de savoir si le droit d'hérédité est un droit indivisible, et une pareille question ne devrait pas même être faite par un magistrat. La cour de cassation cassa l'arrêt pour violation de l'article 1351 (1). C'était une de ces décisions inspirées par l'équité et que les juges cherchent à colorer par des raisons juridiques qui ne supportent pas le moindre examen. L'équité ne l'emporte jamais sur le droit; et, dans l'es-

(1) Cassation, 10 août 1858, deux arrêts (Dalloz, 1858, 1, 365, 366). Comparez les arrêts rapportés par Dalloz au mot *Chose jugée*, nᵒ 261.

pèce, le légataire pouvait aussi invoquer l'équité; son droit n'avait pas été attaqué par les héritiers, il devait donc être maintenu contre eux.

91. Les principes ne souffrent aucun doute. Mais les interprètes les oublient parfois. On a prétendu que l'article 800 dérogeait à l'article 1351; nous renvoyons à ce qui a été dit au titre des *Successions* (1).

C'est surtout en matière d'état que les effets de la chose jugée paraissent parfois choquants. On a essayé d'y échapper, mais en vain. L'article 1351 s'applique aux questions d'état, aussi bien qu'aux questions de droits patrimoniaux. Nous renvoyons à ce qui a été dit au titre de la *Paternité* et de la *Filiation* (2).

Si des cours s'y sont trompées, c'est qu'elles ont méconnu l'une des faces du principe établi par l'article 1351. La loi attache une présomption de vérité aux jugements, mais la vérité judiciaire diffère de la vérité morale; celle-ci est essentiellement absolue, tandis que la vérité résultant des décisions judiciaires est essentiellement relative. Si un héritier attaque un testament pour cause de captation et le fait annuler, il sera vrai, à l'égard de cet héritier, que le testament n'est pas l'expression de la volonté sincère du défunt; mais cela n'est pas vrai à l'égard des héritiers qui n'ont pas été parties en cause. A leur égard, le testament conservera ses effets aussi longtemps qu'il n'aura pas été annulé. S'ils en poursuivent l'annulation, le second juge pourra décider qu'il n'y a pas de captation: il y aura contradiction entre la seconde décision et la première, l'une des deux est erronée, cependant chacune conservera son effet et sera présumée vraie. Ces contradictions sont choquantes, mais il ne faut pas perdre de vue qu'elles sont le résultat d'un droit précieux, sans lequel il n'y aurait plus de justice, sans lequel la société n'aurait plus de raison d'être, le droit de défense. Le légataire, dans l'espèce, n'a pas pu faire valoir ses droits contre les héritiers qui n'ont pas attaqué le testament; dès lors il serait injuste

____

(1) Voyez le tome IX de mes *Principes*, p. 456, n° 391.
(2) Voyez le tome III de mes *Principes*, p. 574, n° 458, p. 581, n° 463, et p. 650, n°ˢ 487-493.

de lui opposer une fin de non-recevoir et de l'empêcher
de soutenir la validité du testament contre ces héritiers;
ce serait un déni de justice, et ce mal est bien plus grand
que celui qui peut résulter de la contradiction de deux décisions judiciaires (1).

Nº 2. QUAND LES PARTIES SONT-ELLES LES MÊMES?

I. Qui est partie.

92. On pose comme principe que pour être partie il
faut avoir pris des conclusions et avoir eu à répondre à
des conclusions adverses. Celui qui ne prend pas de conclusions reste étranger au débat, dit-on ; il n'y a pas de
contestation à son égard; on ne peut donc pas dire qu'il
y ait jugement ni, par conséquent, chose jugée (2). Ce principe est très-contestable. Si l'on ne peut pas opposer la
chose jugée à ceux qui n'ont pas été parties en cause, c'est
parce qu'ils n'ont pu soutenir leur droit; mais s'ils y ont
été appelés et s'ils ont négligé de prendre des conclusions,
ils ne peuvent pas se plaindre, il ne tenait qu'à eux de défendre leur droit, ils ont négligé de le faire; ils doivent
supporter les conséquences de leur négligence. L'esprit
de la loi demande qu'on puisse leur opposer le jugement
qui est rendu, quoiqu'ils n'aient pris aucune part au litige.
La loi veut que les procès aient une fin; c'est pour n'être
pas exposées à renouveler un débat que les parties y appellent ceux qui pourraient avoir intérêt à contester la
décision; s'il dépendait de ceux qui sont mis en cause de
ne pas intervenir au débat, en s'abstenant de prendre des
conclusions, le but que le législateur a eu en vue ne serait
pas atteint.

Il y a un arrêt de la cour de cassation en ce sens. Elle
a décidé qu'un jugement a l'autorité de chose jugée contre
toute partie appelée dans l'instance, alors même qu'il
serait intervenu sur un débat auquel elle est demeurée
étrangère; étant présente au procès ou appelée, c'est à

(1) Comparez Toullier, t. V, p. 199, nº 234.
(2) Larombière, t. V, p. 221, nº 142 (Ed. B., t. III, p. 276).

elle de faire valoir ses moyens, si elle veut empêcher qu'on ne lui oppose le jugement qui interviendra (1).

93. Faut-il que l'on figure personnellement dans un procès pour que l'on y soit partie? On est partie dans un procès, non-seulement quand on y a figuré en personne, mais aussi quand on y a été représenté par ceux qui y ont figuré. Le principe n'est pas douteux, mais il y a de grandes difficultés sur le point de savoir dans quels cas on est représenté dans un procès par ceux qui y figurent personnellement.

II. *De ceux qui sont représentés au procès.*

1. DES SUCCESSEURS UNIVERSELS.

94. Parmi les successeurs universels, il y en a qui représentent la personne du défunt et la continuent; les héritiers légitimes et les légataires universels, quand ils ont la saisine, ne font qu'une même personne avec le défunt; donc quand leur auteur figure dans un procès, eux-mêmes sont censés y figurer; par suite, tout ce qui est jugé avec leur auteur est jugé avec eux. Il en est de même des successeurs universels qui sont simples successeurs aux biens; tels sont les successeurs irréguliers, les légataires universels non saisis et les légataires à titre universel; quant aux donataires universels ou à titre universel, ils sont assimilés aux légataires. Quoique ne représentant pas la personne du défunt, ils succèdent à ses droits et à ses obligations, peu importe qu'ils résultent d'un jugement ou d'une convention. Donc le jugement rendu contre leur auteur peut leur être opposé, et si le jugement lui est favorable, ils peuvent s'en prévaloir (2).

95. Que faut-il décider des héritiers bénéficiaires? L'acceptation sous bénéfice d'inventaire n'empêche pas les héritiers de représenter le défunt. Quant aux droits du défunt, il n'y a aucune différence entre les héritiers

(1) Rejet, 21 mai 1855 (Dalloz, 1856, 1, 258).
(2) Colmet de Santerre, t. V, p. 630, n° 328 *bis* XV.

bénéficiaires et les héritiers purs et simples. Donc si le
jugement est favorable à leur auteur, il est certain que
les héritiers bénéficiaires en profitent. Que si le jugement
a été rendu contre leur auteur, les héritiers bénéficiaires
succèdent aussi aux obligations qui en résultent; mais, à
la différence des héritiers purs et simples, ils n'en sont
tenus que jusqu'à concurrence de leur émolument. C'est
l'application du principe que nous avons établi en traitant
du bénéfice d'inventaire (1).

96. Quand on dit que les successeurs universels sont
représentés par leur auteur, on suppose qu'ils n'ont d'autres
droits que leur auteur; mais s'ils ont des droits à eux
personnels, il va sans dire qu'ils les peuvent exercer sans
qu'on puisse leur opposer les jugements rendus avec le
défunt. Nous en avons vu un exemple en traitant de la
réduction; les héritiers attaquent, dans ce cas, les actes
faits par leur auteur; dès lors on ne peut plus dire qu'ils
agissent comme représentants du défunt et, par suite, ils
ne sont pas liés par les jugements rendus avec lui, car
ils n'y ont pas été parties.

Il faut aussi appliquer aux successeurs universels les
principes qui régissent la chose jugée. Pour que l'on
puisse opposer aux héritiers les jugements rendus avec
le défunt, la chose qu'ils demandent doit être la même,
ainsi que la cause; sinon, il ne saurait être question de
chose jugée. Une mère fait le partage de ses biens entre ses
trois enfants. Plus tard, la mère revendique contre quelques-
uns des enfants huit pièces de terre par eux possédées.
Un arrêt de la cour d'Orléans rejeta la demande, par le
motif que la mère s'était dépouillée de tous ses biens sans
distinction; la cour maintint, en conséquence, les défendeurs dans la propriété des héritages revendiqués, comme
faisant partie des immeubles partagés et compris dans le
lot des défendeurs. Postérieurement les autres enfants
demandèrent contre eux un supplément de partage de
quatorze pièces de terre, parmi lesquels figuraient les
huit héritages, objet du premier procès. On leur opposa,

(1) Duranton, t. XIII, p. 535, n° 502, et tous les auteurs.

quant à ces huit pièces, la chose jugée. La cour d'Orléans l'admit. Pourvoi en cassation. La cour décida qu'il n'y avait pas chose jugée. En effet, l'objet des deux demandes n'était pas le même. Dans la première instance, la mère revendiquait les huit héritages comme n'ayant pas été compris dans le partage qu'elle avait fait de ses biens ; il s'agissait donc de l'interprétation que l'acte de donation devait recevoir à l'égard de la mère donatrice. Dans la seconde instance, il s'agissait du partage de ces biens entre les enfants : étaient-ils indivis? ne l'étaient-ils pas? C'était une autre demande qui n'avait pas été soumise au premier juge et qu'il n'avait pas pu décider (1).

2. DES SUCCESSEURS A TITRE PARTICULIER.

97. Les successeurs à titre particulier sont ceux qui succèdent à une chose déterminée, en vertu d'une vente, d'une donation ou d'un legs. Comme ils succèdent aux droits de leur auteur sur cette chose, on les appelle aussi des *ayants cause.* Peut-on leur opposer les jugements rendus avec leur auteur relativement à la chose qu'ils ont acquise de lui? Pothier répond à la question. Le jugement rendu avec le vendeur a l'autorité de la chose jugée à l'égard de l'acheteur s'il est antérieur à l'acte d'acquisition, tandis qu'il ne forme pas chose jugée quand il est postérieur à la vente. J'achète un immeuble; plus tard, une action en revendication est intentée contre le vendeur, et il est jugé qu'il n'était pas propriétaire. Ce jugement ne peut pas m'être opposé. Pourquoi? Parce que je n'ai pas été partie au jugement, ni en personne, ni pour y avoir été représenté; le vendeur n'a aucune qualité pour me représenter, je suis son ayant cause, il est vrai; mais cela ne veut dire qu'une chose, c'est que je succède au droit qu'il avait sur la chose qu'il m'a vendue; à l'époque où j'ai acheté l'immeuble, cet héritage était dans son patrimoine, il me l'a vendu; dès lors mon droit ne peut pas être détruit ni altéré par mon vendeur, ni par les conven-

(1) Cassation, 11 mai 1840 (Dalloz, au mot *Chose jugée,* n° 244).

tions qu'il ferait, ni par les jugements rendus contre lui. Vainement le propriétaire qui a évincé mon vendeur m'opposerait-il le jugement qui décide que mon vendeur n'était pas propriétaire; ce jugement ne peut pas m'être opposé, parce que je n'y ai pas été partie.

Il en serait autrement si le jugement avait été rendu avant l'acte de vente qui m'est consenti par le possesseur évincé. L'immeuble que j'achète n'est plus dans le domaine de celui qui me le vend, il ne peut me transmettre un droit qu'il n'a pas lui-même. Le propriétaire peut donc revendiquer cet héritage contre moi, sans que je puisse lui opposer que je n'ai pas été partie au jugement qui reconnaît son droit de propriété. J'y ai été partie en ce sens qu'en qualité d'ayant cause je ne puis avoir d'autre droit que mon auteur; or, au moment où mon auteur a vendu, il était jugé qu'il n'avait pas la propriété de cet immeuble, ce jugement peut m'être opposé, puisque je n'ai d'autre droit sur la chose que celui de mon auteur.

Il faut faire la même distinction si le jugement est favorable à mon auteur. S'il est jugé, avec mon auteur, qu'il est propriétaire de l'immeuble que j'achète ensuite, celui qui a succombé dans son action en revendication peut-il encore revendiquer l'héritage contre moi? Non, car j'ai les mêmes droits que mon auteur relativement à la chose qui a fait l'objet du premier jugement; en ce sens, j'ai été représenté par lui dans l'instance en revendication. Si le jugement est rendu postérieurement à l'acte de vente, il sera jugé, à l'égard de mon auteur, que le tiers revendiquant n'est pas propriétaire; mais ce jugement ne me profite pas à moi, car je n'y ai pas été partie ; ni en personne, ni comme étant représenté par mon auteur, tout ce que mon auteur consent, tout ce qui est jugé avec lui depuis mon acte d'acquisition m'est étranger (1).

98. Les lois qui ont été portées en Belgique et en

---

(1) Pothier, *Des obligations*, nᵒˢ 902-904. Toullier, t. V, 2, p. 168, nᵒ 199 et tous les auteurs. La jurisprudence est dans le même sens. Voyez Dalloz au mot *Chose jugée*, nᵒˢ 245 et 246. Il faut ajouter Liége, 18 février 1828 (*Pasicrisie*, 1828, p. 59). Rejet de la cour de cassation de Belgique, 23 avril 1847 (*Pasicrisie*, 1847, 1, 268).

France sur la transcription ont apporté une modification au principe que nous venons de formuler d'après Pothier. Sous l'empire du code civil, la propriété se transférait à l'égard des tiers, comme entre les parties, par le seul effet du contrat; donc, en ce qui concerne la chose jugée, l'acquéreur qui voulait se prévaloir de son acte de vente comme étant antérieur à un jugement n'avait qu'à prouver cette antériorité, c'est-à-dire que l'acte avait acquis date certaine avant le jugement en vertu de l'article 1328. Les lois nouvelles exigent la transcription de l'acte translatif de propriété pour qu'il puisse être opposé aux tiers (1). Il suit de là que l'acquéreur doit faire transcrire l'acte de vente avant l'introduction de la demande en revendication, pour qu'il soit censé être partie dans le jugement qu'il invoque; tant qu'il n'a pas transcrit, son auteur seul est considéré comme propriétaire à l'égard des tiers; lui seul figure au procès, et il ne peut être question de représenter un successeur qui, n'ayant pas transcrit son acte, est par cela même sans droit à l'égard des tiers.

99. Le même principe s'applique à la cession d'une créance. Si un jugement rendu contre le cédant déclare que la créance cédée n'existe pas ou est éteinte, il y a chose jugée à l'égard du cessionnaire quand l'acte de cession est postérieur au jugement. D'après le code civil, la cession doit être signifiée ou acceptée pour pouvoir être opposée aux tiers. Il n'y aura donc chose jugée à l'égard du cessionnaire que si la signification ou l'acceptation sont antérieures à l'introduction de l'instance (2). Si la créance est garantie par un privilége ou une hypothèque, il faut de plus que l'acte de cession soit rendu public, conformément à l'article 5 de notre loi hypothécaire. Nous reviendrons sur les principes au titre des *Hypothèques*.

100. Il a été jugé que le principe qui régit les ayants cause à titre particulier s'applique aussi au bail. La chose jugée entre le bailleur et le locataire principal peut-elle être opposée au sous-locataire dont le bail a date certaine

---

(1) Loi hypothécaire belge, article 1er. Loi française du 23 mars 1855. Aubry et Rau, t. VI, p. 482 suiv., note 22, § 769.
(2) Aubry et Rau, t. VI, p. 483, note 23, § 769.

avant le jugement? Non, dit la cour de Bruxelles. Le locataire principal s'est dessaisi de ses droits avant le jugement par la transmission qu'il en a faite à un sous-locataire; dès ce moment, il a perdu la faculté d'en disposer au préjudice du sous-locataire; celui-ci est, à la vérité, l'ayant cause du locataire principal, mais il ne l'est que pour les actes ou jugements qui ont précédé son bail; quant aux actes et jugements postérieurs, ils ne peuvent pas lui être opposés (1). On voit que la cour applique, à la lettre, au bail ce que Pothier dit de la vente. Il y a un motif de douter très-grave; la vente est un acte translatif de propriété, elle donne à l'acquéreur un droit dans la chose, tandis que le bail ne donne au preneur qu'un droit personnel; l'article 1743 déroge à ce principe, mais il n'en résulte pas que le droit de bail soit un droit réel. La difficulté est donc celle-ci : jusqu'où va l'innovation introduite par l'article 1743? Nous y reviendrons au titre du *Bail*.

101. On suppose que l'ayant cause a connaissance du procès engagé depuis son acquisition entre le vendeur et un tiers sur la propriété de la chose. Il s'abstient d'y intervenir, il ne notifie pas son titre au tiers. Doit-il, à raison du seul fait de son silence et de son inaction, être considéré comme ayant été représenté dans l'instance par son auteur? La négative est si évidente, que l'on ne concevrait pas même qu'elle fût mise en question, si ce n'était la tradition. Dans l'ancien droit, on admettait que le jugement rendu contre le vendeur postérieurement à la vente avait l'autorité de la chose jugée contre l'acquéreur qui avait eu connaissance du procès. Cette jurisprudence était fondée sur des lois romaines, qui présumaient que l'ayant cause s'en rapportait à son auteur pour la défense de ses droits, au lieu d'intervenir lui-même dans l'instance pour les défendre (2). C'était présumer la renonciation à un droit. Cela suffit pour rejeter l'ancienne doctrine sous l'empire de notre code. Quelle que soit l'autorité

(1) Bruxelles, 20 juin 1864 (*Pasicrisie*, 1865, 2, 385).
(2) Merlin, *Répertoire*, au mot *Tierce opposition*.

de la tradition en cette matière, on doit l'écarter alors
qu'il s'agit d'une présomption contraire aux principes généraux de droit, car la renonciation ne se présume jamais.
Il faudrait donc un texte formel pour que l'on pût admettre que l'ayant cause se soumet à un jugement où il n'a
pas été partie (1).

5. DES CRÉANCIERS CHIROGRAPHAIRES.

102. Les créanciers chirographaires sont aussi les
ayants cause de leur débiteur. Néanmoins l'on admet
qu'ils sont toujours représentés par leur auteur dans les
procès où celui-ci figure, quand même que le titre de leur
créance serait antérieur au jugement. Quelle est la raison
de cette différence entre les créanciers personnels et les
ayants cause qui ont un droit réel dans la chose? C'est
précisément parce que les créanciers chirographaires n'ont
pas de droit réel sur les biens de leur débiteur, qu'ils sont
liés par les jugements où leur débiteur est partie. Il est
vrai que les biens du débiteur sont leur gage, mais en
quel sens? C'est seulement quand le débiteur ne satisfait
pas à ses engagements que les créanciers personnels ont
une action sur ses biens, et ils ne peuvent saisir que les
biens que leur débiteur possède au moment de la poursuite; n'ayant pas de droit réel, ils ne peuvent suivre
entre les mains des tiers les biens que le débiteur a aliénés, alors même que ces biens lui auraient appartenu au
moment où ils ont traité avec lui. Si les conventions par
lesquelles le débiteur aliène ses biens peuvent être opposées à ses créanciers, à plus forte raison peut-on leur
opposer les jugements par suite desquels le patrimoine
du débiteur se trouve diminué; en ce sens, ils sont représentés par leur débiteur dans les instances judiciaires où
celui-ci figure. Ils n'ont d'autres droits sur les biens du
débiteur que ceux qui lui appartiennent; c'est dire
qu'ils doivent prendre le patrimoine du débiteur tel qu'il

_____

(1) Aubry et Rau, t. VI. p. 483, note 25, § 769. Larombière, t. V. p. 292,
nº 108 (Ed. B., t. III, p. 265).

est au moment où ils agissent contre lui, qu'il soit diminué par des jugements ou par des conventions, peu importe. Ce que nous disons des actes d'aliénation s'applique à tout acte concernant le patrimoine du débiteur ; les jugements qui reconnaissent à des tiers un droit de servitude, un usufruit, une hypothèque, un bail peuvent être opposés aux créanciers chirographaires, parce qu'ils y sont représentés par le débiteur (1).

103. Les créanciers chirographaires ne sont plus les ayants cause de leur débiteur lorsqu'ils attaquent un acte qu'il a fait en fraude de leurs droits. Ils agissent, en ce cas, en vertu d'un droit qui leur est personnel et qu'ils tiennent, non de leur débiteur, mais de la loi. Ce principe reçoit son application aux jugements. Quand le débiteur se laisse condamner par suite d'une collusion frauduleuse concertée avec un tiers, les créanciers chirographaires peuvent attaquer le jugement par la tierce opposition (2). On ne peut pas dire qu'ils sont représentés par le débiteur, quand celui-ci, au lieu de soutenir son droit, l'abandonne frauduleusement à un tiers ; loin de représenter ses créanciers, il est leur adversaire. Il va sans dire que c'est aux créanciers qui attaquent le jugement à prouver la fraude, car le concert frauduleux est le fondement de leur action ; s'il n'y a pas de fraude ou, ce qui revient au même, s'ils ne parviennent pas à la prouver, le jugement peut leur être opposé, quelque préjudiciable qu'il leur soit (3).

104. Les créanciers sont-ils représentés par le débiteur dans un procès où il s'agit d'un droit de préférence qu'un tiers réclame sur le patrimoine du débiteur ? Il y a sur cette question deux arrêts de la cour de cassation qui paraissent contradictoires, et la doctrine aussi est divisée. Ne faut-il pas distinguer si le débat s'agite entre créanciers chirographaires, ou si les créanciers sont hy-

_____

(1) Aubry et Rau, t. VI, p. 483 suiv., note 26. Marcadé, t. V, p. 192, n° XII de l'article 1351. Colmet de Santerre, t. V, p. 630, n° 328 *bis* XVI.

(2) Larombière, t. V. p. 298, n° 115 (Ed. B., t. III, p. 267). Rejet, chambre civile, 14 novembre 1853 (Dalloz, 1853, 1, 325).

(3) Bruxelles, 20 avril 1826 (*Pasicrisie*, 1826, p. 123).

pothécaires? Quand ce sont des créanciers personnels qui contestent le droit de préférence qu'un jugement a reconnu à un tiers sur le patrimoine du débiteur, nous croyons qu'on peut leur opposer la chose jugée. Le débiteur peut consentir une hypothèque à leur préjudice; s'ils sont liés par la convention, pourquoi ne seraient-ils pas liés par un jugement qui reconnaît l'existence de la convention? On objecte que les droits des créanciers entre eux sont des droits qui leur sont propres et que le débiteur ne les représente pas à cet égard. Sans doute, les créanciers peuvent contester le droit de préférence que l'un d'eux rélcame sur le gage commun, mais ils sont tenus de respecter les hypothèques que le débiteur a valablement consenties, et, par identité de motifs, ils sont liés par les jugements qui reconnaissent un droit de préférence à l'un d'eux (1).

L'arrêt de la cour de cassation, que l'on oppose comme ayant décidé la question en sens contraire, statue sur une hypothèse différente. Il y est question de créanciers hypothécaires. La jurisprudence, comme nous allons le dire, admet que les créanciers hypothécaires sont représentés par le débiteur, sauf dans les cas où ils ont un intérêt personnel, différent de l'intérêt du débiteur. C'est dans un débat entre créanciers hypothécaires qu'a été rendu le dernier arrêt de la cour de cassation. Il décide donc une question spéciale, celle de savoir si les créanciers hypothécaires sont représentés par le débiteur lorsqu'ils ont des intérêts qui leur sont propres. Cette question est étrangère aux créanciers chirographaires. On n'a qu'à lire les motifs de l'arrêt pour s'en convaincre. « Le débiteur, dit la cour, ne peut, pas plus en plaidant qu'il ne le pourrait en traitant avec l'un de ses créanciers, *priver les autres des garanties qu'il leur a données.* » On suppose donc que les créanciers ont des garanties, c'est-à-dire un droit réel d'hypothèque que le débiteur ne peut leur enlever, pas plus par des jugements que par des conven-

---

(1) Larombière, t. V, p. 299, n° 116 (Ed. B., t. III, p. 267). Rejet, 13 avril 1841 (Dalloz, au mot *Chose jugée,* n° 245).

tions. Ce motif est certainement étranger aux créanciers chirographaires, car ils sont sans garantie aucune; une convention peut les dépouiller de leur gage, un jugement le peut aussi. La cour de cassation conclut de là que « les créanciers hypothécaires ont à la conservation de leur rang un intérêt personnel et distinct de celui de leur débiteur; que, par suite, ils ne sont pas représentés par lui dans les procès où cet intérêt est en jeu (1). » Cette conclusion est aussi étrangère aux créanciers chirographaires que les considérants sur lesquels elle est fondée. Les créanciers chirographaires n'ont pas de rang qui leur soit garanti; ils n'ont qu'un simple droit de gage qui peut à chaque instant leur être enlevé ou être amoindri par les actes de disposition que fait le débiteur, donc aussi par les jugements où il intervient, car les jugements se confondent avec les conventions qu'ils ne font que reconnaître (2).

4. DES CRÉANCIERS HYPOTHÉCAIRES.

105. Les créanciers hypothécaires sont-ils représentés par le débiteur? C'est une des questions les plus controversées de cette difficile matière. La jurisprudence, sauf quelques dissentiments, s'est prononcée pour l'affirmative. Les auteurs sont divisés. Un de nos meilleurs jurisconsultes, Merlin, a soutenu devant la cour de cassation l'opinion qui a triomphé dans la jurisprudence; il l'a fait avec un tel ton de certitude qu'il va jusqu'à traiter l'opinion contraire d'absurde (3). Nous n'avons garde de rétorquer le reproche d'absurdité; toutefois nous devons avouer que la question ne nous paraît pas même douteuse et nous n'hésitons pas à dire que l'opinion qui a pour elle l'autorité imposante de Merlin et de la cour de cassation est une inconséquence comme on en trouve

(1) Rejet, 20 juin 1854 (Dalloz, 1854, 1, 231).
(2) En sens contraire Aubry et Rau, t. VI, p. 483, note 26, § 769. Comparez un arrêt de cassation du 16 novembre 1874 rendu sur le rapport d'Aubry (Dalloz, 1875, 1, 150).
(3) Merlin, *Questions de droit*, au mot *Tierce opposition*, § Ier. C'est aussi l'opinion de Proudhon, t. III, *De l'usufruit*, nos 1300-1310.

tant dans la matière de la chose jugée. M. Valette a le premier établi les vrais principes sur la question que nous allons examiner (1), et il l'a fait avec une telle évidence qu'il a entraîné tous les auteurs qui ont écrit depuis; la doctrine paraissait unanime quand M. Larombière est venu prendre parti pour la jurisprudence. Les questions de droit ne se décident pas par voie d'autorité; la jurisprudence même n'est pas encore arrêtée, les cours d'appel résistent à la cour de cassation. Il y a une autorité plus grande que celle de la cour suprême, c'est celle de la tradition et des principes; or, Pothier enseigne, sans manifester aucun doute, que les créanciers hypothécaires ne sont pas représentés par le débiteur (2), et les principes que tout le monde admet conduisent irrésistiblement à cette conséquence.

Si l'on ne savait pas que la question est si controversée, on s'étonnerait qu'elle le soit. Le principe concernant les ayants cause qui ont un droit réel dans la chose s'applique littéralement aux créanciers hypothécaires. On suppose que l'hypothèque est inscrite. Postérieurement un jugement rendu avec le débiteur décide que celui-ci n'est pas propriétaire; ce jugement a-t-il l'autorité de la chose jugée à l'égard du créancier hypothécaire? Il n'y aurait pas chose jugée, tout le monde en convient, si, au lieu d'une hypothèque, il s'agissait d'une servitude ou d'un usufruit. Y a-t-il une raison de cette différence entre les divers droits réels? Dans tous les cas il y a un ayant cause qui a un droit dans la chose, droit que son auteur ne peut lui enlever, ni par des conventions, ni par des jugements; pourquoi donc le jugement a-t-il l'autorité de la chose jugée à l'égard du créancier hypothécaire, tandis qu'il ne peut pas être opposé à l'usufruitier? C'est que, dit-on, l'usufruit est un démembrement de la propriété, une aliénation partielle de la chose qui permet d'assimiler l'usufruitier à l'acquéreur; tandis que l'hypothèque

---

(1) Valette dans la *Revue de droit français et étranger*, t. 1, 1844, p. 27. Comparez Aubry et Rau, t. VI, p. 484, note 28, et les autorités qu'ils citent.

(2) Pothier, *Des obligations*, n° 904.

n'est pas un démembrement de la propriété. Eh! qu'importe, quand même cela serait vrai? Admettons que le débiteur conserve la plénitude de son droit de propriété, il peut disposer de la chose; il l'aliène, est-ce qu'en disposant il peut porter atteinte à l'hypothèque qui grève la chose? Non; eh bien, ce qu'il ne peut faire par convention, il ne peut le faire par jugement : cela est décisif. Mais est-il bien vrai que l'hypothèque ne démembre pas la propriété? On le dit; les partisans mêmes de l'opinion que nous défendons l'admettent (1); ils ont tort de faire cette concession, car voici Larombière qui s'en empare et qui dit que le débiteur dont les biens sont grevés d'hypothèques n'en conserve pas moins tous les droits inhérents à la propriété (2). L'erreur est palpable, le contraire est écrit dans notre loi hypothécaire (art. 45) et la loi n'a fait que consacrer le principe élémentaire qui défend au débiteur et à tout détenteur de l'immeuble hypothéqué d'altérer le droit réel d'hypothèque par des actes quelconques qui diminueraient la garantie hypothécaire. Ce principe suffit pour décider la question : le débiteur ne peut faire aucun acte qui porte atteinte au droit du créancier hypothécaire, et ce qu'il ne peut faire par des conventions, il ne peut le faire par jugement, puisque les jugements ne font que déclarer ce qui a été convenu entre les parties.

On objecte que l'hypothèque ne peut être consentie que par celui qui est propriétaire de l'immeuble; or, le jugement décide que le débiteur n'est pas propriétaire, donc les hypothèques par lui consenties antérieurement au jugement doivent tomber. C'est très-mal raisonner. Sans doute, celui qui n'est pas propriétaire ne peut pas consentir d'hypothèque, mais qu'est-ce qui prouve que le débiteur n'était pas propriétaire? Le jugement qui a évincé le débiteur. Et à qui ce jugement peut-il être opposé? A ceux qui y ont été parties. Et qui y est partie? Le créancier hypothécaire n'y figure point, et il n'y est pas représenté, donc le jugement n'a pas contre lui l'autorité de la chose jugée.

(1) Marcadé, t. V, p. 193, n° XII de l'article 1351.
(2) Larombière, t. V, p. 300, n° 117 (Ed. B., t. III, p. 268).

Merlin crie à l'absurde et Larombière renchérit sur ce reproche. Si, dit-on, les jugements qui évincent le débiteur ne peuvent être opposés aux créanciers hypothécaires, il faudra que le demandeur en revendication mette en cause tous les créanciers ayant hypothèque sur la chose ou intente autant de procès qu'il y a de créanciers hypothécaires : c'est bien là l'idée la plus absurde que l'on puisse imaginer. Nous pourrions nous contenter de répondre : Que nous importe? Qu'une loi, dans ses conséquences, conduise à des résultats absurdes, c'est l'affaire du législateur; l'interprète ne peut ni ne doit s'en inquiéter, ou il faut aller jusqu'à dire qu'une loi absurde ne doit pas être interprétée dans le sens absurde qu'elle présente, ce qui serait bien la plus grande des absurdités. Il y a une réponse plus péremptoire encore à faire au reproche d'absurdité, c'est qu'il ne tient pas compte du principe même de la loi. En disant que la chose jugée n'existe qu'à l'égard de ceux qui ont été parties en cause, la loi suppose bien que le même procès peut être porté successivement devant les tribunaux. S'il n'y a pas absurdité à ce que le demandeur renouvelle sa demande deux, trois fois contre deux ou trois personnes différentes, y aura-t-il absurdité s'il y a quatre ou cinq nouvelles instances? Qu'on veuille bien nous dire à quelle limite commencera l'absurdité! J'ai une créance contre une personne qui laisse trente ou quarante héritiers. Dois-je les poursuivre tous à la fois? Non. Je poursuis l'un, puis-je opposer le jugement de condamnation aux autres? Non. Je serai donc dans le cas de faire trente ou quarante procès? Oui. Criera-t-on à l'absurde? La réponse est écrite dans l'article 1351. Et qu'on veuille bien remarquer que le créancier peut ne pas connaître tous les héritiers; il s'est présenté des cas où le défunt lui-même ne les connaissait point; le créancier ne peut donc pas les mettre en cause, il est obligé d'agir successivement. On n'en peut pas dire autant du propriétaire qui revendique un immeuble; il trouve les noms des créanciers hypothécaires dans les inscriptions prises au bureau du conservateur; rien de plus simple que de les mettre

en cause; c'est un moyen bien facile de prévenir les inconvénients à raison desquels on veut faire dire à la loi
le contraire de ce qu'elle dit.

106. La jurisprudence est contraire à notre opinion,
mais elle n'a guère d'autorité en cette matière, car la
plupart des arrêts ne donnent aucune raison. Est-ce un
motif que de dire : Attendu que le créancier est représenté
par son débiteur ? C'est précisément là la question, et
affirmer n'est pas prouver. Il y a plus : la cour de cassation semblait avoir abandonné la doctrine de Merlin, et
l'on pouvait espérer qu'elle reviendrait à l'opinion qui a
pour elle le nom de Pothier (1). Mais les derniers arrêts
consacrent de nouveau l'ancienne jurisprudence. Nous
nous bornons à la constater. La cour dit que le débiteur
est le représentant naturel de ses créanciers, ce qui est
vrai des créanciers chirographaires, mais cela n'est pas
vrai des créanciers hypothécaires. La cour semble néanmoins faire une concession à l'opinion générale des auteurs. Quand les créanciers n'ont d'autres droits à faire
valoir que ceux qu'ils tiennent de leur débiteur et que
celui-ci avait vainement soutenus, il y a chose jugée; la
cour oublie que cette identité de cause et de moyens se
présente presque toujours quand un ayant cause soutient,
dans une seconde instance, ce que son auteur a vainement soutenu dans une première instance, ce qui n'empêche pas que l'ayant cause puisse renouveler le procès. Mais, dit la cour, les créanciers ont souvent des
droits personnels qu'eux seuls peuvent invoquer; par
exemple, quand il y a un concert frauduleux entre le vendeur et l'acheteur, ou quand l'acte authentique de vente
porte quittance et que la résolution n'est obtenue qu'en
vertu d'une contre-lettre qui est sans force contre les
tiers; enfin quand le vendeur, ayant négligé de conserver
son privilége, a perdu le droit d'exercer l'action résolutoire, au préjudice des créanciers inscrits. Dans ces cas,
dit la cour, et dans tous les cas semblables, les créan-

_____

(1) Rejet, chambre civile, 28 août 1849 (Dalloz, 1850, 1, 57). Voyez l'état
de la jurisprudence dans une note de Dalloz, 1860, 1, 17.

ciers n'étant pas représentés par leur débiteur, le jugement rendu avec lui seul n'a pas force de chose jugée
contre eux (1). A notre avis, cette concession n'est point
suffisante et elle témoigne même contre la jurisprudence.
En effet, les créanciers ont toujours un droit qui leur est
propre quand ils sont hypothécaires ; puisqu'ils ont un
droit dans la chose aussi bien que les ayants cause auxquels le débiteur a vendu la chose avant le jugement et
ceux auxquels il a concédé un droit de servitude ou d'usufruit. Les cours d'appel résistent toujours, comme le
prouvent les arrêts de cassation que la cour suprême
prononce (2). Nous ne doutons pas que la cour ne revienne
sur sa jurisprudence quand la question sera portée devant
les chambres réunies.

107. Pothier dit que le débiteur n'est jamais représenté par ses créanciers, ni l'auteur par ses ayants
cause (3). Cela est d'évidence ; les créanciers et les successeurs à titre particulier n'ont aucune qualité pour représenter celui de qui ils tiennent leur droit. Je revendique un immeuble contre celui qui le possède à titre
d'acquéreur et j'obtiens gain de cause. Si le vendeur en
réclame le délaissement contre moi, je ne puis pas lui
opposer le jugement que j'ai obtenu contre son ayant
cause, quand même le vendeur n'aurait pas d'autres droits
à faire valoir que son acquéreur ; cela prouve que la distinction que fait la cour de cassation, en ce qui concerne
les créanciers hypothécaires (n° 106), n'a aucun fonde-
dement. Il a été jugé en matière fiscale que le jugement
qui ordonne l'exécution de la contrainte décernée contre
l'acquéreur ne saurait préjudicier au vendeur qui n'a point
été en cause ; celui-ci reste maître d'arguer la vente de
nullité, et de s'opposer à la saisie pratiquée par la régie
sur le fonds aliéné (4). De même les jugements rendus

---

(1) Cassation, 6 décembre 1859 (Dalloz, 1860, 1, 17) ; 13 décembre 1864
(Dalloz, 1865, 1, 142. Rejet, 15 juillet 1869 (Dalloz, 1871, 1, 248).
(2) Comparez Nancy, 22 février 1867 (Dalloz, 1867, 2, 101).
(3) Pothier, *Des obligations*, n° 905. Toullier, t. V, 2, p. 170, n° 200 et
tous les auteurs.
(4) Cassation, 22 mai 1811 (Dalloz, au mot *Enregistrement*, n° 221).

entre le propriétaire et un sous-locataire n'ont point force de chose jugée contre le locataire principal qui n'y a point été partie, et les décisions rendues contre les locataires ne font point force de chose jugée à l'égard des propriétaires.

5. DES MANDATAIRES.

108. Les mandataires représentent le mandant : c'est là l'objet du mandat. De là suit que le mandant ne peut attaquer une décision qui a obtenu l'autorité de la chose jugée contre son mandataire (1). Le mandant représente-t-il aussi le mandataire? Oui, s'il a ratifié ce que le mandataire a fait. Voici l'espèce qui s'est présentée devant la cour de cassation. Le débiteur réclame et obtient des dommages-intérêts à raison du commandement tendant à saisie immobilière et de la procédure en expropriation indûment dirigée contre lui par ses créanciers. Après l'exécution de la condamnation, il demande des dommages-intérêts à raison du même fait contre l'avoué qui avait intenté les poursuites. Cette seconde demande a été repoussée. Sur le pourvoi en cassation, la cour dit que l'avoué contre lequel la seconde demande était dirigée avait été représenté dans la première instance par ses mandants; en effet, les créanciers avaient ratifié l'acte de l'avoué leur mandataire en persistant à donner suite après sommation et, par conséquent, en pleine connaissance de cause, au commandement préparé dans l'étude de l'avoué. Si le mandataire représente le mandant quand il exécute le mandat, le mandant, qui a ratifié, représente à son tour le mandataire lorsqu'il défend ses actes et fait valoir l'exécution du mandat. C'est précisément parce qu'il le représente, qu'il est attaqué en responsabilité. Le demandeur, ajoute la cour, n'a pas le droit de se plaindre, puisqu'il a fait valoir ses droits contre le man-

---

(1) Voyez les arrêts rapportés dans le *Répertoire* de Dalloz, au mot *Chose jugée*, n° 254.

dant et qu'il dépendait de lui de faire assigner en même temps le mandataire (1).

109. Il y a un mandataire dont la mission a un caractère tout spécial, c'est l'exécuteur testamentaire; c'est le testateur qui le nomme, et il représente les héritiers et les légataires. Ce qui est jugé avec lui fait-il chose jugée à l'égard des légataires et des héritiers (2)? Nous renvoyons à ce qui a été dit, au titre des *Testaments*, sur cette matière.

110. Les mandataires légaux représentent ceux dont ils administrent les biens. Aux termes de l'article 450, le tuteur représente le mineur dans tous les actes civils. Pothier applique ce principe à la chose jugée. « Si le tuteur d'un mineur a formé une demande contre moi, dont le juge m'a donné congé, et que ce mineur devenu majeur intente contre moi la même demande, je puis lui opposer l'exception de chose jugée; car le jugement rendu contre le tuteur est réputé rendu contre le mineur, qui était la véritable partie, par le ministère de son tuteur (3). » Il va sans dire que l'on applique à ce cas les principes généraux qui régissent la chose jugée; il faut donc que l'objet soit le même, ainsi que la cause. Un jugement ordonne la vente sur licitation d'un immeuble indivis entre des mineurs et leur père : peut-on l'opposer aux mineurs dans une instance nouvelle où il s'agit de la propriété de l'immeuble? Non, parce que le premier jugement n'a rien décidé quant à la propriété (4).

Le mari est administrateur légal des biens de la femme sous le régime de la communauté, de même que sous le régime exclusif de communauté et sous le régime dotal; comme tel, il a les actions mobilières et possessoires qui appartiennent à sa femme, et même les actions réelles, quant aux biens de la femme dotale (art. 1428 et 1549). Donc ce qui est jugé avec le mari a l'autorité de la chose

(1) Rejet, 23 avril 1855 (Dalloz, 1855, 1, 161).
(2) Bourges, 17 janvier 1829 (Dalloz, au mot *Chose jugée*, n° 239). Comparez le tome XIV de mes *Principes*, p. 386, n° 362.
(3) Pothier, *Des obligations*, n° 900. Duranton, t. XIII, p. 538, n° 504 et tous les auteurs. Rejet, 7 janvier 1857 (Dalloz, 1857, 1, 151).
(4) Douai, 8 janvier 1841 (Dalloz, au mot *Chose jugée*, n° 234).

jugée à l'égard de la femme (1). Le principe est incontestable; cependant il a été méconnu par la cour de Bordeaux dans l'espèce suivante. Une succession mobilière échoit à une femme dotale; le mari la représente dans l'instance en liquidation; le jugement qui homologue l'acte de liquidation a l'autorité de la chose jugée au profit de la femme comme il l'aurait contre elle. La conséquence, ainsi formulée, n'est point douteuse. Mais l'acte de liquidation attribuait à la femme, donataire du défunt, la quotité disponible et la réserve cumulées, à raison de sa renonciation à la succession; la cour de Bordeaux décida que le jugement ne pouvait être invoqué par la femme, en ce qui concernait le cumul, il ne maintint l'attribution que pour la quotité disponible. Cette décision, juste en droit, violait l'autorité de la chose jugée : le mari avait le droit d'agir au nom de sa femme en vertu des articles 1428 et 1549. En effet, quel était l'objet de l'action? La femme ayant renoncé à la succession pour s'en tenir à la donation qui lui avait été faite, avait une créance à exercer de ce chef contre la succession; c'était au mari que cette action appartenait, donc ce que le tribunal avait jugé concernant le montant de la créance était jugé avec la femme représentée par son mari. L'arrêt a été cassé et il devait l'être (2).

Le même principe s'applique au mandat judiciaire. Les envoyés en possession représentent l'absent, d'après les distinctions que nous avons faites au titre de l'*Absence*. Les agents et syndics d'une faillite représentent la masse des créanciers quant aux droits qui leur sont communs. Un jugement rendu entre l'agent d'une faillite et le failli décide que ce dernier n'est pas commerçant : ce jugement a force de chose jugée contre les créanciers (3).

111. Il se présente une difficulté pour les mandataires légaux ou judiciaires. Tous n'ont pas le même pouvoir : ainsi le mari a des pouvoirs plus étendus sous le régime dotal que sous le régime de la communauté, et ses pou-

(1) Duranton, t. XIII, p. 536, n° 503.
(2) Cassation, 14 août 1865 (Dalloz, 1865, 1, 264).
(3) Bruxelles, 20 décembre 1822 (*Pasicrisie*, 1822, p. 306).

voirs diffèrent encore, en ce qui concerne les actions en
partage, selon que les époux sont mariés sous le régime
de la communauté ou sous le régime exclusif de communauté. D'autres mandataires légaux sont assujettis à certaines formalités requises pour qu'ils puissent intenter
certaines actions. Tels sont les tuteurs; ils ne peuvent
introduire en justice une action relative aux droits immo-
biliers du mineur, sans l'autorisation du conseil de famille (art. 464). On suppose qu'un mandataire légal ou
judiciaire intente une action qui dépasse la limite de ses
pouvoirs, ou qu'il ne remplisse pas les formalités que la loi
prescrit : le jugement a-t-il l'autorité de la chose jugée à
l'égard de celui qui a été illégalement représenté? Il nous
semble que la négative est certaine. On ne peut pas dire
que le mineur soit représenté par son tuteur lorsque
celui-ci a introduit en justice une action immobilière
sans y être autorisé par le conseil de famille; il est vrai
que le jugement, s'il n'est pas attaqué, pourra être exécuté, mais le mineur ne sera pas lié par la chose jugée,
en ce sens que, devenu majeur, il peut l'attaquer par la
voie de la requête civile (code de proc., art. 480, 2°). La
question a été jugée ainsi par la cour de cassation dans
une espèce où le tuteur était partie intéressée et où, par
conséquent, il aurait dû être remplacé par un tuteur *ad
hoc* (1). Pour le mineur, on peut objecter qu'il est toujours
représenté par le tuteur en vertu de l'article 450, sauf
au mineur à agir en nullité. Il n'en est pas de même des
autres mandataires légaux; leur mission est limitée; en
dehors du pouvoir qui leur est accordé, ils sont sans
droit, et quand ils agissent sans droit, ils ne sont plus
mandataires. Il en est ainsi du mari administrateur; nous
reviendrons sur ce point au titre du *Contrat de mariage.*
Nous faisons la même restriction pour les mandataires
judiciaires, tels que les syndics d'une faillite. Il a été
jugé, en ce sens, que « les syndics sont les représentants
légaux de la masse du failli et que ce qui est jugé avec
eux est jugé avec tous ceux des créanciers qui n'ont pas

(1) Rejet, 19 juin 1844 (Dalloz, au mot *Chose jugée*, n° 234).

des intérêts opposés ou contraires à ceux des autres ou qui n'ont pas à faire valoir des moyens qui leur seraient personnels et dont le failli, leur débiteur, n'aurait pu se prévaloir (1). »

112. Il y a des personnes qui figurent toujours aux procès par leurs représentants légaux, ce sont les personnes dites civiles ; le code les appelle des établissements publics. Des lois spéciales déterminent sous quelles conditions ces établissements peuvent agir en justice et quelles formalités doivent remplir les administrateurs chargés de les représenter. Les jugements rendus avec les administrateurs ont l'autorité de la chose jugée à l'égard des établissements qu'ils représentent. Il en est de même des personnes civiles qui ont un caractère public : l'État, les provinces, les communes. Il ne faut pas confondre la commune avec les habitants qui la composent. Ceux-ci ont une double personnalité; en tant qu'ils exercent les droits appartenant à la commune, ils se confondent avec la commune, de sorte que ce qui est jugé avec la commune est jugé avec eux (2); mais ils ont aussi des droits à eux propres ; quant à ces droits, ils ne sont pas représentés par la commune, et partant on ne peut pas leur opposer ce qui a été jugé avec les représentants de la commune (3).

Le même principe s'applique aux sociétés qui sont considérées comme personnes civiles : telles sont les sociétés de commerce. Il suit de là que les jugements qui condamnent une société de commerce, dans la personne de son gérant, a l'autorité de la chose jugée à l'égard des associés quand il s'agit d'affaires sociales (4). Les sociétés ou associations qui ne jouissent pas de ce qu'on appelle la personnification restent sous l'empire du droit commun, en ce qui concerne la chose jugée. Les membres seuls qui figurent au procès sont liés par le jugement,

(1) Cassation, 12 mars 1873 (Dalloz, 1873, 1, 368).
(2) Rejet, 31 mai 1830 (Dalloz, au mot *Propriété féodale*, n° 413); 18 décembre 1866 (Dalloz, 1867, 1, 381).
(3) Rejet, 19 novembre 1838 (Dalloz, au mot *Communes*, n° 1390).
(4) Aubry et Rau, t. VI, p. 486, note 35, et les autorités qu'ils citent,

quoique les intérêts de tous soient les mêmes ; il ne suffit pas de l'identité d'intérêts pour qu'il y ait identité de personnes.

6. DES COINTÉRESSÉS.

113. Parfois plusieurs personnes ont le même intérêt dans un débat judiciaire. Est-ce à dire que le jugement aura l'autorité de la chose jugée à l'égard de tous les intéressés? Non, certes. Nous venons d'en donner un exemple. Les membres d'une société civile ou d'une congrégation religieuse ont tous, comme tels, les mêmes intérêts ; néanmoins il n'y a aucun lien juridique entre eux, donc l'un des associés n'a pas qualité pour représenter les autres. Il en est de même dans tous les cas où celui qui est intéressé dans un débat n'y est pas représenté. La question doit donc se décider, dans chaque espèce, par les principes que nous venons d'établir ; il y aura ou il n'y aura pas chose jugée, selon que la partie qui figure dans une seconde instance aura ou n'aura pas été représentée dans la première instance.

114. Un jugement est rendu avec le grevé avant l'ouverture de la substitution : a-t-il l'autorité de la chose jugée à l'égard des appelés? Les appelés ne sont pas les ayants cause des grevés, car ils tiennent leur droit de l'auteur de la substitution. On ne peut pas dire non plus que le grevé ait le droit de représenter les appelés ; la loi ne lui donne pas ce mandat, elle le confie à un tuteur. Il faut donc que le tuteur soit mis en cause pour que les jugements rendus avec le grevé aient l'autorité de la chose jugée à l'égard des appelés ; si le jugement n'a pas été rendu avec le tuteur, il ne peut pas leur être opposé (1).

115. Les jugements rendus avec l'héritier apparent ont-ils l'autorité de la chose jugée à l'égard de l'héritier réel qui prend plus tard possession de l'hérédité? On l'ad-

(1) Proudhon, *De l'usufruit*, t. III, p. 293, nº 1314.

met assez généralement (1); nous avons décidé la question en sens contraire au titre des *Successions*.

116. Les légataires à titre particulier ou à titre universel sont-ils représentés par le légataire universel? Non, ils tiennent leur droit du testateur, quoiqu'ils doivent demander la délivrance de leurs legs à l'héritier institué. Il peut y avoir identité d'intérêts et de cause; peu importe, ce qui a été jugé avec le légataire universel n'a pas l'autorité de la chose jugée à l'égard des autres légataires. Tel serait le cas où le testament est attaqué et annulé pour vice de formes (2). Il en serait ainsi alors même que le testament mettrait un legs à la charge du légataire universel; quoique le legs fût fait sous forme de charge, il constitue néanmoins un droit distinct de celui du légataire universel (3).

117. Il s'est présenté un cas très-singulier : le prête-nom représente-t-il le débiteur réel? L'affirmative a été jugée, et avec raison; on suppose naturellement que le prête-nom a figuré au procès, que le débiteur réel le savait et que c'est lui qui dirigeait les débats. Il y a alors plus que représentation; c'est, en réalité, le véritable débiteur qui est partie en cause, sous le nom de la personne fictive qui a signé le billet. Un père souscrit un billet pour son fils, parce que celui-ci ne savait pas écrire. Cela est constaté par un acte authentique et reconnu par toutes les parties. Le créancier dirigea son action contre le père; mais, en réalité, le fils défendit à l'action sous le nom du père et proposa des exceptions qui lui étaient personnelles; le père fut condamné. Un nouveau juge-ment intervint, qui déclara le premier exécutoire contre le fils. Pourvoi en cassation. La cour décida que la chose jugée n'était pas violée, parce que le premier jugement ne disait pas que le père était le débiteur réel; le second avait donc pu juger qu'il y avait simulation dans le billet et dans la procédure fondée sur le billet (4).

---

(1) Aubry et Rau, t. VI, p. 487, note 36. Comparez le tome IX de mes *Principes*, p. 637, n° 559.
(2) Toullier, t. V, 2, p. 178, n° 212 et tous les auteurs.
(3) Jugement du tribunal de la Seine, 2 déc. 1864 (Dalloz, 1864, 3, 112).
(4) Rejet, chambre civile, 26 juillet 1848 (Dalloz, 1852, 5, 97).

III. *Théorie de la représentation imparfaite.*

118. Il y a une doctrine qui admet une représentation imparfaite, c'est-à-dire que certaines personnes sont réputées avoir été représentées en justice quand le jugement leur est favorable, tandis qu'elles ne sont pas représentées dans les jugements qui leur seraient défavorables. Cette théorie n'a aucun fondement dans nos textes; la tradition est incertaine, et il en faut dire autant des principes. Nous ne discutons pas la question en termes généraux. A notre avis, il n'y a pas de représentation imparfaite : conçoit-on qu'une personne soit tout ensemble partie dans une instance et tiers? C'est comme si l'on disait qu'une personne est à la fois présente et absente dans un seul et même acte. Cela est contraire à la réalité des choses, donc c'est une fiction. Appartient-il à l'interprète de créer une fiction? Non, le législateur seul a ce droit. Si on laisse la fiction de côté, on aboutit à la conséquence que la représentation ne saurait être imparfaite. Mais alors naît une difficulté nouvelle : les personnes dont il est question sont-elles représentées ou ne le sont-elles pas? Les auteurs sont divisés et la jurisprudence n'est pas fixée. C'est la partie la plus difficile de cette difficile matière. Nous allons examiner la question pour chacune des personnes que l'on dit imparfaitement représentées.

119. La caution est-elle représentée par le débiteur dans les instances où celui-ci figure? A notre avis, non. Pour décider la question négativement, nous invoquons le principe général qui domine cette matière. On n'est représenté que par celui à qui l'on succède, dont on est l'ayant cause à titre universel ou à titre particulier, et, dans ce dernier cas, seulement lorsque le jugement est antérieur à l'acte d'où l'on tire son droit. La caution n'est, à aucun titre, l'ayant cause du débiteur, donc elle n'est pas représentée par lui. On arrive à la même conséquence quand on interroge les motifs de la loi. Il est de principe que celui qui ne peut porter atteinte aux droits d'une personne par des conventions ne le peut pas davantage par les jugements où il figure. Le débiteur ne peut certes pas, par les conventions qu'il ferait avec le créancier, compromettre les droits de la caution; ces conventions ne peuvent être opposées à la caution, elles ne lui nuisent pas et elles ne lui profitent pas. Il en doit être de même des jugements intervenus entre le débiteur et le créancier. Qu'il soit jugé que la dette principale existe ou qu'elle n'existe pas, peu importe; le jugement est étranger à la caution, il ne peut lui nuire, donc il ne peut lui profiter (1).

On fait une objection qui paraît décisive, la tradition. Le code se borne à formuler un principe traditionnel, c'est donc par la tradition qu'il faut l'interpréter. Et que dit Pothier, le guide habituel des auteurs du code? « La dépendance de l'obligation d'une caution de celle du débiteur principal à laquelle elle a accédé, fait regarder la caution comme étant la même partie que le débiteur principal à l'égard de tout ce qui est jugé pour ou contre le débiteur (2). » Voilà une opinion en apparence toute contraire à celle que nous venons d'énoncer : Pothier dit que le débiteur représente la caution, que le jugement soit favorable ou défavorable au débiteur, et il ne paraît pas même considérer la question comme douteuse. Mais la doctrine de Pothier n'est pas aussi absolue qu'elle en a l'air, car il ajoute que la caution peut former tierce opposition contre le jugement que le créancier lui oppose, ce qui prouve que la caution est un tiers. Cette restriction ruine toute la théorie de Pothier; si la caution est un tiers, il n'est pas exact de dire qu'elle soit représentée par le débiteur, les deux idées s'excluent; et si la caution n'est pas représentée dans les jugements qui sont défavorables au débiteur, elle ne peut être représenté dans les jugements qui lui sont favorables, car il est impossible qu'elle soit à la fois tiers et partie. Les motifs que Pothier

(1) Comparez Mourlon, *Répétitions*, t. II, p. 857, n° 1628.
(2) Pothier, *Des obligations*, n° 908. C'est aussi la tradition belgique. Van Zutphen, *Dictionnaire de pratique*, au mot *Exécution*, au titre *De la réception de caution*, n° 13.

donne à l'appui de son opinion sont généraux et ne comportent aucune distinction. Il est de l'essence du cautionnement, dit-il, que l'obligation de la caution dépende de celle du débiteur principal, qu'elle ne puisse devoir que ce qu'il doit; donc elle doit aussi ce que doit le débiteur, ce qui aboutit logiquement à la conséquence que le débiteur représente toujours la caution. Mais la raison est-elle bien décisive? On pourrait l'appliquer au créancier hypothécaire, car l'hypothèque est une dépendance de la dette principale, aussi bien que le cautionnement; cependant la doctrine est presque unanime à enseigner que le créancier hypothécaire n'est pas représenté par le débiteur (n° 105). Il faut laisser de côté cette idée de dépendance; bien que son engagement soit accessoire, la caution a des intérêts et des droits qui lui sont propres; le débiteur ne peut pas léser ces droits par les conventions qu'il ferait avec le créancier, donc il ne le peut par des jugements. Vainement dit-on que la caution ne peut devoir que ce que doit le débiteur et qu'elle doit ce que celui-ci doit. Sans doute, en supposant que le cautionnement existe et qu'il soit valable. Or, dans l'espèce, la caution soutient précisément que la dette pour laquelle elle est poursuivie est nulle ou éteinte, que, par conséquent, elle n'est plus caution. C'est donc un cercle vicieux que de dire que la caution a été représentée dans un jugement où figurait le débiteur, alors qu'elle prétend qu'elle n'était point caution (1).

Cette argumentation est très-forte quand il s'agit de jugements rendus contre le débiteur que le créancier veut opposer à la caution. Mais quand le jugement est favorable au débiteur, on prétend que la caution doit avoir le droit de l'opposer, abstraction faite de toute représentation. Le jugement décide que la dette n'existe pas ou qu'elle est éteinte. Ce jugement n'ayant été rendu qu'avec

(1) Colmet de Santerre, t. V, p. 638, n° 328 bis XXIX. Comparez Mourlon, t. II, p. 857, n° 1628. En sens contraire Proudhon, De l'usufruit, t. III, p. 299, n° 1324; Troplong, Du cautionnement, n° 511 et 512. Larombière a un autre système, mais qui aboutit à la même conclusion, t. V, p. 283, n° 100 (Ed. B., t. III, p. 261).

le débiteur, le créancier poursuit la caution et prétend que celle-ci ne peut se prévaloir d'un jugement où elle n'a pas été partie. Soit, dit la caution; mais, comme caution, j'ai le droit de mettre le débiteur en cause, puisque j'ai un recours contre lui; si j'acquitte la dette, le débiteur mis en cause sera condamné. Ce qui aboutit à dire que le débiteur ne profiterait pas du jugement qu'il a obtenu contre le créancier; donc, pour qu'il en profite, il faut aussi que la caution en profite. Ce raisonnement a séduit d'excellents jurisconsultes (1). Cependant il a peu de valeur au point de vue des principes qui régissent la chose jugée. La contrariété de décisions rendues dans deux instances où figurent des personnes différentes est la conséquence inévitable de la loi qui exige l'identité des personnes pour qu'il y ait présomption de vérité attachée à un jugement. L'intérêt de la défense est un droit sacré; il est décisif en ce qui concerne le créancier. Le créancier a deux actions : il peut poursuivre le débiteur, il peut poursuivre la caution; s'il échoue dans son action contre le débiteur, il doit avoir le droit de poursuivre encore la caution; si celle-ci veut profiter du premier jugement, elle doit y intervenir. Peut-elle s'abstenir et dire : Je n'agis point; mais si le jugement est défavorable, je le repousse et, s'il est favorable, je l'invoque? La logique et le bon sens repoussent cette division de la chose jugée. Le créancier peut répondre à la caution : Vous êtes partie dans l'instance contre le débiteur, ou vous n'êtes pas partie; si vous êtes partie quand le jugement vous est favorable, vous devez l'être aussi quand le jugement vous est défavorable.

L'objection que l'on fait dans l'intérêt du débiteur a une apparence d'équité : libéré en vertu d'un jugement, peut-il, malgré ce jugement, être obligé de payer? Nous répondons qu'il devait mettre la caution en cause, afin que le jugement lui fût commun. C'est la voie légale, nous n'en connaissons point d'autre. M. Colmet de Santerre

(1) Aubry et Rau, t. VI, p. 487, note 39. Marcadé, t. V, p. 200, n° XIII de l'article 1351. Valette, dans Mourlon, t. II, p. 858, n° 1629. Dijon, 16 juillet 1862 (Dalloz, 1862, 2, 146).

reconnaît, et il établit très-bien que la caution ne peut opposer la chose jugée au créancier qui la poursuit après avoir échoué dans son action contre le débiteur ; mais il croit qu'elle peut se prévaloir de l'article 2037, aux termes duquel la caution est déchargée lorsque la subrogation aux droits, hypothèques et priviléges du créancier ne peut plus, par le fait de ce créancier, s'opérer en faveur de la caution : le créancier, dit-il, en poursuivant le débiteur, a accompli un fait qui, par son résultat, rend impossible la subrogation de la caution dans les droits contre le débiteur ; donc la caution est déchargée(1). Nous doutons que l'article 2037 soit applicable à l'espèce ; il suppose que la dette subsiste et que le créancier a renoncé aux garanties accessoires qui en assuraient le payement, garanties à raison desquelles la caution a contracté son engagement. Or, lorsque le créancier poursuit la caution après qu'il a échoué dans son action contre le débiteur, on ne peut pas dire que, par son fait, la dette est éteinte, ainsi que les accessoires ; il soutient, au contraire, contre la caution, comme il a soutenu contre le débiteur, que la dette et le cautionnement subsistent ; ce n'est donc pas l'hypothèse de l'article 2037.

La cour de cassation s'est prononcée pour la doctrine de Pothier, mais avec une restriction que Pothier n'admettait point ; de sorte que la jurisprudence consacre une opinion qui n'est point celle de la tradition et qui n'est pas celle de la représentation imparfaite. Si la caution, dit la cour, oppose au créancier les moyens que le débiteur lui a déjà opposés ou pouvait lui opposer, elle ne fait qu'user des droits qui lui appartiennent, elle a donc été représentée par lui ; mais si elle invoque des exceptions personnelles, elle n'est pas représentée par le débiteur (2). Cette distinction a été proposée par Daniels ; elle paraît très-rationnelle, cependant elle est en opposition avec les principes qui servent de fondement à la chose jugée. On pourrait objecter à tous les ayants cause le

(1) Colmet de Santerre, t. V, p. 640, n° 328 *bis* XXX.
(2) Cassation, 27 novembre 1811 (Dalloz, au mot *Cautionnement*, n° 318, 1°). Comparez Bruxelles, 18 octobre 1823 (*Pasicrisie*, 1823, p. 514).

raisonnement de Daniels; le plus souvent ils n'ont d'autres moyens à proposer que leur auteur, ce qui ne les empêche pas de faire valoir de nouveau les exceptions qu'un premier jugement a repoussées. Il faut donc laisser de côté les moyens dont les parties se servent dans les deux instances pour ne considérer qu'une chose : la caution a-t-elle été ou non partie au premier procès? Nous disons que le système de la cour de cassation n'est pas celui de Pothier; en effet, Pothier donne toujours la requête civile à la caution, quand le jugement a été défavorable au débiteur, tandis que la cour exige qu'il y ait fraude (1). La jurisprudence n'a donc aucun appui dans la tradition, et elle est en opposition avec les principes de la chose jugée.

120. Le débiteur solidaire représente-t-il ses codébiteurs? Nous répondons négativement, par le motif que nous venons de donner pour la caution. Les conventions de l'un des débiteurs auraient-elles effet à l'égard des autres? Non; donc les jugements où il figure sont également sans effet à l'égard de ses codébiteurs. Cela nous paraît décisif. Toutefois la question est controversée, et il y a des motifs de douter très-sérieux qui n'existent pas pour la caution.

On nous oppose d'abord la doctrine traditionnelle sur la solidarité : elle considère les codébiteurs comme mandataires les uns des autres, et elle en conclut que ce mandat leur donne le droit de se représenter en justice. Lorsque plusieurs personnes s'obligent solidairement, dit Toullier, elles entrent en société pour ce qui concerne l'objet de cette dette. Elles se chargent mutuellement, par un mandat tacite, mais réel, de payer les unes pour les autres. Celui des débiteurs qui paye seul la dette agit donc tant pour lui que pour ceux dont il paye les parts. S'il reconnaît seul la dette, il la reconnaît, tant en son propre nom qu'au nom de ses codébiteurs, en vertu de leur mandat tacite. Ainsi, agissant contre un seul, le créancier agit contre le mandataire de tous. Le jugement

---

(1) Rejet, 11 décembre 1834 (Dalloz, au mot *Chose jugée*, n° 266).

qui intervient doit donc produire son effet contre tous, comme en faveur de tous (1). La jurisprudence est en ce sens (2).

Nous répondons que cette opinion dépasse et exagère la théorie traditionnelle de la solidarité. Pothier admet que les codébiteurs solidaires sont associés et mandataires pour conserver la dette, mais ils n'ont pas pouvoir de l'augmenter. On ne peut donc pas dire, comme le fait Merlin, que les codébiteurs solidaires ne forment qu'une seule et même personne. S'il y a mandat, ce mandat est limité, et il faut le restreindre aux cas prévus par la loi. Cela est d'autant plus nécessaire que les auteurs du code n'ont pas suivi en tous points leur guide habituel, Pothier ; ils ont abandonné sa doctrine en ce qui concerne la demande d'intérêts (art. 1207); de sorte que le code n'a pas de principe absolu en cette matière; il faut donc s'en tenir aux textes, sans les étendre à des cas que la loi ne décide pas.

C'est répondre d'avance aux arguments que l'on puise dans les textes. Il y a encore une réponse générale à faire à cette argumentation. Les articles que l'on cite supposent que la solidarité est constante et ils en déterminent les effets. Nous supposons, au contraire, que l'existence même de la dette ou de la solidarité est contestée dans l'instance engagée entre l'un des codébiteurs et le créancier : comment veut-on que le débiteur représente ses codébiteurs alors qu'il nie qu'il y ait des codébiteurs? Alors même que l'objet du litige permettrait de considérer les codébiteurs comme mandataires, il faudrait repousser l'idée de mandat : ils sont toujours mandataires, ou ils ne le sont jamais. S'ils ne le sont pas quand il s'agit de l'existence de la dette, ils ne le sont pas non plus dans tout autre procès.

On invoque les articles 1206 et 2249, en vertu desquels les poursuites faites contre l'un des débiteurs solidaires

---

(1) Toullier, t. V, 2, p. 171, n° 202. Merlin, *Questions de droit*, au mot *Chose jugée*, § XVIII, n° II (t. III, p. 317).
(2) Cassation, 14 août 1811 (Dalloz, au mot *Chose jugée*, n° 268). Dijon, 26 décembre 1871 (Dalloz, 1871, 2, 194).

interrompent la prescription à l'égard de tous. Induire de là que les débiteurs solidaires ont toujours et d'une manière absolue le droit de se représenter les uns les autres, c'est dépasser la loi. Pour ne pas obliger le créancier à agir contre tous ses débiteurs quand il veut interrompre la prescription, la loi lui permet de conserver ses droits en agissant contre un seul. Autre chose est un débat judiciaire, où chacun doit avoir le droit de faire valoir ses prétentions. Dans l'interruption de la prescription, les débiteurs restent passifs, en ce sens que le créancier manifeste simplement la volonté de conserver son droit; et quand un débiteur reconnaît l'existence de la dette, il ne fait autre chose que constater ce fait. Il en est autrement dans un débat judiciaire; ici le droit de défense est en jeu. C'est ce qu'on oublie trop souvent dans les discussions sur la chose jugée, et c'est cependant là le principe sur lequel repose la troisième condition exigée par l'article 1351, l'identité des parties. On conçoit que l'interruption de la prescription à l'égard de l'un des débiteurs solidaires constate suffisamment que la prescription est interrompue à l'égard de tous, c'est-à-dire que le créancier ne renonce pas à ses droits; mais, quand il s'agit de plaider, chacun des débiteurs doit avoir le droit de défendre ses intérêts.

L'article 1207, dit-on, décide le contraire : le créancier demande les intérêts en justice contre l'un des débiteurs; il en résulte que les intérêts courent contre les autres. On écarte l'objection en disant que l'article 1207 déroge aux principes tels que Pothier les enseignait, et l'on ne peut pas étendre une disposition qui n'a point de fondement juridique. Il y a encore une autre réponse à faire : la demande d'intérêts faite en justice n'est autre chose qu'une sommation, une mise en demeure, c'est-à-dire la constatation d'un fait; le débiteur, dès qu'il y a dette, ne peut pas conclure à ce que les intérêts ne courent point. Donc il n'y a pas de débat, pas de procès, et partant il n'était pas nécessaire d'y faire intervenir tous les débiteurs. A quoi bon les appeler en cause, puisqu'ils n'ont rien à dire?

Enfin, on oppose l'article 1208 qui permet à chacun des codébiteurs d'opposer les exceptions communes à tous. L'objection confond les faits juridiques, sur lesquels il n'y a aucun litige, avec les débats judiciaires. Si l'un des débiteurs paye la dette, les autres peuvent se prévaloir du payement; cela suppose que le payement est constant, et il va sans dire que s'il n'y a plus de dette, il n'y a plus de débiteurs. Mais si le payement était contesté par le créancier, le jugement qui interviendrait pourrait-il être opposé aux autres codébiteurs? Cette question est toute différente de celle qui est décidée par l'article 1208 : elle est décidée par l'article 1351. De ce que je puis me prévaloir du payement fait par mon codébiteur, on ne peut certes pas induire que je sois lié par les jugements qui interviennent entre un de mes codébiteurs et le créancier. Ici le droit de défense est en jeu, et ce droit exige que je puisse soutenir mes prétentions moi-même, à moins que je n'aie été représenté au procès; or, de ce que je puis opposer l'extinction de la dette par suite du payement, on ne peut certes pas induire que je suis représenté, dans une instance judiciaire, par mes codébiteurs (1).

Il nous reste à constater une opinion intermédiaire entre les solutions qui rejettent et celles qui admettent la chose jugée d'une manière absolue. On convient, dans cette opinion, que les jugements défavorables au débiteur ne peuvent pas être opposés aux codébiteurs, mais on soutient que ceux-ci peuvent se prévaloir des jugements favorables. Il y a, dans ce dernier cas, un motif de douter analogue à celui que l'on invoque en faveur de la caution. Si les codébiteurs de celui au profit duquel le jugement a été rendu pouvaient être actionnés pour le tout et condamnés à payer toute la dette, le recours qu'ils exerceraient contre leur codébiteur lui enlèverait le bénéfice du jugement. De là on conclut que le jugement rendu avec l'un des codébiteurs doit profiter aux autres, dans la limite

---

(1) Colmet de Santerre, t. V, p. 635, nᵒˢ 328 *bis* XXIV et XXV. En sens contraire, Cassation, 11 janvier 1839 (Dalloz, au mot *Obligations*, nᵒ 1422). Limoges, 19 décembre 1842 (Dalloz, *ibid.*, nᵒ 1404).

de la part de leur codébiteur (1). Nous avons rejeté cette
division de la chose jugée quand il s'agit de la caution ;
pour les mêmes motifs, nous la rejetons en matière de solidarité. Merlin dit que le bon sens s'oppose à cè que les
codébiteurs profitent du jugement qui leur serait favorable
et qu'ils puissent le repousser quand il leur est défavorable.
A notre avis, cette division de la chose jugée est en opposition avec le droit aussi bien qu'avec le bon sens. Conçoit-on que les codébiteurs se donnent mandat pour gagner
le procès, sans mandat de le perdre ? L'issue du procès ne
peut jamais être prévue, on ne doit donc en tenir aucun
compte : y a-t-il mandat de plaider, il faut accepter toutes
les chances du procès, les mauvaises comme les bonnes ;
n'y a-t-il pas mandat de perdre un procès, il ne peut pas
y en avoir pour le gagner. Mais telle est l'incertitude qui
règne sur les questions que nous discutons, que les meilleurs auteurs se contredisent et ont l'air de s'accuser d'absurdité. Merlin dit que la distinction entre les jugements
favorables et les jugements défavorables n'a pas de sens.
Aubry et Rau la défendent comme étant seule en harmonie avec les vrais principes. Nous croyons que Merlin a
raison, sans oser dire avec lui que l'opinion contraire est
absurde.

121. Le cocréancier solidaire représente-t-il ses cocréanciers ? Cette question soulève de nouveaux doutes.
Le code a dérogé au droit romain en ce qui concerne les
droits des cocréanciers solidaires : il ne leur reconnaît
plus le pouvoir de disposer de la créance ; ce sont de
simples associés qui, à ce titre, ont le pouvoir de faire ce
qui est utile à tous. Ont-ils le pouvoir de plaider ? Il est
certain que le jugement qui serait porté contre un créancier solidaire ne peut être opposé aux autres. Nous disons que cela est certain si l'on s'en tient au principe que
nous venons de rappeler (2). S'ils n'ont pas mandat de
perdre le procès, ils ne peuvent pas avoir mandat de le

---

(1) Duranton, t. XIII, p. 556, nᵒˢ 519 et 520. Aubry et Rau, t. VI, p. 488,
note 41. Marcadé, t. V, p. 199, nᵒ XIII de l'article 1351. Valette, dans
Mourlon, t. II, p. 858, nᵒ 1630.
(2) Nous l'avons décidé en ce sens, t. XVII, p. 277, nᵒ 271.

gagner. Vainement dirait-on que les cocréanciers peuvent faire ce qui est utile à tous, cela suppose un acte qui soit favorable; mais on ne donne pas mandat de gagner un procès, on donne mandat de plaider, ce qui implique la chance de perdre. Le mandat de plaider, ainsi entendu, ne saurait appartenir aux créanciers solidaires; en effet, il n'y a que ceux qui ont le pouvoir de disposer qui puissent plaider; précisément parce qu'en plaidant on risque de perdre le droit que l'on réclame. Cela décide la question, à notre avis.

La question est controversée. Merlin enseigne comme une chose non douteuse que les jugements rendus pour ou contre un créancier solidaire ont l'autorité de la chose jugée pour ou contre ses cocréanciers. Il se fonde sur la théorie du mandat (1). Mais le mandat est-il illimité, et de ce que l'un des créanciers a le droit de recevoir le payement de la dette peut-on conclure qu'il a le droit de représenter ses cocréanciers en justice? M. Colmet de Santerre arrive à la même conclusion par une autre voie qui nous paraît très-douteuse. Il fonde la solidarité entre cocréanciers sur l'intérêt du débiteur, qui l'exige dans le but d'éviter des poursuites multipliées de la part de ses créanciers; ce but serait manqué si les divers cocréanciers pouvaient renouveler le procès que l'un d'eux aurait perdu contre le débiteur. Il conclut de là que les créanciers solidaires ont mandat de perdre le procès; d'où la conséquence qu'ils ont aussi mandat de le gagner, c'est-à-dire qu'ils ont le pouvoir de se représenter en justice (2). Nous avons dit ailleurs que les créanciers solidaires n'ont pas le pouvoir de perdre le procès au nom de leurs cocréanciers; il est inutile de rentrer dans ce débat. Duranton, Aubry et Rau et Larombière distinguent entre les jugements favorables et les jugements défavorables (3); nous rejetons la distinction pour les créanciers solidaires,

(1) Merlin, *Questions de droit*, au mot *Chose jugée*, § XVIII, n° I (t. III, p. 316). Comparez Toullier, t. V, 2, p. 173, n° 204.
(2) Colmet de Santerre, t. V, p. 638, n° 328 *bis* XXVII.
(3) Duranton, t. XIII, p. 560, n° 521. Aubry et Rau, t. VI, p. 488, note 40, et t. IV, p. 17, note 10 (de la 4e édition). Larombière, t. I, p. 573, n° 15 (Ed. B., t. I, p. 32).

comme nous l'avons rejetée pour la caution et les débiteurs solidaires et par identité de motifs.

122. Les débiteurs et les créanciers d'une chose indivisible se représentent-ils les uns les autres? Quoique la question soit controversée, la négative ne nous paraît pas douteuse. Rappelons-nous la théorie de l'indivisibilité. Les débiteurs doivent payer chacun toute la dette, et chacun des créanciers peut en demander le payement pour le total : est-ce à dire que chaque débiteur doive le total et que la chose soit due pour le tout à chaque créancier? Non, il n'y a aucun lien juridique entre les débiteurs ni entre les créanciers; donc il ne peut être question d'un mandat qu'ils se donnent de plaider. On reste, par conséquent, sous l'empire du droit commun, qui permet à chacun de soutenir son droit en justice (1).

On objecte la tradition : l'indivisibilité du droit, dit Pothier, fait regarder tous les débiteurs ou tous les créanciers comme une même partie (2). Cela s'appelle décider la question par la question. La difficulté est précisément de savoir si les débiteurs ou les créanciers sont une même partie, et ce n'est pas en affirmant qu'ils le sont qu'on le prouve. Remarquons encore que Pothier est inconséquent; du moins la jurisprudence ancienne qu'il rapporte, sans la critiquer, était inconséquente. Suivant nos usages, dit-il, le jugement rendu contre un créancier d'un droit indivisible peut être opposé aux autres ; mais ils peuvent former tierce opposition, sans être obligés de prouver qu'il y a eu collusion frauduleuse entre le créancier et le débiteur. Cela prouve qu'ils sont tiers, et s'ils sont tiers, il est impossible qu'ils soient parties. Il y a des auteurs modernes qui répètent ce que dit Pothier, sans y ajouter un motif (3). La cour de cassation s'est prononcée en faveur de la même opinion (4). Nous ne pouvons pas discuter une opinion qui n'est point motivée. Les éditeurs de Zachariæ, conséquents à leur principe, appliquent à l'in-

(1) Colmet de Santerre, t V, p. 638, nos 328 bis XXVI et XXVIII.
(2) Pothier, Des obligations, n° 907.
(3) Toullier, t. V, 2, p. 174, n° 206. Larombière, t. II, 797, nos 121 et 122 (Éd. B., t. III, p. 269).
(4) Rejet, chambre civ., 19 déc. 1832 (Dalloz, au mot Chose jugée, n° 269).

divisibilité la distinction des jugements favorables et défavorables (1); comme ils ne donnent pas de raison spéciale pour les obligations indivisibles, nous nous bornons
à renvoyer à ce qui a été dit plus haut.

De nouvelles difficultés s'élèvent dans l'application du
principe. Un droit est réclamé contre l'un des copropriétaires par indivis. Si la contestation porte sur le droit de
propriété qui est divisible, la solution n'est pas douteuse:
quoiqu'il y ait indivision, chacun des communistes a un
droit distinct, indépendant de celui des autres; chacun
agit donc pour son compte, et il ne peut être question de
représenter les autres; l'intérêt des communistes est le
même, il est vrai, et la question de décider à l'égard de
chacun d'eux est identique, mais cela ne suffit pas pour
qu'il y ait identité de personnes : chacun des communistes
a son droit à défendre, et le droit de défense l'emporte,
quand même il en devrait résulter une contrariété de
jugements.

Si un droit indivisible est réclamé sur un fonds indivis
contre l'un des copropriétaires, y aura-t-il chose jugée à
l'égard de tous? Les auteurs sont divisés; nous croyons
que l'un des copropriétaires ne représente pas les autres.
Quand le jugement est défavorable, il y a un motif péremptoire pour rejeter la chose jugée. Un des copropriétaires ne pourrait pas faire une convention au préjudice
des autres, il ne peut pas davantage contracter judiciairement à leur préjudice. Or, s'il ne représente pas les autres
communistes pour perdre le procès, il ne peut les représenter pour le gagner (2). Toullier et Pardessus admettent
la chose jugée en vertu du principe de l'indivisibilité (3);
nous avons d'avance répondu à l'argument. Duranton et
les éditeurs de Zachariæ reproduisent leur distinction
entre les jugements défavorables et les jugements favorables (4). Nous croyons inutile de renouveler ce débat.

____

(1) Aubry et Rau, t. VI, p. 489, note 42, § 769.
(2) Colmet de Santerre, t. V, p. 633, n° 238 *bis* XXI, et p. 634, n° 238 *bis*
XXII.
(3) Toullier, t. V, 2, p. 174, n°s 207 et 208. Pardessus, *Des servitudes,*
t. II, n° 334.
(4) Duranton, t. XIII, p. 570, n° 528. Aubry et Rau, t. VI, p. 489 et suiv.

123. La même difficulté se présente lorsqu'un jugement est rendu avec un propriétaire sous condition résolutoire. Si la condition se réalise, le jugement aura-t-il l'autorité de la chose jugée à l'égard du propriétaire, qui par suite de la résolution n'a jamais cessé d'être propriétaire? La plupart des auteurs appliquent à cette question la distinction de la représentation imparfaite. Tout le monde est d'accord pour décider que les jugements rendus pendant que la condition était en suspens ne peuvent être opposés au propriétaire : comment celui qui n'a jamais eu de droit sur la chose pourrait-il nuire, par des conventions ou des jugements, à celui qui seul avait le droit de contracter et de plaider? A notre avis, le même principe doit recevoir son application au cas où le jugement est favorable; nous ne comprenons pas que celui qui est sans droit ait qualité de représenter celui qui a un droit. Pour lui reconnaître un droit, il faut avoir recours à des présomptions et supposer que le propriétaire qui vend son fonds sous condition résolutoire donne à l'acquéreur le mandat d'administrer et de conserver; sans doute l'acquéreur a le droit d'administrer, comme il a le droit de disposer; mais tous les actes qu'il fait sont résolus quand la condition résolutoire s'accomplit; et si les conventions sont résolues, comment les jugements lieraient-ils le propriétaire? Nous n'insistons pas, parce que nous avons examiné la question de principe en traitant des conditions (1).

124. L'usufruitier est-il représenté par le nu propriétaire quant à l'usufruit, et le nu propriétaire est-il représenté par l'usufruitier quant à la nue propriété? Mêmes controverses. Les partisans de la représentation imparfaite appliquent leur distinction et décident qu'il y a représentation pour les jugements favorables et qu'il n'y en a point pour les jugements défavorables (2). Nous

(1) Colmet de Santerre, t. V, p. 634, n° 328 *bis* XXIII. En sens contraire, Duranton, t. XIII, p. 543, n°s 509 et 510; Proudhon, *De l'usufruit*, t. III, p. 325, n° 1353: Larombière, t. V, p. 296, n°s 112 et 113 (Ed. B., t. III, p. 266 et 267); Marcadé, t. V, p. 197 et suiv.
(2) Aubry et Rau, t. VI, p. 487, note 38. Marcadé, t. V, p. 197, n° XIII.

avons exposé ailleurs notre opinion sur cette question (1).

125. Enfin, on applique la même distinction aux jugements rendus avec l'ancien propriétaire lorsque les instances ont été engagées depuis l'époque où il a aliéné ses droits. Tout le monde admet que ces jugements ne peuvent pas nuire aux ayants cause à titre particulier. Mais les partisans de la représentation imparfaite soutiennent que les jugements favorables leur profitent (2). N'admettant pas le principe, nous rejetons l'application que l'on en fait à cette espèce. La seule raison que l'on donne nous touche peu. Si l'acquéreur, dit-on, n'était pas autorisé à se prévaloir de ces jugements, ils resteraient sans effet, même en ce qui concerne l'ancien propriétaire, puisque l'acquéreur, s'il était évincé en vertu d'un second jugement, aurait son recours contre son auteur. C'est une objection analogue à celle que l'on fait pour les jugements rendus avec le débiteur principal ou avec un codébiteur solidaire, et la réponse est la même. L'ancien propriétaire n'a aucune qualité pour représenter son ayant cause, une fois qu'il a transféré la propriété. S'il veut se mettre à l'abri d'un recours en garantie, il n'a qu'à mettre en cause le successeur à qui il a transmis ses droits.

N° 3. MÊME QUALITÉ.

126. L'article 1351, après avoir dit que la demande doit être formée entre les mêmes parties, ajoute : « et formée par elles et contre elles en la même qualité. » Ce n'est pas une quatrième condition prescrite pour qu'il y ait chose jugée, c'est une explication qui complète la condition que nous venons d'expliquer ; l'identité de personnes et l'identité de qualités constituent une seule et même condition, l'identité des personnes juridiques. En droit, l'on considère la personne juridique et non la personne physique. Quand le tuteur figure dans une première instance comme représentant de son pupille et qu'il figure dans une seconde instance en son propre nom, c'est tou-

(1) Voyez le tome VII de mes *Principes*, p. 59, n°ˢ 46-48.
(2) Aubry et Rau, t. VI, p. 491, note 45, § 769.

jours la même personne physique qui agit, mais les personnes juridiques diffèrent; dans la première instance, c'est le mineur qui agit, représenté par son tuteur; dans la seconde, le mineur n'est plus en cause, ce n'est pas un tuteur qui y figure, c'est une autre personne juridique(1). Or, dès que la personne juridique est différente, les jugements rendus avec une autre personne juridique n'ont pas, à son égard, l'autorité de la chose jugée, quand même il y aurait identité d'objet et de cause : la question qui sera débattue dans la seconde instance sera identique, mais peu importe; celui qui figure dans le second procès a le droit de soutenir ses prétentions; il en pourra résulter des décisions contradictoires, mais le droit sacré de la défense l'emporte sur cet inconvénient. Par contre, si la personne juridique est la même et qu'il y ait seulement une différence dans le mode d'exercer le droit résultant de la créance, il y aura chose jugée si, du reste, il y a identité d'objet et de cause (2).

127. Le principe s'applique sans difficulté au tuteur ainsi qu'à tout mandataire, conventionnel, légal ou judiciaire. Cela est élémentaire, bien que des cours d'appel s'y soient trompées et que la question ait été portée plus d'une fois devant la cour de cassation. Paul, en qualité de tuteur, forme contre moi une demande en délaissement d'un héritage; il succombe. Plus tard, il revendique cet héritage contre moi en son nom personnel. Puis-je lui opposer l'exception de chose jugée? On pose ces questions dans un cours élémentaire de droit; on ne devrait pas les porter devant les tribunaux, car elles sont décidées par le texte du code : là où il n'y a pas identité de personnes juridiques, il ne saurait être question de chose jugée (3).

La jurisprudence a fait de nombreuses applications de ce principe; comme aucune n'est douteuse, nous nous bor-

(1) Colmet de Santerre, t. V, p. 629, n° 328 *bis* XIII.
(2) Rejet de la cour de cassation de Belgique, 17 avril 1845 (*Pasicrisie*, 1846, 1, 471).
(3) Pothier, *Des obligations*, n° 897. Duranton, t. XIII, p. 534, n° 499, et tous les auteurs.

nerons à citer quelques exemples (1). Je renonce à la succession de mon père. J'obtiens ensuite, en qualité d'héritier de ma mère, un jugement passé en force de chose jugée. Plus tard, usant du droit que la loi m'accorde, je reviens sur ma renonciation ; de sorte que je reprends la qualité d'héritier de mon père, et je suis actionné, à ce titre, à raison de la même chose qui a fait l'objet du premier jugement. Puis-je opposer ce jugement à mon adversaire? La cour de cassation a décidé la question négativement, et elle ne donne lieu à aucun doute. Dans le premier procès, je procédais comme héritier de ma mère, n'exerçant que les droits de ma mère ; dans le second, j'ai été actionné comme héritier de mon père, je n'ai agi qu'en cette qualité et je n'ai exercé que les droits de mon père. Donc les parties n'étaient pas les mêmes dans les deux procès : dans l'un, j'ai figuré comme représentant ma mère ; dans l'autre, comme représentant mon père : cela est décisif, il n'y a point de chose jugée (2).

Puisque une cour d'appel s'y est trompée, il faut donc pardonner aux juges de paix qui s'y trompent. Dans une première action en complainte, un maire avait agi sans l'autorisation du conseil municipal. Le même maire agit ensuite, non plus en son nom personnel, mais en vertu d'une délibération du conseil. Nouvelle complainte. Le premier jugement a-t-il force de chose jugée à l'égard du maire? Non, dit la cour de cassation ; car dans la première instance il n'avait pas agi comme représentant de la commune, tandis que dans la seconde instance il agissait comme tel (3).

128. Ce qui trompe dans ces matières délicates, c'est que l'intérêt de la partie qui agit en des qualités différentes peut être identique ; et l'on est porté à croire que

(1) Voyez les arrêts dans le *Répertoire* de Dalloz, au mot *Chose jugée*, nos 283-285. Il faut ajouter Liége, 25 novembre 1829 (*Pasicrisie*, 1829, p. 296). Cassation, 30 janvier 1872 (Dalloz, 1874, 1, 100).
(2) Cassation, 7 messidor an VII (Dalloz, au mot *Chose jugée*, no 283, 1o.) Comparez Rejet, chambre civile, 3 mai 1841 (Dalloz, *ibid.*, no 283, 4o) et 28 août 1849 (Dalloz, 1850, 1, 57).
(3) Cassation, 17 novembre 1823 (Dalloz, au mot *Chose jugée*, no 284, 1o). Comparez Cassation, 19 novembre 1823 (Dalloz, *ibid.*, no 284, 4o).

là où il y a identité d'intérêt, il doit y avoir chose jugée.
L'erreur est évidente. Vente d'un terrain : l'acheteur s'engage à ne pas établir d'hôtel dans la maison qu'il est dans
l'intention de construire et qui est déjà commencée. Il y
établit néanmoins une auberge. Action tendante à la fermeture de cet établissement. Elle est intentée, non par
le vendeur, mais par un tiers, en vertu d'un prétendu
pacte de famille qu'il ne parvient pas à prouver. Sa demande est rejetée. Il se fait ensuite céder les droits du
vendeur et demande, par une seconde action, comme cessionnaire, la fermeture de l'auberge. On lui oppose la
chose jugée. La cour de Lyon a très-bien jugé que le
second procès était intenté par une personne différente,
puisque le demandeur y figurait comme cessionnaire du
vendeur, lequel n'était pas en cause dans la première
instance. Cela était décisif. De plus, la cause différait,
puisque la seconde demande était fondée sur une cession
consentie par le vendeur, tandis que la première se basait
sur un pacte de famille (1).

129. Dans l'arrêt que nous venons de rapporter, le
demandeur avait acquis son nouveau titre postérieurement au jugement qui avait rejeté sa première demande.
Que faut-il décider si le demandeur possédait déjà les
deux qualités lors de l'introduction de la première demande? La question présente des difficultés. Si, dans
l'espèce jugée par la cour de Lyon, le demandeur avait
été cessionnaire lors de la première instance, il aurait eu
deux qualités, celle qui lui était personnelle comme partie dans le prétendu pacte de famille et celle qu'il tenait
du vendeur. Ayant deux qualités différentes, il pouvait
d'abord agir en la première, puis se prévaloir de la
seconde. Dira-t-on qu'il devait agir simultanément dans
l'une et l'autre qualité? Nous répondrons qu'aucune loi
ne l'exige, pas plus pour celui qui peut agir en plusieurs
qualités différentes, que pour celui qui peut demander la
même chose en vertu de causes diverses (n° 84).
Cependant on enseigne que si les deux qualités se trou-

(1) Lyon, 30 décembre 1870 (Dalloz, 1871, 2, 137)

vaient déjà confondues au moment de l'introduction de la première demande, il y aurait chose jugée, même pour la qualité dont le demandeur ne s'est pas prévalu dans le premier procès. Voici l'espèce supposée par Toullier. Un enfant unique, héritier pur et simple de son père et de sa mère, forme contre moi, en qualité d'héritier de son père, une demande qui est rejetée par un jugement passé en force de chose jugée. Il succombe, puis il intente la même action en qualité d'héritier de sa mère. On pourra le repousser par l'exception de chose jugée, dit Toullier. Dans cette espèce, nous admettons la solution; elle découle des principes qui régissent l'acceptation pure et simple d'une hérédité. Les droits du défunt se confondent avec ceux de l'héritier; héritier pur et simple de son père et de sa mère, il n'a pas deux qualités différentes, celles d'héritier paternel et d'héritier maternel; ces qualités se sont confondues en sa personne, il n'en a plus qu'une seule, celle de créancier. Il y a donc identité de personne (1). Mais il pourra y avoir diversité de causes : si la créance du père et celle de la mère avaient des causes différentes, il n'y aurait plus chose jugée. C'est le droit commun (2).

Il ne faut donc pas poser comme règle absolue que la coexistence de deux qualités lors de l'introduction de la première demande empêche le demandeur de former successivement la même action dans une qualité différente. Tel paraît cependant être l'avis de la cour de cassation. Dans une première instance, figure une personne qui a deux qualités distinctes : elle est donataire de son père et donataire de sa mère. Ces deux qualités lui donnent des droits contradictoires; du chef de sa mère, le demandeur pouvait réclamer la dot de celle-ci; du chef de son père, il était autorisé à prétendre que la dot avait été payée. La cour en induit qu'il était obligé d'opter entre ces prétentions contraires, et qu'en choisissant l'une, il renonçait forcément à l'autre; il ne pouvait donc pas, par lui ou par

(1) Toullier, t. V, 2, p. 179, n° 214. Comparez Marcadé, t. V, p. 189; Aubry et Rau, t. VI, p. 493, note 52.
(2) Comparez Nîmes, 29 décembre 1841 (Dalloz, au mot *Chose jugée*, n° 191).

ses filles qui le représentaient, plaider deux systèmes diamétralement opposés(1). Nous ne voudrions pas ériger cette décision en principe. Celui qui a deux droits peut les exercer successivement, sans qu'on puisse lui opposer la chose jugée ; cela est incontestable quand les deux droits résultent de deux causes différentes ; pourquoi n'en serait-il pas de même quand on a deux qualités différentes? Dans l'espèce jugée par la cour de cassation, il y avait des circonstances particulières. D'abord la cour constate que le demandeur avait les deux qualités lors de l'introduction du premier procès, et qu'à cette époque il les avait prises expressément toutes les deux dans ses conclusions ; or, on ne peut pas, dans une seule et même instance, soutenir le pour et le contre en vertu de deux qualités que l'on prend ; il faut donc nécessairement opter et, après avoir opté, on ne peut revenir sur sa renonciation. L'arrêt est donc fondé sur les circonstances particulières de l'affaire.

130. L'héritier bénéficiaire ne confond pas ses droits avec ceux du défunt. Il est donc une personne différente selon qu'il agit comme héritier bénéficiaire, représentant la succession, c'est-à-dire les créanciers et légataires, et lorsqu'il agit en vertu d'un titre qui lui est personnel. Un premier arrêt condamne l'héritier bénéficiaire comme tel ; dans un second arrêt, l'héritier bénéficiaire figure, non plus à ce titre, mais comme créancier hypothécaire, ayant une hypothèque sur les immeubles de la succession dont le prix devait être distribué entre les divers créanciers inscrits. La cour de cassation a jugé, et la question n'est pas douteuse, que l'on ne pouvait opposer le premier arrêt à l'héritier agissant de son chef comme créancier (2).

§ III. *Effet de la chose jugée.*

Nº 1. PRÉSOMPTION DE VÉRITÉ.

131. L'autorité de la chose jugée est fondée sur une présomption de vérité attachée au jugement. Toute pré-

(1) Rejet, 30 juin 1856 (Dalloz, 1857, 1, 93).
(2) Rejet, chambre civile, 26 avril 1852 (Dalloz, 1852, 1, 131).

somption légale est une probabilité, mais c'est le législateur seul qui a le pouvoir d'ériger une probabilité en présomption. De là le principe d'interprétation que les présomptions légales sont de la plus stricte interprétation. La cour de Douai a appliqué ce principe à la chose jugée : « Par sa nature même, dit-elle, l'exception de la chose jugée est essentiellement restrictive, c'est-à-dire qu'il n'en doit être fait application que dans les cas explicitement prévus par la loi et alors qu'il n'y a aucun doute possible sur son existence (1). »

132. Le même principe s'applique aux effets de la chose jugée ; mais il faut le combiner avec un autre principe qui le modifie, c'est que la chose jugée peut être implicite, comme nous l'avons dit plus haut (n° 34). De là suit que l'on ne doit pas s'attacher à la lettre du jugement ; l'autorité du jugement s'étend à tout ce qui est une conséquence nécessaire de la décision. Je revendique la propriété d'un fonds et j'obtiens gain de cause. Je réclame ensuite les fruits perçus par le possesseur évincé. Y a-t-il chose jugée quant à l'obligation de restitution ? L'affirmative est certaine ; car le jugement qui décide que le possesseur n'est pas propriétaire décide implicitement qu'il est condamné à restituer les fruits. Le même principe reçoit son application aux questions d'état. Je réclame l'état d'enfant légitime, et le juge me reconnaît cet état. Il décide implicitement par là que j'ai les droits attachés à la légitimité, il n'a pas besoin de déduire cette conséquence, la loi le fait, et la conséquence est inséparable du principe. Bien entendu que l'effet de la décision est restreint aux parties en cause qui ont contesté ma légitimité et à l'égard desquelles il a été jugé que je suis enfant légitime(2). Quand y a-t-il décision implicite ? Nous avons examiné la question (n°ˢ 34-37). Dans l'espèce suivante, il a été jugé qu'il n'y avait pas décision implicite, partant pas de chose jugée. Action en partage des biens dépendant d'une communauté dissoute. Jugement qui ordonne

---

(1) Douai, 4 février 1836 (Dalloz, au mot *Chose jugée*, n° 293).
(2) Aubry et Rau, t. VI, p. 510, note 108, § 769. Comparez Paris, 1ᵉʳ juillet 1861 (Dalloz, 1861, 2, 137).

le partage et dispose qu'il aura lieu d'après les bases de l'inventaire. Ce jugement n'a pas l'autorité de la chose jugée sur le point de savoir si un immeuble mentionné dans l'inventaire comme bien de communauté appartient à la communauté ou si c'est un propre de l'époux survivant. Par suite, celui-ci peut réclamer comme bien personnel le bien désigné dans l'inventaire comme bien de communauté. Pour qu'il y ait chose jugée, dit la cour de cassation, il faut que la question qui fait l'objet du second litige ait été réellement jugée lors du premier débat soit explicitement, soit au moins d'une manière virtuelle et implicite. Or, le premier juge n'avait eu à juger que la question de partage; en disant que le partage aurait lieu d'après les bases de l'inventaire, il n'entendait pas décider que l'immeuble, objet du litige, était un conquêt ou un propre; cette question est toute différente de celle qui lui avait été soumise, donc elle n'a pas pu être décidée implicitement (1).

133. La question de savoir s'il y a décision implicite est souvent très-difficile. Il faut appliquer les principes généraux que nous avons posés en expliquant en quoi consiste l'identité de l'objet. Un premier jugement décide qu'un propriétaire a le droit de maintenir les *jours* qu'il a pratiqués dans un mur; dans une seconde instance, le débat porte sur la question de savoir si ledit propriétaire a le droit d'ouvrir des *vues* ou *fenêtres d'aspect*. Le premier jugement a-t-il l'autorité de chose jugée quant aux *vues?* Cela dépend des conclusions prises, du débat et de ce qui a été décidé à la suite du débat. Si lors du premier procès la difficulté ne portait point sur l'étendue du droit, il ne peut pas y avoir de chose jugée à cet égard (2).

Une mère demande contre sa fille la nullité d'une cession. Le tribunal déclare la cession valable. Il s'élève alors un nouveau procès sur les effets de la cession. On prétend qu'il y a chose jugée. Non, dit la cour de cassation, car décider qu'une cession est valable, ce n'est

(1) Rejet, 20 février 1855 (Dalloz, 1855, 1, 403).
(2) Rejet, chambre civile, 1er décembre 1851 (Dalloz, 1852, 1, 30).

pas décider quels sont les effets de cette cession (1).

Par contre il y a décision virtuelle dans l'espèce suivante. Un jugement décide qu'il sera payé une somme à deux héritiers d'un créancier décédé, pour moitié à chacun. L'un des héritiers prétend ensuite n'être successeur que pour un tiers. On lui oppose le premier jugement; il répond que le premier juge n'a pas décidé la question de savoir pour quelle part il a succédé. Il est vrai que tel n'avait pas été l'objet du débat, mais il y avait décision implicite; c'était à titre d'héritiers que le tribunal allouait à chacun la moitié de somme, donc il décidait par cela même qu'ils étaient héritiers pour moitié (2).

134. Les auteurs enseignent que les jugements qui déclarent l'existence d'un droit ou d'une obligation opèrent novation, en ce sens que pour l'avenir la chose jugée tient lieu de cause à l'obligation. C'est une théorie empruntée au droit romain ; nous doutons que l'emprunt soit heureux. Il est certain que le terme de *novation* est inexact. La novation éteint la première obligation, et tout le monde convient que l'obligation poursuivie en justice, loin d'être éteinte, est confirmée, au contraire, et corroborée par le jugement. Il ne nous paraît pas plus exact de dire que l'obligation ait désormais pour cause le jugement ; le juge ne fait que déclarer les droits des parties, ces droits restent ce qu'ils étaient. La cause est le motif juridique qui a porté les parties à contracter ; la vente, par exemple, ne peut avoir d'autre cause pour le vendeur que l'obligation contractée par l'acheteur de payer le prix. Si le juge condamne l'acheteur à payer le prix, y aura-t-il une nouvelle cause? Non, certes; donc le mot *cause* a aussi un autre sens dans cette singulière théorie. On en déduit cependant une conséquence très-importante, c'est que la durée de la prescription change; nous reviendrons sur ce point au titre de la *Prescription* (3).

---

(1) Rejet, 16 novembre 1836 (Dalloz, au mot *Vente*, n° 1445, 3°).
(2) Cassation, 13 juillet 1868 (Dalloz, 1868, 1, 321).
(3) Comparez Aubry et Rau, t. VI, p. 511, note 109. Larombière, t. V, p. 323, n°s 144 et 146 (Ed. B., t. III, p. 276 et 277).

135. Tout jugement produit une exception de chose
jugée, laquelle peut être opposée à celui qui reproduit
dans une nouvelle instance, soit comme demandeur, soit
comme défendeur, la question décidée par le premier
juge quand la seconde contestation existe entre les mêmes
parties. On demande si l'exception de chose jugée est
d'ordre public. Il est certain, et cela ne saurait être mis
en doute, que la chose jugée est d'ordre public, en ce
sens que la présomption de vérité que la loi attache aux
jugements est une des bases de l'ordre social (n° 1).
Cependant il est de doctrine et de jurisprudence que l'exception de chose jugée n'est point d'ordre public ; on entend par là que les parties peuvent y renoncer et que le
juge ne doit pas la prononcer d'office. Une exception peut
être établie par des motifs d'ordre public et être en ce
sens d'intérêt général, et néanmoins la loi permet aux
parties intéressées de renoncer au bénéfice pécuniaire qui
en résulte pour elles. Telle est la prescription ; on l'appelle la patronne du genre humain, ce qui prouve bien
qu'elle est d'intérêt général. Toutefois le code dit que l'on
peut renoncer à la prescription acquise (art. 2220) ; celui
qui renonce à la prescription ne renonce pas à ce qui est
d'intérêt général, il renonce aux effets de la prescription,
c'est-à-dire à la libération qui en résulte ou au droit
qu'elle lui assure ; cela est purement d'intérêt privé, et
chacun est libre de renoncer à un droit d'intérêt privé.
Cela n'empêche pas que la prescription soit d'intérêt
général et soit, de même que la chose jugée, une des
bases de l'ordre social en consolidant les droits et en mettant fin aux procès.

136. Il a toujours été admis que les parties intéressées peuvent renoncer aux effets de la chose jugée. La
chose jugée, dit Merlin, est une exception de droit civil ;
il l'appelle une fiction qui l'assimile à la vérité (1). C'est

(1) Merlin, *Questions de droit,* au mot *Chose jugée,* § II *bis* (t. III, p. 285).

trop dire : la chose jugée est fondée sur une probabilité, mais cette probabilité peut parfois être en opposition avec la réalité des choses; dans ce cas, la présomption devient une fiction, et c'est dans ces cas rares et exceptionnels que les parties intéressées doivent avoir le droit de renoncer aux effets de la chose jugée, parce que ces effets sont en opposition avec la conscience et même avec le droit. Quand le juge se trompe et qu'il déclare que ma dette est éteinte, alors qu'elle ne l'est pas, ou qu'il me déclare propriétaire, alors que je ne le suis pas, l'erreur est considérée comme vérité, mais c'est une fiction; en réalité, je suis toujours débiteur et je ne suis pas propriétaire. Je puis renoncer au bénéfice de la fiction, quoiqu'elle soit d'intérêt général; en y renonçant, je ne porte aucune atteinte à ce qui est de droit public dans la chose jugée, je renonce seulement au bénéfice pécuniaire qu'elle me procure. C'est l'opinion presque unanime des auteurs (1), et la jurisprudence est dans le même sens. On lit dans un arrêt de la cour de cassation de Belgique : « Bien que la chose jugée, comme la prescription, soit établie dans l'intérêt de l'ordre public, il n'en est pas moins vrai que, une fois acquise, elle se réduit en matière civile à une exception, à un bénéfice personnel, dont on peut user ou ne pas user à son gré, sans que l'ordre public en soit aucunement affecté (2). »

La renonciation peut être expresse ou tacite : c'est le droit commun. Il en est de même de la renonciation à la prescription (art. 2221). La renonciation tacite, dit le code, résulte d'un fait qui suppose l'abandon du droit acquis. Il ne faut pas croire que la renonciation tacite soit une renonciation présumée. La renonciation ne se présume jamais, parce qu'on ne peut pas présumer qu'une personne abdique un droit qui lui appartient. Pour qu'il y ait renonciation tacite, il faut que la volonté soit aussi

(1) Toullier, t. V, 2, p. 67, n°s 74 et suiv. Larombière, t. V, p. 326, n° 150 (Éd. B., t. III, p. 278). En sens contraire, Duvergier sur Toullier, p. 69, note.
(2) Rejet, 3 décembre 1833 (*Pasicrisie*, 1833, 1, 183). Comparez Cassation de France, 26 août 1831 (Dalloz, 1861, 1, 427) et Rejet, 28 mai 1866 (Dalloz, 1867, I, 68).

certaine que s'il y avait renonciation expresse; il n'y a que cette différence que la renonciation tacite résulte d'un fait qui ne peut recevoir d'autre interprétation que celle de la volonté de renoncer à l'effet de la chose jugée (1). Quand y a-t-il renonciation tacite? C'est une question d'intention, donc de fait, que le juge décidera d'après les circonstances de la cause. Suffit-il que la partie intéressée ne propose pas l'exception en première instance pour qu'il y ait renonciation tacite? Il a été jugé que la simple omission ne peut suffire, qu'elle doit résulter d'un concours de circonstances qui ne permettent pas d'interpréter autrement le silence ou les actes de celui qui pouvait opposer la chose jugée (2). Cette décision de la cour de Bruxelles est très-juridique. Nous n'en dirons pas autant d'un arrêt de la cour de cassation de France. La cour d'Angers avait décidé qu'un créancier avait renoncé à exiger sa créance intégrale, en se fondant sur les faits et circonstances de la cause. Cet arrêt a été cassé, par le motif que la cour n'avait pas le droit d'induire de simples présomptions non établies par la loi une renonciation à un droit acquis, et surtout au bénéfice d'un jugement (3). Il y a une singulière confusion d'idées dans ce considérant : la cour rejette les simples présomptions, comme s'il s'agissait d'une question de preuve, tandis qu'il s'agit uniquement de savoir s'il y a consentement tacite; or, le consentement tacite s'induit nécessairement des faits et des circonstances de la cause. Si la cour veut dire que des probabilités ne suffisent pas pour que l'on admette une renonciation, elle a raison; il faut la certitude, mais cette certitude peut résulter d'un fait aussi bien que de paroles; s'il fallait une présomption légale pour qu'il y eût renonciation tacite, il n'y aurait jamais renonciation tacite à la chose jugée, car la loi ne présume la renonciation à une créance que dans les cas de remise tacite prévus par les articles 1282 et 1283.

(1) Liége, chambre de cassation, 28 février 1823 (*Pasicrisie*, 1823, p. 354). Cassation, 27 janvier 1857 (Dalloz, 1857, 1, 82).
(2) Bruxelles, 27 avril 1831 (*Pasicrisie*, 1831, p. 109).
(3) Cassation, 13 juin 1838 (Dalloz, au mot *Chose jugée*, n° 182).

L'effet de la renonciation à la chose jugée soulève aussi une difficulté : est-ce une simple obligation naturelle qui subsiste ou est-ce une obligation civile ? Nous avons examiné la question en traitant des obligations naturelles (t. XVI, n° 12).

137. Du principe que l'exception de chose jugée n'est pas d'ordre public, en ce sens que les parties intéressées y peuvent renoncer, suit que le juge ne peut pas suppléer d'office l'exception de chose jugée. Par cela seul que la partie garde le silence quand une demande déjà jugée est renouvelée contre elle, on ne peut pas conclure qu'elle renonce à l'exception ; il faut une manifestation de volonté de sa part, et il n'appartient pas au juge de vouloir pour les parties qui sont en cause. On a objecté que l'exception de chose jugée est un moyen de droit, et il est de principe que le juge peut et doit suppléer les moyens de droit. La cour d'Orléans répond, dans un arrêt très-bien motivé, que l'exception de chose jugée est une véritable demande ; cette demande ne peut être formée que par la partie à laquelle elle doit profiter et qui devient demanderesse en opposant l'exception ; c'est seulement quand une demande est formée que le juge peut suppléer les moyens qui la justifient. Autre chose est donc de suppléer une exception qui équivaut à une demande, autre chose est de relever, à l'appui d'une demande, un moyen qui doit la faire triompher et qui n'aurait pas été invoqué par les parties (1).

La jurisprudence est unanime en ce sens (2) ; nous ne connaissons qu'un seul arrêt qui ait décidé le contraire. En le rapportant, Merlin ajoute cette critique sévère : « Que dire d'un pareil arrêt si ce n'est qu'il est le fruit d'une inconcevable irréflexion ? » Nous croyons inutile de réfuter la décision de la cour de La Haye ; Merlin l'a fait, et sa réfutation est péremptoire (3).

_____

(1) Orléans, 23 juillet 1841 (Dalloz, au mot _Chose jugée_, n° 9).
(2) Liége, 16 janvier 1847 (_Pasicrisie_, 1847, 2, 61). Rejet, 28 novembre 1862 (_Pasicrisie_, 1864, 1, 60). Rejet, 28 mai 1866 (Dalloz, 1867, 1, 68).
(3) La Haye, 16 juillet 1824 (_Pasicrisie_, 1824, p. 72). Merlin, _Questions de droit_, au mot _Chose jugée_, § II (t. III, p. 288).

138. Du même principe suit que l'exception de chose jugée ne peut être proposée pour la première fois devant la cour de cassation à l'appui d'un pourvoi fondé sur une prétendue violation de la chose jugée. Le demandeur ne peut pas se plaindre que la cour ait violé la chose jugée, puisqu'il n'a pas proposé l'exception, et il n'appartenait pas au juge de la proposer d'office. Le défendeur ne peut pas non plus se prévaloir de la chose jugée pour justifier l'arrêt qui lui a donné gain de cause pour d'autres motifs; c'était à lui de proposer l'exception devant le premier juge. Il est inutile d'insister sur ce point, la jurisprudence et la doctrine étant unanimes (1).

139. Lorsque l'exception a été proposée par l'une des parties et qu'elle a été rejetée indûment, il y a lieu à cassation, par la raison que, dans ce cas, il y a violation de la loi. L'article 504 du code de procédure semble dire qu'il y a recours en cassation, lors même que l'exception de chose jugée résultant d'un premier jugement n'aurait pas été proposée dans la seconde instance, s'il y a contrariété de jugements émanés de tribunaux différents. Mais tout le monde reconnaît que cette disposition est mal rédigée. Il n'y a pas à distinguer si la contrariété de décisions résulte de jugements rendus par le même tribunal ou par des tribunaux différents ; la seule condition qui puisse et qui doive être exigée est que l'exception ait été proposée devant le juge du fait; on entend par là que la chose jugée soit proposée dans les conclusions des parties, car le juge ne peut statuer que sur des conclusions ; si les parties ont seulement invoqué la chose jugée à titre d'argument, le juge ne viole pas la chose jugée en ne tenant pas compte de cet argument : il ne décide rien quant à la chose jugée, donc il est impossible qu'il viole la loi (2).

Quand peut-on dire que le juge rejette indûment l'ex-

---

(1) Aubry et Rau, t. VI, p. 512, notes 114-116 et les autorités qu'ils citent. Voyez les arrêts dans le *Répertoire* de Dalloz, au mot *Chose jugée*, n° 332, et au mot *Cassation*, n°s 1878 et suiv. Nous ajouterons les plus récents : Rejet, 2 avril et 28 mai 1873 (Dalloz, 1873, 1, 374 et 365).

(2) Cassation, 27 novembre 1867 (Dalloz, 1867, 1, 448).

ception de chose jugée? Il faut que l'article 1351 soit
violé, il faut donc que le juge décide en droit. Si le tribunal juge en fait, il ne viole aucune loi et, par conséquent,
il n'y a pas lieu à cassation. Ainsi le juge décide qu'il n'y
a pas même cause en interprétant les conclusions que les
parties ont prises dans les deux instances; cette interprétation est une question de fait; donc en décidant que
la cause est différente, le juge ne viole pas l'article 1351.
Il a été jugé que l'interprétation des conclusions, comme
celle de tout acte émané des parties, rentre exclusivement
dans les attributions des juges du fait et qu'elle ne peut
tomber sous la censure de la cour de cassation (1). Il en
serait de même si le juge décidait en fait que l'objet de
la seconde demande n'est pas le même et que, par suite,
il n'y a pas chose jugée. Un arrêt de la cour de cassation
de Belgique donne à ce principe une évidence mathématique. La cour de Liége, saisie d'une exception de chose
jugée, avait à décider si l'objet de la demande était le
même. Elle pose d'abord le principe que la chose jugée
résulte du dispositif des jugements, et que s'il est permis
de combiner les motifs avec le dispositif, ce n'est là qu'une
question d'interprétation subordonnée aux diverses circonstances de chaque espèce. La cour fait ensuite l'application de ces principes à la cause; après avoir recherché,
dans les faits, les conclusions et les actes du procès, l'intention des parties et la volonté du juge, elle en conclut
que la chose demandée n'est pas la même. Y avait-il violation de la chose jugée, comme le prétendait le pourvoi?
La négative était certaine; les principes de droit que
l'arrêt attaqué invoquait sont d'une vérité incontestable;
quant à l'interprétation des faits, elle est dans le domaine
souverain des juges du fait, et la cour de cassation a décidé que l'application des principes aux faits était exacte;
donc il n'y avait pas de violation de la loi (2).

Il y aurait violation de la loi si le juge du fait rejetait
la chose jugée alors que les conditions exigées par le code

_____

(1) Rejet, de la cour de cassation de Belgique, 12 juillet 1845 (*Pasicrisie,*
1845, 1, 412).
(2) Rejet, 27 octobre 1870 (*Pasicrisie,* 1870, 1, 453).

existent, et, dans ce cas, il y aurait lieu à cassation. Une cour, après avoir, par un premier arrêt rendu en dernier ressort, *infirmé* la décision des premiers juges, déclare la *confirmer* par son jugement définitif : il y a violation de la chose jugée, puisque le second arrêt décide le contraire de ce qu'avait décidé le premier, entre les mêmes parties, sur la même demande et en vertu de la même cause (1). Un premier arrêt condamne le défendeur aux dommages-intérêts qui résulteraient de la reconstruction de la façade d'une maison; un second arrêt décide, entre les mêmes parties, que le défendeur ne doit pas de dommages-intérêts. La cour de cassation a cassé pour violation évidente de la chose jugée (2). Il est rare que la violation de la chose jugée soit aussi évidente. Cependant les arrêts de cassation ne manquent point (3); ce qui prouve combien les principes sont incertains dans cette matière. Il est jugé par un premier arrêt qu'une commune est responsable pour cause de pillage en vertu de la loi du 10 vendémiaire an IV, mais la cour ne condamne la commune qu'à payer la valeur simple des objets pillés. Pourvoi en cassation fondé sur ce que la cour n'avait pas alloué le double de la valeur des marchandises pillées et des dommages-intérêts. L'arrêt a été cassé pour ce motif. De son côté, la commune s'était pourvue en cassation, et son pourvoi avait été rejeté. Il était donc décidé irrévocablement que la commune était responsable; il restait à décider quel devait être le montant des condamnations. C'est cette question qui, après l'arrêt de cassation, fut renvoyée devant la cour de Paris. La cour n'avait plus à s'occuper de la question de responsabilité, et néanmoins elle décida que la commune n'était pas responsable; elle violait donc l'autorité de la chose jugée. Son arrêt fut cassé (4).

140. Lorsque l'exception de chose jugée résultant d'un premier jugement n'a pas été proposée dans le cours de la seconde instance, il n'y a pas lieu au recours en

---

(1) Cassation, 21 floréal an X (Dalloz, au mot *Chose jugée*, n° 362, 2°).
(2) Cassation, 17 prairial an XI (Dalloz, au mot *Chose jugée*, n° 363, 1°).
(3) Voyez Dalloz, au mot *Chose jugée*, n°s 362-366.
(4) Cassation, 4 avril 1826 (Dalloz, au mot *Chose jugée*, n° 363, 4°).

cassation ; mais s'il y a contrariété entre les deux décisions, la loi ouvre un recours extraordinaire contre la
dernière, c'est la requête civile. Pour que la requête civile
soit admissible, il suffit qu'il y ait contrariété de deux
jugements en dernier ressort rendus successivement par
les mêmes cours ou tribunaux, entre les mêmes parties et
sur les mêmes moyens. Il faut que les deux décisions
émanent du même tribunal ou de la même cour ; car la
requête civile tend à la rétractation de la seconde décision, et il n'y a que le juge qui a rendu le jugement qui
puisse le rétracter pour cause de contrariété (C. de proc.,
art. 480, n° 6) (1). Nous nous bornons à établir le principe, la matière n'appartenant pas au droit civil.

141. Quand on oppose un jugement à celui qui n'y a
pas été partie, il est admis à y former tierce opposition.
On demande s'il est obligé de recourir à ce moyen, ou s'il
peut se borner à repousser le jugement, comme il repousserait une convention où il n'aurait pas été partie et que
l'on voudrait néanmoins lui opposer. La question est
très-controversée ; comme elle appartient à la procédure,
nous nous bornerons à donner la solution qui nous paraît
la plus juridique. Quand on invoque un jugement contre
un tiers, à l'appui d'une demande ou d'une exception, le
tiers n'a pas besoin de former opposition au jugement, il
peut se borner à repousser le jugement par le motif qu'il
n'y a pas été partie et que, par conséquent, ce jugement
n'a pas contre lui l'autorité de la chose jugée. Mais quand
on exécute un jugement contre le tiers, il faut que celui-ci
agisse lui-même pour arrêter l'exécution, et cette action
doit être portée devant les tribunaux sous la forme de
tierce opposition. Il en serait de même s'il voulait revenir
contre l'exécution qui serait déjà consommée. Dans les
deux cas, il y a contestation sur le point de savoir si le
jugement peut ou ne peut pas être exécuté contre le tiers,
et cette contestation fait l'objet de la tierce opposition (2)
(C. de proc., art. 474).

(1) Aubry et Rau, t. VI, p. 513, note 119. Larombière, t. V, p. 330, n° 156
(Éd. B., t. III, p. 279).
(2) Marcadé, t. V, p. 202-204, n° XIV de l'article 1351. Aubry et Rau,
t. VI, p. 493, note 53, § 769.

I. *Des dispositions comminatoires.*

142. Que la chose jugée soit en principe irrévocable, cela ne fait pas de doute. C'est précisément pour assurer l'irrévocabilité des décisions judiciaires que la loi y a attaché une présomption de vérité. Cependant la jurisprudence admet une exception pour les dispositions comminatoires qui se trouveraient dans un jugement. On entend par là une condamnation à des dommages-intérêts éventuels, c'est-à-dire à des dommages-intérêts qui seront encourus si la partie ne fait pas dans un certain délai ce que le juge la condamne à faire. Une première difficulté se présente : le tribunal peut-il prononcer des condamnations pareilles ? Cela nous paraît très-douteux, comme nous l'avons dit ailleurs (1). Toutefois l'usage de ces condamnations est assez fréquent ; il faut donc voir quel en est l'effet au point de vue de la chose jugée : ont-elles l'autorité que la loi attache aux jugements ? Au premier abord, la question étonne. La loi établit une règle générale, absolue : tout jugement a l'autorité de la chose jugée, et par jugement on entend toutes les condamnations qui se trouvent dans le dispositif. Appartient-il aux tribunaux d'apporter des exceptions à une règle qui est d'ordre public ? Ainsi posée, la question devrait certes être décidée négativement (2). Comment donc peut-on justifier la jurisprudence qui admet que les dispositions comminatoires n'ont pas l'autorité de la chose jugée ? On doit supposer que ces condamnations éventuelles ne sont pas définitives. Ce sont des menaces, comme le dit le mot, ayant pour objet de garantir l'exécution du jugement ; le juge n'entend pas que ces menaces reçoivent nécessairement leur exécution ; cela dépend de circonstances qu'il est impossible de prévoir ; le juge se réserve donc tacite-

---

(1) Voyez le tome XVI de mes *Principes,* p. 359, n° 301.
(2) Comparez Dalloz, au mot *Chose jugée,* n° 384.

ment de revenir sur les condamnations qu'il a prononcées. Et s'il y revient, il ne porte pas atteinte à la chose jugée, car, dans sa pensée, la chose n'était pas définitivement jugée. Reste à savoir quand on peut dire que les dispositions sont purement comminatoires. Il n'y a pas de loi, c'est la jurisprudence qui a fait la loi. Nous devons donc consulter les arrêts.

143. Quand les dommages-intérêts sont prononcés sous une condition, sans fixer de délai pour l'exécution, la condamnation est essentiellement éventuelle, elle implique, pour le juge, la faculté de revenir sur ce qu'il a décidé. Un propriétaire réclame une somme de 5,000 fr. pour le dommage causé à ses récoltes par l'étang de son voisin. Le juge de paix alloua la demande, mais non d'une manière absolue; il laissa au défendeur l'option de faire estimer le dommage par experts, sans fixer aucun délai pour l'exercice de cette faculté. L'expertise fixa le dommage à 120 francs. Un second jugement rejeta la demande en déchéance de la faculté accordée au défendeur, et ordonna le transport sur les lieux et une audition de témoins; puis un dernier jugement fixa le dommage à 220 francs. Sur l'appel, le tribunal prononça la déchéance et condamna le défendeur à 5,000 francs de dommages-intérêts. Cette décision a été cassée (1). Dans l'espèce, le caractère provisoire de la première condamnation n'était point douteux : c'était une disposition conditionnelle plutôt que comminatoire.

Quand le juge fixe un délai pour l'option qu'il accorde à la partie condamnée, ce délai doit-il être considéré comme fatal? Un propriétaire, voulant vendre des biens qu'il avait en Belgique, envoya, en 1816, à cet effet, au général Loyson, son ami, un pouvoir en blanc. Le général se rendit lui-même acquéreur pour 50,000 fr., sous le nom d'une personne interposée. Il mourut peu de jours après. Action en nullité de la vente contre la veuve et la fille du général. Le tribunal déclara l'acte nul pour fraude et abus de blanc seing; il ordonna que les biens seraient

_____

(1) Cassation, 15 novembre 1830 (Dalloz, au mot *Chose jugée,* n° 385).

remis entre les mains du vendeur dans la quinzaine de la signification et que, faute de ce faire dans ledit délai, il serait payé à celui-ci une somme de 20,000 francs pour lui tenir lieu de ses héritages. Après de longues procédures, un arrêt de la cour de Paris admit l'offre de restitution en nature faite par les dames Loyson. Pourvoi en cassation pour violation de la chose jugée, la remise en nature ayant été interdite par deux décisions passées en force de chose jugée. Après délibéré en la chambre du conseil, la cour rejeta le pourvoi. Les premiers juges, dit la cour, avaient, à la vérité, adjugé les conclusions du demandeur, en ordonnant la restitution dans la quinzaine; il avait ajouté une condamnation à 20,000 francs de dommages-intérêts; mais cette disposition avait un caarctère pénal, en ce sens qu'elle devait être considérée comme une peine tendante à assurer la restitution des biens; la restitution formait l'obligation principale et, celle-ci étant exécutée, la peine n'avait plus de raison d'être (1). Nous demanderons de quel droit la cour transforme une condamnation définitive en une simple menace? Il faut donc admettre que les tribunaux peuvent déclarer comminatoire un délai qui, à s'en tenir au texte du jugement, n'a rien de conditionnel. Cela nous paraît inadmissible. Quand une condamnation est pure et simple, on ne peut pas y sous-entendre une condition.

144. La cour de cassation reconnaît ce pouvoir au juge, alors même qu'il ne s'agit pas d'une condamnation à des dommages-intérêts. Un jugement accorde à une partie un délai pour apporter mainlevée d'une inscription hypothécaire grevant ses biens, et déclare que, faute de le faire, le contrat se trouve d'ores et déjà résilié. Il a été jugé que cette décision était comminatoire et que la cour d'appel avait pu accorder un nouveau délai pour apporter la mainlevée (2). Et il appartient naturellement aux juges du fait de décider si une disposition, définitive en apparence, est

(1) Rejet, 10 juillet 1832 (Dalloz, au mot *Chose jugée*, n° 388, 1°).
(2) Rejet, 6 novembre 1822 (Dalloz, au mot *Chose jugée*, n° 386, 4°). Com parez Rejet, 21 juin 1809 et 22 janvier 1812 (*ibid.*, n° 386, 2° et 3°).

comminatoire. C'est une conséquence logique du principe ; mais la conséquence ne témoigne-t-elle pas contre le principe ? Que devient le respect de la chose jugée si le juge peut décider que, tout en ayant l'air de prononcer une condamnation définitive, il n'a entendu porter qu'une disposition comminatoire (1)?

145. La jurisprudence applique ce principe aux jugements qui condamnent une partie à rendre compte dans un délai qu'ils déterminent. On lit dans un arrêt de la cour de Paris : « Toute condamnation prononcée à défaut de rendre un compte doit être réputée conditionnelle, » c'est-à-dire que le comptable est présumé débiteur de la somme que le juge a fixée et qu'il l'a condamné à payer. Cette présomption cesse, ajoute la cour, lorsque le comptable présente son compte, même après l'expiration du délai dans lequel il était condamné à le rendre (2). S'il en est ainsi, les jugements deviennent un jeu, et la partie condamnée se gardera de les exécuter. Nous demandons ce que devient le respect de la chose jugée si l'on permet aux juges de déclarer qu'ils n'ont pas entendu prononcer une condamnation sérieuse?

146. La jurisprudence que nous critiquons a une conséquence inévitable, c'est l'arbitraire ; à notre avis, c'est un motif de plus de la repousser. Nous venons de rapporter des décisions qui admettent qu'une option peut toujours être exercée malgré le délai fixé par le juge, et que la cour d'appel peut accorder un nouveau délai si la partie condamnée a trouvé bon de ne pas exécuter le jugement dans le délai qu'il avait fixé. Voici une décision toute contraire. Le juge impose à une partie un délai pour supprimer des constructions élevées indûment contre une cathédrale, ou pour les remanier de façon qu'elles ne touchent plus à la cathédrale ; en conséquence, la partie condamnée a été déclarée déchue, à l'expiration du délai, de l'option qui lui avait été accordée entre la suppression des travaux et leur remaniement, et il a été jugé qu'elle

(1) Rejet, chambre civile, 7 août 1826 (Dalloz, au mot *Chose jugée*, n° 387, 2°).
(2) Paris, 30 avril 1828 (Dalloz, au mot *Chose jugée*, n° 387, 1°).

pouvait être contrainte par l'autre partie à opérer la suppression (1). Dans l'espèce, le défendeur soutenait que le délai était purement comminatoire. Il est certain que rien, dans le jugement, n'indiquait que le délai ne fût pas comminatoire. Il dépend donc des juges de décider que leurs jugements sont révocables ou qu'ils ne le sont pas. Nous demandons si c'est dans cet esprit que la loi a attaché une présomption de vérité à la chose jugée.

147. La jurisprudence applique le même principe aux décisions qui condamnent une partie à une certaine somme de dommages-intérêts par chaque jour de retard. Un arbitre condamne le défendeur à remettre des pièces au demandeur dans les trois jours de la notification de son jugement, sous une peine qui sera encourue pour le seul fait de retard, et il a soin d'ajouter que cette disposition ne pourra être réputée comminatoire. La sentence ne fut pas exécutée. Un jugement du tribunal de la Seine condamna le défendeur à restituer les pièces dans le jour, et, faute de ce faire, le condamna à payer la somme de 10 fr. par chaque jour de retard. Ce jugement, confirmé en appel, passa en force de chose jugée, et néanmoins resta sans exécution. Le demandeur prit alors inscription sur les biens du défendeur pour une somme de 11,080 francs, montant des dommages-intérêts qui avaient couru à son profit. Demande en mainlevée ou en réduction de cette inscription. La cour de Paris le déchargea de toutes les condamnations prononcées contre lui. « Il est de principe, dit-elle, que les dommages-intérêts ne peuvent jamais excéder le dommage causé. » Sans doute; mais si les parties avaient fixé une somme de 10,000 francs à titre de dommages-intérêts, le juge pourrait-il réduire cette peine? Non. Et s'il ne le peut pas quand il y a convention, de quel droit le fait-il quand il y a un jugement passé en force de chose jugée? Les jugements, dit la cour de Paris, n'avaient pas fixé d'une manière invariable la quotité des dommages et intérêts; la fixation qu'ils en avaient faite n'était que provisoire et par présomption du

---

(1) Metz, 16 août 1855 (Dalloz, 1856, 2, 130).

préjudice qui pourrait résulter de la remise tardive des pièces. Ainsi quand le juge décide que la partie condamnée payera 10 fr. par chaque jour de retard, il ne juge pas définitivement, sa décision n'est que provisoire, à ce point qu'en définitive la cour peut le décharger de toutes ces condamnations. Si la cour a raison, avec quelle incroyable légèreté ont dû être rendues les premières décisions? Cela nous confirme dans notre opinion que le juge ne doit pas prononcer de dommages-intérêts pour l'avenir, qu'il doit statuer sur le dommage causé et définitivement, sauf à prononcer de nouvelles condamnations s'il y a un nouveau dommage. Mais quand il accorde des dommages-intérêts pour l'avenir, sa décision doit être sérieuse et, sérieuse ou non, elle doit être maintenue. Nous concevons que le dernier juge recule quand il doit prononcer des dommages-intérêts pour un dommage imaginaire, mais la conséquence témoigne contre le principe des condamnations comminatoires.

La cour de cassation confirma l'arrêt de la cour d'appel en posant comme principe que la condamnation à une somme par chaque jour de retard est essentiellement présomptive et comminatoire (1). On trouve les mêmes motifs reproduits, presque à la lettre, dans un arrêt de la cour de Bruxelles (2). Il y a des décisions qui ont un caractère comminatoire plus prononcé, c'est quand le juge prévoit que la partie condamnée n'exécutera pas le jugement, il prononce d'avance une peine pour le cas où elle désobéira. Ces dispositions, dit la cour de Douai, n'ont pas les effets d'une condamnation définitive et irrévocable : le juge qui a porté la défense peut être appelé à examiner s'il y a eu ou non désobéissance à ses ordres et décider que, le cas ne s'étant pas réalisé, la peine n'est pas encourue. Cela est très-raisonnable; mais est-il vrai de dire que ce n'est pas une atteinte à la chose jugée (3)? Il y a atteinte à

(1) Rejet, 28 décembre 1824 (Dalloz, au mot *Chose jugée*, n° 390, 1°).
(2) Bruxelles, 27 mars 1844 (*Pasicrisie*, 1844, 2, 129). Comparez Liége, 29 mai 1863 (*Pasicrisie*, 1864, 2, 17) ; Bordeaux, 5 mai 1870 (Dalloz, 1870, 1, 208).
(3) Douai, 5 décembre 1849 (Dalloz, 1850, 2, 65).

l'autorité, au respect dont les décisions judiciaires doivent joūir lorsqu'un premier jugement prononce une condamnation qu'un second jugement révoque. La conséquence témoigne encore une fois contre le principe : pourquoi le juge se hâte-t-il de prononcer une peine pour une désobéissance qui peut ne pas se réaliser? Qu'il attende qu'il y ait désobéissance!

II. *De l'interprétation des jugements.*

148. Avant l'ordonnance de 1667, il existait trois manières de se pourvoir contre les arrêts, indépendamment de la requête civile : la *correction* lorsqu'il y avait erreur dans les qualités, l'*interprétation* lorsqu'il y avait obscurité dans les dispositions de l'arrêt, et la *proposition d'erreur* lorsque l'une des parties prétendait que la condamnation avait été la suite d'une erreur de fait. L'ordonnance de 1667 abolit la *proposition d'erreur*; elle maintint donc implicitement l'*interprétation* et la *correction*. Quant à l'*interprétation,* il n'y a guère de doute. La déclaration du mois de septembre 1671 défend seulement aux juges de *rétracter* leurs arrêts sous prétexte de les interpréter; or, défendre l'abus d'un droit, c'est maintenir le droit. C'est la doctrine de la cour de cassation, et elle nous paraît incontestable. Dans l'espèce soumise à la cour, il y avait nécessité d'interpréter les décisions litigieuses, car les parties et leurs experts prétendaient exécuter la chose jugée dans deux sens opposés (1). Avant d'exécuter le jugement, il faut savoir ce qu'il prescrit. Mais l'interprétation des jugements, comme celle des lois, présente un danger. Il est de l'essence de l'interprétation qu'elle se borne à fixer le sens de la disposition interprétée en rendant clair ce qui était obscur; de sorte que l'interprétation n'est pas une disposition nouvelle, elle n'ajoute rien, elle ne retranche rien, elle ne modifie rien. Ainsi entendue, l'interprétation des jugements n'a rien de contraire à l'autorité de la chose jugée ; elle assure plutôt cette autorité : on ne peut pas exécuter une décision

---

(1) Rejet, 4 mars 1808 (Dalloz, au mot *Chose jugée*, n° 333, 1°).

obscure ou ambiguë, et si on l'exécutait, on risquerait de faire dire au juge ce qu'il n'a pas voulu dire. Il est donc nécessaire de s'adresser au juge pour qu'il interprète son jugement. Mais voici le danger : en l'interprétant, il peut être tenté de le modifier; c'est ce que la déclaration de 1671 défendait. La cour de cassation a consacré cette défense : elle reconnaît le droit d'interprétation et elle en détermine en même temps les limites. « Si le respect pour l'autorité de la chose jugée oblige les cours et tribunaux, ce devoir ne saurait exclure la faculté de statuer sur l'interprétation de leurs arrêts et jugements toutes les fois qu'à raison de quelque ambiguïté dans les termes ces actes laissent les parties en suspens sur l'étendue des conséquences qu'ils comportent. Dans ce cas, le sens et la portée véritable de la décision ne pouvant être restitués que par le magistrat qui l'a rendue, il se trouve, par la force même des choses, investi du droit de procéder à cet égard. L'exercice de cette prérogative n'a pour lui d'autre limite que la défense de modifier, de restreindre ou d'étendre les droits consacrés par sa sentence (1). »

On pourrait objecter le silence de nos codes. La cour d'Amiens répond que l'ordonnance de 1667 ne parlait pas du recours en interprétation, ce qui n'empêchait point ce recours d'être usité. Les auteurs du code de procédure ont implicitement consacré la tradition en disposant que les difficultés qui s'élèvent sur l'exécution des jugements seront renvoyées au tribunal d'exécution (art. 554); or, c'est l'exécution du jugement qui fait naître la difficulté résultant de l'obscurité de la loi : comment exécuter ce que l'on ne comprend pas, ou ce que les parties comprennent en sens divers (2)?

149. Nous citerons quelques exemples d'arrêts interprétatifs ; il serait inutile de les multiplier, l'interprétation étant essentiellement de fait quand elle se borne à expliquer le sens d'une disposition (3). Un arrêt charge des

---

(1) Rejet, chambre criminelle, 19 novembre 1858 (Dalloz, 1859, 1, 41). Gand, 26 février 1873 (*Pasicrisie*, 1873, 2, 190).

(2) Amiens, 24 août 1825 (Dalloz, au mot *Jugement*, n° 333, 2°).

(3) Voyez les arrêts dans le *Répertoire* de Dalloz, au mot *Chose jugée*, n⁰ˢ 348-354.

experts de déterminer la limite du lit d'un fleuve navigable en recherchant la hauteur de ses *eaux moyennes*.
Qu'entend-on par *eaux moyennes?* Il s'agissait de déterminer le point où finit le domaine public et où commence
le domaine privé. Il est de principe que cette limite se
fixe par la hauteur *des plus grandes eaux* du fleuve au
moment où, coulant à pleins bords, il ne pourrait grossir
encore sans commencer à déborder. L'arrêt définitif rendu
dans l'espèce interpréta le premier arrêt en ce sens que
les experts avaient mission de déterminer *la plus grande
hauteur des eaux* livrées à leur cours normal, c'est-à-dire
avant d'atteindre les points extrêmes d'étiage ou d'inondation. Pourvoi en cassation. On prétend que la cour,
sous prétexte d'interpréter son premier arrêt, l'a modifié.
La cour de cassation décida que les mots *hauteur moyenne
des eaux* ayant paru offrir un sens douteux aux parties,
la cour de Rouen avait pu, dans son arrêt définitif, interpréter lesdits mots sans dépasser le cercle de ses attributions. Dans l'espèce, le pouvoir des juges du fait n'était
guère douteux, car le premier arrêt, comme le remarque
la cour de cassation, était interlocutoire dans la partie
litigieuse ; or, les décisions interlocutoires ne lient pas
le juge du fond (1).

Les arrêts interprétatifs sont assez fréquents en matière de dépens. Un concordat est accordé à un failli ;
quelques créanciers s'y opposent ; ils succombent et sont
condamnés à tous les dépens de l'instance en homologation. Un arrêt interprétatif déclara que le premier arrêt
n'avait entendu parler que des frais de procédure nécessités par la résistance des opposants à l'homologation du
concordat, et non des frais de tous les actes qu'il avait
plu aux défendeurs de signifier aux nombreux créanciers
de la faillite. Pourvoi en cassation pour violation de la
chose jugée ; la cour décida que l'arrêt attaqué ne contenait que l'interprétation d'une disposition dont les termes,
quoique trop généraux, ne pouvaient donner lieu à un
doute raisonnable (2).

(1) Rejet, 9 juillet 1846 (Dalloz, 1846, I, 270).
(2) Rejet, 10 juillet 1817 (Dalloz, au mot *Frais,* n° 919). Comparez Rejet,

150. Il arrive que les tribunaux, sous prétexte d'interpréter leurs décisions, les modifient. Dans ce cas, il y a violation de la chose jugée et, par suite, il y a lieu à cassation. Un arrêt prononce une condamnation sans y attacher, par son dispositif, la sanction de la contrainte par corps : le juge peut-il suppléer à ce silence par voie d'interprétation? La négative est d'évidence. La cour de cassation dit que l'absence d'une disposition sur la contrainte par corps ne présente, par elle-même, rien d'obscur ni d'ambigu ; que, par conséquent, il n'y a pas lieu d'examiner, par voie d'interprétation, si le silence du dispositif provient d'une abstention volontaire du juge ou d'une omission de statuer. Il en est ainsi, dit la cour, soit que la contrainte par corps ait été l'objet d'un chef spécial de demande, soit qu'elle n'ait pas été demandée. Le même arrêt rappelle la règle générale en cette matière, c'est que le juge a épuisé son pouvoir quand il a prononcé sa décision, et que désormais il ne lui appartient plus d'y rien ajouter comme d'en rien retrancher. L'interprétation, destinée uniquement à éclaircir une rédaction obscure ou ambiguë, ne peut, en aucun cas, servir de prétexte à la violation de ce principe fondamental (1).

Une partie est condamnée à restituer une somme d'argent avec *les intérêts tels que de droit*. Les juges déclarent dans un second jugement que par les mots *tels que de droit* ils ont entendu les intérêts courus depuis le jour de la réception, par la partie condamnée, de la somme à restituer. Sur le pourvoi en cassation, cette décision a été cassée. La cour reconnaît aux juges le droit d'interpréter les arrêts par eux prononcés lorsque les termes en sont douteux et offrent quelque obscurité ; mais ils ne peuvent, sous couleur d'interprétation, ôter aux parties le bénéfice acquis d'une décision dont les termes positifs ont un sens légal qui n'est pas douteux : le juge ne peut pas donner à un terme légal un sens autre que celui que la loi lui

6 avril 1840 (Dalloz, au mot *Chose jugée*, n° 356, 2°). Bruxelles, 26 octobre 1849 (*Pasicrisie*, 1851, 1, 124) ; Rejet, cour de cassation de Belgique, 21 mars 1872 (*Pasicrisie*, 1872, 1, 182).

(1) Cassation, 28 août 1852 (Dalloz, 1852, 1, 139).

donne. Or, quand il s'agit d'intérêts, les mots *tels que de droit* doivent s'entendre dans le sens de l'article 1153, suivant lequel, dans les obligations qui se bornent au payement d'une somme d'argent, les intérêts ne sont dus que du jour de la demande. En donnant à ces expressions une interprétation différente, pour arriver à faire courir les intérêts du jour du versement de la somme à restituer, l'arrêt attaqué avait violé l'article 1351 (1).

III. *De la rectification.*

151. Un jugement écarte formellement une demande en résolution et la demande des arrérages d'une rente. En ce qui concerne les arrérages, l'erreur était évidente, puisque la demande n'était pas contestée. La cour à laquelle on demanda la rectification de l'erreur en fait l'aveu ; mais, dit-elle, il ne lui appartient pas de réformer, par voie d'appel, ce qui a été jugé en dernier ressort lorsque la partie qui a obtenu cette décision erronée persiste à vouloir en profiter (2). C'est l'application rigoureuse du principe que nous venons de rappeler ; dès que le juge a porté sa décision, ses pouvoirs sont épuisés. Quelle que soit la source de son erreur, il ne lui appartient pas de la redresser. La loi ouvre des recours contre l'erreur possible du premier juge ; hors de ces recours, il n'y a pas de moyen de revenir sur ce qui a été jugé. Il en est ainsi alors même que l'on prétendrait que les pièces sur lesquelles le jugement a été rendu étaient fautives et incomplètes (3) ; l'erreur est irréparable. On découvre une pièce qui prouve que le premier juge a commis une erreur de fait : il avait jugé qu'une donation est nulle faute d'insinuation ; on produit des pièces qui donnent la preuve

(1) Cassation, 31 janvier 1865 (Dalloz, 1865, 1, 390). Comparez Rejet, 14 août 1838 (Dalloz, au mot *Chose jugée*, n° 341, 2°) ; Cassation, 10 avril 1837 (Dalloz, *ibid.*, n° 358, 2°) et 1er mars 1842 (*ibid.*, n° 344, 2°) ; Besançon, 26 novembre 1863 (Dalloz, 1863, 2, 205) ; Douai, 28 novembre 1873 (Dalloz, 1875, 2, 31).
(2) Liége, 15 août 1835 (*Pasicrisie*, 1835, 2, 153).
(3) Rejet de la cour de cassation de Belgique, 19 novembre 1846 (*Pasicrisie*, 1847, 1, 353).

authentique de l'accomplissement de cette formalité (1);
n'importe, l'erreur est irréparable. Sur ce dernier point,
il y a une disposition formelle, qui confirme la doctrine
rigoureuse que nous venons d'exposer : aux termes de
l'article 480 du code de procédure, il y a lieu à requête
civile si, depuis le jugement, il a été recouvré des pièces
décisives et qui avaient été retenues par le fait de la partie. En dehors de ce cas, la découverte de pièces nouvelles ne permet pas de réformer le jugement.

152. La loi ne fait qu'une exception à cette règle, et
l'exception confirme la règle. Aux termes de l'article 541
du code de procédure, « il ne sera procédé à la révision
d'aucun compte, sauf aux parties, s'il y a erreurs, omissions, faux ou doubles emplois, à en former leurs demandes devant les mêmes juges. » La cour de cassation,
en appliquant cet article, dit très-bien que les erreurs de
calcul peuvent toujours être réparées, sans porter atteinte
à l'autorité de la chose jugée, puisqu'il est toujours certain que les juges n'ont voulu faire qu'une opération
d'arithmétique complète et exacte, et qu'ils n'ont pu faire
qu'un autre chiffre tînt la place du plus juste nombre (2);
les juges ne peuvent pas décider que 2 et 1 font 4.

Toutefois la cour va trop loin en disant que les *erreurs
de calcul* peuvent *toujours* être réparées. C'est dépasser
l'article 541. Pour que cette disposition puisse être appliquée, il faut qu'il y ait un *compte;* si donc il n'est pas
question d'un compte, les erreurs de calcul ne peuvent pas
être redressées, pas plus que toute autre erreur : après
tout, il n'est pas plus absurde de dire que 2 et 2 font 5,
que de dire qu'il n'y a pas eu insinuation, alors que l'on
représente l'acte d'insinuation. Quelque déplorables que
soient ces erreurs, la chose jugée les couvre. On s'est
emparé de l'article 541 pour obtenir le redressement d'erreurs que la loi ne permet pas de redresser une fois qu'il
y a chose jugée : la cour de cassation, fidèle à sa mission, a réprimé ces excès de pouvoir qui ne tendaient à

(1) Cassation, 28 juin 1808 (Dalloz, au mot *Chose jugée,* n° 379).
(2) Rejet, chambre civile, 23 novembre 1824 (Dalloz, au mot *Chose jugée,*
n° 369, 4°).

rien moins qu'à ruiner l'autorité de la chose jugée. Des entrepreneurs réclament le payement de travaux; la cour statue sur les contestations soulevées par les conclusions des parties, sans ordonner la reddition d'aucun compte. L'une des parties demande la rectification d'une disposition du jugement relative à des intérêts conventionnels dont le chiffre, par suite d'une erreur de calcul, aurait été de beaucoup inférieur à ceux qui étaient réellement alloués. La cour d'Aix accueillit la demande. C'était une fausse application de l'article 541; il ne pouvait s'agir de redressement d'un compte, puisque aucun compte n'avait été ordonné; c'était, en réalité, une action en réparation d'erreurs commises dans une décision judiciaire. Or, une pareille action n'est pas admise, sauf dans les cas où il y a lieu à requête civile (1).

153. Ne faut-il pas faire une exception à la rigueur de ces principes quand l'erreur commise par le juge peut se redresser par le jugement même? Voici un cas qui s'est présenté. Le juge, en condamnant l'une des parties aux dépens, se trompe de nom en mettant celui de la partie qui a obtenu gain de cause. Y a-t-il chose jugée, et cette erreur ne peut-elle pas être rectifiée? On l'a soutenu devant la cour de cassation, mais le pourvoi a été rejeté(2). C'est une question d'interprétation plutôt que de rectification; le dispositif doit être interprété par les motifs. Si les motifs prouvent qu'il y a une erreur de nom dans le dispositif, il faut prendre le jugement dans son ensemble, sinon on fait dire au juge le contraire de ce qu'il a voulu dire.

154. La jurisprudence, d'accord avec la doctrine, admet encore une autre exception. Une partie est condamnée à payer une somme; elle retrouve la quittance du payement qu'elle a fait avant le jugement. Peut-elle la faire valoir, malgré le jugement de condamnation? L'affirmative était admise dans l'ancien droit. En condamnant la partie à payer, dit-on, le juge ne décide qu'une chose,

---

(1) Cassation, 28 janvier 1873 (Dalloz, 1873, 1, 10). Comparez Cassation, 8 juin 1814 (Dalloz, au mot *Chose jugée*, n° 370).
(2) Rejet, 24 avril 1822 (Dalloz, au mot *Chose jugée*, n° 375, 4°).

c'est qu'il y a dette, il ne décide rien sur le point de savoir si cette dette a été payée; la partie condamnée peut donc, en représentant la quittance, prouver qu'il a été satisfait d'avance au jugement, puisque le créancier a reçu ce qui lui était dû (1). D'après la rigueur des principes, on pourrait soutenir que le débiteur condamné à payer doit exécuter le jugement. Mais, après avoir payé, il aurait l'action en répétition; en produisant la quittance, il prouverait qu'il a payé ce qu'il ne devait plus, et le créancier ne peut pas retenir ce qu'il a reçu, car il le retiendrait sans cause. Vainement dirait-on qu'il le retient en vertu du jugement, lequel forme une cause nouvelle. Nous répondrons, avec la cour de cassation, que le droit français ignore ces subtilités : le créancier a reçu deux fois le payement de la même dette, donc il doit restituer ce qu'il a reçu en double. N'est-il pas plus simple de dire que le débiteur peut se libérer en représentant la quittance? Pourquoi l'obliger à payer, alors qu'il peut immédiatement réclamer la restitution de ce qu'il a payé? Il reste un motif de douter; le jugement ne recevra pas son exécution: n'est-ce pas porter atteinte à l'autorité de la chose jugée? Dans l'ancien droit, on avouait que c'était une exception d'équité; et peut-on encore, en droit moderne, admettre une exception fondée sur l'équité, alors que le code ne la consacre point? Nous croyons qu'à la rigueur il faudrait répondre négativement. Mais l'équité l'a emporté (2).

Que faut-il décider si le débiteur a opposé l'exception de payement? Le juge l'a rejetée faute de preuve; le débiteur découvre ensuite la quittance : peut-il s'en prévaloir soit pour l'opposer au créancier qui veut exécuter le jugement, soit pour répéter ce qu'il a payé? On l'a prétendu (3); la cour de cassation ne pouvait aller jusque-là, c'eût été

(1) Toullier, t. V, 2, p. 108, n° 126. Aubry et Rau, t. VI, p. 512, note 112. Larombière, t. V, p. 335, n° 162 (Ed. B., t. III, p. 281).

(2) Voyez les arrêts dans le *Répertoire* de Dalloz, au mot *Chose jugée*, n°s 376-378. Il faut ajouter Rejet, 6 juin 1859 (Dalloz, 1859, 1, 458); Rejet, chambre civile, 2 juillet 1861 (Dalloz, 1861, 1, 479); Rejet, 5 août 1873 (Dalloz, 1874, 1, 470).

(3) Duranton, t. XIII, p. 502, n° 474. En sens contraire, Merlin, *Répertoire*, au mot *Succession*, sect. Ire, § II, art. III. Toullier, t. V, 2, p. 109, n° 127.

anéantir la chose jugée par des considérations d'équité. En rejetant l'exception de payement, le juge décide qu'il n'y a pas eu payement. Or, admettre le débiteur à se prévaloir de la quittance, c'est dire qu'il y a eu payement; c'est donc se mettre en contradiction avec la chose jugée (1).

§ Iᵉʳ. Notions générales.

155. Aux termes de l'article 1354, l'aveu qui est opposé à une partie est ou extrajudiciaire ou judiciaire. Il y a une grande différence entre la force probante de l'aveu judiciaire et celle de l'aveu fait hors justice. Dans son essence cependant, l'aveu est un seul et même fait juridique, peu importe le lieu où il est fait. Nous devons donc commencer par examiner la nature de l'aveu en général. Pothier définit l'aveu judiciaire comme suit : « C'est la confession qu'une partie fait devant le juge d'un fait sur lequel elle est interrogée et dont le juge donne acte. » Nous laissons de côté la forme de l'aveu judiciaire; il reste donc la déclaration d'un fait; non pas de tout fait, car Pothier suppose une réponse sur l'interrogatoire du juge; or, le juge interroge sur faits et articles, c'est-à-dire sur les faits qui font l'objet du litige. C'est en ce sens que les éditeurs de Zachariæ ont rectifié la définition de Pothier en l'expliquant : « L'aveu est la déclaration par laquelle une personne reconnaît pour vrai, et comme devant être tenu pour avéré à son égard, un fait de nature à produire contre elle des conséquences juridiques. » Il va sans dire que l'aveu n'est pas une déclaration quelconque sur un fait quelconque, ni une déclaration en l'air, sans influence sur le procès. Tout ce que disent MM. Aubry et Rau est compris dans la définition de Pothier : on ne répond au juge que sur des faits juridiques, et la réponse est un élément de preuve; donc celui qui fait un aveu sait

_____
(1) Rejet, chambre civile, 29 juillet 1851 (Dalloz, 1851, 1, 217).

que l'on se prévaudra de l'aveu contre lui (1). Seulement il faut étendre ce que Pothier dit de l'aveu judiciaire à l'aveu extrajudiciaire, car c'est aussi un aveu.

156. L'aveu est la déclaration d'un fait. Il n'y a donc pas lieu à se prévaloir contre une partie de la déclaration qu'elle ferait sur une question de droit. Cela est si évident que l'on ne comprend pas que le contraire ait été soutenu en justice et qu'il ait fallu un arrêt de la cour de cassation pour décider que ce ne sont pas les parties qui décident les difficultés de droit, que c'est le juge (2). Peu importe donc ce que les parties disent ou ne disent pas: le juge décide d'après la loi, et non d'après les dires des parties. Il suit de là, ce qui est aussi d'évidence, que celui qui a fait en première instance une déclaration sur un point de droit, déclaration d'où peut dépendre la décision de la cause, n'est pas lié par ce qu'il a dit comme il le serait par un aveu; il peut, en appel, contester ce qu'il a dit devant le premier juge (3).

157. Ainsi il n'y a d'aveu que lorsque la déclaration porte sur un point de fait. Il faut une déclaration. On cite parfois comme un adage que celui qui garde le silence sur un fait allégué par la partie adverse est censé avouer le fait, maxime aussi dangereuse que fausse. Comme le disent très-bien les lois romaines, celui qui ne dit rien n'avoue pas et ne nie pas, il ne se prononce pas; donc il ne fait aucune déclaration, aucun aveu. Vainement dit-on que celui qui ne reconnaît pas la vérité d'un fait allégué a intérêt de le nier. Il peut répondre qu'il a le droit de garder le silence et que la partie adverse n'a pas le droit de lui adresser des interpellations. Le juge seul a ce pouvoir. Si le juge, dans un interrogatoire sur faits et articles ou dans une comparution, interpelle la partie, alors la question devient tout autre. La partie interrogée doit répondre. Aux termes de l'article 330 du code de procédure, « si la partie ne comparaît pas, ou refuse de ré-

---

(1) Pothier, *Des obligations*, n° 830. Aubry et Rau, t. VI, p. 333, note 1, § 751.
(2) Rejet, 8 août 1808 (Dalloz, au mot *Obligations*, n° 5060).
(3) Bruxelles, 29 mars 1826 (*Pasicrisie*, 1826, p. 106).

pondre après avoir comparu, les faits pourront être tenus pour avérés. » L'article 252 contient une disposition analogue ; il veut que les faits dont une partie demande à faire preuve soient articulés succinctement ; s'ils ne sont pas reconnus ou déniés dans les trois jours, ils pourront être tenus pour confessés ou avérés. Ainsi, même sur une interpellation du juge, le silence n'est pas considéré de plein droit comme une confession ; c'est le tribunal qui décidera d'après les circonstances de la cause (1). De là suit que l'aveu tacite résultant du silence est apprécié souverainement par le juge du fait ; la décision ne donne pas lieu à cassation (2).

Le silence, bien qu'il ne constitue pas un aveu, peut être pris en considération par le juge, comme élément de conviction, dans les cas où il peut fonder sa décision sur de simples présomptions ; il peut résulter, en effet, du silence une probabilité plus ou moins forte contre une partie qui, ayant intérêt à repousser une allégation, garde le silence. Mais la différence est grande entre le silence considéré comme une présomption de l'homme et l'aveu proprement dit. L'aveu fait pleine foi contre celui qui l'a fait (art. 1356), c'est la plus forte des preuves ; tandis que le silence ne fait naître qu'une probabilité contre la partie qui devrait répondre (3) ; cette probabilité ne devient un aveu que dans les cas déterminés par la loi. C'est dire que ces cas sont de stricte interprétation.

158. Il résulte de la définition de l'aveu que toute déclaration ou allégation n'est pas un aveu. On ne doit pas considérer comme aveux les déclarations que font les parties à l'appui de leur ·demande ou de leur exception : ce sont des moyens de défense, ce qui exclut l'idée que ces déclarations puissent être invoquées contre la partie de laquelle elles émanent. On demande la nullité d'une vente pour dol, fraude ou erreur. L'acheteur soutient que la

---

(1) Toullier, t. V, 2, p. 148, n° 299. Rau et Aubry, t. VI, p. 334, note 6.
(2) Chambre de cassation de Bruxelles, 14 juillet 1818 (*Pasicrisie*, 1818, p. 147).
(3) Rejet, 25 mai 1842 (Dalloz, au mot *Servitude*, n° 653, 3°) et 19 avril 1842 (au mot *Dispositions*, n° 4607, 1°).

vente est sincère et sérieuse. Puis il change de défense et dit que le contrat est efficace, sinon comme vente, du moins comme donation déguisée. Pourvoi en cassation contre l'arrêt qui a admis ce moyen; on prétend qu'il y avait aveu du défendeur et que le juge était lié par cet aveu. La cour de cassation a décidé qu'il n'y avait pas d'aveu, mais seulement des conclusions subsidiaires (1). Cela tranche la difficulté de droit, mais il peut être difficile en fait de distinguer la déclaration qui est un aveu de la déclaration qui n'est qu'un moyen de défense, ou une simple opinion. C'est une question d'interprétation de volonté, donc elle est décidée souverainement par les juges du fait (2).

Cette distinction s'applique, et à plus forte raison, à l'aveu extrajudiciaire. Dans un débat judiciaire, les parties pèsent leurs paroles et n'improvisent pas des déclarations; tandis que, hors justice, bien des paroles et des déclarations sont faites à la légère, et sans que celui qui les fait songe à fournir la preuve d'un fait juridique. C'est pour cela que le juge a, en cette matière, un pouvoir discrétionnaire, comme nous le dirons plus loin. Une personne faisait les affaires d'une famille, sans qu'il y eût eu aucun compte général et définitif. Elle déposa entre les mains d'un agent de change des valeurs en déclarant qu'elles appartenaient à un des membres de ladite famille; puis elle rétracta cette déclaration. Etait-ce un aveu constatant la propriété de ces valeurs? La cour de Paris a jugé qu'il n'y avait pas aveu, parce que la déclaration n'avait pas été faite au profit de la demoiselle que l'agent d'affaires avait déclarée propriétaire des valeurs, ni pour créer un titre en sa faveur; le déposant voulait empêcher le dépositaire de se servir des titres. Un aveu, dit la cour de Paris, suppose une prétention quelconque de la part de celui au profit duquel il se fait; et, dans l'espèce, le prétendu propriétaire n'avait jamais élevé la moindre pré-

---

(1) Rejet, 3 juin 1829 (Dalloz, au mot *Obligations*, n° 5059). Comparez Rejet de la cour de cassation de Belgique, 6 août 1834 (*Pasicrisie*, 1834, 1, 290).

(2) Rejet, 25 février 1836 (Dalloz, au mot *Obligations*, n° 5079, 3°).

tention sur des titres dont il ignorait l'existence (1).

159. Il résulte encore de la définition que nous avons donnée de l'aveu, qu'il suppose que la déclaration émane de l'une des parties. De là suit que si un témoin fait une déclaration dans une procédure civile ou criminelle, on ne peut pas la lui opposer comme constituant un aveu au profit d'une partie, alors qu'il n'y avait encore aucun débat, par conséquent, pas de parties en cause (2). Il n'y a pas d'aveu sans la volonté de faire une déclaration concernant une contestation et devant servir de preuve. Il faut donc que la déclaration soit faite par une partie comme telle.

§ II. *De l'aveu judiciaire.*

N° 1. QUAND Y A-T-IL AVEU JUDICIAIRE?

160. L'aveu judiciaire suppose une déclaration faite en justice, c'est-à-dire dans le cours d'un procès, donc par l'une des parties qui sont en cause. C'est ce que dit l'article 1356 : « L'aveu judiciaire ou l'aveu que fait en justice la partie ou son fondé de pouvoir spécial. » Il est donc de l'essence de l'aveu judiciaire qu'il se fasse en justice. Les déclarations qu'une partie ferait dans une instance administrative sont-elles un aveu? La négative a été jugée en France, mais la décision n'est pas absolue; il est dit dans l'arrêt de la cour de cassation qu'il s'agissait d'énonciations étrangères au procès et faites, non dans le cours d'un procès, mais dans une demande tendante à obtenir la radiation de la liste des émigrés et la mainlevée du séquestre mis sur leurs biens (3). Si la déclaration était faite dans un procès véritable, il y aurait déclaration judiciaire; dès qu'il y a une justice administrative, il faut bien admettre que les aveux faits devant le juge administratif sont des aveux judiciaires. Il reste à savoir si les déclarations qui se font dans une instance

---

(1) Paris, 18 novembre 1867 (Dalloz, 1867, 2, 210).
(2) Rejet, chambre criminelle, 8 novembre 1854 (Dalloz, 1856, 1, 348).
(3) Rejet, 9 janvier 1839 (Dalloz, au mot *Obligations*, n° 5095, 1°).

peuvent être invoquées dans une autre instance; nous reviendrons sur la question.

161. Il a été jugé que la déclaration faite devant des arbitres est un aveu judiciaire. Dans l'espèce, il ne pouvait guère y avoir de doute, puisque les déclarations avaient été renouvelées devant la cour de Paris (1). Alors même qu'elles n'auraient été faites que devant les arbitres, il faudrait encore les considérer comme des aveux judiciaires, car les arbitres sont des juges; donc l'aveu fait devant eux est un aveu fait en justice. On objectait que l'aveu n'avait pas été constaté dans un acte séparé; la cour répond que cela n'est point nécessaire, qu'il suffit que la déclaration soit constatée dans les motifs de la sentence. Nous reviendrons sur ce point.

162. Les aveux faits devant le juge de paix, quand il siége comme magistrat conciliateur, sont-ils des aveux judiciaires? Nous avons déjà rencontré cette question très-controversée (2); la doctrine est divisée, ainsi que la jurisprudence. Il nous semble que le texte de la loi la décide. L'article 1356 veut que la déclaration soit faite en justice, donc devant un juge appelé à décider un procès; or, le juge de paix ne siége pas comme juge quand les parties se présentent devant lui en conciliation; cela est décisif. L'esprit de la loi paraît en harmonie avec le texte. D'après la loi du 24 août 1790 (titre X, art. 3), le juge de paix devait dresser procès-verbal sommaire des dires des parties, de leurs *aveux* et dénégations sur les points de fait; le code de procédure ne reproduit pas cette disposition, il se borne à dire que le juge de paix fera sommairement mention que les parties n'ont pu s'accorder (art. 54)(3). La plupart des auteurs enseignent que l'aveu est judiciaire. Toullier semble y voir une question de force probante des actes (4). Cela n'est pas exact; quand même un aveu serait constaté par un acte authentique, ce ne serait pas un aveu judiciaire; et l'on ne peut pas dire,

(1) Rejet, 20 mars 1860 (Dalloz, 1860, 1, 398).
(2) Voyez tome XIX de mes *Principes*, p. 527, n° 512.
(3) Colmet de Santerre, t. V, p. 643, n° 332 *bis* II. Chambre de cassation de Bruxelles, 11 février 1820 (*Pasicrisie*, 1820, p. 45).
(4) Toullier, t. V, 2, p. 235, n° 271.

dans l'espèce, que l'aveu est reçu par un magistrat, puisque le juge de paix ne siége pas comme juge, et la loi ne
lui donne pas mission de recevoir les aveux. Duranton a
un autre motif, c'est que le juge de paix est compétent
pour recevoir le serment des parties (1); nous répondons
que la loi lui donne ce pouvoir, tandis qu'elle ne parle
pas de l'aveu; la question doit donc être décidée par l'article 1356, et elle se réduit à savoir si le juge de paix
siége comme juge. On dit que la conciliation est un préliminaire indispensable de toute action en justice; cela
est vrai, mais en résulte-t-il que la comparution des parties constitue une instance judiciaire? Larombière invoque
le caractère du magistrat; c'est jouer sur les mots, le juge
de paix n'est pas un magistrat lorsqu'il est appelé à concilier les parties, puisqu'il ne décide aucune contestation (2). La jurisprudence se prononce en faveur de l'opinion que nous combattons (3).

163. Dans quelle forme se fait l'aveu judiciaire? L'article 1356 n'en prescrit aucune, et partant n'en exclut
aucune. D'ordinaire, l'aveu se fait dans l'interrogatoire
sur faits et articles. La loi permet aux parties de se faire
interroger respectivement en toute matière et en tout état
de cause (C. de proc., art. 324). Malheureusement ces
aveux sont presque toujours préparés d'avance et calculés
de manière que la partie adverse ne puisse les diviser,
ni, par conséquent, en tirer aucune preuve. L'aveu peut
aussi être spontané, c'est-à-dire fait par l'une des parties
sans qu'elle soit interpellée ni requise, lorsqu'elle reconnaît un fait à l'audience (4), ou devant un juge-commis-
saire (5), ou dans un acte judiciaire, par exemple dans les
qualités (6) ou dans un acte d'opposition à un jugement

---

(1) Duranton, t. XIII, p. 598, n° 561.
(2) Larombière, t. V, p. 395, n° 2 (Éd. B., t. III, p. 306).
(3) Voyez les arrêts dans le *Répertoire* de Dalloz, n° 5064. Limoges,
17 juillet 1849 (Dalloz, 1852, 2, 51). Liége, chambre de cassation, 26 février
1818 (*Pasicrisie*, 1818, p. 46).
(4) Rejet, cour de cassation de Belgique, 31 mars 1859 (*Pasicrisie*, 1859,
1, 287).
(5) Bruxelles, 15 novembre 1845 (*Pasicrisie*, 1847, 2, 337).
(6) Rejet, 21 juillet 1836 (Dalloz, au mot *Servitudes*, n° 476, 7°).

par défaut (1). Il faut un acte judiciaire; donc une déclaration faite dans une lettre, quoique écrite pendant le
cours de l'instance par une partie à l'autre, n'est pas un
aveu judiciaire, c'est un aveu extrajudiciaire (2).

Sur tous ces points il n'y a aucun doute. L'aveu extrajudiciaire donne lieu à une légère difficulté quand il est
reproduit en justice : devient-il, dans ce cas, un aveu judiciaire, indivisible comme tel et irrévocable? ou reste-
t-il un aveu extrajudiciaire, partant révocable et divisible?
Il nous semble que la question est mal posée : il y a deux
aveux dans l'espèce, un aveu extrajudiciaire et un aveu
judiciaire; la partie intéressée peut se prévaloir de l'un
ou de l'autre, mais naturellement avec les caractères et
les effets que la loi y attache. L'aveu judiciaire a le grand
avantage de faire pleine foi, mais, d'un autre côté, on ne
peut pas le diviser; tandis que l'aveu extrajudiciaire peut
être divisé, mais il ne fait pas pleine foi. C'est à la partie
à voir quel est son intérêt (3). En droit, on ne peut pas
décider d'une manière absolue, comme l'a fait la cour de
cassation, que l'aveu devient judiciaire; car l'aveu extrajudiciaire est un fait, et il en résulte un droit pour celui
qui peut l'invoquer; or, il ne dépend pas de la partie
d'anéantir un fait ni d'enlever un droit acquis (4).

164. Il y a une question plus douteuse : on demande
si l'aveu doit être fait dans l'instance même où il est invoqué. La plupart des auteurs enseignent l'affirmative, de
sorte que l'aveu fait dans une première instance ne pourrait pas servir de preuve dans une autre instance. N'est-ce
pas dépasser le texte et l'esprit de la loi? L'article 1356
ne prescrit qu'une seule condition pour qu'il y ait aveu
judiciaire, c'est que l'aveu soit fait en justice; exiger
qu'il soit fait dans l'instance même où l'on veut s'en prévaloir, n'est-ce pas exiger une condition que la loi ne
prescrit point? et l'interprète a-t-il ce droit-là? Non; à

(1) Bruxelles, 15 juillet 1867 (*Pasicrisie*, 1869, 2, 329).
(2) Rejet, 7 novembre 1827 (Dalloz, au mot *Succession*, n° 1196).
(3) Aubry et Rau, t. VI, p. 336, note 10. Larombière, t. V, p. 297, n° 7
(Ed. B., t. III, p. 307).
(4) Cassation, 30 avril 1821 (Dalloz, n° 5163). Merlin, *Questions*, au mot
Confession, § IV, n° 1.

moins que la condition ne résulte de l'essence même de l'aveu. On le prétend, en assimilant l'aveu à la chose jugée; il fait pleine foi, dit-on, mais il n'en résulte qu'une vérité relative, comme celle du jugement : la foi que l'aveu fait dans une instance est étrangère à une autre instance (1). La comparaison est spécieuse, mais c'est le cas de dire que comparaison n'est pas raison. Autre chose est le jugement, autre chose est l'aveu. On ne conçoit pas qu'un jugement ait effet en dehors de la cause dans laquelle il a été rendu; les décisions judiciaires sont essentiellement relatives, tandis que l'aveu est la reconnaissance d'un fait; conçoit-on qu'ici la vérité soit relative et que la partie vienne dire : Ce que je reconnais sera vrai dans le procès actuel, mais ma déclaration cessera d'être vraie dans les procès qui pourront s'élever?

La jurisprudence est divisée; un arrêt récent de la cour de cassation s'est prononcé pour l'opinion que nous venons de défendre; la cour s'appuie sur les termes généraux de l'article 1356 (2); c'est, à notre avis, un argument irréfutable.

165. Autre est la question de savoir si l'aveu peut être invoqué par un tiers. On est tenté de le croire; l'acte authentique fait foi à l'égard des tiers, comme entre les parties; or, l'aveu est constaté dans un acte authentique, pourquoi ne ferait-il pas la même foi? Il y a une différence entre l'acte authentique et l'aveu : le notaire a mission de donner force probante aux faits qu'il constate ou aux déclarations qu'il reçoit, à l'égard de la société entière; c'est à raison de cette mission que l'acte peut être invoqué par les tiers, comme il peut être invoqué contre eux. L'aveu, au contraire, est une déclaration faite par un particulier, il la fait au profit de la partie qui est en cause; sa déclaration ne fait donc preuve qu'en faveur de cette partie, des tiers ne peuvent pas s'en prévaloir (3).

(1) Aubry et Rau, t. VI, p. 335, note 7. Colmet de Santerre, t. V, p. 648, n° 338 *bis* II. En sens contraire, Marcadé, t. V, p. 225, n° II de l'article 1356.
(2) Rejet, 16 mars 1868 (Dalloz, 1872, 1, 137). Voyez, *ibid.*, en note, la jurisprudence antérieure, ainsi que la doctrine.
(3) Gand, 22 février 1856 (*Pasicrisie*, 1856, 2, 130).

166. L'aveu judiciaire doit-il être constaté par un acte dressé à cet effet? On enseigne l'affirmative, et la jurisprudence est en ce sens. Il y a un motif de douter. La loi garde le silence sur les formes dans lesquelles l'aveu doit être constaté : n'est-ce pas dire que l'on doit suivre les principes généraux sur la preuve? Exiger un acte, c'est dire que l'aveu ne fait pas foi s'il n'a pas été constaté par acte authentique; c'est donc décider que l'aveu est un acte solennel. L'interprète peut-il prescrire une condition sans laquelle il n'y aura pas d'aveu? Néanmoins nous acceptons le principe, parce qu'il est traditionnel. Pothier définit l'aveu judiciaire en ces termes : « La confession judiciaire est l'aveu qu'une partie fait devant le juge d'un fait sur lequel elle est interrogée et dont le juge donne *acte*. » Il faut donc un acte, et cet acte est authentique, puisqu'il est reçu par un magistrat en cette qualité. Il est vrai que Pothier suppose que la partie est interrogée par le juge; ce qui se fait soit dans l'interrogatoire sur faits et articles dont il est toujours dressé acte, soit à l'audience quand la partie comparaît en personne. S'il faut un acte quand le juge interroge, à plus forte raison les déclarations spontanées qu'une partie fait à l'audience doivent-elles être constatées par acte; tout est acté en justice, et ce qui n'est pas acté est censé ne pas exister, du moins en ce sens que des déclarations verbales et non actées ne sont pas des déclarations judiciaires. Quant aux déclarations faites dans des actes de procédure, elles sont par cela même authentiquement constatées (1).

167. L'intérêt pratique de la question est celui-ci : si l'aveu n'est pas constaté par acte, le juge peut décider sans être lié par l'aveu. Vainement la partie invoquerait-elle l'aveu en se pourvoyant en cassation; la cour ne peut

---

(1) Voyez les arrêts dans le *Répertoire* de Dalloz, n° 5081. Dans le même sens, Bruxelles, chambre de cassation, 11 février 1820 (*Pasicrisie*, 1820, p. 45) ; Rejet, cour de cassation de Belgique, 14 août 1838 (*Pasicrisie*, 1838, 1, 356).

pas casser un arrêt pour violation de l'article 1356 quand l'aveu n'est pas constaté. La cour de cassation a poussé la rigueur jusqu'à décider que la mention faite de l'aveu dans les motifs du jugement serait insuffisante (1). Il nous semble que c'est dépasser, nous ne dirons pas la loi, puisqu'il n'y en a pas, mais ce que les principes exigent. Quand le juge mentionne l'aveu dans les considérants du jugement, il le constate et le constate authentiquement. Si la constatation authentique est nécessaire, on ne peut pas aller plus loin et prescrire telle ou telle forme. Le même arrêt dit qu'une déclaration purement verbale n'est qu'une simple offre qui reste sans effet si elle n'a pas été acceptée. Ici il y a erreur, à notre avis. L'aveu est toujours un acte unilatéral, comme nous allons le dire; la seule difficulté est de savoir s'il doit être constaté, soit par un acte, soit par le jugement; mais il ne change pas de nature pour n'être pas constaté dans un écrit.

168. L'aveu doit-il être accepté par la partie au profit de laquelle il se fait? Il y a conflit, sur ce point, entre la doctrine et la jurisprudence. La plupart des auteurs enseignent que l'aveu est un acte unilatéral qui n'exige pas le concours de consentement des deux parties, tandis que la jurisprudence consacre généralement l'opinion contraire. Nous n'hésitons pas à nous ranger à l'avis des auteurs. Il faut le concours de consentement quand il y a une convention, et pour qu'il y ait convention, il faut une offre et une acceptation d'où résultent une obligation et un droit. Or, l'aveu n'engendre ni droit ni obligation, en ce sens que celui qui avoue un fait déclare seulement l'existence de ce fait. Je reconnais que je dois : est-ce que cet aveu produit une dette à ma charge? Non; l'aveu suppose qu'il y a dette, mais ce n'est pas l'aveu qui crée la dette. Dès lors on ne voit pas pourquoi le créancier devrait intervenir pour accepter l'aveu. Il a donné son consentement, puisqu'il y a dette; il est inutile qu'il le renouvelle.

L'intérêt pratique de la question est celui-ci. Aux ter-

(1) Rejet, 12 avril 1869 (Dalloz, 1872, 1, 31).

mes de l'article 1356, l'aveu ne peut être révoqué. Dans notre opinion, l'aveu est irrévocable dès l'instant où il a été fait. D'après la jurisprudence, l'aveu est une simple offre qui peut être rétractée tant qu'elle n'a pas été acceptée. Il nous semble que la conséquence que l'on déduit du principe témoigne contre le principe. Je déclare que j'ai reçu le payement d'une dette ; c'est la constatation d'un fait : quelle force l'acceptation du créancier ajoutera-t-elle à cette reconnaissance? On ne voit pas même ce qu'il accepterait; je ne lui fais aucune offre, il n'y a donc rien à accepter. Ce qui a trompé les tribunaux, c'est qu'il est dans l'usage de donner acte des déclarations que fait une partie. Nous avons vu que Pothier fait entrer cet usage dans la définition de l'aveu, mais il dit aussi en quel sens il faut l'entendre. C'est le juge qui donne acte, c'est-à-dire qu'il reçoit la déclaration et la constate. Question de preuve; mais de ce que l'aveu judiciaire doit être acté, on ne peut pas conclure qu'il doit être accepté ; ce n'est pas le créancier qui demande qu'il lui soit donné acte de l'aveu en ce sens que lui l'accepte, c'est le juge qui l'ordonne; et quand même le créancier le demanderait, cela n'implique pas la nécessité d'une acceptation de sa part; tout ce qu'il demande, c'est qu'il soit dressé acte de l'aveu.

La jurisprudence a très-peu d'autorité en cette matière, parce qu'elle n'est pas motivée ou qu'elle l'est mal. Ainsi la cour de cassation décide que l'aveu non accepté peut être rétracté (1); elle ne donne aucun motif à l'appui de sa décision, et un arrêt non motivé est une simple allégation. La cour de Bruxelles dit que c'est le concours de volontés qui imprime à l'aveu judiciaire la nature et la force d'une convention formée devant le juge et qui la rend irrévocable (2). C'est résoudre la question par la question, car il s'agit précisément de savoir si l'aveu est une convention. La cour est revenue de cette jurispru-

(1) Rejet, 9 juin 1863 (Dalloz, 1864, 1, 483).
(2) Bruxelles, 30 mai 1823 (Dalloz, au mot *Obligations*, n° 5144, 1°, et *Pasicrisie*, 1823, p. 484.

dence. Dans un arrêt récent (1), elle s'est prononcée pour l'opinion enseignée par les auteurs (2).

Le principe que l'aveu ne doit pas être accepté reçoit exception lorsque l'aveu contient une renonciation. Nous avons dit, en traitant de la remise de la dette, que la remise qui contient une renonciation doit être acceptée. Lors donc que l'aveu implique une renonciation, il va sans dire que la renonciation peut être rétractée tant qu'elle n'a pas été acceptée (3). Mais ne doit-on pas dire que tout aveu est une renonciation? Il y a un vieil adage qui semble confirmer cette objection : celui qui ne peut donner ne peut confesser, dit le brocard. Nous dirons plus loin en quel sens l'aveu est une disposition. Dans son essence, il n'implique aucune renonciation. J'avoue que j'ai reçu le payement de ce qui m'était dû : est-ce renoncer à ma créance? Non, certes; car je déclare que ma créance est éteinte, je n'ai donc plus de droit; et comment renonce-rais je à un droit que je n'ai point?

N° 3. QUI PEUT FAIRE UN AVEU JUDICIAIRE?

169. On admet comme principe que celui qui fait un aveu doit avoir la capacité de disposer de la chose ou du droit qui est l'objet de l'aveu. En effet, dit-on, l'aveu emporte aliénation de la chose, puisqu'il a pour consé-quence la condamnation de celui qui a fait l'aveu (4). Cela n'est pas tout à fait exact. Quand j'avoue que je ne suis pas propriétaire de la chose que l'on revendique contre moi, je ne dispose pas de cette chose, je ne l'aliène pas. Comme nous venons de le dire (n° 168), il est impossible que j'aliène une chose au moment où je reconnais n'avoir aucun droit sur cette chose. L'aveu est une preuve, et

(1) Bruxelles, 15 juillet 1867 (*Pasicrisie*, 1869, 2, 330).
(2) Duranton, t X, p. 37, n° 54. Aubry et Rau, t. VI, p. 338. Marcadé, t. V, p. 228, n° II de l'article 1356. Larombière, t. V, p. 424, n° 30 (Ed. B., t. III, p. 309). Colmet de Santerre, t. V, p. 646, n° 335 *bis* I. En sens con-traire, Toullier, t. V, 2, p. 242, n° 287. Voyez la réfutation de Duvergier, p. 244, note.
(3) Aubry et Rau, t. VI, p. 338, note 17.
(4) Duranton, t. XIII, p. 587, n° 547. Rejet, cour de cassation de Bel-gique, 4 mai 1854 (*Pasicrisie*, 1854, 1, 210).

l'on ne peut pas dire que la preuve soit un acte de disposition; elle constate un fait, et constater un fait, ce n'est pas disposer. Mais la preuve résultant de l'aveu a pour conséquence nécessaire de me faire perdre mon procès: d'après l'article 1356, l'aveu fait pleine foi contre celui qui l'a fait. Un aveu imprudent peut donc entraîner la perte du droit qui est l'objet du litige. Par cela seul qu'il y a procès, il faut croire que le droit est plus ou moins incertain ; en fournissant une preuve péremptoire contre moi, je donne gain de cause à la partie adverse; je ne puis plus soutenir mes prétentions, comme je le pouvais avant l'aveu. En ce sens, la question de preuve se lie intimement au droit qui fait l'objet du procès; on peut dire que je dispose indirectement de la chose en faisant un aveu qui implique ma condamnation. Il faut donc une certaine capacité pour faire un aveu. Quelle est cette capacité? C'est celle de disposer (1).

170. De là la conséquence que le mineur et l'interdit ne peuvent pas faire d'aveu, car ils n'ont pas la capacité de disposer. Les personnes placées sous conseil judiciaire ne peuvent pas aliéner sans l'assistance de leur conseil (art. 499 et 513); donc elles sont incapables de faire un aveu sans être assistées (2).

La femme mariée ne peut aliéner sans l'autorisation du mari, même quand elle est séparée de biens, dit l'article 217. Cela est trop absolu, car l'article 1449 permet à la femme séparée de biens de disposer de son mobilier et de l'aliéner sans aucune autorisation. Il suit de là que la femme séparée de biens pourrait faire un aveu sans y être autorisée, si l'objet de l'aveu était un droit mobilier. Toutefois, pour faire un aveu en justice, elle doit être autorisée à plaider, car la femme ne peut jamais ester en jugement sans y être autorisée (art. 215). De là la question de savoir si la femme autorisée à plaider est par cela même autorisée à faire un aveu? On décide la question par une distinction : autorisée à ester en justice, elle est

---

(1) Pothier, *Des obligations*, n° 831. Aubry et Rau, t. VI, p. 336, note 11.
(2) Liége, 11 mars 1868 (*Pasicrisie*, 1869, 2, 175).

autorisée à procéder à tous les actes judiciaires; donc elle peut aussi répondre sur faits et articles et, par conséquent, faire un aveu. Mais on ne lui reconnaît pas le droit de faire un aveu spontané (1). Cette distinction nous paraît contestable. Que l'aveu soit spontané ou forcé, il est toujours un acte de disposition dans le sens que nous venons de le dire (n° 169); or, le mari a autorisé sa femme à soutenir son droit, il ne l'a pas autorisée à en disposer indirectement par l'aveu qu'elle fait. D'après la rigueur des principes, il faut donc décider que la femme ne peut faire aucun aveu sans autorisation maritale. Vainement dit-on que l'aveu fait dans un interrogatoire est forcé; à vrai dire, l'aveu est toujours volontaire, car, quoique interrogée par le juge, la femme n'est pas obligée d'avouer le droit de la partie adverse. Il y a obligation morale de dire la vérité, et cette obligation existe toujours, que la femme subisse ou non un interrogatoire.

171. Quand les mandataires peuvent-ils faire un aveu? L'article 1356 répond à la question : il exige que le mandataire ait un pouvoir spécial. Cela est en harmonie avec les principes qui régissent l'aveu et le mandat. L'aveu est, en un certain sens, une disposition; or, le mandat conçu en termes généraux n'embrasse que les actes d'administration; s'il s'agit d'aliéner, dit l'article 1988, le mandat doit être exprès. De là la conséquence que l'aveu ne peut être fait que par un fondé de pouvoir spécial.

La jurisprudence et la doctrine admettent une restriction à ce principe. On suppose qu'il s'agit de faits personnels au mandataire et relatifs à l'affaire qu'il avait été chargé de traiter; dans ce cas, dit-on, l'aveu qu'il fait, même sans pouvoir spécial, lie le mandant, pourvu que les faits avoués n'excèdent pas les limites du mandat (2). Il nous est difficile d'admettre cette exception. Par cela même que c'est une exception, elle devrait être consacrée par la loi; il n'appartient pas à l'interprète de décider

---

(1) Aubry et Rau, t. VI, p. 337. Larombière, t. V, p. 401, n° 10 (Ed. B., t. III, p. 308).
(2) Nancy, 25 avril 1844 (Dalloz, au mot *Obligations*, n° 5152). Aubry et Rau, t. VI, p. 337, § 751.

que le mandataire peut faire un aveu sans pouvoir spécial, alors que la loi exige un pouvoir spécial. Qu'importe
qu'il s'agisse de faits personnels au mandataire? Il fait
l'aveu, non pour sa personne, mais au nom du mandant,
c'est le mandant qui en subira les conséquences; or, le
mandant a bien donné au mandataire le pouvoir de traiter, il ne lui a pas donné le pouvoir de disposer indirectement de son droit.

172. Ce principe reçoit son application aux avoués,
mais avec une modification. L'article 352 du code de procédure porte : « Aucun aveu ne pourra être fait sans un
pouvoir spécial, *à peine de désaveu.* » Ainsi le principe
général de l'article 1356 est maintenu; les avoués sont
les mandataires de la partie qui les a choisis, ils la représentent en tout ce qui concerne les suites de l'affaire dont
ils sont chargés; mais ce pouvoir général n'embrasse pas
le droit de faire un aveu; l'avoué, qui doit soutenir les
prétentions de son mandant, ne peut pas, en reconnaissant les prétentions de la partie adverse, donner gain
de cause à cette partie qu'il est chargé de combattre. Il
résulte de là que l'aveu fait par l'avoué est nul. Ici intervient la modification que le code de procédure apporte au
principe du code civil. L'article 352 ne prononce pas la
nullité de l'aveu, il dit que l'avoué ne peut faire d'aveu
sous peine de désaveu. Si donc la partie au nom de laquelle l'avoué a agi ne veut pas reconnaître l'aveu comme
émané d'elle, elle doit *désavouer* son mandataire, et elle
le peut par cela seul qu'elle n'a point donné de pouvoir
spécial à l'avoué. Mais si elle ne le désavoue pas, elle
s'approprie par cela même l'aveu et elle ne peut plus le
répudier (1).

Il n'en est pas de même des avocats : ils ne représentent point leurs clients, ils sont leurs conseils et leurs
patrons. Tel est le sens de la vieille maxime que les avocats ne peuvent être désavoués. Cela ne veut pas dire que
l'aveu qu'ils font lie le client; au contraire, l'aveu ne lie

_____

(1) Toullier, t. V, 2, p. 245, n° 293. Duranton, t. XIII, p. 586, n° 546, et
tous les auteurs. Bordeaux, 18 janvier 1839 (Dalloz, au mot *Avoué*, n° 147).
Bruxelles, 6 avril 1857 (*Pasicrisie*, 1857, 2, 163).

pas le client, puisque l'avocat n'est pas son mandataire ; l'avocat reste dans les termes du droit commun, il lui faut un mandat spécial pour faire un aveu ; s'il n'en a point, l'aveu est nul, sans que la partie soit obligée de désavouer son conseil. On admet cependant que les aveux faits par un avocat plaidant avec l'assistance d'un avoué sont *censés* faits par ce dernier, lorsqu'il ne les a pas rétractés ; d'où suit que la partie qui ne veut pas reconnaître cet aveu est obligée de désavouer l'avoué (1). Cela nous paraît très-douteux. D'abord c'est dire que le silence vaut reconnaissance, ce qui est en opposition avec le droit commun. Puis on établit une présomption sans loi : les aveux sont *censés* faits par l'avoué. Sur quoi se fonde cette présomption ? Sur des probabilités ; or, il n'appartient pas à l'interprète de créer des présomptions, quelque probables qu'elles soient (2).

173. Les tuteurs peuvent-ils faire des aveux au nom de leurs pupilles ? Cette question n'est pas sans difficulté. Un premier point est certain : s'il s'agit de faits antérieurs à la tutelle et, par conséquent, étrangers au tuteur, celui-ci n'a pas qualité pour faire un aveu ; il n'est pas, dans ce cas, le représentant légal du mineur, donc il reste sous l'empire du droit commun : sans pouvoir spécial il ne peut faire d'aveu. S'il s'agit d'un acte de tutelle, on admet qu'il peut faire des aveux spontanés, pourvu que les actes n'excèdent point les limites de son pouvoir (3). Cela est douteux. La loi donne au tuteur mission d'administrer, elle lui donne le droit d'intenter les actions mobilières ; mais autre chose est d'administrer et d'agir en justice, autre chose est de faire un aveu qui peut compromettre les droits du mineur. L'aveu est un acte de disposition, en ce sens que celui qui ne peut pas disposer est incapable d'avouer. Or, le tuteur n'a jamais le pouvoir de disposition ; ce qui décide la question. On ajoute que le tuteur peut être interrogé sur faits et articles, même sur des faits qui ne lui sont pas personnels, mais dont il

(1) Aubry et Rau, t. VI, p. 337, note 14.
(2) Comparez Cassation, 30 mars 1869 (Dalloz, 1869, 1, 239).
(3) Lyon, 18 juillet 1861 (Dalloz, 1863, 2, 166).

aurait pu obtenir connaissance, sauf au tribunal à avoir tel égard que de raison à ses déclarations (1). Ce n'est plus là un aveu, c'est un simple renseignement. La question est de savoir si le tuteur peut faire un aveu proprement dit. La négative nous paraît certaine, si l'on admet le principe qui est notre point de départ : *Qui non potest donare, non potest confiteri.* La cour de Gand objecte que si le tuteur a capacité de contracter une obligation, il a aussi capacité de la reconnaître (2). Non, grande est la différence entre l'obligation que le tuteur contracte et l'aveu. Le tuteur peut administrer, donc obliger le mineur par ces actes. Mais quand il s'agit d'un aveu judiciaire, l'existence de l'obligation est contestée; le mineur a droit et intérêt à soutenir qu'il n'est pas obligé; et le tuteur ne peut pas le priver de ce droit, ce serait indirectement disposer de sa chose.

174. Le principe établi par l'article 1356 est aussi applicable aux administrateurs légaux, tels que les administrateurs d'une commune. Ils représentent la commune en justice quand ils y sont autorisés par l'autorité compétente, mais ils n'ont aucun pouvoir de disposition. Il a été jugé qu'ils ne peuvent pas faire d'aveu, parce qu'ils n'ont point capacité de disposer (3).

N° 4. SUR QUOI L'AVEU PEUT-IL PORTER?

175. Du principe que l'aveu contient une disposition indirecte de la chose sur laquelle il porte, suit que l'aveu est inopérant quand il s'agit de choses dont les parties ne peuvent pas disposer. Ce que nous avons dit de la capacité s'applique aussi à l'objet (n° 169). Par application de ce principe, il faut décider que l'aveu est inadmissible pour combattre les présomptions légales qui sont d'ordre public. L'article 1352 décide implicitement que les présomptions légales contre lesquelles aucune preuve n'est

(1) Aubry et Rau, t. VI, p. 338, notes 15 et 16.
(2) Gand, 12 juin 1840 (*Pasicrisie*, 1841, 2, 143).
(3) Douai, 4 juillet 1838 (Dalloz, au mot *Obligations*, n° 5086). Rejet, cour de cassation de Belgique, 4 mai 1854 (*Pasicrisie*, 1854, 1, 210).

admise peuvent néanmoins être combattues par l'aveu judiciaire. Cela est vrai ; mais la règle n'est plus applicable si la présomption est d'intérêt général, car les particuliers ne peuvent pas déroger à ce qui est d'ordre public (art. 6). On ne peut donc pas opposer à la partie qui a obtenu gain de cause l'aveu qu'elle a fait de la non-existence du droit qui est reconnu par un jugement passé en force de chose jugée. De même on ne peut pas se prévaloir de l'aveu de celui qui invoque la prescription.

176. Par la même raison, on ne peut invoquer l'aveu fait sur un objet qui n'est pas dans le commerce : tel est l'état des personnes. On ne dispose pas de l'état par voie de convention, donc on n'en peut disposer par aveu.

La loi prohibe parfois la reconnaissance d'un fait dans un intérêt d'ordre public. Dans ce cas, l'aveu qui en serait fait est inopérant. Tel serait l'aveu d'une paternité adultérine ou incestueuse. Cet aveu est-il nul d'une manière absolue, ou ne l'est-il qu'en ce qui regarde la filiation? Cette question, très-controversée, a été examinée au titre de la *Paternité* (t. IV, n°ˢ 141 et suiv.).

Enfin, il y a des cas où la loi déclare un aveu inefficace, parce qu'elle craint la fraude. L'aveu du mari, dans le procès en séparation de biens, ne fait pas preuve, aux termes de l'article 870 du code de procédure.

N° 5. FORCE PROBANTE DE L'AVEU.

177. « L'aveu fait pleine foi contre celui qui l'a fait » (art. 1356). Quand la partie qui est intéressée à nier un fait litigieux le reconnaît, on doit croire que cette reconnaissance est l'expression de la vérité. Qui mieux qu'elle sait si elle est débitrice? Si donc elle avoue qu'elle doit, la contestation est décidée ; juge dans sa propre cause, le débiteur a jugé contre lui-même. Ce sont les expressions des lois romaines ; mais le jurisconsulte Paul a soin d'ajouter que la partie est *en quelque sorte* condamnée par sa propre sentence (1). Dans la réalité des choses,

_____

(1) L. 1, D., *De confessis* (XLII, 2); cf. L. un. C. *De confessis* (VII, 59).

l'aveu n'est pas un jugement, c'est une preuve ; mais cette preuve est décisive, et elle sert de base au jugement; base certaine, car on ne peut pas supposer que celui qui avoue veuille tromper la justice à son propre préjudice. En ce sens, l'aveu a toujours été considéré comme la plus forte des preuves (1).

178. Du principe que l'aveu fait pleine foi, suit que le fait avoué est prouvé et qu'il ne peut plus s'agir de le prouver par l'une des autres preuves légales. Comme le dit la cour de Bordeaux, il n'y a pas lieu d'ordonner la preuve des faits contenus dans l'aveu, puisqu'elle est d'ores et déjà acquise (2). La cour de cassation a appliqué le principe dans un cas où la question pouvait paraître douteuse. Un héritier déclare que les fruits des biens dont il a joui s'élevaient par an à 300 fr. La cour le condamne à faire état de ces frais d'après sa déclaration. Pourvoi en cassation. Le demandeur soutient que les juges auraient dû évaluer les fruits d'après les mercuriales ou par une expertise. C'était ne tenir aucun compte de l'aveu qui faisait pleine foi. La cour de cassation ajoute que la partie intéressée ne pouvait se plaindre d'être condamnée à faire état des sommes que, de son propre aveu, elle avait reçues (3).

179. L'aveu peut être plus ou moins étendu; il peut donc y avoir lieu à débattre l'étendue de la déclaration faite en justice. C'est au juge de l'interpréter d'après les règles qui régissent l'interprétation du consentement. La reconnaissance doit être limitée à l'objet sur lequel elle porte : elle est donc par sa nature de stricte interprétation. Si le juge lui donnait une interprétation extensive, ce ne serait plus la partie qui aurait fait l'aveu, c'est du juge qu'émanerait la déclaration, et le juge n'a pas le droit de faire des aveux. » Une commune réclame un droit de passage le long d'un canal sur le fonds d'autrui.

---

(1) Toullier, t. V, 2, p. 230, n° 261. Duranton, t. XIII, p. 590, n° 552. Larombière, t. V, p. 402, n° 11 (Éd. B., t. III, p. 309).
(2) Bordeaux, 3 août 1841 (Dalloz, au mot *Notaire*, n° 288, 1°).
(3) Rejet, chambre civile, 30 mars 1831 (Dalloz, au mot *Propriété*, n° 370, 3°).

On lit dans l'arrêt que le défendeur ne contestait pas à la demanderesse le droit de surveillance qui lui appartenait pour l'entretien du canal et pour constater les œuvres nuisibles à l'exercice de son droit. Toutefois, la cour ne reconnut pas l'existence d'une servitude de passage. Pourvoi en cassation pour violation de l'article 1356. La cour décida que la reconnaissance du droit de surveillance ne devait pas être étendue au delà des termes dans lesquels elle avait été faite ; or, reconnaître un droit de surveillance, ce n'est pas reconnaître l'existence d'un droit de passage (1).

L'interprétation est une question de fait; c'est donc au juge du fait qu'il appartient de déterminer le sens de l'aveu quand il est obscur. Bien que l'aveu ne soit pas un jugement, on peut appliquer, par analogie, à l'aveu les principes qui régissent la chose jugée. L'aveu est fait en vue d'un procès ; dans notre opinion, on peut s'en prévaloir dans un autre procès, mais on ne peut pas l'étendre à une contestation qui n'était pas prévue lors du premier litige. Dans une instance qui avait pour unique objet de prouver que le testament était nul pour cause de démence ou de captation, les demandeurs avouent que le testament, daté du 16 avril, avait été fait le 17 : pour mieux dire, ils s'étaient bornés à admettre la date comme vraie, dans la persuasion où ils étaient que l'inexactitude de la date ne pouvait avoir d'influence sur l'issue du litige. Dans une nouvelle instance, ils attaquèrent le testament pour fausse date. On leur opposa l'aveu fait en justice lors du premier procès. La cour de Caen jugea que l'on ne pouvait pas transformer en aveu absolu une déclaration qui n'avait pas pour objet de fixer la date. C'eût été une interprétation extensive de l'aveu. Sur le pourvoi, il intervint un arrêt de rejet : la cour de cassation décida que considérer la reconnaissance faite dans la première instance comme un aveu absolu, c'eût été aller fort au delà de l'intention des parties (2).

(1) Rejet, chambre civile, 18 juillet 1843 (Dalloz, au mot *Servitude*, n° 978).
(2) Rejet, 12 août 1851 (Dalloz, 1852, 1, 35).

L'aveu peut être conditionnel. On applique, dans ce cas, les principes qui régissent la condition. Si la condition sous laquelle l'aveu a été fait défaillit, l'aveu tombe. C'est le droit commun (1).

180. L'aveu fait pleine foi. Est-ce à l'égard de tous? L'aveu est constaté par acte authentique, et cet acte fait foi à l'égard de tous; mais là n'est pas la difficulté. Il s'agit de savoir qui peut se prévaloir de cet aveu et à qui il peut être opposé. Ici reparaît l'analogie entre l'aveu et la chose jugée. L'aveu est une déclaration personnelle faite au profit de la partie adverse; bien que ce ne soit pas un contrat, c'est la manifestation d'un consentement, et tout consentement est limité, par sa nature, aux parties qui sont en cause : un tiers ne peut se prévaloir de ce consentement et on ne peut le lui opposer. Dans l'espèce, il faut entendre par tiers tous ceux qui ne sont pas parties au procès, même les codébiteurs solidaires. Cela est aussi fondé en raison. Avouer, c'est disposer de la chose qui fait l'objet de l'aveu (n° 169). Je puis bien disposer de la chose en ce qui me concerne, je ne le puis pas au préjudice de mes codébiteurs. Si l'on doit m'accorder pleine foi quand je parle en mon nom, je ne mérite plus de créance quand il s'agit du droit d'un tiers. Une veuve remariée, mais séparée de fait de son second mari, déclare, dans un interrogatoire sur faits et articles, avoir spolié la succession de son premier mari. Pourra-t-on opposer cet aveu à son second mari solidairement responsable avec sa femme des faits de la mère tutrice? Non; la déclaration lui est étrangère et, dans l'espèce, elle était faite en fraude du second mari; la femme s'était accusée de détournements qu'elle n'avait ni commis ni pu commettre, vu que les valeurs détournées n'existaient pas dans la succession (2).

Peut-on opposer l'aveu aux créanciers de celui qui l'a fait? L'affirmative n'est pas douteuse. Quand les créanciers exercent un droit de leur débiteur, ils agissent en

(1) Rejet, chambre civile, 3 février 1857 (Dalloz, 1857, 1, 49).
(2) Dijon, 16 juillet 1862 (Dalloz, 1862, 2, 146).

son nom, et on peut leur opposer toutes les exceptions qui peuvent être opposées au débiteur. Sauf aux créanciers à attaquer l'aveu comme fait en fraude de leurs droits. La jurisprudence est en ce sens (1).

Nº 6. DE L'IRRÉVOCABILITÉ DE L'AVEU.

181. L'article 1356 porte : « L'aveu ne peut être révoqué, à moins qu'on ne prouve qu'il a été la suite d'une erreur de fait. Il ne pourrait être révoqué sous prétexte d'une erreur de droit. » C'est dire qu'en principe l'aveu est irrévocable. Quand on fait une déclaration en justice, on pèse ce que l'on dit et ce que l'on écrit; voilà pourquoi la loi ajoute pleine foi à l'aveu. Cela suppose que l'aveu est l'expression de la vérité. On doit le croire, puisque moralement l'homme doit toujours dire la vérité; et quand il déclare un fait vrai, alors que son intérêt est de le contester, la vérité de la déclaration ne peut plus être suspectée. Par la même raison, celui qui l'a faite ne peut pas la révoquer : on ne peut pas rétracter comme faux ce que l'on a reconnu comme vrai, la conscience se révolte contre le mensonge et la justice ne saurait admettre une allégation qui reviendrait à dire que l'on a menti à la justice. Il en serait ainsi alors même que la déclaration serait en opposition avec une loi d'ordre public. Je souscris un billet causé valeur reçue comptant; assigné en payement, je déclare itérativement en première instance que je reconnais la dette et j'en demande acte. Il est donc prouvé que je dois pour avoir reçu la valeur. En appel, je soutiens que la cause est fausse et que le billet a pour cause véritable des jeux de bourse, c'est-à-dire une cause illicite. Il a été jugé que l'aveu s'opposait à ce que la preuve de cette allégation fût admise. L'aveu fait pleine foi; celui qui l'a fait ne peut donc pas le combattre et il ne peut le révoquer (2). Il en est de l'aveu comme de la chose jugée :

---

(1) Bordeaux, 2 mai 1850 (Dalloz, au mot *Obligations*, nº 5104). Rejet, 16 mars 1868 (Dalloz, 1872, 1, 137).
(2) Aix, 28 mai 1841 (Dalloz, au mot *Obligations*, nº 5143, 3º). Comparez Cassation, 15 juillet 1835 (Dalloz, au mot *Chose jugée*, nº 38, 2º).

l'aveu est présumé être l'expression de la vérité, alors même que la déclaration n'est pas vraie.

182. L'aveu peut être révoqué pour erreur de fait. C'est l'application des principes qui régissent le consentement. L'erreur vicie le consentement, ainsi que toute expression de la volonté : celui qui avoue un fait par erreur, n'avoue réellement pas, comme dit une loi romaine (1). En droit français, l'erreur est un vice du consentement qui entraîne la nullité du fait juridique; l'aveu, quoique fait par erreur, existe, mais il est annulable. L'acheteur avoue en première instance que l'immeuble revendiqué contre lui n'est pas compris dans la vente. En appel, des contestations s'élèvent sur la portée de cet aveu; celui qui l'avait fait explique qu'il l'a fait par erreur et que l'erreur vient de ce que, lors de l'adjudication, on avait suivi les anciens terriers où il n'était pas question d'une subdivision des cantons introduite depuis. Il y avait erreur de fait, partant l'aveu était inopérant (2).

183. L'erreur de droit ne vicie pas l'aveu, dit l'article 1356? Pourquoi? S'il fallait s'en tenir aux travaux préparatoires, il faudrait dire que c'est l'application d'un principe général. « L'erreur de droit, dit Bigot-Préameneu, n'est autre chose que l'ignorance de la loi, ignorance qui ne doit être présumée ni excusée. » Jaubert, le rapporteur du Tribunat, dit « que la règle de l'article 1356 est fondée sur ce que l'ignorance du droit n'excuse personne, tous ceux qui habitent un territoire connaissant, ou devant connaître, ou étant censés connaître le droit qui régit ce même territoire (3). » Cela n'est pas exact. L'erreur de droit vicie le consentement, aussi bien que l'erreur de fait. Nous avons établi ce principe en traitant du consentement (t. XV, n°ˢ 505-507). C'est donc par exception à la règle que l'erreur de droit ne vicie pas

---

(1) « Non fatetur qui errat. » L. 2 D., *De confessis* (XLII, 2). Pothier, n° 833.

(2) Rejet, chambre civile, 15 février 1836 (Dalloz, au mot *Vente*, n° 757). Comparez Rejet, cour de cassation de Belgique, 3 mai 1867 (*Pasicrisie*, 1867, 1, 320).

(3) Exposé des motifs, n° 221. Rapport de Jaubert, n° 36 (Locré, t. VI, p. 187 et 237).

l'aveu. Quelle en est la raison ? L'erreur de droit ne peut avoir d'influence sur la réalité d'un fait (1). J'avoue que je dois à mon médecin une somme de 1,000 francs. Puis-je révoquer mon aveu en alléguant que j'ignorais la disposition du code en vertu de laquelle l'action des médecins se prescrit par un an (art. 2272)? Non, car mon ignorance de la loi n'a rien de commun avec la déclaration que j'ai faite; il n'en reste pas moins vrai que je n'ai pas payé ma dette. C'est en ce sens que l'article 1356 dit que l'allégation de l'erreur de droit n'est qu'un *prétexte*. En serait-il de même s'il s'agissait de la prescription trentenaire ? Nous reviendrons sur la question au titre de la *Prescription*.

184. L'aveu peut quelquefois être une confirmation. Il en est ainsi quand le débat porte sur la validité de l'obligation. Si je reconnais la dette comme valable, ne pourrai-je pas soutenir que mon aveu est nul pour erreur de droit? Puisque l'aveu est une confirmation, il faudra appliquer les principes qui régissent la confirmation. Or, pour qu'il y ait confirmation, il faut que celui qui confirme connaisse le vice qui entache l'obligation et qui la rend nulle; il n'y a pas à distinguer si c'est un vice de droit ou un vice de fait, toutes les causes de nullité sont de droit: si donc j'ignorais la cause qui rendait l'obligation nulle, la confirmation serait viciée dans son essence, et partant l'aveu (2).

Nº 7. DE L'INDIVISIBILITÉ DE L'AVEU.

I. *Le principe.*

185. « L'aveu ne peut être divisé contre celui qui l'a fait » (art. 1356). En théorie, rien n'est plus simple que ce principe, l'aveu est une déclaration ; cette déclaration peut ne pas renfermer la reconnaissance pure et simple du fait allégué; celui qui reconnaît le fait ajoute des modifications à son aveu ou des restrictions : puis-je scinder

(1) Toullier, t. V, 2, p. 254, nº 310.
(2) Colmet de Santerre, t. V, p. 647, nº 335 *bis* II. Larombière, t. V, p. 422, nº 28 (Ed. B., t. III, p. 317).

l'aveu, en m'emparant de la partie qui m'est favorable, sauf
à repousser les réserves qui s'y trouvent? Non, certes;
c'est la déclaration, telle qu'elle a été formulée, qui fait
pleine foi; et la déclaration est une, elle ne forme qu'un
tout; si je la divise, ce n'est plus la déclaration de la partie, donc elle ne fait pas foi: c'est dire que je dois prendre
la déclaration dans son ensemble, ou que je dois renoncer
à m'en prévaloir. Pothier donne, comme exemple de l'indivisibilité de l'aveu, le cas où, sur une demande en payement d'une somme prêtée, le défendeur avoue qu'il a reçu
la somme, mais qu'il l'a remboursée. Le demandeur peut-il
diviser l'aveu et dire que le défendeur avoue la dette?
Non, car il ne l'avoue pas; il l'avoue si peu, qu'il prétend
ne plus rien devoir; ce serait donc altérer sa déclaration
que de la diviser, et la déclaration altérée n'est plus la
déclaration du défendeur; donc elle ne peut être invoquée
contre lui. C'est ce que certains auteurs appellent un
aveu *complexe*, et ils disent que l'aveu est *qualifié* quand
le fait litigieux n'est reconnu qu'avec certaines modifications. Le demandeur prétend que le billet a une fausse
cause; le défendeur avoue que la cause indiquée n'est pas
véritable, mais il assigne en même temps une cause
valable à l'obligation. Ces dénominations sont arbitraires
et ne servent à rien : tout aveu qui n'est pas pur et
simple est indivisible voilà un aveu *qualifié* (1). Telle est
la règle du code.

186. La règle reçoit-elle des exceptions? On enseigne
généralement qu'elle en reçoit, et la jurisprudence en
admet même d'assez nombreuses. Avant d'entrer dans le
détail de ces difficultés, et elles sont grandes, il faut établir le principe. Et d'abord est-il permis à l'interprète de
faire des exceptions alors que la loi est conçue en termes
généraux et absolus? En général, l'interprète ne peut pas
distinguer là où la loi ne distingue pas, ni apporter des
exceptions à une règle générale. C'est ce que disait le
titre préliminaire du code civil : « Les exceptions qui ne
sont point dans la loi ne doivent pas être suppléées. »

---

(1) Aubry et Rau, t. VI, p. 340, notes 23 et 24.

Toullier dit que cette maxime n'a pas été consacrée par
le code. Il en conclut qu'il peut y avoir des exceptions
non prévues par la loi, des exceptions tacites : « Lorsqu'il se rencontre des cas tels, que l'application de la loi
opérerait une injustice ou une absurdité, ils sont naturellement présumés être exceptés par la volonté présumée
du législateur (1). » Cela est très-vague et très-arbitraire.
Nous croyons que nulle exception ne peut être admise
sur une volonté présumée, car c'est l'interprète qui présume quelle est la volonté du législateur; c'est donc lui
qui dérogerait à une volonté certaine par une volonté présumée. L'interprète n'a pas ce droit. Pour que l'on puisse
admettre une exception, il faut qu'elle soit impliquée dans
le principe même, ou qu'elle ait pour appui la tradition,
s'il est certain que les auteurs du code ont entendu consacrer la tradition. Sur ce dernier point malheureusement règne une grande incertitude. La tradition, pour
les auteurs du code, se concentre dans Domat et Pothier;
or, ni l'un ni l'autre ne parlent de la divisibilité de l'aveu;
Pothier se borne à dire : « Lorsque je n'ai d'autre preuve
que votre confession, je ne puis la diviser. » Cette formule de l'indivisibilité implique une distinction sur laquelle nous reviendrons. Quant à Domat, il ne parle pas
de l'indivisibilité de l'aveu. Ce n'est pas que la question
qui donne lieu à tant de débats devant nos tribunaux ait
été inconnue dans l'ancien droit; on y admettait le principe de l'indivisibilité et l'on y apportait des exceptions
sur lesquelles les avis se partageaient (2). Qu'ont voulu
les auteurs du code? On l'ignore : le texte pose le principe de l'indivisibilité de l'aveu sans mentionner une
exception, et dans les travaux préparatoires il n'est pas
question d'une exception. Nous arrivons forcément à la
conclusion de Merlin : « Le code consacre l'indivisibilité de l'aveu par une disposition trop générale pour qu'on
la restreigne par des exceptions non commandées par la
nature même des choses, ou non résultant de l'esprit

_____

(1) Toullier, t. V, 2, p. 272, n° 338.
(2) Merlin, *Questions de droit*, au mot *Confession*, § II, t. IV, p. 136 et
suiv.).

d'autres dispositions du même code (1). » Cela est très-vague. Qu'est-ce que la *nature des choses?* Voici, nous semble-t-il, ce que Merlin veut dire. L'indivisibilité de l'aveu est la règle, et doit être appliquée à toute espèce d'aveu, à moins que l'on ne se trouve dans un cas où la règle ne peut recevoir son application, parce qu'il n'est pas compris dans la règle. Pour savoir où s'arrête la règle et où commence l'exception, il faut donc commencer par bien étudier la règle et les applications non contestées qu'elle a reçues dans la jurisprudence. Après cela, nous examinerons les exceptions que la jurisprudence et la doctrine consacrent; nous n'en admettrons pas d'autres que celles qui résultent de la règle même, en ce sens que la règle ne peut recevoir son application, parce que les raisons de la règle cessent; on est dans l'exception, parce que la règle est inapplicable, et seulement quand elle ne peut recevoir son application.

II. *Des cas dans lesquels l'aveu est indivisible.*

1. DE L'AVEU DIT *qualifié.*

187. La cour de cassation, dans un arrêt récent, pose le principe dans les termes les plus absolus, comme Pothier : « L'aveu, quand il est la seule preuve produite, ne peut être divisé contre celui qui l'a fait. » On voit que la cour ne distingue pas entre l'aveu *qualifié* et l'aveu *complexe.* Elle a raison, car la loi et la tradition ignorent cette distinction; si nous la suivons, c'est que, pour le moment, notre but est de constater l'opinion générale, dans les cas où l'indivisibilité existe sans doute aucun. Tel est l'aveu dit *qualifié.* Dans l'espèce jugée par la cour de cassation, une femme séparée de biens réclamait la restitution de quatre actions qu'elle prétendait avoir apportées en dot, bien qu'elles ne fussent pas mentionnées dans le contrat de mariage. Le mari reconnaissait que ces actions avaient été possédées par sa femme et reçues par

(1) Merlin, *Questions de droit,* au mot *Confession* § II, n° II (p. 141 et suiv.).

lui; il expliquait le silence du contrat par ce fait que la valeur de ces actions, au cours du jour, avait été comprise dans les apports de la femme que le contrat constatait; par suite il ne devait rien que ces apports. Cette défense fut admise par la cour de Nancy. Pourvoi en cassation. La question à décider était très-simple et ne méritait pas d'être portée devant la cour suprême. La femme était demanderesse, elle devait donc prouver l'apport des quatre actions dont elle demandait la restitution. Or, elle n'avait aucune preuve, sauf l'aveu de son mari. Et le mari se reconnaissait-il débiteur? Du tout; il soutenait qu'il ne devait rien, attendu que les actions litigieuses qu'il reconnaissait avoir reçues étaient comprises dans les apports de la femme, tels que le contrat de mariage les énonçait, apports qui constituaient toute sa dette. Cet aveu ne prouvait certes pas les prétentions de la femme; celle-ci ne faisait donc pas la preuve qui était à sa charge, partant elle devait succomber (1).

188. Je demande l'exécution d'une vente verbale que je prétends avoir été pure et simple. C'est à moi que la preuve incombe; je n'ai aucune preuve, sauf la confession du défendeur. Et qu'est-ce que l'acheteur avouait? Dans l'interrogatoire sur faits et articles, il reconnaissait avoir acheté la maison, mais avec faculté de se dédire dans la quinzaine, et il s'en était, en effet, dédit dans ce délai. Résultait-il de cet aveu que le défendeur avait acheté purement et simplement? Non, car il disait tout le contraire. Donc je ne puis me prévaloir de son aveu, comme prouvant ma demande, partant je ne prouve rien; donc ma demande doit être rejetée. C'est ce qu'a fait la cour de Bruxelles dans cette espèce (2).

Dans une espèce analogue, c'était l'acheteur qui demandait l'exécution d'une vente verbale en invoquant l'aveu du vendeur. Celui-ci convenait qu'il avait promis de vendre le moulin litigieux, mais au cas seulement où l'acheteur épouserait sa fille. Etait-ce là avouer la vente? Oui,

---

(1) Rejet, 18 février 1873 (Dalloz, 1873, 1, 135).
(2) Bruxelles, 22 juillet 1812 (Dalloz, au mot *Obligations*, n° 5113, 1°).

mais une vente sous condition suspensive ; la condition n'ayant pas été accomplie, il n'y avait pas de vente. Le prétendu acheteur pouvait-il diviser l'aveu et soutenir que l'autre partie reconnaissait le fait de la vente ? C'eût été altérer l'aveu ; on ne peut pas plus altérer l'aveu que l'on ne peut scinder un écrit qui porterait sur deux clauses différentes : d'abord la promesse de vendre, puis la condition sous laquelle la vente est faite. De même que les diverses clauses d'un acte ne constituent qu'une seule et même preuve, de même les diverses parties d'un aveu ne forment qu'une seule et même confession (1).

189. Les juges s'y trompent parfois. Le vendeur réclame le payement du prix d'un cheval livré à l'acheteur. Celui-ci reconnaît qu'il y a eu vente verbale ; il avoue avoir reçu livraison du cheval, mais il ajoute qu'il ne l'avait acheté qu'à l'essai et que, le cheval ne lui convenant pas, il l'avait renvoyé, comme le lui permettait la loi du contrat. Le tribunal de Versailles décida que l'acheteur, avouant la vente, devait tenir le marché, attendu qu'il ne justifiait pas l'allégation par lui faite que la vente avait eu lieu à l'essai. C'était oublier que le défendeur n'a rien à prouver tant que le demandeur n'a pas établi le fondement de sa demande. Or, dans l'espèce, le vendeur n'apportait aucune preuve de la vente verbale, sinon l'aveu du défendeur. Celui-ci avouait-il la vente ? Non, il ne l'avouait que comme vente à l'essai, donc l'aveu ne prouvait qu'une vente à l'essai ; c'était altérer l'aveu que de le diviser. Il va sans dire que le jugement a été cassé (2).

Une cour d'appel même s'y est trompée. Cession d'une créance. Le cédant poursuit le débiteur. Opposition aux poursuites fondée sur la cession. Les héritiers du cédant qui avaient intenté les poursuites reconnaissent que leur auteur avait pris des arrangements pour céder la créance, à la condition que les poursuites seraient continuées en son nom ; de fait, la cession n'avait été ni signifiée ni

---

(1) Colmar, 18 mai 1813 (Dalloz, au mot *Obligations*, n° 1163).
(2) Cassation, 26 novembre 1849 (Dalloz, 1850, 1, 28).

acceptée. Il y avait donc deux raisons décisives pour valider les poursuites. Néanmoins la cour de Colmar décida que, par suite de la cession, le cédant avait perdu le droit d'agir et que ses héritiers étaient, comme lui, sans qualité. C'était oublier que la cession n'était prouvée que par l'aveu des héritiers ; or, leur aveu n'était pas pur et simple, il n'était donc pas prouvé qu'il y avait une cession pure et simple. Partant la cour ne pouvait pas, en divisant l'aveu, retenir acte de la cession en privant les héritiers de la réserve d'exécution dont elle était accompagnée. Ce sont les termes de l'arrêt par lequel la cour de cassation cassa l'arrêt de la cour de Colmar (1).

190. Le même principe s'applique à toute espèce de conventions. Bail verbal. Procès sur la durée du contrat. Le bailleur avoue l'existence du bail verbal contracté pour une durée de neuf années, mais il ajoute qu'il s'est expressément réservé la faculté de faire cesser le bail dans le cas où la maison viendrait à être vendue. C'était un aveu, indivisible comme tel. Le premier juge, néanmoins, le divisa et imposa au bailleur l'obligation d'en prouver la seconde partie, par le motif qu'il était demandeur dans son exception. Sur l'appel, la cour dit que le tribunal s'était complétement mépris sur la question de droit qu'il avait à juger. Le défendeur ne devient demandeur que lorsqu'il oppose une exception. Or, dans l'espèce, le défendeur n'avait pas d'exception à opposer, puisque le demandeur ne prouvait pas le fondement de sa demande. En effet, le preneur n'avait d'autre preuve de la durée du bail verbal que l'aveu du bailleur ; or, celui-ci n'avait pas avoué purement et simplement que le bail était fait pour neuf ans, il avait modifié son aveu ; il fallait prendre l'aveu en son entier, comme on aurait dû prendre en son entier un acte de bail par lequel il eût été dit, dans l'article 1er, que le bail était fait pour neuf ans et, dans l'article 2, que le bail cesserait si la chose était vendue (2).

---

(1) Cassation, 4 décembre 1827 (Dalloz, au mot *Vente*, n° 1729. 2°).
(2) Bordeaux, 18 juin 1839 (Dalloz, au mot *Obligations*, n° 5114, 8°).

Acte d'emprunt d'une somme de 9,500 fr. La somme empruntée reste dans les mains du notaire ; l'emprunteur en demande compte ; il prétend que l'emprunt a été contracté pour payer les dettes d'une communauté que le notaire était chargé de liquider. Cité en conciliation, le notaire reconnaît avoir reçu ladite somme, mais il ajoute qu'elle lui avait été laissée en payement d'avances par lui faites à l'emprunteur. Action en reddition de compte fondée sur l'aveu du notaire. Le premier juge accueillit la demande ; la cour d'appel la rejeta, et son arrêt fut confirmé par la cour de cassation. L'emprunteur n'avait d'autre preuve que l'aveu du notaire, et cet aveu était indivisible (1).

191. Il est de principe que les règles sur les preuves établies au titre des *Obligations* doivent être appliquées dans la matière des droits réels. Une partie avoue le fait de passage sur son terrain pendant trente ans par un tiers, mais elle ajoute que c'est à titre précaire. Est-ce que cet aveu est une preuve de l'existence de la servitude? L'aveu prouve, au contraire, qu'il n'y avait pas de servitude, puisqu'il en résulte que la condition essentielle de la possession manquait, une possession à titre précaire ne pouvant jamais fonder une servitude. Pouvait-on scinder l'aveu et dire que, le fait du passage étant reconnu, il y avait preuve de la servitude, sauf au défendeur à prouver que la possession était précaire? C'eût été altérer l'aveu et faire dire au défendeur le contraire de ce qu'il avait dit (2).

Une partie avoue qu'il existait jadis une servitude sur son fonds, mais que l'état de choses a été changé depuis. Il n'y avait pas d'autre preuve de la servitude que cet aveu. Pouvait-on s'en autoriser pour ordonner que la servitude serait transportée du lieu où elle s'était exercée dans un autre lieu au détriment du fonds servant? Ici il y avait un motif de douter. Le propriétaire du fonds servant reconnaissait que son fonds était grevé d'une servi-

---

(1) Rejet, 29 mai 1861 (Dalloz, 1861, 1, 389). Un arrêt de cassation du 13 mai 1874 (Dalloz, 1875, 1, 83) a appliqué le même principe au mandat.
(2) Bruxelles, 4 février 1806 (Dalloz, au mot *Servitudes*, n° 891).

tude; on pouvait donc invoquer son aveu, sauf à régler l'exercice de la servitude. La cour de cassation cassa l'arrêt qui avait maintenu la servitude, en la transportant dans un autre endroit du fonds servant. Il résultait de ce changement que les eaux parcouraient 180 mètres, tandis que, dans l'ancien état de choses, le parcours n'était que de 16 mètres. La question était donc celle-ci : l'aveu, unique preuve de la servitude, établissait une charge beaucoup moindre que celle que la cour maintenait; le juge avait-il ce droit? La négative est certaine; les servitudes ne s'établissent pas par décision judiciaire; il fallait donc s'en tenir strictement à l'aveu, et cet aveu n'autorisait pas la servitude que la cour consacrait. L'arrêt de la cour de Montpellier a été cassé (1).

192. Les aveux, en matière de dons manuels, donnent lieu à des difficultés particulières. Nous les avons examinées au titre des *Donations* (t. XII, n° 288).

2. DE L'AVEU DIT complexe.

193. Poursuivi en payement d'une dette, le débiteur en avoue l'existence, mais il affirme en même temps qu'il l'a payée. Cet aveu est-il indivisible? L'affirmative n'est pas douteuse. C'est précisément l'exemple que Pothier donne d'un aveu indivisible; or, les auteurs du code ont emprunté le principe à Pothier, ce qui est décisif. Toutefois il y a une différence entre l'aveu *qualifié* et l'aveu *complexe* : dans le premier, il n'y a qu'un seul fait modifié par la déclaration; tandis que, dans le second, il y a deux faits, l'existence de l'obligation et l'extinction de l'obligation. Dans l'aveu qualifié, la division ne se conçoit même pas, puisque en divisant l'aveu on l'altère; tandis que la division de l'aveu complexe se conçoit à la rigueur; le débiteur déclare deux choses, qu'il y avait une dette et que cette dette est éteinte : en avouant la dette, ne se place-t-il pas dans la nécessité de prouver l'extinction? C'est ce qu'avait décidé le premier juge dans une espèce

(1) Cassation, 16 mai 1838 (Dalloz, au mot *Servitudes*, n° 1161, 1°).

déférée à la cour de cassation. La cour décida que l'aveu était indivisible en se fondant sur le texte de l'art. 1356; elle ajouta que le jugement attaqué ne relevait d'ailleurs aucune circonstance particulière de nature à infirmer le principe de l'indivisibilité de l'aveu (1). Il y a là le germe d'une exception que la cour ne formule pas. Nous croyons qu'il n'y a aucune distinction à faire entre l'aveu complexe et l'aveu qualifié. L'aveu est une preuve que la partie intéressée fournit elle-même, il faut donc prendre sa déclaration dans le sens quelle a voulu lui donner; or, diviser l'aveu, ce serait donner un sens tout contraire à la déclaration : celui qui l'a faite n'avoue pas qu'il est débiteur, il dit qu'il ne l'est pas ; on doit s'en tenir à sa déclaration si l'on veut s'en prévaloir (2).

194. La question se présente assez souvent en matière de vente. Action en payement d'une somme de 151 francs, prix d'une vache que le demandeur dit avoir vendue. Le défendeur avoue l'existence de la vente, mais déclare, en même temps, en avoir payé le prix. Malgré cette déclaration, le premier juge le condamna, et le jugement fut confirmé en appel. Le juge de paix donnait d'abord une assez mauvaise raison, les faits et circonstances de la cause, c'est-à-dire des présomptions ; comme le montant du litige dépassait 150 fr., les présomptions n'étaient pas admissibles. Puis le jugement dit que la vente et le payement sont deux faits distincts ; que si la vente est prouvée par la déclaration de l'acheteur, il ne peut pas, par son seul aveu, établir sa libération. Cela est vrai en théorie ; mais la loi n'admet pas cette théorie, elle décide que l'aveu est indivisible ; il faut donc prendre l'aveu tel qu'il est, ou ne pas l'invoquer. De quoi s'agissait-il dans l'espèce? La question était de savoir si le défendeur devait 151 francs au demandeur : eh bien, le demandeur niait qu'il fût débiteur. Peut-on transformer cette négation en affirmation?

_____

(1) Cassation, 21 août 1856 (Dalloz, 1856, 1, 156) et 24 janvier 1863 (Dalloz, 1863, 1, 404).
(2) Le défendeur reconnaît que des travaux ont été faits pour son compte, mais il ajoute que le prix en était dû à un entrepreneur et qu'il l'a payé au créancier. Cet aveu ne peut être divisé par l'ouvrier demandeur. Cassation, 19 janvier 1874 (Dalloz, 1874, 1, 141).

Ce serait faire dire à la partie le contraire de ce qu'elle a voulu dire (1).

Les fournitures de détail se constatent rarement par écrit. Cependant quand elles dépassent 150 francs, elles ne peuvent pas se prouver par témoins. Si l'acheteur avoue qu'il a reçu les fournitures, mais qu'il les a payées, pourra-t-on diviser son aveu? Non; la jurisprudence est unanime sur ce point (2). Il en serait de même si un prêt n'était constaté que par l'aveu de l'emprunteur et que, tout en avouant qu'il a reçu la somme, il déclare l'avoir remboursée (3). Enfin, il en est encore de même des recouvrements faits par un mandataire qui déclare en avoir rendu compte au mandant : l'aveu est indivisible, cela n'est pas douteux (4).

Nous disons que ces décisions ne sont pas douteuses. Toutefois, il arrive que les premiers juges s'y trompent. Le mandataire du créancier avoue qu'il a reçu du débiteur le montant de la dette qu'il était chargé de recouvrer, mais il ajoute qu'il le lui a rendu avant de lui en donner quittance. Cet aveu a été divisé par la cour de Colmar. La cour s'était fondée sur de simples présomptions, dans une espèce où les présomptions étaient inadmissibles à raison du montant du litige, et elle avait confirmé les présomptions en divisant l'aveu ; c'était violer les articles 1353 et 1356. L'arrêt a été cassé, et il devait l'être (5).

Une veuve est actionnée pour rendre compte des revenus qu'elle a perçus sur les biens indivis entre elle et son fils, à partir de la majorité de celui-ci. La mère avoue avoir seule géré lesdits biens et avoir continué cette gestion exclusive après la majorité du dernier de ses enfants ; mais elle ajoute que les revenus, au fur et à mesure de leur perception, ont été partagés entre elle et son

(1) Cassation, 25 avril 1853 (Dalloz, 1853, 1, 165). Comparez Bruxelles, 21 novembre 1840 (*Pasicrisie*, 1840, 2, 207).

(2) Liége, 22 janvier 1836 (*Pasicrisie*, 1836, 2, 17). Orléans, 9 mars 1852 (Dalloz, 1852, 2, 219). Bruxelles, 21 mars 1861 (*Pasicrisie*, 1862, 2, 51).

(3) Bruxelles, 12 août 1867 (*Pasicrisie*, 1868, 2, 1868).

(4) Rejet, 6 novembre 1838 (Dalloz, au mot *Obligations*, n° 5130, 3°); 11 janvier 1843 (Dalloz, au mot *Compte*, n° 39).

(5) Cassation, 20 mars 1826 (Dalloz, au mot *Obligations*, n° 4350).

fils devenu majeur. La cour d'appel se prévalut de la première partie de l'aveu pour en induire que la mère était tenue de rendre compte de sa gestion, sans considérer qu'en vertu de la seconde partie de l'aveu, elle était libérée de cette obligation. C'était faire dire à la mère le contraire de ce qu'elle avait dit : elle déclarait qu'elle n'avait aucun compte à rendre, parce que les revenus avaient été partagés, et on se prévalait de sa déclaration pour lui faire rendre compte. L'arrêt violait l'indivisibilité de l'aveu ; il a été cassé (1).

195. Faut-il appliquer le même principe aux autres modes d'extinction des obligations? Je reconnais avoir été débiteur, mais j'ajoute que ma dette est éteinte par remise ou novation. Mon aveu est-il indivisible? La doctrine et la jurisprudence sont d'accord pour admettre l'affirmative. Il y a un motif de douter. La remise est une libéralité ou une nouvelle convention; donc l'existence de la dette et la remise de la dette sont deux faits très-distincts : n'en faut-il pas conclure qu'il y a deux aveux? Or, je puis bien constater une obligation à ma charge en l'avouant, mais je ne puis pas, par mon aveu, établir une libéralité qui m'a été faite. On répond qu'il faut voir ce que signifie l'aveu. Il s'agit de savoir si je suis débiteur; je déclare que je l'ai été, mais que je ne le suis plus; donc mon aveu signifie que je ne suis pas débiteur : peut-on l'invoquer pour me condamner en vertu de cet aveu? Ce serait tourner contre moi une déclaration que j'ai faite pour moi; l'aveu qui, dans ma pensée, doit servir à ma libération ne peut pas être invoqué pour prouver que je suis débiteur (2).

En est-il de même de la compensation? On me demande le payement d'une dette de 1,000 fr.; le demandeur n'a aucune preuve. J'avoue que je devais cette somme, mais 'ajoute que ma dette est éteinte par compensation : cet

---

(1) Cassation, 4 novembre 1846 (Dalloz, au mot *Obligations*, n° 5118, 6°).
(2) Rejet, 10 août 1830 (Dalloz, au mot *Obligations*, n° 2503, 4°) Bruxelles, 23 mai 1838 (*Pasicrisie*, 1838, 2, 87). Douai, 6 août 1856 (Dalloz, 1857, 2, 202). Comparez Aubry et Rau, t. VI, p. 341, note 35; Larombière, t. V, p. 411, n° 17 (Ed. B., t. III, p. 312).

aveu est-il indivisible? Dans notre opinion, oui; car il aboutit à dire que je ne suis pas débiteur; on ne peut donc pas diviser mon aveu contre moi pour en induire que je suis débiteur. Cependant l'opinion contraire est généralement suivie (1). Mon aveu, dit-on, contient deux déclarations distinctes : je déclare d'abord qu'il y a une dette à ma charge, puis je déclare que j'ai une créance contre mon créancier. Ce dernier fait est distinct du premier, il constitue en ma faveur un droit, et je ne puis pas prouver un droit par mon aveu. Nous répondons qu'il en est de même quand j'avoue la dette et que je prétends qu'elle est éteinte par la remise, la novation ou le payement; ces trois faits sont aussi distincts du premier, et par leur nature et par le temps; il en résulte aussi pour moi un droit; donc si l'on peut diviser mon aveu quand j'allègue la compensation, on peut aussi diviser mon aveu quand j'allègue tout autre mode d'extinction de mon obligation. La cour de cassation s'est prononcée pour l'opinion que nous combattons. Elle pose en principe que l'indivisibilité de l'aveu n'est applicable qu'au cas où l'aveu porte sur un fait ou un point de contestation unique. Si tel est le principe, tout aveu complexe sera divisible; car par cela même qu'il est complexe, il comprend deux faits. Dans l'espèce jugée par la cour, il y avait une autre circonstance qui rendait l'aveu divisible, comme nous le dirons plus loin, c'est que l'un des faits était prouvé indépendamment de l'aveu. L'arrêt n'est donc pas aussi absolu qu'il en a l'air (2).

196. Je reconnais l'existence d'une convention, mais j'ajoute qu'elle a été plus tard résolue d'un commun accord : l'aveu est-il indivisible? La cour de cassation a jugé qu'il pouvait être divisé. Cet arrêt établit un principe encore plus restrictif en ce qui concerne l'indivisibilité de l'aveu : pour que l'aveu soit indivisible, dit la cour, il faut

(1) Colmet de Santerre, t. V, p. 645, n° 334 *bis* IV. Mourlon, t. II, p. 863, n° 1642. Aubry et Rau, t. VI, p. 342, note 26.

(2) Rejet, 14 janvier 1824 (Dalloz, au mot *Obligations*, n° 5133, 1°). Dans le même sens, Douai, 13 mai 1836 (Dalloz, au mot *Conciliation*, n° 292). Comparez Gand, 23 avril 1864 (*Pasicrisie*, 1864, 2, 222).

non-seulement qu'il s'agisse d'un fait unique, il faut encore qu'il se soit passé dans une circonstance unique et qu'il ne puisse être attribué qu'à celui qui a fait l'aveu(1). Si l'on admet ce principe, on doit dire que tout aveu complexe est divisible ; ce qui met la jurisprudence en opposition avec la tradition, et si elle n'a pas pour appui la tradition, sur quoi se fondera-t-elle? Les éditeurs de Zachariæ critiquent aussi cette décision (2). On voit qu'il n'y a aucun principe certain, ni dans la doctrine, ni dans la jurisprudence.

197. Autant d'arrêts, autant de principes différents. On me demande compte d'opérations que j'aurais faites en vertu d'une association en participation dont il n'existe nulle preuve. J'avoue, dans un interrogatoire sur faits et articles, que l'association a réellement existé, mais j'ajoute que tous les comptes de la société ont été réglés et que j'ai payé ce que je pouvais devoir. Cet aveu peut-il être divisé? Non, dit la cour de cassation (3). Voilà cependant bien des faits distincts : d'abord l'existence de la société, puis une série d'opérations et des comptes pendant toute la durée de l'association. Est-ce que tous ces faits ne forment qu'un seul et même fait?

Je demande le payement d'un billet causé valeur reçue en marchandises. Le défendeur nie avoir reçu des marchandises et me fait interroger sur faits et articles. J'avoue que la cause est fausse, mais j'allègue une autre cause licite. Mon aveu est-il indivisible? Dans notre opinion, oui, et sans doute aucun. Telle est aussi l'opinion commune (4); il y a cependant une décision contraire (5).

N° 8. DE LA DIVISIBILITÉ DE L'AVEU.

198. La doctrine et la jurisprudence sont d'accord pour admettre que, par exception à la règle de l'indivisi-

---

(1) Rejet, 6 février 1838 (Dalloz, au mot *Obligations*, n° 5124, 4°).
(2) Aubry et Rau, t. VI, p. 342, note 25, § 751.
(3) Rejet, 30 juillet 1862 (Dalloz, 1862, 1, 509).
(4) Bruxelles, 13 juin 1820 (*Pasicrisie*, 1820, p. 153). Liége, 30 mai 1871 (*Pasicrisie*, 1871, 2, 331).
(5) Jugement du tribunal de Perpignan (Dalloz, 1868, 1, 391).

lité, il y a des cas où l'aveu peut être divisé. Quels sont ces cas? et sur quoi fonde-t-on ces exceptions? On cherchrait vainement un principe en cette matière. Un conseiller rapporteur, dans une affaire soumise à la cour de cassation, dit que la règle écrite dans l'article 1356 n'est pas tellement absolue, qu'elle ne comporte des exceptions. Voilà une affirmation, mais où est la preuve? M. Troplong continue : « Ces exceptions ne sont pas, à la vérité, dans la loi, mais le *bon sens* les *indique*, et la *jurisprudence*, d'accord avec la *raison*, les *sanctionne* (1). » Est-ce là le langage du droit? La cour de cassation a mille fois décidé que le juge n'a pas le droit de créer des exceptions; et quand il arrive, dans des cas très-rares, que les interprètes admettent des exceptions qui ne sont pas écrites dans la loi, il faut d'autres raisons que le *bon sens*. Nous cherchons un principe et nous ne trouvons que des affirmations. On lit dans un arrêt de la cour de Bruxelles : « Attendu que le principe de l'indivisibilité de l'aveu n'offrant rien d'absolu, il est des circonstances qui peuvent faire subir à ce principe quelques modifications (2). » Reste à prouver que le principe n'est pas absolu et à définir les circonstances qui permettent de diviser l'aveu.

Il résulte de là de singulières contradictions. Sur un point controversé, une cour décide, d'après la jurisprudence, que l'aveu est divisible; la cour de cassation maintient l'arrêt. Une autre cour décide, dans une espèce identique, que l'aveu est indivisible; la cour de cassation maintiendra cet arrêt, car il n'y a point de loi violée (3). Ainsi les tribunaux peuvent juger le pour et le contre! Voilà à quoi aboutit la théorie des exceptions fondées sur le *bon sens*. Nous allons examiner les exceptions que la jurisprudence a *sanctionnées,* d'après l'expression de Troplong, comme si les juges étaient législateurs; les doutes abondent, parce que les principes font défaut.

_____

(1) Rapport sur l'arrêt de rejet du 19 juin 1839 (Dalloz, au mot *Obligations*, n° 5141).

(2) Bruxelles, 11 août 1847 (*Pasicrisie,* 1847, 2, 215).

(3) Rejet, cour de cassation de Belgique, 12 décembre 1842, et le réquisitoire de l'avocat général De Cuyper (*Pasicrisie,* 1843, 1, 33). Comparez

199. « Le principe de l'indivisibilité de l'aveu, dit-on, ne s'applique point à l'ensemble des réponses contenues dans un interrogatoire sur faits et articles; ces réponses peuvent être séparées les unes des autres et appréciées isolément, pourvu qu'on ne divise pas chaque réponse prise en elle-même (1). » Nous admettons l'exception, par la raison que ce n'est pas une exception, mais la formule que nous venons de transcrire n'est pas exacte. Il ne faut pas considérer les diverses réponses, il faut considérer les divers faits sur lesquels portent les réponses. Il se peut que l'interrogatoire ne porte que sur un seul fait et que les diverses questions et les réponses qu'y fait la partie se rattachent toutes à ce fait; dans ce cas, toutes les réponses ne forment qu'un seul et même aveu, lequel est indivisible comme tout aveu. Mais s'il y a divers faits, il faut diviser les déclarations relatives à ces faits; il y aura autant d'aveux qu'il y a de faits divers; peu importe que chaque fait soit l'objet d'une seule question et d'une seule réponse, ou que pour un seul fait il y ait plusieurs questions et plusieurs réponses. Ainsi définie, l'exception n'est pas une exception; chaque fait forme l'objet d'un aveu distinct, et cet aveu est indivisible. On dit improprement que l'aveu est divisé, il faut dire que l'interrogatoire est divisé en autant d'aveux qu'il y a de faits distincts. On maintient donc le principe de l'indivisibilité de l'aveu en l'appliquant à chacun des aveux compris dans l'interrogatoire; de sorte que s'il n'y a qu'un seul fait, il n'y aura qu'un seul aveu, et on ne pourra pas diviser les diverses réponses concernant cet aveu (2).

La jurisprudence est en ce sens. On lit dans un arrêt de la cour de Caen : « S'il est vrai que les aveux passés dans un interrogatoire sur faits et articles ne sont pas

---

Rejet de la cour de cassation de France, 17 novembre 1835 (Dalloz, au mot *Obligations*, n° 5129).

(1) Aubry et Rau, t. VI, p. 343, note 27, et les autorités qu'ils citent.

(2) Toullier, t. V, 2, p. 273, n° 339. Larombière, t. V, p. 416, n° 20 (Ed. B., t. III, p. 314).

indivisibles, dans ce sens qu'on soit obligé, pour se prévaloir d'une réponse, de prendre droit par toutes les autres; pourtant, lorsque dans une même réponse l'interrogé passe sur un fait une déclaration contenant plusieurs parties corrélatives et qu'on n'a d'ailleurs aucune autre preuve à fournir de ce fait que sa déclaration même, la loi comme la raison veulent qu'on la prenne dans son ensemble (1). »

200. L'interrogatoire sur faits et articles donne encore lieu à une autre question. On demande si les parties peuvent l'invoquer comme un commencement de preuve par écrit autorisant le juge à ordonner la preuve testimoniale. L'affirmative est certaine, comme nous l'avons dit en traitant de la preuve par témoins (2). Naît alors la question de savoir si l'aveu, considéré comme commencement de preuve par écrit, peut être divisé. L'affirmative est certaine, mais la question est mal formulée. Il ne s'agit pas, dans l'espèce, de l'aveu proprement dit; on n'a qu'à lire l'article 1356 pour s'en convaincre. L'aveu fait pleine foi, tandis que nous supposons que l'interrogatoire ne fournit qu'un commencement de preuve par écrit, qui doit être complété par la preuve testimoniale. Or, c'est à l'aveu faisant preuve complète que s'applique le principe de l'indivisibilité. Quand l'aveu sert seulement d'un commencement de preuve, l'indivisibilité est hors de cause; les juges ont alors le droit de prendre l'interrogatoire dans son ensemble ou dans ses détails, pour y chercher ce commencement de preuve qui leur permet de recourir à la preuve testimoniale. Ainsi le juge appliquera, dans ce cas, les principes qui régissent le commencement de preuve par écrit, et non les principes qui régissent l'aveu. C'est ce que la cour de cassation a décidé dans un arrêt rendu sur un excellent rapport de M. Rau (3).

---

(1) Caen, 25 avril 1842 (Dalloz, au mot *Obligations*, n° 5141). Comparez Paris, 4 juin 1829 (Dalloz, au mot *Dispositions*, n° 1397); Gand, 24 novembre 1837 (*Pasicrisie*, 1837, 2, 248).
(2) Voyez le t. XIX de mes *Principes*, p. 518, n° 504.
(3) Rejet, 22 août 1864 (Dalloz, 1865, 1, 64). Comparez Rejet, 19 juin 1839 (Dalloz, au mot *Obligations*, n° 5141); Gand, 27 mars 1845 (Dalloz, 1845, 2, 93).

II. *De l'aveu portant sur des chefs distincts.*

201. Quand une partie fait des aveux dans une contestation qui porte sur plusieurs chefs distincts, on enseigne
que ces aveux peuvent être admis pour quelques-uns de
ces chefs et rejetés pour les autres (1). Ainsi formulée,
l'exception n'est pas une exception. Ce qu'on appelle des
chefs distincts sont des faits différents, donc il y a des
aveux différents. Or, le principe de l'indivisibilité de l'aveu
ne veut pas dire que toutes les déclarations faites dans un
procès forment un tout et ne peuvent être divisées; le
principe signifie que la déclaration relative à un fait litigieux doit être prise telle que la partie l'a énoncée, sans
que l'on puisse scinder ce qu'elle a dit. L'indivisibilité de
l'aveu n'empêche donc pas d'apprécier séparément les
divers aveux; chaque aveu sera indivisible, mais l'on peut
se prévaloir d'un aveu sans devoir accepter tous les autres.
C'est dans ces termes que la cour de Bruxelles a formulé
l'exception. « En principe, dit-elle, l'aveu est indivisible;
pour qu'il puisse être divisé, il faut que les faits qu'il contient soient distincts et indépendants les uns des autres,
de telle façon qu'il contienne, en réalité, *plusieurs aveux*
sous une *formule unique* (2). »

Mais l'exception n'est pas toujours formulée aussi res-
trictivement. Elle est empruntée à la tradition romaine,
et, comme d'ordinaire, les interprètes ne sont pas d'accord
entre eux. Voet l'étend beaucoup plus loin. Il enseigne
que l'aveu peut être divisé quand il contient des faits qui,
quoique connexes à celui dont on voudrait argumenter,
ne se seraient pas passés en même temps, mais à une
autre époque (3). Si l'on entend l'exception en ce sens,
non-seulement c'est une exception, mais elle détruit en
grande partie la règle. Il en résulterait que tout aveu
complexe est divisible, ce qui est contraire à la doctrine

(1) Aubry et Rau, t. VI, p. 343, note 28.
(2) Bruxelles, 15 juin 1857 (*Pasicrisie*, 1863, 2, 12).
(3) Voet, lib. XI, 11, tit. II, n° 5. Merlin donne la traduction du passage dans les *Questions de droit*, au mot *Confession*, § II (t. IV, p. 137).

de Pothier et, par conséquent, en opposition avec le code. Aussi les auteurs modernes s'écartent-ils de la tradition (1); il faut donc la laisser de côté pour s'en tenir au principe tel que nous venons de l'établir. Si l'interprète n'a pas le droit de créer des exceptions, il a le droit et le devoir de définir la règle et de ne pas l'appliquer à des cas pour lesquels elle n'a pas été portée. Pour mieux dire, on ne divise pas l'aveu quand il y a, en réalité, des aveux différents : la diversité des faits et des aveux entraîne nécessairement la division des diverses déclarations. Mais la jurisprudence ne s'est pas renfermée dans ces limites. De là des incertitudes et des inconséquences inévitables ; les arrêts ne s'accordent pas entre eux et les auteurs ne sont pas d'accord avec la jurisprudence.

202. Nous avons déjà rencontré des formules de l'exception qu'il est impossible d'admettre (n°s 195 et 196), parce qu'elles détruiraient la règle. La cour de cassation n'a pas de principe arrêté ; dans chaque espèce, elle établit un principe plus ou moins large, suivant les circonstances de la cause. On lit dans un arrêt que la règle de l'indivisibilité de l'aveu n'est pas applicable lorsque l'aveu se rapporte à deux faits distincts par leur objet, leur nature et leur époque. Cette formule ressemble à celle de Voet ; nous préférons la formule de la cour de Bruxelles (n° 201). Dans l'espèce jugée par la cour de cassation, il y avait un premier fait, le prêt d'une voiture, avoué par le défendeur. Le défendeur prétendait avoir acheté, quelque temps après cette convention, un mulet boiteux du prêteur, sous cette condition que la voiture qu'il avait reçue en prêt lui servirait de garantie de la guérison du mulet. Cette vente était déniée par l'autre partie. Le premier juge divisa l'aveu et décida que le prêt de la voiture était constant et que l'achat du mulet n'était pas prouvé ; sa décision fut confirmée par la cour de cassation. Il y avait deux faits juridiques, deux conventions bien distinctes, un prêt et une vente ; aucune connexité n'existait entre les deux faits ; le défendeur ne se disait point libéré,

(1) Larombière, t. V, p. 411, n° 17 de l'article 1356 (Ed. B., t. III, p. 312).

il reconnaissait qu'il avait emprunté une voiture, premier aveu qui l'obligeait à restituer la chose; il ajoutait qu'il n'était pas tenu de rendre la voiture jusqu'à la guérison du mulet boiteux qu'il prétendait avoir acheté; cet achat, quoique accompagné d'une clause concernant le prêt, était un second fait qui ne pouvait être établi par l'aveu du défendeur; donc le juge pouvait s'en tenir à l'aveu du premier fait et rejeter le second (1). Même ainsi expliquée, la décision nous paraît douteuse. La demande portait sur la restitution de la voiture : que répond le défendeur? Je l'ai reçue, mais je ne dois la rendre que sous telle condition. Il n'y a donc qu'un seul aveu, et cet aveu est indivisible.

203. Une fille reconnaît avoir reçu de sa mère une somme de 2,000 francs, dont elle offre le rapport. Plus tard, elle demande acte de son offre, et elle conclut à ce que sa sœur soit tenue d'affirmer sous serment qu'elle n'avait jamais reçu une somme égale; la sœur se déclara prête à affirmer qu'elle n'avait jamais reçu une somme d'argent de sa mère. Un arrêt de la cour de Pau décida qu'il y avait aveu indivisible en vertu duquel chacune des deux sœurs devait rapporter une somme de 2,000 fr. Cette singulière décision était basée sur les circonstances de la cause. En réalité, il y avait aveu de la part de l'un des héritiers et délation de serment. L'arrêt a été cassé, et il devait l'être. La cour de cassation dit qu'il y avait un aveu personnel à celle qui l'avait fait; puis une déclaration postérieure concernant la sœur. Cette déclaration n'était pas un aveu. Il fallait donc dire que le principe de l'indivisibilité de l'aveu était étranger à la cause (2).

204. Comme il n'y a point de principe certain en cette matière, il est impossible que les applications soient certaines. Vente d'un cheval; l'acheteur avoue la vente, mais il prétend que la vente a été faite sous une condition, c'est que le cheval fût propre au service auquel il le destinait. La cour de cassation décida que la condition pré-

---

(1) Rejet, 8 mai 1855 (Dalloz, 1855, 1, 245).
(2) Cassation, 30 juin 1857 (Dalloz, 1857, 1, 308).

tendue formait un point distinct étranger à l'aveu. Cela
nous paraît inadmissible. Il s'agissait d'un seul et même fait
juridique, la vente d'un cheval; et qu'est-ce qu'il y a de
plus essentiel dans une vente pareille que le service auquel
le cheval est destiné? Donc la destination de la chose
achetée et la vente ne formaient qu'un seul et même fait;
partant l'aveu était indivisible (1).

Le compte contenant un chapitre de recettes et un chapitre de dépenses est indivisible en ce qui concerne les
deux éléments qui le composent. Dans l'espèce ces éléments n'étaient prouvés que par l'aveu du débiteur. Le
défendeur était constitué créancier par suite d'un excédant
de la dépense sur la recette. Il a été jugé que le fait de la
dette réclamée contre le notaire comptable et le fait de la
créance dudit notaire sont des faits distincts, que l'aveu
ne peut pas être invoqué par le notaire pour se constituer
créancier, nul ne pouvant se faire de titre à lui-même (2).

Des enfants reconnaissent qu'ils ont reçu des sommes
en dépôt de leur père; ils ajoutent que ces sommes leur
ont plus tard été laissées à titre de don. Il a été jugé que
cet aveu est divisible. La cour de Dijon pose en principe
que l'indivisibilité ne peut être invoquée que lorsqu'elle
porte sur un fait unique et distinct. Il y aurait aveu indivisible si les enfants disaient qu'ils ont reçu le dépôt,
mais qu'ils l'ont rendu; ils disent, au contraire, que don
leur a été fait par leur père de la chose déposée; l'aveu
porte donc sur deux faits, un dépôt et une donation; par
conséquent, il y a deux aveux (3). Nous préférerions l'opinion contraire. Quel est l'objet de l'aveu? Ceux qui le font
se prétendent libérés de l'obligation de rendre la chose
déposée. Peu importe d'où résulte cette libération; que
ce soit de la restitution, c'est-à-dire d'un payement, ou
d'une remise (n° 195), toujours est-il qu'il n'y a pas deux
aveux, il n'y en a qu'un.

Un notaire déclare avoir reçu des prix de vente au
nom d'un client, mais il ajoute qu'il les a employés à

(1) Rejet, 25 août 1831 (Dalloz, au mot *Obligations*, n° 4670).
(2) Pau, 17 décembre 1860 (Dalloz, 1861, 2, 47).
(3) Dijon, 27 mars 1867 (Dalloz, 1869, 1, 338).

payer des créances dues à des tiers. Le notaire ne produisait aucune pièce justificative de ces payements. Il a été jugé que l'aveu pouvait être divisé. La cour pose aussi en principe que l'aveu n'est indivisible qu'autant qu'il porte sur un fait unique qui ne peut être scindé; qu'il est divisible quand il porte sur des faits complexes, distincts par leur objet, leur nature, leur époque. Dans l'espèce, aucun lien de connexité n'unissait la reconnaissance faite par le notaire d'avoir reçu des prix de vente et la déclaration d'avoir fait des payements à des tiers. Il y a réellement, dans ce cas, deux faits distincts, donc deux aveux distincts (1). La nuance qui distingue cette espèce de la précédente est délicate, mais réelle. Quand l'enfant dépositaire dit que son père l'a libéré de son obligation, il s'agit des mêmes parties, tout se passe entre elles. Tandis que le notaire qui avoue qu'il a reçu des prix de vente ajoute au second fait celui d'avoir employé lesdits prix, ce qui suppose un mandat et l'exécution de ce mandat : voilà deux contrats, donc deux faits juridiques, deux aveux par conséquent.

· Le défendeur avoue qu'il a reçu un prêt de 2,000 francs à la date du 31 mars 1864, mais il ajoute qu'il est libéré, ayant fait des payements successifs s'élevant à 2,519 fr., 25 centimes. Il prétend que cet aveu est indivisible; que si son aveu prouve le prêt, il prouve aussi les payements par lui faits. La cour de Gand répond que l'aveu est indivisible lorsqu'il porte sur des faits dont la connexité est telle, que les uns modifient, restreignent ou neutralisent les conséquences juridiques des autres, mais que l'aveu est divisible lorsqu'il s'agit de faits complétement séparés et indépendants dans leur existence et leurs effets. Ainsi, dans l'espèce, l'aveu du défendeur eût été indivisible, si les 2,519 francs 25 centimes avaient été payés pour éteindre la dette du prêt. Mais le chiffre seul de la somme payée prouvait que ce n'était pas un remboursement de la somme empruntée. En réalité, il y avait eu des prêts successifs et une série de trente-neuf paye-

---

(1) Rennes, 12 février 1870 (Dalloz, 1872, 2, 64).

ments à compte de ces emprunts. Ces payements allégués par le défendeur avaient servi à éteindre des dettes distinctes, d'après les règles que la loi trace sur l'imputation; ils n'étaient donc pas destinés à éteindre la dette du prêt avoué de 1864; cela est si vrai que les deux premiers payements allégués par le défendeur étaient antérieurs à cette date. La cour conclut de là que tous les payements allégués constituaient des actes indépendants de la dette de 2,000 francs et n'avaient avec celle-ci aucune connexité. Par suite, les déclarations du défendeur étaient des aveux distincts, l'un établissait le prêt par lui reçu, et les autres ne prouvaient pas sa libération (1).

III. De l'aveu qui n'est pas la preuve unique du fait.

205. On suppose que le fait sur lequel porte l'aveu est prouvé indépendamment de l'aveu; celui qui a fait l'aveu peut-il, en ce cas, se prévaloir de son indivisibilité? La question n'a pas de sens, cependant elle a été bien des fois débattue devant les tribunaux. Si l'aveu est indivisible, c'est parce que c'est la seule preuve du fait allégué; la loi veut que l'on prenne la déclaration telle qu'elle a été faite. Mais si l'on ne se prévaut pas de l'aveu pour prouver le fait, il ne peut être question de maintenir l'aveu comme preuve indivisible. Sur ce point, l'on peut invoquer le témoignage de Pothier, et il est décisif : « Lorsque, dit-il, je n'ai d'autre preuve que votre confession, je ne puis la diviser (2). » Cela résulte de l'essence même de l'aveu et du motif pour lequel la loi le déclare indivisible. L'aveu judiciaire, dit la cour de cassation, est la déclaration que fait la partie en justice d'un fait dont il n'existe pas d'ailleurs de preuve et qui n'est établi que par cet aveu lui-même; c'est par cette raison et en considération de cette reconnaissance spontanée que la loi a attaché à l'aveu le caractère d'indivisibilité. Mais lorsque l'un des faits énoncés dans l'aveu est établi et incontestable, la

(1) Gand, 18 avril 1872 (*Pasicrisie*, 1872, 2, 321).
(2) Pothier, *Des obligations*, n° 832.

partie ne peut se prévaloir de la reconnaissance qu'elle en fait pour rendre indivisible sa déclaration sur un fait accessoire; elle doit prouver ce fait accessoire, d'après le droit commun. Dans l'espèce, l'un des héritiers occupait une maison et un jardin dépendant de la succession; cette jouissance était établie indépendamment de toute reconnaissance; l'héritier en fit l'aveu en ajoutant que cette jouissance lui avait été concédée gratuitement. Puis il se prévalut de l'indivisibilité de son aveu pour soutenir qu'il ne devait pas compte de sa jouissance. Cette singulière prétention fut admise par la cour de Colmar. L'arrêt a été cassé. Par cela seul qu'il était prouvé, indépendamment de l'aveu, que l'héritier avait joui, il devait compte des fruits par lui perçus, sauf à lui à prouver que la jouissance lui avait été concédée gratuitement; il ne pouvait pas se créer cette preuve par son aveu, car on n'avait pas besoin de sa déclaration, et on ne s'en prévalait pas pour prouver le fait de jouissance. Appliquer à ce cas le principe de l'indivisibilité de l'aveu, ce serait dire que le défendeur peut se créer une preuve par sa déclaration en faisant un aveu; ce qui n'a pas de sens (1).

La même question s'est présentée bien des fois devant la cour de cassation, et elle a toujours reçu la même solution. L'un des héritiers prétend n'avoir reçu de son père qu'une certaine somme, dont il offre le rapport à ses cohéritiers. Ceux-ci soutiennent qu'il a reçu des valeurs plus considérables, et ils le prouvent indépendamment de l'aveu. On leur a néanmoins opposé l'indivisibilité de l'aveu qui, dans l'espèce, n'était pas même complexe; le débat portait seulement sur le montant des sommes reçues: le défendeur pouvait-il se créer une preuve en déclarant qu'il avait reçu telle somme (2)?

(1) Cassation, 28 décembre 1859 (Dalloz, 1860, 1, 345). Comparez Larombière, t. V, p. 417, n° 20 (Ed. B., t. III, p. 314). Aubry et Rau, t. VI, p. 344, note 32.
(2) Rejet, chambre civile, 3 juin 1867 (Dalloz, 1867, 1, 205). Comparez les arrêts rapportés dans le *Répertoire* de Dalloz, n° 5107. Il faut ajouter (nous ne citons que les arrêts de la cour de cassation) Rejet, 24 avril 1866 (Dalloz, 1866, 1, 347); 20 novembre 1867 (Dalloz, 1867, 1, 448); Rejet, chambre civile, 17 mars 1869 (Dalloz, 1869, 1, 338); Rejet, 5 août 1869 (Dalloz, 1870,

IV. *Des autres cas dans lesquels la jurisprudence admet la divisibilité de l'aveu.*

206. L'aveu est souvent une arme dont la mauvaise foi s'empare. On fait un aveu d'un fait qu'il est difficile de nier, mais on a soin d'y ajouter un fait accessoire qui, ne faisant qu'un tout avec la déclaration principale, détruit cette déclaration, de sorte qu'il n'en résulte aucune preuve. Pour déjouer les calculs de la mauvaise foi, les tribunaux ont imaginé divers cas où l'aveu peut être divisé : lorsque l'un des faits compris dans la déclaration est reconnu faux, ou lorsqu'il est en contradiction avec des faits établis, ou lorsque la déclaration est vague et évasive. Il nous semble qu'il y a ici une confusion de deux ordres d'idées très-distincts. L'indivisibilité de l'aveu existe alors même que les déclarations seraient contraires à la vérité, dès que l'aveu est qualifié ou complexe. Mais naît alors la question de savoir en quel sens l'aveu est indivisible, c'est-à-dire quelle est la force probante de l'aveu. Il fait pleine foi, dit l'article 1356 ; cela veut dire que celui qui se prévaut d'un aveu doit le prendre tel que la partie adverse l'a fait ; il ne peut pas admettre comme vraie la déclaration du fait principal et rejeter la déclaration accessoire qui modifie ou neutralise l'aveu. Est-ce à dire que celui qui a intérêt à se prévaloir de la déclaration principale ne puisse pas combattre les déclarations accessoires? Ce n'est pas là diviser l'aveu. On divise l'aveu quand on rejette purement et simplement une partie de la déclaration pour s'en tenir à l'autre. On ne divise pas l'aveu quand on demande à le combattre dans l'un de ses éléments. La raison et la conscience sont d'accord avec le droit. On recherche la vérité ; l'aveu spontané que fait la partie intéressée est un moyen précieux de la découvrir, mais à la condition que les déclarations soient sincères. De là suit que l'on doit permettre à la partie intéressée de rétablir la vérité si elle est altérée par des déclarations

1, 84) ; 28 novembre 1871 (Dalloz, 1872, 1, 19). Comparez Liége, 9 février 1854 (*Pasicrisie*, 1857, 2, 24) ; Bruxelles, 21 juin 1865 (*Pasicrisie*, 1866, 2, 14).

mensongères. Il y aurait une contradiction immorale et illogique tout ensemble à établir comme principe que l'aveu fait foi comme déclaration de la vérité et à écarter la preuve de la fausseté de cette déclaration; ce serait dire que le mensonge fait foi quand on lui donne la couleur d'un aveu judiciaire. Le principe est admis par la doctrine et par la jurisprudence (1). Il reste à voir dans quels cas et comment on peut combattre la foi due à un aveu indivisible.

N° 9. EFFET DE L'INDIVISIBILITÉ.

207. On peut combattre les déclarations accessoires comprises dans l'aveu en vertu du droit commun, qui permet, en règle générale, de combattre une preuve par une preuve contraire. Il faudrait une disposition formelle qui défende la preuve contraire pour que le juge eût le droit de la rejeter. La loi dispose qu'aucune preuve contraire n'est admise contre certaines présomptions légales (article 1352); elle ne dit pas que l'aveu n'admet point la preuve contraire.

Quelle est la preuve contraire par laquelle l'aveu peut être combattu? La loi ne dit rien de la preuve qui peut être opposée à l'indivisibilité; on reste donc sous l'empire du droit commun. Il y a des cas dans lesquels la loi dispense la partie intéressée de toute preuve, c'est quand elle a une présomption en sa faveur. La preuve résultant de l'aveu peut donc être combattue par une présomption légale. A une demande en revendication, le défendeur oppose la prescription. Le demandeur reconnaît la possession plus que trentenaire du défendeur, mais il prétend qu'elle était à titre précaire. Est-ce que cette déclaration de précarité peut être combattue par la preuve contraire? Oui, puisque tel est le droit commun. Dans l'espèce, il y a une présomption que le possesseur peut opposer à la déclaration de précarité. Aux termes de l'article 2230, « on est toujours présumé posséder pour soi

_____

(1) Aubry et Rau, t. VI, p. 343, note 29. Marcadé, t. V, p. 228, n° II de l'article 1356.

et à titre de propriétaire s'il n'est prouvé que l'on a commencé à posséder pour un autre. » Reconnaître qu'une partie a possédé, c'est donc reconnaître qu'elle a possédé à titre de propriétaire ; la déclaration de précarité est contraire à cette présomption, c'est donc à celui qui l'a faite d'en administrer la preuve ; le possesseur n'a rien à prouver, il a pour lui la présomption légale de l'article 2230, c'est à la partie adverse de prouver la précarité qu'elle a alléguée. Vainement se prévaudrait-elle de l'indivisibilité de son aveu ; son aveu ne peut pas prouver la précarité de la possession, puisque en ce point l'aveu est en opposition avec une présomption légale (1).

Mais il y a un écueil en matière de présomptions, nous l'avons signalé plus d'une fois et nous le retrouvons quand il s'agit de combattre l'indivisibilité de l'aveu. Il n'y a pas de présomption légale sans loi. C'est ce que la cour de Colmar a oublié en jugeant qu'il y a présomption de droit que le passage avec voiture renferme le passage à pied et le passage des bestiaux ; d'où elle a conclu que l'aveu du passage avec voiture impliquait la reconnaissance du droit de passer à pied et avec bestiaux ; par suite elle a admis les propriétaires du fonds dominant à combattre les restrictions que le propriétaire du fonds servant avait mises à son aveu. En droit, la cour a très-bien jugé que l'aveu cesse d'être indivisible, pour mieux dire, que la partie de l'aveu qui est en opposition avec une présomption de droit ne fait pas preuve, qu'on peut lui opposer la présomption, de sorte que la preuve retombe sur celui qui a fait l'aveu. Mais y avait-il présomption de droit dans l'espèce ? En droit romain, oui ; en droit français, non. La cour aurait donc dû maintenir le principe de la force probante de l'aveu, en mettant la preuve contraire à la charge de celui qui attaquait un des éléments de l'aveu (2).

208. Quelle est cette preuve contraire ? On peut prouver que celui qui a fait un aveu avec des restrictions ou

---

(1) Rejet, 15 novembre 1842 (Dalloz, au mot *Obligations*, n° 5107, 7°). Aubry et Rau, t. VI, p. 344, note 29.

(2) Colmar, 16 janvier 1846 (Dalloz, au mot *Obligations*, n° 5136).

des modifications a voulu tromper la justice par la fraude, le dol ou le mensonge. Les déclarations mensongères ne manquent point; il y a un vieil adage qui dit que la fraude fait exception à toutes les règles; on est toujours admis à la prouver, surtout quand la fraude s'empare de la loi elle-même pour éluder la loi et la violer. Or, c'est bien là ce que fait la partie qui, en ayant l'air d'avouer la vérité, ajoute à la vérité un mensonge, lequel détruit l'effet de la vérité; de sorte que le mensonge l'emporterait sur la vérité si l'on ne recevait pas la preuve contraire. La jurisprudence est unanime à l'admettre (1). Seulement elle a tort de dire que, dans ce cas, l'aveu est divisé : l'aveu reste indivisible, mais on permet à la partie intéressée de rétablir la vérité altérée par le mensonge.

Une veuve remet à un agent d'affaires une somme de 5,000 fr. pour en faire le placement. Demande en reddition de compte. La demanderesse déclare avoir reçu l'intérêt de la somme pendant trois ans. Après plusieurs réponses évasives, le défendeur déclare qu'il n'a fait aucun payement d'intérêts. Le tribunal ayant ordonné une comparution en personne, le défendeur avoue avoir reçu les 5,000 fr., mais il déclare les avoir placés et avoir remis à son mandant les effets endossés par l'emprunteur. Il avoue encore avoir payé les intérêts, mais, en homme qui connaît la loi, il ajoute immédiatement qu'il les a payés au nom de l'endosseur. Ledit endosseur était mort et le défendeur avait oublié le nom du tireur. Telle était la fable. Le tribunal en fit justice, en déclarant que la défense était un tissu de mensonges, de dol et de fraude, et que le dol fait exception aux règles les plus rigoureuses. En conséquence, il divisa l'aveu et condamna le défendeur à restituer la somme de 5,000 francs (2).

La cour de cassation pose en principe que l'aveu peut être divisé lorsqu'une partie en est reconnue fausse (3).

---

(1) Dalloz, au mot *Obligations*, n° 5138.
(2) Agen, 16 décembre 1823 (Dalloz, au mot *Obligations*, n° 5138, 2°). Comparez Gand, 19 janvier 1841 (*Pasicrisie*, 1841, 2, 75), et 18 avril 1856 (*Pasicrisie*, 1856, 2, 224).
(3) Rejet, 8 février 1864 (Dalloz, 1864, 1, 486).

Elle ne motive pas cette exception, et il serait très-difficile de la motiver, à moins d'invoquer l'adage d'après lequel le dol fait exception à toutes les règles. Il est plus simple de dire que l'on ne se trouve pas dans la règle, en ce sens que la partie fausse de l'aveu peut être combattue par la preuve contraire. On se place, dans ce cas, sous l'empire du droit commun; or, le droit commun est plus favorable que les exceptions, que l'on peut toujours combattre comme n'étant pas consacrées par la loi. Dans un autre arrêt, la cour dit que le principe de l'indivisibilité de l'aveu ne trouve point place dans la cause, parce que les juges du fond ont tiré la preuve de la simulation non d'une déclaration unique et indivisible, mais de l'invraisemblance, des contradictions et de la fausseté des déclarations successives et différentes contenues dans les conclusions de celui qui avait fait l'aveu et dans ses explications lors de sa comparution personnelle (1). Cette justification se rapproche de la nôtre. Toutes aboutissent au même résultat, c'est que la partie qui ment ne peut pas invoquer son mensonge à titre de vérité.

209. On admettait dans l'ancien droit que l'aveu cessait d'être indivisible lorsqu'une partie de l'aveu se trouvait contredite par sa propre invraisemblance (2). Ainsi formulée, la prétendue exception doit être rejetée sans doute aucun. Quand la déclaration accessoire que la partie ajoute à l'aveu est invraisemblable, elle est par cela même suspecte, et l'on conçoit que le juge soit tenté de la rejeter comme n'étant pas l'expression de la vérité. Mais il doit se rappeler que le vrai peut quelquefois n'être pas vraisemblable; d'ailleurs il n'a pas le droit d'écarter une preuve qui fait pleine foi, parce qu'il la trouve suspecte. Cette exception détruirait la règle; on ne pourrait plus dire que l'aveu est indivisible, puisque le juge aurait le pouvoir de le diviser dès qu'il lui paraîtrait suspect. Dans notre opinion, l'invraisemblance, de même que la fausseté d'une partie de la déclaration, n'empêche pas

---

(1) Rejet, 22 novembre 1869 (Dalloz, 1870, 1, 273).
(2) Merlin, *Questions de droit*, au mot *Confession*, § II.

l'aveu d'être indivisible; seulement la partie qui s'en prévaut est admise à combattre la déclaration accessoire
comme n'étant pas conforme à la vérité. Un des moyens
qu'elle pourra faire valoir, c'est l'invraisemblance, si, à
raison de l'objet de la demande, les présomptions sont
admissibles, car l'invraisemblance n'est autre chose
qu'une présomption de l'homme. Elle peut devenir un argument très-fort si l'invraisemblance va jusqu'à l'absurdité, c'est-à-dire jusqu'à l'impossibilité morale. La jurisprudence est en ce sens.

Sur l'action en payement du prix de vente d'un cheval,
le défendeur avoue la vente au prix demandé, mais il
ajoute que cette vente n'a eu lieu qu'à l'essai. Nous avons
dit que cet aveu est indivisible (n° 189): la déclaration accessoire peut-elle être attaquée comme inexacte et fausse?
Oui, mais suffit-il de dire qu'elle est invraisemblable? Le
premier juge avait posé en principe que l'aveu n'est indivisible que lorsqu'il ne renferme pas d'invraisemblance.
En fait, il lui parut invraisemblable que la vente eût été
contractée à l'essai sans que l'on eût fixé un délai pendant lequel l'essai aurait lieu; il rejeta, en conséquence,
la partie de l'aveu relative à l'essai, pour ne conserver
que celle d'où résultait qu'il y avait eu vente. Sur le pourvoi, ce jugement a été cassé. En admettant, dit la cour,
que la règle de l'indivisibilité puisse recevoir une exception au cas où la partie contestée de l'aveu porterait en
elle des caractères d'invraisemblance d'une telle nature
que cette invraisemblance ne pût être assimilée à une
véritable impossibilité, du moins faut-il restreindre l'exception dans cette limite, sans qu'il puisse être permis
de subordonner les effets légaux de l'indivisibilité de
l'aveu à l'appréciation du juge fondée sur une simple invraisemblance (1).

210. On a encore posé en principe que l'indivisibilité
de l'aveu ne peut être invoquée lorsque, des déclarations
qui constituent cet aveu, l'une est précise et formelle et
l'autre vague et incertaine. A vrai dire, il ne s'agit pas,

(1) Cassation, 19 avril 1858 (Dalloz, 1858, 1, 153). Comparez Cassation,
14 avril 1852 (Dalloz, 1852, 1, 141).

dans ce cas, d'une exception à l'indivisibilité de l'aveu ; il s'agit d'interpréter l'aveu et de décider si la partie de la déclaration qui est vague et incertaine doit être considérée comme un aveu. Or, l'aveu est de son essence une déclaration formelle du fait allégué : il est contradictoire qu'une déclaration incertaine fasse pleine foi. Lors donc qu'une partie fait une déclaration accessoire qui modifie ou neutralise la déclaration principale, le juge peut, par voie d'interprétation, décider que la déclaration accessoire, à raison de son incertitude, n'est pas un aveu.

La cour d'Angers l'a jugé ainsi dans l'espèce suivante (1). Un contrat de mariage porte que la future fait un apport de 6,000 francs, montant de ses économies. Un enfant d'un premier lit soutient que cet apport est une donation déguisée au profit de la seconde femme. Celle-ci avoua, dans un interrogatoire sur faits et articles, qu'elle n'avait pas d'économies en se mariant, puis elle déclara, sans vouloir l'affirmer, que, dans sa conviction, les 6,000 francs faisaient partie de sa dot et avaient été payés avec les 4,000 francs que le contrat lui constituait en dot. Il a été jugé, et avec raison, que cette déclaration accessoire n'était pas un aveu ; l'aveu est la déclaration d'un fait et non de l'opinion de la partie. A plus forte raison ne peut-on pas considérer comme un aveu des déclarations purement verbales, produites dans une plaidoirie, qui viennent modifier l'aveu de l'existence de la dette, alors que ces déclarations ne précisent pas le fait d'où serait résultée la réduction de la dette (2). C'est encore là une question d'interprétation de l'aveu, ce n'est pas une exception à l'indivisibilité de l'aveu ; pour que, par exception, l'aveu soit divisible, il faut, avant tout, qu'il y ait un aveu comprenant plusieurs déclarations ; si une partie de la déclaration ne présente pas les caractères d'un aveu, il ne peut plus être question d'indivisibilité.

211. Celui qui se prévaut de l'aveu est admis à combattre la partie de la déclaration qu'il prétend être

(1) Angers, 15 mars 1865 (Dalloz, 1865, 2, 210).
(2) Bordeaux, 30 août 1870 (Dalloz, 1871, 2, 215).

inexacte. Reste à savoir comment se fera cette preuve. Elle se fait d'après le droit commun, puisque la loi n'y déroge point. La question est de savoir si la preuve testimoniale et, par suite, les présomptions sont admises pour combattre l'indivisibilité de l'aveu. Oui, si le fait principal peut être prouvé par témoins. Telle serait une contestation sur un dépôt fait dans une hôtellerie : l'hôtelier reconnaît le dépôt, mais il allègue qu'il a remis les choses déposées à un tiers indiqué pour les recevoir ; le déposant sera admis à prouver par témoins que cette remise n'a pas été faite. La cour de Paris l'a jugé ainsi dans un arrêt assez mal motivé (1). On y lit que dans le cas de l'article 1348, l'article 1356 n'est point applicable ; de sorte que l'aveu cesserait d'être indivisible dans tous les cas où le créancier n'a pu se procurer une preuve littérale. Ce n'est pas là ce que la cour a voulu dire. L'indivisibilité n'a rien de commun avec les règles qui régissent la preuve testimoniale, sinon que la déclaration accessoire de l'aveu peut être combattue par des témoignages lorsqu'il s'agit d'un fait qui est susceptible d'être établi par témoins. S'il s'agissait d'un dépôt ordinaire, la preuve testimoniale ne serait pas admissible pour combattre l'un des éléments de l'aveu (2).

212. On a essayé d'arriver à la division de l'aveu par le moyen de la preuve. La déclaration principale contient l'aveu d'un mandat d'acheter un immeuble ; mais le mandataire ajoute qu'il n'avait mission d'acheter qu'à condition que le prix ne dépasserait pas certaine somme ; cette limite ayant été dépassée par d'autres enchères, le mandataire avait enchéri pour son propre compte. Le mandant prétendit que la première partie de l'aveu était un commencement de preuve par écrit qui lui permettait de recourir à la preuve testimoniale pour combattre la restriction alléguée dans la seconde. Cette prétention a été rejetée par la cour de cassation. Il n'était pas contesté, dans l'espèce, que l'aveu fût indivisible ; dès lors les deux

_____

(1) Paris, 6 avril 1829 (Dalloz, au mot *Dépôt*, n° 179, 2°).
(2) Rejet, 10 janvier 1832 (Dalloz, au mot *Dépôt*, n° 180). Aubry et Rau, t. VI, p. 344, notes 30 et 31.

parties de l'aveu faisant également foi, ce serait scinder l'aveu que de tirer d'une partie de l'aveu une preuve complète contre l'autre partie du même aveu; on ne peut pas davantage en tirer une preuve incomplète; ce serait toujours le scinder, ce qui est contraire à l'indivisibilité de l'aveu (1). La jurisprudence s'est prononcée en ce sens, sauf un arrêt contraire de la cour de Grenoble dont on ne peut tenir aucun compte, puisqu'il ne donne aucun motif (2).

N° 10. DE L'INTERPRÉTATION DE L'AVEU.

213. L'aveu est une preuve; le juge a donc le droit de l'interpréter, comme il peut interpréter toute espèce de preuve, même la plus forte, celle qui résulte de l'acte authentique. Ce pouvoir d'interprétation n'est pas sans danger en matière d'aveu; le juge peut, sous prétexte d'interpréter l'aveu, le diviser. Le même danger existe pour toute interprétation. L'acte authentique fait pleine foi, comme l'aveu; le juge a néanmoins le droit et le devoir de l'interpréter, au risque de porter atteinte à la force probante de l'acte. Il y aura toujours la garantie d'un recours en cassation quand le juge, sous prétexte d'interpréter l'aveu, viole la loi qui le déclare indivisible.

214. Nous avons déjà donné des exemples d'interprétation (n°s 209 et 210) qui en prouvent la nécessité. Il y a des conditions requises pour qu'il y ait aveu; le premier devoir du juge est de constater s'il y a aveu, et aveu judiciaire. Quand une partie pose des faits pour faire une preuve qui lui incombe, en faut-il induire que ces faits sont reconnus par elle et que cette reconnaissance constitue un aveu? La cour de Bruxelles a jugé, avec raison, que poser des faits, ce n'est pas faire une confession d'où

---

(1) Cassation, 14 avril 1852 (Dalloz, 1852, 1, 141).
(2) Cassation, 25 avril 1853 (Dalloz, 1853, 1, 165). Bordeaux, 18 juin 1839 (Dalloz, au mot *Obligations*, n° 5114, 8°). En sens contraire, Grenoble, 13 mars 1834 (Dalloz, au mot *Obligations*, n° 5129) Comparez Cassation, 8 avril 1874 (Dalloz, 1874, 1, 231).

résulterait une preuve et que, par suite, il n'y a pas lieu d'appliquer les principes qui régissent l'aveu (1).

Le débat porte sur la question de savoir si un acte attaqué contient une donation déguisée. Devant le tribunal de première instance, le défendeur invoque de nombreuses autorités pour établir qu'une donation déguisée sous la forme d'un contrat à titre onéreux est valable lorsque le donateur a la libre disposition de ses biens. Jugement qui reconnaît la validité de la donation. En appel, et pour combattre ses adversaires, le donataire soutient que l'acte serait encore valable si on le considérait comme vente. La cour lui donne gain de cause. Pourvoi en cassation; on prétend qu'il y avait aveu que l'acte n'était pas une donation et que la cour n'a pas tenu compte de cet aveu. Y avait-il aveu? La négative est si évidente, que l'on s'étonne de voir de pareils moyens proposés devant la cour suprême. Est-ce qu'une partie n'a pas le droit d'employer plusieurs moyens de défense? ne peut-elle pas, tout en soutenant que l'acte vaut comme donation déguisée, soutenir que cet acte serait valable comme vente si le juge n'y voulait pas voir une donation? Inutile d'insister (2).

215. Lorsqu'il est reconnu qu'il y a aveu, il appartient encore au juge de déterminer les conséquences juridiques qui en résultent. Il arrive parfois que l'aveu contient une déclaration de l'effet que l'aveu doit produire dans l'intention de celui de qui il émane. Le juge est-il lié par cette appréciation? On l'a soutenu devant la cour de cassation de Belgique; il n'est pas étonnant que, sur de pareils pourvois, la cour ne prononce presque jamais que des arrêts de rejet. Dans l'espèce, la cour répond : qu'il n'y a aucun lien d'indivisibilité entre le fait dont une partie reconnaît l'existence et les inductions qu'elle en tire; que le juge a donc toujours le droit, lorsqu'il tient pour vrai le fait avoué, d'en déterminer les

---

(1) Bruxelles, 5 décembre 1827 (*Pasicrisie*, 1827, p. 333). Comparez Gand, 28 avril 1846 (*Pasicrisie*, 1850, p. 98).
(2) Rejet, cour de cassation de Belgique, 6 mai 1853 (*Pasicrisie*, 1853, 1, 336.)

conséquences juridiques, sans tenir compte du but que l'aveu devait atteindre dans la pensée de son auteur (1).

A plus forte.raison en est-il ainsi de l'appréciation qu'une partie fait de l'aveu. Il faut distinguer dans un aveu la déclaration et le fait litigieux. C'est l'aveu proprement dit qui fait pleine foi, le juge ne peut pas le diviser ; mais si la partie a ajouté à sa déclaration un jugement sur le caractère, sur la nature des obligations, sur les effets juridiques de l'aveu, elle a empiété sur l'office du juge ; lui seul a mission d'apprécier les faits et de décider en conséquence, il peut donc juger que la partie s'est trompée sur la portée qu'elle a attribuée à ses déclarations ; il ne viole pas par là le principe de l'indivisibilité de l'aveu, car il prend les faits tels qu'ils sont constatés par l'aveu (2).

216. Il appartient encore au juge d'interpréter l'aveu en déterminant le sens et la portée des déclarations que la partie a faites en justice. Les parties intéressées soutiennent régulièrement que le juge, en interprétant l'aveu, le divise ; en fait, cela peut arriver, mais, en droit, il est incontestable « que si la loi défend aux juges de scinder les aveux des parties, elle leur impose l'obligation d'en fixer le sens véritable en le coordonnant avec les autres éléments, faits et circonstances de la cause (3). »

Les questions d'interprétation sont des questions de fait dont la décision est nécessairement subordonnée aux circonstances de la cause, et ces circonstances varient d'une espèce à l'autre. Nous nous bornons à citer un exemple. L'aveu est conçu en termes généraux, le juge peut le limiter en se fondant sur la nature de la convention qui a donné lieu au procès. Il s'agit d'un débat entre associés, après la rupture de l'association. L'un se prétend créancier d'une somme de 764 fr., l'autre soutient qu'il y a une erreur de 411 fr. Devant le tribunal de commerce, le premier reconnaît l'erreur, et fait une demande

---

(1) Rejet, 11 mars 1870 (*Pasicrisie*, 1870, 1, 187).
(2) Gand, 11 avril 1872 (*Pasicrisie*, 1872, 2,310). Bruxelles, 24 mars 1830 (*Pasicrisie*, 1830, p. 82).
(3) Rejet, 25 janvier 1821 (Dalloz, au mot *Commerçant*, n° 191).

reconventionnelle avec laquelle il entend compenser ladite somme de 411 fr. Le tribunal déduisit les 411 fr. de
ce qui était dû au demandeur, en se fondant sur l'aveu.
Sur l'appel, la cour modifia la décision en ce sens que
l'aveu de l'erreur matérielle de 411 fr. devait être interprété dans la limite des droits respectifs des associés,
c'est-à-dire que, quoique fait en termes absolus, l'aveu
ne portait que sur la moitié de la somme, chacun des associés ne pouvant réclamer que la moitié de l'avoir social. Sur le pourvoi, il intervint un arrêt de rejet (1).

§ III. *De l'aveu extrajudiciaire.*

217. L'aveu extrajudiciaire est celui qui se fait hors
justice. Il peut se faire par écrit ou oralement. L'aveu
extrajudiciaire qu'une partie fait par écrit ne doit pas
être confondu avec la preuve littérale; les actes sous seing
privé ou les actes authentiques qui constatent la convention ne sont pas un aveu, ils prouvent la convention,
d'après les règles que nous avons exposées, jusqu'à inscription de faux ou jusqu'à preuve contraire. L'aveu suppose
qu'il n'y a pas d'écrit dressé; c'est une preuve qui supplée le défaut des autres preuves. Il y a aveu extrajudiciaire, dit Pothier, quand une partie fait confession de la
dette par une lettre missive, ou dans quelque acte qui n'a
pas eu pour objet de constater le fait litigieux (2).

L'aveu extrajudiciaire peut se faire oralement. Aux
termes de l'article 1355, « l'allégation d'un aveu extrajudiciaire purement verbal est inutile toutes les fois qu'il
s'agit d'une demande dont la preuve testimoniale ne serait
point admissible. » C'est une conséquence des principes
qui régissent la preuve testimoniale; la loi ne l'admet
point quand il s'agit de choses excédant la valeur de
150 fr.; dès lors elle ne pouvait pas admettre l'aveu verbal, puisqu'il aurait dû être établi par témoins, et, au

_____

(1) Rejet, 27 novembre 1838 (Dalloz, au mot *Arbitrage*, n° 169). Comparez Bruxelles, 14 février 1820 (*Pasicrisie*, 1820, p. 58). Rejet, chambre civile, 26 août 1863 (Dalloz, 1863, 1, 355).
(2) Pothier, *Des obligations*, n° 834.

delà de cette somme, la loi n'ajoute plus foi aux témoignages. En ce sens, l'article 1355 dit qu'il est *inutile* d'alléguer un aveu verbal, puisque la preuve n'en serait pas reçue. Il en faut conclure que l'aveu verbal peut être prouvé par témoins quand la loi admet la preuve testimoniale pour établir le fait qui est l'objet de l'aveu. Si le fait ne peut être prouvé par témoins, l'aveu ne pourra être allégué. De là on induit que l'on ne peut pas déférer le serment sur la question de savoir si la partie a fait un aveu extrajudiciaire. La cour de Bruxelles l'a jugé ainsi (1), mais la décision nous paraît contestable. Tout ce qui résulte de l'article 1355, c'est que l'aveu extrajudiciaire ne peut pas être établi par témoins dans le cas où la valeur de la chose dépasse 150 fr.; mais rien n'empêche de prouver l'aveu par les autres voies légales de preuve, donc aussi par serment.

218. Quelle est la force probante de l'aveu extrajudiciaire? Le code n'en dit rien, et l'on ne voit pas, par les travaux préparatoires, quelle est la raison de ce silence. On en a conclu que le législateur s'en est rapporté, à cet égard, aux tribunaux, de sorte que le juge aurait en cette matière un pouvoir discrétionnaire. Il est discrétionnaire en ce sens que les décisions des juges du fait ne donnent pas lieu à cassation; il n'y a point de loi violée, puisque la loi est muette. Toutefois, il doit y avoir des principes d'après lesquels le juge décidera la contestation. Nous croyons qu'il faut distinguer entre l'aveu écrit et l'aveu verbal. L'écrit qui constate un aveu est soumis aux règles générales sur la preuve littérale. Quant à l'aveu verbal, il repose sur des témoignages dans les cas où la preuve testimoniale est admissible; or, le juge est toujours libre d'apprécier les témoignages et, par suite, l'aveu (2).

219. L'article 1356 dit que l'aveu judiciaire fait pleine foi. En est-il de même de l'aveu extrajudiciaire? Dans son essence, l'aveu extrajudiciaire ne diffère point de l'aveu

---

(1) Bruxelles, 7 février 1827 (*Pasicrisie*, 1827, p. 53).
(2) Aubry et Rau, t. VI, p. 344. Larombière, t. V, p. 393, n° 6 (Ed. B., t. III, p. 304).

judiciaire : c'est la déclaration d'un fait émanée de celui qui est intéressé à le nier; pourquoi cette déclaration ne ferait-elle pas foi quand elle a lieu hors justice, aussi bien que lorsqu'elle a lieu en justice? On dit que, faite hors justice, elle est moins sérieuse et mérite, par conséquent, moins de foi. Il nous semble que l'objection ne rencontre pas la véritable difficulté. Si l'on suppose que l'aveu extra-judiciaire n'est pas sérieux, alors il n'y a point d'aveu, car l'aveu doit être sérieux, de même que toute manifestation de consentement ou toute convention, et lorsqu'il est sérieux, c'est la déclaration de la vérité; donc il doit faire pleine foi. Reste à savoir quand il est sérieux, c'est-à-dire quand la déclaration est faite avec cette intention qu'elle serve de preuve à la partie adverse. Toute question d'intention est dans le domaine du juge qui la décide souverainement. En ce sens, le juge a un pouvoir discrétionnaire; il peut donc admettre le fait avoué hors justice comme étant établi par l'aveu, il peut aussi le rejeter comme n'étant pas justifié (1). .

220. L'aveu judiciaire ne peut être révoqué, à moins qu'on ne prouve qu'il a été la suite d'une erreur de fait. En est-il de même de l'aveu extrajudiciaire? On enseigne que l'aveu extrajudiciaire peut être rétracté, sans que la partie qui le révoque soit tenue de prouver qu'elle l'avait fait par une erreur de fait (2). Cela nous paraît très-douteux. Si l'aveu n'est pas sérieux, il pourra être rétracté, parce qu'une pareille déclaration ne fait pas foi. Mais si elle est sérieuse, elle donne un droit à la partie adverse, et nous ne voyons pas par quelle raison ce droit pourrait lui être enlevé. La jurisprudence admet l'irrévocabilité de l'aveu extrajudiciaire quand il est fait par écrit (3); or, l'écrit n'ajoute rien à la force probante de l'aveu.

221. On enseigne aussi que le juge peut diviser l'aveu

---

(1) Toullier, t. V, 2, p. 233, n° 267, et p. 250, n° 302. Duranton, t. XIII, p. 530, n° 540. Aubry et Rau, t. VI, p. 345. Colmet de Santerre, t. V, p. 643, n° 332 *bis* III.

(2) Aubry et Rau, t. VI, p. 345. Larombière, t. V, p. 427, n° 31 (Ed. B., t. III, p. 319).

(3) Rejet, 17 mai 1808 (Dalloz, n° 5161). Bruxelles, 29 janvier 1825 (*Pasicrisie*, 1825, p. 287).

extrajudiciaire (1), et la jurisprudence est en ce sens. Il a été jugé que la réponse à cette question, si l'on a reçu telle somme à titre de prêt, qu'on l'a reçue, mais à titre de donation, ne forme pas un aveu indivisible; la cour établit, du reste, que les circonstances rendaient la prétendue donation invraisemblable. La cour de cassation a décidé que l'aveu extrajudiciaire, quoique fait par écrit, peut être divisé (2). On l'a encore jugé ainsi pour un aveu fait devant un notaire (3). Il est difficile d'apprécier des décisions rendues en fait et non motivées en droit. Les raisons que les auteurs donnent ne sont rien moins que décisives. Ils considèrent les dispositions de l'article 1356 comme exceptionnelles, ce qui ne permet pas de les appliquer par analogie. A notre avis, l'indivisibilité de l'aveu résulte de l'essence même de l'aveu, et, par conséquent, tout aveu est indivisible. Si la loi ne le dit que de l'aveu judiciaire, c'est parce que cet aveu, par lui-même, est sérieux; tandis que l'aveu fait hors justice peut ne pas l'être; voilà la question de fait qui est abandonnée à l'appréciation du juge (n° 219). Mais une fois que le juge a décidé qu'il y a aveu, il doit aussi admettre que l'aveu ne peut être divisé (4).

SECTION VII. — Du serment.

§ Ier. Notions générales.

N° 1. LE SERMENT EST-IL UN ACTE RELIGIEUX?

222. Pothier définit le serment « un acte religieux par lequel une personne déclare qu'elle se soumet à la vengeance de Dieu, ou qu'elle renonce à sa miséricorde, si elle n'accomplit pas ce qu'elle a promis; c'est ce qui ré-

(1) Toullier, t. V, 2, p. 276, n° 340. Aubry et Rau, t. VI, p. 345, note 54. Larombière, t. V, p. 419, n° 23 (Ed. B., t. III, p. 316). Comparez Merlin, *Questions*, au mot *Confession*, §§ III et IV.
(2) Bordeaux, 28 août 1826, et Rejet, 10 décembre 1839 (Dalloz, au mot *Obligations*, n° 5160, 2° et 3°).
(3) Limoges, 20 mars 1848 (Dalloz, 1849, 2, 219).
(4) Bruxelles, chambre de cassation, 28 janvier 1824 (*Pasicrisie*, 1824, p. 24).

sulte de cette formule : *Ainsi Dieu me soit en garde,* ou
en aide : Je veux que Dieu me punisse si je manque à ma
parole (1). » La question de savoir si le serment est un
acte religieux a été vivement débattue devant les cours de
Belgique il y a quelques années. Avant de l'examiner au
point de vue de notre constitution, nous devons voir s'il
est vrai que le serment soit un acte religieux de son
essence. D'excellents esprits le pensent. Les éditeurs de
Zachariæ vont jusqu'à dire que le serment, considéré
comme une simple déclaration civile, serait un non-sens(2).
Telle est aussi la thèse qui a été soutenue devant la cour
de cassation par le procureur général, M. Leclercq, dans
un réquisitoire remarquable(3). Nous ne saurions partager
cet avis. C'est la doctrine chrétienne, mais il y a eu un
serment avant le christianisme. Il faut entendre Cicéron
sur la valeur morale du serment; nous nous trompons
fort, ou l'opinion du philosophe païen est plus morale en
ce point que la doctrine de l'Eglise.

« Ce qu'il faut voir dans le serment, dit Cicéron, c'est
la force qu'il a, ce n'est pas la *crainte* qu'il inspire. Car
le serment est une *affirmation religieuse.* Or, ce que vous
avez promis par une semblable affirmation, en prenant,
pour ainsi dire, Dieu à témoin, vous devez le tenir. *Que
la colère des dieux soit un vain mot, soit; mais il est ici
question de justice et de bonne foi.* Ennius a fort bien dit:
« O *Foi,* déesse aux blanches ailes, serment de Jupiter!»
Celui-là donc qui viole son serment, viole la Foi que
nos ancêtres placèrent dans le Capitole, à côté du Dieu
très-bon et très-grand (4). »

Cicéron dit, comme Pothier, que le serment est une
affirmation religieuse; ils semblent donc d'accord, et
cependant ils diffèrent du tout au tout. Ce que Cicéron
appelle une affirmation religieuse est une affirmation morale qui puise son autorité et qui trouve sa sanction dans
la conscience; il écarte la crainte que pourrait inspirer

---

(1) Pothier, *Des obligations,* nº 103.
(2) Aubry et Rau, t. VI, p. 345 notes, § 752 (3ᵉ édition).
(3) Voyez le réquisitoire dans la *Pasicrisie,* 1867, 1, p. 278-293.
(4) Cicero, *De officiis,* III, 29.

la colère des dieux ; tandis que c'est dans la crainte de la vengeance divine que Pothier cherche le fondement et la force de ce qu'il appelle un acte religieux. La religion de Pothier, c'est la religion de la crainte ; la religion de Cicéron, c'est le sens moral, le sentiment du devoir, indépendant de toute peine et de toute récompense. Quel est l'homme vraiment moral, celui qui dit la vérité parce qu'il craint la vengeance de Dieu, ou parce qu'il compte sur les récompenses éternelles, ou celui qui dit la vérité sans craindre la colère de Dieu et sans spéculer sur sa miséricorde ? Nous disons que le chrétien, comme Pothier, spécule ; il dit la vérité et il garde sa promesse par un calcul qu'il croit très-profitable : il échappe à l'enfer et il gagne le paradis. Excellente spéculation, s'il y a un enfer et s'il y a un paradis. Mais le jour vient où les hommes ne croient plus ni aux peines ni aux récompenses éternelles. Que deviennent alors ces spéculateurs en morale ? Ils se parjurent sans le moindre scrupule de conscience, car on ne leur a jamais appris à écouter leur conscience, et ils ne craignent plus l'enfer et ils n'espèrent plus le ciel. Qu'arrive-t-il ? La morale s'en va avec la superstition, car la morale n'était rien que superstition. Voilà comment il se fait qu'il y a presque autant de parjures que de serments devant les tribunaux criminels, et qu'en matière civile on se garde bien de faire appel à la conscience de la partie adverse. Le serment reprendra sa force quand on apprendra aux hommes qu'ils ont des devoirs à remplir et qu'ils doivent les remplir indépendamment de toute peine et de toute récompense ; la vengeance de Dieu et sa miséricorde, comme le dit Pothier, vicie la morale dans son essence, parce qu'elle la transforme en spéculation.

223. L'opinion contraire est professée par tous les auteurs, elle est consacrée par la jurisprudence. Il faut donc voir à quelles conséquences elle conduit. Une première question s'est présentée en France et en Belgique. Il y a des sectes chrétiennes qui, se fondant sur une parole de l'Evangile, refusent de prêter un serment avec invocation de la Divinité. Ce sont les anabaptistes et les quakers ; ils affirment, c'est-à-dire qu'ils disent *oui* ou *non*, ils ne jurent point. Doit-on recevoir leur affirmation et vaudra-t-elle comme serment? L'affirmative a été jugée par les cours de Belgique et de France (1). Qu'est-ce que cette affirmation faite en justice sans invocation de la Divinité? Ce n'est pas un serment religieux, dans le sens de Pothier; c'est un acte moral, dans le sens de Cicéron. Elle n'a plus pour sanction les peines de l'enfer, elle a pour sanction les peines portées par le code pénal. Les témoignages des quakers, cités par Merlin, ne laissent aucun doute sur ce point. Guillaume Penn, dans son *Histoire de la société des quakers,* après avoir exposé que la simple affirmation est beaucoup plus en harmonie que le serment avec la pureté de l'Evangile, ajoute : « Mais en même temps les quakers consentent, s'ils disent une fausseté, à être *punis* aussi sévèrement que les autres le sont pour un parjure. » Le 10 février 1791, une députation des quakers français se présenta devant l'assemblée nationale et demanda qu'ils fussent, entre autres choses, *dispensés du serment.* « Vous savez, dit l'orateur, que la *formule du serment* n'ajoute rien à la *bonne foi* et à la *probité* ; ce n'est qu'une manière particulière de faire une déclaration, c'est une langue particulière. Nous espérons que vous voudrez bien nous entendre dans la nôtre, elle est de Jésus-Christ. » Mirabeau présidait l'assemblée, il répondit : « Le corps législatif discutera si *une déclaration* dont la fausseté serait soumise aux *peines* établies contre *les faux témoins et les parjures ne serait pas un véritable serment...* Vous ne prenez pas Dieu à témoin, mais vous attestez votre *conscience;* et une conscience pure n'est-elle pas un ciel sans nuages? Cette partie de l'homme n'est-elle pas un rayon de la Divinité (1)? »

Voilà ce que devient le serment sans invocation de la Divinité. C'est, si l'on veut, une affirmation religieuse, puisque la religion, dans son essence, se confond avec la morale. Mais ce n'est plus un acte religieux dans le sens

_____

(1) Rejet de la cour de cassation de Belgique, 28 juillet 1857 (*Pasicrisie,* 1857, 1, 376). Voyez la jurisprudence française dans le *Répertoire* de Dalloz, au mot *Serment,* n° 24, et le réquisitoire de Merlin, dans ses *Questions de droit,* au mot *Serment,* § Ier.

chrétien, tel que Pothier l'a défini; il n'est pas dit un mot, dans les déclarations des quakers, de la vengeance de Dieu et de sa miséricorde; l'affirmation a son principe et sa sanction dans la *conscience*: c'est le serment de Cicéron. Au point de vue de la religion traditionnelle, le serment des quakers n'est pas un serment; voilà pourquoi ils demandaient à l'assemblée nationale d'être dispensés du serment. Mais la religion se modifie avec les sentiments et les idées; notre religion, quoi qu'on en dise, n'est plus celle de Pothier, notre Dieu n'est plus un Dieu de vengeance, c'est un Dieu de bonté. A ce point de vue, on peut dire avec Mirabeau que le serment, quoique prêté sans invocation de la Divinité, est néanmoins un serment religieux, c'est un serment moral, et cette affirmation trouve sa sanction dans le code pénal. Merlin, après avoir rapporté la réponse de Mirabeau, ajoute : « Il est vrai que la promesse faite aux quakers n'a jamais été discutée, ni convertie en loi; mais, dit-il, pour l'admettre, il n'est pas besoin d'une loi particulière, il suffit de la loi générale qui proclame la liberté religieuse; *l'attestation de la conscience est un véritable serment* (1). »

224. Ce n'est pas ainsi que, dans l'opinion générale, on considère le serment. On y voit un acte religieux, parce que la religion ou les croyances religieuses de celui qui le prête sont une garantie qu'il dit la vérité ou qu'il tiendra ce qu'il promet. Il serait plus exact de l'appeler un serment superstitieux. Et quelle garantie offre la superstition? En 1814, le prince souverain des Pays-Bas prit un arrêté par lequel il ordonnait qu'il serait procédé à la prestation du serment dans la forme usitée en Belgique antérieurement à l'occupation française. Le but était, dit notre cour de cassation, de rendre au serment le caractère religieux que la législation et la jurisprudence du pays avaient constamment reconnu à cet acte. De là la cour conclut qu'il est *essentiel* que la formule en soit conforme au culte professé par celui qui est appelé à le prêter en justice. La cour atteste les anciens monuments judi-

(1) Merlin, *Questions de droit*, au mot *Serment*, § Ier (t. XIV, p. 206).

ciaires de nos tribunaux, qui prouvent que la formule du serment variait d'après la religion : un juif, par exemple, ne prêtait serment que d'après le mode israélite (1).

Tel était bien l'esprit de l'arrêté du 4 novembre 1814; il prescrivait, en conséquence, la formule suivante pour le serment qui devait être prêté par les témoins : « Je le jure; ainsi m'aident Dieu et tous les saints. » Voilà la superstition en plein. C'est un serment catholique; les protestants et les juifs ne pourraient pas le prêter. Le catholique ne se contente pas de l'invocation de la Divinité, les saints sont sur la même ligne que Dieu. Que dis-je? la religion pratique ne connaît que les saints, elle ignore Dieu. Quelle sera la garantie de ce serment pour ceux qui ne croient plus aux saints? Les forcera-t-on néanmoins à jurer par les saints? ou leur demandera-t-on s'ils croient encore aux saints? Ce n'est pas nous qui soulevons ces doutes, on les a invoqués comme des arguments contre le serment israélite.

Les juifs talmudistes prêtent serment dans la synagogue, les mains sur les livres saints, avec les imprécations les plus horribles contre les parjures. Voilà le serment par excellence, tel que Pothier le définit : c'est le Dieu vengeur qui y préside, le Dieu de l'ancienne loi, et le catholicisme est, en bien des choses, le retour au judaïsme. Un juif ne se croit point lié par un serment prêté simplement avec invocation de la Divinité, il manquera à sa parole sans scrupule de conscience : à cela aboutit le serment religieux! On va voir les difficultés, disons mieux, les impossibilités juridiques contre lesquelles il se heurte.

La cour de Colmar, qui voit de près les effets de la superstition juive, a décidé que l'on pouvait exiger des juifs la prestation du serment *more judaico*, c'est-à-dire avec les solennités que nous venons de rappeler. Elle commence par établir que le serment est un acte civil tout ensemble et religieux : en prescrivant le serment, en autorisant à le déférer et surtout en punissant de peines

(1) Rejet, 28 juillet 1857 (*Pasicrisie*, 1857, 1, 376).

graves le parjure, la loi a eu évidemment pour but de fortifier l'engagement par un lien plus que civil, par un lien sacré qui lie non-seulement le for intérieur, mais qui y ajoute toute la puissance du lien religieux. De là la conséquence forcée que le serment doit être prêté d'après le rit prescrit par chaque confession religieuse. Or, les juifs de l'Alsace sont talmudistes, c'est-à-dire qu'ils suivent de point en point le Talmud, tandis que les juifs du Midi suivent le rit portugais, qui n'admet que la seule loi de Moïse; les juifs alsaciens sont persuadés qu'un serment prêté avec la seule invocation de la Divinité ne les lie point. On objecte la liberté religieuse que Merlin invoque pour soutenir qu'une simple affirmation judiciaire équivaut à un serment. Est-ce que chacun ne peut pas modifier, à son gré, ses croyances religieuses, ne suivre qu'en partie le culte de ses pères, ou même le déserter tacitement? Cela se voit tous les jours chez les juifs et chez les chrétiens. Il faudra donc que le juge s'enquière de la religion de celui qui doit prêter serment! La cour appelle renégats les hommes qui abandonnent les croyances de leurs pères. Soit. La question est de savoir si les juifs comme les chrétiens ont le droit d'être des renégats, et ce que fera le juge quand il se trouvera en face d'un renégat. La cour se tire d'embarras en disant qu'il est à peu près sans exemple de voir des renégats chez les juifs d'Alsace. Mais la cour sait qu'il n'en est pas de même des chrétiens, elle se voit donc obligée de décider la question en principe; et voici la conséquence à laquelle elle aboutit : La justice doit, jusqu'à preuve contraire, admettre que chacun a été élevé dans la religion de ses pères, qu'il l'a conservée et suivie et que c'est d'après cette religion que doivent se faire les actes qui sont tout ensemble civils et religieux, tels que le serment, le mariage et l'inhumation. L'opinion contraire, dit la cour de Colmar, conduirait à l'indifférence religieuse et à l'athéisme (1).

Hélas! nous y sommes, et ce n'est pas la fiction ad-

(1) Colmar, 18 janvier 1828 (Dalloz, au mot *Serment*, n° 25, 3°, et les autres arrêts dans le même sens qui y sont rapportés).

mise par la cour de Colmar qui nous sauvera de cette
mort de l'âme; vainement essayerait-on d'enchaîner les
consciences à la religion du passé, c'est le moyen infaillible d'enraciner l'indifférence et de répandre l'athéisme.
A des sentiments nouveaux, il faut des croyances que la
conscience puisse accepter. Revenons à la question de
droit. Comment concilier la liberté religieuse avec un
serment confessionnel? Quel moyen le juge a-t-il de s'assurer si le juif appelé à prêter serment croit encore au
Talmud? Et s'il n'y croit plus, quelle valeur aura le serment prêté à la synagogue pour celui qui a déserté la synagogue? On veut fortifier le serment et on le ruine dans
son essence! Il n'y a qu'une conscience et elle parle partout le même langage, pourvu qu'on ne commence pas
par l'aveugler; adressez-vous à la conscience, en ayant
soin de développer le sens moral et de l'éclairer, voilà la
seule garantie possible et c'est la plus forte.

C'est sous l'influence de ces sentiments que la cour de
cassation a changé sa jurisprudence en 1846. La cour maintient le principe que le serment a un caractère essentiellement religieux, puisque celui qui le prête prend Dieu à
témoin de la sincérité de son affirmation. Mais la religion,
telle que la cour la comprend, n'est plus la superstition du
passé. Elle dit « que la véritable garantie contre le parjure consiste dans *la conscience de l'homme* et non dans
des solennités accessoires qui n'ajoutent aucune force
réelle à l'acte solennel du serment. » Ce n'est pas là le
serment religieux tel que les sectes l'entendent; c'est le
serment moral de Mirabeau, c'est l'affirmation des quakers; c'est encore une affirmation religieuse, en ce sens
que la morale se confond avec la religion. La conséquence
est qu'il ne peut plus y avoir de serment confessionnel.
Le serment consiste dans les mots: « Je jure », qu'on est
tenu de prononcer en levant la main. Ainsi l'invocation
de Dieu ne se trouve même plus dans la formule consacrée par la jurisprudence française. Toutefois la cour
admet une exception : le juge peut autoriser une autre
forme de serment lorsque la personne qui doit le prêter
ne professe pas la religion de la majorité des Français et

en fait elle-même la demande (1). Il nous semble que l'exception n'est guère en harmonie avec le principe, et cependant il était difficile de ne pas l'admettre. On voit à quelles difficultés on se heurte quand on part du principe que le serment est un acte religieux ; la cour entend par là un serment moral, et voilà qu'elle est obligée de sanctionner un serment superstitieux. Et, il faut le dire, le serment moral de la cour de cassation n'atteindra pas le but du serment religieux : c'est un serment philosophique. Le conseiller Lasagni en a fait la remarque dans son rapport : « Le véritable serment affermit la sincérité de ce qu'une personne affirme, d'une manière *surnaturelle;* si l'on veut un serment religieux, il faut que celui qui le prête le fasse en se mettant en présence de son Dieu, ce Dieu fût-il une pierre. » On voit que la lutte est entre la religion du passé et la religion de l'avenir, entre la superstition et la morale.

Signalons encore une difficulté légale qui s'oppose au serment prêté *more judaico.* D'après le code de procédure (art. 121) le serment, en matière civile, doit être prêté par la partie en personne à l'audience. Il est difficile de concilier avec cette disposition un serment prêté dans la synagogue, non en présence du juge, mais en présence du rabbin.

225. En Belgique, la question s'est présentée dans d'autres termes. On soutient que la constitution belge s'oppose à la prestation d'un serment religieux, même le plus simple, en le réduisant à l'invocation de la Divinité. La jurisprudence unanime de la cour de cassation et des cours d'appel s'est prononcée contre cette opinion (2) ; nous allons exposer la doctrine consacrée par la juris-

---

(1) Cassation, 3 mars 1846 (Dalloz, 1846, 1, 103). Les cours d'appel et les auteurs ont adopté cette doctrine. Voyez la jurisprudence dans le *Répertoire* de Dalloz, au mot *Serment,* n° 28 ; ajoutez Rejet, 16 janvier 1869 (Dalloz, 1870, 1, 198). Comparez Larombière, t. V, p. 437, n° 11 (Ed. B., t. III, p. 323).

(2) Rejet, 28 mai 1867 et 25 juin 1867 (*Pasicrisie,* 1867, 1, 275 et 295) ; 28 avril 1868 (*Pasicrisie,* 1868, 1, 393), et 19 juillet 1869 (*Pasicrisie,* 1870, 1, 45). Liége, 17 août 1867 (*Pasicrisie,* 1867, 2, 207). Bruxelles, 4 mai 1867 (*Pasicriste,* 1867, 1, 296).

prudence et nous dirons en même temps quels sont nos motifs de douter.

La cour de cassation prend pour point de départ la notion traditionnelle du serment : c'est l'acte par lequel l'homme prend Dieu à témoin de la vérité de ce qu'il affirme ; l'invocation de la Divinité est donc de l'essence du serment, elle forme le gage de la confiance que celui qui le prête doit inspirer. Il s'agit de savoir si la constitution belge a abrogé le serment ainsi entendu. La cour invoque l'article 127 qui porte : « Aucun serment ne peut être imposé qu'en vertu de la loi. Elle en détermine la formule. » Cette disposition n'est pas aussi décisive qu'on le dit : tout dépend de la formule du serment; elle peut n'être qu'une simple affirmation faite en justice et sanctionnée par le code pénal; elle peut être une affirmation surnaturelle garantie par des peines surnaturelles. De quelle manière les auteurs de la constitution l'entendaient-ils ? Cela est pour le moins douteux, car voici ce qu'on lit dans le rapport de la section centrale sur l'article 127 : « Exiger un serment qui serait contraire à la *liberté des cultes et des opinions*, ce serait violer l'une des bases fondamentales de notre constitution. Il existe des sectes qui rejettent le serment, mais qui admettent l'affirmation solennelle pour attester un fait. *Dans le sens de la loi civile, le serment n'est autre chose qu'une affirmation qui lie solennellement celui qui l'a prêté.* » Cette définition du serment est celle de Mirabeau (n° 223), c'est le serment moral, ce n'est pas le serment confessionnel, et le véritable serment religieux est celui qui est prescrit, non par la loi civile, mais par la loi religieuse. Par cela seul que la constitution dit que la loi détermine la formule du serment, elle répudie implicitement le serment confessionnel ; le vrai serment religieux, comme l'a dit Lasagni (n° 224), est un acte surnaturel; ce n'est pas à la loi civile de régler le surnaturel; si donc les auteurs de la constitution avaient entendu que le serment fût un acte religieux, ils auraient dû s'en rapporter, quant à la formule, non à la loi civile, mais à la loi religieuse, et même aux convictions morales ou philosophiques de celui qui est appelé à prêter un serment. N'est-ce pas en ce sens que le rapporteur de la section centrale dit que ce serait violer la constitution que d'exiger un serment qui serait contraire à la liberté des cultes et des *opinions?*

Toutefois nous n'attachons pas une grande importance au rapport de la section centrale sur l'article 127, pas plus qu'à cette disposition elle-même. La vérité est que la question du serment religieux n'a pas été nettement posée; dès lors on ne peut pas dire qu'elle ait été résolue. Tout ce que l'on peut affirmer, et sur ce point tout le monde est d'accord, c'est que l'on ne pourrait pas imposer une formule religieuse qui fût contraire aux croyances de celui qui prête le serment; la loi même ne le pourrait pas, puisque ce serait violer la liberté religieuse, et nous ajoutons, avec le rapport de la section centrale, la liberté des *opinions.* Ainsi il est hors de doute que l'on ne pourrait pas exiger la formule prescrite par l'arrêté de 1814 : « Ainsi m'aident Dieu et tous ses saints. » On ne pourrait pas l'exiger de celui qui n'est pas catholique, puisque c'est un serment catholique. A notre avis, on ne pourrait pas même l'imposer aux catholiques. Nous n'insistons pas sur ce point, puisque ce n'est pas dans ces termes que la question s'est présentée devant la cour de cassation. La formule du serment qu'un témoin avait refusé de prêter contenait la simple invocation de la Divinité: *Ainsi m'aide Dieu.* Cette formule, dit la cour de cassation, n'implique en aucune manière l'adhésion à un culte quelconque; il est donc impossible qu'elle viole la liberté des cultes. Cela est-il bien exact?

La constitution fait plus que consacrer la liberté des cultes : elle établit la liberté religieuse dans son sens le plus large, le plus absolu. En effet, le même article qui proclame la liberté des cultes et celle de leur exercice public ajoute : « La liberté de manifester ses *opinions* en toute matière est garantie. » La liberté des *opinions,* qu'on le remarque bien, est mise par la loi sur la même ligne que la liberté des cultes; c'est la liberté de penser et de manifester sa pensée, la liberté philosophique, c'est-à-dire la liberté de croire ou de ne pas croire, la liberté d'abandonner la croyance de ses pères, la liberté de professer des croyances nouvelles et la liberté de répudier toute foi surnaturelle, même la croyance en Dieu. Nous ne professons pas l'athéisme, c'est de tous les systèmes philosophiques celui qui nous est le plus antipathique. Mais l'athéisme est professé ; il y a une doctrine très-répandue sous le nom de *positivisme*. Elle ébranle les bases de l'ordre social et de l'ordre moral ; mais il ne s'agit pas ici de la valeur des doctrines, il y a aussi des croyances religieuses qui sont funestes ; néanmoins la constitution leur donne aide et protection, jusqu'à assurer un traitement aux ministres du culte qui ruinent par leur enseignement les fondements de notre ordre politique. Eh bien, l'athée a le même droit que le jésuite. Si la constitution ne permet pas d'exiger du jésuite un serment religieux qui serait en opposition avec ses croyances, elle ne permet pas davantage d'imposer à l'athée l'invocation de la Divinité dont il nie l'existence.

Il y a plus. L'invocation de la Divinité qui, d'après la cour de cassation, fait l'essence du serment, implique une croyance religieuse autre que celle de l'existence de Dieu. Pothier le dit, et il est assez singulier que dans ce débat on n'ait pas cité son témoignage, alors qu'on en citait tant d'autres. Prendre Dieu à témoin, c'est dire qu'on se soumet à la *vengeance de Dieu* et que l'on renonce à sa *miséricorde;* c'est-à-dire que l'invocation de la Divinité implique la croyance catholique de l'enfer, de la perpétuité des peines et de la perpétuité des récompenses. Nous disons que c'est une croyance catholique, car il y a des sectes protestantes qui la répudient et il n'y a pas un libre penseur qui ne la repousse. Donc imposer le serment avec invocation de Dieu, c'est exiger une profession catholique de celui qui prête le serment. Nous disons que personne n'a ce droit-là, pas même le législateur; c'est la section centrale du congrès qui le dit : « Exiger un serment qui serait contraire à la liberté des *opinions*, ce serait violer l'une des bases fondamentales de notre constitution. » Or, il y a des milliers, nous ne dirons pas de libres penseurs, mais de catholiques, qui ne croient

plus aux peines éternelles; donc on viole la liberté de
conscience en leur imposant un serment qui est en opposition avec leurs croyances. Et quelle sera la valeur de
ce serment? S'il en a une pour celui qui croit à l'enfer, il
n'en a aucune pour celui qui n'y croit pas. Il faudrait
donc qu'avant de recevoir le serment, le juge demandât à
celui qui doit le prêter s'il croit à la sanction des peines
éternelles. Le juge n'a pas ce droit-là, donc il ne peut
imposer un serment, même avec la simple invocation de
la Divinité. Et les serments qui se prêtent avec cette formule sont des serments dérisoires pour tous ceux qui
n'ont pas la foi que le serment suppose. Un serment moral, une simple affirmation faite la main levée, comme le
dit la cour de cassation de France, n'aurait-elle pas bien
plus d'autorité? Ce serait l'affirmation de l'honnête homme,
et il ne s'est encore trouvé personne qui répudie l'honnêteté.

Il y a encore plus dans notre constitution que la liberté
religieuse, il y a la séparation de l'Eglise et de l'Etat
qui implique la séparation de l'ordre religieux et de l'ordre
civil. Il est bien vrai que la constitution ne proclame
pas ce principe, mais les auteurs de la constitution l'ont
proclamé dans les termes les plus formels au sein du
congrès, et parmi eux se trouvaient des abbés (1). Ce
n'était pas pour eux un principe, ils n'entendaient l'inscrire
dans notre constitution qu'à titre de nécessité temporaire.
Là où il y a conflit de croyances religieuses et d'opinions
philosophiques, plus ou moins hostiles à la religion traditionnelle, la loi ne peut plus avoir de caractère confessionnel, ni partant aucun acte de la vie civile. La liberté
religieuse, telle que notre constitution l'entend, avec la
séparation de l'Eglise et de l'Etat, a pour conséquence
logique la sécularisation de tous les actes qui jadis étaient
essentiellement religieux : tel est le mariage. Notre constitution fait plus que le séculariser, elle subordonne le
mariage religieux au mariage civil; si le mariage, qui
est un sacrement, n'est plus aux yeux de la loi qu'un

(1) Voyez mon *Étude sur l'Église et l'État en Belgique.*

contrat, à plus forte raison en doit-il être ainsi de tous
les actes qui ont un caractère civil tout ensemble et religieux ; ils cessent d'être des actes religieux et ne sont
plus que des actes civils : tel est le serment. De même
que le mariage, le serment n'est plus qu'un acte civil.
Est-ce à dire que le serment réduit à une simple affirmation ne soit plus un serment? Ce sera encore un acte
religieux, dans le vrai sens du mot, puisque ce sera un
acte dicté par la conscience et sanctionné par la conscience. Il n'aura plus pour garantie la crainte de l'enfer.
Dès maintenant cette garantie est illusoire et elle le de-
viendra de plus en plus ; les enfants bientôt ne croiront
plus au diable. Cela n'empêche pas qu'il y ait un ordre
moral auquel Dieu préside. Mais le Dieu auquel nous
croyons n'est plus le Dieu de vengeance de la loi ancienne, c'est le Dieu de charité de la loi nouvelle. C'est
ce Dieu que Jésus-Christ nous a révélé et il a en même
temps répudié tout le formalisme de l'ancienne loi. Voilà
pourquoi il dit à ses disciples : Vous ne jurerez pas ; votre
parole doit être sacrée, car elle est dictée par la conscience,
et Dieu siége dans la conscience : en l'écoutant, on obéit
à la voix de Dieu.

Nº 2. DIVISION. DU SERMENT EXTRAJUDICIAIRE.

226. Le code (art. 1357) dit que le serment *judiciaire*
est de deux espèces : le serment *décisoire* et le serment
déféré d'office. Cela suppose qu'il y a encore un autre
serment qui n'est pas judiciaire ; les auteurs l'appellent
extrajudiciaire, parce qu'il n'est pas prêté en justice. Le
serment est extrajudiciaire dans deux cas.

Dans l'ancien droit, les parties contractantes ajoutaient
quelquefois le serment à leurs engagements pour en assurer l'accomplissement ; on l'appelait serment *promissoire*, parce que la promesse se faisait sous la foi du serment. L'ambition des gens d'église avait jadis rendu
commun l'usage du serment dans les contrats ; ils prétendaient que le juge ecclésiastique avait le droit de
connaître des contestations sur l'exécution des contrats

qui étaient confirmés par serment. Ils fondaient cette prétention sur la nature du serment : le serment étant un acte de religion, le refus d'exécuter une obligation confirmée par serment était considéré comme une violation de la religion ; par suite, la religion paraissait intéressée dans les contestations sur l'exécution des engagements garantis par un serment, ce qui les rendait de la compétence des gens d'église. C'est pourquoi les notaires, qui étaient gens d'église, ne manquaient pas d'insérer dans les contrats qu'ils passaient la clause du serment promissoire, afin d'assurer aux juges ecclésias·tiques la connaissance des procès auxquels ils donnaient' lieu. Il y a très-longtemps, dit Pothier, que les gens d'église ont été forcés d'abandonner des prétentions auxquelles l'ignorance avait donné lieu; ce qui n'empêchait pas l'Eglise de soutenir que sa juridiction était de droit divin : c'était le droit divin de l'ignorance (1). Le serment promissoire est tombé en désuétude. Quand l'obligation est valable, le serment n'y ajoute aucun effet et il ne l'empêche pas d'être nulle quand elle est infectée d'un vice. Le serment promissoire était donc inutile. C'était une invention du clergé, elle est tombée avec sa juridiction.

227. Il y a encore serment extrajudiciaire quand les parties conviennent de faire dépendre la solution d'un différend de la prestation d'un serment. Ce serment a une grande analogie avec celui que le code appelle décisoire; il a le même effet, en ce sens que, s'il est prêté par la partie à laquelle la convention le défère, elle obtient gain de cause; elle perd, au contraire, son procès quand elle refuse de le prêter. La loi ne parle pas du serment déféré hors justice; la convention qui le défère n'en est pas moins valable, puisqu'elle n'a rien de contraire à l'ordre public ni aux bonnes mœurs. C'est une transaction et elle est régie par les principes qui régissent la transaction. Le serment judiciaire est aussi une transaction : il diffère du serment conventionnel, en ce que la transaction en vertu de laquelle le serment est déféré en justice

---

(1) Pothier, *Des obligations*, n° 104. Comparez mon *Étude sur l'Église et l'Etat* (2e édition).

est forcée; la partie à laquelle le serment est déféré en justice doit accepter la transaction, tandis qu'elle peut la refuser si elle lui est offerte hors justice; il va sans dire qu'il ne peut pas y avoir de transaction sans concours de consentement. Il y a encore une autre différence entre le serment judiciaire et le serment extrajudiciaire; le premier peut être référé, le second doit être prêté par la partie à laquelle la convention l'impose (1). Il est inutile de nous y arrêter; le serment est une dernière ressource à laquelle il est rare que l'on recoure avant d'avoir essayé la voie judiciaire.

228. Le serment prêté devant le juge de paix quand il siége en conciliation est-il un serment extrajudiciaire? On admet généralement l'affirmative et avec raison (2). La loi définit le serment judiciaire, celui qu'une partie défère à l'autre pour en faire dépendre le jugement de la cause et celui qui est déféré d'office par le juge à l'une ou à l'autre des parties. Il est certain que le juge de paix ne peut pas déférer le serment aux parties quand elles comparaissent devant lui en conciliation, car sa mission est de concilier et non de juger. Par la même raison, le serment que l'une des parties déférerait à l'autre ne serait pas un serment judiciaire; ce serait l'offre d'une transaction que l'autre partie peut accepter ou refuser; si elle accepte, il y a conciliation sous la condition de la prestation du serment; si elle refuse, il y a refus de se concilier. On ne pourrait donc pas appliquer à ce refus la disposition de l'article 1361 qui est ainsi conçu : « Celui auquel le serment est déféré, qui le refuse ou ne consent pas à le déférer à son adversaire, doit succomber dans sa demande ou dans son exception. » L'article 1361 suppose un serment judiciaire, c'est-à-dire une transaction forcée; au bureau de paix, il ne peut être question que de conciliation, c'est-à-dire d'une transaction volontaire. On ob-

---

(1) Duranton, t. XIII, p. 601, nᵒˢ 568-570. Colmet de Santerre, t. V, p. 648, nᵒ 336 bis II. Larombière, t. V, p. 446, nᵒˢ 2 et 3 (Ed. B., t. III, p. 326).
(2) Toullier, t. V, 2, p. 290, nᵒ 363. Aubry et Rau, t. VI, p. 346, note 5, § 752. Larombière, t. V. p. 478, nᵒˢ 11-13 (Ed. B., t. III, p. 339). Comparez Duranton, t. XIII, p. 603, nᵒ 569.

jecte l'article 55 du code de procédure qui porte : « Si l'une des parties défère le serment à l'autre, le juge de paix le recevra, ou fera mention du refus de le prêter. » S'il doit faire mention du refus, dit-on, c'est que la partie qui refuse doit succomber. Non, il ne peut être question, au bureau de paix, de gagner ni de perdre sa cause, il ne peut s'agir que de se concilier ou du refus de conciliation. C'est ce que dit l'article 54 : le procès-verbal que le juge dresse contient les conditions de l'arrangement, s'il y en a; dans le cas contraire, il fera sommairement mention que les parties n'ont pu s'accorder. Comme suite à cette disposition, l'article 55 veut que le juge de paix reçoive le serment, ce qui sera une conciliation sous forme de transaction; ou le refus de prêter le serment, ce qui sera le refus de se concilier. La jurisprudence est en ce sens(1). Si la partie prête le serment, le juge de paix le reçoit et le procès est terminé, comme il le serait en vertu d'un serment judiciaire; par suite, si le serment est faux, la partie coupable sera punie des peines du parjure (2).

229. Le serment judiciaire est *décisoire* ou *déféré d'office* (art. 1357); les auteurs appellent ce dernier serment *supplétoire* ou *supplétif*.

§ II. *Du serment décisoire.*

N° 1. PRINCIPE.

230. Le serment décisoire est celui qu'une partie défère à l'autre pour en faire dépendre le jugement de la cause (art. 1357). C'est une transaction qu'offre la partie qui défère le serment et que doit accepter la partie à laquelle il est déféré. Si c'est le demandeur qui le défère, il dit implicitement à l'autre partie : « Si vous voulez jurer que vous ne me devez rien, ou que vous m'avez payé ce que je vous demande, je vous tiendrai quitte. » Si c'est

---

(1) Rejet, 17 juillet 1810 (Dalloz, au mot *Commerçant*, n° 346). Poitiers, 3 février 1841 (Dalloz, 1846, 2, 124). Douai, 5 janvier 1854 (Dalloz, 1854, 2, 135).
(2) Rejet, cour de cassation de Belgique, 4 février 1862 (*Pasicrisie*, 1862 1, 378).

le défendeur qui défère le serment, il propose la transaction suivante : « Je vous payerai ce que vous me demandez si vous voulez jurer que je vous le dois réellement. » Cette transaction doit être acceptée par celui à qui elle est offerte. Nous disons que la délation du serment est une transaction ; en effet, le code dit que le jugement de la cause en dépend, et l'article 2044 définit la transaction un contrat par lequel les parties terminent une contestation née ou préviennent une contestation à naître. Comment la délation du serment décide-t-elle la contestation? Si celui à qui le serment est déféré le prête, il obtient gain de cause, c'est la conséquence de la transaction que l'autre partie lui a proposée. S'il refuse de prêter le serment, il succombe; car cette alternative est aussi comprise dans la transaction, et c'est bien sur celle-là que compte la partie qui défère le serment; le refus de prêter le serment implique l'aveu tacite que la demande formée est légitime. La loi permet encore à la partie qui doit prêter le serment de le référer à son adversaire; dans ce cas, l'issue du procès dépend du parti que celui-ci prendra : prête-t-il le serment, il triomphe; le refuse-t-il, il succombe.

231. Ce qui caractérise cette transaction, c'est qu'elle est forcée : la partie à laquelle elle est offerte doit nécessairement prêter le serment ou le référer, sinon elle perd sa cause. Pourquoi la loi permet-elle d'imposer une transaction sous la forme de serment? Jaubert, le rapporteur du Tribunat, répond à notre question : « Celui à qui le serment est déféré ne peut se plaindre de ce qu'on le laisse juge dans sa propre cause, et il serait honteux de refuser d'affirmer la vérité et la sincérité d'une demande ou d'une exception dans laquelle on entendrait persister. » L'orateur du gouvernement ajoute : « Lorsqu'une partie se repose sur la probité de l'autre, au point de prendre droit par son serment, ou lorsqu'une partie est dénuée de preuves suffisantes pour établir sa demande, il est juste de l'admettre à déférer le serment (1). »

_____

(1) Jaubert, Rapport, n° 40 (Locré, t. VI, p. 237). Bigot-Préameneu, Exposé des motifs, n° 223 (Locré, t. VI, p. 187).

232. C'est d'ordinaire la nécessité qui contraint à déférer le serment, en ce sens que le demandeur n'a point de preuves à l'appui de son action, ou que le défendeur ne parvient pas à prouver le fondement de son exception. Ainsi la délation du serment est autorisée comme dernière ressource en faveur de celui qui n'a point de preuve. Voilà pourquoi la loi permet de déférer le serment « encore qu'il n'existe aucun commencement de preuve de la demande ou de l'exception sur laquelle il est provoqué (art. 1360). » Jadis cette question était vivement controversée. Pothier dit que les raisons que l'on alléguait pour exiger un commencement de preuve étaient frivoles; on doit dire plus, elles étaient en opposition avec l'essence même du serment décisoire; il implique une confiance absolue dans la bonne foi de celui qui doit prêter le serment : qu'importe donc que celui qui le défère soit sans preuve aucune? On dit que celui qui n'a aucune preuve ne doit pas agir en justice. Nous répondons que la loi ne peut jamais refuser l'action en justice, car la partie qui n'a pas de preuve peut néanmoins avoir un droit à défendre, et la défense est le plus naturel des droits (1).

233. Le serment est une transaction qui met fin au procès. On le compare à l'autorité de la chose jugée en dernier ressort (2). La transaction sous forme de serment a un effet plus considérable que la décision du juge. Celle-ci, alors même qu'elle est en dernier ressort, est encore soumise à des voies de recours extraordinaires, notamment au pourvoi en cassation; tandis que le serment décisoire empêche toute espèce de recours. Celui qui prête le serment jure de dire la vérité, et celui qui a déféré le serment s'est engagé à tenir pour vrai ce que l'autre partie déclarera sous la foi du serment. On peut donc dire du serment, et à plus forte raison, ce que l'on dit de la chose jugée, qu'il y a une présomption de vérité; cette présomption a tant de force que l'on n'est pas admis à prouver la fausseté du serment, comme nous le dirons plus loin, et la transaction produirait tous ses

(1) Pothier, *Des obligations,* nos 484 et 485.
(2) Duranton, t. XIII, p. 606, n° 571.

effets, quand même le parjure serait prouvé par un jugement criminel. Telle est la conséquence logique de la
transaction, telle que nous venons de la définir. C'est un
principe fondamental : toutes les règles qui régissent la
matière en découlent.

N° 2. QUI PEUT DÉFÉRER LE SERMENT ?

234. L'article 1357 dit que le serment décisoire est
déféré par l'une des parties à l'autre pour en faire dépendre le jugement de la cause. Est-ce à dire que toute partie
plaidante puisse déférer le serment? Pothier répond :
« Comme on fait dépendre du serment la décision de la
contestation et du droit des parties, il s'ensuit qu'il n'y a
que ceux qui ont la disposition de leurs droits qui puissent
déférer ce serment. » Il serait plus exact de dire que pour
déférer le serment il faut avoir la capacité de transiger.
Il est vrai que l'article 2045 dit que pour transiger il faut
avoir la capacité de disposer des objets compris dans la
transaction; de sorte que la capacité de transiger et la
capacité de disposer sont synonymes. Mais elles ne le
sont pas toujours, la loi est parfois plus sévère pour les
transactions que pour les aliénations; il vaut mieux formuler la règle conformément au principe qui domine cette
matière : la délation du serment est une transaction, par
conséquent il faut être capable de transiger pour déférer
le serment décisoire. Toullier s'exprime donc inexactement en disant qu'il y a des cas où la délation de serment
peut ne pas excéder les bornes de l'administration; le
pouvoir d'administrer ne donne pas, en principe, le droit
de disposer; donc l'administrateur n'a jamais, en cette
qualité, le pouvoir de transiger (1).

235. Le mineur et l'interdit ne peuvent pas déférer le
serment, parce qu'ils n'ont pas la libre disposition de
leurs biens. Que faut-il dire du mineur émancipé? Toullier répond que le mineur émancipé peut déférer le ser-

_____

(1) Pothier, _Des obligations_, n° 914. Aubry et Rau, t. VI, p. 348, § 753.
Comparez Toullier, t. V, 2, p. 297, n° 376.

ment sur les droits dont il a la libre disposition. Mais de quoi le mineur a-t-il la libre disposition? La loi établit un principe très-restrictif concernant sa capacité : « Il ne peut faire aucun acte autre que ceux de *pure administration*, sans observer les formes prescrites au mineur non émancipé » (art. 484). Est-ce que transiger est un acte de pure administration? La loi ne le permet pas même au tuteur en vertu de l'autorisation du conseil de famille homologuée par le tribunal, elle exige de plus un avis de trois jurisconsultes (art. 467). Il faut donc décider que le mineur émancipé ne peut transiger et, par suite, déférer le serment que sous les conditions prescrites pour le mineur non émancipé.

Il faut en dire autant des personnes placées sous-conseil judiciaire. Duranton dit qu'il n'est pas douteux qu'elles ne puissent déférer le serment sur des objets qui rentrent dans la simple administration de leurs biens (1). C'est confondre le pouvoir d'administration avec le pouvoir de disposition. Les prodigues et les simples d'esprit ne peuvent pas aliéner (art. 499 et 513); donc elles sont incapables de transiger (art. 2045) et, par suite, de déférer le serment décisoire.

Les auteurs que nous combattons mettent sur la même ligne les mineurs émancipés, les personnes placées sous conseil et les femmes mariées séparées de biens. Cela n'est pas exact. La loi dit formellement de la femme séparée de biens qu'elle peut disposer de son mobilier et l'aliéner (art. 1449); ayant un droit de disposition, elle a par cela même le pouvoir de transiger (art. 2045); donc elle est capable de déférer le serment décisoire.

236. La distinction que nous venons d'établir entre le pouvoir d'administrer et le pouvoir de disposer ou de transiger est consacrée par le code en ce qui concerne les mandataires. D'après l'article 1988, le mandat conçu en termes généraux n'embrasse que les actes d'administration; s'il s'agit d'aliéner ou hypothéquer, ou de quelque autre acte de propriété, le mandat doit être exprès. Donc

---

(1) Toullier, t. V, 2, p. 296, n° 375. Duranton, t. XIII, p. 617, n° 584.

le mandataire ayant pouvoir d'administrer ne peut pas transiger ni déférer le serment. Sur ce point, la doctrine et la jurisprudence sont d'accord (1).

Ce principe s'applique aux avoués. Quoiqu'ils représentent la partie en justice, ils n'ont pas le droit de disposer des prétentions qu'ils sont chargés de défendre; l'article 352 du code de procédure porte : « Aucunes offres, aucun aveu ou consentement ne pourront être faits, donnés et acceptés sans un pouvoir spécial, à peine de désaveu. » L'avoué ne peut donc déférer le serment qu'en vertu d'un mandat spécial. Sur ce point aussi tout le monde est d'accord (2).

237. Il résulte du même principe que le tuteur ne peut déférer le serment au nom du mineur et de l'interdit qu'en observant les formes prescrites par l'article 467 pour les transactions. C'est l'opinion de tous les auteurs, sauf le dissentiment de Duranton ; il ne vaut pas la peine de s'y arrêter, puisque les principes sont certains (3). Duranton donne du moins des raisons à l'appui de son opinion. La cour de Paris a jugé tout simplement que la délation du serment décisoire est un moyen de défense autorisé par la loi, qui peut être employé, comme tout autre, par une tutrice au nom de ses enfants mineurs(4). De pareilles décisions sont faites pour discréditer la jurisprudence.

Ce que nous disons du tuteur est vrai de tous ceux qui sont appelés par la loi à administrer les biens d'autrui. Ils n'ont qu'un pouvoir d'administration, ce qui exclut le droit de disposer, de transiger et partant de déférer le serment décisoire. Il ne faut donc pas dire, comme le fait Larombière, que les administrateurs légaux ont la faculté de déférer le serment dans les mêmes cas et sous les mêmes conditions qu'ils ont le droit de transiger sur les

---

(1) Rejet, 27 avril 1831 (Dalloz, n° 5214, 2°) et tous les auteurs.
(2) Voyez la jurisprudence dans le *Répertoire* de Dalloz, n° 5228. Il faut ajouter Rennes, 6 août 1849 (Dalloz, 1851, 2, 136). Aubry et Rau, t VI, p. 348, note 5, § 753, et tous les auteurs.
(3) Toullier, t. V, 2 p. 296, n° 375. Aubry et Rau, t. VI, p. 348, note 4, réfutent l'opinion contraire de Duranton, t. XIII, p. 615, n° 582).
(4). Paris, 27 août 1847 (Dalloz, 1847, 4, 443).

choses qui font l'objet de la contestation : est-ce qu'un administrateur a jamais le pouvoir de transiger? Duranton se trompe aussi, à notre avis, en disant que le mari, administrateur des biens de sa femme, peut déférer le serment sur les actions mobilières qu'il a le droit d'intenter (1). Autre est le droit d'agir en justice, autre est le droit de transiger. Le tuteur peut intenter les actions mobilières ; cependant il ne peut jamais transiger, par la raison péremptoire qu'il n'a pas le pouvoir de disposition, et le mari ne l'a pas davantage. Cela décide la question du serment.

N° 3. A QUI LE SERMENT PEUT-IL ÊTRE DÉFÉRÉ?

238. Aux termes de l'article 1357, le serment est déféré par l'une des parties à l'autre. Il suit de là que le serment ne peut pas être déféré à celui qui n'est pas partie; ainsi on ne peut pas le déférer au mari qui autorise sa femme à plaider, car celui qui autorise ne s'oblige pas et ne plaide pas, il n'est donc pas partie; dès lors on ne conçoit pas que le serment lui soit déféré(2). A plus forte raison le serment ne peut être déféré à des personnes étrangères au procès. Un notaire, actionné pour rendre compte, prétend qu'il a rendu compte, il produit un acte revêtu d'une croix et de deux signatures; la croix, disait-il, était la marque du demandeur et les signatures étaient celles de sa fille et de son gendre. Le notaire déféra le serment au demandeur, à charge de faire citer les deux signataires qui auraient à prêter le serment simultanément avec leur mère et en sa présence. Il a été jugé que la délation de serment était conditionnelle et que le demandeur ne pouvait être tenu de mettre en cause ses enfants. C'était, en effet, déférer le serment à des personnes étrangères au procès (3).

239. Il ne suffit pas de figurer au procès pour y être

(1) Larombière, t. V, p. 460, n° 2 (Ed. B., t. III, p. 332). Duranton, t. XIII, p. 618, n° 586.
(2) Angers, 28 janvier 1825 (Dalloz, au mot *Obligations*, n° 5230).
(3) Bruxelles, 15 décembre 1815 (*Pasicrisie*, 1815, p. 550).

réellement partie. Les représentants légaux d'un incapable figurent au procès; ils intentent l'action, ou l'action
est intentée contre eux, mais ils ne sont pas parties, c'est
l'incapable qui est partie. Donc le serment ne peut être
déféré aux administrateurs, tels que le tuteur d'un mineur
ou d'un interdit, et le mari administrateur des biens de sa
femme. Ils ne sont pas parties, et ils ne peuvent prêter
serment au nom de ceux dont ils gèrent les intérêts; car
ils n'ont qu'un pouvoir d'administration, lequel ne suffit
point pour consentir à une transaction (1).

Les auteurs admettent une restriction à cette décision,
dans le cas où il s'agit d'un fait personnel au représentant. Par exemple, le débiteur prétend avoir payé au tuteur sans retirer quittance; il met le tuteur en cause, non-
seulement comme représentant du mineur, mais en son
nom personnel : peut-il lui déférer le serment? Oui, car
il est partie, puisqu'il figure en son nom au procès. Mais
la délation du serment n'a l'effet d'une transaction qu'à
l'égard du tuteur considéré personnellement; la transaction est étrangère au mineur, celui-ci n'a pas le droit de
transiger, ni le tuteur en son nom (2). Nous verrons plus
loin que le serment dit *de crédulité* peut aussi être déféré
au tuteur.

240. Le serment ne peut pas être déféré à tous ceux
qui sont parties en cause. Il n'y a que ceux qui ont pouvoir de transiger à qui l'on puisse déférer le serment.
Pothier le dit, et cela est d'évidence (3); le serment implique
une transaction et la transaction est un contrat qui exige
le consentement et la capacité des parties contractantes;
il est vrai que le consentement est forcé, mais toujours
est-il que pour consentir il faut être capable. Ainsi on ne
peut déférer le serment à un mineur, à un interdit, à une
femme mariée non autorisée. L'autorisation de plaider
suffit-elle pour autoriser la femme à prêter le serment?
Non, car le pouvoir de plaider ne donne pas le pouvoir

(1) Larombière, t. V, p. 462, n° 6 (Ed. B., t. III, p. 333).
(2) Aubry et Rau, t. VI, p. 439 et suiv., § 753. Larombière, t. V, p. 463,
n°s 8 et 9 (Ed. B., t. III, p. 433).
(3) Pothier, *Des obligations*, n° 914.

de transiger (1). De même les personnes placées sous conseil ne peuvent accepter la délation du serment qu'avec l'assistance de leur conseil; la loi leur défend formellement de transiger (art. 499 et 513), ce qui est décisif (2).

I. La règle.

241. L'article 1358 porte : « Le serment décisoire peut être déféré sur quelque espèce de contestation que ce soit. » Telle est la règle ; elle est conçue en termes trop généraux, comme nous le dirons plus loin. Pothier, que les auteurs du code suivent en cette matière, comme dans toute la théorie des obligations, nous expliquera le sens et la portée de l'article 1358. « On peut, dit-il, déférer le serment décisoire sur quelque espèce de contestation que ce soit et dans quelque espèce d'instance civile que ce soit, sur le possessoire comme sur le pétitoire, dans les causes sur une action personnelle comme dans une cause sur une action réelle (3). » C'est l'application du principe qui domine notre matière : le serment met fin au procès par une transaction ; or, les parties peuvent toujours terminer leurs différends en transigeant, pourvu qu'elles aient la capacité requise et que l'objet du litige ne s'oppose pas à ce qu'une transaction intervienne.

242. L'article 1358 dit que le serment peut être déféré sur toute espèce de contestation. Cela veut-il dire dans tout procès, alors même que la demande ou l'exception serait pleinement justifiée? La cour de cassation a jugé à plusieurs reprises que le juge pouvait refuser la délation du serment quand la demande ou l'exception sont entièrement justifiées. Cela paraît rationnel : le serment est une preuve par laquelle on combat la demande ou l'exception ; mais si le fait litigieux est attesté par un écrit

---

(1) Angers, 28 janvier 1825 (Dalloz, n° 2530).
(2) Chambéry, 11 février 1854 (*Journal du Palais*, supplément belge, 1854, p. 275).
(3) Pothier, *Des obligations*, n° 912.

émané de celui-là même qui défère le serment, peut-il le
déférer à celui qui prouve le fondement de sa demande
par le témoignage de son adversaire (1)? Cependant la
question nous paraît douteuse. La jurisprudence de la
cour de cassation suppose que le juge a un pouvoir discrétionnaire d'ordonner ou de rejeter la délation du serment; ce point est déjà douteux, nous y reviendrons. En
ce qui concerne la question spéciale que nous examinons,
le texte et l'esprit de la loi semblent contraires à la doctrine de la cour. Quand il s'agit du serment supplétoire,
la loi dit que le juge ne peut pas le déférer lorsque la
demande ou l'exception est pleinement justifiée (art. 1367),
mais la loi ne dit pas la même chose du serment décisoire;
l'article 1358, au contraire, dispose. dans les termes les
plus absolus que le serment décisoire peut être déféré sur
quelque espèce de contestation que ce soit. Vainement
dit-on qu'il n'y a pas de contestation lorsque le fait litigieux est prouvé; il y a contestation par cela seul que le
défendeur n'acquiesce pas à la demande et que le demandeur repousse l'exception qu'on lui oppose. Qu'importe
que l'une des parties prouve le fondement de sa demande
ou de son exception, et que l'autre, celle qui défère le serment, n'ait aucune preuve; il suffit qu'elle conteste pour
qu'il y ait contestation, et dès qu'il y a contestation, le
serment peut être déféré (2).

243. La délation du serment est une des preuves légales que le code admet pour prouver les faits qui doivent
être établis en justice. Pour qu'il y ait lieu de déférer le
serment, il faut donc qu'il s'agisse de prouver un fait et
que la loi ne repousse pas les preuves ordinaires. Il faut
d'abord qu'il s'agisse d'une question de preuve. De là suit
que le serment ne peut être déféré sur l'existence ou sur
les clauses d'un contrat solennel. Vainement le serment
serait-il prêté; vainement serait-il prouvé qu'il y a une
donation, une convention matrimoniale, une hypothèque,
cela ne suffirait point pour que la donation, le contrat de

(1) Rejet, 6 août 1856 (Dalloz, 1857, 1, 39); 17 novembre 1863 (Dalloz,
1864, 1, 121).
(2) Bastia, 12 avril 1864 (Dalloz, 1864, 1, 88).

mariage ou l'hypothèque existent légalement, car les contrats solennels n'existent que lorsque les formes légales ont été observées ; si elles ne l'ont pas été, il n'y a pas de contrat aux yeux de la loi ; donc la délation de serment serait frustratoire, comme le serait toute autre preuve : sans acte authentique, le contrat n'existe pas, c'est le néant. La doctrine (1) et la jurisprudence (2) sont en ce sens. Il y a des contrats qui, d'après la loi, doivent être rédigés par écrit : telle est la transaction (art. 2044). En résulte-t-il que la transaction est un contrat solennel? Nous examinerons la question au titre qui est le siége de la matière. Il a été jugé que le serment peut être déféré sur l'existence d'une transaction, parce que ce contrat reste, quant à la preuve, sous l'empire du droit commun (3).

244. Le serment peut-il être déféré contre un acte authentique? Il y a quelque incertitude sur ce point dans la doctrine et dans la jurisprudence, comme dans toutes les questions qui concernent la force probante des actes. La solution est très-simple si l'on admet la distinction que nous avons enseignée, avec tous les auteurs, sur l'étendue de la foi que font les actes authentiques. Dans les cas où ils font foi jusqu'à inscription de faux, le serment ne peut être déféré, parce que l'inscription en faux est la seule preuve que la loi admette contre l'authenticité. On objecte les termes absolus de l'article 1358 ; mais en disant que le serment peut être déféré sur toute contestation, la loi n'a pas entendu déroger aux principes qui régissent les actes authentiques. Le serment n'est qu'une preuve, et la loi rejette toute preuve contraire quand elle déclare que l'acte fait foi jusqu'à inscription de faux, sauf la plainte en faux ; cela est décisif. On objecte encore que la délation du serment n'est pas une attaque dirigée contre l'acte, c'est, dit-on, une offre de transaction. Oui, mais une

---

(1) Duranton, t. XIII, p. 608, n° 575. Larombière, t. V, p. 454, n° 1° (Ed. B., t. III, p. 329).

(2) Cassation, 21 juillet 1852 (Dalloz, au mot *Obligations*, n° 5195). Jugement du tribunal d'Anvers du 16 janvier 1874 (*Pasicrisie*, 1875, 3, 79).

(3) Limoges, 6 février 1845 (Dalloz, 1846, 4, 458).

transaction forcée, et cette transaction forcée peut anéantir la preuve qui résulte de l'acte; c'est donc bien une attaque contre l'acte; or, la loi n'en admet qu'une seule, l'inscription en faux.

Quand l'acte authentique ne fait foi que jusqu'à preuve contraire, la délation du serment est admissible, puisque toute preuve légale est admise contre l'acte. La loi ne fait d'exception que pour la preuve testimoniale (art. 1341); l'exception confirme la règle. Dans ce cas, l'article 1358 reprend toute sa force : le serment peut être déféré, parce que la loi admet toute preuve contraire, donc aussi le serment (1).

La jurisprudence est d'une confusion extrême, et les recueils d'arrêts augmentent la confusion, en citant les décisions judiciaires sans distinction aucune entre celles qui concernent les cas où l'acte authentique fait foi jusqu'à inscription de faux et celles qui prévoient des cas où la preuve contraire est admise. Il y a des arrêts qui semblent admettre la preuve contraire dans tous les cas (2); d'autres semblent la rejeter dans tous les cas (3). Enfin il y en a qui consacrent la distinction que nous avons faite, pour mieux dire, que nous n'avons fait qu'appliquer (4). Il est inutile de discuter la jurisprudence; les principes ne laissent aucun doute et l'autorité des principes l'emporte sur l'autorité des arrêts.

II. *La restriction.*

245. Il faut faire une restriction à la règle trop absolue de l'article 1358; elle résulte de la nature même du serment décisoire. C'est une transaction; or, on ne peut pas transiger sur toute espèce de contestations. En disant

---

(1) Duranton, t. XIII, p. 611, nº 579. Toullier, t. V, 2, p. 301, nº 380. Larombière, t. V, p. 471, nº 3 (Éd. B., t. III, p. 327). Comparez, en sens contraire, Colmet de Santerre, t. V, p. 650, nº 337 *bis* VI.
(2) Turin, 10 nivôse an XIV et 20 février 1808, Colmar, 18 avril 1806 (Dalloz, au mot *Obligations*, nº 5198, 1º et 2º).
(3) Montpellier, 25 juin 1819 (Dalloz, nº 5199).
(4) Caen, 9 janvier 1815 (Dalloz, nº 5198, 3º). Bruxelles, 20 avril 1826 (*Pasicrisie*, 1826, p. 119), et 28 janvier 1826 (*ibid.*, p. 31).

que pour transiger il faut avoir la capacité de disposer des objets compris dans la transaction, l'article 2045 établit implicitement le principe que la transaction contient une disposition des choses sur lesquelles elle porte ; donc il ne peut y avoir de transaction que sur des objets dont la loi permet la disposition. L'orateur du Tribunat a formulé le principe en l'appliquant. « Toute transaction, dit Gillet, s'arrête aux seuls objets qui sont dans le commerce; ainsi les droits de la nature, les droits de la société ne peuvent devenir une matière de transaction. C'est pour cela que le projet dit que pour transiger il faut avoir la capacité de disposer des objets compris dans la transaction, ce qui suppose nécessairement que ces objets sont disponibles (1). »

Il suit de là que l'on ne peut pas transiger sur des questions d'état et, par suite, le serment ne peut être déféré en matière de filiation, ni en matière de divorce ou de séparation de corps. Il y a un avis en ce sens, émané du conseil d'Etat du ci-devant royaume de Westphalie. Il pose en principe que la délation du serment n'est admissible que dans les contestations qui portent sur des intérêts pécuniaires, qu'on ne peut pas l'appliquer à des contestations où l'ordre public et les bonnes mœurs sont engagés. Cela est trop absolu, nous semble-t-il; nous dirons plus loin que le serment peut être déféré sur des faits illicites et, par conséquent, immoraux. Il faut donc limiter la restriction aux choses qui ne peuvent faire l'objet d'une transaction : tel est avant tout l'état des personnes(2).

246. En disant que nulle preuve n'est admise contre certaines présomptions légales, l'article 1352 ajoute : « Sauf ce qui sera dit sur le serment. » Cela suppose que le serment peut être déféré contre les présomptions légales, comme nous l'avons dit en traitant des présomptions. Il faut toutefois faire une exception pour les présomptions qui sont d'ordre public. La transaction du serment implique une disposition, une renonciation ; or,

---

(1) Gillet, *Discours*, n° 2 (Locré, t. VII, p. 470).
(2) Duvergier sur Toullier, t. V, 2, p. 299, note *a*. Duranton, t. XIII, p. 608, n° 574. Aubry et Rau, t. V, p. 350, notes 10 et 11, § 753 (3e édit.).

les particuliers ne peuvent pas disposer de ce qui est
d'intérêt public, ni y renoncer. Ainsi on ne peut pas déférer le serment contre la présomption de vérité attachée
à la chose jugée. Les textes mêmes résistent à la prétention contraire. C'est à l'article 1358 que l'article 1252
fait allusion ; or, quelque générale que soit la disposition
de l'article 1358, elle suppose néanmoins qu'il y a une
contestation possible ; et quand il y a chose jugée, il n'y
a plus de contestation possible, puisque la loi défend de
remettre en question ce qui a été jugé. L'article 1360 est
conçu dans le même sens : il permet de déférer le serment
en tout état de cause ; il faut donc qu'il y ait une cause et
des parties en cause ; or, il n'y a pas de cause quand la
loi donne l'exception de chose jugée pour repousser la
demande ou l'exception. La doctrine (1) et la jurisprudence (2) sont unanimes sur ce point.

De même, on ne peut déférer le serment à celui qui
invoque la prescription. Dans ce cas encore, il n'y a plus
de contestation, plus de cause ; la prescription a éteint la
dette, en ce sens qu'elle forme une exception péremptoire contre celui qui essayerait de se prévaloir d'un droit
prescrit, et cette exception est d'ordre public. Cela suppose qu'il s'agit de la prescription ordinaire ; quand il
s'agit d'une courte prescription, la loi permet de déférer
le serment au défendeur sur la question de savoir si la
chose a été réellement payée (art. 2275 et code de com.,
art. 189) ; la raison en est que ces prescriptions sont fondées exclusivement sur la présomption du payement de
la dette. En autorisant, par exception, la délation du serment quand il s'agit d'une courte prescription, la loi confirme implicitement la règle qui défend de déférer le serment lorsque la prescription est acquise (3).

247. Le serment ne peut pas être déféré contre les
présomptions qui ont pour effet de dénier l'action en jus-

---

(1) Colmet de Santerre, t. V, p. 650, n° 337 *bis* IV et tous les auteurs.
(2) Turin, 15 juillet 1806 et 5 avril 1809 (Dalloz, n° 5194, 1° et 2°) Rejet,
7 juillet 1829 *ibid.*, 3°).
(3) Duranton, t. XIII, p. 609, n° 577. Colmet de Santerre, t. VI, p. 650,
n° 337 *bis* VII.

tice, quand la loi établit l'exception dans l'intérêt public. Il en est de même dans tous les cas où la loi refuse l'action dans un intérêt général. La cour de cassation a appliqué ce principe aux avoués. Ils ne peuvent pas déférer le serment à l'appui d'une action en payement des frais qui leur sont dus. La raison en est que le tarif du 16 février 1807 (art. 151) subordonne leur action à la tenue régulière d'un registre; s'ils n'ont pas de registre, ils ne peuvent pas réclamer leurs frais; dès lors il n'y a ni contestation ni cause possibles et, par suite, le serment ne peut être déféré (1).

N° 5. SUR QUELS FAITS LE SERMENT PEUT-IL ÊTRE DÉFÉRÉ?

I. *Les faits doivent être personnels.*

248. « Le serment ne peut être déféré que sur un fait personnel à la partie à laquelle on le défère » (art. 1359). Voilà une nouvelle restriction au droit absolu que l'article 1358 semble donner de déférer le serment. La restriction résulte de l'essence même du serment. C'est un appel à la conscience; or, nous ne pouvons affirmer que ce qui nous est personnel; quant aux faits des autres, nous les ignorons et, alors même que nous les connaîtrions, la conscience nous fait un devoir de ne pas affirmer ce que nous ne savons pas d'une manière certaine.

Les faits ne nous sont pas personnels quand ce sont des faits de notre auteur. Je ne puis pas déférer le serment à une partie sur le fait d'une personne dont elle est héritière ou aux droits de laquelle elle est; si elle ne peut ignorer son propre fait, elle n'est pas obligée de savoir ce qui est du fait d'un autre a qui elle a succédé. Ainsi je demande à l'héritier le prix d'une chose que je prétends avoir vendue au défunt : je ne pourrai pas lui déférer le serment, dit Pothier, parce que ce n'est pas son fait, c'est le fait de son auteur (2). Si le serment était déféré sur un

(1) Rejet, 1er mai 1849 (Dalloz, 1849, 1, 182).
(2) Pothier, *Des obligations*, n° 912.

fait non personnel, le juge devrait refuser la délation; car le serment est contraire à la loi, et le juge ne peut pas ordonner un serment illégal (1).

249. Pothier, à qui les auteurs du code ont emprunté le principe de l'article 1359, ajoute : « Mais l'usage parmi nous est que l'on puisse déférer à l'héritier le serment sur le point de savoir s'il a connaissance que le défunt dût la somme demandée. » Dans ce cas, dit Pothier, on ne défère pas le serment sur le fait de la dette, qui est le fait du défunt, on lui défère le serment sur le fait de la connaissance qu'il a de la dette, ce qui est son propre fait. Le code ne reproduit pas cette réserve au titre des *Obligations*; mais l'article 2275, qui permet de déférer le serment à ceux qui opposent une courte prescription, ajoute: « Le serment pourra être déféré aux veuves et héritiers, ou aux tuteurs de ces derniers, s'ils sont mineurs, pour qu'ils aient à déclarer s'ils ne savent pas que la chose soit due. » Le code de commerce contient une disposition analogue (art. 189). Ces articles consacrent-ils une exception et sont-ils, par suite, de rigoureuse interprétation? ou sont-ils l'application d'un principe général, ce qui permettrait de les appliquer par analogie? La question est controversée. Il nous semble que le caractère exceptionnel de ces dispositions est incontestable. La délation du serment est une transaction, et cette transaction ne se conçoit que sur des faits qui sont personnels à celui à qui le serment est déféré. Telle est la règle établie par l'article 1359. Le code y admet une exception dans le cas prévu par l'article 2275; l'exception est plus restreinte que celle dont parle Pothier; la loi ne dit pas que l'on peut déférer le serment à la veuve, aux héritiers et au tuteur sur toute espèce de contestations, elle ne permet de le leur déférer que sur les courtes prescriptions dont il est traité dans les articles précédents; c'est donc à ce cas qu'il faut limiter la disposition de l'article 2275 (2). Vainement dit-on que

(1) Rejet, chambre civile, 1er mars 1859 (Dalloz, 1859, 1, 155).
(2) Aubry et Rau, t. VI, p. 351, note 15, admettent que la disposition est exceptionnelle, mais ils l'interprètent dans le sens de Pothier; c'est déjà l'étendre.

l'article 2275 ne fait qu'appliquer le principe de l'article 1359, puisque la connaissance qu'ont les héritiers et la veuve est un fait personnel; dans cette opinion, le serment dit de *crédulité* serait une règle générale (1). C'est oublier que le serment décisoire est une transaction forcée; or, peut-on imposer une transaction à ceux qui sont étrangers aux faits sur lesquels porte la délation du serment? Telle est la vraie difficulté. Si l'on s'en tenait à l'essence du serment, il faudrait répondre négativement; on ne peut pas constituer juge du procès, en faisant appel à sa conscience, celui qui ne sait la chose que par ouï-dire; la connaissance qu'il a peut être erronée, il peut se tromper, et, cependant, sur la déclaration qu'il fera ou qu'il ne fera pas, le fait sera considéré comme vrai ou faux. Cela est certes une dérogation à l'essence du serment, donc c'est une exception.

Il y a un point sur lequel tout le monde est d'accord, c'est que la disposition de l'article 2275 est exceptionnelle en ce qui concerne les tuteurs. La règle est que les tuteurs ne peuvent pas prêter, au nom des mineurs, un serment qui est une véritable transaction. C'est donc par exception qu'ils sont admis à prêter le serment dit de *crédulité,* avec cet effet que la prestation du serment équivaudra à une transaction à l'égard des mineurs. La conséquence est évidente, c'est que les tuteurs ne peuvent prêter le serment de crédulité que dans le cas prévu par l'article 2275 (2).

II. *Les faits doivent être relevants.*

250. Le serment doit être déféré sur un fait litigieux; c'est une preuve, et il n'y a que les faits qui doivent être

---

(1) C'est l'opinion généralement suivie, sauf que chaque auteur étend plus ou moins l'exception, ce qui conduit à une incertitude complète. Duranton, t. XIII, p. 613, n° 580. Mourlon, t. II, p. 376, n° 1651. Colmet de Santerre, t. V, p. 649, n° 337 *bis* III. Larombière, t. V, p. 467, n° 12 (Ed.B., t. III. p. 334).

(2) Rejet, 14 novembre 1860 (Dalloz, 1861, 1, 338). Colmar, 23 août 1859 (Dalloz, 1859, 2, 193). Aubry et Rau, t. VI, p. 350. Larombière, t. V, p. 467, n° 12 (Ed. B., t. III, p. 334).

prouvés par les parties. C'est quand on n'a point de preuve que l'on se trouve dans la nécessité de déférer le serment. De là suit que le serment ne peut pas être déféré sur un point de droit. Il faut appliquer au serment ce que nous avons dit de l'aveu (n° 156) (1).

Tout fait litigieux peut être l'objet d'une délation de serment. On a prétendu que le serment ne pouvait être déféré quand le fait porte atteinte à l'honneur de celui qui doit le déclarer sous la foi du serment ; ce serait, dit-on, le pousser au parjure par la crainte de se déshonorer. Nous renvoyons l'objection au législateur ; ce serait une véritable exception à la règle de l'article 1359 qui permet de déférer le serment sur quelque espèce de contestation que ce soit, donc sur un fait quelconque. La jurisprudence s'est prononcée en ce sens. Il a été jugé que le serment peut être déféré à celui qui nie avoir entre ses mains des titres confiés autrefois à son auteur ; le défendeur opposait qu'il ne pouvait être tenu d'affirmer un fait honteux pour la mémoire du défunt. Cette défense n'a pas été admise (2). La cour de Turin a jugé que le serment peut être déféré sur des faits de séduction et d'attentat à la liberté de tester (3). Il en serait ainsi quand même les faits litigieux constitueraient des délits criminels. Sous l'empire du code, il était de jurisprudence que l'on pouvait déférer le serment sur des faits d'usure (4).

251. Il ne suffit point qu'un fait soit litigieux pour que le serment puisse être déféré à celui qui le nie, le fait doit être relevant. On entend par là des faits qui sont de nature à motiver le jugement de la contestation. Cette condition résulte de l'essence du serment décisoire : il est déféré pour en faire dépendre le jugement de la cause (art. 1357) ; c'est pour cela qu'on l'appelle *litisdécisoire ;* il faut donc que le fait soit tel, que son affirmation ou sa dénégation entraîne la décision du procès. De là résulte,

---

(1) La Haye, chambre de cassation, 23 mai 1818 (*Pasicrisie*, 1818, p. 107).
(2) Pau, 3 décembre 1829 (Dalloz, au mot *Obligations*, n° 4876, 2°).
(3) Turin, 13 avril 1808 (Dalloz, au mot *Dispositions*, n° 255).
(4) Bruxelles, 1er février 1809. Bordeaux, 10 mai 1833 (Dalloz, au mot *Obligations*, n° 5204).

pour les juges du fait, un pouvoir d'appréciation qui leur permet et leur impose même le devoir de refuser la délation de serment quand le fait n'est pas relevant; on ne doit pas prodiguer le serment, ni le déférer sur des faits dont l'affirmation ou la dénégation ne mettrait pas fin au litige. C'est naturellement au juge à voir si le fait sur lequel l'une des parties défère le serment a ce caractère(1).

252. Il faut généraliser cette règle, en ce sens que le serment doit être formulé de manière que la prestation ait pour effet de terminer le procès. Il ne suffit donc pas que le fait sur lequel le serment est déféré soit relevant; il faut aussi que l'intention de celui qui le défère soit d'en faire dépendre le jugement de la cause : c'est la définition que la loi (art. 1357) donne du serment décisoire, et il en résulte, comme condition essentielle, que la partie qui défère le serment doit avoir la volonté d'offrir une transaction définitive ; le serment qui n'impliquerait pas une transaction pareille pourrait être refusé; le juge doit le rejeter, quand même la partie à laquelle il est déféré serait disposée à le prêter. Libre aux parties de transiger comme elles veulent, mais quand la transaction est offerte sous forme de serment, les parties et le juge sont liés par la loi. La jurisprudence est en ce sens. Il est de l'essence du serment décisoire, dit la cour de cassation, de faire dépendre de ce serment le jugement de la cause. Dans l'espèce, le serment était déféré, non point pour en faire dépendre le jugement de la cause, mais pour se procurer un document à l'effet de poursuivre le procès. Le juge, dit la cour, a fait une juste application des principes en rejetant le serment déféré dans ces circonstances (2). La cour de cassation a encore jugé, par application de ces principes, que lorsqu'une partie offre de déférer le serment décisoire à son adversaire, il appartient au juge d'examiner et d'apprécier le fait sur lequel porterait le serment, à l'effet de reconnaître s'il est décisif, c'est-à-dire si la prestation du serment ou le refus de le prêter entraînera

---

(1) Aubry et Rau, t. VI, p. 351, note 13, § 753 (3º édit.). Larombière, t. V, p. 468, nº 14 (Ed. B., t. III, p. 335).
(2) Rejet, 9 novembre 1846 (Dalloz, 1846, 1, 348).

nécessairement la solution de la difficulté, objet du litige, et, par suite, il appartient au juge de décider s'il y a lieu de déférer le serment (1). Cette dernière proposition est énoncée d'une manière trop absolue; nous y reviendrons.

253. Le principe que nous venons de poser n'est pas douteux, mais l'application donne lieu à de nombreuses contestations (2); comme elles sont de fait plutôt que de droit, nous croyons inutile d'entrer dans ces détails; nous nous bornerons à donner quelques applications empruntées à la jurisprudence, très-nombreuse en cette matière, des cours de Belgique.

Pour que la délation du serment puisse être ordonnée, dit la cour de Liége, il faut qu'il ait pour effet de terminer le litige; or, dans l'espèce, si le serment déféré était prêté, le litige, loin d'être terminé, présenterait encore à décider des questions d'imputation de payement, et notamment celle de savoir si les payements articulés sont, en raison des faits de la cause et des dispositions de la loi, susceptibles d'être imputés sur la créance faisant l'objet des poursuites. En conséquence, la cour a rejeté la délation de serment (3).

La partie qui a recours au serment le défère souvent sur un grand nombre de faits, les uns relevants, les autres non relevants. Dans une espèce jugée par la cour de Bruxelles, la délation portait sur dix-neuf faits. Cela est absurde, dit la cour. D'abord si l'on pouvait mêler au serment décisoire des faits non décisifs et qui seraient faux, le serment deviendrait un piége; en effet, la partie serait dans l'impossibilité de prêter ce serment, puisque la proposition qu'elle affirmerait ou nierait se trouverait fausse dans l'un de ses éléments; la partie serait donc dans cette alternative ou de perdre son procès ou de faire un faux serment, ce qui est absurde et immoral. Il est encore plus absurde, dit la cour, de déférer le serment sur dix-neuf faits et d'appeler cela un serment décisoire. En effet, si

(1) Rejet, 5 mai 1852 (Dalloz, 1852, 1, 275).
(2) Comparez Rejet. 6 février 1843 (Dalloz, au mot *Compte*, n° 35); 13 novembre 1846 et 12 mai 1852 (Dalloz, au mot *Obligations*, n° 5186, 6° et 7°).
(3) Liége, 12 janvier 1859 (*Pasicrisie*, 1859, 2, 204).

la partie prêtait le serment sur quelques faits, en refusant de le prêter sur les autres, naîtrait la question de savoir ce qu'il faudrait décider; donc, au lieu de terminer la contestation, le serment en ferait naître une nouvelle; preuve qu'un pareil serment n'est pas décisoire. La cour jugea que le serment ne pouvait être déféré, tel que l'appelant l'avait formulé (1).

Il ne faudrait pas conclure de là que le serment ne peut jamais être déféré que sur un fait unique; l'article 120 du code de procédure suppose que le serment peut avoir pour objet plusieurs faits; il faut, dans ce cas, que les faits soient également décisifs, car il est contre l'essence du serment qu'il soit prêté sur des faits qui ne décideraient pas le procès. Dans une espèce jugée par la même cour, elle a décidé que le serment serait prêté sur le fait énoncé dans l'arrêt (2).

Cette décision soulève une nouvelle difficulté : le juge a-t-il le droit de modifier la délation du serment, telle qu'elle a été formulée par la partie intéressée? La négative nous paraît certaine. En effet, le serment décisoire est déféré par la partie et non par le juge; c'est donc à la partie qui le défère à le formuler, car c'est à elle à préciser les termes dans lesquels elle entend transiger. La cour de Bruxelles a jugé en ce sens, qu'il n'appartient pas au tribunal d'élaguer d'une délation de serment les faits qui ne lui paraîtraient pas décisifs et d'ordonner le serment sur les autres ; tout ce qu'il peut faire, c'est de déclarer que le serment, tel qu'il est proposé, est inadmissible, parce qu'il porte sur des faits qui n'ont pas tous le caractère décisif exigé par loi (3). Il est arrivé que la partie à laquelle le serment a été déféré a conclu au rejet des faits non relevants, et que la cour a ordonné la prestation du serment ainsi modifié (4). Si celui qui a déféré le serment accepte ces modifications, il va sans dire que la transaction sera maintenue, mais il nous paraît certain qu'il

(1) Bruxelles, 7 mars 1829 (*Pasicrisie*, 1829, p. 97),
(2) Bruxelles, 13 novembre 1834 (*Pasicrisie*, 1834, 2, 254).
(3) Bruxelles, 29 juin 1836 (*Pasicrisie*, 1836, 2, 172).
(4) Bruxelles, 8 mars 1860 (*Pasicrisie*, 1864, 2, 51).

n'est pas tenu de l'accepter ; celui qui fait une offre peut la retirer, dès qu'elle n'est pas acceptée telle qu'il l'a faite. La cour de Bruxelles l'a jugé ainsi dans une autre espèce : il y avait des faits non relevants ; le premier juge les avait écartés en limitant la délation du serment au fait décisif ; en appel, le jugement a été réformé sur ce point ; comme les modifications apportées au serment changeaient le contrat tel que l'une des parties l'avait proposé, il devait lui être permis de retirer son offre ; le juge, en modifiant le serment, doit donc réserver à la partie le droit de maintenir son offre ou de la rétracter (1). En définitive, le juge peut rejeter le serment quand il porte sur des faits non décisifs, quand même la partie à laquelle il est déféré consentirait à le prêter sans modifications (2), mais le serment modifié ne peut être prêté que du consentement de la partie qui l'a déféré (3).

254. Le principe que le serment décisoire doit mettre fin au procès n'empêche pas de le déférer sur des incidents. Comme le dit la cour de Bruxelles, les incidents forment autant de contestations distinctes, quoiqu'elles aient une liaison étroite avec la contestation principale ; elles doivent être décidées avant que le juge puisse rendre un jugement définitif. Or, dès qu'il y a contestation donnant lieu à un jugement, il y a une cause dont le jugement peut être abandonné à la partie à laquelle le serment est déféré (4).

Le même principe décide la question de savoir si l'on peut déférer le serment sur la qualité du demandeur. C'est un incident ; donc il y a cause et partant on peut déférer le serment sur le jugement de la cause (5). Cela suppose que la qualité est un fait décisif. Or, elle n'est plus décisive si le demandeur peut poursuivre le procès en une autre qualité. Le défendeur défère au demandeur le serment sur le point de savoir s'il agit comme prête-

(1) Bruxelles, 29 mai 1865 (*Pasicrisie*, 1865, 2, 223).

(2) Bruxelles, 24 juillet 1866 (*Pasicrisie*, 1867, 2, 407), et 27 juin 1872 (*Pasicrisie*, 1873. 2, 405).

(3) Liége, 11 novembre 1865 (*Pasicrisie*, 1866, 2, 109).

(4) Bruxelles, 22 avril 1830 (*Pasicrisie*, 1830, 2, 110).

(5) Bourges, 22 février 1842 (Dalloz, au mot *Obligations*, n° 5213).

nom; il a été jugé que ce serment n'est pas décisoire, parce que le demandeur aurait eu le droit de continuer les poursuites en supposant même qu'il ne fût que prête-nom; la qualité était donc indifférente, et, par suite, elle ne pouvait faire l'objet d'un serment décisoire (1). La jurisprudence est constante en ce sens; il est inutile de rapporter les décisions, puisque la question n'est pas douteuse (2).

N° 6. QUAND LE SERMENT DOIT-IL ÊTRE DÉFÉRÉ?

255. Aux termes de l'article 1360, le serment peut être déféré en tout état de cause; donc, tant qu'il y a cause, c'est-à-dire tant que le procès est pendant. La partie qui a succombé en première instance peut encore déférer le serment en appel. On a demandé si le serment peut être déféré à la partie défaillante. L'affirmative n'est point douteuse. Mais comme la délation de serment est une offre de transaction, il faut que cette offre soit régulièrement portée à la connaissance de la partie à laquelle elle est faite. Dans une espèce qui s'est présentée devant la cour de cassation, le serment avait été déféré après les plaidoiries à l'audience où l'arrêt fut prononcé; le défaillant était présent à l'audience. Néanmoins la cour a jugé, et avec raison, que la délation était nulle. La présence de fait et la connaissance de fait ne remplacent pas la présence légale ni la connaissance légale; or, le défaillant n'est pas légalement en cause, donc le serment ne peut lui être déféré à l'audience (3).

256. L'arrêt que nous venons de citer suppose que le serment peut encore être déféré après les plaidoiries, quand l'instance est contradictoire. Ce serait mal interpréter la pensée de la cour; elle n'a pas eu à décider la question de savoir jusqu'à quel moment la délation de

(1) Rejet, 27 avril 1831 (Dalloz au mot *Obligations*, n° 5214, 2°).
(2) Rouen, 14 juin 1834, 2 août 1834 et 30 janvier 1838 (Dalloz, au mot *Obligations*, n° 5214, 1°).
(3) Rejet, chambre civile, 1er mars 1859 (Dalloz, 1859, 1, 155).

serment peut avoir lieu ; ce serait donc dépasser les termes
de l'arrêt que d'en conclure que le serment peut être déféré tant que le jugement n'est pas prononcé. La jurisprudence et la doctrine sont contraires. Aux termes de
l'article 111 du code de procédure, les défenseurs n'ont
plus la parole, sous aucun prétexte, après le rapport, si
l'affaire a été mise en délibéré. On conclut de là que
les parties ne peuvent pas prendre de nouvelles conclusions ni, par conséquent, déférer le serment (1).

257. Du principe que le serment peut être déféré en
tout état de cause, il suit que le serment peut être
déféré après que tous les moyens proposés par le demandeur ou par le défendeur ont été rejetés. Cela se fera
même régulièrement ainsi, puisque le serment est un
moyen extrême auquel on ne recourt guère qu'en cas de
nécessité absolue, donc quand on voit que les preuves
alléguées à l'appui de l'action ou de l'exception font défaut ou, ce qui revient au même, sont insuffisantes. Tel
est l'esprit de la loi, et le texte prouve que telle est aussi
la volonté du législateur. En disant que le serment peut
être déféré en tout état de cause, l'article 1359 permet
de le déférer en appel, donc après que l'on a succombé
en première instance et que l'on prévoit que l'on succom-
bera également dans la nouvelle instance.

De là naît la question de savoir si l'on peut d'avance et
par des conclusions subsidiaires déférer le serment dans
le cas où les moyens proposés seraient rejetés. L'affirmative ne nous paraît pas douteuse ; elle résulte des termes
généraux de l'article 1359 et de l'esprit de la loi. Si je
puis déférer le serment en appel, après que j'ai succombé
en première instance, pourquoi ne le pourrais-je pas sous
forme de conclusions subsidiaires? Nous supposons que
le serment est décisoire, c'est-à-dire que le jugement de
la cause en dépend, les autres moyens proposés étant jugés insuffisants. C'est une transaction conditionnelle, et
quel principe empêche de proposer une transaction sous

---

(1) Duranton, t. XIII, p. 620, n° 590. Voyez la jurisprudence dans le *Répertoire* de Dalloz, au mot *Obligations*, n° 5239.

condition? Le serment est une transaction forcée pour celui qui l'offre comme pour celui qui l'accepte, en ce sens que le premier ne l'offre que parce qu'il n'a pas d'autre preuve ; il est donc dans l'esprit du serment que la partie commence par présenter ses preuves et ne recoure au serment que subsidiairement (1). Cependant la jurisprudence est presque unanime en faveur de l'opinion contraire (2) : elle considère le serment déféré subsidiairement comme un serment supplétoire.

Voici l'espèce dans laquelle la cour de cassation s'est prononcée, pour la première fois, en faveur de cette singulière opinion. Demande en reddition de compte contre un agent d'affaires, en annulation de deux contrats de vente et en remboursement d'une somme de 17,600 francs remise à titre de dépôt. La demanderesse succombe en première instance sur tous les chefs. En appel, elle reproduit les mêmes moyens et conclut subsidiairement à ce que son adversaire ne fût renvoyé qu'à la charge de jurer que les deux actes de vente étaient sincères et véritables, que le prix de ces ventes avait été réellement payé et qu'il n'avait pas reçu d'elle, à titre de dépôt, les 17,600 francs dont elle demandait le remboursement. La cour d'Agen jugea qu'il n'y avait pas lieu d'ordonner le serment déféré, que ce serment était purement supplétif, et qu'à défaut d'un commencement de preuve, on ne pouvait pas soumettre le défendeur à le prêter. Sur le pourvoi, il intervint un arrêt de rejet ; la cour ne donne d'autre motif de sa décision que cette affirmation que le serment déféré est purement supplétif, puisque la demanderesse ne l'a déféré que subsidiairement à tous moyens. Dans un autre arrêt, elle dit que le serment est supplétif, parce que les demandeurs n'y ont recouru que très-subsidiaire-

(1) C'est l'opinion de la plupart des auteurs. Marcadé, t. V, p. 235, n° III de l'article 1359 ; Aubry et Rau, t. VI, p. 352, et notes 20-22, § 753 (3ᵉ édit.). Larombière, t. V, p. 472, nᵒˢ 6-9 (Ed. B., t. III, p. 337). En sens contraire, Toullier, t. V, p. 320, nᵒˢ 404 et suiv., et Merlin, *Répertoire*, au mot *Serment*, § II, art. II, n° 7, et *Questions de droit*, au mot *Serment*, § IV.

(2) Il y a un nombre considérable d'arrêts, ils sont cités dans le *Répertoire* de Dalloz, n° 5188 ; il faut ajouter Chambéry, 22 mars 1861 (Dalloz, 1861, 2, 164) et Bordeaux, 22 août 1871 (Dalloz, 1872, 2, 214).

ment et après avoir épuisé tous les autres moyens (1).
Nous disons que cette opinion est singulière. Qu'est-ce
qui autorise la cour à transformer en serment supplétif
un serment que l'une des parties défère à l'autre? Ce qui
distingue les deux serments, c'est que le serment décisoire
est déféré par l'une des parties à l'autre; tandis que le
serment supplétif est déféré d'*office* par le juge à l'une ou
à l'autre des parties. *D'office*, dit l'article 1357; donc ce
n'est pas sur la demande de l'une des parties; et on ne
conçoit pas même que l'initiative vienne du demandeur,
car ce n'est pas à lui d'apprécier s'il convient au juge de
déférer le serment à son adversaire, le tribunal seul a ce
droit. Donc par cela seul qu'un serment est déféré par
l'une des parties à l'autre, il faut dire que le serment est
décisoire.

Il y a un second caractère qui distingue les deux serments : le serment décisoire est déféré pour en faire dépendre le jugement de la cause, c'est une transaction;
tandis que le serment que le juge défère n'est qu'un supplément de preuve. La difficulté, si difficulté il y a, consiste donc à savoir s'il y a offre de transaction ou non.
Or, il y a offre de transaction par cela seul que l'une des
parties défère le serment à l'autre. Le serment cesse-t-il
d'être décisoire parce que la partie ne le défère que subsidiairement? La cour de cassation le dit; mais, en le
disant, elle ajoute à la loi; le code n'exige pas que la partie défère le serment dès le principe, au commencement
de l'instance et sans proposer d'autres moyens; la loi dit
le contraire, puisqu'elle permet de déférer le serment en
tout état de cause (art. 1360), donc à la fin de l'instance,
alors qu'elle a épuisé ses moyens; donc aussi par conclusions subsidiaires dans le cas où ses moyens seraient
rejetés; peu importe le jour où le serment est déféré, peu
importe la forme dans laquelle on le défère, pourvu qu'il
soit déféré pour en faire dépendre le jugement de la
cause, il est décisoire; or, quoique déféré subsidiaire-

_____

(1) Rejet, section civile, 30 octobre 1810, et Rejet 7 novembre 1838 (Dalloz, au mot *Obligations*, n° 5188).

ment à d'autres moyens, il n'en décide pas moins le litige, puisqu'il est déféré et prêté alors que les autres moyens se trouvent insuffisants. Le serment ainsi déféré et prêté n'est pas un supplément de preuve; c'est la preuve unique, puisque l'on suppose que tous les autres moyens sont rejetés.

Il y a quelques arrêts en ce sens (1). Nous avons supposé que le serment déféré par l'une des parties à l'autre est un serment décisoire. Légalement il en est ainsi, puisque les parties ne peuvent pas déférer un serment supplétif. Cependant, de fait, il se peut que l'une des parties défère à l'autre un serment, en ce sens que le serment lui soit déféré par le juge à titre de supplément de preuve. Dès que l'intention de celui qui défère le serment n'est pas d'en faire dépendre le jugement de la cause, la délation n'est pas une offre de transaction; donc ce n'est pas un serment décisoire. Est-ce à dire que ce soit un serment supplétif (2)? Non, car les parties n'ont pas le droit de déférer un serment supplétoire : c'est un serment illégalement déféré, de sorte que le juge ne doit pas décider que ce prétendu serment décisoire est, en réalité, supplétif, il doit se borner à rejeter les conclusions de celui qui défère le serment dans ces termes (3). Quand même la partie conclurait formellement à ce que le serment fût déféré par le juge, ses conclusions devraient encore être rejetées comme contraires à la loi; il ne lui appartient pas de dire au juge ce qu'il a à faire : le juge agit d'office, dit la loi; c'est donc à lui de prendre l'initiative (4).

258. La jurisprudence est encore en opposition avec la doctrine et, il faut le dire, avec le texte et l'esprit de la loi sur une autre question. Le juge doit-il ordonner la prestation du serment dès que l'une des parties le demande? L'affirmative nous paraît certaine; elle est écrite

---

(1) Pau, 3 décembre 1829; Nîmes, 24 mars 1852 (Dalloz, au mot *Obligations*, n° 5189). Bastia, 12 avril 1864 (Dalloz, 1864, 2, 88).
(2) Rejet, 12 novembre 1835 et 26 novembre 1828 (Dalloz, n° 5190, 1° et 3°) Comparez Gand, 13 mars 1872 (*Pasicrisie*, 1872, 2, 200).
(3) Rejet, 21 novembre 1833 (Dalloz, au mot *Dispositions*, n° 4658, 3°).
(4) Rejet, 3 février 1829 (Dalloz, au mot *Obligations*, n° 5190).

dans la définition que le code donne du serment décisoire ; c'est la partie qui défère le serment, ce n'est pas le juge ; le tribunal n'intervient que pour sanctionner ce que les parties veulent et ce qu'elles ont le droit de vouloir. Ce que le juge n'a pas le droit d'ordonner, il n'a pas le droit de le refuser. Et l'on ne conçoit pas qu'il refuse : le serment est une transaction ; or, les parties peuvent toujours transiger, la loi leur donne le droit absolu d'offrir la transaction sous forme de serment, et elle ne donne pas au juge le droit de s'y opposer. Cela est décisif. Le serment est encore une dernière ressource que la loi offre à celle des parties qui n'a aucune preuve à l'appui de ses prétentions : de quel droit le juge la priverait-il d'une voie légale de preuve ?

Cependant la jurisprudence française est contraire. La cour de cassation pose en principe que le droit d'ordonner le serment est une faculté que la loi donne au juge, faculté dont il peut user ou ne pas user, suivant les circonstances dont il a seul la libre appréciation (1). Nous disons que cette jurisprudence altère le texte de la loi. Elle est en opposition avec l'article 1357. Le code distingue deux serments, le serment décisoire, qui est déféré par les parties, sans que le juge y intervienne, et le serment supplétif, que le juge défère d'office, sans que les parties y interviennent. Quand donc l'article 1358 dit : que le serment décisoire peut être déféré sur quelque espèce de contestation que ce soit, cela veut dire que la partie peut déférer le serment sur toute contestation. Si la loi avait entendu donner au juge le pouvoir de refuser la délation faite par une partie à l'autre, elle l'aurait dit ; et si tel était le sens de l'article 1358, il aurait dû être rédigé autrement, le législateur aurait dit que le juge est autorisé à ordonner le serment. Donc la cour de cassation change le texte de la loi, et elle se met en opposition avec l'esprit de la loi aussi bien qu'avec la lettre. La cour oublie que le serment est une transaction que l'une des parties a le droit d'offrir

(1) Rejet, 23 avril 1829 (Dalloz, au mot *Obligations*, n° 4155) ; 11 novembre 1861 (Dalloz, 1862, 1, 465).

et que l'autre doit accepter ; il s'agit donc d'une convention qui se parfait par le concours de consentement des parties ; ne serait-il pas exorbitant que le juge s'opposât à une convention? La convention est forcée pour la partie à laquelle le serment est déféré ; et le juge viendrait enlever cette dernière preuve que la loi offre à la partie qui n'a pas de preuves (1)! C'est faire une nouvelle loi, et c'est la faire très-mal ; nous allons en donner la preuve.

Le premier juge refuse d'ordonner le serment, par le motif que la demande était justifiée par la reconnaissance écrite de la main même de celui qui avait déféré le serment ; que, dans de telles circonstances, le serment était inutile. Sur le pourvoi, la cour de cassation décida que le juge de paix avait sainement usé de la latitude que la loi lui laisse (2). Reste à prouver que la loi donne ce pouvoir au juge ; elle s'en est bien gardée, car le pouvoir du juge de refuser le serment serait en opposition avec l'essence même du serment. Dans l'espèce, la cour déclara la prestation du serment inutile, parce qu'il serait contraire à une preuve littérale émanée de la partie. C'est dire que le serment doit être rejeté dans le cas pour lequel il a été admis, c'est-à-dire quand toutes les preuves semblent s'élever contre celui qui défère le serment : laissez-lui au moins cette dernière planche de salut, puisque la loi la lui offre! Il appartient au juge, dit la cour de cassation, de décider si cette preuve est nécessaire (3). C'est confondre le serment avec les preuves ordinaires. Le juge peut refuser d'ordonner la preuve testimoniale quand elle lui paraît frustratoire. Il n'en est pas ainsi du serment ; ce n'est pas une preuve proprement dite, c'est un appel à la conscience que la loi autorise alors que l'une des parties n'a aucune preuve ; c'est à elle de juger si cet appel

(1) Marcadé, t. V, p. 235, n° III de l'article 1360. Aubry et Rau, t. VI, p. 354 et note 23. Larombière, t. V, p. 486, n°s 6-8 (Ed. B., t. III, p. 342). Comparez un arrêt bien motivé de la cour de Bastia, 12 avril 1864 (Dalloz, 1864, 2, 88), et Caen, 15 février 1838 (Dalloz, au mot *Obligations*, n° 5242, 2°).

(2) Rejet, 6 août 1856 (Dalloz, 1857, 1, 39). Comparez Rejet, chambre civile, 17 mars 1862 (Dalloz, 1862, 1, 435); Rejet, 17 novembre 1863 (Dalloz, 1864, 1, 121); Agen, 8 décembre 1858 (Dalloz, 1859, 2, 18).

(3) Rejet, 19 avril 1870 (Dalloz, 1872, 1, 323).

est utile ou non, ce n'est pas au juge, il est incompétent dans une question de conscience qui n'est pas de son domaine.

Un arrêt de la chambre civile admet une restriction au pouvoir absolument discrétionnaire que la jurisprudence reconnaît aux tribunaux de refuser la délation du serment. L'initiative de la délation, dit la cour, appartient aux parties ; mais il n'en faut pas moins que le juge examine si la partie peut, dans les circonstances de la cause, donner suite à l'usage qu'elle prétend faire de la faculté de déférer le serment. Or, en fait, les actes produits démontraient l'invraisemblance des prétentions de celui qui déférait le serment ; donc il fallait rejeter la délation (1). La cour se heurte à chaque instant contre un texte. Dire que le serment ne doit pas être ordonné parce que les prétentions de celui qui le défère sont invraisemblables, c'est dire qu'elles doivent être vraisemblables pour que le serment puisse être admis : et qu'est-ce que des prétentions vraisemblables, sinon un commencement de preuve ? La cour exige donc un commencement de preuve. Et que dit la loi ? « Le serment peut être déféré, encore qu'il n'existe aucun commencement de preuve. » La contradiction est patente.

Qu'importe que le serment soit en opposition avec les documents du procès (2) ? Le fait allégué par celui qui défère le serment sera presque toujours contredit par les preuves que la partie adverse fournit. Mais n'en est-il pas ainsi de toute espèce de preuve ? Je puis combattre la preuve résultant d'un acte authentique, soit par l'inscription en faux, soit par la preuve contraire ; je puis aussi la combattre par la délation du serment. Me voilà en contradiction avec la plus forte des preuves ; cela n'empêche pas que le serment doive être admis, pourvu que la preuve contraire soit admissible.

259. La cour de cassation de Belgique s'est prononcée pour l'opinion que nous soutenons, et dans une espèce où

---

(1) Rejet, chambre civile, 1er mars 1859 (Dalloz, 1859, 1, 155).
(2) Rejet, chambre civile, 6 février 1860 (Dalloz, 1860, 1, 253).

la question pouvait paraître douteuse. Dans un interrogatoire sur faits et articles, le défendeur avait nié l'existence d'un bail. Le demandeur lui déféra alors le serment sur le même fait. Cette délation fut rejetée par la cour de Bruxelles, parce que le défendeur, aux termes de l'arrêté du 4 novembre 1814, avait prêté serment avant d'être interrogé; il semblait à la cour qu'une affirmation assermentée équivalait à la prestation d'un serment décisoire. C'est une erreur. L'interrogatoire sur faits et articles, quoiqu'il doive être fait sous la foi du serment, n'est pas une transaction, comme le serment décisoire; c'est un simple mode de preuve qui admet la preuve contraire des faits allégués sous serment. Il n'en est pas de même du serment décisoire, il ne peut pas être combattu ; on n'est pas même admis à en prouver la fausseté, sauf les poursuites en parjure; tandis que celui qui fait une fausse affirmation dans un interrogatoire n'est pas soumis à une poursuite criminelle. De là suit que le serment décisoire est tout autre chose que le serment prêté lors d'un interrogatoire sur faits et articles; par conséquent, l'interrogatoire subi sous la foi du serment ne fait pas obstacle à ce que le serment décisoire soit déféré à la même partie sur le fait dénié dans son interrogatoire. La cour de cassation finit par ce considérant qui suffit pour renverser la jurisprudence française: « Le serment décisoire peut être déféré en tout état de cause, et il n'appartient pas au juge de refuser à une partie un droit qu'elle puise dans la loi (1). »

260. Nous n'entendons pas dire que le juge soit obligé d'ordonner la prestation du serment par cela seul que l'une des parties la demande. Le serment étant un droit pour la partie qui le défère, il n'appartient pas au juge de l'en priver. Mais ce droit est subordonné à des conditions; hors de ces conditions, ce n'est plus un droit. Or, il est bien certain que le juge a le droit et le devoir d'examiner et de décider si le serment est déféré, par celui qui a qualité de le déférer, à celui qui a capacité de l'accepter, dans une contestation susceptible d'être

---

(1) Cassation, 3 mars 1853 (*Pasicrisie*, 1853, 1, 227).

terminée par une transaction et sur des faits décisifs. Si l'une des conditions requises pour la validité de la délation manque, il va sans dire que le juge doit la rejeter. Nous en avons donné des exemples en exposant les conditions sous lesquelles il est permis de déférer le serment. Voici d'autres applications du principe.

Quand le serment est déféré sur des faits qui ne sont pas décisifs, il n'est pas décisoire et, par conséquent, le juge ne peut pas l'admettre. Les juges jouissent, en ce point, d'un pouvoir discrétionnaire, mais il faut toujours qu'ils motivent leur décision sur cette considération que le serment n'est pas décisoire. La cour de Rennes dit très-bien que, par respect pour la religion du serment, le juge ne doit pas ordonner un serment qui laisserait subsister le litige (1).

Il y a d'autres applications qui sont fondées sur les principes généraux de droit. Le serment décisoire est une transaction; or, pour transiger, comme pour contracter en général, il faut être capable de consentir. De là suit que l'on ne peut déférer le serment à celui qui serait en état de démence, ni à celui qui, à raison de son grand âge et de l'affaiblissement de ses facultés intellectuelles, ne comprend plus la portée de l'offre de transaction qu'on lui fait en lui déférant le serment (2).

La délation de serment implique que celui qui le défère nie le fait formant l'objet du serment; s'il l'avoue, il n'y a plus de contestation, plus de cause; donc il ne peut y avoir de délation de serment pour mettre fin à un litige qui n'existe point. Le cas s'est présenté : le défendeur commence par demander un délai, ce qui implique la reconnaissance de la dette; puis il défère le serment au demandeur. Cela est contradictoire, dit la cour de Liége; on ne peut pas tout ensemble avouer la dette et en contester l'existence (3).

261. Si le juge peut, dans ces divers cas, rejeter le

---

(1) Rennes, 13 août 1812. Comparez Rejet, 15 février 1832 et 6 mai 1834 (Dalloz, au mot *Obligations*, n° 5245, 1°, 2° et 3°).
(2) Liége, 4 janvier 1873 (*Pasicrisie*, 1873, 2, 52).
(3) Liége, 21 juin 1837 (*Pasicrisie*, 1837, 2, 142).

serment, c'est par application des principes généraux de droit. Le peut-il aussi quand, dans sa conviction, une partie ne défère le serment que par dol? On enseigne que le juge peut refuser le serment quand la partie qui le défère le fait pour vexer son adversaire (1). Cela nous paraît très-douteux. Il est vrai que celui qui défère le serment par malice n'use pas de son droit, il en abuse. Mais le juge a-t-il le pouvoir d'empêcher l'abus en empêchant l'usage? Il nous semble qu'il faudrait un texte pour donner ce droit au juge, et nous doutons que le législateur le lui donne jamais. Dès que la délation du serment est un droit, il faut l'admettre avec ses inconvénients; la faculté que l'on reconnaît au juge aurait aussi un grave danger, celui de détruire le droit sous le prétexte de l'abus. Ainsi la cour de Colmar a jugé qu'un serment dépourvu de toute utilité ne saurait être ordonné, parce qu'il constituerait une injure purement vexatoire à laquelle la justice ne doit pas se prêter (2). Cela est très-vague, très-arbitraire et très-peu juridique : faire appel à la conscience de son adversaire n'est jamais une injure. C'est tout au plus traîner le procès en longueur. Il a été jugé que le seul but de la délation du serment étant d'entraver l'exécution des condamnations judiciaires sous le poids desquelles se trouvait la partie qui déférait le serment, il n'y avait pas lieu de l'ordonner (3). Cela est plausible; nous préférerions néanmoins admettre le serment dans toute hypothèse, parce que c'est un droit, et un droit sacré, celui de la défense.

N° 7. EFFET DE LA DÉLATION.

262. Celui auquel le serment est déféré doit le prêter; s'il le refuse, il succombe dans sa demande ou dans son exception. Toutefois, il peut aussi référer le serment à son adversaire quand le fait qui en est l'objet est celui

(1) Aubry et Rau, t. VI, p. 354, et note 24, § 753 (3e édit.).
(2) Colmar, 29 juillet 1863 (Dalloz, 1863, 2, 137).
(3) Liége, 24 mars 1866 (*Pasicrisie*, 1866, 2, 215) et 26 janvier 1848 (*Pasicrisie*, 1848, 2, 171).

des deux parties. Dans ce cas, celui à qui il est référé doit le prêter, sinon il succombe. Le serment ne peut être référé quand le fait n'est pas celui des deux parties, mais est purement personnel à celui auquel le serment avait été déféré (art. 1361 et 1362); celui-ci doit, dans ce cas, prêter le serment, sinon il perd sa cause.

On demande si celui à qui le serment est référé peut, à son tour, le référer à l'autre partie. La négative est certaine. Elle résulte du texte et de l'esprit de la loi. L'article 1361 dit formellement que la partie à laquelle le serment est référé doit succomber si elle le refuse; la loi ne lui permet donc pas de le référer à son tour : comme c'est elle qui a pris l'initiative de la transaction, elle ne peut pas se plaindre, si on lui réfère le serment qu'elle avait déféré, en la constituant juge du procès. Le droit de référer le serment n'appartient qu'à celui à qui la transaction est imposée, et, ainsi limité, il se justifie par la considération que c'est plutôt à celui qui offre la transaction de prêter le serment qu'à celui qui est forcé de l'accepter.

263. L'article 1364 porte : « La partie qui a déféré ou référé le serment ne peut plus se rétracter lorsque l'adversaire a déclaré qu'il est prêt à faire ce serment. » Donc, tant que cette déclaration n'est point faite, la partie peut se rétracter; elle peut y avoir grand intérêt si, comme cela est arrivé, elle découvre une pièce qui prouve son droit. On conçoit que celui qui offre la transaction en déférant le serment puisse se rétracter; c'est l'application des principes généraux qui régissent la formation des contrats : l'offre faite par l'une des parties ne l'oblige point jusqu'à ce que l'autre partie l'ait acceptée; elle peut donc la retirer tant qu'il n'y a pas eu d'acceptation. Par la même raison, celui qui réfère le serment a le droit de se rétracter tant que l'autre partie n'a point déclaré accepter; car il fait aussi une offre et il renonce à un droit, celui de décider la contestation en prêtant le serment qui lui est déféré; il doit donc avoir le droit de retirer son offre jusqu'à ce que l'autre partie l'ait acceptée (1).

(1) Toullier, t. V, 2, p. 293, n° 366.—Duranton, t. XIII, p. 624, n° 597.

Comment l'acceptation se fait-elle? D'après les termes de l'article 1364, on pourrait croire qu'il faut une acceptation expresse, car la loi dit : « Lorsque l'adversaire a *déclaré* qu'il est prêt à faire le serment. » Mais le mot *déclaré* doit être entendu dans le sens de *consentir*. C'est un consentement que la loi exige, puisqu'il s'agit de former un contrat; or, en principe, le consentement peut être exprès ou tacite; et il n'y avait aucune raison de déroger à cette règle en ce qui concerne la transaction du serment. Il a été jugé, en conséquence, qu'il y a acceptation quand la partie à laquelle le serment a été déféré se présente à l'audience fixée pour la prestation du serment, sans qu'elle doive faire une déclaration (1). Mais il ne suffit pas que le jugement donne acte de la délation d'un serment pour former le contrat : donner acte, c'est constater le fait de la délation, l'offre est prouvée par là, mais la délation reste une simple offre jusqu'à ce qu'elle ait été acceptée; donc celui qui l'a faite peut la rétracter, quoique le jugement en ait donné acte (2).

264. Dans quels termes le serment doit-il être prêté? Le code de procédure (art. 120) dit que le jugement qui ordonne un serment énoncera les faits sur lesquels il sera reçu. C'est à la partie qui défère le serment de formuler les termes dans lesquels il doit être prêté; car c'est elle qui offre la transaction, et elle est libre de l'offrir comme elle l'entend, pourvu que le fait sur lequel le serment est déféré présente les caractères voulus par la loi, c'est-à-dire qu'il soit personnel et décisif. On demande si la partie à laquelle le serment est déféré doit le prêter dans les termes proposés par l'autre partie? L'affirmative n'est pas douteuse : l'offre doit être acceptée telle qu'elle est faite, sinon il n'y a pas de concours de consentement et, par suite, le contrat ne peut pas se former. Et quand le serment déféré est accepté, il doit être prêté dans les termes proposés; la partie qui doit le prêter ne serait pas reçue à les modifier; si elle refusait de prêter le serment tel qu'il

---

(1) Rejet, 3 février 1818 (Dalloz, au mot *Obligations*, n° 2574).
(2) Paris, 25 mars 1854 (Dalloz, 1856, 2, 236).

a été formulé, il y aurait refus de prêter serment et, par suite, elle succomberait dans sa demande ou dans son exception (1).

265. Le principe est certain, mais l'application donne lieu à des contestations journalières. On demande si les termes de l'offre sont tellement de rigueur qu'ils ne sauraient être modifiés, alors même que ces modifications ne toucheraient pas à l'essence du fait qui est l'objet du serment. Il a été jugé que de pareilles modifications n'empêchaient pas le serment d'être valablement prêté. Dans l'espèce, il s'agissait de savoir si la dette réclamée existait et quel en était le montant. Le demandeur à qui le serment était déféré consentit à le prêter avec une explication qui ne modifiait en rien le fait principal et qui témoignait plutôt que le serment était prêté en conscience. Sur l'appel, la cour de Bruxelles décida que le tribunal de première instance avait bien jugé en accueillant ces explications et que les défendeurs n'avaient pas à s'en plaindre (2). La cour de cassation de France a porté une décision analogue dans l'espèce suivante. Il est dit dans un contrat de mariage que la femme a apporté en dot une somme de 3,000 francs en pièces de 5 francs. On lui défère le serment sur la réalité de l'apport et la nature des valeurs apportées. La femme refuse d'affirmer que l'apport de 3,000 francs eût eu lieu en pièces de 5 francs, mais elle offre positivement d'affirmer, sous la foi du serment, qu'elle avait apporté cette somme en valeurs différentes. Jugement confirmé sur l'appel qui considère le serment offert comme un refus de prêter serment, et applique l'article 1361, aux termes duquel celui qui refuse de prêter le serment à lui déféré doit succomber. L'arrêt a été cassé après un délibéré en la chambre du conseil : la cour de cassation dit que le serment était conforme à la stipulation principale du contrat de mariage constatant un apport de 3,000 francs ; il n'en différait que sur

---

(1) Bruxelles, 11 avril 1865 (*Pasicrisie*, 1866, 2, 173); 29 juin 1845 (*Pasicrisie*, 1847, 2, 126).

(2) Bruxelles, 25 avril 1822 (*Pasicrisie*, 1822, p. 117). Comparez Liége, 13 février 1864 (*Pasicrisie*, 1864, 2, 247).

l'énonciation de la nature des espèces dans lesquelles l'apport avait été réalisé : qu'importait que ce fût en pièces de 5 francs ou en autres valeurs (1)?

266. Ces décisions sont trop absolues. La question soulève deux difficultés. D'abord il s'agit de savoir si le juge peut modifier le serment en ce sens que la partie qui l'a déféré soit forcée d'accepter cette modification; ce qui entraînerait sa condamnation, bien que le serment n'eût pas été prêté tel qu'elle l'avait proposé. La cour de Bruxelles répond qu'il faut appliquer les principes qui régissent l'offre et l'acceptation : quand l'offre n'est pas acceptée telle qu'elle est faite, il n'y a pas concours de consentement et, par suite, pas de contrat; vainement dirait-on que les modifications ne touchent pas à l'essence du serment tel qu'il a été déféré; la cour répond que la partie intéressée a le droit de déférer le serment tel qu'elle veut le formuler, que le contrat étant volontaire de la part de celui qui fait l'offre, il y aurait contradiction à lui imposer des termes qu'il n'a point offerts. Donc s'il ne consent pas à la modification que la partie adverse propose, il n'y aura pas de transaction. Naît alors la question de savoir si la partie qui a refusé de prêter le serment tel qu'il lui a été déféré doit succomber, conformément à l'article 1361. Ici intervient le pouvoir d'appréciation du juge : Y a-t-il refus ou n'y a-t-il pas refus? La solution dépend de la nature des modifications proposées par la partie à laquelle le serment est déféré. Si elles portent sur le fait qui est l'objet du litige et du serment, il y a refus de prêter serment et, par conséquent, il faut appliquer l'article 1361. Mais si les modifications ne portent que sur une circonstance accessoire et indifférente du fait, le juge peut décider qu'il n'y a pas de refus. En ce sens, la cour de cassation, dans l'arrêt précité, a bien jugé qu'il n'y avait pas lieu de condamner la femme qui offrait de prêter serment sur l'apport et le montant de l'apport, tout en refusant d'affirmer que l'apport avait eu lieu en pièces de 5 francs. La décision est donc celle-ci : la partie à

_____

(1) Cassation, 18 août 1830 (Dalloz, au mot *Obligations*, n° 5250).

laquelle le serment est déféré propose de le modifier; si ces modifications ne sont pas admises par la partie qui a déféré le serment, la transaction ne peut pas se former. Y a-t-il, dans ce cas, refus de prêter serment? Le tribunal appréciera. La cour de Bruxelles explique très-bien les motifs pour lesquels le juge doit avoir ce pouvoir d'appréciation. Les parties n'ont pas un pouvoir absolu de déférer un serment décisoire, avec cet effet que la partie à laquelle il est déféré doive succomber si elle ne le prête pas; elles n'ont ce droit que pour les faits essentiels dont dépend le jugement de la cause; si donc elles ajoutent à ce fait décisif des circonstances accessoires et indifférentes, elles dépassent leur droit et, par suite, elles ne peuvent pas contraindre la partie adverse à prêter serment sur toutes ces circonstances, sous peine de succomber si elle refuse. Ce serait, dit la cour, fournir à un plaideur adroit et de mauvaise foi le moyen facile de gagner un procès injuste en déférant un serment captieux, mêlé de vrai et de faux, à un adversaire délicat et consciencieux; celui-ci, n'osant pas affirmer des circonstances accessoires ou indifférentes qui peuvent ne pas être vraies, refuserait et succomberait, alors qu'il était cependant prêt à affirmer le fait décisif d'où dépend le jugement de la cause. Ici est le nœud de la difficulté et la solution. Le refus de prêter le serment sans modification entraînera la perte du procès quand les modifications portent sur le fait essentiel; et elles n'entraîneront pas la perte du procès quand elles portent sur des circonstances accessoires et indifférentes (1).

267. La jurisprudence des cours de Belgique est en ce sens. Elle ne permet pas au juge de modifier le serment; mais si la partie à laquelle le serment est déféré refuse de le prêter tel qu'il a été formulé, il n'en résulte pas qu'elle soit censée refuser le serment et qu'elle doive succomber. C'est au juge d'apprécier si le serment doit être accepté dans les termes proposés; s'il trouve que le serment ne doit pas être prêté dans ces termes, il n'y aura

_____
(1) Bruxelles, 28 décembre 1831 (*Pasicrisie*, 1831, p. 356).

pas refus dans le sens de l'article 1361; seulement la partie qui a déféré le serment pourra le rétracter ; pour mieux
dire, dès qu'elle ne consent pas aux modifications, la
transaction reste sans effet (1). Il y a encore une difficulté :
quand le juge peut-il décider que le serment ne doit pas
être prêté dans les termes où il a été déféré? A notre avis,
le tribunal doit ordonner la prestation du serment dans
les termes où il a été déféré lorsque la délation a été faite
sous les conditions déterminées par la loi, c'est-à-dire sur
des faits personnels et décisifs. C'est seulement quand les
faits ne sont pas personnels ni décisifs que le juge peut
et doit refuser de l'ordonner. Il faut ajouter que le serment ne peut être formulé en termes ambigus et amphi-
bologiques; un pareil serment n'atteindrait pas le but de
la loi, il ne déciderait pas le procès, puisqu'il donnerait
lieu à de nouvelles contestations (2).

268. Nous avons supposé que la partie à laquelle le
serment est déféré propose des modifications. Si elle se
borne à demander des explications, on ne peut pas dire
qu'il y ait refus : le serment étant un appel adressé à la
conscience, on doit permettre à celui qui doit affirmer
sous la foi du serment d'éclairer sa conscience; bien loin
d'invalider le serment, ces explications lui donnent plus
de force, puisqu'elles prouvent la probité de celui qui
prête le serment (3). Il en serait de même si la partie ne
demandait pas d'explications, mais en donnait elle-même
en exposant les raisons pour lesquelles, à son avis, le fait
allégué n'existe point, raisons qui la déterminent à accepter la délation de serment. Un serment motivé n'est pas
un serment modifié; les motifs fortifient, au contraire, la
vérité de la déclaration (4).

269. Le serment est une affirmation : celui qui le prête
affirme que le fait litigieux existe ou n'existe pas. Il est
donc de l'essence du serment qu'il soit prêté catégorique-

(1) Bruxelles, 28 novembre 1838 (*Pasicrisie*, 1838, 2, 240).
(2) Bruxelles, 15 juillet 1834 (*Pasicrisie*, 1834, 2, 187). Gand, 14 juillet
1845 (*Pasicrisie*, 1849, 2, 198). Bruxelles, 5 mars 1860 (*Pasicrisie*, 1860, 2, 105).
(3) Gand, 10 août 1870 (*Pasicrisie*, 1870, 2, 10).
(4) Liége, 5 avril 1873 (*Pasicrisie*, 1873, 2, 213).

ment. Si, au lieu d'affirmer, la partie dit qu'elle ne se rappelle pas, qu'elle ne croit pas, cette déclaration ne sera pas un serment; par conséquent, il y aura refus de serment, ce qui entraîne la perte du procès pour celui qui fait ce prétendu serment. La jurisprudence est en ce sens. Il y a sur la question un arrêt très-bien motivé de la cour de cassation. Le serment décisoire, dit la cour, est une affirmation judiciaire de la vérité ou de la fausseté d'un fait; son but et son effet sont d'ériger en arbitre absolu de la contestation la partie à laquelle il est déféré et de mettre fin au litige. Il est donc de l'essence du serment décisoire qu'il décide la contestation comme le ferait un jugement; or, on ne conçoit pas un jugement rendu en termes vagues, incomplets, équivoques; et on ne conçoit pas non plus un serment décisoire par lequel la partie déclare n'avoir gardé aucun souvenir de l'engagement, sans pouvoir dire qu'elle ne l'a pas contracté. Une déclaration pareille ne constituerait pas un jugement, donc elle ne constitue pas un serment décisoire. Quand on dit qu'on ne se rappelle pas, on n'affirme pas la fausseté du fait; et sans affirmation positive, il n'y a pas de serment. Quelle en sera la conséquence? C'est que la partie à laquelle le serment est déféré ne l'a réellement pas prêté; or, celui qui ne prête pas le serment doit succomber, dit l'article 1361 (1).

Il y a un arrêt en sens contraire de la cour de Besançon ; il décide que lorsque la partie à laquelle le serment a été déféré déclare qu'elle ne se rappelle pas les faits, cette réponse équivaut à une dénégation formelle (2). Le bon sens suffit pour répondre que celui qui ne se rappelle pas n'affirme point et ne nie point, donc il ne fait pas de serment décisoire.

MM. Massé et Vergé, dans leurs notes sur Zachariæ, professent une opinion intermédiaire. D'une part, le serment n'étant pas prêté dans les termes où il a été déféré

---

(1) Rejet, 9 juin 1863 (Dalloz, 1863, 1, 468). Comparez Bruxelles, 22 février 1819 (*Pasicrisie*, 1819, p. 328), et 21 mars 1838 (*Pasicrisie*, 1838, 2, 85).
(2) Besançon, 1er février 1856 (Dalloz, 1856, 2, 86).

ne peut être opposé à la partie qui l'a déféré; d'autre
part, il ne peut nuire à la partie qui l'a prêté qu'autant
que, d'après les circonstances, il doit être considéré
comme n'étant pas l'expression de la vérité. Dans cette
opinion, les tribunaux auraient le droit de voir dans la
déclaration de la partie un refus de serment, si la déclaration ne leur paraît pas sincère, et un serment sans effet
si la déclaration est sincère (1). La distinction ne nous
semble pas heureuse; elle est en opposition avec le texte
de la loi. Celui à qui le serment est déféré ne peut pas,
au lieu d'un serment, faire une déclaration; il doit prêter
le serment tel qu'il est déféré ou référer le serment. S'il
ne le réfère pas et s'il ne le prête pas dans les termes
proposés, il se met en dehors de la transaction offerte,
c'est dire qu'il la refuse, donc il doit succomber. Il ne
peut jamais s'agir, en matière de serment, de rechercher
si la déclaration est sincère ou non, et il n'appartient pas
à l'interprète de transformer un serment en une déclaration qui ne serait pas un serment.

Nº 8. EFFET DE L'ACCEPTATION OU DU REFUS.

I. *Principe.*

270. L'article 1361 dit que celui auquel le serment est
déféré et qui le refuse doit succomber dans sa demande
ou dans son exception. Et aux termes de l'article 1365,
le serment fait forme preuve au profit de celui qui l'a
déféré ou contre lui. La rédaction de cette disposition est
mauvaise. Quand celui à qui le serment est déféré l'accepte et le prête, le serment fait ne forme certes pas
preuve pour celui qui l'a déféré; c'est, au contraire, le
refus de prêter serment qui fait preuve à son profit. D'un
autre côté, le serment prêté fait toujours preuve au profit de celui qui le prête et contre celui qui l'a déféré (2).
Pothier s'exprime plus exactement en disant : « Si la

(1) Massé et Vergé sur Zachariæ, t. III, § 608; note 27.
(2) Marcadé, t. V, p. 242, nº I de l'article 1365.

partie fait le serment qui lui a été déféré, il résultera de son serment une présomption *juris et de jure* de la vérité de la chose sur laquelle le serment lui aura été déféré et qu'elle aura affirmé, contre laquelle aucune preuve contraire ne pourra être reçue (1). »

271. Il y a des cas que la loi ne prévoit point. Celui à qui le serment est déféré déclare être prêt à le faire, mais il vient à mourir sans l'avoir prêté. Toullier dit que le serment devrait être tenu pour prêté, s'il n'y a aucun retardement à reprocher à celui qui a été empêché par la mort de le faire (2). Cette opinion est restée isolée. Elle est en opposition avec la loi de la transaction : la condition essentielle de la transaction est que le serment soit prêté; dès qu'il ne l'est pas, la transaction tombe. Cela est aussi fondé en raison; le serment est un appel à la conscience, et ce n'est pas lors de l'acceptation de la transaction que la conscience est en jeu, c'est lors de l'exécution; celui qui a accepté peut encore reculer quand il s'agira de faire l'affirmation sous la foi du serment. Tout ce qui résulte de l'acceptation, c'est qu'il n'y a pas refus, mais le serment n'étant pas prêté et ne pouvant plus l'être, la transaction devient impossible, sauf à la partie à déférer aux héritiers un serment dit de *crédulité*.

Si celui à qui le serment a été déféré vient à mourir avant de l'avoir accepté ni refusé, la transaction tombe également. C'est l'application des principes élémentaires qui régissent l'offre et l'acceptation. L'offre ne peut plus être acceptée, donc la transaction du serment ne peut plus se former.

II. Force probante du serment.

272. Le serment ne fait preuve que lorsqu'il est prêté tel qu'il a été déféré. Nous venons d'examiner les difficultés qui se présentent quand le serment est accepté et prêté avec des modifications. Il se peut que le serment

_____

(1) Pothier, *Des obligations*, n° 915.
(2) Toullier, t. V, 2, p. 304, n° 385. En sens contraire, Marcadé, t. V, 2, p. 239, n° II de l'article 1364. Larombière, t. V, p. 502, n° 7 (Ed. B., t. III, p. 348). Colmet de Santerre, t. V, p. 652, n° 340 *bis*.

soit prêté en partie et refusé en partie. C'est encore une modification du serment offert. Il faudra donc appliquer les principes que nous avons établis, en distinguant si le refus porte sur le fait essentiel ou sur une circonstance accessoire et indifférente. Le cas s'est présenté devant la cour de cassation; elle a rendu un arrêt plus absolu. Il s'agissait d'une vente verbale dont le prétendu acheteur niait l'existence. On lui déféra le serment en ces termes : 1° si la vente avait été convenue ; 2° si elle n'avait pas été convenue devant diverses personnes. Sur le premier fait, le défendeur affirma qu'il n'avait jamais conclu le marché litigieux. Sur le second, il se borna à répondre qu'il ne se souvenait pas d'en avoir parlé à des tiers et qu'il n'en pouvait pas dire davantage. Le tribunal de première instance considéra ce serment comme un refus et déclara que la vente devait être tenue pour constante. Sur l'appel, la cour de Poitiers déclara le serment non avenu et ordonna une enquête en considérant la réponse du défendeur dans l'interrogatoire sur faits et articles et son serment comme un commencement de preuve par écrit. Pourvoi en cassation. La cour décida que le serment n'ayant pas été prêté dans les termes où il avait été déféré, l'arrêt attaqué avait fait une juste application de la loi en refusant à ce serment incomplet le caractère décisoire (1). Cette décision est juste, en ce sens que le serment avait été modifié, donc il ne pouvait pas décider la contestation au profit de celui qui l'avait prêté. La transaction tombait, mais par cela même le serment étant non avenu ne pouvait être considéré comme un commencement de preuve.

273. Le code ne dit pas quelle est la force probante du serment prêté ou refusé. Comme le serment est une transaction, on peut appliquer, par analogie, l'article 2052, aux termes duquel les transactions ont entre les parties l'autorité de la chose jugée en dernier ressort. La preuve résultant du serment prêté ou refusé exclut donc toute preuve contraire. C'est une conséquence de la transaction, comme le dit Pothier ; le serment étant déféré pour

____

(1) Rejet, 8 mars 1852 (Dalloz, 1852, 1, 73).

en faire dépendre le jugement de la cause, et étant accepté et prêté comme tel, il en résulte un contrat par lequel les parties conviennent de s'en tenir à ce qui sera affirmé, ce qui exclut toute preuve contraire. Cela suppose que la transaction est valable; les parties peuvent l'attaquer comme toute convention en prouvant que leur consentement a été vicié par l'erreur, le dol ou la violence. Si la convention en vertu de laquelle le serment a été prêté est annulée, le serment tombera. Pothier le dit, et cela ne fait aucun doute (1). Il y a cependant une restriction à faire, en ce qui concerne l'erreur. D'après l'article 2052, les transactions ne peuvent être attaquées pour cause d'erreur de droit; cette disposition est applicable au serment, puisqu'il contient une transaction.

274. L'article 1363 consacre une conséquence du principe que nous venons d'établir : « Lorsque le serment déféré ou référé a été fait, l'adversaire n'est point recevable à en prouver la fausseté. » Pothier en donne un exemple. Celui qui a déféré le serment n'est pas reçu à prouver qu'il a été faussement prêté, quand même il produirait les titres les plus décisifs. La raison en est, dit-il, que le serment opère une présomption *juris et de jure* qui fait réputer pour vrai ce qui a été juré et exclut toute preuve du contraire. Peu importe que le serment soit ou non conforme à la vérité. Celui qui défère le serment sait qu'il s'expose à la chance d'une fausse déclaration; il s'y soumet, c'est la loi du contrat; il n'a pas déféré le serment sous la condition que la déclaration soit vraie, cela n'aurait pas de sens; il l'a déféré sous la condition qu'il soit prêté ou refusé. Dès qu'il est prêté, tout est consommé (2).

Le procès est terminé, comme il le serait en vertu d'un jugement rendu en dernier ressort : c'est la décision de l'article 2052. Il ne peut donc plus être question d'appel (3). Il n'y a pas plus de recours extraordinaire que de

---

(1) Pothier, *Des obligations*, nos 915 et 918. Colmet de Santerre, t. V, p. 651, n° 339 *bis* I.
(2) Larombière, t. V, p. 493, n° 5 (Ed. B., t. III, p. 345). Mourlon, t. II, p. 868, n° 1654.
(3) Caen, 23 janvier 1824 (Dalloz, au mot *Acquiescement,* n° 656).

recours ordinaire. Le code de procédure permet de rétracter les jugements sur la requête de ceux qui y ont été parties, s'il y a eu dol personnel (art. 480, 1°). Cette disposition n'est pas applicable au serment ; si elle l'était, on pourrait toujours attaquer le serment faussement prêté, car le parjure est plus qu'un dol, c'est un crime ; or, l'article 1365 s'oppose à ce que la fausseté du serment soit alléguée pour en obtenir l'annulation (1). On ne le peut pas plus indirectement que directement. Il a été jugé que l'on ne peut revenir sur la transaction du serment en attaquant par la voie de l'inscription en faux l'acte authentique sur lequel le serment a été déféré ; vainement alléguait-on que l'inscription en faux est admise contre la plus forte des preuves, l'acte authentique ; le serment n'est pas, à vrai dire, une preuve, c'est une transaction qui met fin au procès ; de sorte que toute action est éteinte. Cela décide la question (2).

275. Cependant le faux serment est un crime. L'article 1363 empêche-t-il de poursuivre le crime de parjure ? Non, certes ; il défend à la partie qui a déféré le serment d'en prouver la fausseté, il ne s'oppose pas à ce que le ministère public poursuive le coupable dans l'intérêt de la société et de la moralité publique. Si le ministère public agit, la partie lésée par le parjure pourra-t-elle se porter partie civile pour réclamer des dommages-intérêts ? On l'a soutenu, mais l'avis de Duranton est resté isolé ; il est en opposition avec l'article 1363 et avec l'esprit de la loi. Quand l'article 1363 dit que « l'adversaire n'est point recevable à prouver la fausseté du serment », cela signifie qu'il ne peut pas revenir sur la transaction qu'il a offerte en s'exposant à la chance d'un faux serment ; or, ce serait revenir sur la transaction que de réclamer, sous le nom de dommages-intérêts, la valeur pécuniaire de l'obligation sur laquelle le serment a été prêté ; on ne peut pas faire indirectement ce que la loi défend de faire directement. Au point de vue des intérêts civils, tout est con-

---

(1) Colmet de Santerre, t. V, p. 651, n° 339 *bis* II.
(2) Colmar, 25 avril 1827 (Dalloz, au mot *Obligations*, n° 5264).

sommé par la transaction. Nous croyons inutile d'insister, la jurisprudence étant d'accord avec la doctrine (1).

III. *Étendue de la force probante.*

276. Le serment est une transaction qui équivaut à la chose jugée en dernier ressort. Il suit de là que l'on doit appliquer à la force probante qui résulte du serment les principes qui régissent la chose jugée. Pothier en déduit cette conséquence que le serment décisoire ne peut avoir d'effet qu'à l'égard de la même chose sur laquelle il a été déféré et il ajoute : pour savoir si ce que l'on demande est la même chose que celle sur laquelle le serment a été déféré, on peut appliquer toutes les règles qui concernent l'autorité de la chose jugée. Ainsi celui qui a formé une demande contre un héritier pour la part de ce dernier, et qui a succombé pour avoir refusé le serment qui lui a été déféré par cet héritier, peut encore former une semblable demande contre le cohéritier et pour la même cause, car les obligations se divisant entre les héritiers, la part de chaque héritier dans la dette forme en réalité une obligation différente, et de plus les personnes sont différentes, donc la transaction du serment ne peut être invoquée (2).

Si les serments étaient plus usuels, les difficultés ne manqueraient point dans l'application du principe, comme elles abondent en matière de chose jugée. Il s'en est présenté une devant la cour de cassation, et nous doutons que la solution qu'elle a reçue soit conforme aux vrais principes. Quand il y a serment prêté sur la contestation principale, l'effet de la transaction s'applique-t-il aux conclusions subsidiaires?. L'affirmative n'est pas douteuse, si les conclusions subsidiaires sont une dépendance des conclusions principales. En était-il ainsi dans l'espèce? Le demandeur avait transporté à un banquier une

(1) Voyez la jurisprudence dans le *Répertoire* de Dalloz, n° 5376. Toullier, t. V, 2, p. 308, n° 389, et tous les auteurs. En sens contraire, Duranton, t. XIII, p. 626, n° 600. Voyez la réfutation dans Aubry et Rau, t. VI, p. 356, note 3, § 753 (3e édit.).
(2) Pothier, *Des obligations*, n° 916. Duranton, t. XIII, p. 634, n° 608.

créance de 75,000 francs sur le gouvernement, et il avait reçu des avances de la maison de banque. Il concluait à la restitution de l'excédant de la créance sur les avances, prétendant qu'il ne s'agissait que d'un simple nantissement; subsidiairement, et pour le cas où il serait jugé qu'il y avait cession de la créance, il en demandait la nullité pour cause de dol et d'usure. Le serment fut déféré et prêté sur la réalité du transport. Il a été jugé que ce serment mettait fin au litige, même en ce qui concernait la validité du transport, parce que les questions de dol et d'usure étaient subsidiaires au fait principal de la cession (1). Cela nous paraît douteux. Si un premier juge décidait qu'il y a cession et non nantissement, déciderait-il par là que la cession est valable? Non, il y a là deux questions très-distinctes. L'acte litigieux est-il une cession ou un nantissement? S'il est jugé que c'est une cession, est-il jugé par là que la cession n'est pas viciée par le dol et l'usure? L'objet de la seconde contestation diffère de celui de la première, donc la transaction sur l'une ne peut être étendue à l'autre.

Entre quelles personnes la transaction du serment produit-elle son effet? Il faut encore appliquer le principe de la chose jugée; le serment n'a d'effet qu'entre les parties qui sont en cause, il ne nuit pas aux tiers et il ne leur profite pas. C'est pourquoi, dit Pothier, si l'un des héritiers m'assigne pour lui payer sa part dans une somme que je devais à son auteur, et s'il me défère le serment sur la dette, le serment que je prêterai de ne rien devoir n'empêchera pas les autres héritiers de me demander leur part dans la même dette, et s'ils rapportaient la preuve de l'existence de la dette, je serais condamné à payer ce qui leur revient dans la dette, quoiqu'il y ait serment prêté que la dette n'existe point; ce serment n'a d'effet qu'à l'égard de celui qui me l'a déféré et non à l'égard de son cohéritier (2).

277. L'article 1365, qui établit le principe sur l'effet

(1) Rejet, 27 avril 1853 (Dalloz, 1853, 1, 195).
(2) Pothier, *Des obligations*, n° 916.

du serment prêté ou refusé, contient des applications dont la première, si l'on s'en tient au texte, est considérée plutôt comme une exception. « *Néanmoins*, dit la loi, le serment déféré par l'un des créanciers solidaires au débiteur ne libère celui-ci que pour la part de ce créancier. » Il y a effectivement une exception au principe qui régissait la solidarité entre cocréanciers en droit romain. Le code établit un nouveau principe : les créanciers sont considérés comme associés, et, par suite, ils ne peuvent disposer, par voie de transaction, que de leur part dans la créance. Nous renvoyons à ce qui a été dit au chapitre de la *Solidarité*.

« Le serment déféré à l'un des débiteurs solidaires profite aux codébiteurs. » On suppose, comme le dit la fin de l'article, que le serment est déféré sur la dette ; s'il était déféré sur le fait de la solidarité, le serment n'aurait d'effet qu'entre les parties, en vertu du principe général. Pourquoi le serment déféré sur la dette à l'un des débiteurs solidaires profite-t-il aux autres? Nous avons dit, en traitant de la chose jugée, que la question de savoir si le jugement rendu en faveur de l'un des débiteurs profite aux autres ou leur nuit, est très-controversée. Le code l'a tranchée en ce qui concerne le serment. Nous doutons que ce soit l'application des vrais principes, bien qu'elle soit conforme à la tradition. Si l'on s'en tient au principe de la chose jugée, invoqué par Pothier, il faut dire que ce qui est jugé avec l'un des débiteurs n'est pas jugé avec les autres ; il y a une raison particulière pour limiter aux parties l'effet du serment ; c'est un appel à la conscience ; or, le créancier peut croire à la probité de l'un et ne pas croire à la probité de l'autre ; il y a donc quelque chose de tout à fait individuel dans la délation du serment, et l'effet aussi devrait se limiter aux individus. On invoque encore une autre analogie, celle de la remise de la dette (1). C'est, nous semble-t-il, confondre la réalité avec la fiction. Le créancier qui fait remise de la dette renonce à sa créance pour le tout, elle est éteinte

(1) Colmet de Santerre, t. V, p. 654, nos 341 *bis* III et IV.

à l'égard de tous. Est-ce que le créancier qui défère le serment entend faire remise? Est-ce pour cela qu'il agit en justice? est-ce pour cela qu'il fait un appel à la conscience de son adversaire? Il le tient quitte, à la vérité, si celui-ci prête le serment, mais c'est une remise forcée, et précisément parce qu'elle est forcée, on ne devrait pas l'étendre.

« Le serment déféré au débiteur principal libère les cautions. » Pothier donne comme raison que le débiteur a intérêt à ce que je ne demande rien à ses cautions, puisque celles-ci auraient un recours contre lui si elles étaient obligées de payer. La raison n'est rien moins que décisive. Il s'agit, non de l'intérêt du débiteur, mais de l'effet d'une transaction qui équivaut à un jugement. Les auteurs modernes donnent une autre raison, l'analogie de la remise de la dette (1). Nous venons de dire que cette raison n'est pas meilleure.

« Le serment déféré à la caution profite au débiteur principal lorsqu'il a été déféré sur la dette ; il ne lui profite pas lorsqu'il a été déféré sur le cautionnement. » Pothier dit que le serment de la caution tient lieu de payement, et le payement fait par la caution libère le débiteur principal. N'est-ce pas confondre deux ordres d'idées très-différents? Non, la transaction du serment n'implique pas un payement, elle implique qu'il n'y a pas de dette. Toujours est-il que, dans ce cas, on ne peut plus invoquer l'analogie de la remise, puisque l'article 1287 décide que la remise accordée à la caution ne libère pas le débiteur principal.

278. L'article 1365 suppose que le serment a été déféré au prétendu débiteur ou à ceux qui sont tenus avec lui au payement de la dette, et qu'il a été prêté par celui à qui il a été déféré. La loi ne dit rien du cas où le débiteur ou un autre intéressé refuse de prêter le serment. Comme la transaction du serment implique le refus aussi bien que l'acceptation de celui à qui il est déféré, il faut

---

(1) Pothier, *Des obligations*, n° 918. Colmet de Santerre, t. V, p. 654, n° 341 *bis*, III.

appliquer par analogie les dispositions de l'article 1365.
Il en est de même d'un cas qui n'est pas prévu, lorsque le
serment est déféré au prétendu créancier (1).

§ III. *Du serment déféré d'office.*

279. « Le juge peut déférer le serment à l'une des
parties, ou pour en faire dépendre la décision de la
cause, ou seulement pour déterminer le montant de la
condamnation (art. 1366). » On appelle le premier serment *supplétoire* ou *supplétif*, et le second serment *in
litem* ou *en plaids.*

ARTICLE 1er. Du serment supplétoire.

No 1. NOTIONS GÉNÉRALES.

280. Qu'est-ce que le serment supplétoire? En lisant
l'article 1366, on pourrait croire que la qualification de
supplétif que les auteurs donnent au serment déféré par
le juge sur la demande ou sur l'exception est inexacte.
En effet, la loi dit que ce serment est déféré *pour en faire
dépendre la décision de la cause*, de même que l'article 1357 dit que le serment décisoire est celui qu'une
partie défère à l'autre *pour en faire dépendre le jugement
de la cause.* Les deux définitions sont identiques ; est-ce
à dire que la doctrine se trompe en qualifiant de *supplétif* le serment déféré par le juge sur la demande ou sur
l'exception? Non, c'est la définition du code qui est mauvaise, car elle confond deux serments essentiellement
différents. Le serment n'est décisoire que lorsqu'il est
déféré par l'une des parties à l'autre. Il est décisoire,
d'abord parce qu'il décide seul la contestation, sans que
le juge allègue aucun autre motif ; pour mieux dire, ce
sont les parties elles-mêmes qui mettent fin au litige par
en transaction. Le serment est décisoire parce qu'il ter-
mine le litige. Il n'en est pas de même du serment sup-

(1) Nous renvoyons à Colmet de Santerre, qui a prévu les diverses hypothèses (t. V, p. 655, nos 341 *bis* V — 341 *bis* X).

plétif; le juge ne fonde pas uniquement sa décision sur
ce serment, il ne peut le déférer que lorsque la demande
ou l'exception n'est pas totalement dénuée de preuves et
qu'elle n'est pas entièrement justifiée, ce qui revient à dire
qu'il y a un commencement de preuve et que ce qui manque
à la preuve est complété par le serment; le serment déféré par le juge est donc un *supplément* de preuve, et c'est
à juste titre qu'on l'appelle serment supplétif. Il est encore *supplétif*, quant à son effet, en ce sens que c'est une
preuve subsidiaire qui, comme toutes les preuves, sert à
décider le procès, mais n'y met pas fin ; le serment supplétoire n'est donc pas une transaction.

281. Quels sont les motifs pour lesquels la loi permet
au juge de déférer le serment à l'une des parties? Pothier
dit que l'usage de ce serment est établi sur les lois romaines, et il n'en donne d'autre raison sinon que le juge
le défère « pour assurer sa religion ». La preuve fournie
par le demandeur ou par le défendeur n'est pas complète,
il reste des doutes au juge, il craint de mal juger en s'ap-
puyant sur des preuves qui laissent quelque incertitude ;
c'est pour calmer ces scrupules qu'il défère le serment.
Pothier ajoute : « Je ne conseillerais pas néanmoins aux
juges d'user souvent de cette précaution qui ne sert qu'à
donner occasion à une infinité de parjures. Quand un
homme est honnête, il n'a pas besoin d'être retenu par la
religion du serment pour ne pas demander ce qui ne lui
est pas dû et pour ne pas disconvenir de ce qu'il doit ; et
celui qui n'est pas honnête homme n'a aucune crainte de
se parjurer. Depuis plus de quarante ans que je fais ma
profession, ajoute Pothier, j'ai vu une infinité de fois déférer le serment et je n'ai pas vu plus de deux fois qu'une
partie ait été retenue par la religion du serment de persister dans ce qu'elle avait soutenu (1). »

Les auteurs modernes, et Toullier surtout, abondent
dans ces critiques. Il est certain que la faculté accordée
au juge de déférer le serment d'office est en opposition
avec l'essence même du serment. C'est un appel à la con-

(1) Pothier, *Des obligations*, n° 924.

science, et cet appel est toujours très-chanceux, comme Pothier l'atteste. Appartient-il au juge de faire courir cette chance à l'une des parties sans son consentement, malgré elle? C'est à la partie intéressée de sacrifier son intérêt si elle le juge convenable ou nécessaire; le juge n'a pas ce droit. Vainement dit-on qu'il défère le serment pour assurer sa religion. C'est une singulière façon de tranquilliser sa conscience que de le faire aux dépens des plaideurs. Les scrupules du juge sont très-déplacés. Dans quelles circonstances défère-t-il le serment? Quand la demande ou l'exception n'est pas entièrement justifiée, dit l'article 1367. Les principes de droit suffisent pour trancher la difficulté; si la demande ou l'exception ne sont pas suffisamment établies, le juge les rejette; en les rejetant, il obéit à la loi, et celui qui obéit à la loi ne doit pas avoir de scrupules; il a rempli son devoir, donc sa conscience doit être tranquille (1).

282. De là suit que le droit accordé au juge de déférer le serment à l'une des parties sur la demande ou sur l'exception est un pouvoir exorbitant, contraire aux vrais principes. Il en résulte une règle d'interprétation très-importante. Le droit du juge est exclusivement fondé sur la loi, et cette loi est une véritable exception, donc elle est de stricte interprétation; il faut restreindre le pouvoir du juge dans les limites du texte (2).

N° 1. DES CONDITIONS REQUISES POUR QUE LE JUGE PUISSE DÉFÉRER LE SERMENT.

283. L'article 1367 détermine ces conditions, et il le fait dans les termes les plus restrictifs. « Le juge *ne peut* déférer d'office le serment, soit sur la demande, soit sur l'exception qui y est opposée, *que sous les deux conditions suivantes* : il faut 1° que la demande ou l'exception ne soit pas pleinement justifiée. » La demande ou l'exception est pleinement justifiée lorsque la preuve légale est complète;

(1) Toullier, t. V, 2, p. 315, nos 398 et 399.
(2) Aubry et Rau, t. VI, 2, p. 474, note 7, § 767 (3e édit.).

dans ce cas, il ne peut pas être question d'un supplément de preuve; alors même que le juge serait convaincu que les preuves légales sont fausses, il doit condamner le défendeur si la demande est pleinement justifiée ; et si l'exception est pleinement justifiée, il doit renvoyer le défendeur de la demande. 2° « Il faut que la demande ou l'exception ne soit pas totalement dénuée de preuve. » La formule est empruntée à Pothier; il appelle ces causes des causes douteuses : la demande ou l'exception n'est ni évidemment juste faute d'une preuve pleine et complète, ni évidemment injuste à cause du commencement de preuve qui se trouve (1). Dans le doute, le juge devrait s'abstenir d'adjuger les conclusions du demandeur ou du défendeur. La loi déroge à cette règle du bon sens en lui permettant de chercher un supplément de preuve dans la délation du serment.

284. Ces deux conditions étant exigées par la loi pour que le juge puisse déférer le serment, il s'ensuit qu'il en doit constater l'existence dans son jugement. La cour de cassation de France l'a jugé ainsi, de même que la cour de cassation de Belgique, en cassant des arrêts qui avaient déféré le serment sans constater que la demande ou l'exception n'était pas pleinement justifiée et n'était pas totalement dénuée de preuves (2). Quand la loi n'accorde un droit au juge que sous certaines conditions, le juge viole la loi en ne constatant pas que ces conditions existent.

Pothier a décidé cette question en sens contraire. Il suppose que la preuve faite par le demandeur ou le défendeur est complète et que néanmoins le juge, pour assurer davantage sa religion, lui défère le serment : y aurait-il lieu à appel contre cette sentence? Non, dit Pothier, car le juge n'a pas fait grief à la partie en exigeant le serment, puisqu'il ne coûte rien à celle-ci d'affirmer ce qu'elle sait être vrai ; tandis que le refus qu'elle ferait d'affirmer

(1) Pothier, *Des obligations*, n° 922. Voyez un exemple dans un arrêt de cassation du 8 avril 1874 (Dalloz, 1875, 1, 231).
(2) Cassation (de France), 13 décembre 1841 (Dalloz, au mot *Effets de commerce*, n° 467). Cassation (de Belgique), 7 mars 1850 (*Pasicrisie*, 1850, 1, 256).

le fait atténuerait et détruirait la preuve qu'elle en avait fournie. Doit-on encore suivre cette opinion sous l'empire du code? La négative est certaine et la jurisprudence que nous venons de constater décide la question implicitement. Dans l'ancien droit, il n'y avait pas de loi, on pouvait donc raisonner comme le fait Pothier; on ne le peut plus en présence d'une loi qui subordonne strictement à l'existence de deux conditions l'exercice du droit qu'elle confère au juge; si le juge se met en dehors de la loi, il est sans pouvoir, donc il commet un excès de pouvoir; ce qui donne lieu à appel, et même à cassation si le juge a décidé en droit (1).

L'application du principe a donné lieu à une difficulté à l'occasion d'une prétendue vente d'un mulet boiteux. Ceux qui alléguaient la vente n'en fournissaient aucune preuve, dès lors le défendeur n'avait rien à prouver; néanmoins le juge de paix lui déféra le serment. Recours en cassation de la partie adverse pour violation de l'article 1367. La cour prononça un arrêt de rejet : les demandeurs, dit-elle, n'ont pas le droit de se plaindre de ce que le défendeur a prêté serment, c'est une garantie pour eux qui ne leur était pas strictement due, ils ne peuvent pas attaquer une décision qui leur est favorable. La partie à laquelle le serment avait été déféré aurait eu le droit de s'y refuser, puisque le défendeur n'a rien à prouver; à son égard, la loi était violée, elle ne l'était point à l'égard de la partie adverse (2).

285. Quand peut-on dire que la demande ou l'exception n'est pas totalement dénuée de preuves? Dire que la demande ou l'exception n'est pas totalement dénuée de preuves, c'est dire qu'il y a un commencement de preuve insuffisant pour décider le procès. La difficulté est de préciser en quoi doit consister le commencement de preuve. On dit d'ordinaire qu'il faut un commencement de preuve par écrit. Cela est trop absolu. Quand la loi parle de *preuve*, elle entend par ce mot une *preuve légale*. Ainsi

(1) Toullier, t. V, 2, p. 319, n° 403.
(2) Rejet, 8 mai 1855 (Dalloz, 1855, 1, 245).

il doit y avoir un commencement de preuve légale, c'est-à-dire de preuve admise par la loi; or, la preuve varie d'après la nature du fait litigieux. Quand le fait a une valeur pécuniaire supérieure à 150 francs, la loi exige une preuve littérale (art. 1341), tandis qu'en dessous de cette somme la preuve testimoniale est admise. Supposons que la preuve par témoins soit admissible, le juge pourra entendre des témoins; si les témoignages lui paraissent insuffisants, il pourra compléter la preuve en déférant le serment à l'une des parties. Il n'est pas besoin, dans ce cas, d'un commencement de preuve par écrit, puisque la loi se contente de la preuve par témoins. De simples présomptions suffiraient même pour autoriser le juge à déférer le serment, puisque les présomptions sont admissibles quand la preuve testimoniale l'est. Par la même raison, le juge peut déférer le serment dans les cas où, par exception, la preuve testimoniale est reçue, quelle que soit la valeur pécuniaire du litige; un commencement de preuve par écrit ne serait pas nécessaire, par la raison que la preuve légale peut se faire par témoins; donc le commencement de preuve peut aussi résulter de témoignages. Quand donc faut-il un commencement de preuve par écrit? Lorsque la preuve doit se faire par écrit; il ne suffirait pas, dans ce cas, de témoignages ou de présomptions, puisque ces preuves ne sont pas reçues; et quand elles ne sont pas reçues pour faire preuve complète, elles ne sont pas reçues davantage comme commencement de preuve.

Telle est l'opinion de tous les auteurs (1), et elle est aussi consacrée par la jurisprudence, malgré quelques incertitudes. La cour de cassation de France a décidé que l'article 1367, en autorisant le serment d'office sous la double condition que la demande ne sera pas pleinement justifiée et ne sera pas totalement dénuée de preuves, a entendu parler des preuves *légalement admissibles*, c'est-à-dire d'une preuve écrite ou d'un commencement de

(1) Aubry et Rau, t. VI, p. 473, § 767. Marcadé, t. V, p. 245, n° II de l'article 1367. Larombière, t. V, p. 518, n° 3 (Ed. B., t. III, p. 355). Colmet de Santerre, t. V, p. 657, n° 343 *bis*.

preuve par écrit si le débat roule sur une valeur excédant 150 francs (1). La cour de cassation de Belgique a rendu sur cette question deux arrêts qui ne concordent guère. Dans le premier, elle a jugé, conformément à la jurisprudence française, que lorsque l'objet de la demande excède la valeur de 150 francs, le juge ne peut déférer le serment supplétif que dans le cas où il y a un commencement de preuve par écrit du fait contesté, on des aveux et déclarations des parties qui rendent le fait vraisemblable (2). Nous reviendrons sur ce dernier point. Dans un second arrêt, la cour dit : « Attendu que le jugement attaqué, après les *enquêtes* et les plaidoiries qui eurent lieu, énonce les *faits* et *circonstances* qui en sont résultés et que le tribunal a pris en considération pour déclarer que, si la demande n'était pas pleinement établie, elle pouvait être justifiée par les *faits et circonstances de la cause,* d'où résultaient des *présomptions graves.* Attendu que cette décision, purement en fait, étant souveraine, constate l'existence des conditions exigées par l'art. 1367 pour que le juge ait pu déférer le serment supplétoire (3). » Cela veut-il dire que le juge du fait a un pouvoir discrétionnaire pour décider s'il y a un commencement de preuve? et qu'il peut puiser ce commencement de preuve dans les *circonstances de la cause,* c'est-à-dire dans de simples présomptions? Si l'on entendait ainsi l'arrêt, il serait en contradiction avec la première décision de la cour et avec les vrais principes. Nous croyons que les termes de l'arrêt sont trop absolus et qu'ils dépassent la pensée de la cour; elle n'a pas entendu rendre un arrêt de principes, c'est une décision d'espèce. Or, il s'agissait au procès d'une affaire commerciale dans laquelle la preuve testimoniale est indéfiniment admissible, et, par suite, il ne pouvait être question d'un commencement de preuve par écrit.

Il y a une question de fait dans tout commencement de

(1) Rejet, 24 juillet 1865 (Dalloz, 1865, 1, 467). Comparez Rejet, chambre civile, 10 mai 1842 (Dalloz, au mot *Obligations,* n° 5303, 4°). Rennes 26 janvier 1813 (Dalloz, au mot *Vérification d'écritures,* n° 176).

(2) Cassation, 23 novembre 1849 (*Pasicrisie,* 1850, 1, 256).

(3) Rejet, 12 décembre 1861 (*Pasicrisie,* 1862, 1, 76).

preuve; c'est au juge d'apprécier si la demande ou l'exception est suffisamment justifiée pour que le juge puisse déférer le serment. Dans cette appréciation, le juge est influencé nécessairement par l'opinion qu'il a sur le serment supplétoire. La cour de Gand dit que le juge doit user de cette faculté avec beaucoup de circonspection, ce qui est juste; mais la cour ne va-t-elle pas trop loin en ajoutant « que le juge ne doit admettre le demandeur à ce serment que lorsque la preuve qu'il a faite de sa demande est presque concluante par elle-même (1). » Il suffit de mettre cette formule en regard de celle du code pour se convaincre que la cour a dépassé la loi; l'article 1367 se borne à exiger que la demande ne soit pas totalement dénuée de preuves, et la cour veut qu'elle soit presque entièrement justifiée. Nous devons respecter la loi, alors même qu'elle est contraire aux vrais principes; elle admet le serment supplétoire sous des conditions assez faciles, il n'appartient pas à l'interprète de changer des conditions faciles en conditions tellement difficiles, qu'il n'y aurait presque jamais lieu de déférer le serment d'office.

286. La loi prescrit des formalités spéciales pour les actes qui constatent les conventions bilatérales ou certaines conventions unilatérales (art. 1325 et 1326); quand toutes les formalités n'ont pas été observées, l'acte ne fait plus preuve complète, mais il en résulte un commencement de preuve par écrit qui permet d'admettre la preuve testimoniale et, par conséquent, de déférer le serment. La cour de cassation l'a jugé ainsi, et cela n'est guère douteux; l'article 1367 ne définit pas le commencement de preuve qu'il exige, le juge jouit d'une certaine latitude dans l'appréciation de l'écrit allégué à ce titre; tout ce que l'on peut exiger, c'est qu'il résulte d'un écrit quand l'obligation doit être prouvée par une preuve littérale (2).

287. Dans les cas où la preuve testimoniale est admissible, les juges peuvent ne pas trouver suffisante la preuve résultant de l'enquête; ils auront alors à examiner si les

---

(1) Gand, 14 août 1834 *Pasicrisie*, 1834, 2, 227).
(2) Rejet, 1er juillet 1828 (Dalloz, au mot *Obligations*, n° 5320). Comparez Bruxelles, 28 juillet 1830 (*Pasicrisie*, 1830, p. 205).

témoignages, quoique ne suffisant point pour justifier entièrement la demande ou l'exception, fournissent un commencement de preuve dans le sens de l'article 1367 ; dans
ce cas, leur pouvoir d'appréciation est absolu, ils peuvent
donc déférer le serment si la demande ou l'exception ne
leur paraît pas totalement dénuée de preuves ; il ne faut
pas que ce commencement de preuve résulte d'un écrit :
puisque la preuve complète peut se faire par témoins, le
commencement de preuve peut aussi résulter de témoignages. La cour de cassation l'a encore jugé ainsi (1).

288. La preuve testimoniale est reçue par exception
dans les cas où il y a un commencement de preuve par
écrit ; il faut, dans ce cas, que le commencement de preuve
réunisse les caractères exigés par l'article 1347. Il est de
jurisprudence qu'il peut résulter d'un interrogatoire sur
faits et articles ; donc le juge pourra aussi déférer le serment supplétoire. La cour de cassation l'a décidé ainsi.
Elle constate d'abord que les parties ont été entendues en
personne à quatre audiences successives ; que dans ces
comparutions les défendeurs se sont embarrassés et con-
tredits, affirmant à une audience qu'ils avaient un registre
qui justifiait leurs prétentions et refusant, à une autre
audience, de produire ce registre ; le premier juge pouvait inférer du refus des défendeurs joint à leurs tergiver-
sations qu'il y avait un commencement de preuve en faveur du demandeur ; ce commencement de preuve résultait
d'un écrit, puisque les déclarations des parties avaient
été faites en justice, devant un tribunal assemblé, recueil-
lies par ce tribunal tout entier au moment où elles s'étaient
produites et consignées immédiatement dans la décision
que le tribunal avait rendue. D'après la jurisprudence,
les déclarations ainsi reçues à l'audience et constatées par
le jugement équivalent à un interrogatoire sur faits et
articles ; ce qui est décisif. Cela ne fait même aucun doute
pour ce qui regarde la délation de serment ; car, nous le
répétons, la loi ne définit point les caractères que doit

(1) Rejet, 8 septembre 1807 (Dalloz, au mot *Contrat de mariage*,
n° 2495).

avoir le commencement de preuve dans le cas de l'article 1367; les juges ont donc une latitude plus grande pour la délation du serment que pour l'admission de la preuve testimoniale (1).

289. La preuve testimoniale est admise indéfiniment dans les cas où le demandeur a été dans l'impossibilité de se procurer une preuve littérale. Donc, dans ces mêmes cas, le juge pourra déférer le serment si les témoignages ou les présomptions remplissent les conditions exigées par l'article 1367. La fraude et le dol sont un des cas dans lesquels il n'a pas été possible au créancier de se procurer une preuve par écrit; les manœuvres doleuses sont-elles insuffisantes pour fournir une preuve complète, le juge pourra la compléter en déférant le serment supplétoire (2). Il importe cependant de remarquer qu'il ne suffit pas que le créancier ait été dans l'impossibilité de faire dresser un écrit de l'obligation litigieuse pour que, par cela seul, le serment puisse lui être déféré; le serment supplétoire n'est jamais qu'un supplément de preuve; il faut donc, dans l'espèce, qu'il y ait ou des témoignages ou des présomptions qui donnent quelque probabilité à la demande ou à l'exception pour que le juge puisse déférer le serment d'office. Nous avons dit que le juge doit constater l'existence des deux conditions prescrites par l'article 1367; il faut donc qu'il déclare qu'il y a un commencement de preuve résultant, soit de témoignages si une enquête a été faite, soit de présomptions, ou des faits et circonstances de la cause (3).

La jurisprudence a étendu trop loin le principe établi par l'article 1348 en admettant qu'il y a impossibilité de se procurer une preuve littérale lorsque l'usage ou les convenances ne permettent pas de dresser écrit. Nous avons combattu cette doctrine relâchée; il faut surtout l'écarter quand il s'agit de déférer le serment supplétoire,

---

(1) Rejet, 24 juillet 1865 (Dalloz, 1865, 1, 467). Comparez Rejet, 5 juillet 1808, 31 mai 1825 (Dalloz, au mot *Obligations* nº 5322) et 11 juin 1873 (Dalloz, 1873, 1, 478).
(2) Rejet, 11 juin 1873 (Dalloz, 1873, 1, 478).
(3) Comparez les arrêts rapportés dans le *Répertoire* de Dalloz, au mot *Obligations*, nºˢ 5314-5316.

car la délation de ce serment est déjà par elle-même exorbitante du droit commun ; il ne faut pas y ajouter une dérogation nouvelle aux principes généraux de droit. Il a été jugé, dans le sens de notre opinion, qu'il n'y a pas lieu de déférer à un médecin le serment supplétoire sur une prétendue promesse que le malade lui aurait faite d'augmenter le montant de ses honoraires ; la cour de Liége avait déféré le serment parce que l'usage et les convenances ne permettaient point d'exiger une preuve écrite d'une pareille promesse. Son arrêt a été cassé : c'était, dit très-bien la cour de cassation, créer une exception nouvelle en étendant celle que la loi établit (1).

290. Il y a un cas dans lequel la loi autorise le juge à déférer le serment supplétoire ; l'article 1329 dit que « les livres des marchands ne font point, contre les personnes non marchandes, preuve des fournitures qui y sont portées, sauf ce qui sera dit à l'égard du serment ». Il est de tradition que, dans ce cas, le juge peut déférer le serment ; nous disons qu'il le peut, il ne le doit pas ; la cour de cassation l'a jugé ainsi dans un arrêt récent, et cela n'est pas douteux. Pothier déjà en a fait la remarque : il faut, dit-il, que les fournitures marquées sur le registre soient probables (2).

291. Faut-il, outre les conditions prescrites par l'article 1367, appliquer au serment supplétif les principes qui régissent le serment décisoire ? On lit, dans un arrêt de la cour de cassation de Belgique, que le législateur ayant traité de ces deux serments dans deux paragraphes séparés, où il prescrit des règles spéciales à chacun d'eux, on ne peut soutenir qu'il faille nécessairement appliquer à l'un ce qui n'a été ordonné que pour l'autre (3). La cour ne dit pas que l'on ne doive pas appliquer au serment supplétif les principes qui régissent le serment décisoire. Quoique les deux serments diffèrent grandement, ils ont

(1) Cassation, 8 décembre 1853 (*Pasicrisie*, 1854, 1, 100).
(2) Rejet, 22 juillet 1872 (Dalloz, 1873, 1, 110). Comparez les arrêts rapportés dans le *Répertoire* de Dalloz, au mot *Obligations*, n° 5321, et Pothier, *Des obligations*, n°ˢ 753 et 755.
(3) Rejet, 2 avril 1840 (*Pasicrisie*, 1840, I, 344).

cependant un caractère commun, c'est que l'un et l'autre sont un appel à la conscience sur l'existence d'un fait litigieux. De là découlent des conséquences qui sont communes aux deux serments. Ainsi le serment supplétif, pas plus que le serment décisoire, ne peut être déféré sur une question de droit (n°250); le texte même de l'article 1367 le prouve : le juge défère le serment quand le fait litigieux n'est pas entièrement justifié et qu'il n'est pas totalement dénué de preuves; cela suppose un débat sur une question de fait (1).

Le serment peut-il être déféré par le juge sur un fait qui n'est pas personnel à la partie à laquelle il le défère? A notre avis, il faut appliquer l'article 1359 au serment supplétoire; la condition résulte de la nature même du serment. C'est un appel à la conscience; or, nous ne pouvons affirmer en conscience que les faits qui nous sont personnels (2). La jurisprudence et la doctrine sont contraires; non pas qu'elles décident que le juge puisse déférer le serment à une partie sur un fait qui lui est complétement étranger, mais on admet que le serment d'office peut être déféré lorsque la partie déclare qu'elle a connaissance du fait, bien qu'il ne lui soit pas personnel (3). Ce serait là une espèce de serment de *crédulité,* ce n'est pas le serment proprement dit. La question est donc de savoir si le juge peut déférer d'office un serment dont il n'est pas parlé dans la section du serment. Il nous semble que poser la question, c'est la résoudre. Il est vrai que les auteurs admettent que le juge peut déférer aux héritiers un serment de crédulité (4); mais, en le décidant ainsi, ils oublient le principe qu'ils posent, à savoir que le serment supplétif étant exceptionnel de sa nature, ne peut être étendu à des cas que la loi ne prévoit point (1).

---

(1) Bruxelles, 30 juin 1858 (*Pasicrisie,* 1859, 2, 230).
(2) Liége, 11 février 1860 (*Pasicrisie.* 1860, 2, 345). Toullier, t. V, 2, p. 329, n° 420.
(3) Aubry et Rau, t. VI, p. 474, et note 11, § 767. Larombière, t. V, p. 521, n° 8 (Ed. B., t. III, p. 356). Voyez la jurisprudence dans le *Répertoire* de Dalloz, au mot *Obligations,* n° 5303, 1°-4°. Il faut ajouter un arrêt de rejet de la cour de cassation de Belgique du 2 avril 1840 (*Pasicrisie,* 1840, 1, 344).
(4) Toullier, t. V, 2, p. 329, n° 421. En sens contraire, Aubry et Rau, t. VI, p. 474, note 12, et Marcadé, t. V, p. 245, n° II de l'article 1368.

Les faits sur lesquels le serment supplétoire est déféré doivent-ils être décisifs? On pourrait le croire en lisant l'article 1366, mais nous avons déjà dit que cette disposition est mal rédigée (n° 280). Le serment déféré d'office n'est pas décisoire, c'est un commencement de preuve; il peut donc, par sa nature même, être déféré sur un fait accessoire, ou sur une circonstance secondaire d'un fait principal. Cela est admis par tout le monde (1).

292. Outre les conditions déterminées par l'art. 1367, Pothier en établit une troisième : il faut, dit-il, que le juge entre en connaissance de cause pour estimer s'il doit déférer ce serment et à laquelle des parties il le doit déférer. Cela va sans dire. La difficulté est de savoir à laquelle des deux parties le juge déférera le serment. Le code dit à l'une des parties, il ne dit pas laquelle (art. 1357 et 1367); par cela même il donne plein pouvoir au juge; comme le serment est un appel à la conscience, le juge se décidera d'après la confiance qu'il a dans la probité de l'une ou de l'autre des parties (2). Les anciens jurisconsultes ont tracé des règles à cet égard : mais comment régler et limiter un pouvoir qui, par sa nature, s'exerce par des considérations tout à fait individuelles? Il est inutile de discuter ces théories, elles ne servent à rien (3).

Le serment supplétoire peut-il être déféré à un tiers? Il a été jugé qu'il ne peut être déféré au fils de celui qui est partie (4), ni à sa femme (5); il faut généraliser la décision et poser comme principe général que le serment supplétoire, de même que le serment décisoire, ne peut être déféré à une personne qui ne serait point partie dans la cause. Nous ne comprenons pas que la cour de cassation ait jugé le contraire; il y a deux textes où il est dit formellement que le juge peut déférer le serment à l'une des *parties* (art. 1358 et 1366); or, en cette matière, le

---

(1) Rejet, 10 mai 1842 (Dalloz, au mot *Obligations*, n° 5303, 4°). Aubry et Rau, t. V, p. 475, et note 13.

(2) Duranton, t. XIII, n° 616. Rejet, 29 prairial an XIII (Dalloz, *ibid.*, n° 5294, 1°).

(3) Comparez Toullier, t. V, 2, p. 325, n°s 412-414.

(4) Bruxelles, 4 avril 1822 (*Pasicrisie*, 1822, p. 99).

(5) Chambéry, 14 juillet 1866 (Dalloz, 1866, 2, 207).

juge n'a d'autre pouvoir que celui que la loi lui confère;
ce qui décide la question. Dans l'espèce, le mari interve-
nait pour autoriser sa femme; la cour a tort d'en conclure
qu'il était en cause à ce titre; il est de principe que celui
qui autorise n'est pas partie au contrat par le fait de son
autorisation; il n'est pas non plus partie au procès (1).

Nº 2. EFFET DE LA DÉLATION.

293. La délation du serment supplétoire n'a point
l'effet que l'article 1361 attache à la délation du serment
décisoire : celui à qui il est déféré peut le refuser, sans
qu'il doive pour cela succomber dans sa demande ou dans
son exception. Il y a une différence essentielle entre les
deux serments : le serment décisoire est une transaction,
le serment supplétoire est une mesure d'instruction qui
doit fournir au juge un complément de preuve. Quand
donc la partie à laquelle le serment supplétoire a été déféré refuse de le prêter, tout ce qui en résulte, c'est que le
juge n'aura point le supplément de preuve qu'il désirait;
l'instruction du procès restera dans l'état où elle était
avant la délation du serment. Le refus de la partie ne témoigne pas nécessairement contre elle; il peut venir d'une
conscience timorée. Mais le refus peut aussi entraîner la
perte de la cause, s'il n'y a point de preuve suffisante pour
adjuger les conclusions du demandeur ou du défendeur (2).

294. La partie à laquelle le serment décisoire est déféré peut le référer; tandis qu'aux termes de l'article 1368
« le serment déféré d'office par le juge à l'une des parties
ne peut être par elle référé à l'autre ». Pour justifier cette
différence, dit Pothier, il suffit de faire attention au sens
du mot *référer* : je ne puis *référer* le serment qu'à celui
qui me l'a *déféré*; or, ce n'est pas la partie adverse qui
m'a déféré le serment supplétoire, je ne puis donc pas le
lui référer (3). L'argumentation est peu digne de Pothier,

(1) Rejet, chambre civile, 10 mai 1842 (Dalloz, au mot *Obligations*,
nº 5303, 4º). En sens contraire, Aubry et Rau, t. VI, p. 474, note 7, § 767
(3e édit.).
(2) Larombière, t. V, p. 532, nº 23 (Ed. B., t. III, p. 361).
(3) Pothier, *Des obligations*, nº 928.

qui aime à fonder ses décisions, moins sur la logique, que sur l'équité et la justice. Il y a une raison bien simple pour laquelle le serment d'office ne peut être référé, c'est que le juge seul a le droit de décider quelle est la partie qui, par sa probité, mérite qu'on fasse appel à sa conscience.

295. La partie à qui le juge a déféré le serment vient à décéder sans avoir prêté le serment, mais aussi sans l'avoir refusé. Quelle en sera la conséquence? On est étonné de voir la jurisprudence divisée sur une question aussi simple. Il est certain que l'on ne peut pas en induire que la partie refuse, ce serait un refus présumé, et il n'y a point de présomption sans texte(1). Dira-t-on que le serment est censé prêté, comme l'ont jugé quelques cours(2)? Ce serait encore une présomption, puisque, en réalité, il n'y a pas eu de serment prêté; or, il n'y a pas plus de présomption pour la prestation que pour le refus. Donc la délation sera considérée comme non avenue (3).

296. Le juge est-il lié par la délation du serment? C'est une mesure d'instruction; donc le jugement qui a déféré le serment est interlocutoire, et il est de principe que le juge n'est point lié par un interlocutoire. Cela est aussi fondé en raison. Pourquoi le juge a-t-il recours au serment? Parce que la preuve fournie par les parties est insuffisante. Si la partie administre une preuve nouvelle, en produisant un acte qui était égaré, la preuve étant complète, il serait absurde de demander encore un supplément de preuve. La doctrine (4) et la jurisprudence (5) sont en ce sens.

297. Du principe que le serment supplétoire n'est qu'une mesure d'instruction, il suit encore que la contestation n'est point décidée définitivement par la prestation du serment, à la différence du serment décisoire qui em-

(1) Rennes, 10 janvier 1826 (Dalloz, au mot *Obligations*, n° 5304).
(2) Douai, 26 mai 1814, et Aix, 13 août 1829 (Dalloz, *ibid.*, n° 5307).
(3) Caen, *ibid.*, 20 janvier 1846 (Dalloz, *ibid.*, n° 5307).
(4) Duranton, t. XIII, p. 639, n° 613. Larombière, t. V, p. 528, n° 19 (Ed. B., t. III, p. 359).
(5) Rejet, chambre civile, 10 décembre 1823; Limoges, 23 mars 1825; Toulouse, 3 juillet 1827 (Dalloz, *ibid.*, n° 5284, 1°, 2° et 3°).

porte transaction. L'appel anéantit le premier jugement et, par conséquent, le serment déféré et prêté; la cour pourra décider qu'il n'y a pas lieu de déférer le serment, ou que le serment doit être déféré à l'autre partie (1).

L'appelant est admis à prouver que le serment a été faussement prêté. Voilà encore une différence essentielle entre le serment supplétif et le serment décisoire; elle résulte du principe qui gouverne cette matière; c'est que le serment décisoire est une transaction par laquelle la partie reconnaît d'avance comme vrai ce que l'autre affirmera; tandis que le serment supplétif n'est qu'un complément de preuve, et toute preuve peut être combattue par la preuve contraire. Celui qui a été condamné en première instance sur le serment prêté peut donc produire en appel un document nouveau qui prouve la fausseté du serment, il peut porter plainte en parjure et se rendre partie civile (2).

298. Le principe qui permet de prouver la fausseté du serment supplétoire doit être entendu avec des restrictions. D'abord, si le jugement rendu sur la prestation du serment est passé en force de chose jugée, il faut appliquer la loi qui régit l'autorité attachée aux jugements. On ne peut pas revenir sur la chose jugée, quand même on prouverait que le jugement a été porté par erreur. La loi n'admet que la requête civile pour cause de dol. Encore est-il douteux que le faux serment constitue un dol dans le sens de l'article 480, 1°, du code de procédure; nous ne discutons pas la question, parce qu'elle sort du cadre de notre travail (3).

De même la partie condamnée n'est plus admise à attaquer le serment quand elle a acquiescé au jugement qui l'a déféré. Quand y a-t-il acquiescement? On admet qu'il y a acquiescement quand la partie a assisté à la presta-

---

(1) Aubry et Rau, t. VI, p. 475, note 17. Larombière, t. V, p. 531, nᵒˢ 21 et 22 (Ed. B., t. III, p. 360).

(2) Colmet de Santerre, t. V, p. 658, nᵒ 345 *bis.* Aubry et Rau, t. VI, p. 475, note 18, § 767. Rejet, chambre criminelle, 20 janvier 1843 (Dalloz, au mot *Obligations,* nᵒ 4897, 2°).

(3) Aubry et Rau, t. VI, p. 476, notes 21 et 22, § 767 (3ᵉ éd.). Comparez Marcadé, t. V, p. 246, nᵒ III de l'article 1368.

tion du serment sans faire de protestations ni de réserves;
tandis qu'elle n'acquiesce pas par le fait seul qu'elle s'abstient d'assister à la prestation du serment, alors même
qu'elle aurait été sommée d'y assister. La jurisprudence
ainsi que la doctrine sont divisées sur ces questions; nous
les abandonnons à la procédure (1).

ARTICLE 2. Du serment en plaids.

N° 1. NOTION GÉNÉRALE.

299. Pothier explique mieux que ne le fait l'article 1369
quand il y a lieu au serment sur la valeur de la chose.
On suppose que le demandeur a justifié qu'il était bien
fondé dans sa demande en restitution de certaines choses;
il n'y a d'incertitude que sur la somme à laquelle le défendeur doit être condamné, faute de restituer des choses
dont la valeur n'est connue que du demandeur auquel
elles appartiennent. Dans ce cas, le juge, pour régler le
montant de la condamnation qu'il doit prononcer, s'en rapporte à l'estimation que le demandeur fera de la véritable
valeur des choses dont il réclame la restitution; cette déclaration se fait sous la foi du serment. Par exemple, un
voyageur donne sa valise en dépôt à un aubergiste; la
valise est volée, le dépôt est constant: comme le voyageur
qui en demande la restitution a seul connaissance de ce
qu'il y avait dans la valise, le juge, pour déterminer la
somme à laquelle l'aubergiste doit être condamné, ne
peut faire autrement que de déférer le serment au voyageur sur la valeur des choses contenues en sa valise (2).

Toullier, qui critique vivement le serment supplétoire,
avoue que le serment en plaids présente moins de danger;
c'est d'ailleurs une nécessité. Pour qu'il y ait lieu au serment en plaids, il faut qu'il soit pleinement prouvé que la

---

(1) Voyez la jurisprudence dans le *Répertoire* de Dalloz, au mot *Obligations*, nᵒˢ 5287-5290. Il faut ajouter Liége 12 juillet 1865 (*Pasicrisie*, 1865,
2, 241). Comparez Larombière, t. V, p. 528, nᵒ 20 (Ed. B., t. III, p. 359).
Aubry et Rau, t. VI, p. 476, § 767 (3ᵉ éd.).
(2) Pothier, *Des obligations*, nᵒ 930.

demande est bien fondée; il ne reste à prouver que la valeur de la chose demandée. Puisqu'il est prouvé que le défendeur doit restituer la chose qui fait l'objet de la demande, il doit être condamné à la restituer; mais la restitution étant impossible par sa faute, il faut bien que le juge en détermine la valeur, et il n'y a d'autre moyen de prouver la valeur que la déclaration du demandeur; il faut donc en venir à la voie périlleuse, il est vrai, mais nécessaire, du serment (1).

300. Il y a une certaine analogie entre le serment en plaids et le serment supplétoire. Le fondement de l'un et de l'autre est le défaut de preuves suffisantes. Mais la différence entre les deux serments est grande. Dans le serment supplétoire, c'est la demande ou l'exception qui fait l'objet du serment; dans le serment en plaids, la demande est prouvée, c'est seulement la valeur de la chose demandée qui est incertaine. Le serment supplétoire ne peut être déféré que lorsqu'il y a un commencement de preuve; quand le juge défère le serment en plaids, il n'y a aucune preuve de la valeur de la chose demandée, c'est l'impossibilité de s'en procurer une qui justifie la délation du serment.

Il suit de là qu'il n'y a pas lieu de déférer le serment en plaids quand il existe au procès des preuves concernant la valeur de la chose; si ces preuves sont insuffisantes, le juge peut les compléter en déférant le serment supplétoire. Le cas s'est présenté devant la cour de Bruxelles. Il s'agissait de déterminer le chiffre exact des valeurs héréditaires; le défunt avait pris soin de dresser lui-même un bilan de sa fortune, et il s'y était expressément rapporté dans son testament. Néanmoins la cour déféra aux demandeurs le serment en plaids. L'arrêt a été cassé comme ayant prématurément déféré le serment *in litem,* avant que l'on eût discuté les preuves qui existaient au procès (2).

(1) Toullier, t. V, 2, p. 338, n° 436.
(2) Bruxelles, chambre de cassation, 29 décembre 1821 (*Pasicrisie,* 1821, p. 532).

301. L'article 1369 porte: « Le serment sur la valeur de la chose demandée ne peut être déféré par le juge au demandeur que lorsqu'il est d'ailleurs impossible de constater autrement cette valeur. » En disant que le serment est déféré sur la valeur de la chose demandée, le code suppose que la demande même est pleinement justifiée; car il ne peut être question d'établir la valeur de la chose demandée que lorsqu'il est certain que le défendeur l'a reçue et qu'il doit la restituer. Pothier le dit (n° 299), et le code aurait dû le dire. La preuve préalable de l'existence de la dette se fait d'après le droit commun.

Quand y a-t-il impossibilité de constater la valeur de la chose demandée autrement que par le serment *in litem?* Pothier nous l'a déjà dit : quand le demandeur seul connaît la valeur des choses dont il réclame la restitution. Dans l'exemple donné par Pothier, il faut dire plus : le voyageur qui dépose sa valise dans une hôtellerie sait seul quelles sont les choses qui se trouvent dans sa valise et, par suite, lui seul en sait la valeur. L'impossibilité de toute autre preuve que le serment est une question de fait que le juge du fait décide; il doit la constater dans le jugement, puisque c'est la condition sans laquelle le serment ne peut être déféré. Il a été jugé que l'impossibilité est suffisamment constatée quand le jugement dit qu'il est difficile, pour ne pas dire impossible, de déterminer la quotité de la somme due autrement que par la délation du serment d'office (1) : c'est une manière de parler pour dire qu'une chose est réellement impossible.

La cour de Bruxelles a décidé que le serment en plaids ne doit être ordonné par le juge qu'avec la plus grande circonspection, lorsqu'il y a impossibilité *absolue* de constater autrement la valeur de l'objet réclamé. N'est-ce pas ajouter à la loi? Il n'y aurait pas impossibilité absolue, dit la cour, si l'on pouvait fixer approximativement la valeur de la chose par la commune renommée (2). Nous

_____

(1) Rejet, 8 décembre 1832 (Dalloz, au mot *Obligations*, n° 5303, 2°).
(2) Bruxelles, 22 décembre 1828 (*Pasicrisie*, 1828, p. 383).

croyons que la conséquence est aussi inexacte que le principe. La commune renommée n'est pas une preuve légale, en ce sens que la loi ne l'admet que par exception dans les cas où il y a une faute grave à reprocher à la partie contre laquelle se fait la preuve du mobilier non inventorié (art. 1415 et 1445). Le juge ne peut recourir à cette preuve que quand la loi le lui permet; or, l'article 1369 ne parle pas de la commune renommée, il suppose qu'il n'existe aucune preuve légale de la valeur de la chose, le juge ne peut donc pas recourir à la preuve par commune renommée.

Il a été jugé que le serment en plaids peut être déféré en cas de vol d'une somme d'argent, alors qu'il est impossible à la partie lésée de prouver autrement le montant de la somme (1). De même la cour de Bruxelles a déféré le serment en plaids au voyageur qui avait déposé une malle au bureau d'une messagerie; elle s'était perdue par la négligence des agents de l'administration; l'arrêt porte que, d'après les faits et circonstances de la cause, il est très-vraisemblable que la malle contenait des effets de la nature de ceux désignés dans la demande, et qu'il est impossible de constater la valeur de ces effets autrement que par la prestation du serment offert par le demandeur (2).

302. Quand le juge défère le serment en plaids, il doit déterminer la somme jusqu'à concurrence de laquelle le demandeur en sera cru sur son serment (art. 1369). Cette disposition est empruntée à l'ancienne jurisprudence. Le juge, dit Pothier, doit avoir égard, pour fixer cette somme, à la qualité de la personne du demandeur, au plus ou moins de vraisemblance qui paraît dans ses allégations : la qualité de la cause doit aussi entrer en considération (3). Tout cela est excessivement vague, et le juge peut se trouver très-embarrassé pour déterminer le montant de la somme jusqu'à concurrence de laquelle le demandeur en sera cru sur son serment. On demande s'il peut, pour

(1) Bruxelles, 20 février 1829 (*Pasicrisie*, 1829, p. 70).
(2) Bruxelles, 2 mai 1831 (*Pasicrisie*, 1831, p. 115).
(3) Pothier, *Des obligations*, n° 931.

s'éclairer, avoir recours à la preuve par commune renommée. Les auteurs l'admettent. Il y a un motif de douter ; le juge, dans notre opinion, ne pourrait pas décider la contestation par la preuve de la commune renommée (n° 301) ; or, ne la décide-t-il pas en fixant la somme jusqu'à concurrence de laquelle le demandeur en sera cru sur son serment? De fait, oui, puisque régulièrement le serment sera ainsi prêté ; mais, en droit, non ; car le procès sera décidé par la prestation du serment, et non par l'ordonnance du juge. Le juge aurait pu, sans aucune information, fixer un chiffre arbitraire ; à plus forte raison le peut-il après qu'il s'est éclairé, n'importe de quelle manière (1).

303. A qui le serment peut-il être déféré? L'art. 1369 le dit : au demandeur, et la raison en est bien simple, c'est que lui seul connaît la valeur de la chose. Il est arrivé que le demandeur est mort pendant l'instance ; on a demandé si le serment pouvait être déféré à ses héritiers. La cour de Bruxelles s'est prononcée pour l'affirmative. Elle reconnaît que l'on ne peut exiger d'un héritier la prestation du serment sur un fait qui ne lui est pas personnel. Mais, dans l'espèce, l'héritier lui-même offrait de jurer sur le fait de son auteur, en affirmant qu'il en avait connaissance ; il fallait donc ou rejeter la demande, ou déférer le serment aux héritiers, ou fixer la somme sans recourir au serment. On conçoit que le juge préfère recourir au serment, alors que l'obligation est justifiée et qu'il ne reste qu'à établir le montant de la condamnation (2).

N° 3. EFFET DE LA DÉLATION.

304. Le serment en plaids est un simple moyen d'instruction, donc le jugement qui le défère n'est qu'interlocutoire. De là suit qu'il faut appliquer au serment en plaids ce que nous avons dit du serment supplétoire

---

(1) Toullier, t. V, 2, p. 341, n° 440. Aubry et Rau, t. VI, p. 477, note 2, § 768. Larombière, t. V, p. 541, n° 10 (Ed. B., t. III, p. 364).
(2) Bruxelles, 20 février 1829 (*Pasicrisie*, 1829, p. 70).

(nᵒˢ 296 et 297). Il ne peut être question de le référer. Le juge n'est pas lié par son ordonnance, il peut rétracter son jugement si l'on découvre de nouvelles preuves ; il n'y a plus d'impossibilité dans ce cas, donc il n'y a plus lieu au serment en plaids. Le juge n'est pas lié non plus par la prestation du serment, du moins en ce sens que la partie condamnée peut interjeter appel ; et la cour est libre de réduire la somme en déférant un nouveau serment, ou de décider le procès sans délation de serment (1).

---

(1) Aubry et Rau, t. VI, p. 478, § 768. Larombière, t. V, p. 541, nᵒ 11 (Ed. B., t. III, p. 364).

TITRE V.

(TITRE IV DU CODE CIVIL.)

DES ENGAGEMENTS QUI SE PROUVENT SANS CONVENTION.

---

305. Qu'est-ce que la loi entend par *engagements?* Ce mot est synonyme d'*obligations,* mais le code l'applique spécialement aux obligations qui ne naissent pas d'un concours du consentement de deux parties, tandis que l'obligation naît d'un contrat; de là vient que, dans l'intitulé du titre III, la loi confond les obligations conventionnelles avec les contrats. Il y a encore ceci de particulier aux engagements dont parle le titre IV, c'est que certains de ces engagements se rapportent à des servitudes légales; or, en matière de servitudes, il ne peut être question d'obligations, c'est-à-dire de droits de créance. L'expression d'*engagements* est donc plus étendue que celle d'*obligations* (1).

C'est en ce sens que l'article 1370 dit : « Certains engagements se forment sans qu'il intervienne aucune convention, ni de la part de celui qui s'oblige, ni de la part de celui envers lequel il est obligé. » Pothier s'exprime plus exactement en disant : « sans qu'il intervienne aucune convention *entre les deux personnes.* » La rédaction du code est défectueuse; elle suppose qu'une convention peut intervenir *de la part d'une seule personne,* ce qui est

---

(1) Larombière, t. V, p. 544, n° 1 (Ed. B., t. III, p. 365).

impossible, puisque la convention consiste essentiellement dans le concours de volontés de deux personnes (1).

306. Le code admet deux espèces d'engagements qui se forment sans convention : « les uns résultent de l'autorité seule de la loi, les autres naissent d'un fait personnel à celui qui se trouve obligé ». « Les premiers, continue l'article 1370, sont les engagements formés *involontairement* », c'est-à-dire sans une manifestation de volonté. Tels sont les engagements entre propriétaires voisins, ce que le code appelle servitudes légales (art. 640 à 685). Ainsi la loi oblige le propriétaire d'un mur à en céder la mitoyenneté au voisin qui en a besoin. Cette obligation existe en vertu de la loi, sans aucune manifestation de volonté ; elle est involontaire en ce sens, et même forcée, puisque le propriétaire ne peut pas refuser de céder la mitoyenneté de son mur.

La loi range encore parmi les engagements qui résultent de l'autorité seule de la loi ceux des tuteurs et des autres administrateurs qui ne peuvent refuser la fonction qui leur est déférée. Tel est le père, administrateur légal des biens de ses enfants mineurs : il l'est en vertu de la loi, sans son consentement et même malgré lui. Tel est encore le tuteur ; la loi lui défère la tutelle, et il ne peut, en principe, la refuser ; il lui est seulement permis de proposer des excuses.

Nous n'avons rien à dire des engagements qui résultent de la loi, puisque nous avons traité cette matière en expliquant le premier et le second livre du code civil.

307. « Les engagements qui naissent d'un fait personnel à celui *qui se trouve obligé* résultent ou des quasi-contrats, ou des délits ou quasi-délits. » Pothier s'exprime plus exactement en disant que le fait d'une personne peut l'obliger envers une autre, ou obliger une autre personne envers elle. Il en est ainsi dans la gestion d'affaires. On peut faire un autre reproche à la définition et à la classification du code. Est-il vrai que l'engagement du maître dont on gère l'affaire naisse d'un fait personnel? Régu-

(1) Pothier, *Des obligations*, n° 113. Marcadé, t. V, p. 249, n° I.

lièrement il ignore la gestion, il ne pose aucun fait, et
cependant il est obligé : pourquoi l'est-il? On chercherait
vainement une autre cause que la loi ; c'est la loi qui, par
des motifs d'équité et d'utilité, impose au maître certaines
obligations. Il n'est pas même rigoureusement exact de
dire que le gérant d'affaires est obligé par son fait : un
fait, par lui seul, n'oblige que lorsqu'il est dommageable,
et encore n'est-ce pas le fait du dommage qui engendre l'obligation, c'est la lésion d'un droit. Donc on ne
peut pas dire que les engagements naissent d'un fait personnel, ils naissent de la loi quand il s'agit d'un quasi-
contrat, et d'un droit lésé quand il s'agit d'un délit ou
d'un quasi-délit.

CHAPITRE PREMIER.

DES QUASI-CONTRATS.

------

308. L'article 1371 définit les quasi-contrats en ces
termes : « Ce sont les faits purement volontaires de
l'homme, dont il résulte un engagement quelconque envers un tiers, et quelquefois un engagement réciproque
des deux parties. » La loi dit *des faits purement volontaires,* pour marquer que dans les quasi-contrats la volonté de l'homme joue un rôle ; tandis que, d'après la classification du code, il y a des engagements qui se forment
involontairement en vertu de la seule autorité de la loi.
Tous les auteurs remarquent que la loi aurait dû ajouter :
les faits *licites,* afin de distinguer les quasi-contrats des
délits et des quasi-délits, qui sont aussi des faits volontaires, mais des faits illicites.

Le fait qui constitue le quasi-contrat produit des obligations, soit à charge d'une personne, soit à charge des
deux parties qui y figurent : les quasi-contrats, de même
que les contrats, peuvent être unilatéraux ou bilatéraux,
mais pour les quasi-contrats, cette division n'a aucune

importance. Pourquoi la loi fait-elle naître des obligations d'un fait? Nous avons déjà indiqué le motif général : c'est ou l'utilité des parties intéressées, ce qui est aussi un intérêt général, ou une considération d'équité. S'il n'y a pas eu concours de volontés, c'est que la chose était impossible; mais l'utilité et l'équité sont telles, que les parties sont censées consentir. Voilà pourquoi la loi donne le nom de *quasi-contrat* au fait volontaire dont il résulte des engagements; le consentement est supposé, présumé. Il y a donc une grande analogie entre les contrats et les quasi-contrats.

Cette analogie va-t-elle jusqu'à appliquer aux quasi-contrats les principes qui régissent les contrats? La question se présente pour la capacité des parties intéressées. Il est certain que celui qui est obligé sans aucune manifestation de volonté de sa part ne doit pas être capable de consentir, puisqu'il ne consent point. Ainsi le maître dont l'affaire est gérée est une femme mariée, un mineur, un interdit; leur incapacité n'empêche pas qu'ils soient obligés, car ils le sont, sans leur consentement, en vertu de la loi. En est-il de même de ceux qui, dans un quasi-contrat, consentent, en ce sens qu'ils manifestent une volonté? En principe, là où il y a manifestation de volonté, il doit y avoir capacité de la manifester. La question se présente pour le gérant d'affaires; elle est controversée, nous y reviendrons (1).

Il y a encore une différence entre les contrats et les quasi-contrats en ce qui concerne la preuve. L'article 1348 place les quasi-contrats parmi les faits dont il est impossible au créancier de se procurer une preuve littérale, et pour lesquels, par conséquent, la loi admet indéfiniment la preuve testimoniale. Nous avons expliqué cette exception en traitant de la preuve.

309. Le code, dans le chapitre des *Quasi-contrats*, n'en mentionne que deux : la gestion d'affaires et la répétition de l'indû. On demande si ce sont là les seuls quasi-contrats qui existent dans notre droit français? Toullier

(1) Colmet de Santerre, t. V, p. 660, n° 347 *bis* II et III.

dit qu'il y en a beaucoup d'autres, sans les nommer. Marcadé cite la tutelle acceptée par le tuteur qui aurait le droit de la refuser ou de s'excuser. Cela n'est pas en harmonie avec la classification du code : la tutelle est une charge légale, alors même que ceux à qui elle est déférée ont le droit de la refuser ou de proposer une excuse. On cite encore la communauté qui existe entre plusieurs personnes, sans qu'il y ait société entre les communistes ; nous reviendrons sur cette matière, au titre de la *Société*. Quant à l'acceptation d'une succession, nous avons dit, au titre qui est le siége de la matière, qu'il n'y a pas de quasi-contrat dans le fait d'accepter une hérédité (1).

A notre avis, il ne peut pas y avoir de quasi-contrat sans loi, puisque le principe des obligations qui en résultent se trouve dans la loi. Un fait, par lui seul, ne saurait engendrer d'obligation sans l'autorité du législateur. Vainement invoque-t-on l'équité : l'équité est étrangère au droit, en ce sens que, par elle seule, elle ne crée ni droit ni obligation. Telle est aussi l'opinion de Tarrible dans le discours qu'il a prononcé, au nom du Tribunat, sur notre titre ; il dit qu'il n'y a que deux quasi-contrats : la gestion d'affaires et le payement de l'indû (1). Nous devons ajouter que le rapporteur du Tribunat dit le contraire (2). Du reste, ni l'un ni l'autre ne motivent l'opinion qu'ils énoncent.

SECTION I. — De la gestion d'affaires.

§ Ier. *Définition et caractères.*

Nº 1. GESTION D'AFFAIRES ET MANDAT.

310. D'après l'article 1372, il y a gestion d'affaires lorsque volontairement on gère l'affaire d'autrui. Et l'article 1984 définit le mandat : l'acte par lequel une personne donne à une autre le pouvoir de faire quelque chose pour

(1) Toullier, t. V, 2, p. 84, nº 112. Marcadé, t. V, p. 261, nº II de l'article 1371.
(2) Tarrible, *Discours*, nº 8 (Locré, t. VI, p. 284).

le mandant et en son nom; la loi ajoute que le mandat ne se forme que par l'acceptation du mandataire. Le quasi-contrat de gestion d'affaires et le contrat de mandat ont le même objet, c'est une affaire qui se fait pour une personne par une autre. Cette analogie a une conséquence très-importante, c'est que « le gérant se soumet à toutes les obligations qui résulteraient d'un mandat exprès que lui aurait donné le propriétaire » (art. 1372). Toutefois, il y a des différences considérables entre la gestion d'affaires et le mandat; nous allons les exposer, parce qu'il importe de les connaître pour avoir une notion exacte de la nature et des caractères de la gestion d'affaires.

311. La différence essentielle résulte de l'essence même des deux faits juridiques que nous comparons : le mandat est un contrat, tandis que la gestion d'affaires est un quasi-contrat. Pour qu'il y ait contrat, il faut qu'il y ait concours de consentement des deux parties contractantes; l'article 1984 applique ce principe élémentaire au mandat : c'est le mandant qui donne le pouvoir au mandataire, et celui-ci l'accepte. Le gérant ne reçoit pas de pouvoir du maître; l'article 1372 suppose, à la vérité, qu'il peut y avoir quasi-contrat de gestion d'affaires alors que le propriétaire connaît la gestion; mais cette connaissance n'est pas un consentement, comme nous allons le dire. Il est de l'essence d'un quasi-contrat que l'engagement se forme sans convention, c'est-à-dire sans concours de consentement; l'article 1370 est formel, et cela est élémentaire.

Le texte de l'article 1372 semble, à première vue, dire le contraire. Il porte : « Lorsque volontairement on gère l'affaire d'autrui, soit que *le propriétaire connaisse la gestion,* soit qu'il l'ignore. » Si le propriétaire connaît la gestion, n'en faut-il pas induire qu'il y consent tacitement? Il y a donc concours de consentement et, par suite, contrat. C'est le mandat tacite. Le code semble donc confondre le mandat tacite avec la gestion d'affaires. D'excellents jurisconsultes en ont tiré cette conséquence que l'article 1372 abolit le mandat tacite, c'est-à-dire que le fait juridique qui, en droit romain, était un contrat de mandat est aujourd'hui un quasi-contrat de gestion d'affaires (1). Cela est inadmissible, car ce serait une hérésie juridique ; il est impossible que le mandat tacite, qui se parfait par le concours de consentement des parties contractantes, soit un quasi-contrat, lequel, d'après l'article 1370, se forme *sans convention ;* et le législateur ne pourrait pas déclarer, sans absurdité, qu'un contrat est un quasi-contrat. On cite l'article 1985 qui viendrait confirmer cette étrange théorie. Cet article dit que le mandat peut être donné par écrit ou verbalement ; il ne dit pas qu'il peut être donné tacitement. On prétend que le second alinéa dit le contraire : « l'acceptation peut n'être que tacite » ; de là on induit que le consentement du mandant ne peut pas être tacite ; quand donc il consent tacitement, il n'y a pas de mandat, il y a gestion d'affaires. L'argument est tiré du silence de la loi, et l'on sait que l'argumentation dite *a contrario* n'a aucune valeur quand elle est en opposition avec les principes ; or, la conséquence que l'on tire de l'art. 1985 est en contradiction avec les notions les plus élémentaires et les plus fondamentales du droit. On ne peut pas, en se fondant sur le silence de la loi, faire dire au législateur qu'un contrat est un quasi-contrat.

Quel est donc le sens de ces expressions de l'article 1372 : « Soit que le propriétaire connaisse la gestion, soit qu'il l'ignore » ? C'est la section de législation du Tribunat qui a proposé cette addition, sans la motiver. Le seul, parmi les orateurs qui ont exposé les motifs du titre IV, qui s'occupe de cette disposition, Tarrible, en donne l'explication suivante : « Le premier engagement que contracte celui qui s'immisce volontairement dans une gestion est de la continuer jusqu'à ce que le propriétaire soit en état d'y pourvoir lui-même. Tous les actes nécessaires pour la consommation de l'affaire sont autant d'obligations imposées au gérant, tout comme elles l'eussent été par un mandat exprès et antérieur. *Ces obligations*

(1) Toullier, t. V, 1, p. 21, nos 25 et 26. Proudhon, *De l'usufruit,* t. III, p. 305, n° 1327.

sont indépendantes de la connaissance ou de l'ignorance du propriétaire. Le gérant doit administrer; il doit consommer ce qu'il a commencé (1). » Cette explication ne justifie point l'addition qu'a faite le Tribunat, mais elle prouve du moins qu'il n'est pas entré dans la pensée des auteurs du code de transformer le *mandat tacite* en *gestion d'affaires,* en confondant un contrat avec un quasi-contrat.

Nous disons que l'explication est insuffisante; elle laisse subsister une difficulté qui résulte de la malheureuse addition faite par le Tribunat. Le mandat tacite subsiste et, d'un autre côté, le code qualifie de quasi-contrat la gestion d'affaires dont le propriétaire a connaissance. Comment distinguer s'il y a mandat tacite ou quasi-contrat de gestion d'affaires, quand le maître sait que l'on gère ses affaires? S'il le sait, et s'il laisse faire, ne consent-il pas? et s'il consent, n'y a-t-il pas mandat tacite? Les auteurs donnent diverses explications de l'art. 1372; voici celle qui nous paraît la plus conforme au texte et aux principes. Quand, dès avant la gestion, le maître sait qu'une personne va gérer son affaire, son silence équivaut à un consentement et, par suite, il y a concours de consentement au moment même où la gestion commence, donc il y a contrat : c'est le mandat tacite. Mais le maître peut ignorer le fait de gestion au moment où la gestion commence, par suite il n'y a pas concours de consentement; c'est le quasi-contrat de gestion d'affaires. Si ensuite le maître apprend que l'on gère son affaire, cette connaissance n'empêchera pas qu'il y ait quasi-contrat; car, pour déterminer la nature d'un fait juridique, il faut considérer le moment où il se forme et, à ce moment, il n'y avait pas de consentement, donc pas de contrat. Le texte de l'article 1372 n'a pas d'autre sens. Il suppose que le propriétaire connaît la gestion; or, peut-il la connaître avant qu'elle existe? Et si elle a existé avant qu'il la connaisse, le quasi-contrat s'est formé et le fait reste un quasi-contrat (2).

(1) Tarrible, *Discours,* n° 10 (Locré, t. VI, p. 285).
(2) Troplong. *Mandat,* nos 72 et 131. Comparez Larombière, t. V, p.564.

Dira-t-on que cette explication prouve trop, puisqu'il en résulter qu'il y aura toujours quasi-contrat et que le mandat tacite ne sera qu'une abstraction? Non, le mandat tacite est, au contraire, le plus fréquent des contrats; il existe dans toute famille, le mari donne mandat tacite à sa femme de contracter tous les engagements qui concernent le ménage. Ce mandat se donne et s'accepte tacitement par le fait seul du mariage et, par conséquent, avant toute gestion. Nous y reviendrons au titre du *Contrat de mariage*. Il peut y avoir d'autres cas de mandat tacite (1).

312. Le mandat étant un contrat, les parties doivent être capables de contracter. Cela est évident quant au mandant, Quant au mandataire, l'article 1990 dit que les femmes et les mineurs peuvent être choisis pour mandataires, mais il ajoute que le mandant n'a action contre le mandataire incapable que d'après les règles qui régissent les obligations contractées par les femmes mariées et les mineurs. Nous avons déjà dit que, dans la gestion d'affaires, le maître ne doit pas être capable, parce qu'il ne consent pas, il ne manifeste aucune volonté. Que faut-il dire des gérants? Une femme mariée peut-elle, sans le consentement de son mari, contracter les obligations qui naissent du quasi-contrat de gestion d'affaires? Même question pour le mineur non autorisé de son tuteur. Il y a controverse. Nous n'hésitons pas à décider que les incapables ne peuvent être gérants d'affaires. Le gérant agit, il manifeste une volonté, il consent, il ne peut guère gérer sans contracter avec des tiers; en tout cas, il s'oblige envers le maître, puisqu'il contracte toutes les obligations qui naissent du mandat. Or, conçoit-on que celui qui est incapable de contracter contracte? Pour autoriser les femmes mariées et les mineurs à gérer les affaires d'autrui, il faudrait une disposition formelle de la loi qui déroge à leur incapacité; or, cette exception n'existe pas, donc on reste dans la

n° 12 (Ed. B., t. III, p. 373); Mourlon, t. II, p. 876, n° 1667; Marcadé, t. V, p. 266, n° II de l'article 1372. Comparez Rejet, cour de cassation de Belgique, 19 janvier 1855 (*Pasicrisie*, 1855, 1, 97).

(1) Voyez un exemple dans l'arrêt de rejet du 6 novembre 1865 (Dalloz, 1866, 1, 252).

règle. L'autorité de la tradition vient à l'appui de notre opinion. Pothier enseigne que la femme est obligée envers celui qui a géré ses affaires et qu'elle n'est pas obligée envers celui dont elle gère les affaires. Toullier voit là une contradiction inexplicable(1); la distinction est cependant très-juridique, comme nous venons de le prouver. Il est très-naturel que celui qui est obligé sans consentir ne doive pas être capable pour être obligé; après tout, c'est dans son intérêt que la loi le déclare obligé; s'il ne l'était point, personne n'interviendrait pour soigner ses intérêts; tandis qu'il est aussi contraire aux intérêts d'un incapable qu'aux principes, qu'il y ait une obligation à charge de celui qui n'a pas la capacité de s'obliger. Vainement objecte-t-on que la femme est obligée par ses délits et ses quasi-délits, ainsi que le mineur. Sans doute; mais est-ce un délit ou un quasi-délit que de gérer les affaires d'autrui? La loi l'appelle un quasi-contrat; ce sont donc les règles du contrat que l'on doit appliquer, en tant qu'elles peuvent recevoir leur application (2). Il va, du reste, sans dire que les incapables qui, par leur négligence ou leur imprudence, causeraient un dommage au maître dont ils gèrent les affaires seraient tenus de le réparer; et il est tout aussi évident, puisque la loi le dit, qu'ils ne peuvent se faire restituer contre leurs engagements qu'en remboursant au maître ce qui aurait tourné à leur profit.

313. La preuve du mandat se fait d'après le droit commun (art. 1985); donc quand il est donné verbalement, il ne peut se prouver par témoins que dans les cas où la preuve testimoniale est admissible. Il n'en est pas de même de la gestion d'affaires; on peut l'établir par témoins indéfiniment, lorsque le demandeur a été dans l'impossibilité de se procurer une preuve littérale (article 1348) (3).

(1) Pothier, *De la puissance maritale*, nº 50. Aubry et Rau, t. IV, p. 722, note 1 (4e éd.). Colmet de Santerre, t. V, p. 661, nº 347 *bis* III. Duvergier sur Toullier, t. VI, 1, p. 33.
(2) Toullier, t. VI, 1, p. 30, nº 39. Duranton, t. XIII, p. 678, nº 663. Larombière, t. V, p. 586, nº 9 (Ed. B., t. III, p. 381).
(3) Rejet, cour de cassation de Belgique, 24 juillet 1862 (*Pasicrisie*, 1862, 1, 394).

La cour de cassation a fait l'application de ces principes, mais sa décision nous laisse quelque doute. Un
notaire, informé qu'un de ses clients a des fonds disponibles, s'interpose spontanément pour le placement de ces
fonds; il lui indique des emprunteurs, il lui donne l'assurance que ceux-ci sont solvables, et c'est par son intermédiaire que le prêt hypothécaire se réalise. La cour de
Douai a tiré de ces faits la conséquence que le notaire
s'était constitué lui-même le *mandataire* du prêteur, sans
recourir à une preuve écrite, parce que le notaire avait
volontairement géré l'affaire du prêteur. En conséquence,
elle a déclaré le notaire responsable pour imprudence et
négligence. Sur le pourvoi, il intervint un arrêt de rejet(1).
Y avait-il, dans l'espèce, gestion d'affaires? Non, car il
y avait concours de consentement, donc contrat de mandat; on ne pouvait pas même dire que le mandat fût tacite, car il y avait offre et acceptation, quoiqu'il n'y eût
pas d'écrit. Donc il n'y avait pas impossibilité de se procurer une preuve littérale et, par suite, il n'y avait pas
lieu d'appliquer l'article 1348.

314. L'article 1992 règle la responsabilité du mandataire en ces termes : « Il répond non-seulement du dol,
mais encore des fautes qu'il commet dans sa gestion.
Néanmoins la responsabilité relative aux fautes est appliquée moins rigoureusement à celui dont le mandat est
gratuit qu'à celui qui reçoit un salaire. » Quant au gérant
d'affaires, l'article 1374 porte : « Il est tenu d'apporter à
la gestion de l'affaire tous les soins d'un bon père de famille. Néanmoins les circonstances qui l'ont conduit à se
charger de l'affaire peuvent autoriser le juge à modérer
les dommages et intérêts qui résulteraient des fautes ou
de la négligence du gérant. » Il suit de là qu'il y a une
différence entre la responsabilité du gérant et celle du
mandataire; la loi est plus sévère pour le premier que
pour le second. Nous avons expliqué cette différence au
titre des *Obligations*.

315. « Lorsque le mandataire a été constitué par plu-

(1) Rejet, chambre civile, 19 mars 1845 (Dalloz, 1845, 1, 186).

sieurs personnes pour une affaire commune, chacune d'elles est tenue solidairement envers lui de tous les effets du mandat » (art. 2002). Il peut y avoir plusieurs maîtres dont le gérant gère l'affaire commune : seront-ils tenus solidairement? La négative est certaine ; il n'y a pas de solidarité légale sans loi, et les cas dans lesquels la loi l'établit sont de rigoureuse interprétation. Cela est décisif (1).

316. « Le mandant, doit rembourser au mandataire les avances et les frais que celui-ci a faits pour l'exécution du mandat, lors même que l'affaire n'aurait pas réussi » (art. 1999). Aux termes de l'article 1375, le maître dont l'affaire a été *bien administrée* doit indemniser complétement le gérant. De là résulte une différence importante entre le mandat et la gestion d'affaires. Le mandataire n'a pas à s'enquérir si l'affaire dont on le charge est utile ou non, cela regarde le mandant ; et dès que le mandataire exécute le mandat, il a action contre le mandant. Il n'en est pas de même du gérant : il ne reçoit aucun pouvoir ; si, malgré cela, la loi lui donne action, c'est que l'intérêt du maître l'exige ; il est donc de l'essence de la gestion d'affaires qu'elle se fasse dans l'intérêt du maître ; en ce sens, elle doit lui être utile, sinon il n'y a pas de gestion d'affaires. Quand lui sera-t-elle utile? Lorsque le gérant fait ce que le maître lui-même, en bon père de famille, aurait fait. Nous ajoutons la restriction que le gérant doit agir en bon père de famille ; il ne peut pas faire tout ce que ferait le maître ; celui-ci est propriétaire, c'est le nom que la loi lui donne (art. 1372) ; or, le propriétaire a le pouvoir absolu de faire ce qu'il veut, il peut faire des dépenses inutiles. Le gérant n'a pas ce droit ; il ne peut intervenir que pour sauvegarder les intérêts du maître, donc il doit agir utilement ; cela est de l'essence de la gestion.

317. « L'intérêt des avances faites par le mandataire lui est dû par le mandant à dater du jour des avances constatées » (art. 2000). Cette disposition est-elle appli-

(1) Troplong, *Mandat*, n° 93.

cable au gérant? Non, à notre avis ; la question est controversée, nous y reviendrons.

318. Si le mandant vient à mourir, le mandataire est tenu d'achever la chose commencée, *s'il y a péril en la demeure* » (art. 1991). La loi est plus rigoureuse pour le gérant. » Il est obligé de continuer sa gestion, encore que le maître vienne à mourir avant que l'affaire soit consommée, jusqu'à ce que l'héritier ait pu en prendre la direction » (art. 1373). Nous reviendrons sur ce point.

319. Telles sont les différences entre le mandat et la gestion d'affaires. Il faut donc bien se garder de confondre ces deux faits juridiques, ne fût-ce qu'en confondant les termes qui les caractérisent, comme le font parfois les arrêts en qualifiant le gérant de mandataire ou le mandataire de gérant (n° 313). Il y a des cas où le mandat devient gestion d'affaires et d'autres où la gestion d'affaires se transforme en mandat. Le mandataire excède les bornes de son mandat en faisant quelque chose outre ce qui y était porté : cette gestion n'est plus un contrat de mandat, c'est le quasi-contrat de gestion d'affaires. C'est la décision des lois romaines adoptée par Pothier, et elle n'est pas douteuse (1). Par contre, si j'agis sans mandat et que le maître ratifie, cette ratification équivaudra à un mandat. Ce principe vient aussi du droit romain, et la jurisprudence l'a consacré.

Un notaire et un huissier firent l'un pour l'autre, pendant un grand nombre d'années, des actes de leur ministère respectif, à l'occasion desquels des avances réciproques eurent lieu. Lors du décès de l'huissier, le notaire se prétendit créancier d'une somme de 8,000 francs ; dans son compte, il calculait les intérêts de ses avances du jour des avances constatées : c'est la loi du mandat. Les héritiers de l'huissier soutinrent qu'il n'y avait pas de mandat, mais simple gestion d'affaires. Leur prétention, admise en première instance, fut condamnée en appel et, sur le pourvoi, il intervint un arrêt de rejet. Il

_____

(1) Pothier, *Du quasi-contrat negotiorum gestorum*, n° 177. Aubry et Rau, t. IV, p. 722, note 2 (4ᵉ éd.).

y avait eu, dans l'espèce, gestion d'affaires, au moins pour les avances faites par le notaire, mais la gestion ayant continué pendant de longues années, avait été approuvée et ratifiée par l'huissier; il fallait donc appliquer l'article 2001 (1).

Un géomètre arpenteur à une inspection forestière annonce à l'inspecteur de l'arrondissement qu'il vient de découvrir aux archives de l'inspection un ancien titre d'où résulte que trois communes qui se disaient propriétaires d'une masse de bois contenant 1,700 hectares n'en étaient qu'usagères, que l'Etat en était propriétaire pour quatre sixièmes et des particuliers pour deux sixièmes. Le conservateur chargea le géomètre de faire ses diligences pour que le droit de l'Etat sur lesdits bois fût reconnu; le géomètre reçut un mandat formel de deux particuliers. Les héritiers d'un émigré intervinrent dans l'instance et furent déclarés propriétaires de trois sixièmes. Après le jugement, le géomètre présenta un compte qui s'élevait à près de 9,000 francs. Les héritiers de l'émigré se refusèrent à tout payement. Sur ce refus, le géomètre agit solidairement contre l'Etat en vertu de l'article 2002. Restait à savoir s'il y avait mandat ou gestion d'affaires. Il a été jugé que le géomètre avait géré l'affaire de l'Etat, mais que sa gestion ayant été approuvée par l'administration départementale, au nom de l'Etat, il y avait lieu d'appliquer le principe que la ratification équivaut au mandat; ce qui rendait l'article 2002 applicable (2).

N° 2. CONDITIONS REQUISES POUR QU'IL Y AIT GESTION D'AFFAIRES.

320. L'article 1372 porte : « Lorsque *volontairement* on gère l'affaire d'autrui. » Que veut dire ici le mot *volontairement?* On trouve cette expression dans d'autres articles du code où elle signifie qu'une personne fait quelque chose en connaissance de cause, avec une certaine intention (art. 1235 et 1338). Dans l'article 1372, le mot *volontairement* n'a pas ce sens; en combinant l'art. 1372

(1) Rejet, 7 novembre 1864 (Dalloz, 1865, 1, 165).
(2) Rejet, 11 février 1834 (Dalloz, au mot *Mandat*, n° 157, 3°).

avec les articles 1371 et 1370, on voit que le législateur qualifie les quasi-contrats de faits *volontaires* par opposition aux engagements qui se forment *involontairement* par la seule autorité de la loi. La personne intervient dans les quasi-contrats, comme le dit l'article 1370, par une manifestation de volonté; ce qui prouve, à notre avis, qu'elle doit être capable de consentir (n°ˢ 308 et 312). Les travaux préparatoires viennent à l'appui de cette interprétation; il est inutile d'y insister, puisque les textes suffisent pour faire connaître le sens de la loi (1).

On peut aussi dire du mandataire qu'il gère volontairement l'affaire d'autrui; mais dans le mandat, il y a plus qu'une manifestation unilatérale de volonté, il y a consentement, c'est-à-dire concours de volontés, donc contrat; et là où il y a contrat, il ne peut plus être question d'un quasi-contrat (2).

321. Il faut, pour qu'il y ait gestion d'affaires, que le gérant gère volontairement les *affaires d'autrui*. De là suit que la manifestation de volonté, qui est de l'essence du quasi-contrat, doit avoir pour objet les intérêts de celui au nom duquel on agit; le gérant n'agit pas en son nom personnel, il est le représentant d'un tiers. S'il agit personnellement, il n'y a pas de gestion d'affaires, quand même l'affaire intéresserait un tiers. Le cas s'est présenté devant la cour de cassation. Une personne ouvre une souscription pour la construction d'une école et d'un asile dont la direction devait être confiée à des religieuses. Le conseil municipal, qui avait d'abord approuvé le projet, rapporta sa délibération à cause de la condition que l'on voulait imposer à la commune quant à la direction. La construction se fit, l'école s'ouvrit sous la direction des religieuses. Alors la commune prétendit qu'elle était propriétaire de l'école et de l'asile, par le motif que les souscripteurs avaient entendu que leurs dons servissent à fonder un établissement communal. Cette prétention, admise par le tribunal de Versailles, fut rejetée par la cour d'appel et

_____

(1) Toullier établit ce point avec la dernière évidence (t. VI, 1, p. 23, n° 28).

(2) Bruxelles, 10 mai 1869 (*Pasicrisie*, 1870, 2, 365).

par la cour de cassation. Les souscripteurs, dit l'arrêt de rejet, ne sont pas en cause ; libre à eux de réclamer, si leurs intentions n'ont pas été suivies. Dans la cause, il s'agit uniquement de savoir qui est propriétaire. Pour que la commune le fût, il faudrait que celui qui a recueilli les souscriptions eût agi comme son mandataire ou comme son gérant d'affaires. Peut-il être question de mandat, alors que la commune a refusé son concours? Par la même raison, il n'y a pas de gestion d'affaires ; on ne peut pas dire que celui qui a acheté le terrain et bâti a géré volontairement l'affaire de la commune, puisqu'il a agi personnellement et contre les intentions manifestées de la commune, ce qui exclut l'idée qu'il ait agi comme son représentant. Donc on était en dehors du texte de l'article 1372 et des principes qui régissent la gestion d'affaires (1).

322. L'article 1372 veut que l'on gère l'affaire d'autrui. Est-ce à dire qu'il n'y a pas gestion d'affaires quand on agit tant dans son intérêt que dans l'intérêt d'un tiers? Voici l'espèce dans laquelle la question s'est présentée. Vente de 25,000 bushels de blés d'Amérique le 24 août 1870, à charge de prendre livraison dans les huit jours. Le vendeur met, à plusieurs reprises, l'acheteur en demeure de remplir ses engagements. Celui-ci vient au Havre le 14 septembre, paye un à-compte sur sa dette et quitte la ville sans prendre aucune mesure ni donner aucune instruction pour la conservation des marchandises par lui achetées. Le vendeur restait donc détenteur des blés, exposés à une double chance de perte : l'invasion étrangère et l'échauffement. Il prit la résolution de vendre les blés. De là la question de savoir s'il avait agi comme gérant d'affaires de l'acheteur; celui-ci nia et demanda la résolution du contrat. Il a été jugé qu'il y avait gestion d'affaires. La cour de cassation pose en principe que les obligations qui résultent du quasi-contrat de gestion d'affaires naissent du fait même de la gestion et de la loi, et non de l'intention des parties; qu'il importe peu

_____

(1) Rejet, chambre civile, 5 juillet 1870 (Dalloz, 1870, 1, 42).

que celui qui a fait l'acte de gestion ait entendu agir tout à la fois dans son intérêt personnel et dans l'intérêt d'un tiers, si, en réalité, celui-ci était intéressé à l'acte de gestion et en a profité. Or, dans l'espèce, l'acheteur était intéressé à la vente des blés qui menaçaient de périr pour lui, et le vendeur avait agi avec la plus grande bonne foi et avait obtenu le résultat le plus satisfaisant qu'il fût permis d'espérer (1).

323. La cour de cassation dit que le quasi-contrat de gestion d'affaires résulte du fait de la gestion et de la loi et *non de l'intention des parties*. Cela n'est-il pas trop absolu, et n'est-ce pas dépasser le texte du code? L'article 1370 dit que le quasi-contrat se forme sans convention, mais il ajoute que les engagements qui en résultent naissent d'un *fait personnel* et ce fait est un *fait volontaire*. La volonté joue donc un rôle dans la gestion d'affaires; or, la volonté, c'est l'intention de celui qui gère. Il faut donc qu'il ait l'intention de gérer l'affaire d'autrui, sinon l'on ne conçoit pas de gestion d'affaires. Sans doute, il peut aussi y être intéressé, comme dans l'espèce jugée par la cour de cassation; cela n'empêche pas qu'il y ait intention de gérer dans l'intérêt du tiers. Le plus souvent la question ne se présente pas dans ces termes. Il est rare que celui qui gère ait un intérêt personnel à la gestion. Quand on dit que le gérant doit avoir eu l'intention de gérer l'affaire d'autrui, on entend dire qu'il doit avoir eu la volonté de faire une affaire, c'est-à-dire un acte à titre onéreux, d'où résulte une obligation pour le maître et un droit pour le gérant.

Un point est certain, c'est que, si le gérant a eu l'intention de faire une libéralité, il n'est plus gérant, il est donateur. La gestion d'affaires est essentiellement un acte à titre onéreux; le mot même le dit et l'analogie entre ce quasi-contrat et le contrat de mandat le prouve. On n'a jamais dit de celui qui fait une libéralité qu'il fait une affaire. La gestion d'affaires équivaut au mandat, en ce qui concerne les obligations du gérant (art. 1372); or, le

---

(1) Rejet, 18 juin 1872 (Dalloz, 1872, 1, 471).

mandat n'est pas une donation. Autre chose est donc la gestion d'affaires, autre chose est une libéralité que l'on ferait sous forme de gestion. J'achète et je paye le prix au nom d'un tiers ; si je fais le payement dans une intention de libéralité, il y aura donation sous forme de payement, il n'y aura pas de gestion d'affaires ; je n'aurai aucune action contre le tiers pour lequel j'ai payé (1).

Il n'y a aucun doute quant au principe, mais il peut y avoir difficulté, dans l'application, sur le point de savoir s'il y a gestion à titre onéreux, ou s'il y a libéralité. Un vieil adage dit que personne n'est présumé donner. Il a été jugé, en conséquence, que la personne qui se charge volontairement de l'entretien d'un enfant naturel non reconnu peut demander le remboursement de ses avances au père qui reconnaît l'enfant (2). On pourrait objecter que celui qui se charge d'un enfant naturel le fait dans un esprit de bienfaisance et, par conséquent, de libéralité. Sans doute, mais il y a un esprit de bienfaisance dans toute gestion d'affaires, puisque le gérant fait gratuitement l'affaire d'un tiers ; cela n'empêche pas qu'il puisse réclamer le remboursement de ses avances. Dans l'espèce, ces avances étaient faites en payement d'une dette du père ; or, le père était inconnu au moment où elles se faisaient : Peut-on dire que l'on veut gratifier un inconnu ? Ce serait une donation sans cause. Par la même raison, il a été jugé que la nourrice a une action contre les ascendants pour le prix de la nourriture de l'enfant quand les père et mère qui le lui ont confié ont disparu sans acquitter leur dette ; c'est une dette alimentaire qui incombe aux ascendants et la nourrice n'a certes pas l'intention de les gratifier (3).

324. L'intention joue un rôle essentiel dans la gestion d'affaires. Si celui qui gère n'a point la volonté de faire l'affaire d'un tiers, en son nom et dans son intérêt, il n'y a pas de quasi-contrat de gestion d'affaires. Je gère l'af-

---

(1) Rejet, 6 mai 1853, de la cour de cassation de Belgique (*Pasicrisie*, 1853, 1, 337).
(2) Metz, 8 janvier 1833 (Dalloz, au mot *Paternité*, n° 687).
(3) Lyon, 25 août 1831 (Dalloz, au mot *Mariage*, n° 732, 1°).

faire d'un tiers, croyant gérer la mienne : y a-t-il gestion d'affaires? D'après le principe établi par la cour de cassation (n° 322), il faudrait répondre affirmativement, puisqu'elle se contente du fait de la gestion, sans tenir compte de l'intention de celui qui gère. Telle est aussi l'opinion de Marcadé qui, d'après son habitude, qualifie d'erreur l'opinion contraire de Zachariæ (1). Il nous semble que c'est lui qui se trompe. Peut-on accorder une action de gestion d'affaires à celui qui n'a pas entendu gérer l'affaire d'un tiers et qui peut-être ne l'aurait pas fait s'il avait su que lui-même n'y était pas intéressé? Il est certain que l'élément de volonté fait défaut ; or, je ne puis acquérir un droit sans volonté. On objecte l'équité. Nous dirons plus loin que l'équité reçoit sa satisfaction; celui qui a rendu service au tiers aura action contre lui jusqu'à concurrence du profit que le tiers a retiré de la gestion; c'est ce que, dans le langage de l'école, on appelle action *de in rem verso;* elle est moins favorable que l'action de gestion d'affaires, et cela se comprend. Puis-je dire au tiers qu'il doit m'indemniser pleinement de mes avances, parce que je lui ai rendu un service? Il me répondrait : Vous n'avez pas entendu me rendre service, puisque vous croyiez faire votre propre affaire; donc vous n'êtes pas dans le cas que la loi a prévu; si elle donne action au gérant, c'est afin qu'il se trouve un ami qui veuille gérer l'affaire d'un absent; vous n'êtes pas cet ami, donc vous n'êtes pas gérant.

325. Pothier va plus loin; il dit que, suivant la subtilité du droit, il faut, pour former le quasi-contrat de gestion d'affaires et pour donner l'action en répétition des frais et des avances, que le gérant ait eu l'intention de gérer les affaires d'une personne déterminée. Il suivrait de là que si j'ai géré l'affaire de Pierre, croyant avoir géré l'affaire de Paul, il n'y aurait pas de gestion d'affaires; celui que j'ai voulu obliger n'est évidemment pas obligé, et celui dont j'ai fait l'affaire sans le vouloir peut

---

(1) Marcadé, t. V, p. 268, n° III de l'article 1375. Duranton donne au gérant l'action *utile* de gestion d'affaires (t. XIII, p. 667, n° 648). Ces distinctions sont étrangères à notre droit moderne.

m'opposer ce que nous venons de dire : que je ne puis pas avoir d'action contre lui à raison d'un service que je n'ai pas entendu lui rendre. Toullier critique très-vivement l'opinion de Pothier ; il dit qu'elle est contraire à la raison et aux principes du code civil. Contraire à la raison ! Le quasi-contrat est un fait juridique analogue au contrat : conçoit-on un contrat formé avec Pierre, alors que j'ai voulu traiter avec Paul? On ne le conçoit surtout pas quand le contrat se fait pour rendre service, donc dans un esprit de bienfaisance. Quant aux principes du code civil, est-il vrai qu'il ne se préoccupe nullement de l'intention de celui qui a géré? L'article 1370 répond à l'objection. L'équité que l'on invoque est également hors de cause, puisque l'on donne au gérant l'action *de in rem verso* (1). Nous n'insistons pas, la question étant du domaine de la théorie.

§ II. *Obligations du gérant.*

326. L'article 1372 porte que le gérant se soumet à toutes les obligations qui résulteraient d'un mandat exprès que lui auraient donné les propriétaires. Il suit de là que les obligations du gérant sont celles du mandataire, telles que le code les expose au titre du *Mandat,* auquel nous renvoyons. Nous notons seulement une conséquence qui est si évidente que l'on ne conçoit pas qu'elle ait été niée. Aux termes de l'article 1996, « le mandataire doit l'intérêt des sommes qu'il a employées à son usage à dater de cet emploi, et de celles dont il est reliquataire à compter du jour qu'il est mis en demeure. » Cette obligation est commune au gérant en vertu de l'article 1372 ; il faudrait une exception expresse pour que l'article 1996 ne fût pas applicable au gérant d'affaires. Telle est aussi l'opinion générale (2). Larombière enseigne le contraire, sans même motiver son opinion (3), et il eût été difficile de la motiver,

---

(1) Pothier, *Du quasi-contrat* negotiorum gestorum, n° 185. En sens contraire, Toullier, t. VI, 1, p. 91, n°ˢ 22 et 23, et tous les auteurs.

(2) Duranton, t. XIII, p. 684, n° 667. Toullier, t. VI, 1, p. 35, n°ˢ 44 et 45.

(3) Larombière, t. V, p. 604, n° 19 (Ed. B., t. III, p. 388).

puisqu'elle est en opposition avec le texte formel de la loi.

327. Le gérant n'a point de mandat ; il n'y a donc rien de fixé quant à la durée de sa gestion. D'après l'article 1372, il contracte l'engagement tacite de continuer la gestion qu'il a commencée et de l'achever jusqu'à ce que le propriétaire soit en état d'y pourvoir lui-même. La loi s'exprime mal en disant d'une manière absolue que le gérant doit *achever* la gestion ; il est seulement tenu de gérer jusqu'à ce que le propriétaire puisse veiller lui-même à ses affaires. Tel est l'esprit de la loi ; c'est parce que le maître ne peut pas soigner ses intérêts que la loi a sanctionné la gestion d'affaires en obligeant le maître sans qu'il y consente ; du moment que le propriétaire peut reprendre la direction de ses intérêts, la gestion d'affaires n'a plus de raison d'être et, par suite, le gérant n'est plus obligé de la continuer. En disant que le gérant doit achever la gestion, le législateur a voulu mettre les intérêts du maître à l'abri de l'inconstance du gérant ; les hommes sont prompts à offrir leurs services, mais ils se lassent tout aussi promptement ; c'est la remarque de Treilhard, l'orateur du gouvernement : la loi ne veut pas de services pareils, celui qui les offre s'engage, et il doit remplir ses engagements (1).

L'article 1372 ajoute que celui qui gère l'affaire d'autrui doit se charger également de toutes ses dépendances. Celui qui gère une affaire ne doit pas les gérer toutes ; ici revient encore l'élément intentionnel que l'on voudrait écarter de la gestion d'affaires. Quelle est l'étendue des obligations du gérant? Quels sont les intérêts qu'il est tenu de gérer? La solution de la difficulté ne peut être cherchée que dans la volonté du gérant. C'est une affaire déterminée qu'il gère, il ne doit ses soins qu'à celle-là, mais elle comprend, d'après l'article 1373, tous les détails, toutes les dépendances de l'affaire ; cela résulte encore de l'intention du gérant. Si je gère une succession échue à un ami absent, je dois m'occuper de tous les détails qui concernent la succession (2).

(1) Treilhard, Exposé des motifs, n° 6 (Locré, t. VI, p. 275).
(2) Toullier, t. VI, 2, p. 26, n° 32.

328. « Tout mandataire, dit l'article 1993, est tenu de rendre compte de sa gestion. » Cette obligation incombe aussi au gérant; il est vrai que la loi ne le dit pas, mais le principe qu'elle établit dans l'article 1372 suffit pour le décider ainsi. C'est, d'ailleurs, la plus naturelle des obligations; tout administrateur, même celui qui gère en vertu de la loi et malgré lui, doit rendre compte; à plus forte raison celui qui par sa volonté prend l'initiative de la gestion. Cela a cependant été contesté, et le débat est allé jusque devant la cour de cassation. Un héritier appréhende la succession et la gère : doit-il rendre compte de sa gestion? Nous répondons par une autre question : Faut-il un arrêt de la cour suprême pour décider ce que la loi décide (1)?

§ III. *Obligations du maître.*

329. L'article 1375 porte : « Le maître dont l'affaire a été *bien administrée* doit remplir les engagements que le gérant a contractés en son nom, l'indemniser de tous les engagements personnels qu'il a pris et lui rembourser toutes les dépenses utiles ou nécessaires qu'il a faites. » Quel moment faut-il considérer pour décider si l'affaire a été *bien administrée?* Nous avons d'avance répondu à la question (n° 316); il faut considérer l'époque où la gestion a commencé. Si, à ce moment, le gérant fait ce que le maître lui-même, agissant en bon père de famille, aurait fait, il a droit à être complétement indemnisé. Peu importe le résultat de la gestion. La loi ne dit pas que le maître est tenu en tant qu'il s'est enrichi, elle dit qu'il est obligé d'indemniser le gérant si celui-ci a bien administré. Ce principe découle de la nature même de la gestion d'affaires. Le gérant prend l'initiative pour administrer les affaires du maître quand celui-ci ne peut pas le faire lui-même. Pour qu'une personne entreprenne cette gestion, il faut qu'elle soit sûre d'être indemnisée par cela seul qu'elle fait ce qu'un bon père de famille doit

---

(1) Rejet, chambre civile, 10 avril 1854 (Dalloz, 1854, 1, 183).

faire, sans que l'on prenne en considération le résultat de sa gestion. Si le gérant n'avait droit à une indemnité que jusqu'à concurrence du profit que le maître aurait retiré de son administration, il serait très-souvent en perte, et dans une pareille prévision, il n'aurait pas osé entreprendre la gestion. Il fallait donc lui donner action, par cela seul qu'il gère bien (1). On peut d'ailleurs dire qu'il enrichit le maître, par cela seul qu'il fait ce que le maître aurait fait s'il avait été sur les lieux, car le maître aurait dû faire la dépense que le gérant a faite; il a donc épargné cette dépense, en ce sens il s'enrichit (2). Le principe est admis par tous les auteurs (3).

330. Lorsque le gérant administre bien les affaires du maître, la gestion d'affaires est assimilée au mandat. Il y a toutefois une différence importante que nous avons signalée comme étant controversée. L'article 2001 dispose que l'intérêt des avances faites par le mandataire lui est dû par le mandant du jour des avances constatées. Cette disposition s'applique-t-elle au gérant d'affaires? D'après la rigueur des principes, il faut répondre négativement. L'article 2001 consacre une exception à la règle établie par l'article 1153, aux termes duquel les intérêts ne sont dus que du jour de la demande, excepté dans les cas où la loi les fait courir de plein droit. Or, toute exception est de stricte interprétation; on ne peut donc pas étendre la disposition de l'article 2001, fût-ce par des motifs d'analogie. Quelle que soit donc l'analogie entre la gestion d'affaires et le mandat, on ne peut pas appliquer au gérant une disposition exceptionnelle que la loi n'établit qu'en faveur du mandataire. Vainement invoque-t-on l'équité, qui est le fondement des obligations résultant de la gestion d'affaires; l'équité ne permet pas de créer des exceptions. D'ailleurs, comme le dit la cour de Lyon, l'équité pourrait aussi être invoquée en faveur du maître; il ne faut pas que le service que le gérant rend

---

(1) Colmet de Santerre, t V, p. 666, n° 354 *bis* I.
(2) Duranton, t. XIII, p. 686, n° 671.
(3) Toullier, t. VI, 1, p. 39, n°s 51 et 52. Aubry et Rau, t. IV, p. 725, note 14.

au maître tourne au détriment de celui-ci, ce qui arrive-
rait si le gérant attendait pendant des années sans réclamer le remboursement de ses avances; l'accumulation
des intérêts serait, dans ce cas, très-préjudiciable au
maître. Il y a dans la gestion d'affaires un esprit de bienfaisance qui ne permet pas qu'on en fasse une occasion
de lucre ou, du moins, un moyen de placer ses fonds à
intérêt (1).

331. Par la même raison, il faut admettre que la gestion d'affaires est essentiellement gratuite. Le mandataire n'a droit à un salaire que lorsqu'il lui a été promis
(art. 1999); il ne peut pas y avoir de promesse de salaire
dans la gestion d'affaires, puisqu'il n'y a pas de concours
de consentement; il faudrait donc une disposition de la
loi pour que le gérant pût réclamer une indemnité pour
ses peines, et le code ne lui en accorde pas; le silence de
la loi nous paraît décisif, car l'esprit de la loi s'oppose
également à ce que l'ami qui rend un service demande à
être payé de ce qu'il fait par amitié. Il a cependant été
jugé « que l'on doit nécessairement admettre que, sous
l'expression de *dépenses utiles*, l'article 1375 comprend
une indemnité à raison des devoirs personnels du gérant (2). » Mais comment peut-on qualifier de *dépenses* ce
que le gérant n'a point dépensé, ce qu'il réclame à titre de
salaire? L'arrêt de la cour de Gand est isolé, et nous
doutons qu'il fasse jurisprudence.

332. L'article 1375 dit que le maître doit indemniser
le gérant de tous les engagements personnels qu'il a pris,
et qu'il doit remplir les engagements que le gérant a contractés en son nom. Il faut considérer l'effet de ces engagements, d'abord entre le maître et le gérant, puis à
l'égard des tiers. Quant aux rapports du maître avec le
gérant, le principe est que le gérant doit être complète-
ment indemnisé. Si le gérant a contracté au nom du-

---

(1) Les auteurs et la jurisprudence sont divisés. Voyez les témoignages
dans Aubry et Rau, t. IV, p. 724, note 12, et les arrêts dans le *Répertoire*
de Dalloz au mot *Prêt à intérêt,* n° 109. Il faut ajouter Lyon, 29 janvier
1870 (Dalloz, 1870, 2, 92), et, en sens contraire, un arrêt non motivé de
Liége, 21 mai 1851 (*Pasicrisie*, 1851, 2, 367).
(2) Gand, 10 juillet 1857 (*Pasicrisie*, 1858, 2, 7).

maître, celui-ci doit remplir l'engagement. Si le gérant
a contracté en son nom personnel et s'il a payé la dette,
c'est une avance qu'il fait et que le maître doit lui rembourser; s'il n'a pas payé, le maître doit l'indemniser de
ce chef, dit l'article 1375. Pothier nous explique ce que
la loi entend par là : le maître doit procurer au gérant la
décharge des obligations qu'il a contractées en son nom
personnel; à cet effet, il doit lui rapporter ou la quittance
du créancier envers qui le gérant s'est obligé, ou un écrit
par lequel le créancier accepte le maître comme débiteur en lieu et place du gérant et déchargent, en conséquence, celui-ci (1).

Quel est le droit des tiers avec lesquels le gérant a
contracté? La question est de savoir contre qui ils ont
action. L'article 1375 indique une distinction : il faut
voir si le gérant a contracté en son nom personnel ou au
nom du maître. Quand il a contracté personnellement,
sans dire qu'il agissait comme gérant, le tiers n'a d'action directe que contre lui. C'est le droit commun; le
créancier ne peut agir que contre le débiteur avec lequel
il a traité; si le débiteur a une action du chef de son obligation contre un tiers, le créancier a le droit de l'exercer
en vertu de l'article 1166, mais il doit, dans ce cas, partager le bénéfice de l'action avec les autres créanciers du
débiteur commun. Dans cette première hypothèse, le tiers
n'a pas d'action personnelle contre le maître, toujours en
vertu du droit commun, parce qu'il n'a pas traité avec le
maître (2).

Si le gérant contracte avec le tiers au nom du maître,
le créancier n'a pas d'action contre le gérant; car celui-ci
n'a pas entendu s'obliger, puisqu'il n'a pas parlé en son
nom, il n'a fait que représenter le maître; le tiers n'a pas
contracté avec le gérant, il a contracté avec le maître; il
ne peut donc avoir d'action que contre le maître. Cette
action que nous accordons au tiers contre le maître n'est

____

(1) Pothier, *Du quasi-contrat* negotiorum gestorum, n° 228.
(2) Aubry et Rau, t. IV, p. 727, et note 21. Mourlon, t. II, p. 875, n° 1666.
Comparez Colmet de Santerre, t, V, p. 667, n° 354 *bis* V, qui donne une
action directe au tiers.

pas sans difficulté. Le maître n'a point figuré au contrat, il ne s'est pas engagé : comment peut-il être obligé envers le tiers sans avoir consenti ? Il n'est pas obligé par son consentement, il l'est en vertu de la loi ; l'article 1375 est formel : « le maître *doit remplir les engagements* que le gérant a contractés en son nom », c'est-à-dire au nom du maître. Mais il n'est tenu que si l'affaire a été bien administrée. C'est au tiers à voir s'il veut traiter, à ces conditions, avec le gérant; il risque de n'avoir pas d'action contre le maître si l'affaire était mal administrée, c'est-à-dire s'il n'y avait pas de quasi-contrat de gestion d'affaires; il fera donc sagement de stipuler que le gérant s'engage tant en son nom personnel qu'au nom du maître (1).

§ IV. *De l'action* de in rem verso.

333. Pour qu'il y ait gestion d'affaires, il faut que le gérant ait administré comme aurait fait le propriétaire lui-même, agissant en bon père de famille. S'il s'immisce dans les affaires d'autrui, sans nécessité, sans utilité évidente, s'il fait ce que le propriétaire n'aurait pas fait, il n'y a pas de quasi-contrat de gestion d'affaires; l'article 1375 ne lui donne pas action contre le maître dont il a imprudemment et mal géré les affaires. Est-ce à dire qu'il n'ait aucune action contre lui ? On lui accorde une action jusqu'à concurrence de ce dont le maître s'est enrichi au moment de la demande; c'est ce qu'on appelle l'action *de in rem verso* (2).

334. Il en est de même dans les cas où il manque l'une des conditions requises pour que la gestion, même utile, forme un quasi-contrat. Je fais l'affaire d'un tiers, en croyant gérer la mienne : y a-t-il gestion d'affaires? La question est controversée; nous avons enseigné la négative (n° 324). Ceux qui admettent qu'il y a gestion d'af-

---

(1) Colmet de Santerre, t. V, p. 667, n° 354 *bis* III. Mourlon, t. II, p. 875. Comparez Larombière, qui dit en termes absolus que les tiers n'ont pas d'action directe contre le maître (t. V, p. 595, n° 5) (Ed. B., t. III, p. 385).

(2) Mourlon, *Répétitions*, t. II, p. 876, n° 1668.

faires accordent au gérant l'action qui naît de ce quasi-contrat (1). Dans l'opinion contraire, on ne peut pas donner l'action de gestion d'affaires à celui qui n'est pas gérant dans le sens légal du mot. Si cependant la gestion est utile, on accorde à celui qui a procuré cette utilité au maître une action jusqu'à concurrence de ce dont le maître en a profité, c'est-à-dire l'action *de in rem verso* (2).

335. Celui qui agit dans son intérêt personnel n'est pas un gérant d'affaires; l'esprit de la loi ne laisse aucun doute sur ce point. Comment aurait-il une action que la loi donne à raison du service que l'on rend, alors qu'il n'y a pas de service rendu? Il se peut néanmoins qu'il résulte de ce fait une utilité pour la personne dans les affaires de laquelle on s'est immiscé par intérêt personnel; c'est encore le cas d'accorder l'action *de in rem verso* jusqu'à concurrence du profit que le maître a retiré de cette gestion intéressée (3).

Cela suppose que le tiers s'est immiscé dans les affaires du propriétaire, bien qu'il l'ait fait par intérêt personnel. S'il n'y a aucune immixtion dans les affaires du propriétaire, si celui qui agit le fait exclusivement dans son intérêt, il n'y a même plus d'action *de in rem verso*. La jurisprudence est en ce sens. Le propriétaire d'un moulin obtient, en son nom propre, l'autorisation de rouvrir, à ses frais, un canal servant à l'alimenter, canal qui avait été fermé par ordre de l'administration. Il demande aux propriétaires des moulins inférieurs le remboursement d'une partie de ses dépenses, dans la mesure de ce dont ils en ont profité. La cour de cassation, sur le rapport de Lasagni, a décidé qu'il n'y avait pas lieu à l'action *de in rem verso*, parce qu'il était constant, en fait, que le demandeur avait agi exclusivement dans son propre intérêt et pour empêcher le chômage de son usine; il n'y avait guère de doute dans l'espèce, car, de temps immémorial,

---

(1) Toullier, t. VI, 1, p. 25, n° 28. Larombière, t. V, p. 572, n° 18 (Ed. B., t. III, p. 376). Bruxelles, 5 avril 1854 (*Pasicrisie*, 1855, 2, 61).

(2) Aubry et Rau, t. IV, p. 725, note 27. Colmet de Santerre, t. V, p. 664, n° 349 *bis* V.

(3) Duranton, t. XIII, p. 667, n° 649. Aubry et Rau, t. IV, p. 725.

le propriétaire dudit moulin avait supporté seul les dépenses d'entretien, sans que les usiniers en aval y eussent jamais contribué (1).

De même si les riverains d'un fleuve construisent une digue sur leurs propres fonds, pour les garantir de l'invasion des flots, ils n'ont pas d'action contre les autres riverains pour les faire contribuer aux dépenses que les travaux ont nécessitées, alors même qu'il en serait résulté une utilité pour eux (2). Il ne peut y avoir d'action contre une personne sans immixtion dans ses affaires (3).

336. Je gère l'affaire d'une personne malgré elle : ai-je une action contre elle, et quelle est cette action ? La question est controversée et il y a quelque doute. Il nous paraît certain qu'il n'y a pas de gestion d'affaires. Les quasi-contrats se forment sans convention, sans concours de volontés ; là où il y a une manifestation de volonté quelconque, il ne peut plus être question d'un quasi-contrat ; il y a contrat si les volontés concordent, et si l'une des parties refuse de consentir, il n'y a pas de contrat ; il n'y a pas non plus quasi-contrat, car le quasi-contrat est fondé sur la supposition qu'il y a consentement présumé de la partie intéressée ; or, comment le législateur pourrait-il présumer que le maître consent à ce que l'on gère ses affaires alors qu'il s'y oppose ?

Mais si le gérant n'a pas l'action de gestion d'affaires, a-t-il du moins l'action *de in rem verso* ? La solution dépend du point de savoir quel est le fondement de cette action et quelles sont les conditions sous lesquelles elle est accordée. Nous allons d'abord examiner la question générale, puis nous reviendrons sur la question spéciale que nous venons de poser.

337. Les auteurs admettent l'action *de in rem verso*, sans discussion. Il y a cependant un motif de douter. Dans notre opinion, le quasi-contrat de gestion d'affaires est fondé sur la loi, en ce sens que c'est le législateur qui fait naître des obligations là où il n'y a pas de conven-

---

(1) Rejet, 30 avril 1828 (Dalloz, au mot *Obligations*, n° 5402).
(2) Grenoble, 12 août 1836, et Rejet, 6 novembre 1838 (Dalloz, n° 5403).
(3) Aubry et Rau, t. IV, p. 725, et note 15. Mourlon, t. II, p. 878, n° 1670.

tion, pas de consentement des parties intéressées. Il y a
sans doute un motif d'équité qui justifie les obligations
que le législateur impose au maître; mais, par elle-même,
l'équité n'engendre pas d'obligations, il faut que la loi la
sanctionne, elle le fait pour la gestion d'affaires; mais, en
dehors des conditions requises pour la gestion d'affaires,
la loi ne donne, aucune action à celui qui s'immisce dans
les affaires d'autrui. Est-ce à dire qu'il faille rejeter l'action *de in rem verso?* Non, elle est consacrée par la tradition, ce qui est déjà un puissant argument dans une matière traditionnelle. Mais cela ne suffit point, il faut
prouver que les auteurs du code ont entendu maintenir la
tradition. Nous croyons que l'on peut invoquer les dispositions concernant la gestion d'affaires. A vrai dire, l'action de gestion d'affaires et l'action *de in, rem verso* procèdent de la même cause, d'une immixtion dans les affaires
d'autrui; il résulte de cette immixtion un avantage pour
celui dont l'affaire est gérée; l'équité exige qu'il tienne
compte de ce profit à celui qui le lui a procuré. Mais
quelle sera l'étendue de son obligation? Sur ce point, les
deux actions se divisent: l'une, celle de gestion d'affaires,
équivaut à l'action de mandat; l'autre, celle *de in rem
verso*, est limitée au profit que le maître retire de la gestion au moment de la demande. Il y a donc toujours un
maître et un gérant, donc il y a gestion d'affaires; seulement c'est une gestion qui n'équivaut pas à un mandat.
Cela n'empêche pas qu'il y ait analogie entre les deux
faits juridiques; il y a plus qu'analogie, il y a identité
quant à la cause: cela doit suffire pour que le maître soit
obligé d'indemniser le gérant jusqu'à concurrence de ce
dont il s'est enrichi. En ce sens, l'équité, qui est le fondement des quasi-contrats, est aussi le fondement de l'action *de in rem verso;* elle s'oppose à ce que le maître qui
profite d'une gestion retienne ce profit, sans en tenir
compte à celui qui le lui a procuré; ce serait s'enrichir
sans cause et sans droit aux dépens de celui qui a procuré
l'utilité par sa gestion; cela serait contraire à l'équité naturelle et aussi à l'équité légale, car la loi consacre cette
règle d'équité dans la matière des quasi-contrats.

338. Nous revenons maintenant à notre question. Je gère l'affaire d'une personne malgré elle : ai-je l'action *de in rem verso?* Nous avons déjà rencontré la difficulté en examinant la question de savoir si celui qui paye la dette d'un tiers malgré lui a une action contre le débiteur (1). Les opinions sont partagées sur l'application comme sur le principe (2). A notre avis, l'opposition du maître détruit le fondement de l'action *de in rem verso*. S'il est vrai, comme nous venons de le dire (n° 337), qu'il n'y a qu'un moyen de justifier l'action *de in rem verso*, en la considérant comme une action analogue à celle de gestion d'affaires, la question est par cela même décidée : il n'y a pas de gestion d'affaires quand le gérant s'immisce dans les affaires d'une personne malgré elle, il ne peut pas non plus être question d'une action *de in rem verso*, puisqu'elle suppose une gestion ; et il y a contradiction à dire que je fais l'affaire d'une personne malgré elle, que je lui procure un profit malgré elle. Il y a encore une plus grande contradiction à me donner une action contre une personne à raison d'une utilité que je lui aurais procurée, alors qu'elle n'a pas voulu que je lui fisse cet avantage. Le droit et l'équité sont ici d'accord pour refuser toute action à celui qui s'est obstiné à s'immiscer dans une affaire malgré le maître.

La jurisprudence confond, en général, l'action *de in rem verso* avec l'action de gestion d'affaires ; cela n'est pas juridique en un sens, puisque les deux actions diffèrent ; mais la confusion s'explique en ce sens que les deux actions procèdent de la même cause et qu'elles ne diffèrent que quant à l'étendue des obligations du maître. Il a été jugé que lorsqu'un entrepreneur de transports transporte des marchandises au domicile du destinataire malgré l'opposition de celui-ci, il n'a pas droit au remboursement de ses avances. En réalité, il ne s'agissait pas, dans l'espèce, du quasi-contrat de gestion d'affaires,

---

(1) Voyez le tome XVII de mes *Principes*, p. 476, n° 486, et p. 481, n° 489.
(2) Voyez, en sens divers, Toullier, t. VI, 1, p. 42, n° 55. Aubry et Rau, t. IV, p. 726, et note 19. Marcadé, t. V. p. 268, n° IV de l'article 1377. Mourlon, t. II, p. 877, n° 1669. Colmet de Santerre, t. V, p. 663, n° 349 *bis* IV.

l'entrepreneur ne pouvait avoir que l'action *de in rem verso*; cette expression ne figure pas dans les arrêts, et il ne paraît pas qu'on ait invoqué le principe dans les débats. Tout ce que l'entrepreneur pouvait demander, c'est qu'on lui tînt compte du profit qu'il avait procuré aux destinataires; or, il était constaté que le transport s'était fait contre l'intérêt des destinataires, ce qui excluait toute action contre eux (1).

339. Un cas singulier s'est présenté devant la cour de Gand. Le bourgmestre d'une commune réclama en justice les avances qu'il avait faites pour payer les dépenses occasionnées par les mesures que la commission médicale avait prescrites lors de l'invasion inopinée du choléra. La commune opposa une fin de non-recevoir fondée sur ce que les dépenses avaient été faites sans autorisation du conseil communal et du collége échevinal. Cette défense fut rejetée par le tribunal de première instance. La demande, dit le jugement, est une véritable action *de in rem verso* par laquelle le demandeur réclame la restitution des dépenses qu'il a faites dans l'intérêt de la commune et dont celle-ci a profité. Il s'agit donc de savoir si les communes sont soumises, comme les particuliers, aux dispositions générales de la loi civile en ce qui concerne les engagements qui se forment sans convention. Nous laissons de côté la difficulté administrative. Le bourgmestre avait agi en dehors des dispositions de la loi communale, cela est évident; mais la commune reconnaissait qu'il s'était trouvé dans des circonstances exceptionnelles, obligé d'agir immédiatement, puisque le moindre retard pouvait avoir des résultats funestes. La cour d'appel confirma la décision, en adoptant les motifs du premier juge, sur les conclusions contraires du ministère public (2). Le réquisitoire est remarquable et méritait bien, nous semble-t-il, que la cour y répondît. A notre avis, la question à décider était celle-ci : Les communes peuvent-elles être obligées par un quasi-contrat comme les particuliers? L'affir-

(1) Rejet, 27 juillet 1852 (Dalloz, 1852, 2, 226).
(2) Gand, 20 novembre 1861 (*Pasicrisie*, 1862, 2, 13) et le réquisitoire de M. Dumont, p. 14 et suiv.

mative n'est pas douteuse. Les communes étant capables de contracter, peuvent par cela même être obligées par un quasi-contrat, car c'est la loi qui, à vrai dire, est la source de ces obligations. Supposons que, dans une de ces grandes calamités qui viennent affliger les populations, l'autorité communale reste inerte ; un particulier fait ce que le conseil et le collége négligent de faire. N'y aura-t-il pas là une gestion d'affaires par laquelle la commune sera obligée? Il est vrai que régulièrement la commune n'est obligée que par un vote du conseil. Mais ce principe reçoit exception en matière de quasi-contrats. La capacité du maître n'est pas requise pour la validité de la gestion d'affaires ; une femme mariée est obligée sans autorisation maritale, un mineur l'est sans l'intervention de son tuteur ; donc la commune doit l'être sans délibération du conseil. Ce qu'un particulier peut faire, le bourgmestre ne le peut-il pas comme particulier? Cela encore nous paraît incontestable. Restait à savoir s'il y avait gestion d'affaires, ou au moins un fait profitable à la commune et donnant lieu à l'action *de in rem verso*, comme l'avait décidé le premier juge? Si nous avons bien posé la question, la réponse ne saurait être douteuse. Ce qui a embarrassé le débat, c'est la qualité de bourgmestre du gérant ; il fallait n'en tenir aucun compte. Le bourgmestre, comme tel, avait agi illégalement, et un acte illégal ne peut pas donner lieu à une action, ni de gestion d'affaires, ni *de in rem verso*. Mais le bourgmestre n'a-t-il pas le droit qu'a tout habitant, d'agir dans l'intérêt de la commune? Or, il était constant qu'il avait rendu des services et qu'il avait fait ce que l'autorité aurait fait si l'on avait procédé régulièrement, puisqu'il avait exécuté les mesures prescrites par la commission médicale. Cela était décisif, nous semble-t-il.

340. Il nous reste à voir quels sont les effets de l'action *de rem in verso*. Le principe est que le maître n'est tenu, en vertu de cette action, que jusqu'à concurrence de ce dont il s'est enrichi. C'est le fondement de l'action, et tel en est aussi l'effet. Il en résulte que l'action *de in rem verso* diffère de l'action de gestion d'affaires sous deux rapports. Le gérant d'affaires n'a d'action que s'il prouve qu'il a fait ce que le maître lui-même aurait fait; la gestion doit être utile dans son principe. Il n'en est pas de même de celui qui forme l'action *de in rem verso*. Peu importe ce que le maître aurait fait; il a retiré un profit de la gestion, il en doit tenir compte. Comment estimera-t-on le profit? Ce n'est pas la dépense que le demandeur peut réclamer, il n'a droit qu'à une indemnité calculée sur le profit qui en est résulté. Encore faut-il que ce profit subsiste au moment de la demande; le maître n'est donc obligé que jusqu'à concurrence de ce dont il est enrichi à ce moment (1).

SECTION II. — De la répétition de l'indû.

341. Celui qui a payé par erreur ce qu'il ne devait pas peut répéter ce qu'il a payé (art. 1235, 1376 et 1377). Il résulte donc du payement indû une obligation à charge de celui qui l'a reçu. « Celui qui reçoit par erreur ou sciemment ce qui ne lui est pas dû, s'oblige à le restituer à celui de qui il l'a indûment reçu. » La loi dit *par erreur ou sciemment*. Il n'y a pas à distinguer si celui qui reçoit est de bonne foi ou de mauvaise foi, il est obligé de restituer ce qu'il a reçu par cela seul qu'il a reçu ce qui ne lui était pas dû. Pourquoi y est-il obligé? Parce que l'équité s'oppose à ce qu'il s'enrichisse sans cause aux dépens de celui qui a fait le payement indû; or, il s'enrichirait sans droit, à ses dépens, s'il pouvait retenir ce qui lui a été payé sans qu'il fût créancier; l'équité l'oblige donc à le restituer. L'étendue de cette obligation varie selon qu'il est de bonne foi ou de mauvaise foi, mais l'obligation elle-même est indépendante de la circonstance de mauvaise foi; c'est l'équité seule qui l'engendre, pour mieux dire, c'est la loi qui la crée en sanctionnant ce que l'équité demande (2).

342. Pour qu'il y ait lieu à la répétition de l'indû,

---

(1) Mourlon, *Répétitions*, t. II, p. 877, n° 1668.
(2) Colmet de Santerre, t. V, p. 668, n° 355 et 355 *bis*.

deux conditions sont requises : il faut d'abord qu'une chose ait été payée sans être due (art. 1235, 1376); il faut ensuite que celui qui a payé ce qu'il ne devait point l'ait fait par erreur.

§ Ier. *Quand y a-t-il payement indû?*

343. Il y a payement indû dans trois cas : 1° quand une chose a été payée sans qu'il y eût une dette; 2° quand il y avait une dette, mais qu'elle était due par un autre que celui qui l'a payée; 3° quand la chose payée était due à un autre que celui qui l'a reçue.

N° 1. QUAND IL N'Y A PAS DE DETTE.

344. « Tout payement suppose une dette : ce qui a été payé sans être dû est sujet à répétition » (art. 1235). Il n'y a pas de dette lorsqu'il n'y a aucune cause qui engendre une obligation, ni contrat, ni quasi-contrat, ni délit, ni quasi-délit, ni loi. Il ne suffit pas qu'il y ait une cause apparente d'une obligation pour qu'il y ait dette, il faut que le fait juridique d'où la dette résulte réunisse les conditions requises pour son existence. Nous avons dit ailleurs quelles sont les conditions que la doctrine exige pour l'existence des conventions; quand l'une de ces conditions fait défaut, il n'y a point d'obligation. Ainsi il n'y a point de contrat sans consentement : celui qui a payé ce qui était stipulé dans une convention qu'il a souscrite alors qu'il était privé de l'usage de sa raison, a payé une dette qui n'existait point; donc il peut répéter.

Ce principe reçoit une restriction pour les dettes naturelles : « La répétition n'est pas admise à l'égard des obligations naturelles qui ont été volontairement acquittées. » Nous renvoyons à ce qui a été dit sur ce point au titre des *Obligations*.

345. Il y a des dettes qui existent, mais qui ne réunissent pas les conditions requises pour leur validité, ce sont les obligations nulles ou annulables. Celui qui paye ce qu'il doit en vertu d'une obligation nulle, paye ce qu'il ne devait pas ; il peut donc répéter. Il est vrai que le créancier a une action, mais le débiteur peut la repousser par une exception péremptoire. En ce sens il ne doit pas, de même que si la dette était inexistante. Il y a cependant une différence ; on peut confirmer une dette nulle, et la confirmation résulte de l'exécution volontaire du contrat sous les conditions déterminées par la loi ; dans ce cas, il ne peut plus s'agir de répétition de l'indû. Les obligations inexistantes ne peuvent pas être confirmées ; elles donnent donc toujours lieu à la répétition.

Ce que nous disons des dettes nulles s'applique aux obligations rescindables. Pothier distingue entre ces deux espèces de dettes (1) ; en droit moderne, il n'y a plus de différence entre l'action en nullité et l'action en rescision. Nous renvoyons à ce qui a été dit au titre des *Obligations.*

346. Il ne faut pas confondre les obligations résolubles ou révocables avec les obligations annulables. La condition résolutoire expresse opère de plein droit, et parfois la loi opère de plein droit la révocation d'une convention (art. 960) ; dans ces cas, la dette est censée n'avoir jamais existé, par suite il faut dire qu'elle est inexistante ; si on la paye, il y a payement indû, de même que si le débiteur ne s'était jamais obligé. Si la résolution ou la révocation doit être demandée en justice, l'action en répétition de l'indû se confond avec l'action qui tend à résoudre ou à révoquer le contrat. Toujours est-il que je paye ce que je ne dois pas, si je paye en vertu d'une obligation dont j'ai le droit de demander la résolution ou la révocation.

347. Quant aux dettes contractées sous condition suspensive, elles n'existent pas tant que la condition est en suspens, en ce sens du moins que le débiteur ne doit pas payer ; si donc il paye, il paye ce qu'il ne doit point et, par suite, il peut répéter. Pothier ajoute, ce qui est évident, que si la condition vient à s'accomplir avant que la

_____

(1) Pothier, *De l'action* condictio indebiti (à la suite du traité du *Prêt*) nᵒˢ 143-144.

répétition soit exercée, le débiteur ne peut pas répéter, car, la condition rétroagissant, le débiteur a réellement payé ce qu'il devait (1).

Le terme ne suspend pas l'obligation; de là suit que ce qui a été payé avant l'échéance du terme ne peut être répété (art. 1186). Nous avons examiné, au titre des *Obligations*, la question de savoir si l'on peut répéter l'escompte de ce que l'on a payé par erreur avant l'échéance du terme.

Les obligations alternatives donnent aussi lieu à l'action en répétition. Il va sans dire que si le débiteur paye les deux choses comprises dans l'obligation, il peut répéter l'une des choses qu'il a payées, et à son choix si le choix lui appartenait. Pothier suppose deux débiteurs solidaires d'une dette alternative, chacun d'eux paye l'une des deux choses; celui qui paye en dernier lieu paye ce qu'il ne devait pas, la dette étant éteinte; il peut donc répéter. Nous croyons inutile d'entrer dans les difficultés de cette matière, la vie réelle les ignore (2).

348. On paye encore ce qui n'est pas dû quand on paye plus qu'il n'était dû; il y a lieu, en ce cas, à la répétition de l'excédant. Je paye plus que je ne devais lorsque j'ai négligé de faire quelque déduction ou rétention que j'avais le droit de faire. Si je vends une succession et que je livre les objets héréditaires sans retenir ce que le défunt me devait, je puis répéter ce qui m'est dû, car j'ai payé plus que je ne devais. C'est la réponse du jurisconsulte romain approuvée par Pothier. Un autre cas s'est présenté devant la cour de Bruxelles. Un père paye une somme de 11,000 francs pour frais du contrat de mariage de son fils; il agit en répétition de 2,000 francs qu'il avait payés de trop. Le notaire lui oppose une fin de non-recevoir fondée sur ce que le père n'était pas débiteur. Singulière défense! Le défendeur oubliait que l'obligation peut être acquittée par un tiers qui n'y est point intéressé (art. 1236); or, celui qui a le droit de

(1) Pothier, *De l'action* condictio indebiti, n° 150.
(2) Pothier, *De l'action* condictio indebiti, n° 149.

payer a aussi le droit de répéter, quand il a payé plus
que ce que le débiteur devait (1).

349. C'est encore payer une chose non due que de
payer ce qui a cessé d'être dû. Si j'ai payé une somme que
mon codébiteur solidaire avait déjà payée, j'ai payé une
dette éteinte et, par conséquent, je puis répéter. Pothier
ajoute une restriction pour les modes d'extinction qui
laissent subsister une obligation naturelle : tels sont la
prescription et la chose jugée. Il faut entendre cette réserve en ce sens que le débiteur peut renoncer au bénéfice de la prescription ou du jugement qui le libère. Si
donc le payement implique une renonciation, il n'y aura
pas lieu à répétition. Pothier va plus loin : il suppose que,
lors du payement, le débiteur n'avait pas connaissance
du jugement qui lui donnait l'exception de chose jugée,
et il décide néanmoins que le débiteur ne peut répéter,
parce qu'il a acquitté une obligation naturelle. Cette décision ne peut être admise dans notre droit moderne ; il
est impossible que le débiteur renonce à une exception
dont il ignore l'existence (2).

Nº 2. QUAND LA DETTE EST DUE PAR UNE AUTRE PERSONNE.

350. C'est le cas prévu par l'article 1377 : « Lorsqu'une personne qui, par erreur, se croyait débitrice a
acquitté une dette, elle a le droit de répétition contre le
créancier. » Celui qui paye une dette, alors qu'il n'est
pas débiteur, paye ce qu'il ne doit pas, aussi bien que si
la dette n'existait point ; à son égard, la dette n'existe
réellement pas, puisqu'elle lui est étrangère, et les obligations n'ont d'effet qu'entre les parties contractantes. On
donne comme exemple le cas où l'un des héritiers paye
une dette solidaire pour le tout, croyant qu'il en est tenu
pour le tout ; la dette se divise, quoique solidaire ; l'héritier n'en est débiteur que pour sa part ; ce qu'il paye au

---

(1) Bruxelles. 10 août 1859 (*Pasicrisie*, 1859, 2, 325).
(2) Pothier, *De l'action* condictio indebiti, nº 145.

delà est la dette d'un tiers, il paye donc ce qu'il ne doit point, par conséquent, il peut répéter (1).

L'article 1377 prévoit un cas où le droit à la répétition cesse : celui qui a payé ne peut plus répéter lorsque le créancier a supprimé son titre par suite du payement, sauf le recours de celui qui a payé contre le véritable débiteur. Nous nous bornons ici à constater l'exception; nous y reviendrons en traitant de l'effet du payement indû.

Le principe établi par l'article 1377 donne lieu à des difficultés sérieuses; nous les examinerons plus loin.

N° 3. QUAND LA DETTE EST DUE A UNE AUTRE PERSONNE.

351. Le code ne prévoit pas ce cas, mais il est compris virtuellement dans l'article 1376. Celui qui n'est pas créancier, et à qui le débiteur paye, reçoit certainement ce qui ne lui est pas dû; il s'oblige donc à le restituer à celui de qui il l'a indûment reçu. De son côté, le débiteur paye ce qu'il ne doit pas, car, bien qu'il soit débiteur, il ne l'est pas à l'égard de celui à qui il paye, il fait donc un payement indû et, par suite, il peut répéter, s'il a fait ce payement par erreur (2).

§ II. De l'effet du payement indû.

N° 1. PRINCIPE.

352. L'article 1235 dit que « ce qui a été payé sans être dû est sujet à répétition. » Cela est trop absolu. Il ne suffit point que j'aie payé ce que je ne dois pas pour que j'aie le droit de répéter, il faut que j'aie payé par erreur. La loi le dit dans le cas prévu par l'article 1377, c'est-à-dire lorsque la dette payée existait, mais que celui qui l'a payée n'en était pas le débiteur; la loi lui donne

(1) Toullier, t. VI, 1, p. 65, n° 85. Larombière, t. V, p. 617, n° 13 (Ed. B., t. III, p. 393).
(2) Aubry et Rau, t. IV, p. 727, note 1, § 442.

le droit de répéter ce qu'il a payé indûment, mais sous la
condition qu'il se soit cru débiteur *par erreur*. En est-il
de même quand la dette n'existait point? La question est
controversée en droit français; dans l'ancien droit, on
décidait que l'erreur était une condition essentielle de la
répétition de l'indû. C'était la doctrine romaine, et Pothier
l'enseigne comme un principe incontestable. Pour qu'il y
ait lieu à l'action en répétition de l'indû, dit Pothier, il
faut que ce qui est payé ne soit pas dû et que le payement
ait été fait par erreur. Si, lors du payement que j'ai fait
d'une chose, je savais ne la pas devoir, je n'en ai aucune
répétition. Pourquoi? Pothier répond que celui qui paye
sachant qu'il ne doit pas a l'intention de faire une libéralité; cette libéralité est valable, puisque la donation de
choses mobilières se parfait par la tradition, et la donation étant essentiellement irrévocable, le donateur ne peut
pas répéter ce qu'il a payé (1).

Les auteurs du code ont-ils maintenu la doctrine traditionnelle? Tarrible, l'orateur du Tribunat, répondra à
notre question. Il commence par dire que « la répétition
de la chose non due a lieu lorsque quelqu'un a payé par
erreur à une personne ce qu'il ne lui devait pas; l'erreur
est donc la cause du payement indû. C'est dire énergiquement que l'erreur est le fondement du quasi-contrat
qui oblige à la restitution celui qui reçoit en payement
ce qui ne lui est pas dû. L'orateur du Tribunat prévoit
ensuite les deux cas dans lesquels le code admet la répétition : celui où une personne reçoit ce qui ne lui est point
dû (art. 1376), et celui où elle reçoit ce qui lui était réellement dû, mais par un autre que celui qui a fait le payement. Puis Tarrible ajoute : « L'*erreur* de la part de celui
qui paye peut *seule* autoriser la répétition de la chose; il
doit avoir cru faussement ou que la chose était due au
prétendu créancier qui n'y avait réellement aucun droit,
ou qu'il la lui devait personnellement, tandis que, dans
la vérité, elle était due par un autre. » Ainsi l'erreur est
une condition de la répétition dans tous les cas. Et qu'ar-

(1) Pothier, *De l'action* condictio indebiti, nᵒˢ 142 et 160.

rive-t-il si celui qui paye ce qui n'est pas dû le fait sciemment? « Il est censé, au premier cas (art. 1376), avoir voulu *donner* ce qu'il savait fort bien n'être pas dû; au second cas (art. 1377), avoir voulu payer une dette légitime à la décharge du véritable débiteur, et toute voie de répétition lui serait justement fermée (1). »

On oppose le texte de l'article 1376 : il dit bien que celui qui, par erreur ou sciemment, reçoit ce qui ne lui est pas dû s'oblige à le restituer à celui de qui il l'a indûment reçu, mais il n'exige pas que ce dernier ait payé par erreur (2). N'est-ce pas faire dire à la loi autre chose que ce qu'elle a voulu dire? Pour interpréter une disposition, il faut voir, avant tout, quel en est l'objet. Or, il suffit de lire l'article 1376 pour se convaincre qu'il a entendu régler les obligations de celui qui a reçu le payement indû; ce n'est donc pas dans cette disposition qu'il faut chercher les conditions du quasi-contrat qui se forme entre celui qui paye et celui qui reçoit ce qui n'est pas dû. Le seul article qui s'occupe de la répétition, c'est l'article 1377, et il exige l'erreur pour que celui qui se croyait débiteur puisse répéter. Il est vrai que l'article 1377 ne prévoit que l'un des cas où il y a lieu à répétition; mais la condition de l'erreur qu'il prescrit doit être étendue à tous les autres cas. La tradition doit interpréter le code, car il n'est pas douteux que le législateur ait entendu consacrer la tradition. Ce n'est, du reste, pas la seule lacune que la loi contienne en cette matière; elle ne prévoit pas le cas où la chose est payée à celui à qui elle n'est point due (n° 356). En conclura-t-on que, dans ce cas, il n'y a pas lieu à répétition (2)?

353. Il reste une difficulté et elle est sérieuse. Je paye sans qu'il y ait dette et sachant qu'il n'y a point de dette. Dans l'opinion que nous venons d'enseigner, il n'y a pas d'erreur, donc pas de répétition. On demande à quel titre celui qui a reçu la chose indûment la gardera? N'est-ce pas s'enrichir sans cause et sans droit aux dé-

(1) Tarrible, *Discours*, n°ˢ 13 et 15 (Locré, t. VI, p. 285 et 286).
(2) Marcadé, t. V, p. 270, n° I de l'article 1377.

pens de celui qui a payé? Non, car celui qui a payé l'a fait volontairement, il a donc voulu que l'autre partie profitât du payement; dès lors le motif d'équité sur lequel est fondé le quasi-contrat de l'indû vient à tomber; celui qui a reçu la chose a une juste cause de la garder, c'est la volonté de celui qui la lui a remise. On demande à quel titre? Pothier répond, conformément au droit romain, que c'est à titre de libéralité. Et l'orateur du Tribunat reproduit cette explication. Tel est aussi l'avis des auteurs modernes qui exigent l'erreur comme condition de la répétition de l'indû. Rien n'est plus naturel que cette interprétation de la volonté de celui qui paye sciemment ce qu'il ne doit point : quelle peut être sa volonté sinon de gratifier celui à qui il fait un payement sachant qu'il ne lui doit rien (1)?

Reste à savoir si la libéralité faite sous forme de payement indû est valable. On distingue. Si c'est une chose mobilière qui a été payée indûment par celui qui savait n'en être pas le débiteur, la libéralité est valable, car le don manuel n'exige aucune forme, aucune condition, sinon la remise de la chose; or, le payement a opéré la tradition, donc la donation est parfaite. Cela explique pourquoi il n'y a pas lieu à répétition. Mais si, ce qui arrive rarement, un immeuble était payé indûment, la libéralité ne serait pas valable, car les immeubles ne se donnent pas par tradition, il faut un acte authentique, puisque la donation est un contrat solennel. Dans ce cas, il n'y a ni payement, puisqu'il n'y a pas de dette, ni donation, faute de solennité, il n'y a donc pas de transport de propriété; par suite, celui qui a payé l'immeuble, en reste propriétaire et il pourra le revendiquer (2).

On fait contre cette solution une objection très-spécieuse. Le prétendu don manuel, dit-on, n'est pas plus valable que la donation de l'immeuble payé indûment. En effet, toute donation est un contrat, le don manuel aussi bien que la donation faite par acte; il faut donc le

(1) Aubry et Rau, t. IV, p. 728, et note 3, § 442.
(2) Larombière, t. V, p. 631, nos 26 et 27 (Ed. B., t. III, p. 398). Comparez Mourlon, t. II, p. 879, nos 1673-1675.

concours de volonté des deux parties. Admettons que celui qui paye sciemment ce qu'il ne doit pas veuille faire une libéralité, cela ne suffirait point; il faut encore que celui qui la reçoit l'accepte à titre de libéralité; or, cela n'est point, puisqu'il l'a reçue à titre de payement; donc il n'y a pas de don manuel (1). Nous répondons que l'objection est de théorie et que, dans la réalité des choses, la difficulté ne se présentera point. Je paye une chose mobilière, sachant que je ne la dois pas; il est plus que probable que celui qui la reçoit sait aussi qu'elle ne lui est pas due. Plus tard, j'agis en répétition. Le défendeur dira : En me payant ce que vous saviez ne pas me devoir, vous avez entendu me faire une libéralité; de mon côté, j'accepte le don que vous m'avez fait; j'ai reçu la chose à ce titre, il y a donc libéralité sous forme de payement indû.

Cette réponse sera le plus souvent péremptoire. Celui qui a reçu la chose indûment déclarant qu'il a entendu la recevoir à titre de don, et celui qui l'a payée ne pouvant avoir une autre intention, le don manuel s'est formé et, par suite, il ne peut plus s'agir de répétition. Toutefois, il reste une difficulté. Supposons que celui à qui la chose a été payée ait déclaré la recevoir à titre de payement; dans ce cas, le don manuel ne s'est pas formé; on demande si celui qui a payé la chose pourra la répéter. A notre avis, non. Il n'y a pas de quasi-contrat de l'indû, puisque le payement n'a pas été fait par erreur. Il n'y a pas lieu à revendication, car on ne revendique pas une chose mobilière; la revendication ne serait pas même admise, si celui qui a reçu la chose indûment savait qu'elle ne lui était pas due; on n'en pourrait pas induire qu'il est possesseur de mauvaise foi et qu'à ce titre il ne peut invoquer la maxime : En fait de meubles, possession vaut titre. En effet, il possède la chose par la volonté du propriétaire : peut-on dire de celui qui tient la chose du propriétaire qu'il la possède de mauvaise foi? En définitive, celui qui a payé ne peut ni répéter, ni revendiquer.

(1) Colmet de Santerre, t. V, p. 669-672, nos 357 bis I-V.

Le même cas peut se présenter si celui qui paye n'avait point l'intention de faire une libéralité. On lui suppose cette intention; mais sa propre déclaration ou les circonstances de la cause peuvent prouver qu'il n'avait pas la volonté de gratifier le tiers à qui il a fait le payement indû. Peut-il, dans ce cas, répéter? A notre avis, non, puisqu'il n'y a point de répétition sans erreur, et l'on suppose qu'il a payé sachant qu'il ne devait point. Peut-il revendiquer? Non, si c'est une chose mobilière. Dira-t-on que ce résultat blesse l'équité? Nous répondons que celui qui garde la chose indûment payée ne s'enrichit pas sans droit aux dépens de celui qui la lui a remise, puisqu'il la tient de sa volonté (1). Et celui qui a payé ne peut pas se plaindre si l'on invoque contre lui son propre fait; en effet, celui qui paye sans vouloir ni payer ni donner se moque de la justice, par suite la justice a raison de repousser sa demande.

354. Dans notre opinion, l'erreur est une condition essentielle pour qu'il y ait lieu à la répétition de l'indû. On demande s'il faut distinguer entre l'erreur de droit et l'erreur de fait. La question de savoir si l'erreur de droit donne lieu à la répétition de l'indû était très-controversée dans l'ancienne jurisprudence, elle l'est encore parmi les interprètes du droit romain. En droit français, elle n'est point douteuse. Les auteurs du code placent l'erreur de droit sur la même ligne que l'erreur de fait, doctrine très-rationnelle, comme nous l'avons dit au titre des *Obligations*, auquel nous renvoyons. Quand la loi veut distinguer entre l'erreur de droit et l'erreur de fait, elle le dit (art. 1356 et 2052); l'article 1377 ne distingue pas, ce qui est décisif. La doctrine et la jurisprudence sont en ce sens (2).

355. Il y a encore une condition requise pour que celui qui paye indûment puisse exercer la répétition : il faut que le payement ait été fait à une personne capable.

---

(1) Cassation, 4 juillet 1870 (Dalloz, 1870, 1, 363).
(2) Voyez les autorités citées par Aubry et Rau, t. IV, p. 729, note 5. Il faut ajouter deux arrêts de Bruxelles, 12 novembre 1822 (*Pasicrisie*, 1822, p. 273), et 27 décembre 1828 (*Pasicrisie*, 1828, p. 392).

C'est l'application du principe que nous avons établi pour les quasi-contrats en général (n° 308). L'incapable qui reçoit un payement indû ne peut pas s'obliger, par suite le quasi-contrat ne peut se former. Est-ce à dire que celui qui a payé ce qu'il ne doit pas n'ait aucune action contre l'incapable? Si les incapables ne peuvent pas s'obliger par contrat ni par quasi-contrat, rien n'empêche qu'ils s'obligent par délit ou quasi-délit (art. 1310); si donc le fait de recevoir ce qui ne leur était point dû constitue un délit ou un quasi-délit, ils en sont tenus. Quand même il n'y aurait ni délit ni quasi-délit, ils seraient encore tenus, en tant qu'ils se sont enrichis; la loi applique ce principe aux incapables qui reçoivent le payement de ce qui leur est dû (art. 1312); cette maxime d'équité doit aussi recevoir son application au cas du payement indû (1).

N° 2. APPLICATION. ARTICLE 1377.

I. *La règle.*

356. L'application du principe que nous venons d'établir au cas prévu par l'article 1377 donne lieu à de grandes difficultés. La loi pose d'abord une règle, puis elle y apporte une exception. Nous commençons par la règle. Elle suppose qu'il existe une dette; mais celui qui la paye n'en est pas le véritable débiteur; si c'est par erreur qu'il se croit débiteur, il peut répéter. Il suit de là qu'il n'y a lieu à répétition que sous les conditions suivantes. Il faut d'abord que celui qui paye fasse le payement comme débiteur, c'est-à-dire en son propre nom; il faut, en second lieu, qu'il ne soit pas débiteur; enfin, il doit se croire débiteur. Ces conditions résultent du texte de la loi et des principes qui régissent la répétition de l'indû. Nous allons voir les conséquences qui en découlent.

357. Si celui qui paye fait le payement pour le compte

(1) Aubry et Rau, t. IV, p. 780 et note 8, § 442 (4ᵉ édit.).

du véritable débiteur, il n'y a point de payement indû, donc pas de répétition de ce qui a été payé. Il n'y a pas de payement indû, car l'article 1377 exige que celui qui paye ait payé comme débiteur; si donc il ne paye pas pour son propre compte, s'il paye pour le compte du débiteur, on n'est plus dans le texte ni dans l'esprit de la loi. C'est le payement d'une dette par un tiers; il a un recours contre le débiteur. Que cette action soit efficace ou non, peu importe; quand même il ne parviendrait pas à se faire rembourser de ses avances, il ne pourrait pas agir en répétition de l'indû contre le créancier, car il n'y a pas de payement indû; le créancier a reçu ce qui lui était dû et le tiers a voulu payer la dette du débiteur (1).

358. La solution serait la même si le tiers qui paye pour le compte du débiteur se faisait subroger par le créancier qu'il paye ou s'il était subrogé légalement à ses droits. En effet, la position des parties est la même, qu'il y ait subrogation ou non. Supposons que celui qui, étant lui-même créancier, paye un autre créancier qui lui est préférable à raison de ses priviléges ou hypothèques : fait-il un payement indû? Non, le créancier reçoit ce qui lui est dû, et le tiers entend lui payer ce qui lui est dû pour le compte du débiteur commun; le tiers fait ce payement dans son propre intérêt, pour empêcher le créancier qu'il désintéresse, et auquel il est subrogé, d'exproprier le débiteur. Il n'y a là aucune des conditions du payement indû. Si donc la subrogation, au nom de laquelle le tiers a payé, devenait inefficace par l'éviction que subirait le débiteur commun, ce qui ferait tomber les hypothèques et les priviléges; le tiers subrogé aurait-il une action en répétition de l'indû contre le créancier qui l'a subrogé? Non, car il n'y a pas de payement de l'indû, il y a un payement fait par un tiers à celui qui était réellement créancier et pour le compte du débiteur; ce tiers succède aux droits du créancier qu'il a payé; si ces droits sont inefficaces parce que le débiteur est évincé de l'immeuble hypothéqué, il n'en résulte pas que le tiers subrogé a fait

---

(1) Toullier, t. VI, 1, p. 62, n° 83, et tous les auteurs.

un payement indû. La dette existait, elle était due au créancier à qui elle a été payée, et celui qui l'a payée a entendu la payer, non parce qu'il s'en croyait débiteur, mais parce qu'il voulait payer la dette d'un tiers (1).

359. La seconde condition requise par l'article 1377 pour qu'il y ait lieu à répétition est que celui qui la paye n'en fût pas le débiteur véritable. S'il existe une dette, et que le débiteur la paye à celui à qui elle devait être payée ou à son délégataire, il n'y a aucune des conditions requises pour la répétition de l'indu. J'achète un immeuble, l'acte porte que je payerai le prix aux créanciers du vendeur; je paye. Puis un créancier antérieur me poursuit hypothécairement; je le paye pour éviter l'expropriation : aurai-je un recours contre les créanciers que j'ai payés? Non, car leur créance est certaine, et je suis obligé de payer entre leurs mains; je paye donc ce que je dois; dès lors, il ne peut être question de répéter ce que j'ai payé. Sous l'empire du code civil, la question a été jugée en ce sens dans le cas où une femme mariée exerçait l'action hypothécaire contre l'acheteur; l'hypothèque légale existant indépendamment de l'inscription, l'acheteur pouvait très-bien ne pas la connaître et payer dans l'ignorance où il se trouvait (2); c'était un des grands inconvénients qui résultaient de l'hypothèque occulte et qui ne peut plus se présenter sous l'empire de notre loi hypothécaire, puisque la publicité est une condition générale requise pour toute hypothèque. A plus forte raison n'y a-t-il pas lieu à répétition quand l'hypothèque en vertu de laquelle l'acquéreur est poursuivi était inscrite, car alors l'acquéreur subit les conséquences de son imprudence; la cour de cassation dit très-bien qu'étant débiteur et ayant payé à un véritable créancier, il ne peut répéter contre des créanciers légitimes qui n'ont reçu que ce qui leur était dû; il ne lui reste qu'à exercer son recours contre le débiteur (3).

(1) Aubry et Rau, t. IV, p. 734 et note 23. Comparez Paris, 5 juillet 1854 (Dalloz, 1856, 2, 77).
(2) Agen, 14 mars 1866 (Dalloz, 1867, 2, 129). Aubry et Rau, t. IV, p. 734, et note 25.
(3) Rejet, 28 avril 1840 (Dalloz, au mot *Obligations,* n° 5538).

Il a encore été jugé, sous l'empire du code civil, que l'adjudicataire sur expropriation forcée qui paye son prix aux créanciers inscrits d'après l'ordre arrêté en justice, et qui doit ensuite, sur la poursuite d'un créancier ayant une hypothèque légale, payer le montant de la créance hypothécaire, ne peut pas répéter l'excédant de son prix contre les créanciers utilement colloqués; il était débiteur comme adjudicataire, et les créanciers n'ont reçu que ce qui leur était dû. Il n'y a donc pas de payement indû. Dans l'espèce, l'acquéreur invoquait une erreur de droit, la jurisprudence qui, lors de l'adjudication, admettait que l'expropriation forcée purgeait de plein droit l'hypothèque légale. Mais cette erreur n'est pas celle qui, d'après l'article 1377, autorise la répétition; malgré l'erreur où la jurisprudence l'avait induit, l'acquéreur n'en était pas moins débiteur, il ne pouvait donc pas dire qu'il se croyait par erreur débiteur. Son erreur l'avait empêché de purger, mais cela n'a rien de commun avec la répétition de l'indû (1).

360. Que faut-il décider si l'adjudicataire paye son prix aux créanciers colloqués et si ensuite l'adjudication est résolue par suite de l'action en résolution d'un vendeur non payé? Sur ce point, il y a controverse. A notre avis, l'acheteur peut répéter, par la raison qu'il a payé sans être débiteur et croyant par erreur qu'il l'était. En effet, l'action en résolution anéantit la vente comme si elle n'avait jamais existé; par suite toutes les aliénations consenties par les acheteurs successifs tombent; donc le dernier adjudicataire est censé n'avoir jamais été débiteur, il a donc payé ce qu'il ne devait point, et il a payé parce qu'il était dans l'ignorance des droits du vendeur primitif (2). On objecte que la résolution n'empêche pas l'adjudicataire d'avoir été débiteur, et on ajoute qu'il a à se reprocher de n'avoir pas payé le vendeur (3). Nous ré-

---

(1) Cassation, 12 novembre 1850 (Dalloz, 1850, 1, 305).
(2) Larombière, t. V, p. 653, n° 17 de l'article 1377 (Éd. B., t. III, p. 407). Rejet, 8 février 1848 (Dalloz, 1848, 1, 214).
(3) Aubry et Rau, t. IV, p. 734, note 26. Paris, 12 février 1844 (Dalloz, au mot *Vente*, n° 1356, 7°).

pondons que s'il a été débiteur du prix, c'est à titre d'acheteur; si la résolution efface la vente, elle efface par cela même la dette. Quant au reproche de n'avoir point payé le vendeur, il était très-mal fondé sous l'empire du code civil, puisque l'acheteur n'avait aucun moyen de connaître l'existence du droit de résolution. Il en est autrement sous l'empire de notre loi hypothécaire : les tiers ont connaissance de l'action résolutoire, parce qu'elle est subordonnée à la conservation du privilége et, de plus, l'acquéreur peut effacer le droit de résolution par la purge (loi hypot., art. 28 et 114). On peut donc dire aujourd'hui que si l'acquéreur paye des créanciers hypothécaires alors qu'ils sont primés par le vendeur, il paye sciemment; ce qui exclut la répétition.

361. La troisième condition exigée par l'article 1377 est que la personne qui a payé se soit crue débitrice par erreur. On demande s'il y a erreur lorsque le délégué paye entre les mains du délégataire et qu'il s'était engagé envers le délégataire dans la fausse croyance qu'il était débiteur du délégant. Cette erreur est-elle une erreur dans le sens de l'article 1377? La question est controversée et il y a quelque doute. Il nous semble que le délégué peut invoquer l'article 1377, car il ne paye qu'en vertu d'un engagement qu'il a contracté, dans la fausse croyance qu'il était débiteur du délégant; il voulait éteindre une dette en payant le délégataire, et il se trouve qu'il n'était pas débiteur; donc l'erreur tombe bien, dans ce cas, sur l'existence de la dette et, par conséquent, sur le payement qui en est la suite(1). On objecte que l'engagement contracté par le délégué envers le délégataire est indépendant de cette erreur; et on en conclut qu'étant débiteur en vertu de cet engagement, le délégué ne peut pas dire qu'il a payé ce qu'il ne devait pas (2). L'objection est sérieuse, mais il nous semble qu'elle ne tient pas compte du motif d'équité qui est le fondement de la répétition de l'indû. Sans doute, le délégué s'est engagé, mais il l'a fait par erreur; il n'a

(1) Larombière, t. V, p. 642, nos 5 et 6 (Ed. B., t. III, p. 403).
(2) Aubry et Rau, t. IV, p. 735 et note 27, et les autorités qu'ils citent. Il faut ajouter Cassation, 24 janvier 1872 (Dalloz, 1873, 1, 75).

pas voulu payer la dette d'un tiers, il a entendu payer sa propre dette, et cette dette n'existait pas. Cela nous paraît décisif.

II. *L'exception.*

362. L'article 1377, 2ᵉ alinéa, porte : « Néanmoins ce droit (de répétition) cesse dans le cas où le créancier a supprimé son titre par suite du payement, sauf le recours de celui qui a payé contre le véritable débiteur. » On entend par titre l'acte qui constate la créance ; c'est le sens que la loi donne au mot *titre* en traitant de la preuve, et il s'agit ici d'une question de preuve. Le créancier reçoit son payement ; le titre lui devient inutile, il le supprime, c'est-à-dire qu'il le détruit ; par suite il se trouvera dans l'impossibilité de justifier sa créance si, devant restituer ce qu'il a indûment reçu, il veut agir contre son débiteur. Comme c'est à raison du payement que lui a fait celui qui demande la répétition de l'indû, le législateur a décidé que le droit à la répétition cessait. Il s'agit de savoir par la faute de qui le titre a été supprimé. On peut dire que celui qui a reçu le payement indû est en faute aussi bien que celui qui l'a fait ; mais la faute est plus grande de la part de celui qui a payé, car le créancier a reçu ce qui lui était dû ; c'est donc celui qui a payé qui doit supporter la conséquence de sa faute ; la loi lui refuse le droit d'agir en répétition, sauf son recours contre le véritable débiteur ; nous dirons plus loin quel est ce recours.

363. Qu'est-ce que la loi entend par *supprimer le titre?* Nous venons de dire quelle est la signification littérale de ces mots (1). La doctrine admet qu'il y a encore suppression de titre, dans le sens de l'article 1377, lorsque le créancier a laissé prescrire sa créance. C'est aussi, dit-on, par suite du payement que le créancier a reçu qu'il juge inutile d'interrompre la prescription d'une créance qui est éteinte ; c'est donc encore par la faute de celui qui a payé

(1) Comparez Riom, 28 juin 1855 (Dalloz, 1855, 2, 136).

indûment que la créance périt : n'est-il pas juste que la conséquence de la faute tombe sur celui qui a payé ce qu'il ne devait point (1)? La cour de cassation s'est prononcée pour l'opinion contraire et nous croyons qu'elle a bien jugé (2). Que le texte de l'article 1377 ne soit pas applicable hors le cas de destruction du titre, cela est évident; reste à savoir si l'interprète peut étendre cette disposition; or, elle est à tous égards de stricte interprétation. D'abord elle est fondée sur une présomption de faute, et les présomptions ne s'étendent pas par voie d'analogie. Puis elle prononce une déchéance; celui qui a payé perd le droit qu'il avait d'agir en répétition; et les déchéances sont de droit strict. De plus, la déchéance serait aggravée; tout en disant que le droit à la répétition cesse, la loi ouvre à celui qui a fait le payement indû un recours contre le véritable débiteur; or, si la créance est prescrite, ce recours devient impossible. On aggrave donc la déchéance et on enlève tout droit à celui qui a payé; c'est établir une peine, et il n'y a pas de peine sans loi.

Ou enseigne encore que le droit de répétition cesse lorsque le créancier a renoncé aux priviléges, hypothèques ou cautionnements qui garantissaient le payement de la créance, ou qu'il a négligé de les conserver en renouvelant l'inscription hypothécaire. Il y a un arrêt de la cour de cassation qui suppose que la radiation de l'inscription équivaut à une suppression de titre (3); mais la cour ne décide pas la question. A notre avis, il faut la décider négativement, par les motifs que nous venons d'exposer en ce qui concerne la prescription.

364. La loi accorde un recours à celui qui a payé indûment contre le véritable débiteur. Quel est ce recours? Nous croyons que c'est une simple action *de in rem verso*. Le tiers n'a pas payé pour le compte du débiteur ni en

---

(1) Duranton, t. XIII, p. 707, n° 685. Aubry et Rau, t. IV, p. 733, et note 21, § 442.

(2) Rejet, 4 août 1859 (Dalloz, 1859, 1, 362).

(3) Aubry et Rau, t. IV, p. 733. Rejet, 8 février 1848 (Dalloz, 1848, 1, 214).

son nom; il n'y a donc ni mandat, ni gestion d'affaires; il est vrai que le tiers, tout en croyant faire son affaire, a fait celle du débiteur; mais, dans l'opinion que nous avons enseignée, c'est là un cas d'action *de in rem verso* et non un cas de gestion d'affaires (n° 334). Les auteurs admettent que le tiers est subrogé aux droits du créancier. Quelle serait bien cette subrogation et sur quoi serait-elle fondée? Les uns disent qu'il y a subrogation en vertu de la loi (1) : il y aurait donc une subrogation légale sans texte! Car l'article 1377 ne parle pas de subrogation, il ne dit pas même quelle est l'action que le tiers peut intenter contre le débiteur. D'autres invoquent les principes généraux; ils disent que le tiers qui a payé la dette ne pouvant pas répéter, il en résulte qu'il est tenu de la dette sous forme de non-répétition (2). Nous citons textuellement pour montrer jusqu'où va l'égarement de la doctrine quand elle abandonne le terrain solide du texte pour se lancer dans le champ des hypothèses.

§ III. *De l'action en répétition.*

N° 1. QUI A LE DROIT D'AGIR? ET QUE DOIT PROUVER LE DEMANDEUR?

365. L'action en répétition de l'indû appartient à celui qui a payé indûment; le texte et le bon sens le disent (art. 1376 et 1377). La cour de cassation a jugé que dans le cas où le payement indû a été fait à celui qui n'est pas créancier, le véritable créancier peut répéter ce qui a été payé indûment. Voici l'espèce. L'administration du chemin de fer ayant avisé des négociants qu'ils devraient faire prendre en gare les marchandises à eux expédiées, même livrables à domicile, les intéressés chargèrent des entrepreneurs de roulage de prendre livraison pour eux de tous les colis qui leur seraient adressés, et ils avertirent la compagnie qu'elle eût à remettre les colis à ces entrepreneurs. La compagnie fit la remise des colis

---

(1) Mourlon, t. II, p. 883, n° 1680, et *Traité des subrogations*, p. 478.
(2) Larombière, t. V, p. 648, n° 11 (Ed. B., t. III, p. 405).

auxdits entrepreneurs; mais, dans la perception des prix de transport payés directement par les destinataires, elle ne fit pas déduction des frais relatifs au camionnage. Les négociants payaient donc à la compagnie des frais de camionnage qu'ils ne lui devaient point. Qui avait droit d'agir en répétition? Les destinataires, cela va sans dire, mais ils n'agirent point; l'action fut intentée par les entrepreneurs de roulage, créanciers des frais de camionnage. Leur action était-elle recevable? Elle fut admise et, sur le pourvoi, la cour de cassation prononça un arrêt de rejet, fondé sur ce que l'action en répétition de l'indû n'est pas exclusivement attachée à la personne de celui qui a payé indûment (1). Non, certes. Les destinataires ayant l'action en répétition, leurs créanciers, les entrepreneurs de roulage, pouvaient l'exercer en leur nom en vertu de l'article 1166. Mais ce n'est pas ainsi que la cour paraît l'entendre; elle ne cite pas l'article 1166, elle cite l'article 1121; elle semble donc admettre que le créancier véritable a l'action en répétition en son nom, et c'est effectivement en ce sens que l'avocat général avait pris ses conclusions. Ainsi entendue, la décision nous paraît très-douteuse. En vertu de quel droit le créancier agirait-il? Le quasi-contrat qui naît du payement indû se forme entre celui qui paye indûment et celui qui reçoit ce qui ne lui est pas dû; le créancier véritable est en dehors du quasi-contrat; en vertu de quel droit donc agirait-il? L'avocat général ne donne aucun argument juridique à l'appui de ses conclusions; il se borne à dire que si les destinataires, à raison de l'insignifiance des sommes payées, n'agissaient pas en restitution, la compagnie garderait ce qu'elle a indûment perçu. Eh! qu'importe? Il en est ainsi dans tous les cas où celui qui a le droit d'agir n'agit point. Est-ce que son inaction donne un droit à des tiers qui ne sont pas parties au quasi-contrat?

366. Que doit prouver le demandeur en répétition? Il doit prouver, d'après le droit commun, les faits qui

---

(1) Rejet, 6 novembre 1871 (Dalloz, 1871, 1, 348, et le réquisitoire de l'avocat général Reverchon).

sont le fondement de sa demande. Et sur quoi se fonde l'action en répétition? Elle suppose d'abord qu'un payement a été fait : ce qui a été *payé* sans être dû est sujet à répétition (art. 1235). Il faut donc que celui qui agit en répétition prouve qu'il a payé. Comment se fera cette preuve? D'après le droit commun; donc par écrit si la chose payée est d'une valeur supérieure à 150 francs (art. 1341). Dira-t-on que l'article 1348 fait exception à la règle de l'article 1341 pour les obligations qui naissent des *quasi-contrats?* Nous avons répondu d'avance à l'objection : l'exception ne s'applique que dans le cas où il a été impossible au demandeur de se procurer une preuve littérale; or, il est très-facile à celui qui paye de se procurer une preuve littérale du payement, c'est de demander quittance, et la plus simple prudence lui en fait un devoir. Il n'est donc pas dans le cas de l'exception; par conséquent il reste sous l'empire de la règle.

367. Le demandeur en répétition doit prouver, en second lieu, qu'il a payé ce qu'il ne devait pas. Comment fera-t-il cette preuve? Il faut distinguer les trois cas dans lesquels il y a lieu à répétition. Dans le cas prévu par l'article 1377, la dette existe, mais le payement est fait par celui qui n'en était pas le débiteur; il faut donc que le demandeur prouve que lui n'est pas le débiteur, ce qui revient à faire la preuve de la dette; car, en prouvant la dette, il prouve qui en est le débiteur. Sera-t-il admis à faire cette preuve par témoins? L'affirmative ne nous paraît point douteuse. Celui qui paye est tiers quant à l'obligation contractée par le véritable débiteur; or, dès que les tiers invoquent un contrat, ils doivent être admis à en faire la preuve par témoins, car il leur a été impossible de se procurer une preuve littérale d'un contrat auquel ils sont étrangers; on se trouve donc dans le cas de l'exception prévue par l'article 1348.

En serait-il de même si le débiteur paye ce qu'il doit, mais à une autre personne qu'au véritable créancier? Non, car, étant débiteur, il a été partie au contrat, il a donc pu et dû s'en procurer une preuve littérale ; c'est, par conséquent, d'après le droit commun qu'il devra prouver quel est le vrai créancier ; donc, par écrit si le montant de la créance dépasse 150 francs.

Reste la troisième hypothèse. Il n'y a pas de dette. Comment le demandeur en répétition prouvera-t-il qu'il n'existait pas de dette ? Il y a diverses hypothèses dans lesquelles la dette n'existe point ; la nature de la preuve dépend de la nature du fait qu'il s'agit de prouver. Si la dette indûment payée était éteinte, il faut prouver le mode d'extinction ; or, la preuve de l'extinction des obligations est soumise aux mêmes principes que celle de leur existence : on applique donc le droit commun. Il en est de même dans le cas où la dette était inexistante ou nulle ; dans ce cas, il faut prouver quelle est la condition qui manque pour l'existence ou la validité de l'obligation. Dans tous les cas où le fait est de nature à être prouvé d'après les règles générales sur la preuve, la question n'est point douteuse. Mais la preuve devient très-difficile lorsque le demandeur prétend qu'il n'y a jamais eu une dette quelconque par lui contractée. Si la quittance porte que c'est telle dette qui a été acquittée, ou si les parties sont d'accord sur ce point, la preuve est limitée à l'inexistence de la dette qui a été payée. Cette preuve pourra se faire par témoins, et sera encore très-difficile ; il est certain que l'on ne peut pas exiger une preuve littérale de l'inexistence d'une dette ; on passe acte des contrats, on ne passe pas acte du fait négatif qu'il n'est pas intervenu de convention. Le demandeur sera reçu à la preuve testimoniale, et s'il ne parvient pas à la faire, son action en répétition ne sera pas admise. C'est sa faute, après tout, d'avoir payé une dette qui n'existait point. Tout payement suppose une dette : si celui qui prétend qu'il a payé sans qu'il y eût une dette ne parvient pas à le prouver, on doit croire que le payement a été fait en vertu d'une dette (1).

Il reste une dernière hypothèse, la plus difficile, en ce qui concerne la preuve. La quittance ne dit pas quelle dette a été payée et les parties ne sont pas d'accord sur ce point. C'est toujours au demandeur à faire la preuve,

(1) Comparez Colmet de Santerre, t. V, p. 672, n° 357 *bis* VIII.

il faut donc qu'il prouve qu'il a entendu payer telle dette
et que cette dette n'existait point. Cette preuve peut être
tellement difficile, qu'elle semble impossible. Non pas
qu'elle consiste à prouver un fait absolument négatif. Le
demandeur doit-il prouver qu'il n'est pas débiteur, en vertu
d'aucune cause possible d'obligation? Non, il a prouvé
qu'il a payé; or, tout payement suppose une dette déterminée; il doit donc prouver quelle est cette dette qu'il a
entendu payer. Nous disons qu'il doit le prouver. On a
soutenu qu'il lui suffisait de dire : « C'est pour payer *telle
dette* que j'ai livré la somme ou la chose dont je réclame
la restitution; *cette dette* n'existait point, donc j'ai droit à
la répétition (1). » Cela n'est pas sérieux. On n'affirme pas
en justice, on prouve; il ne suffit donc pas de dire que
l'on a entendu acquitter telle dette, il faut prouver cette
allégation, et si on ne la prouve pas, la demande en répétition sera rejetée.

Il y a un cas où, par exception, le demandeur ne doit
pas prouver l'inexistence de la dette; nous allons y revenir en traitant de la troisième preuve qui lui incombe.

368. Le demandeur en répétition doit encore prouver
qu'il a fait le payement par erreur, car sans erreur il n'y
a pas de répétition; c'est donc à celui qui répète de prouver l'erreur. Il y a cependant controverse sur ce point.
On enseigne que, la preuve une fois faite que le demandeur a payé ce qu'il ne devait point, la présomption est
qu'il a payé par erreur; en effet, dit-on, celui qui paye ce
qu'il ne doit pas jette son argent, à moins qu'il n'ait l'intention de faire une libéralité; or, personne n'est présumé
donner, donc on doit supposer que celui qui a fait le
payement indû l'a fait par erreur. De là on tire la conséquence que c'est au défendeur à prouver que le payement
lui a été fait dans un esprit de libéralité, ou pour une
autre juste cause. A cette présomption que l'on invoque
en faveur du demandeur on admet une exception : l'erreur ne se présume plus, et le demandeur en doit administrer la preuve lorsque l'exception péremptoire qui

_____

(1) Mourlon, *Répétitions,* t. II, p. 882, n° 1677.

prouve le payement indû laisse subsister une obligation naturelle ou un devoir de conscience : telle est la prescription. Enfin on ajoute encore une restriction à cette théorie en distinguant entre l'erreur de droit et l'erreur de fait ; les uns disent que, l'ignorance du droit ne se présumant jamais, c'est à celui qui allègue l'erreur de droit d'en faire la preuve ; d'autres disent que le juge a un pouvoir discrétionnaire, qu'il pourra se montrer plus sévère quand il s'agit d'une erreur de droit, plus facile s'il s'agit d'une erreur de fait (1).

A notre avis, cette doctrine est purement arbitraire, elle n'a de fondement ni dans le texte ni dans l'esprit de la loi. On dit que l'erreur se présume et que toute personne est présumée connaître le droit. Nous avons rejeté plus d'une fois cette dernière présomption ; quant à la présomption d'erreur, il ne saurait être question d'une présomption légale, puisqu'il n'y a pas de loi qui l'établisse. Dans les cas où le juge peut décider la contestation par des présomptions ordinaires, dites de l'homme, il pourra sans doute juger, en se fondant sur les circonstances de la cause, qu'il y a erreur ; mais ce sera toujours au demandeur que la preuve incombera, en ce sens que c'est lui qui devra établir les présomptions graves, précises et concordantes d'où résulte qu'il a fait le payement par erreur. Le motif que l'on donne pour dispenser le demandeur de faire cette preuve se retourne contre lui. Sans doute, personne n'est présumé jeter son argent ; mais qu'en faut-il conclure ? Il faut dire, avec Toullier, que c'est une raison de plus pour imposer la preuve de l'erreur à celui qui, contre toute probabilité, soutient qu'il a payé par erreur ce qu'il ne devait pas (2).

369. Nous maintenons donc la règle écrite dans la loi en vertu de laquelle le demandeur doit prouver le fondement de sa demande. Toutefois, en droit romain, cette règle souffrait exception en ce qui concerne l'inexistence de la dette et de l'erreur. On suppose que le défendeur

(1) Larombière, t. V, p. 634, nᵒˢ 30-32 (Ed. B., t. III, p. 399 et suiv.). Aubry et Rau, t. IV, p. 730, et notes 10 et 11, § 442.
(2) Toullier, t. VI, I, p. 51, nᵒ 64.

commence par nier de mauvaise foi qu'il ait reçu la chose que le demandeur répète ; si le demandeur prouve, dans ce cas, que le défendeur l'a reçue, il n'a plus rien à prouver, ni l'inexistence de la dette ni l'erreur. Les auteurs modernes sont unanimes à admettre cette exception, et on peut la justifier, quoiqu'il soit de principe qu'il n'y a pas d'exception sans loi ; l'exception résulte, dans ce cas, de la dénégation faite par le défendeur et de la preuve contraire administrée par le demandeur. Je réclame contre Pierre une somme de 1,000 francs que je prétends lui avoir payée indûment. Pierre nie avoir reçu cette somme. Je prouve que je la lui ai remise. Par là même je prouve que j'ai payé ce que je ne devais point et que j'ai payé par erreur. En effet, en niant d'avoir reçu les 1,000 francs qu'il a réellement reçus, Pierre reconnaît implicitement qu'il n'y avait point de dette ; car, s'il y avait eu une dette en payement de laquelle les 1,000 francs lui auraient été remis, il n'aurait pas nié d'avoir reçu cette somme. Il est donc prouvé par son aveu qu'il a reçu les 1,000 francs indûment. Il est aussi prouvé qu'il les a reçus sans cause, c'est-à-dire par suite d'une erreur de ma part ; car si j'avais payé sciemment 1,000 francs sans les devoir, j'aurais fait une libéralité à Pierre ; et, Pierre acceptant ces 1,000 francs, il y aurait eu don manuel, et, encore une fois, il n'aurait pas nié d'avoir reçu les 1,000 francs s'il les avait reçus à titre de don. Partant sa dénégation et la preuve contraire que je fais établissent que Pierre a reçu les 1,000 francs, sans qu'il y eût ni dette ni libéralité ; donc je n'ai plus rien à prouver et Pierre doit restituer les 1,000 francs, à moins qu'il ne prouve, après avoir nié d'avoir reçu les 1,000 francs, qu'il avait une juste cause de les recevoir. C'est dire que la preuve retombe sur lui (1).

(1) Toullier, t. VI, 1, p. 54, nos 69 et 70 et tous les auteurs. Voyez Aubry et Rau, t. IV, 731, et note 12. Il faut ajouter Mourlon, t. II, p. 882, n° 1678.

Nº 2. OBLIGATION DE CELUI QUI A REÇU LA CHOSE INDUMENT.

I. Le principe.

370. Aux termes de l'article 1376, celui qui reçoit *par erreur* ou *sciemment* ce qui ne lui est pas dû s'oblige à le restituer à celui de qui il l'a indûment reçu. L'obligation de restitution est donc la même, soit que le défendeur ait reçu *par erreur*, c'est-à-dire de bonne foi, ou *sciemment*, c'est-à-dire de mauvaise foi. En effet, la bonne foi de celui qui reçoit ce qui ne lui est pas dû n'est pas un titre qui lui permet de retenir ce qu'il a reçu indûment; elle lui fait, au contraire, un devoir de le restituer dès qu'il apprend que le payement est indû. Mais si l'obligation de restitution est la même pour celui qui a reçu de bonne foi et pour celui qui a reçu de mauvaise foi, il n'en est pas de même de l'étendue de cette obligation; il résulte des articles 1378-1380 que la loi se montre plus sévère pour le défendeur de mauvaise foi que pour le défendeur de bonne foi. Rien de plus juste. Pourquoi celui qui a reçu de bonne foi est-il obligé sans son consentement en vertu du quasi-contrat de l'indû, pour mieux dire, en vertu de la loi? Parce que l'équité ne permet point qu'il s'enrichisse sans droit aux dépens de celui qui a payé indûment. Tel est le principe de son obligation, et ce principe en limite aussi l'étendue; il est tenu en tant qu'il s'est enrichi. Il en est autrement de celui qui a reçu sciemment ce qui ne lui était pas dû : il est coupable de dol, et il doit réparer le préjudice qu'il a causé par sa mauvaise foi; peu importe qu'il se soit enrichi ou non, la morale et le droit exigent qu'il supporte toutes les conséquences de son dol, alors même qu'il n'en aurait retiré aucun profit (1).

371. Quand on dit que l'étendue de l'obligation de restitution varie selon que le défendeur est de bonne foi ou de mauvaise foi, il faut entendre par défendeur celui qui

(1) Toullier, t. VI, 1, p. 73, nº 94, et p. 82, nº 103.

a reçu le payement indû. Si la répétition est exercée contre les héritiers, on ne tient pas compte de leur bonne foi. En acceptant l'hérédité, ils succèdent aux obligations du défunt; si celui-ci était de mauvaise foi, il est tenu de tout le préjudice qu'il a causé par son dol, et cette obligation passe à ses héritiers. C'est le droit commun (1).

II. *Application.*

1. PAYEMENT INDU D'UNE SOMME D'ARGENT OU DE CHOSES FONGIBLES.

372. L'article 1378 porte : « S'il y a eu mauvaise foi de la part de celui qui a reçu, il est tenu de restituer tant le capital que les intérêts du jour du payement. » On conclut de là que celui qui a reçu une somme de bonne foi ne doit restituer que le capital; qu'il n'est pas tenu de restituer les intérêts (2). Si la question pouvait être décidée d'après les principes, il faudrait dire que, malgré sa bonne foi, celui qui a perçu les intérêts les doit restituer; en effet, il s'en enrichit aussi bien que du capital, et il est tenu en tant qu'il s'enrichit. Toutefois l'intention du législateur paraît avoir été de ne pas soumettre à la restitution des intérêts celui qui a reçu la chose de bonne foi. Le rapporteur du Tribunat dit que le défendeur de bonne foi ne sera obligé de restituer les intérêts qu'à partir du jour de la réclamation (3). Il ne donne pas de motif à l'appui de cette décision; on peut seulement induire de ses paroles que la loi applique au payement indû le principe général de l'article 1153, en vertu duquel les intérêts ne sont dus que du jour de la demande. La raison est mauvaise; si les intérêts ne courent, dans les obligations conventionnelles, qu'à partir de la demande, c'est qu'il ne tenait qu'au créancier de les stipuler; on ne peut pas en dire autant dans les quasi-contrats. En cette matière,

(1) Cassation, 17 mai 1865 (Dalloz, 1865, 1, 273). Rejet, 10 juin 1857 (Dalloz, 1858, 1, 117). Aubry et Rau, t. IV, p. 737, note 33 (4e éd.).
(2) Aubry et Rau, t. IV, p. 735. Mourlon, t. II, p. 884, no 1681. Colmet de Santerre, t. V, p. 674, no 359 *bis* I. Larombière, t. V, p. 664, no 10 (Ed. B., t. III, p. 411).
(3) Tarrible, *Discours,* no 16 (Locré, t. VI, p. 286).

c'est le principe d'équité qui domine : celui qui reçoit une somme qui ne lui est pas due et qui en touche les intérêts s'enrichit, donc il les doit restituer. On invoque l'article 549 : si le possesseur de bonne foi gagne les fruits, dit-on, pourquoi celui qui de bonne foi reçoit un capital ne gagnerait-il pas les intérêts? Nous répondons qu'il n'y a aucune analogie entre le possesseur de bonne foi et le défendeur à l'action en répétition; le premier jouit en vertu d'un titre dont il ignore les vices; le second n'a aucun titre; par cela même qu'il reçoit ce qui ne lui est pas dû, il est obligé de restituer en tant qu'il s'enrichit; or, il s'enrichit des intérêts. Nous cherchons vainement un motif juridique qui lui permette de s'enrichir aux dépens de celui qui a fait le payement indû.

373. On va jusqu'à soutenir que si les arrérages d'une rente ont été payés indûment, celui qui les a reçus n'est pas tenu de les restituer; en effet, dit-on, les arrérages sont le produit du capital, ce sont des intérêts sous le nom d'arrérages, et le possesseur de bonne foi gagne les intérêts (1). La cour de cassation s'est prononcée pour l'opinion contraire, et nous n'hésitons pas à nous ranger à son avis. Sans doute, les arrérages sont des intérêts; mais il s'agit de savoir, dans l'espèce, ce que le défendeur doit restituer; il doit restituer ce qu'il a reçu indûment, donc les arrérages qui lui ont été payés; les arrérages constituent ici un capital, puisqu'ils sont la chose même qui a été reçue. C'est une erreur de dire que celui qui a reçu les arrérages est un possesseur de bonne foi; il ne possède pas la créance à l'égard de celui qui a payé les arrérages, car il n'est pas son créancier. Reste donc un payement reçu sans droit et qui, par suite, doit être restitué (2).

374. Si des choses fongibles ont été payées indûment, celui qui les a reçues doit restituer des choses de même quantité et qualité. Doit-il, s'il est de mauvaise foi, les

---

(1) Massé et Vergé sur Zachariæ, t. II, § 295, note 4. Demolombe, t. IX, nº 624.

(2) Rejet, 4 août 1859 (Dalloz, 1859, 1, 362). Aubry et Rau, t. IV, p. 735, et note 28 (4ᵉ éd.).

intérêts de la valeur estimative de ces choses à partir du payement? L'affirmative ne nous paraît pas douteuse (1); celui qui est de mauvaise foi doit indemniser le demandeur en répétition du préjudice qu'il lui a causé; or, ce n'est pas l'indemniser que de lui restituer une somme qui ne représente que le capital, et non la jouissance. On objecte que les choses fongibles ne produisent jamais des intérêts de plein droit (2). Nous avons répondu d'avance à l'objection : il ne s'agit pas d'intérêts qui courent de plein droit, il s'agit d'une jouissance que l'on a eue indûment et qui impose à celui qui a joui de mauvaise foi l'obligation d'indemniser complétement le propriétaire qu'il a privé de cette jouissance par son dol.

2. PAYEMENT INDU DE CHOSES DÉTERMINÉES.

375. La chose doit être restituée avec ses accessoires, sans distinguer si celui qui l'a reçue était de bonne foi ou de mauvaise foi (art. 1379). Que faut-il décider des fruits? Pothier répond, conformément au droit romain, que les fruits doivent être restitués même par celui qui les aurait perçus de bonne foi; et il en donne une raison décisive, c'est qu'il en a profité; or, il est tenu en tant qu'il s'en est enrichi (3). L'article 1378 met les fruits sur la même ligne que les intérêts; il faut donc dire des fruits ce que nous venons de dire des intérêts (n° 372). On fait un singulier raisonnement pour justifier la disposition du code. Les articles 549 et 550, dit Larombière, posent un principe général, absolu : tout possesseur de bonne foi gagne les fruits. Pour qu'il y eût exception dans le cas du payement indû, il faudrait qu'elle fût écrite dans la loi ; or, l'article 1378 confirme plutôt le principe, puisqu'il ne soumet à la restitution que le possesseur de mauvaise foi (4). Il ne manque qu'une chose à cette argumentation, c'est de prouver que celui qui reçoit de bonne foi un immeuble

---

(1) Aubry et Rau, t. IV, p. 735, § 442 (4e éd.).
(2) Larombière, t. V, p. 665, n° 12 (Ed. B., t. III, p. 411).
(3) Pothier, *De l'action* condictio indebiti, n° 172.
(4) Larombière, t. V, p. 663, n° 9 (Ed. B., t. III, p. 410).

qui ne lui est pas dû est un possesseur de bonne foi dans le sens de l'article 549 : peut-on lui appliquer la définition que l'article 550 donne du possesseur de bonne foi? Est-ce que celui qui reçoit indûment une chose la possède « en vertu d'un titre translatif de propriété dont il ignore les vices? » Quel est ce titre translatif de propriété? Assimiler à un possesseur de bonne foi celui qui reçoit un payement indû, c'est confondre deux ordres d'idées complétement différents; dans le cas de l'article 549, le demandeur *revendique,* il n'y a aucun lien d'obligation entre lui et le possesseur; dans le cas de l'article 1376, le demandeur *répète* en vertu d'un quasi-contrat qui existe entre lui et le défendeur. Bien loin qu'il y ait identité entre les deux hypothèses, il n'y a pas même analogie.

376. Qui supporte la perte ou la détérioration? L'article 1379 répond à la question en ces termes : « Si la chose indûment reçue est un immeuble ou un meuble corporel, celui qui l'a reçue s'oblige à la restituer en nature si elle existe, ou sa valeur si elle est périe ou détériorée *par sa faute;* il est même garant de la perte par cas fortuit s'il l'a reçue de mauvaise foi. » Il semble résulter de là que si la chose périt ou se détériore par la *faute* de celui qui l'a reçue, il en répond, sans distinguer s'il l'a reçue de bonne foi ou de mauvaise foi. Les auteurs sont unanimes à rejeter cette interprétation : la loi, ainsi entendue, serait en opposition avec la tradition et avec les principes. Quand même, dit Pothier, la chose se trouverait dépréciée ou détériorée par le peu de soin qu'en aurait eu le possesseur, le demandeur en répétition ne pourrait pas s'en plaindre, car le possesseur a négligé la chose comme sienne. Pothier dit même que la chose lui appartenait; nous faisons nos réserves sur ce point (1). Il suffit que, par le fait de celui qui a payé, le possesseur se soit cru propriétaire, pour qu'on ne puisse pas le rendre responsable de ne l'avoir pas conservée en bon père de famille; il ne se croyait pas débiteur; il ne peut donc être tenu des obligations d'un débiteur. Mais comment conci-

(1) Pothier, *De l'action* condictio indebiti, n°ˢ 170 et 171.

lier le texte avec ces principes? L'article 1378 dit que si la chose périt par la *faute* de celui qui l'a reçue, il en doit la valeur; or, tant qu'il est de bonne foi, la *faute* ne se conçoit pas, puisqu'il agit comme propriétaire. Quand donc sera-t-il en faute? Pothier répond : du moment qu'il aura connaissance que la chose ne lui est pas due; car, dès ce moment, la bonne foi l'oblige à conserver la chose afin de pouvoir remplir son obligation de la rendre à celui qui l'a payée; partant il est tenu des détériorations ou des pertes qui seraient survenues à la chose, faute par lui de l'avoir conservée avec les soins d'un bon père de famille. Cette explication, empruntée à Pothier, est généralement admise, elle concilie le texte avec les principes (1).

Si celui qui a reçu la chose indûment est de mauvaise foi, il est en faute dès l'instant où il l'a reçue, quand il ne la conserve pas avec les soins d'un bon père de famille, car dès cet instant il sait qu'il doit la rendre, ce qui l'oblige à la conserver. L'article 1378 dit qu'il est même garant de sa perte par cas fortuit. Ainsi il est en demeure de plein droit et en vertu de la loi; on doit donc lui appliquer la disposition de l'article 1302 concernant les effets de la demeure : le débiteur, quoiqu'il soit en demeure, est libéré par la perte fortuite de la chose dans le cas où la chose aurait également péri chez le créancier si elle lui eût été livrée. Duranton va plus loin; il assimile celui qui a reçu la chose de mauvaise foi au voleur, lequel est responsable quand même la chose eût péri chez le propriétaire. C'est dépasser la rigueur de la loi; elle ne dit pas que le fait de recevoir une chose de mauvaise foi soit un vol, donc on ne peut pas appliquer au possesseur de mauvaise foi ce que la loi dit du voleur. Une pareille rigueur serait contraire aux principes; le possesseur est tenu du préjudice qui est la suite de son dol; or, le cas fortuit n'est pas une conséquence de son dol, puisqu'on suppose que la chose eût péri, quand même elle n'aurait

---

(1) Toullier, t. VI, 1, p. 74, nᵒˢ 95-96, et p. 80, nᵒˢ 101 et 102. Aubry et Rau, t. IV, p. 736, note 30 et les auteurs qu'ils citent. Mourlon, t. II, p. 884, nᵒˢ 1682-1684. Colmet de Santerre, t. V, p. 275, nᵒ 360 *bis* II.

pas été payée. Enfin, telle était l'opinion de Pothier ; ce qui est décisif (1).

377. La loi prévoit encore le cas de vente : « Si celui qui a reçu de bonne foi a vendu la chose, il ne doit restituer que le prix de la vente » (art. 1380). Quelle est son obligation s'il a vendu étant de mauvaise foi? La loi ne le dit pas, mais les principes ne laissent aucun doute. Celui qui vend, sachant qu'il doit restituer la chose, ne peut pas, en la vendant, se décharger de son obligation de la rendre à celui qui la lui a payée, et comme il ne peut plus remplir son obligation, parce qu'il n'a plus la chose, il est tenu de tous les dommages et intérêts de celui à qui il devait la rendre. C'est la décision de Pothier, elle découle du principe qui régit cette matière. Il suit de là que le vendeur de bonne foi se libère en restituant le prix qu'il a reçu, quand même il aurait vendu à vil prix, tandis que celui qui est de mauvaise foi devra restituer la valeur (2). Si la vente a été partielle, on applique le même principe. La restitution de ce qui n'est pas vendu se fera sans distinction entre le possesseur de bonne foi et le possesseur de mauvaise foi ; quant à la partie vendue, celui qui est de bonne foi restituera le prix qu'il a touché, parce que c'est de ce prix qu'il s'enrichit ; celui qui est de mauvaise foi est tenu de tous les dommages-intérêts résultant de son dol (3).

378. La vente de la chose par celui qui l'a reçue indûment soulève une autre difficulté sur laquelle les opinions sont très-divisées. Celui qui a payé la chose a-t-il une action contre le tiers acquéreur et quelle est cette action? Nous croyons qu'il n'a point l'action en répétition, mais qu'il peut revendiquer quand il s'agit d'une chose immobilière. Il n'a pas l'action en répétition, parce que cette action naît d'un quasi-contrat, elle ne peut donc appartenir qu'à celui qui a payé contre celui qui a reçu.

(1) Pothier, *De l'action* condictio indebiti, n° 176. Colmet de Santerre, t. V, p, 675, n° 340 *bis*·I. En sens contraire, Duranton, t. XIII, p. 715, n° 693.

(2) Pothier, *De l'action* condictio indebiti, n° 177. Colmet de Santerre, t. V, p, 676, n° 361 *bis* I.

(3) Orléans, 11 janvier 1849 (Dalloz, 1849, 2, 172).

En effet, le quasi-contrat est assimilé au contrat quand il s'agit du lien d'obligation qui en résulte; or, l'action qui naît d'une obligation ne peut être formée que contre celui qui l'a contractée, et le tiers acquéreur est étranger au quasi-contrat, donc il ne peut y avoir d'action contre lui à raison de ce quasi-contrat. C'est donc improprement que l'on dit que celui qui a payé a l'action en répétition contre les tiers (1).

A-t-il l'action en revendication? La décision dépend du point de savoir si le payement indû transfère la propriété de la chose à celui qui la reçoit. S'il est devenu propriétaire, il a transféré la propriété à l'acquéreur et partant il ne peut être question de revendiquer. Mais si celui qui a reçu la chose indûment n'en est pas devenu propriétaire, il n'a pas pu transférer à l'acheteur des droits qu'il n'avait pas lui-même; en réalité, il a vendu la chose d'autrui, le propriétaire peut donc la revendiquer. Reste à savoir si le payement indû est translatif de propriété. Pothier l'admet, conformément au droit romain; celui qui paye veut transférer la propriété, dit-il, celui qui reçoit veut l'acquérir, la tradition se joignant à l'intention, la propriété se trouve transférée. Pothier en conclut que celui qui a payé indûment n'a aucune action contre le tiers détenteur; il n'a pas la revendication, puisqu'il a cessé d'être propriétaire; il n'a pas la répétition, puisque le tiers n'est pas obligé à son égard. Cette doctrine est rejetée par la plupart des auteurs, et avec raison. Les principes du droit romain ne sont plus les nôtres. Supposons que le payement se fasse en vertu d'une prétendue vente; la propriété, en droit français, se transfère par le seul effet du contrat, indépendamment de toute tradition. Dans l'espèce, la vente transférera-t-elle la propriété? Non, puisqu'il n'y a pas de vente. Si la propriété n'est pas transmise par la vente, l'est-elle par le payement? Non, car le payement n'est pas translatif de propriété, quand il se fait en vertu d'une vente. Donc

(1) Comparez Mourlon, t. II, p. 885, n° 1686. Marcadé, t. V, p. 276, n° III de l'article 1380.

il n'y a pas de translation de propriété, ni en vertu de la
vente, ni en vertu du payement. Si la chose est payée
sans qu'il y ait aucune dette, pas même apparente, il n'y
a aucun titre qui puisse transférer la propriété. Vainement dit-on que celui qui paye veut transmettre la propriété et que celui qui reçoit veut l'acquérir; nous répondons que le payement peut transférer effectivement la
propriété quand c'est un véritable payement; mais, dans
l'espèce, il n'y a pas de payement, puisqu'il n'y a point
de dette. Il ne pourrait y avoir de translation de propriété que s'il y avait donation sous forme de payement;
mais la donation des immeubles exige un acte, et notre
question, comme nous allons le dire, ne se présente que
pour le payement d'un immeuble. Objectera-t-on que la
jurisprudence admet la validité des donations faites dans
la forme d'un contrat onéreux? Nous avons combattu
cette jurisprudence, et quand même on l'admettrait, elle
ne recevrait pas d'application à l'espèce; car pour qu'il
puisse y avoir donation déguisée, il faut au moins un
contrat apparent; or, dans le cas de payement indû, il
n'y en a pas (1).

Si celui qui a reçu la chose indûment n'est pas devenu
propriétaire, notre question est décidée; il n'a pu transférer à l'acquéreur un droit qu'il n'a point lui-même
(art. 2125); celui qui a fait le payement indû est resté
propriétaire, donc il peut revendiquer. Objectera-t-on la
bonne foi, soit du vendeur, soit de l'acheteur? L'objection n'est pas sérieuse; nous y avons répondu en traitant
de l'aliénation faite par l'héritier apparent. Il est inutile
de renouveler le débat.

Celui qui a payé indûment a donc l'action en revendication contre les tiers, mais il ne l'a que sous les conditions déterminées par la loi. Or, en droit français, la revendication des choses mobilières n'est pas admise; c'est
le sens de la règle qu'en fait de meubles, la possession vaut
titre. Nous dirons, au titre de la *Prescription*, quelles

(1) Duranton, t. XIII, p. 698 et suiv., n° 683. Aubry et Rau, t. IV, p. 737,
note 37, et les autorités qu'ils citent.

sont les exceptions. Il suit de là que le demandeur en répétition ne peut pas, en règle générale, agir contre les
tiers, car ce ne sont guère que des choses mobilières que
l'on paye indûment (1).

379. La doctrine que nous venons d'exposer n'est pas
douteuse au point de vue des principes, mais elle rencontre une objection très-sérieuse dans l'article 1380, si
on l'entend tel que les orateurs du Tribunat l'ont interprété : « Si celui qui a reçu de bonne foi a vendu la
chose, il ne doit restituer que le prix de la vente. » Voici la
raison que donne de cette disposition le rapporteur du
Tribunat : « Cette bonne foi le fait justement considérer
comme légitime propriétaire de la chose, d'où la conséquence qu'il avait le droit d'en disposer de la manière
qu'il a jugée la plus convenable à ses intérêts (2). » Si cette
explication prouve quelque chose, c'est qu'il ne faut pas
attacher trop d'importance aux travaux préparatoires.
L'erreur du rapporteur est palpable : la bonne foi de celui
qui reçoit indûment la chose peut-elle le rendre propriétaire? La question n'a pas de sens. La propriété ne se
transfère pas par la bonne foi de l'acheteur, elle se transfère par un titre translatif de propriété, et où est le titre
de celui qui a reçu la chose indûment? Tarrible, l'orateur du Tribunat, est d'une inconséquence singulière. Il
commence par dire que la propriété ne peut pas être transférée sans une cause légitime et sans un acte non équivoque du véritable propriétaire; c'est dire que le payement indû ne transfère pas la propriété. Puis il dit que
si celui qui a reçu de mauvaise foi aliène la chose, cette
vente n'ôtera pas au véritable propriétaire le droit de la
revendiquer; ce qui suppose que le propriétaire ne peut
pas revendiquer lorsque le vendeur était de bonne foi (3).

Il faut laisser là ces mauvaises explications pour s'en
tenir au texte et aux principes. L'article 1380 règle uniquement les rapports entre celui qui paye et celui qui
reçoit indûment. Il n'y est pas question du droit de reven-

---

(1) Rejet, 7 mars 1855 (Dalloz, 1855, 1, 108).
(2) Bertrand de Greuille, Rapport, n° 7 (Locré, t. VI, p. 280).
(3) Tarrible, *Discours*, n° 16 (Locré, t. VI. p. 286).

dication, donc on ne peut opposer l'article 1380 à celui qui, ayant payé ce qu'il ne doit pas, revendique. Mais cela ne résout pas la difficulté. La revendication réagira contre le vendeur, puisque l'acheteur évincé a un recours contre celui qui a vendu; cette action en garantie oblige le vendeur à indemniser complétement l'acheteur; il résultera de là que celui qui a reçu le payement indû et qui vend sera tenu à plus qu'à la restitution du prix de vente. S'il est de mauvaise foi, cela est très-logique; il est tenu de tous les dommages-intérêts. Mais s'il est de bonne foi, il n'est tenu qu'en tant qu'il s'est enrichi; or, il ne s'enrichit que du prix qu'il a touché : peut-il être tenu à plus à raison de l'action en garantie? Il n'y a qu'un moyen de concilier les principes avec l'article 1380, c'est de dire que le propriétaire revendiquant devra tenir compte à celui qui a reçu la chose indûment, mais de bonne foi, de ce que celui-ci doit payer à l'acheteur au delà de son prix. Cette décision est conforme à l'équité : celui qui reçoit de bonne foi est sans faute; celui qui paye a, au moins, une négligence à se reprocher; avant de payer, il devait s'assurer qu'il doit; il est donc juste qu'il supporte la perte, plutôt que celui qu'il a induit en erreur par le payement (1).

Nº 3. OBLIGATIONS DU DEMANDEUR EN RÉPÉTITION.

380. L'article 1381 porte : « Celui auquel la chose est restituée doit tenir compte, même au possesseur de mauvaise foi, de toutes les dépenses nécessaires et utiles qui ont été faites pour la conservation de la chose. » On a critiqué, et non sans raison, la rédaction de cet article; il distingue et confond tout ensemble les dépenses *nécessaires* et les dépenses *utiles;* il les distingue, puisqu'il les mentionne comme dépenses distinctes, et il les confond, puisqu'il applique aux dépenses utiles ce qu'il dit des dépenses nécessaires, en disant que les unes et

---

(1) Duranton, t. XIII, p. 704, nº 683. Aubry et Rau, t. IV, p. 738, note 38. En sens contraire, Larombière, t. V, p. 673, nº 9 (Ed. B., t. III, p. 414).

les autres ont été faites pour la *conservation* de la chose;
or, il est de principe élémentaire que les dépenses *nécessaires* sont celles que l'on fait pour *conserver* la chose,
tandis que les dépenses *utiles* se font pour l'*améliorer*. La
rédaction est encore incomplète, car la loi ne dit pas quelle
est l'étendue des obligations qu'elle impose au demandeur
en répétition et elle ne parle pas des dépenses voluptuaires (1). De là des difficultés et des controverses.

381. Un premier point nous paraît certain. Les dépenses nécessaires doivent être remboursées intégrale-
ment, sans tenir compte de l'augmentation de valeur
qui en résulte. Celui qui fait ces dépenses enrichit le propriétaire de tout ce qu'il avance, car le propriétaire aurait dû payer ce que le possesseur paye; il est donc juste
qu'il rembourse la dépense entière; s'il ne restituait que
jusqu'à concurrence de la plus-value, il s'enrichirait aux
dépens de celui qui a fait l'impense. Or, l'équité, qui oblige
celui qui a reçu la chose à la restituer, parce qu'il ne lui
est pas permis de s'enrichir sans droit aux dépens du
propriétaire, oblige aussi le propriétaire à rembourser
les avances dont il profite, car il s'enrichirait également
sans cause. Il n'y a pas à distinguer si le possesseur est
de bonne foi ou non, car le propriétaire ne peut pas plus
s'enrichir aux dépens d'un possesseur de mauvaise foi
qu'au préjudice d'un possesseur de bonne foi.

382. Les dépenses utiles doivent également être remboursées par le demandeur en répétition et, en disant:
même au possesseur de mauvaise foi, la loi marque clairement qu'elle met le possesseur de mauvaise foi sur la
même ligne que le possesseur de bonne foi. Est-ce l'intégralité de la dépense qui doit être remboursée? Non, cela
résulte de la nature même de la dépense utile, elle n'est
utile que dans les limites du profit qui en résulte; donc
elle ne doit être restituée que jusqu'à concurrence de la
plus-value. Faut-il distinguer entre le possesseur de
bonne foi et le possesseur de mauvaise foi? On a proposé
cette distinction, mais le texte la repousse, ainsi que la

(1) Marcadé, t. V, p. 278, n° I de l'article 1380.

tradition. Pothier dit formellement que le demandeur en répétition doit rembourser les impenses jusqu'à concurrence de ce que la chose s'en trouve plus précieuse. Cela n'est pas tout à fait conforme à l'équité : vainement dit-on que l'excédant de la dépense sur la plus-value était perdu pour le possesseur ; nous répondons que le possesseur s'est exposé à cette perte, croyant qu'il était propriétaire et qu'il jouirait de ses améliorations ; certes il ne les eût point faites s'il avait prévu qu'il devrait rendre la chose ; il est donc en perte, et l'équité demanderait qu'il fût indemnisé. Mais la loi, expliquée par la tradition, ne permet pas de faire ces distinctions (1).

383. Cela décide la question en ce qui concerne les dépenses voluptuaires. Ce ne sont pas des dépenses *utiles*, donc le texte ne permet pas d'en tenir compte au possesseur. L'équité, à notre avis, exigerait que le possesseur de bonne foi fût complétement indemnisé ; car s'il a fait des dépenses d'agrément, c'est qu'il s'est cru propriétaire, et il s'est cru tel par la faute de celui qui a fait le payement indû : les conséquences de la faute devraient retomber sur celui-ci.

CHAPITRE II.

DES DÉLITS ET DES QUASI-DÉLITS (2).

SECTION I. — Notions générales.

384. Le chapitre II de notre titre est intitulé : *Des délits et des quasi-délits*. Qu'entend-on par délit et par quasi-délit? Le code ne le dit pas. Pothier définit le délit « un *fait* par lequel une personne, par dol ou mali-

---

(1) Aubry et Rau, t. IV, p. 737, note 34. Mourlon, t. II, p. 887, n° 1689. Marcadé, t. V, p. 278, n° II de l'article 1380. Colmet de Santerre, p. 678, n° 362 *bis*. En sens contraire, Duranton, t. XIII, p. 716, n° 695.

(2) Sourdat, *Traité général de la responsabilité*, 2 vol. in-8°, 2e édition. Paris, 1872.

gnité, cause du *dommage* ou quelque *tort* à un autre; »
et il définit le quasi-délit « un fait par lequel une personne, sans malignité, mais par une imprudence qui n'est
pas excusable, cause quelque tort à un autre (1). » Ainsi
le délit et le quasi-délit ont cela de commun qu'il en résulte un dommage ou un tort; ce sont des faits dommageables; ce qui les distingue, c'est que le délit suppose
l'intention de nuire, tandis que le quasi-délit ne suppose
qu'une simple faute. La conséquence des délits et des
quasi-délits est la même; elle est établie par l'article 1382:
« Tout *fait* quelconque de l'homme qui cause à autrui un
dommage, oblige celui par la *faute* duquel il est arrivé à
le réparer. » La loi prend le mot *faute* dans sa plus large
acception; il comprend toutes les causes d'imputabilité,
depuis le dol jusqu'à la plus légère imprudence; donc les
délits aussi bien que les quasi-délits.

L'article 1383 ajoute : « Chacun est responsable du
dommage qu'il a causé non-seulement par son *fait*, mais
encore par sa *négligence* ou son *imprudence*. » On a dit
que cette disposition est inutile, puisqu'elle répète ce
qu'avait déjà dit l'article 1382 (2). Cela n'est pas exact;
l'article 1382 pose le principe qu'un fait dommageable ne
donne lieu à réparation que lorsqu'il y a *faute,* mais il ne
détermine pas les caractères de cette faute. Il y a des
degrés dans la faute : toute faute, quelque légère qu'elle
soit, oblige-t-elle l'auteur du fait dommageable à la réparer? On peut dire que l'article 1382 le suppose, puisqu'il se sert du terme *faute* sans le limiter. Mais il était
bon de préciser le sens de la faute en matière de faits
dommageables; tel est l'objet de l'article 1383; il consacre la doctrine traditionnelle en posant comme principe
que la moindre faute suffit pour qu'il y ait quasi-délit.
Quant au délit, on exige plus que la faute proprement
dite, puisqu'il n'y a pas de délit sans dol, c'est-à-dire sans
intention doleuse ou intention de nuire. La loi ne le dit
pas, mais cela allait sans dire.

L'article 1383 contient une autre négligence de rédac-

(1) Pothier, *Obligations*, n° 116.
(2) Marcadé, t. V, p. 283, n° V de l'article 1383.

tion. Il oppose le mot *fait* aux mots *négligence* et *imprudence*; ce qui semble dire que par le mot *fait* la loi entend une faute plus grave que l'imprudence ou la négligence, tandis que ce mot n'implique aucune espèce de faute. Une chose est certaine, c'est que, dans la pensée de la loi, un simple *fait* ne suffit pas pour qu'il y ait délit ou quasi-délit; l'article 1382 est formel, il exige que le dommage ait été causé par une *faute*. Sans faute, il n'y a donc ni délit ni quasi-délit (1).

385. Il ne faut pas confondre le délit civil avec le délit criminel. Le délit criminel consiste dans l'infraction d'une loi pénale; ce qui le caractérise, c'est qu'une peine est encourue par le coupable dans un intérêt social. Dans le délit civil, l'intérêt de la société n'est pas en cause; la partie lésée agit en réparation du dommage que le délit lui a causé : c'est un intérêt privé, il n'y a pas de coupable proprement dit, il y a un débiteur et un créancier.

Le délit criminel peut être en même temps un délit civil, quand il en résulte un dommage et que ce dommage a été causé avec intention de nuire. S'il n'y a pas intention de nuire, mais qu'il y ait dommage, il résultera du délit criminel un quasi-délit, c'est-à-dire l'obligation de réparer le dommage. Il se peut que le délit criminel ne produise ni délit civil ni quasi-délit : telle serait une tentative de crime qui ne causerait aucun dommage. Par contre, un fait peut être un quasi-délit et un délit civil, sans constituer un délit criminel; celui qui reçoit de mauvaise foi ce qui ne lui est pas dû commet un délit civil, quoique la loi n'y voie qu'un quasi-contrat, car c'est un fait doleux, mais ce n'est pas un délit criminel. De même les héritiers qui divertissent ou recèlent des effets d'une succession commettent un délit civil; ce n'est pas un délit criminel (art. 792, 801).

386. Les délits criminels et les délits civils ne sont pas régis par les mêmes principes. Aux termes de l'article 1310, les mineurs, incapables de contracter, sont néanmoins obligés par leur délit ou quasi-délit; la loi ne

(1) Bruxelles, 21 janvier 1820 (*Pasicrisie*, 1820, p. 21).

fixe pas l'âge auquel ils peuvent s'obliger par un délit civil : c'est une question de fait. Il n'en est pas de même des délits criminels, ils ont un caractère de gravité que n'ont point les simples faits dommageables ; de là suit qu'avant un certain âge les mineurs ne sont pas capables de commettre un délit criminel. Le prévenu âgé de moins de seize ans est acquitté s'il est décidé qu'il a agi sans discernement, et s'il a agi avec discernement, la peine est réduite (Code pénal belge, art. 72-77). Il se peut donc qu'un mineur âgé de moins de seize ans soit acquitté pour avoir agi sans discernement, ce qui n'empêche pas de le poursuivre civilement comme auteur d'un fait dommageable (1).

La poursuite, quand il s'agit d'un délit purement civil, se porte devant les tribunaux civils sur la demande de la partie lésée ; tandis que les délits criminels sont jugés par des tribunaux criminels, et la poursuite se fait au nom de la société par le ministère public. Il va sans dire que les conséquences de l'infraction criminelle sont plus graves que celles du délit civil : toute infraction est punie d'une peine criminelle ; le délit civil entraîne seulement l'obligation de réparer le dommage qui en résulte. Le délit criminel soumet aussi le coupable à une réparation civile ; de là deux actions, l'une publique, l'autre civile. L'action civile naissant d'un délit a de grandes analogies avec l'action en dommages-intérêts qui naît d'un fait dommageable ; elle a le même objet, la réparation d'un dommage ; mais comme ce dommage résulte d'une infraction, l'action civile peut, comme accessoire de l'action publique, être portée devant les tribunaux criminels, tandis que l'action en dommages-intérêts doit être portée devant les tribunaux civils. Le législateur se montre plus sévère quand il s'agit des conséquences civiles d'une infraction que lorsqu'il s'agit d'un fait simplement dommageable : aux termes de l'article 50 de notre code pénal, tous les individus condamnés pour une même infraction sont tenus solidairement des restitutions et des dommages-intérêts ;

_____

(1) Rejet, 22 juillet 1868 (Dalloz, 1871, 5, 63, n° 6).

le code civil ne prononce pas la solidarité pour les délits et les quasi-délits. La loi qui a supprimé la contrainte par corps l'a maintenue, en matière pénale, pour l'exécution des condamnations aux restitutions, aux dommages-intérêts et aux frais ; quant aux faits dommageables qualifiés de délits civils, la contrainte par corps est facultative, le juge peut la prononcer lorsqu'il s'agit d'un fait illicite commis méchamment et de mauvaise foi (loi du 27 juillet 1871, art. 1 et 2).

Il y a encore, en ce qui concerne la prescription, une différence entre l'action civile naissant d'une infraction et l'action qui naît d'un fait dommageable. Nous y reviendrons.

Nous laissons de côté tout ce qui concerne l'action civile proprement dite, cette matière appartenant au droit criminel.

387. L'article 1384 porte : « On est responsable nonseulement du dommage que l'on cause par son propre fait, mais encore de celui qui est causé par le fait des personnes dont on doit répondre, ou des choses que l'on a sous sa garde. » Cette responsabilité ne doit pas être confondue avec le délit civil, car elle ne suppose pas l'intention de nuire : la loi présume que les personnes civilement responsables sont en faute quand un dommage est causé par une personne du fait de laquelle elles répondent, ou par une chose qui est sous leur garde. On peut donc dire, en se servant de la terminologie du code, que c'est un quasi-délit. Toutefois la loi ne lui donne pas cette qualification, et il vaut mieux ne pas s'en servir, puisque la responsabilité du fait d'autrui est régie par des principes spéciaux.

SECTION II. — Conditions requises pour qu'il y ait délit ou quasi-délit.

§ Ier. *Un fait dommageable.*

Nº 1. UN *fait.*

388. L'article 1382 dit : « Tout *fait* quelconque de l'homme. » Il faut donc un *fait*, et ce fait doit être dommageable; car la loi ajoute : « Qui cause à autrui un dommage. » Le mot *fait* comprend non-seulement les actions, mais encore les omissions et les réticences. Sur ce point, tout le monde est d'accord; la généralité des termes dont la loi se sert ne laisse aucun doute. Est-ce à dire qu'il y a fait dommageable par cela seul que celui qui aurait pu empêcher une action nuisible ne l'a point empêchée? Toullier répond qu'il est censé l'avoir faite lui-même, parce que c'est une *sorte de complicité* que de ne pas empêcher une action nuisible quand on en a le pouvoir. Cette doctrine est contraire aux principes; on doit la restreindre, comme le fait Domat, au cas où celui qui n'a pas empêché le fait dommageable avait *quelque devoir* de le prévenir; il faut donc supposer que la loi impose le devoir d'empêcher un fait dommageable pour que le fait d'omission devienne une faute qui oblige de réparer le dommage. Tels sont les cas où la loi rend une personne responsable du dommage causé par une autre personne; elle est responsable parce qu'elle ne remplit pas le devoir de surveillance que la loi lui impose. Il faut que ce devoir soit une obligation légale; l'inobservation d'un devoir de charité, d'humanité ne constitue pas un délit civil. En parlant d'une *sorte de complicité,* Toullier entend une complicité morale; c'est confondre le domaine de la morale avec le domaine du droit. Si, pouvant éteindre un incendie naissant, je ne l'ai pas fait, je suis moralement coupable, mais je ne commets ni délit ni quasi-délit, parce que je ne suis pas légalement obligé d'éteindre l'incendie (1).

389. La réticence constitue-t-elle un délit? Oui, quand celui qui garde le silence sur un fait était obligé de le déclarer; non, s'il n'y était pas obligé. Le cas s'est présenté dans des circonstances très-odieuses. En reconnaissant un enfant naturel, les parents lui font une donation. C'était une fille adultérine : elle se marie et, après la mort de son père, elle se présente à sa succession; sa mère, héri-

---

(1) Proudhon, *De l'usufruit,* t. III, p. 461, nᵒˢ 1489 et 1490. Marcadé, t. V, p. 282, nᵒ II de l'article 1282. En sens contraire, Toullier, t. VI, I, p. 91, nᵒ 117.

tière, lui oppose sa qualité d'enfant adultérin et fait réduire la libéralité à une prestation alimentaire. Le mari de l'enfant ainsi répudiée et déshonorée par sa mère réclama des dommages-intérêts, en se fondant sur ce qu'il avait été trompé par les parents de sa femme sur l'état civil de celle-ci. Il a été jugé par la cour de Caen qu'il n'y avait pas lieu à dommages-intérêts, parce que le demandeur ne justifiait pas qu'on l'eût trompé par des manœuvres frauduleuses et qu'il avait à se reprocher de n'avoir pas pris des renseignements suffisants. Sur le pourvoi, la cour de cassation s'empara de cette dernière circonstance pour prononcer un arrêt de rejet. « Quand il y a faute, dit-elle, tant de la part de l'auteur du fait dommageable que de la part de celui à qui ce fait a causé préjudice, la question de responsabilité est abandonnée au pouvoir discrétionnaire des tribunaux. » Cela implique que, dans l'opinion de la cour, la réticence constitue un délit civil; tandis que l'arrêt attaqué semble n'admettre de délit qu'en cas de manœuvres frauduleuses, ce qui nous paraît plus conforme aux principes; le fait seul de réticence est un fait d'omission; il y a indélicatesse à ne pas déclarer la qualité d'enfant adultérin, mais il n'y a pas obligation légale de le faire; ce qui décide la question (1).

390. Le chemin de fer de Gand à Anvers traverse des prairies destinées à l'élève du bétail; de nombreux bestiaux y paissent et y restent nuit et jour sans gardiens. Une vache vint un jour se coucher sur les rails et occasionna un déraillement; de là un accident et une action en dommages-intérêts contre la compagnie et contre le propriétaire de la vache. La cour de Gand décida que celui-ci n'était pas responsable, parce qu'il n'y avait aucune faute à lui reprocher; elle condamna la compagnie à des dommages-intérêts, parce que l'accident était imputable à sa négligence, pour n'avoir pas établi une clôture qui eût empêché l'accident. Cette décision confirme le principe admis par la doctrine. Vainement la compagnie objectait-elle qu'aucune loi ne l'obligeait à clôturer la

(1) Rejet, 12 décembre 1854 (Dalloz, 1855, 1, 53).

voie ferrée. La cour répond qu'en créant un établissement dangereux, elle s'obligeait à prendre les mesures de prudence qui seules pouvaient empêcher des accidents; il y avait donc obligation, par la nature même d'un chemin de fer, de veiller à la sécurité publique que la voie nouvelle compromettait. Cela est décisif (1).

Nº 2. UN FAIT DOMMAGEABLE.

391. Le fait doit être dommageable pour qu'il constitue un délit ou un quasi-délit. Cela est de l'essence du délit ainsi que du quasi-délit; l'article 1382 le dit : « Tout fait qui cause à autrui un dommage. » Il se peut que le fait implique une faute, mais pour que la faute donne lieu à une action contre l'auteur du fait, il faut qu'il en résulte un dommage, car l'action est une action en dommages-intérêts; et comment y aurait-il lieu à dommages-intérêts quand il n'y a pas de dommage causé? Ce principe reçoit une application fréquente aux fonctionnaires et officiers ministériels qui ne remplissent pas ou qui remplissent mal les obligations que la loi leur impose; ils sont responsables en vertu de l'article 1382, mais pour que cette responsabilité donne une action en dommages et intérêts, il faut qu'il y ait un dommage causé, et il arrive souvent qu'il n'y a point de dommage, quoiqu'il y ait faute.

Un avoué reçoit mandat de purger; il néglige de le faire, c'est une faute grave. Son client est évincé sur l'action des créanciers inscrits. Néanmoins il a été jugé qu'il n'encourait aucune responsabilité, parce qu'il était constant que la purge n'eût pas empêché la dépossession : la vente était entachée de fraude et avait eu lieu à vil prix, de sorte qu'il y aurait eu certainement une surenchère et, par suite, expropriation (2). C'est aux tribunaux à examiner si en fait il y a eu dommage causé ou s'il n'y en a pas; mais il ne suffit pas qu'ils constatent la faute,

---

(1) Gand, 26 janvier 1860 (*Pasicrisie*, 1860, 2, 73).
(2) Lyon, 13 août 1845 (Dalloz, 1846, 2, 228). Comparez Cassation, 25 avril 1855 (Dalloz, 1855, 1, 156).

il faut aussi qu'ils établissent que la faute a causé un dommage (1).

Un testament était nul parce que le notaire avait omis de mentionner le lieu où il avait été passé. Mais ce même testament était nul à raison de l'incapacité de la testatrice qui, mariée sous la coutume de Liége, ne pouvait pas tester sans le consentement de son mari. Question de savoir si le notaire était responsable. La cour de Bruxelles la décida négativement. Quand même le testament eût été valable en la forme, on aurait dû néanmoins l'annuler; donc le dommage causé par la nullité n'était pas un effet nécessaire de la négligence du notaire; ce qui est décisif (2). La cour de cassation a jugé, en principe, que l'acte irrégulier, quoique constituant en lui-même un fait dommageable, ne rend pas le notaire responsable si, de fait, il n'en est résulté aucun dommage (3). Quelque grave que soit la faute de l'officier public au point de vue légal, il n'y a point de délit ni de quasi-délit quand la faute du notaire n'a causé aucun préjudice à celui qui s'en plaint (4).

Un huissier signifie un acte d'appel qui est nul. La cour reconnaît qu'en principe il était responsable. Mais, en fait, elle décida que le jugement déféré était inattaquable; l'huissier n'avait donc causé d'autre grief aux appelants que de les exposer aux frais frustratoires d'un acte d'appel frappé de nullité et de nécessiter un recours en garantie contre lui. Il a été jugé que la responsabilité de l'huissier devait être restreinte dans les limites du préjudice réel que sa négligence avait causé (5).

392. Les mêmes principes s'appliquent à l'usurpation d'un nom, fait illicite qui, par lui-même, constitue un délit ou un quasi-délit, en ce sens que celui qui usurpe le nom fait ce qu'il n'a point le droit de faire, mais il n'y a lieu à une action en dommages-intérêts que s'il en résulte un préjudice. Un pharmacien vend son fonds;

---

(1) Rejet, 21 mars 1855, et Cassation, 6 février 1855 (Dalloz, 1855, 1, 133).
(2) Bruxelles, 30 juin 1818 (*Pasicrisie*, 1818, p. 131).
(3) Rejet, 8 mai 1854 (Dalloz, 1854, 1, 146).
(4) Rejet, 13 juin 1864 et le rapport de Hardoin (Dalloz, 1864, 1, 46).
(5) Chambéry, 1er mai 1868 (Dalloz, 1868, 2, 111). Voyez plus bas n° 515.

l'acheteur prend non-seulement la qualité de successeur, mais fait même usage du titre et des médailles conférées à son auteur. Il y avait un fait illicite, mais il a été jugé qu'il n'était pas dommageable, puisque le pharmacien vendeur n'en éprouvait aucun préjudice (1). De même il a été jugé que l'usurpation d'une marque de fabrique n'autorise pas le juge à accorder des dommages-intérêts s'il est constaté, en fait, qu'elle n'a causé aucun préjudice au propriétaire de la marque (2).

393. Il suit du même principe qu'une infraction pénale peut ne pas constituer un délit civil. Un individu est condamné, pour violences légères, à 5 francs d'amende; la partie lésée intente ensuite une action civile devant le juge de paix et réclame 500 francs de dommages-intérêts. En appel, il a été jugé que, le demandeur n'ayant éprouvé aucun dommage appréciable de l'infraction, la peine de l'amende devait suffire à sa susceptibilité. Pourvoi en cassation fondé sur ce que le tribunal avait refusé l'action civile à la partie lésée. La cour décida que ce n'était pas refuser l'action que de la déclarer non fondée, faute d'un dommage appréciable (3).

Dans une autre espèce, le juge criminel avait refusé d'allouer des dommages-intérêts au demandeur, parce qu'il ne justifiait pas d'un préjudice matériel. La cour de cassation rejeta le pourvoi de ce chef. Il faut se garder d'en conclure que le juge ne peut pas accorder des dommages-intérêts pour un dommage moral. Le contraire est certain, comme nous allons le dire. Mais, dans l'espèce, il ne pouvait pas s'agir d'un dommage moral; dire qu'il n'y avait pas de préjudice matériel, c'était dire qu'il n'y avait pas de dommage, donc le tribunal ne pouvait pas accorder de réparation civile (4).

394. Faut-il faire exception à ces principes dans le cas où l'administration du chemin de fer est en retard de livrer une marchandise dont le transport lui était confiée?

(1) Rejet, chambre civile, 13 avril 1866 (Dalloz, 1866, 1, 342).
(2) Cassation, 24 décembre 1855 (Dalloz, 1855, 1, 66).
(3) Rejet, 15 janvier 1862 (Dalloz, 1862, 1, 144).
(4) Cassation, chambre criminelle, 15 nov. 1861 (Dalloz, 1864, 1, 46).

C'est une question de dommages-intérêts conventionnels, plutôt que de quasi-délit. Mais le principe est le même : pas de dommages-intérêts sans dommage. On prétendait qu'il y avait une clause pénale sous-entendue (1). Nous avouons ne pas comprendre ce que c'est qu'une clause pénale tacite : n'est-il pas de l'essence de toute peine qu'elle soit déterminée? Il n'y a donc ni clause pénale ni quasi-délit.

395. Le dommage moral donne-t-il lieu à une réparation? L'affirmative est admise par la doctrine et par la jurisprudence. Elle se fonde sur le texte et sur l'esprit de la loi : l'article 1382 parle d'*un dommage* en termes absolus qui ne comportent pas de distinction; tout dommage doit donc être réparé, le dommage moral aussi bien que le dommage matériel. C'est ce que Pothier exprimait en ajoutant le mot *tout*, qui se rapporte au dommage moral (n° 384). L'esprit de la loi ne laisse aucun doute; elle veut sauvegarder tous les droits de l'homme, tous ses biens; or, notre honneur, notre considération ne sont-ils pas le plus précieux des biens? Ils sont plus, ils constituent l'essence de notre être. On a puisé une objection dans l'importance même des droits qu'il s'agit de garantir : quelle réparation donnera-t-on à l'honneur blessé? l'honneur s'estime-t-il à prix d'argent? Non, certes; mais toute condamnation, fût-elle purement pécuniaire, implique une réprobation morale du fait dommageable. Il est vrai qu'il est impossible d'évaluer en argent le dommage moral, le montant des dommages-intérêts sera donc toujours arbitraire : est-ce 1,000 francs? est-ce 10,000 francs? Et pourquoi 10,000 plutôt que 9,000? On ne le sait; mais qu'importe? De ce que le juge ne peut pas accorder une réparation exacte, on ne peut pas conclure qu'il ne doit accorder aucune réparation. L'arbitraire est ici dans la nature des choses et il peut tourner à bien, parce qu'il permet au juge de prononcer des peines civiles sans limite aucune, donc en les proportionnant à la gravité du tort moral. La loi autorise de plus la contrainte par corps;

(1) Jugement du tribunal de commerce de Nantes, 13 juillet 1870, et la note de l'arrêtiste (Dalloz, 1871, 3, 33).

c'est une sanction nécessaire et parfois la seule possible, quand le débiteur est sans fortune et qu'il appartient à cette race d'êtres malfaisants qui vivent de calomnie et de chantage (1).

396. La jurisprudence a fait de nombreuses applications du principe, nous rapporterons les plus remarquables. Des collatéraux contestent la légitimité d'un enfant; l'action n'avait d'autre fondement que la méchanceté de ceux qui la formaient et qui, par là, portaient atteinte à la moralité des père et mère, ainsi qu'à la considération de la jeune fille : c'était une honteuse spéculation. La cour prononça des dommages-intérêts contre les coupables (2). On voit par cet exemple que les condamnations pécuniaires ne sont pas seulement une nécessité, qu'elles sont aussi très-justes : c'est une pensée de lucre qui très-souvent est le mobile de la méchanceté; en frappant les coupables de dommages-intérêts, on leur inflige la peine qu'ils méritent et on les punit par où ils ont péché.

Il y a une action qui d'ordinaire n'a d'autre mobile que l'intérêt blessé, c'est l'opposition au mariage formée par les collatéraux; la loi permet de les condamner à des dommages-intérêts quand leur opposition est rejetée et qu'elle n'a été inspirée que par de mauvaises passions (art. 179).

397. Nous avons parlé ailleurs des promesses de mariage, elles sont nulles. Mais, quand il y a séduction et, par suite, dommage causé, le fait devient un délit ou un quasi-délit; comme tel, il tombe sous l'application de l'article 1382. Les tribunaux peuvent tenir compte, en cette matière, du dommage moral. Nous renvoyons à ce qui a été dit au premier livre (t. II, n° 308).

398. Un père, blessé dans son honneur et sa considération par une imputation diffamatoire dirigée contre sa fille majeure, peut-il demander la réparation de ce délit en portant plainte et en se constituant partie civile, tant en son nom personnel qu'au nom de sa fille? Il y a un

---

(1) Gand, 4 juillet 1853, et le réquisitoire de l'avocat général Donny (*Pasicrisie*, 1853. 2, 293). Bruxelles, 26 avril 1843 (*Pasicrisie*, 1843, 2, 129).
(2) Poitiers, 1ᵉʳ décembre 1869 (Dalloz, 1871, 2, 17).

motif de douter. La fille étant majeure, n'est-ce pas elle seule qui avait le droit de porter plainte et de demander une réparation? La cour de Montpellier a accueilli l'action par le motif « que l'on ne peut sérieusement méconnaître que l'estime et la considération qui s'attachent à la conduite honnête et irréprochable des père et mère et des enfants ne soient un patrimoine commun de la famille, dont la conservation et la garde sont spécialement confiées par la morale et la loi à la surveillance et à la sollicitude paternelle (1). » Le considérant ne répond pas à notre scrupule; nous n'y insistons pas, parce que le sentiment moral l'emportera toujours, dans ces affaires, sur la subtilité du droit.

399. Il est de jurisprudence que l'action civile née d'un délit de presse peut être portée directement devant les tribunaux civils. C'est surtout en cette matière que les dommages-intérêts sont une nécessité, quel que soit l'arbitraire de la décision. Il y a une presse qui vit d'outrages, de mensonges et de calomnies. C'est une profonde atteinte à la moralité publique; elle est d'autant plus grave que ceux qui ont toujours l'insulte à la bouche se prétendent les représentants de la religion et de la morale. Le juge doit sauvegarder la moralité publique ébranlée et ruinée par des attaques incessantes qui n'ont d'autre mobile que la haine aveugle que les prétendus défenseurs de l'Eglise portent à ceux qui osent penser librement et qui refusent de plier sous la domination du prêtre.

Sans doute, il est difficile d'évaluer le dommage moral qui résulte des délits de presse; la cour de Bruxelles dit que l'appréciation en est abandonnée à l'arbitrage des tribunaux : le juge aura égard à la position pécuniaire des parties, au caractère des imputations, à la publicité qui leur a été donnée et aux motifs qui ont fait agir les auteurs (2).

400. On abuse de la justice, comme on abuse de la presse et des choses les plus sacrées. L'auteur d'un crime, par des manœuvres coupables et des machinations

(1) Montpellier, 12 novembre 1855 (Dalloz, 1856, 2, 141).
(2) Bruxelles, 6 janvier 1847 (*Pasicrisie*, 1849, 2, 263).

odieuses, parvient à faire poursuivre un innocent. L'accusé est acquitté. Une nouvelle poursuite a lieu contre celui qui avait tenté de cacher sa culpabilité en faisant planer les soupçons sur un tiers. Celui-ci peut-il se porter partie civile et réclamer des dommages-intérêts? On lui objecta qu'il n'était pas partie lésée, que le crime lui était étranger. La cour d'assises n'accueillit pas cette défense, et, sur le pourvoi, il intervint un arrêt de rejet. Le premier accusé, dit la cour, pouvait certes former une demande en dommages-intérêts contre celui qui, par son dol, l'avait exposé aux angoisses et à la honte d'une procédure criminelle, et comme le fait dommageable se rattachait directement au crime, la cour pouvait se déclarer compétente pour en connaître (1). Il nous semble qu'il eût été plus régulier d'intenter une action en dommages-intérêts devant les tribunaux civils; le dommage n'avait pas été causé par le crime, donc il n'y avait pas lieu à une action civile, c'était un simple fait dommageable commis à l'occasion d'un crime.

Il a été jugé, par application du même principe, que les parties qui, de mauvaise foi, avaient dirigé une inscription de faux contre un testament authentique étaient responsables envers le notaire-rédacteur, l'inscription de faux étant de nature à lui causer un préjudice au moins moral (2).

§ II. *Un fait illicite.*

401. Le fait doit être illicite, c'est pour cela qu'on l'appelle *délit* ou *quasi-délit*. On entend par fait illicite tout ce qu'on n'a pas le droit de faire. Les faits licites ne donnent pas lieu à une action en dommages-intérêts; celui qui fait ce qu'il a le droit de faire ne cause pas de dommage, en ce sens qu'il n'est pas tenu de le réparer. Tel est le principe. Reste à savoir quand un fait est illicite et quand il est licite.

---

(1) Rejet, chambre criminelle, 7 juillet 1847 (Dalloz, 1847, 4, 8).
(2) Bordeaux, 27 novembre 1873 (Dalloz, 1874, 5, 432).

N° 1. QUAND LE FAIT EST-IL ILLICITE?

402. Que les faits punis par une loi pénale soient des faits illicites, cela va sans dire; toute infraction est donc un délit civil, pourvu qu'il en résulte un dommage (n°s 384 et 385). Il y a un fait qui constitue réellement un délit criminel, mais que la loi ne considère pas comme tel; c'est le fait des héritiers ou de la veuve qui recèlent ou divertissent des effets d'une succession ou d'une communauté; le code dispose que les coupables sont déchus de la faculté de renoncer à la succession et qu'ils ne peuvent prétendre aucune part dans les objets divertis ou recélés (art. 792 et 1460). Nous avons expliqué cette disposition au titre des *Successions* (t. IX, n°s 334 et suiv.) et nous y reviendrons au titre du *Contrat de mariage*. L'article 792 ne dit pas que les héritiers sont tenus de dommages-intérêts, mais il n'avait pas besoin de le dire; il est certain que le recel et le divertissement sont des délits civils et qu'ils tombent sous l'application de l'article 1382. La cour de cassation a appliqué ce principe à un fait particulièrement odieux : des frères avaient spolié leurs sœurs de la succession paternelle, en détournant, à leur préjudice, des créances héréditaires. Nous ne savons pourquoi la cour qualifie ce fait de *quasi-délit;* s'il y a un délit bien caractérisé, c'est bien le divertissement; l'arrêt dit très-bien que « le recel et le divertissement impliquent l'idée de dol et de fraude et, par conséquent, celle que les faits qui les constituent ont été commis sciemment et de mauvaise foi. » Donc ce sont des délits (1).

403. Il y a des faits plus odieux, parce qu'ils sont plus graves, c'est la violation systématique de la loi, la révolte contre le législateur, c'est-à-dire contre la souveraineté nationale. La cour de cassation pose en principe que le refus illégal d'exécuter un simple règlement administratif constitue un délit, dans le sens de l'article 1382 (2), et la chose est évidente. Est-il nécessaire de dire que le pre-

---

(1) Rejet, 14 décembre 1859 (Dalloz, 1860, 1, 291).
(2) Rejet, 24 février 1845, (Dalloz, 1845, 1, 193).

mier devoir des citoyens est d'obéir à la loi, et que la désobéissance à la loi détruit la base de l'ordre social? Cependant des gens d'église, des chanoines, des évêques, ont donné en Belgique ce funeste exemple en prêchant et en pratiquant la révolte contre la loi! Il importe de constater les faits pour l'instruction des générations futures.

La loi du 19 décembre 1864 confie l'administration des fondations de bourses ainsi que la collation des bourses à des commissions provinciales. Cette loi a été provoquée par les abus scandaleux dont s'étaient rendus coupables les anciens administrateurs, tous gens d'église. Un arrêté royal (du 7 mars 1865, art. 36), pris en exécution de la loi, ordonna aux administrateurs et receveurs de remettre au secrétariat des commissions tous les titres et documents dont ils étaient dépositaires et qui concernaient les fondations administrées par eux. Les gens d'église refusèrent d'obéir à la loi; nous citons la réponse de l'un d'eux, elle donne une idée de l'outrecuidance cléricale : « Etant légitimes administrateurs de la fondation, c'était assez dire qu'ils croyaient ne pouvoir prendre aucune part directe ou indirecte à l'exécution de la loi du 19 décembre 1864 qu'ils considéraient comme attentatoire au droit de propriété et aux principes les plus sacrés de justice. » Il a fallu que la cour de Bruxelles rappelât aux légistes d'église que « tout citoyen doit obéissance à la loi, qu'il n'appartient à personne de s'y soustraire et d'en contester la force obligatoire au point de vue de ses opinions personnelles qui peuvent y être contraires. » Cette résistance à la loi, dit la cour, n'a pour cause qu'une opposition systématique que rien ne peut justifier. La conséquence en est que ceux qui refusent d'exécuter la loi et la violent doivent personnellement répondre de leur désobéissance; l'arrêt les condamna à des dommages-intérêts de 400 francs, sans préjudice des dommages-intérêts à venir (1).

Nous allons entendre un évêque et un chanoine; ils ont le verbe haut, comme il convient aux successeurs des

_____

(1) Bruxelles, 7 août 1866 (*Pasicrisie*, 1866, 2, 308).

apôtres. Que répondent-ils à l'action qu'une commission provinciale fut obligée d'intenter contre eux? Ils la qualifient de « mesure purement *agressive* et *vexatoire*. » La cour de Bruxelles nous dira qui était coupable d'*agression* et de *vexation*. Un arrêté royal avait remis à la commission provinciale du Hainaut la gestion des biens d'une fondation administrée par l'évêque de Tournai et un chanoine. La commission leur notifia l'arrêté, puis le collège des bourgmestre et échevins fit une nouvelle signification à l'administrateur et au receveur de la bourse; au troisième exploit, il les prévint qu'ils allaient être judiciairement poursuivis. Enfin, l'action fut intentée. Cela s'appelle, dans le langage des légistes d'église, une mesure d'*agression*, comme qui dirait un acte de brigandage, et rappeler à un évêque et à un chanoine qu'ils doivent exécuter la loi, c'est une mesure *vexatoire!*

Comment qualifier la conduite des défendeurs? Ils étaient en demeure par l'expiration du délai que la loi fixait pour l'accomplissement de leurs obligations; mis en demeure par une action judiciaire depuis le 30 octobre 1865 jusqu'au 7 juillet 1866, ils gardèrent un silence absolu, « manquant à la fois à un devoir et aux convenances les plus simples. » Ce sont les termes de l'arrêt. Et l'arrêt ne dit pas tout ce que signifie ce silence : les évêques n'osent pas encore dire en face de la justice jusqu'où vont les outrecuidantes prétentions de l'Eglise; mais la doctrine ultramontaine n'est un secret pour personne; nous l'avons exposée ailleurs (1). L'Eglise est en dehors de la loi et au-dessus de la loi; elle y obéit quand il lui plaît, elle la viole et la brave quand tel est son bon plaisir. Voilà en substance le droit catholique. La cour de Bruxelles se contente de dire que la conduite de l'évêque et du chanoine, peu conciliable avec leurs devoirs et leur position, accusent chez eux la résolution préméditée de résister à la loi, résolution que l'évêque avait d'ailleurs hautement manifestée dans un mémoire imprimé. Il paraît que les gens d'église ont un droit à eux, comme ils ont

_____
(1) Voyez mon *Étude sur l'Église et l'État en Belgique.*

une morale et une conscience à eux. Le chanoine était receveur, donc comptable ; il prétendait que son reliquat s'élevait à 4 fr. 5 c. : Qu'on vienne les toucher chez moi, dit-il. La cour prend la peine de lui répondre qu'il n'est pas un simple débiteur en face d'un créancier, qu'il est un comptable, dépositaire de deniers publics, obligé de rendre compte et tenu de se libérer en mains de son successeur.

Ce n'est pas pour apprendre le droit aux gens d'église que nous constatons la décision de la cour. Ils se sont chargés eux-mêmes de prouver que la violente opposition que les évêques firent à la loi n'était qu'une arme de guerre ; leur but est la domination ; ils ont reconquis la majorité, leurs élus siégent à la chambre ; sans doute, leur premier acte a été d'abolir une loi qui *viole la propriété!* Du tout, ils exécutent la loi contre laquelle ils s'étaient mis en révolte. C'est presque une scène de comédie, mais c'est une comédie qui coûte cher au pays. On prêche la révolte contre la loi, on détruit le respect dû à la loi, et que devient la société quand elle a perdu le culte du droit et qu'il ne lui reste d'autre religion que celle des miracles et des pèlerinages? La chute du régime napoléonien répond à notre question.

Encore un mot des dommages-intérêts. La cour de Bruxelles, après avoir démontré que la résistance obstinée de l'évêque et du chanoine était l'effet d'un système concerté d'opposition à la loi, les condamna à remettre, dans le mois, les documents dont ils étaient dépositaires, sous peine de 5 francs par chaque jour de retard (1). Il nous semble que les dommages-intérêts n'étaient guère en rapport avec la gravité du fait; mais l'arrêt restera comme témoignage et flétrissure des prétentions ultramontaines (1).

404. Toute lésion d'un droit est un délit dans le sens de l'article 1382 (2). Le principe est certain, mais l'application n'est pas sans difficulté. Il faut avant tout qu'il y ait un droit; or, les droits comme les obligations ne

(1) Bruxelles, 20 janvier 1868 (*Pasicrisie,* 1868, 2, 113).
(2) Aubry et Rau, t. IV, p. 746, et note 4.

naissent que de la loi ou des conventions ; il faut donc qu'un droit légal ou conventionnel soit lésé ; alors il y a délit ou quasi-délit ; car le but de l'article 1382 est précisément de sauvegarder les droits des hommes dans la société civile, en leur accordant une action en dommages-intérêts contre ceux qui les lèsent.

Mais il faut se garder de croire que la *lésion* consiste dans le *dommage* qui résulte d'un fait ; le dommage n'est que l'un des éléments du fait dommageable, par lui seul il ne suffit point, il faut qu'un *droit* soit *lésé*. La difficulté s'est présenté dans l'espèce suivante. Une société industrielle défendit à ses ouvriers de s'approvisionner chez tel fournisseur ; celui-ci intenta une action en dommages-intérêts contre le directeur. Sa demande fut rejetée ; en effet, le directeur ne portait pas atteinte à un droit légal ou conventionnel du demandeur ; d'un autre côté, il avait le droit d'imposer telles conditions qu'il jugeait convenables à ses ouvriers, sauf à ceux-ci à ne pas les accepter ; de sorte que le droit de personne n'était lésé. Le demandeur prétendait que la société avait porté cette défense pour se venger de lui, parce qu'il avait formé opposition à l'établissement de nouveaux fourneaux à coke. La cour de Liége insiste sur ce point et dit que l'intention de vengeance n'est point prouvée (1). Nous croyons qu'alors même que ce fait aurait été prouvé, la défense n'aurait pas constitué un délit ni un quasi-délit ; se venger est un fait que la morale condamne, mais, en droit, ce n'est pas le mobile de l'auteur du fait dommageable qui décide s'il y a délit ou non ; il faut que le fait soit illicite, c'est-à-dire qu'il y ait un droit lésé ; après cela, on peut discuter si la lésion a été faite méchamment ou non.

405. Dès qu'il y a droit, toute entrave apportée à l'exercice de ce droit doit être considérée comme un délit quand il y a intention méchante, et comme un quasi-délit quand il n'y a pas dessein de nuire. Le père d'un enfant naturel donne procuration de le reconnaître ; puis il ré-

(1) Liége, 14 janvier 1856 (*Pasicrisie*, 1856, 2, 110).

voque cette procuration sous l'influence de dénonciations mensongères de son frère. Il a été jugé que celui-ci était tenu de réparer le dommage qu'il avait causé à l'enfant en empêchant sa reconnaissance (1). C'est l'application du principe que nous venons d'établir. Le dommage causé était incontestable. Y avait-il lésion d'un droit? L'enfant naturel a certes un droit à la reconnaissance; la loi lui donne action contre sa mère ; si elle ne lui donne pas action contre son père, cela n'empêche pas que l'enfant ait un droit; si ce droit est lésé, il y a fait illicite, donc délit ou quasi-délit. Vainement objectait-on que le frère qui entrave la reconnaissance de l'enfant exerce aussi un droit et remplit même un devoir de famille, en supposant qu'il soit de bonne foi et que celui qui use d'un droit ne fasse de tort à personne. Cela n'est pas exact ; nous dirons plus loin qu'il n'est pas permis d'user de son droit en lésant le droit d'un tiers.

406. Le droit de tester est un attribut de la propriété. Celui qui entrave ce droit en empêchant une personne de faire les dispositions de dernière volonté qu'elle avait l'intention de prendre lèse un droit, au préjudice de celui qui aurait profité de la libéralité ; celui-ci a droit à des dommages-intérêts. De même celui qui détruit un testament par dol ou par imprudence commet un délit ou un quasi-délit. Nous renvoyons à ce qui a été dit au titre des *Testaments*.

Le droit des héritiers *ab intestat* est encore plus sacré que celui des héritiers testamentaires, puisqu'ils le tiennent de Dieu, comme disent nos vieilles coutumes. Si donc des parents éloignés s'emparent d'une hérédité au préjudice de parents plus proches, ils empêchent l'exercice d'un droit, par suite ils sont tenus des dommages-intérêts qui résultent de leur délit. Il a été jugé que la réparation consiste dans la restitution des valeurs héréditaires en nature et, à défaut de ces valeurs, dans des dommages-intérêts équivalents (2). Cela n'est pas exact : l'obligation de restituer est une conséquence de l'action

(1) Bourges, 6 juin 1860 (Dalloz, 1861, 2, 9).
(2) Nîmes, 7 mars 1853 (Dalloz, 1854, 2, 250).

en pétition d'hérédité. Outre cette restitution, il peut y avoir lieu à dommages-intérêts s'il y a délit ou quasi-délit. De plus, comme l'a décidé la cour de Nîmes, s'il y a un fait dommageable dans le sens de l'article 1382, les condamnations peuvent être prononcées solidairement, d'après la jurisprudence reçue.

407. La propriété est un droit. Aux termes de l'article 544, le propriétaire a le droit de jouir et disposer de la manière la plus absolue. La lésion de ce droit constitue-t-elle un délit? L'affirmative n'est pas douteuse, mais la difficulté est de savoir quand il y a lésion du droit de propriété. Il ne suffit point qu'il y ait dommage causé par un propriétaire à son voisin; celui qui a causé le dommage peut répondre qu'il a usé d'un droit, et que l'on n'est pas responsable du dommage qui résulte de l'exercice d'un droit. Pour qu'il y ait délit ou quasi-délit, il faut, outre le dommage, que le droit de propriété ait été lésé, et l'on entend ici, par droit de propriété, tout droit accordé par la loi ou établi par une convention. Nous avons établi le principe ailleurs (1); nous allons l'appliquer aux travaux publics exécutés par l'Etat, la province, la commune ou par un concessionnaire; les principes sont les mêmes, quel que soit celui qui exécute les travaux, car ils se font toujours dans un intérêt public, et c'est le conflit de l'intérêt général avec les droits des individus qui soulève de sérieuses difficultés.

N° 2. Y A-T-IL DÉLIT OU QUASI-DÉLIT QUAND L'AUTEUR D'UN FAIT DOMMAGEABLE A USÉ D'UN DROIT?

408. Il y a un vieil adage qui semble dire que celui qui cause un dommage en usant de son droit n'est pas tenu de le réparer. Si l'on prend cette maxime dans un sens absolu, elle est fausse. Nous avons dit ailleurs que le propriétaire qui use de son droit et qui cause un dommage doit le réparer, s'il a lésé le droit d'un tiers. L'Etat qui exécute des travaux d'utilité publique exerce un droit

(1) Voyez le tome VI de mes *Principes*, p. 181 et suiv., nos 136-155.

et remplit un devoir; néanmoins, comme nous le dirons plus loin, il doit réparer le dommage qu'il cause lorsque, en usant de son droit, il lèse le droit d'autrui. Que signifie donc l'adage et quand reçoit-il son application? Il suppose que le fait dommageable n'a pas lésé un droit de celui qui éprouve le dommage. Est-ce que celui qui l'a causé doit le réparer? Non, s'il a causé le dommage en usant de son droit. Oui, s'il n'avait pas le droit de faire ce qu'il a fait; il y a délit ou quasi-délit, dans ce cas, par cela seul qu'un dommage est causé sans droit. L'adage que celui qui use de son droit ne fait de tort à personne veut donc dire que le fait seul d'un dommage causé n'entraîne pas l'obligation de le réparer; il faut voir si l'auteur du fait dommageable a usé d'un droit sans léser le droit d'autrui; dans ce cas, il n'y a ni délit ni quasi-délit, donc il ne peut y avoir d'obligation de réparer le dommage.

409. Le principe, tel que nous l'avons formulé, est admis par tout le monde, seulement on l'énonce d'ordinaire dans des termes trop absolus. Celui qui n'use que de son droit, dit-on, ne commet aucune faute; s'il en résulte quelque dommage pour autrui, c'est un malheur que l'auteur du fait n'est pas tenu de réparer et qu'il n'est pas même censé avoir causé. Voilà ce que dit Toullier, et on retrouve la même explication dans tous les auteurs (1). Rien de plus exact, pourvu que l'on sous-entende que celui qui cause un dommage en usant de son droit ne lèse aucun droit. Les exemples que l'on cite d'habitude n'ont pas d'autre sens.

En creusant un puits dans mon fonds, je détourne la source qui alimentait le puits de mon voisin. C'est un dommage qu'il éprouve par mon fait. Suis-je tenu de le réparer? Non, dit Toullier, parce que je n'ai fait qu'user de mon droit, *sans commettre aucune faute.* Ces derniers mots impliquent la restriction avec laquelle il faut entendre le principe. Je ne commets aucune faute parce que je ne lèse pas le droit de mon voisin; il n'avait pas droit aux eaux de cette source, la source appartient au pro-

(1) Toullier, t. VI, 1, p. 92, n° 119.

priétaire du fonds où elle jaillit, le propriétaire inférieur n'y a droit qu'en vertu d'une convention ; s'il n'y a aucun droit conventionnel et s'il n'a pas acquis de droit par prescription, je puis, comme propriétaire de la source, en user et même l'absorber. Je suis sans faute en le faisant, parce que je fais ce que j'ai le droit de faire, sans porter atteinte au droit de mon voisin.

Il en est de même si, en labourant la terre de mon jardin, je coupe les racines des arbres du jardin voisin que cette opération fait périr. La loi dit, en effet, que si les racines d'un arbre s'étendent sur l'héritage du voisin, celui-ci a le droit de les y couper (art. 672) ; si, en usant de ce droit, il fait périr l'arbre, lèse-t-il le droit du propriétaire ? Non, car celui-ci viole la loi par le fait que les racines de son arbre s'étendent sur le fonds du voisin ; or, on ne peut pas se prévaloir de la violation de la loi pour réclamer des dommages-intérêts.

410. Domat, en posant le principe dont nous cherchons la vraie signification, y apporte cette restriction que celui qui fait ce qu'il a le droit de faire est tenu des dommages-intérêts qui en résultent, s'il n'a agi que pour nuire aux autres sans aucune utilité pour soi ; dans ce cas, dit-il, ce serait une malice que l'équité ne souffrirait point. Nous avons reproduit cette restriction au titre de la *Propriété* (t. VI, n° 140). On en déduit cette conséquence, formulée par le code prussien, que celui qui, entre plusieurs manières d'exercer son droit, a choisi celle qui pouvait être préjudiciable, doit une indemnité pour le dommage qu'il cause (1). Des fabricants saisirent des produits envoyés en consignation par une maison rivale, en prétendant qu'ils sont une contrefaçon des leurs ; puis ils portèrent une plainte en contrefaçon devant le tribunal correctionnel. Les prévenus furent acquittés par le motif que les produits incriminés étaient complétement distincts de ceux des plaignants. De là une action en dommages-intérêts contre ceux-ci ; la demande fut accueillie par le motif que les demandeurs, après avoir saisi les produits pré-

---

(1) Sourdat, *De la responsabilité*, t. I, p. 443, n° 439.

tenduement contrefaits, avaient porté plainte devant les tribunaux correctionnels dans un but malveillant et vexatoire. Pourvoi en cassation. On dit, à l'appui du pourvoi, que les demandeurs avaient le droit de porter leur action en contrefaçon devant le tribunal correctionnel; en les condamnant à des dommages-intérêts, la cour avait, par conséquent, violé la maxime *Nemo damnum facit qui suo jure utitur*. La cour de cassation prononça un arrêt de rejet, par la raison que le juge du fait avait décidé que les poursuites étaient malveillantes et vexatoires (1).

411. Il suit de là qu'il faut distinguer entre l'usage et l'abus d'un droit. Abuser d'un droit, ce n'est pas en user. On dit bien que le propriétaire a le droit d'user et d'abuser; cela est vrai en tant que l'abus ne nuit qu'au propriétaire, mais s'il abuse de son droit dans le but de nuire, il est responsable du dommage qu'il cause, car la loi accorde des droits aux hommes parce qu'ils leur sont nécessaires pour leur vie physique, intellectuelle et morale, elle ne leur accorde pas de droits pour satisfaire leurs mauvaises passions. Donc l'abus du droit n'est plus un droit.

La défense de soi-même est le plus naturel des droits, et la loi le consacre en disposant que la défense de soi-même exclut tout crime et délit. En faut-il conclure, avec la cour de cassation, que la défense de soi-même exclut également toute faute et que, par suite, celui qui l'a rendue nécessaire par son agression ne peut réclamer des dommages-intérêts (2)? La décision est trop absolue. De ce qu'il n'y a pas de délit criminel, on ne peut pas conclure qu'en aucun cas il n'y a fait dommageable, quasi-délit. Le juge peut donc décider, d'après les circonstances de la cause, que celui qui s'est défendu contre une agression injuste est néanmoins responsable comme auteur d'un fait dommageable. Il en est ainsi de celui qui donne la mort en duel; quoiqu'il soit jugé par le jury que le fait a eu lieu dans la nécessité actuelle de la légitime défense, le tribunal civil peut accorder des dommages-intérêts aux

(1) Rejet, 2 décembre 1861 (Dalloz, 1862, 1, 171).
(2) Cassation, section criminelle, 1er août 1835 (Dalloz, au mot *Responsabilité*, n° 101, 1°). Comparez Rennes, 25 avril 1836 (*ibid.*, n° 101, 2°).

héritiers de celui qui a été tué, quand même il aurait été l'agresseur. Seulement le juge tiendra compte de l'agression et de toutes les circonstances de la cause pour proportionner les dommages-intérêts à la gravité de la faute. Ainsi la cour de Liége a décidé qu'à raison des torts de l'agresseur qui fut tué en duel, il n'y avait lieu de condamner celui qui lui avait donné la mort qu'aux frais pour tous dommages-intérêts (1).

412. Agir en justice, soit en demandant, soit en défendant, est sans doute un droit sacré. L'exercice de ce droit peut causer un dommage : le demandeur ou le défendeur seront-ils tenus de le réparer? On ne peut pas appliquer aux procès ce que nous avons dit de la lésion d'un droit. Celui qui intente une action en justice et qui échoue ne lèse pas le droit du défendeur, bien que celui-ci obtienne gain de cause, car ce droit était douteux; donc il n'y a point de droit lésé. Il en est de même du défendeur qui succombe. Mais il ne suffit pas qu'aucun droit ne soit lésé pour que l'auteur du fait dommageable soit à l'abri de l'action en dommages-intérêts, il faut encore qu'il ait usé de son droit de bonne foi, sans intention méchante. Donc le plaideur pourra être condamné aux dommages-intérêts s'il a abusé de son droit. Une ordonnance de François Iᵉʳ de 1539 ordonnait qu'en toute matière on adjugeât des dommages-intérêts proportionnés à la *témérité* de l'action de celui qui succombait. Nos lois ne contiennent plus de dispositions contre les *téméraires* plaideurs; ils restent donc sous l'empire du droit commun, c'est-à-dire qu'on leur applique l'article 1382.

La jurisprudence semble limiter la responsabilité du plaideur téméraire au cas où il est de mauvaise foi. On lit dans un arrêt de la cour de cassation que si, aux termes de l'article 1382, tout fait quelconque de l'homme qui cause à autrui un dommage oblige celui par la faute duquel il est arrivé à le réparer, l'article 130 du code de procédure ne soumet, en général, qu'à la condamnation

---

(1) Liége. 5 mai 1838 (*Pasicrisie*, 1838, 2 115). Comparez cour d'assises de l'Aveyron, 13 novembre 1835 (Dalloz, au mot *Instruction criminelle*, n° 227, 1°).

aux dépens la partie qui succombe dans une contestation judiciaire. Cela veut-il dire que l'article 130 déroge à l'article 1382? Ce serait très-mal raisonner. L'article 130 ne s'occupe pas des dommages-intérêts, ce n'est que par un argument *a contrario* que l'on en pourrait induire que la loi borne les dommages-intérêts à la condamnation aux frais ; mais cette argumentation ferait dire à la loi autre chose que ce qu'elle dit : dire que la partie qui succombe doit supporter les frais, ce n'est pas dire qu'elle ne peut être condamnée à d'autres dommages-intérêts. La cour de cassation elle-même a décidé que, nonobstant l'article 130, la partie qui succombe peut, sans doute, être condamnée à des dommages-intérêts envers celui qui gagne le procès si elle a agi par esprit de chicane, ou dans un but de vexation, mais que la *bonne* ou *mauvaise foi* des plaideurs est abandonnée à l'appréciation souveraine des juges de la cause (1). En vertu de quel texte ou de quel principe la cour de cassation limite-t-elle la responsabilité du plaideur téméraire à celui qui plaide de *mauvaise foi?* Ce n'est pas l'article 130 qui le dit ; quand même la partie qui succombe aurait été de bonne foi, elle n'en devrait pas moins être condamnée aux frais ; ce qui prouve que la distinction est fausse. Est-ce sur l'article 1382 que la cour de cassation se fonde? Non, car cette disposition ne parle ni de bonne ni de mauvaise foi, elle n'exige que la faute ; quand la faute est un dol, il y a délit ; quand la faute est une négligence ou une imprudence, il y a quasi-délit. La règle générale est donc que la responsabilité peut exister sans qu'il y ait mauvaise foi. En définitive, la cour de cassation établit un principe qui n'est pas écrit dans la loi.

Est-ce au moins un principe? Nous avons dit que la jurisprudence *semble* exiger la mauvaise foi pour rendre le plaideur responsable. A vrai dire, elle n'a pas de principe certain. Un arrêt plus récent de la cour de cassation se contente d'une simple imprudence, quand il s'agit de l'exécution d'un jugement exécutoire par provision nonob-

---

(1) Rejet, 13 juillet 1852 (Dalloz, 1852, 1, 240). Dans le même sens, Bastia, 24 avril 1840 (Dalloz, au mot *Responsabilité*, n° 213).

stant l'appel. La partie qui a obtenu un jugement qu'elle exécute de bonne foi est bien plus favorable que le plaideur téméraire ; elle a le droit incontestable de poursuivre l'exécution du jugement, ce jugement a provisoirement l'autorité de chose jugée ; et néanmoins la cour décide que la partie n'use de ce droit qu'à ses risques et périls et à la charge, en cas d'infirmation, de réparer le préjudice que l'exécution provisoire a pu causer. Il serait contraire à l'équité, dit la cour, que l'appelant, dont la résistance est en définitive reconnue fondée, dût supporter le préjudice d'une exécution que son adversaire a eu l'*imprudence* de poursuivre avant d'être assuré de son droit ; il importe peu que l'exécution n'ait pas été déclarée faite de mauvaise foi et avec intention de nuire, il suffit qu'elle ait entraîné un dommage pour que son auteur soit tenu de le réparer aux termes des principes généraux du droit, qui rendent chacun responsable de son fait et voient une *faute imputable* dans une *simple imprudence* (1).

Tel est, à notre avis, le vrai principe : c'est le droit commun, et, le droit commun doit recevoir son application dans tous les cas, à moins que la loi n'y déroge. Un arrêt récent de la cour de cassation a appliqué ce principe avec une grande rigueur. Il s'agissait d'une saisie-arrêt ; la cour de Toulouse avait condamné le saisissant à des dommages-intérêts, par l'unique motif que la saisie par lui pratiquée avait été jugée mal fondée, sans constater qu'il eût été de mauvaise foi, ni même qu'il eût commis aucune faute. Pourvoi en cassation pour fausse application de l'article 1382 et de l'article 131 du code de procédure. La cour prononça un arrêt de rejet, par le motif que le saisissant n'était pas créancier au moment où il avait pratiqué la saisie. Cela suffit pour qu'il y ait faute ; indûment pratiquée, la saisie a empêché le créancier de percevoir les fonds qui lui étaient dus, et lui a ainsi porté préjudice (2).

413. Il y a une jurisprudence nombreuse sur la ques-

---

(1) Rejet, 27 avril 1864 (Dalloz, 1864, 1, 303).
(2) Rejet, 17 mars 1873 , Dalloz 1874, 1, 33).

tion que nous venons de discuter. Les cours de Belgique exigent, pour qu'il y ait lieu de condamner aux dommages-intérêts le plaideur téméraire, qu'il ait plaidé de mauvaise foi, dans un esprit de vexation, avec intention de nuire; quand il y a bonne foi, elles n'appliquent pas l'article 1382 (1). C'est décider que le fait dommageable doit constituer un délit pour donner lieu à des dommages-intérêts en matière de procès téméraires, et que le quasi-délit ne soumet pas le plaideur à réparer le dommage qu'il cause par sa légèreté et son imprudence. Nous cherchons vainement le motif de cette exception; par cela seul que c'est une exception, il n'appartient pas aux tribunaux de la faire, car c'est faire la loi; en réalité, les tribunaux font la loi quand ils exigent la mauvaise foi pour qu'il y ait fait dommageable, et, à notre avis, ils la font très-mal. Dans tous ces débats on entend retentir la maxime que celui qui plaide use de son droit et que celui qui exerce un droit ne cause de dommage à personne. C'est oublier que le plaideur téméraire a un adversaire; il y a deux droits en conflit; le droit du plaideur téméraire n'est donc pas un droit absolu, il doit l'exercer de manière à ne pas en abuser au préjudice de la partie adverse; on n'a pas le droit de troubler le repos et de causer un préjudice en plaidant témérairement; si on le fait, on n'use plus de son droit, on en abuse, et l'abus d'un droit tombe sous l'application de l'article 1382, quand même celui qui en abuse serait de bonne foi. Il y a un arrêt de la cour de Bruxelles en ce sens. Tout fait de l'homme, aux termes de l'article 1382, qui cause préjudice à autrui oblige celui par la faute duquel il est arrivé à le réparer; cette disposition, dit la cour, est générale et peut, d'après les circonstances, trouver son application au préjudice causé par une action témérairement intentée (2).

La jurisprudence française est assez indécise, ce qui se

(1) Bruxelles, 25 octobre 1843 (*Pasicrisie*, 1844, 2, 228); 26 janvier 1863 (*Pasicrisie*, 1863, 2, 209); 19 février 1869 (*Pasicrisie*, 1869, 2, 231). Gand, 13 août 1844 (*Pasicrisie*, 1844, 2, 248). Liége, 12 mars 1859 (*Pasicrisie*, 1860, 2, 239); 22 mai 1869 (*Pasicrisie*, 1871, 2, 90); 26 juin 1872 (*Pasicrisie*, 1872, 2, 316).
(2) Bruxelles, 2 août 1837 (*Pasicrisie*, 1837, 2, 202).

comprend par l'influence inévitable du fait dans les questions de responsabilité. Il y a un point sur lequel les arrêts sont unanimes ; quand une partie soulève des contestations par esprit de vexation, sans y avoir un intérêt légitime, rien que pour tourmenter son adversaire, il y a délit, et tout délit donne droit à une réparation (1). A plus forte raison y a-t-il lieu d'appliquer l'article 1382 quand une partie est coupable de dol et de fraude (2). Tel serait le cas d'une vente faite en fraude des créanciers (3). Un procès plus odieux encore est celui que les héritiers intentent quand, blessés dans leur intérêt, ils attaquent les dernières volontés du défunt en alléguant une captation imaginaire ; le tribunal qui ordonne la suppression, dans les écrits signifiés, des faits diffamatoires et calomnieux avancés par les demandeurs peut et doit condamner ceux-ci à des dommages-intérêts ; dans de pareilles circonstances, dit très-bien la cour, loin d'évaluer les dommages-intérêts avec indulgence, le devoir du juge est de les apprécier rigoureusement (4).

Il ne faudrait pas induire de là que les tribunaux n'accordent des dommages-intérêts que lorsqu'il y a fraude ou dol, ou du moins mauvaise foi. Ils décident d'après les circonstances. Une convention est constatée par acte sous seing privé ; l'une des parties prétend que l'autre l'a violée, elle agit en justice, ce qui nécessite l'enregistrement de l'acte ; elle succombe. La cour la condamne à supporter les frais d'enregistrement, sans constater ni esprit de vexation, ni mauvaise foi quelconque ; il y avait faute ou quasi-délit dans le sens large de l'article 1382, décision aussi juste qu'équitable et qui prouve que l'on aurait tort d'exiger la mauvaise foi comme condition du fait dommageable en matière de procès (5). Une action possessoire a été déclarée non fondée, après de longues procédures et un arrêt de cassation. Sur renvoi, le tribunal

---

(1) Rejet, 3 mai 1836, 4 janvier 1837, 13 juillet 1841, 17 juin 1841 (Dalloz, au mot *Responsabilité*, n° 112, 4°, 5°, 6° et 8°).
(2) Metz, 26 juillet 1866 (Dalloz, 1866, 2, 229).
(3) Metz, 18 novembre 1868 (Dalloz, 1869, 2, 229).
(4) Gand, 3 août 1865 (*Pasicrisie*, 1865, 2, 383).
(5) Paris, 11 juillet 1867 (Dalloz, 1867, 2, 176).

d'Alby condamne le demandeur à des dommages-intérêts.
Nouveau pourvoi en cassation fondé sur ce que le jugement attaqué ne constatait pas qu'il y eût mauvaise foi,
pas même faute. La cour prononça un arrêt de rejet assez
conforme à notre opinion. « Si, dit l'arrêt, la nouvelle
législation n'a pas reproduit les dispositions de l'ancien
droit qui frappaient d'une peine pécuniaire les plaideurs
téméraires, il est néanmoins certain en jurisprudence que
celui qui intente une action *injuste, mal fondée* ou *sans
intérêt* pour lui peut être condamné à des dommages-
intérêts en vertu des articles 1382 et 1383, si cette action a causé au défendeur un préjudice dont il appartient
aux juges du fait de constater la réalité et d'apprécier
l'importance (1). » Il est également certain qu'une action
peut être *injuste, mal fondée* et *sans intérêt*, quoique le
défendeur soit de bonne foi ; donc une simple imprudence
ou un quasi-délit suffit. C'est la vraie doctrine.

414. La jurisprudence est plus rigoureuse pour le
plaideur qui recourt à des voies d'exécution, quoiqu'il
agisse dans les limites de son droit. Celui qui exécute un
jugement par défaut exerce certainement un droit ; néanmoins la cour de cassation a décidé que la mise à exécution d'un jugement par défaut attaquable par opposition
constitue une faculté dont l'usage a lieu aux risques et
périls de la partie à qui la loi permet d'en user. Cette
partie agit alors en vertu d'un titre dont la validité est
subordonnée à la condition qu'il ne sera pas formé d'opposition ou que l'opposition formée sera rejetée. De là la
cour conclut que la partie est responsable du dommage
qu'elle cause par ses actes d'exécution, sans exiger qu'elle
le fasse de mauvaise foi. C'est le principe de l'article 1382 (2).

Même jurisprudence en matière de saisie. Quand la
saisie est doleuse (3), frustratoire (4), exagérée (5), la faute

(1) Rejet, 18 mai 1868 (Dalloz, 1868, 1, 334).
(2) Rejet, 3 février 1863 (Dalloz, 1863, 1, 163).
(2) Rejet, 12 février 1868 (Dalloz, 1868, 1, 275).
(4) Rejet, chambre civile, 16 février 1858 (Dalloz, 1858, 1, 128).
(5) Aix, 24 août 1870 (Dalloz, 1871, 2, 220).

est évidente; de même lorsque le saisissant agit par esprit de vexation (1). Mais la cour de cassation n'exige pas que la saisie constitue un délit; il suffit que la saisie soit reconnue mal fondée (2), ce qui est très-compatible avec la bonne foi. La bonne ou la mauvaise foi ne doit être prise en considération que pour décider s'il y a délit ou quasi-délit : il peut résulter de là une différence dans la quotité des dommages-intérêts, mais la bonne foi n'empêche pas qu'il y ait fait dommageable dans le sens de l'article 1382; c'est toujours au principe général qu'il faut s'en tenir (3).

415. L'usage du droit de propriété donne lieu à de fréquentes contestations. Nous avons établi ailleurs la limite où s'arrête le droit de propriété : tant que le propriétaire, en usant de son droit, ne lèse pas le droit d'autrui, il n'est pas responsable du dommage qu'il cause, mais il ne peut pas user de son droit de manière à léser le droit des autres propriétaires; le droit de l'un limite nécessairement le droit de l'autre (4). La jurisprudence ne formule pas le principe avec cette précision; mais dans notre matière, plus qu'en toute autre, la précision est nécessaire, car tout dépend des caractères du fait qui peut être dommageable sans constituer néanmoins un quasi-délit. Un propriétaire bâtit un réservoir destiné à recevoir des vidanges qui, de là s'écoulaient, après mélange avec des eaux d'arrosage, dans un canal longeant une propriété voisine. Souvent une odeur nauséabonde s'échappait du réservoir, se répandait dans les environs, pénétrait sur les terrasses et jusque dans l'intérieur des habitations voisines. La cour de cassation, saisie du pourvoi contre l'arrêt de la cour d'Aix qui avait appliqué l'article 1382, pose en principe que « quels que soient les droits de la propriété, ils ne sauraient autoriser le propriétaire à en faire un usage *nuisible* à la propriété d'autrui. » Cela est trop absolu : il n'est pas exact de dire

---

(1) Rejet, 28 août 1821 (Dalloz, au mot *Responsabilité*, n° 112, 3°).
(2) Bordeaux, 11 avril 1834 (Dalloz, au mot *Frais*, n° 128).
(3) Rejet, 18 juillet 1811 (Dalloz, au mot *Responsabilité*, n° 112, 2°).
(4) Voyez le tome VI de mes *Principes*, p. 181, n°ˢ 136-155.

que tout fait par lequel un propriétaire qui use de son droit *nuit* à son voisin engage sa responsabilité; il faut de plus qu'il y ait lésion du droit de celui à qui le dommage est causé. C'était le cas, dans l'espèce, et la cour de cassation le prouve très-bien : « Celui qui établit dans son terrain, sans les précautions convenables pour en prévenir les inconvénients, des matières répandant des odeurs fétides, propage et répand sur la propriété d'autrui des exhalaisons et des miasmes qui, dans certains cas, peuvent n'affecter que l'odorat, qui, dans d'autres, pourraient être nuisibles aux récoltes ou à la santé. » Or, tout homme a droit à l'air pur, condition de vie, et il y a droit aussi pour ses plantations; donc c'est porter atteinte à un droit que de répandre des odeurs nuisibles. Vainement le pourvoi invoquait-il le droit du propriétaire, l'intérêt de l'agriculture; le droit de propriété doit se concilier avec le droit égal du propriétaire voisin, et le droit l'emporte sur l'intérêt de l'agriculture. Il y a d'ailleurs des moyens de concilier l'intérêt général avec les droits des voisins, c'est de prendre les précautions nécessaires pour que l'usage du droit de l'un ne ne porte pas atteinte au droit de l'autre (1).

Un arrêt de la cour de Bruxelles applique le principe à l'infiltration d'eaux nuisibles et le formule avec précision. Des eaux provenant de la fabrication du savon pénétrèrent dans le puits d'un propriétaire voisin et en rendirent l'eau impropre aux usages ordinaires de la vie. Action en dommages-intérêts. Le défendeur répondit qu'il n'avait fait qu'user de son droit de propriété. Oui, dit la cour, mais l'exercice du droit des uns ne peut jamais faire obstacle à l'exercice du droit des autres. Le défendeur objectait encore que le puits du voisin était creusé dans un mauvais sol et mal construit, et qu'il n'avait été ouvert que postérieurement à l'établissement de la savonnerie. Peu importe, dit la cour; le propriétaire est dans son droit en creusant un puits dans son sol; c'est à celui qui répand des eaux insalubres dans le voisinage à en garantir ses

(1) Rejet, chambre civile, 8 juin 1857 (Dalloz, 1857, 1, 293).

voisins (1). Ceci nous paraît trop absolu. Si le propriétaire
de la savonnerie doit tenir compte du droit de ses voisins,
le propriétaire du puits y est aussi tenu : on doit concilier
les droits divers, et non sacrifier l'un à l'autre.

416. La cour de Bruxelles a consacré cette restriction
dans l'espèce suivante. Un propriétaire construit le premier sur un terrain et il construit mal, sans tenir compte
de la nature du sol. Les vices de la construction éclatent au moment où de nouveaux bâtiments s'élèvent
dans le voisinage. Qui doit supporter les conséquences
de cette construction vicieuse? Le propriétaire dont la
maison est lézardée prétend que c'est la nouvelle maison
qui est la cause du dommage, que c'était au constructeur
à prendre les précautions nécessaires pour ne pas nuire
à ses voisins. La cour n'a point admis cette prétention :
elle dit très-bien que celui qui construit mal ne peut pas,
par son fait, imposer à ses voisins une espèce de servitude
ou, pour mieux dire, d'obligation qui consisterait à mettre
à leur charge les travaux et les dépenses rendus nécessaires par les constructions vicieuses que lui-même a élevées. Il n'y a pas précisément une faute à reprocher au
propriétaire qui bâtit mal, il use de son droit, mais il en
fait un mauvais usage, et c'est naturellement à lui d'en
supporter la conséquence (2). On ne peut pas même dire
que le propriétaire éprouve un dommage par les nouvelles
constructions; ces constructions ne sont que l'occasion
qui fait éclater le vice de ses propres constructions. C'est
ce vice qui est la vraie cause du dommage; or, ce vice est
le fait du propriétaire; ce qui est décisif.

417. Le code a tort de dire que le propriétaire a le
droit de jouir et disposer de sa chose de la *manière la
plus absolue*; l'article 545 ajoute lui-même une restriction
qui détruit le prétendu principe du droit absolu. Il n'y a
point de droit absolu. La vie commune impose des sacri-
fices réciproques. De là les obligations résultant du voi-

---

(1) Bruxelles, 5 juillet 1854 (*Pasicrisie*, 1855, 2, 83). Comparez Bruxelles,
10 mai 1851 (*Pasicrisie*, 1855, 2, 46).
(2) Bruxelles, 4 juin 1856 et 15 novembre 1862 (*Pasicrisie*, 1856, 2, 378,
et 1863, 2, 356, deux arrêts).

sinage; nous avons exposé ailleurs le principe et l'application que l'on en fait à l'industrie (t. VII, n°s 144-153); nous y reviendrons plus loin.

N° 3. LE PRINCIPE DE L'ARTICLE 1382 S'APPLIQUE-T-IL A L'ÉTAT?

I. *Du pouvoir législatif.*

418. On pose d'ordinaire comme principe que l'Etat n'est pas responsable comme pouvoir public. « Les faits accomplis par l'Etat, soit qu'ils se réfèrent à des dispositions législatives, ou à des mesures de gouvernement et d'administration prises dans un intérêt général d'ordre et de sûreté publique, n'ouvrent jamais, en faveur des individus qui se prétendent lésés par eux, aucune action en indemnité ou réparation civile (1). » Cela est trop absolu. Par le mot *Etat*, on entend d'ordinaire le gouvernement, c'est-à-dire le pouvoir exécutif. Le mot se prend aussi dans un sens plus général, comme l'ensemble des pouvoirs qui émanent de la nation. D'après notre constitution, c'est la nation qui est souveraine, mais elle n'exerce point directement la souveraineté; la nation est souveraine en ce sens que tous les pouvoirs émanent d'elle; ces pouvoirs sont : le pouvoir législatif, le pouvoir exécutif et le pouvoir judiciaire. Quand donc on demande si l'Etat est responsable, il faut voir si les divers pouvoirs le sont.

La souveraineté est de sa nature irresponsable; la nation n'est certes pas responsable, quoique tous les pouvoirs émanent d'elle. En est-il de même des pouvoirs par lesquels elle exerce sa souveraineté? Le pouvoir législatif est irresponsable. Obéissance est due à la loi, alors même qu'elle léserait des droits individuels. La responsabilité se traduit en une action judiciaire; or, on ne conçoit pas que les tribunaux soient saisis d'une action en dommages-intérêts contre le législateur, car ils sont soumis à la loi

---

(1) Larombière, t. V, p. 691, n° 10 (Ed. B., t. III, p. 422).

aussi bien que les citoyens ; et l'obligation d'exécuter la
loi exclut toute responsabilité du pouvoir qui l'a portée.
S'il arrivait au législateur de violer des droits individuels,
la partie lésée n'aurait aucun recours. Quand l'article 1382
pose la règle générale de la responsabilité, il déclare
l'*homme* responsable, c'est-à-dire l'individu ; or, le législateur n'agit jamais comme individu, il agit comme pouvoir ; ses actes ne tombent donc pas sous l'application de
la loi civile. Sans doute, il pourrait arriver qu'une loi
lésât non-seulement des intérêts, mais même des droits :
telle serait une loi qui enlèverait un droit acquis. Il serait
alors du devoir du législateur d'indemniser ceux auxquels
il cause un préjudice en les dépouillant d'un bien qui est
dans leur domaine. Nous citerons la loi française du
1er mai 1822 qui, en interdisant la distillation des grains
dans Paris, accorda une indemnité aux distillateurs. Mais
si la loi n'avait pas réservé d'indemnité, les distillateurs
auraient été sans action. C'eût été une atteinte à la propriété, et comme notre constitution consacre l'inviolabilité de la propriété, la loi eût été inconstitutionnelle.
Y a-t-il un recours quelconque contre une loi inconstitutionnelle? Dans notre ordre politique, non ; les tribunaux
ont le droit et le devoir de n'appliquer les arrêtés royaux
qu'autant qu'ils sont conformes aux lois (const., art. 107),
ils n'ont pas le droit d'examiner si une loi est constitu-
tionnelle. Toute loi, fût-elle contraire à la constitution,
est obligatoire pour les tribunaux (1); ce qui exclut l'action en réparation civile de la part des parties lésées.

II. *Du pouvoir exécutif.*

1. PRINCIPE.

419. Quand on parle de l'Etat en matière de responsabilité, on entend le gouvernement, c'est-à-dire le pouvoir exécutif. Il y a une grande différence entre ce pouvoir et le pouvoir législatif : en principe, il est responsable.

(1) Voyez le tome Ier de mes *Principes*, p. 67, no 31.

Notre constitution consacre ce principe, tout en déclarant
que le roi est irresponsable. La raison de cette différence
entre les deux pouvoirs se comprend. C'est le pouvoir législatif qui est le vrai organe de la souveraineté, et la
souveraineté est irresponsable : l'individu ne peut pas se
plaindre de ce que son droit est lésé par la loi, car, en
face de la loi, il n'a pas de droit; la loi reste obligatoire
alors même qu'elle violerait un droit garanti par la constitution. Le pouvoir exécutif, en tant qu'il prend part au
pouvoir législatif, est aussi irresponsable : il y prend
part en proposant les lois et en les sanctionnant; il y
prend part encore en portant des arrêtés pour l'exécution
des lois. Mais ici déjà l'on voit le rôle subordonné que
joue le pouvoir exécutif; il est soumis à la loi, il ne peut
donc pas porter un arrêté contraire à la loi, un pareil acte
n'obligerait pas les citoyens ni les tribunaux; par contre,
les arrêtés conformes à la loi ont la même force que la
loi; en les portant, le pouvoir exécutif n'encourt aucune
responsabilité, quand même il y aurait lésion d'un droit,
car cette lésion serait le fait de la loi avec laquelle l'arrêté
s'identifie.

Pour que l'Etat, considéré comme gouvernement, soit
responsable, il faut qu'il s'agisse d'un acte autre qu'un
arrêté royal pris en exécution de la loi : tels sont les nombreux actes d'administration que l'Etat fait comme gouvernement, par exemple en matière de travaux publics.
L'Etat est-il responsable lorsque, en administrant, il lèse
un droit? A notre avis, il faut poser en principe que l'Etat
est responsable. Tout droit lésé donne lieu à une réparation, à moins que la partie lésée ne se trouve en face d'un
pouvoir irresponsable ; or, le gouvernement est responsable quand il agit comme tel : ce qui est décisif.

420. Les objections ne manquent point, et elles sont
sérieuses. On dit que le gouvernement agit comme pouvoir politique, qu'il fait ce qu'il a le droit de faire; que,
par conséquent, il ne peut pas commettre un délit, c'est-
à-dire un fait illicite. Nous avons d'avance répondu à
l'objection. C'est faire une fausse application de l'adage
que celui qui use de son droit ne fait de tort à personne;

il faut y ajouter cette restriction, pourvu qu'en usant de son droit, on ne lèse pas le droit d'autrui. Le propriétaire a aussi un pouvoir absolu de jouir et de disposer, et c'est de lui que l'on a dit qu'en usant de son droit, il n'est pas tenu de réparer le dommage qu'il cause. Or, nous venons de dire que le propriétaire est responsable dès qu'il lèse le droit d'autrui. Il en doit être de même de l'Etat.

421. On dit qu'il y a une différence essentielle entre l'Etat et les individus. L'Etat agit comme pouvoir politique, il gère les intérêts généraux de la société; son action serait à chaque instant entravée et rendue impossible si, sous prétexte de droits lésés, il était déclaré responsable des actes légitimes qu'il fait. L'objection implique que l'Etat, comme tel, doit être irresponsable pour qu'il puisse remplir sa mission; cela n'est pas exact. Sans doute l'Etat a mission de gérer les intérêts généraux, mais il doit le faire dans la limite de son pouvoir; or, la loi, au nom de laquelle il agit, ne lui donne certes pas le pouvoir de porter atteinte aux droits des particuliers. Il faut donc que l'Etat gère les intérêts sociaux de manière à ne pas léser les droits des individus et, s'il les lèse, il doit réparer le dommage qu'il cause.

L'objection à laquelle nous répondons implique encore une autre erreur. Elle suppose que l'intérêt général, dont l'Etat est l'organe, doit toujours l'emporter sur le préjudice que peut souffrir un particulier par un acte du gouvernement. Cela est vrai si le particulier n'est lésé que dans son *intérêt*, cela n'est pas vrai s'il est lésé dans son *droit*. Tant qu'il n'y a que des *intérêts* en cause, l'intérêt des individus doit être subordonné à l'intérêt général : il n'y a de société possible qu'à ce prix. Il n'en est plus de même quand l'individu a un *droit* : l'intérêt de la société doit céder devant le droit de l'individu, car il n'y a pas d'intérêt plus grand, plus sacré que le respect du droit. Vainement invoque-t-on la fameuse maxime que le salut public est la loi suprême. C'est une maxime fausse et funeste, si on l'entend en ce sens que l'intérêt général doive l'emporter sur les droits des particuliers, car la société n'a pas d'autre mission que de garantir les droits des hommes.

Que l'on ne dise pas que, dans cette doctrine, l'action de l'Etat sera impossible. Le code civil nous dit comment se vide le conflit entre l'intérêt général et le droit de l'individu. On suppose que l'Etat construise une voie de communication, il ne peut le faire qu'en disposant des terrains appartenant à des particuliers. Peut-il les exproprier pour cause d'utilité publique? Voilà le conflit entre l'intérêt général qui demande l'expropriation, et le droit du propriétaire. Comment la loi concilie-t-elle l'intérêt général avec le droit de l'individu? L'article 545, reproduit par la constitution belge (art. 11), répond à la question : « Nul ne peut être contraint de céder sa propriété, si ce n'est pour cause d'utilité publique et moyennant une juste et préalable indemnité. » Il en doit être de même dans tous les cas où le droit de l'individu est en opposition avec l'intérêt général; l'Etat doit réparation au droit lésé. C'est dire que l'article 1382 lui est applicable. Rien de plus juste. S'il y a un sacrifice à faire dans l'intérêt général, tous y doivent contribuer, c'est-à-dire que l'Etat, organe de la société, doit supporter le dommage; il serait injuste que le sacrifice fût à charge de l'individu dont le droit est lésé.

422. Le principe de la responsabilité de l'Etat soulève encore une autre difficulté. Quand on dit que l'Etat est responsable, cela signifie que la partie lésée a action contre l'Etat et que l'Etat est condamné aux dommages-intérêts. L'Etat est une personne civile, c'est-à-dire un être fictif. Est-ce qu'un être fictif peut commettre un délit ou un quasi-délit? Non, évidemment. En réalité, ce n'est pas la personne civile qui cause le dommage, c'est tel ou tel agent de l'Etat. De là la question de savoir si tout dommage causé par un agent de l'Etat donne lieu à une action en responsabilité contre l'Etat. Nous laissons de côté la responsabilité que les ministres encourent. Aux termes de l'article 90 de notre constitution, la responsabilité des ministres est pénale et civile : une loi doit déterminer le mode de procéder contre les ministres sur la poursuite des parties lésées. Cette matière appartient au droit public. Nous supposons que le fait dommageable qui pro-

voque l'action en dommages-intérêts est un acte d'administration légal, en ce sens que le gouvernement avait le
droit de le faire. Mais, tout en agissant légalement dans
la limite de ses attributions, un agent de l'Etat peut causer un dommage en lésant un droit. L'Etat est-il responsable de ce dommage? Ici se présente une difficulté : l'Etat
est-il responsable, à titre de commettant, des délits et
quasi-délits commis par ses agents? Nous reviendrons sur
la question en expliquant l'article 1384. A notre avis,
l'Etat est responsable lorsqu'il est commettant; de sorte
que le principe général de la responsabilité reçoit toujours
son application à l'Etat considéré comme gouvernement.

423. Il reste à prouver que cette doctrine est celle de
la loi. Nous ne pouvons pas prendre appui sur les articles 1382 et suivants, car on nie que ces dispositions
soient applicables à l'Etat; elles parlent des faits de
l'*homme*, dit-on, c'est-à-dire de l'individu, donc des rapports d'intérêt privé, et par cela seul elles ne peuvent pas
recevoir d'application à l'Etat, au moins quand il agit
comme pouvoir politique. L'article 545 semble consacrer
le principe que l'Etat ne peut pas léser les droits de l'individu, même pour cause d'utilité publique, sans être tenu
de réparer le dommage qu'il cause. Par contre, l'article 544, tout en déclarant que la propriété est un droit
absolu, admet qu'elle peut être limitée par les lois ou par
les règlements, et il n'ajoute pas que ces limitations impliquent l'obligation d'indemniser les propriétaires auxquels le législateur les impose; cela implique que le droit
de propriété est subordonné à l'intérêt général, ce qui
serait la négation de notre principe. Il y a, en effet, des
servitudes dites légales qui altèrent profondément le droit
de propriété et qui ne donnent droit à aucune indemnité,
quelque grave que soit le préjudice qui en résulte pour le
propriétaire qui en est grevé. Voilà bien la preuve, dit-on,
que l'individu ne peut pas opposer son droit à l'Etat.

A notre avis, la législation sur les servitudes légales
est une exception au droit commun, et l'exception, loin
de détruire la règle, la confirme. Constatons d'abord que
ces servitudes sont imposées par la loi ou en vertu de la

loi, ce qui nous place en dehors de l'hypothèse où l'Etat est responsable; l'Etat, en grevant les propriétés de servitudes dans un intérêt général, agit comme pouvoir législatif, donc comme pouvoir irresponsable; dès lors l'individu est réellement sans droit. Il faut dire plus, c'est que les lois qui imposent ces charges aux propriétaires sans les indemniser dérogent au principe établi par l'article 545 du code civil et consacré par notre constitution (art. 11). Si le propriétaire a droit à une indemnité quand on le prive de sa propriété pour cause d'utilité publique, il y a même raison de l'indemniser quand on démembre sa propriété, et c'est la démembrer que de la grever de servitudes. L'Etat qui m'enlève le quart de mon fonds pour construire une route doit me payer une juste et préalable indemnité; et il ne m'en doit aucune quand il construit une forteresse et que par là il diminue mon fonds de la même valeur. Dans l'un et l'autre cas, mon droit est lésé dans un intérêt général; donc, en principe, l'Etat me devrait une réparation. Nous avons dit ailleurs les raisons que l'on donne pour justifier les servitudes légales(1); elles n'expliquent pas, à notre avis, la différence qui en résulte entre l'expropriation totale et l'expropriation partielle en ce qui regarde le droit du propriétaire à une indemnité. Là où il y a sacrifice d'un droit imposé à des particuliers dans un intérêt général, il devrait y avoir indemnité, sinon il y a inégalité; les uns souffrent un préjudice et la généralité des citoyens en profite, sans devoir indemniser ceux qui sont lésés. Cette inégalité est une injustice.

Notre conclusion est qu'il faut laisser de côté les servitudes légales, c'est une législation exceptionnelle qui place l'individu en face d'un pouvoir irresponsable. Cela n'a rien de commun avec le principe de la responsabilité qui suppose l'Etat agissant comme pouvoir exécutif (n° 419).

424. L'on a soutenu, devant la cour de cassation de Belgique, que les servitudes militaires résultant de la construction d'une forteresse donnaient aux propriétaires

---

(1) Voyez le tome VII de mes *Principes*, p. 540, n°s 474-476.

grevés de ces charges une action en dommages-intérêts
contre l'Etat. C'était confondre le domaine du législateur
avec celui du juge. Il y a une loi spéciale sur les servitudes militaires; cette loi ne considère pas les servitudes
comme une expropriation; donc l'article 545 est hors de
cause, ainsi que l'article 11 de la constitution qui garantit
l'inviolabilité de la propriété. Dans la théorie de la loi, les
servitudes légales sont une modification de la propriété
que l'état social impose aux propriétaires; ceux-ci ne peuvent donc pas invoquer l'article 1382 et soutenir que l'établissement d'une servitude légale lèse leur droit; leur
droit n'est pas absolu, il est limité par la loi, c'est ce droit
ainsi limité qui constitue la propriété dans l'état de société. La construction d'une forteresse ne lèse donc pas
le droit des propriétaires qui vont être soumis à la charge
des servitudes militaires. Dès lors l'article 1382 doit également être écarté. En définitive, les propriétaires grevés
de servitudes n'ont aucune action. Ils ne peuvent invoquer que des considérations de justice et d'équité, mais
ces considérations sont à l'adresse du législateur qui seul
peut y faire droit. C'est, il est vrai, l'Etat qui construit
la forteresse, mais ce n'est pas l'Etat, comme gouvernement, qui impose les servitudes militaires : elles existent
en vertu de la loi, et la loi est l'œuvre d'un pouvoir irresponsable; le propriétaire grevé de servitude est sans
droit en face de la loi. La cour de cassation a jugé en ce
sens (1).

425. La loi du 8 juillet 1791 qui régit les places fortes
confirme, à certains égards, l'opinion que nous enseignons.
Elle impose à l'Etat l'obligation d'indemniser les propriétaires du préjudice qu'il leur cause par les mesures de
défense qu'il prend, quand même ce serait en temps de
guerre, tant que la place n'est pas en état de siége. Nous
citerons plus loin les textes. C'est une disposition remarquable et décisive. Certes l'Etat agit comme pouvoir politique quand il ordonne des inondations ou des démolitions pour la défense d'une place forte; le droit de l'Etat

_____

(1) Rejet, 17 juin 1845, et le réquisitoire du procureur général, M. Leclercq (*Pasicrisie*, 1845, 1, 392).

est en même temps un devoir, car il agit pour sauvegarder l'existence même de la nation. Et néanmoins dès qu'il lèse un droit individuel, il doit réparer le dommage qu'il cause. Le droit de l'individu, bien que, dans l'espèce, il paraisse minime quand on le compare au droit de l'Etat, est en réalité tout aussi considérable, c'est l'intérêt qui diffère, mais ce n'est pas l'intérêt qui fait la mesure d'un droit. Nous l'avons déjà dit, et on ne saurait trop le répéter en cette matière, l'Etat n'a d'autre raison d'être que le respect du droit; par conséquent, le plus grand intérêt de la société, c'est de maintenir les droits individuels : à quoi servirait la défense nationale si les droits des citoyens pouvaient être impunément lésés pour cette défense? Le droit est le but, la défense est le moyen; or, c'est le moyen qui doit être subordonné au but, ce n'est pas le but qui doit être subordonné au moyen. A ce titre, la réparation de toute lésion d'un droit est un principe essentiel de l'ordre social.

C'est ce qui fait l'importance du principe consacré par la loi de 1791. A la vérité, le droit à l'indemnité cesse lorsque la place forte est mise en état de siége. Ce n'est pas là une violation du principe que nous soutenons. Lorsqu'une forteresse est en état de siége, il y a guerre, et les faits de guerre, comme nous le dirons plus loin, ne donnent pas lieu à une action en indemnité. Pour mettre dans tout son jour le principe de la loi de 1791, nous citerons les applications qui en ont été faites par les cours de Belgique.

Au mois d'octobre 1830, le général Chassé, commandant la citadelle d'Anvers au nom du roi des Pays-Bas, notifia à l'autorité communale que la forteresse était déclarée en état de siége. Le 24 du mois, il ordonna des inondations qui causèrent de grands dommages aux polders; de là une action en dommages-intérêts contre l'Etat. La demande a été repoussée par la cour de Bruxelles. L'état de guerre était flagrant, et il n'est dû aucune indemnité pour le dommage causé par les faits de guerre (1).

_____

(1) Bruxelles, 14 juin 1848 (*Pasicrisie*, 1849, 2, 73).

Il en est autrement quand les travaux de défense sont exécutés avant la mise en état de siége d'une place. En avril 1815, on mit la place de Mons en état de défense contre l'invasion imminente des armées françaises. Par suite, des propriétés furent inondées. Les propriétaires réclamèrent des dommages-intérêts que le tribunal de première instance leur accorda; la décision fut confirmée en appel. Toute atteinte au droit de propriété, dit la cour, donne lieu à une action en réparation contre l'auteur du fait dommageable. L'Etat est soumis à cette action aussi bien que les particuliers. Il n'y a d'exception que lorsqu'il s'agit d'événements extraordinaires et fortuits, tels que ceux qui résultent du siége d'une ville et, en général, des maux de la guerre lorsqu'elle est flagrante. Mais les mesures que la prudence commande dans la seule prévoyance d'une guerre, quelque imminente qu'elle puisse être, ne sont pas des cas de force majeure; or, dès que l'on n'est pas dans l'exception, on rentre dans la règle et, par suite, il y a lieu à indemnité. Tels étaient les travaux exécutés à Mons (1).

La loi de 1791 étant l'application d'un principe général, il faut l'appliquer par analogie à tous les faits dommageables résultant des mesures prises en temps de guerre, quand ces mesures ne constituent pas des faits de guerre proprement dits. Après la révolution de 1830, le gouvernement fit percer une digue à titre de mesure de défense. Ce n'était pas un fait de guerre, et ce n'était pas non plus un fait prévu par la loi de 1791, puisqu'il ne s'agissait pas de la défense d'une place; mais peu importe. Cette loi n'est pas une dérogation au droit commun; elle ne fait, au contraire, que consacrer le droit commun; donc le principe qu'elle établit doit recevoir son application à tous les cas (2).

426. Le principe de la responsabilité de l'Etat, tel

---

(1) Bruxelles, 7 mars 1832 (*Pasicrisie*, 1832, p. 69). Comparez Bruxelles, 1er mai 1844 (*Pasicrisie*, 1844, 2, 157), et Rejet, 12 mai 1833 (*Pasicrisie*, 1833, 1, 58).
(2) Bruxelles, 14 août 1835 (*Pasicrisie*, 1835, 2, 315). Gand, 25 janvier 1833 (*Pasicrisie*, 1833, 2, 31).

que nous le formulons, n'est admis par personne, du moins en théorie. Il faut donc y insister. D'ordinaire on distingue. Quand l'Etat agit comme personne civile, à titre de propriétaire, on s'accorde à le déclarer responsable, d'après le droit commun. Mais on prétend que l'Etat n'est pas responsable quand il agit comme pouvoir politique. A notre avis, la distinction est fausse; l'Etat agit toujours comme pouvoir politique, alors même qu'il est personne civile ou propriétaire. Quand on dit que l'Etat est une personne civile, cela veut dire qu'il peut exercer les droits qui appartiennent aux particuliers, mais cela n'empêche pas qu'il y ait une différence radicale entre l'Etat propriétaire et l'individu propriétaire. L'Etat est un pouvoir de son essence, c'est-à-dire un organe de la puissance souveraine, et on ne conçoit pas qu'il se dépouille d'une qualité qui lui est essentielle. Si l'Etat est propriétaire, ce n'est pas au même titre que les particuliers; pour ceux-ci, tout est d'intérêt privé; pour l'État, tout est d'intérêt général. On ne peut jamais faire abstraction de la mission politique de l'Etat, parce que hors de cette mission il n'existe pas. Si donc on reconnaît que l'Etat est responsable à titre de personne civile ou de propriétaire, on reconnaît par cela même qu'il est responsable comme pouvoir public. La responsabilité est, en définitive, une règle universelle applicable à l'Etat comme aux particuliers. Cela est aussi fondé en raison. Pour voir s'il y a lieu à responsabilité, il ne faut considérer qu'une chose : y a-t-il un droit lésé? Toute lésion d'un droit donne lieu à responsabilité, peu importe qui a lésé le droit, pourvu que ce ne soit pas un pouvoir irresponsable. Or, l'Etat, comme pouvoir exécutif ou gouvernement, est responsable : cela décide la question.

427. Le dissentiment qui existe entre nous et l'opinion générale est de théorie plutôt que de pratique. Dans l'application, les deux opinions se rencontrent le plus souvent, seulement la nôtre a l'avantage d'être plus logique et plus conséquente. Pour décider s'il y a lieu d'appliquer l'article 1382, nous ne demandons pas qui a causé le dommage, qui a lésé le droit; nous demandons : Y a-t-il un droit lésé et un dommage causé? Dès qu'il y a lésion d'un droit et dommage, nous donnons une action en dommages-intérêts à la partie lésée, contre l'Etat aussi bien que contre les particuliers. Nous ne l'accordons pas quand il n'y a pas de droit lésé, quand même il y aurait un dommage ; toujours sans distinguer si la partie lésée est en face de l'Etat ou d'un individu. Dans l'opinion générale, au contraire, on donne ou on refuse une réparation sans principe certain, pour mieux dire, l'on s'écarte à chaque instant du principe que l'on pose. Pour justifier notre principe et pour combattre le principe que l'on nous oppose, nous sommes obligé d'entrer dans le détail de la jurisprudence ; il n'y a pas de question plus embrouillée, parce que la jurisprudence n'a pas de principe. Les difficultés se simplifient si l'on admet le principe de la responsabilité dans tous les cas où il y a lésion d'un droit : tout se réduit à savoir s'il y a un droit lésé.

2. JURISPRUDENCE.

428. On enseigne et on juge que l'Etat est responsable lorsqu'il agit comme propriétaire et qu'il lèse un droit, tandis qu'il ne l'est pas lorsqu'il agit comme pouvoir public, quand même il causerait un dommage. Dans notre opinion, l'Etat est toujours un pouvoir public : il est responsable ou il ne l'est point, selon qu'il y a ou non un droit lésé. Nous allons citer des cas dans lesquels on dit que l'Etat agit comme propriétaire.

L'Etat vend un moulin qui avait été concédé aux hospices de Pontoise en l'an 1198. Comme vendeur, il devait à l'adjudicataire la garantie de l'exercice utile du droit de propriété. Voilà un droit conventionnel que l'Etat ne pouvait pas léser. Après 1830, l'administration fit des réparations au pont de Pontoise et elle exécuta des travaux qui eurent pour résultat de diminuer considérablement la force motrice des eaux dont profitait le moulin vendu. La cour de Paris jugea qu'il y avait lésion d'un droit et elle condamna l'Etat à réparer le préjudice, par application de l'article 1382 (1). Dans notre opinion, cela n'est pas douteux, puisqu'il y avait lésion d'un droit. Mais comment justifier l'arrêt si l'on admet que l'Etat n'est pas responsable comme pouvoir public? Dira-t-on que l'Etat est propriétaire du pont et, comme tel, soumis au droit commun? Non, l'Etat n'agit pas comme un propriétaire qui répare sa chose; la cour de Paris elle-même le constate, puisqu'elle dit que l'administration ne s'était pas bornée aux réparations nécessaires; elle avait fait des innovations dans l'intérêt général, donc l'Etat avait agi comme pouvoir public, et néanmoins il fut déclaré responsable.

Voici une espèce dans laquelle il a été jugé que l'Etat n'était point responsable. L'Etat avait exécuté des travaux d'endiguement sur les rives de la basse Seine; par application de la loi du 16 septembre 1807, les riverains avaient dû payer une indemnité égale à la moitié des avantages résultant pour leurs prairies de la construction des digues. Des propriétaires se plaignirent que les digues étaient mal entretenues et réclamèrent des dommages-intérêts, de ce chef, contre l'Etat. Il a été jugé qu'il n'y avait pas lieu à responsabilité. L'Etat n'était engagé, ni en vertu d'une loi, ni en vertu d'une convention, à entretenir les digues dans l'intérêt des riverains. Ceux-ci se prévalaient vainement de l'indemnité qu'ils avaient dû payer; cette indemnité est une contribution de la part du propriétaire aux dépenses de premier établissement des digues; quant à l'entretien des digues, il devait y être pourvu par un règlement d'administration publique, conformément à la loi de 1807 (2). L'Etat avait-il agi, dans l'espèce, comme propriétaire? La question n'a pas de sens. Il est vrai que les rivières navigables sont dans le domaine de l'Etat, mais ce domaine n'est pas une propriété privée, et l'Etat ne le gère pas comme telle, il agit dans un intérêt général, donc comme pouvoir public. S'il a été déclaré non responsable, c'est parce qu'il n'avait lésé aucun droit.

Le conseil d'Etat déclare l'Etat responsable quand il

_____

(1) Paris, 1er août 1835 (Dalloz, au mot _Responsabilité_, n° 99, 6°).
(2) Décret du conseil d'Etat du 4 mai 1870 (Dalloz, 1872, 3, 4).

lèse un droit, bien qu'il agisse comme pouvoir public. L'établissement d'un polygone pour les exercices à tir n'est certes pas un acte de propriétaire, c'est un acte que l'Etat pose à raison d'une nécessité sociale ; donc il agit comme pouvoir public et dans un intérêt général, néanmoins il est responsable dès qu'il lèse un droit. Des boulets lancés par les batteries d'un polygone atteignent les maisons voisines ; l'Etat est tenu de réparer les dégâts qu'il cause ; il est encore obligé de prendre des mesures afin de prévenir le retour de semblables accidents. Si ces mesures sont insuffisantes, si les habitations voisines continuent à être exposées aux atteintes des projectiles pendant les exercices à tir, l'Etat doit non-seulement une réparation pour les dégâts matériels qu'il cause, il est aussi tenu de payer une indemnité à raison de la dépréciation de la propriété (1).

Le conseil d'Etat a jugé de même, lorsque les balles provenant du champ de tir d'une garnison pénètrent dans une propriété voisine : il a accordé au propriétaire une indemnité, d'abord pour les dégâts matériels qui en résultent, puis à raison de la dépréciation de son héritage (2).

429. Si nous approuvons les décisions, nous ne pouvons pas toujours approuver les motifs de décider. Un décret du 26 octobre 1854 porte que, jusqu'à ce qu'il en ait été autrement ordonné, la distillation des céréales et de toute autre substance farineuse servant à l'alimentation est interdite. Des distillateurs se sont pourvus devant le ministre du commerce pour obtenir une indemnité à raison du dommage qu'ils ont éprouvé par cette interdiction. Le ministre ayant décidé qu'il n'y avait pas lieu à indemnité, les parties lésées demandèrent l'annulation de sa décision. Elles soutenaient d'abord que le décret les expropriait de leur industrie ; or, toute expropriation donne lieu à une indemnité ; elles invoquaient en outre l'article 1382. Leur action a été rejetée. Le conseil d'Etat

(1) Décrets du 21 juin 1859 (Dalloz, 1860, 3, 11) et du 27 février 1862 (Dalloz, 1862, 3, 28).
(2) Décret du 9 août 1865 (Dalloz, 1866, 3, 27).

a jugé que l'abolition d'une industrie ne tombait pas sous l'application de la loi qui régit l'expropriation pour cause d'utilité publique. C'est une mesure générale, tandis que l'expropriation est un acte individuel. L'expropriation opère une transmission de propriété, c'est une vente forcée ; tandis que l'interdiction de distiller ne transfère aucun droit à l'Etat, c'est une mesure prise dans l'intérêt de l'alimentation publique. Quant à l'article 1382, le conseil d'Etat l'écarte comme ne recevant aucune application aux mesures de gouvernement prises dans un intérêt général et de sûreté publique. Le décret de 1854, en interdisant la distillation des céréales, n'a réservé à ceux qui exerçaient cette industrie aucun droit à une indemnité, et il ne résulte d'aucune disposition de loi qu'une indemnité puisse être accordée à raison des interdictions de cette nature (1).

Ce que le conseil d'Etat dit de l'expropriation est très-juste. Il n'en est pas de même du motif pour lequel il écarte l'article 1382. Peu importe que l'Etat agisse dans un intérêt général ; il ne peut pas sacrifier les *droits* des individus à la sûreté publique. Si donc les distillateurs avaient eu un droit, le conseil d'Etat aurait dû leur accorder une réparation. C'est ce que fait effectivement le conseil d'Etat, comme nous venons de le dire (n° 428), et comme nous le dirons encore. Mais, dans l'espèce, les distillateurs n'avaient pas de droit, ils n'avaient qu'un intérêt ; c'est ce que le conseil explique très-bien en prouvant qu'il n'y avait pas d'expropriation.

430. Il n'y a qu'un cas dans lequel le gouvernement n'est pas responsable parce qu'il agit comme pouvoir, c'est quand il prend des arrêtés généraux. Dans ce cas, il participe de l'irresponsabilité du pouvoir législatif. Un décret du 24 février 1858 abrogea l'ordonnance royale du 18 octobre 1829 qui limitait le nombre des bouchers dans la ville de Paris et rétablit la liberté du commerce de la boucherie. Les bouchers de Paris, au nombre de 460, réclamèrent une indemnité qui leur fut refusée par le ministre

---

(1) Décret du 26 février 1857 (Dalloz, 1857, 3, 81).

du commerce, et la décision fut confirmée par le conseil d'Etat. Ils soutenaient que l'ordonnance de 1829 avait accordé un privilége aux bouchers maintenus en exercice, puisqu'ils avaient le droit exclusif de vendre les viandes nécessaires à l'alimentation de Paris ; que ce droit avait été l'objet de nombreuses transactions et que les concessionnaires actuels n'en pouvaient être dépouillés sans une indemnité. Le commissaire du gouvernement contesta le point de départ des réclamants. En 1829, le gouvernement a tenté une expérience dans l'intérêt de l'alimentation de Paris, sans entendre donner au nouveau système un caractère de perpétuité qui eût été contraire à l'intérêt général. Il est de l'essence des mesures réglementaires d'être révocables à volonté, pour mieux dire, d'être toujours subordonnées à l'intérêt public. Le gouvernement a donc pu, en 1858, révoquer une mesure qu'il jugeait contraire à l'intérêt de l'alimentation de Paris. Ces dispositions ne donnent pas lieu à indemnité. La souveraineté n'est pas responsable. Or, le gouvernement, on le suppose, agissait dans les limites de ses attributions ; donc il agissait comme organe de la nation, ce qui exclut toute responsabilité. Il en résultait, à la vérité, un préjudice, mais il n'y avait pas de droit lésé, donc pas de délit civil (1).

431. Le vrai motif de décider est toujours la lésion d'un droit : un droit est-il lésé, l'Etat est responsable, tandis qu'il ne l'est pas quand il n'y a pas de droit lésé. A l'appui du principe tel que nous venons de le formuler, nous citerons un arrêt de la cour de Paris. Un arrêté du préfet de la Seine désigna la place située à l'extrémité du faubourg Saint-Jacques pour servir aux exécutions des condamnés à mort, qui jusque-là s'étaient faites sur la place de l'Hôtel-de-Ville. Le propriétaire d'une maison voisine de la nouvelle place forma contre le préfet de la Seine, représentant la ville de Paris, une action en dommages-intérêts pour le préjudice qu'il éprouvait. On répondit, pour la ville de Paris, qu'en admettant le préju-

(1) Décret du 30 juin 1859 (Dalloz, 1860, 3, 10).

dice, elle n'en devait aucune réparation, parce qu'elle ne faisait qu'user de son droit. La ‘cour de Paris rejeta la demande, mais elle ne se borna pas à dire que la ville n'avait fait qu'user de son droit; l'arrêt porte que la ville a fait un usage *licite* de son droit et qu'elle n'a porté aucune atteinte matérielle aux droits des propriétaires voisins de la place publique; la cour ajoute que tout propriétaire riverain de la voie publique, jouissant des avantages que procure ce voisinage, est soumis aux *charges* résultant de l'usage légal qu'en fait l'administration (1). Ainsi la ville usait de son droit et elle ne lésait pas le droit des propriétaires; ceux-ci, loin d'avoir un droit, étaient soumis à une charge. Cela est décisif; c'est l'application de notre principe.

431 *bis.* L'application de ces principes n'est pas sans difficulté. A notre avis, la cour de Bruxelles les a méconnus dans l'espèce suivante. Au mois d'août 1850, les eaux de la Senne débordèrent et se jetèrent dans le canal latéral de Charleroi avec une telle violence, qu'elles compromettaient les digues et menaçaient d'un imminent désastre toute la vallée, notamment la ville de Hal. Pour prévenir ce malheur, l'administration communale, d'accord avec l'ingénieur chargé du service du canal, fit faire des coupures dans la rive droite du canal; par suite, les eaux furent rejetées dans la vallée, où elles envahirent une fabrique et y causèrent de grands dommages. Le fabricant actionna en dommages-intérêts la ville de Hal et l'Etat belge. Sa demande fut rejetée. La cour commence par constater les faits, l'inondation, suite de la crue excessive des eaux, la fabrique déjà envahie lorsque les coupures furent pratiquées. Il était difficile de nier que, par suite de ces coupures, les eaux ne se fussent portées avec plus de violence dans la fabrique. Donc il y avait un fait dommageable; restait à savoir s'il constituait, nous ne disons pas un délit, mais un quasi-délit. Il est certain, dit l'arrêt, que l'administration n'a pas pratiqué les coupures dans le but de nuire au demandeur. Cela est d'évidence, et la

(1) Paris, 14 janvier 1834 (Dalloz, au mot *Compétence administrative,* n° 167).

cour ne devait pas même le dire, car on en pourrait conclure que le fait dommageable ne donne lieu à réparation que lorsqu'il y a volonté de nuire, ce qui serait une confusion du délit et du quasi-délit. L'administration avait agi pour prévenir la rupture des digues, laquelle aurait amené des désastres incalculables et dont le demandeur eût été une des premières victimes. En droit, continue la cour, il s'agit d'apprécier si les mesures n'ont été, de la part de l'autorité publique, que l'exercice d'un pouvoir légitime. Non, ce n'est là qu'une face de la question. Sans doute, si les mesures avaient été prises sans droit, il y aurait eu fait illicite, et partant délit civil. Mais un fait dommageable peut très-bien être licite et néanmoins constituer un quasi-délit quand il lèse un droit. Nous l'avons dit plus haut (n° 408), et cela n'est point contesté lorsque le dommage est causé par un propriétaire qui use de son droit. La vraie difficulté est celle-ci : Peut-on appliquer à l'Etat, quand il agit par voie de police, les principes qui régissent les droits des individus? Il ne suffisait donc pas de constater, comme le fait la cour de Bruxelles, que la ville et l'Etat avaient eu le droit de prendre les mesures qui eurent pour effet d'augmenter l'inondation de la fabrique. La cour se borne à dire que les articles 1382 et 1383 sont sans application, par cela seul que les travaux exécutés étaient autorisés et même commandés par la loi; il fallait encore prouver que les travaux ne lésaient pas le fabricant. L'arrêt garde le silence sur ce point. C'est en cela qu'il nous paraît contraire aux principes. En supposant que les travaux eussent porté atteinte à la propriété du fabricant, il y avait lieu d'appliquer le principe de responsabilité établi par les articles 1382 et 1383 (1). Nous ne voyons aucune raison pour exempter l'Etat de la loi générale de la responsabilité; ce que, dans l'espèce, il a fait pour sauver la ville de Hal d'un imminent désastre, il n'a pas le droit de le faire aux dépens d'un tiers. Gardien et protecteur de tous les droits, l'Etat ne peut pas sacrifier l'un pour sauvegarder les autres. Si l'on objecte

(1) Bruxelles, 3 avril 1857 (*Pasicrisie*, 1857, 2, 386).

que, sans ces mesures, le fabricant eût été la première victime du désastre, nous répondons que ce fait, en supposant qu'il fût constant, ne pouvait influer que sur la quotité des dommages-intérêts; il est étranger au principe.

5. APPLICATION DU PRINCIPE AUX TRAVAUX PUBLICS.

432. C'est surtout en matière de travaux publics qu'il y a de nombreux conflits entre les droits ou les intérêts individuels et le droit ou le devoir de l'Etat. Que l'Etat agisse comme pouvoir et dans un intérêt social lorsqu'il exécute des travaux publics, cela ne saurait être contesté. Doit-on conclure de là que l'Etat n'est pas responsable? Non, si l'on admet notre principe. L'Etat n'est pas responsable quand il ne lèse que des intérêts privés, il est responsable quand il lèse un droit.

433. La jurisprudence des cours de Belgique est en ce sens. En construisant le chemin de fer, l'Etat rendit une maison inaccessible et inhabitable, par suite de l'exhaussement de la voie ferrée. Le propriétaire demanda des dommages-intérêts. On lui opposa que l'Etat n'avait fait qu'user de son droit, pour mieux dire, qu'il s'était acquitté d'une obligation que sa mission lui imposait; qu'on ne reprochait, du reste, à l'administration aucune faute, aucune négligence. La cour de Bruxelles répond que l'inviolabilité de la propriété est un droit garanti par la constitution; que si l'Etat y porte atteinte, il est obligé d'indemniser le propriétaire lésé. L'intérêt général exige-t-il que le propriétaire soit exproprié, il lui est dû une juste et préalable indemnité; si l'Etat prive le propriétaire d'une partie de ses droits, il lui doit encore une indemnité. Qu'importe que l'Etat exerce un droit en agissant dans l'intérêt de tous? Il ne peut, au nom de l'intérêt général, léser un droit individuel. Qu'importe encore que l'administration ne soit coupable d'aucune imprudence? L'Etat est en faute, dans le sens de l'article 1382, dès qu'il cause un dommage en lésant un droit (1).

(1) Bruxelles, 5 novembre 1844 (*Pasicrisie*, 1845, 2, 35), et 3 août 1874

434. La question a été, depuis, vivement discutée devant la cour de Bruxelles et elle a reçu la même solution. Une compagnie anglaise fut chargée, par la ville de Bruxelles, de l'exécution des travaux concernant l'assainissement de la Senne. La compagnie assumait la responsabilité des dommages qui en pourraient résulter. On fit des fouilles à une profondeur considérable et inusitée pour la construction d'un égout collecteur. Par suite, les maisons construites le long de la voie publique menacèrent ruine; l'autorité locale en ordonna l'évacuation. De là une action en dommages-intérêts. Y avait-il un droit lésé? L'affirmative n'était guère contestable. En effet, le demandeur avait fait construire les maisons dont il s'agissait après en avoir obtenu l'autorisation, et il n'était pas allégué que la construction fût contraire aux règles de l'art. De là suit conclut que le droit de la compagnie se trouvait limité par le droit du propriétaire riverain. La commune, pas plus que l'Etat, ne peut léser le droit de propriété; lors donc qu'elle a été autorisée à construire l'égout collecteur sous le sol des rues qu'il devait traverser, elle contractait l'obligation de respecter les droits des riverains, ou de les indemniser dans le cas où les travaux y porteraient atteinte. Quand même la compagnie aurait employé les meilleurs procédés pour pratiquer les fouilles et pour construire l'égout, elle n'en eût pas moins encouru la responsabilité qui incombe à quiconque lèse le droit d'autrui. Elle commettait un quasi-délit, dans le sens de l'article 1382, par cela seul qu'en creusant le sol à une profondeur extraordinaire, elle occasionnait la destruction totale ou partielle des maisons riveraines. La compagnie objectait que les travaux étant entrepris par la commune dans l'intérêt de tous, elle n'était pas tenue de réparer le préjudice qu'elle causait à quelques-uns des habitants. Nous avons répondu directement à l'objection : c'est une doctrine aussi fausse que funeste que celle qui permettrait de léser les droits des individus dans un intérêt général. La cour de Bruxelles fait une autre réponse. Si les tra-

(*Pasicrisie*, 1875, 2, 172 : « La responsabilité de l'Etat est engagée, par cela seul qu'il a violé le droit d'autrui »).

vaux profitent à tous, il est juste que la charge qui en résulte soit aussi supportée par tous. C'est une réponse au nom de l'équité; il serait, en effet, souverainement inique que les propriétaires riverains supportassent seuls une charge qui profite à toute la commune. La compagnie objectait encore qu'il n'y avait aucune faute à lui imputer. C'est l'objection qui revient toujours dans ces débats; nous y avons déjà répondu. La cour de Bruxelles dit que la responsabilité existe dès qu'il est prouvé que les travaux ont été la cause directe et immédiate du dommage causé; il faut ajouter, pour compléter la pensée de la cour, et du droit lésé (1).

435. La cour de Liége s'est prononcée dans le même sens. Le chemin de fer qui traverse la vallée de la Vesdre a été construit dans la commune d'Angleur sur un remblai dans lequel on a ménagé des aqueducs pour l'écoulement des eaux de l'Ourthe, sujette à des débordements fréquents. Au mois de mars 1845, les aqueducs se trouvèrent insuffisants; pour mieux dire, ils défendirent le remblai, donc la voie ferrée, mais les eaux, se jetant avec force par l'aqueduc, ravagèrent le fonds riverain. De là une action en dommages-intérêts. Y avait-il un droit lésé? La question se réduisait à savoir si l'inondation était occasionnée par le chemin de fer; les experts furent unanimes pour attribuer le dommage au remblai qui empêchait les eaux débordées de s'étendre dans la plaine et leur donnait une impulsion plus forte vers les arcades de la voie ferrée. Cela était décisif en ce qui concerne la lésion du droit de propriété. Vainement l'Etat disait-il qu'il ne faisait que défendre sa propriété contre l'action des eaux, qu'il restait, par conséquent, dans la limite de son droit. Non, il la dépassait en augmentant le danger de l'inondation au préjudice des riverains; les travaux étaient donc tout ensemble défensifs et offensifs et, en tant qu'ils compromettaient les droits des riverains, ils engageaient la responsabilité de l'Etat. La cour de Liége condamna l'Etat.

(1) Bruxelles, 18 mai 1868 (*Pasicrisie*, 1868, 2, 272), et Bruxelles, 8 avril 1870 (*Pasicrisie*, 1872, 2, 317).

Mais l'arrêt va trop loin; il met l'Etat hors du droit commun, tandis que l'Etat n'est responsable qu'en vertu du droit commun. On objectait au propriétaire inondé que l'Etat n'avait fait que se défendre contre l'irruption des eaux. La cour de Liége répond que l'Etat n'est pas dans les mêmes conditions qu'un particulier qui agit dans son intérêt et paye de ses deniers ; l'Etat, au contraire, doit protection égale à tous, parce que les travaux qu'il exécute sont payés par tous; il est donc juste, dit l'arrêt, que ceux qui contribuent à la dépense soient indemnisés de la perte que les travaux leur causent. Ce motif dépasse la pensée de la cour; la cour de cassation dit que c'est une erreur; en effet, il en résulterait que l'Etat est toujours responsable dès qu'il causerait un dommage, quand même il ne léserait aucun droit. La cour de cassation a soin de limiter la responsabilité de l'Etat en disant qu'il a dirigé, moyennant les aqueducs, les eaux de l'Ourthe sur une propriété inférieure; voilà la lésion du droit qui tombe sous l'application de l'article 1382 (1).

436. Il est parfois difficile de savoir s'il y a un droit lésé. La propriété donne le droit absolu de jouir et de disposer de la chose, mais l'exercice de ce droit est soumis à des lois et à des règlements (art. 544). Si le propriétaire n'observe pas la loi, pourra-t-il encore dire qu'il a un droit et invoquer l'article 1382 qui le protége? La question s'est présentée devant la cour de Bruxelles, qui l'a décidée négativement, et avec raison, nous semble-t-il. Un propriétaire construit sans demander l'alignement. La ville exécute ensuite des travaux de remblai qui ont pour effet d'enterrer la maison. De là une action en dommages-intérêts. Le dommage était évident; on alléguait encore, en faveur du propriétaire, que la contravention aux règlements sur les bâtisses n'ayant pas été poursuivie, il y avait prescription. Néanmoins la cour jugea que la demande en dommages-intérêts n'était point recevable; elle pose en principe qu'il n'est jamais permis de se prévaloir d'un délit pour en induire l'acquisition d'un droit.

(1) Rejet, 4 juillet 1850 (*Pasicrisie*, 1851, 1, 169).

La cour avoue que cela paraît rigoureux; mais il serait injuste aussi de rendre une commune responsable des suites d'une construction qui a été faite illégalement (1).

Dans une espèce analogue, la cour de Liége a montré plus d'indulgence pour le propriétaire, mais aussi plus de sévérité pour la commune. Un propriétaire construit d'après le niveau actuel de la voie publique, ignorant qu'il avait existé très-anciennement un autre niveau; la ville rétablit l'ancien niveau ; le propriétaire souffre un dommage par suite de l'abaissement du sol. Y avait-il un droit lésé? On pouvait dire que non; le propriétaire était en contravention, mais il l'était de bonne foi, il avait construit dans l'ignorance de l'ancien niveau, il ne pouvait donc pas prévoir que le niveau actuel serait changé. On ne dit pas s'il avait obtenu l'autorisation de bâtir, ni s'il y avait à cette époque un règlement sur les bâtisses. La question était donc de fait plutôt que de droit, et les circonstances du fait étaient en faveur du propriétaire. En droit, la cour invoque le principe d'après lequel il est dû une indemnité à tout propriétaire qui éprouve un dommage par suite des travaux exécutés dans les rues et chemins publics (2). Le principe est incontestable, mais il est subordonné, dans l'application, à l'existence d'un droit lésé.

437. La construction d'un canal priva le propriétaire d'un moulin de la communication qu'il avait avec les communes dont il était séparé par la nouvelle voie navigable; du moins la communication devint plus difficile et sa clientèle en souffrit. Le dommage était certain, mais y avait-il lésion d'un droit? Il faut distinguer si le propriétaire du moulin avait un droit de passage conventionnel ou légal dont l'établissement du canal le priva ; dans cette hypothèse, il est évident qu'un droit était lésé et qu'il y avait lieu d'appliquer l'article 1382. Dans l'espèce, le propriétaire alléguait seulement l'existence d'un sentier vicinal sans prétendre aucun droit de passage : cela décidait la question (3). Il y avait un intérêt lésé, mais il n'y avait

(1) Bruxelles, 6 août 1847 (*Pasicrisie*, 1847, 2, 189).
(2) Liége, 31 janvier 1835 (*Pasicrisie*, 1835, 2. 42).
(3) Bruxelles, 29 novembre 1845 (*Pasicrisie*, 1845, 2, 29).

pas lésion d'un droit. Les travaux publics lèsent presque toujours des intérêts particuliers, alors même qu'ils sont d'utilité générale ; il est impossible d'admettre que l'Etat doive indemniser tous ceux qui éprouvent un dommage, il faut s'en tenir strictement au principe qu'il n'y a point de fait dommageable là où il n'y a pas de droit lésé.

Il reste un doute. Les riverains d'une route ont-ils un droit acquis aux avantages que présente la voie de communication? Une voie ferrée vient traverser une route qui servait de chemin d'exploitation. Il en résulte des inconvénients pour les propriétaires des fonds riverains. Est-ce une lésion d'un droit? Non, car l'usage de la route n'est pas un droit acquis, en ce sens que l'Etat ne puisse apporter aucun changement aux voies de communication, sans être tenu d'indemniser les anciens riverains. Il faut voir si le dommage lèse un droit ; et quel droit la voie donne-t-elle aux riverains? D'abord celui de construire le long de la voie avec issue sur la voie ; les constructions donnent un droit aux propriétaires, parce que c'est l'exercice du droit de propriété ; mais la facilité que trouvent les propriétaires voisins d'exploiter leurs fonds n'est pas un droit acquis ; cet avantage tient à un état de choses établi dans un intérêt général et qui peut être modifié dans ce même intérêt. L'Etat ne peut-il pas ouvrir une nouvelle route qui en traverse une autre? Si cette nouvelle route est une voie ferrée, il en résultera quelques entraves pour la circulation ; c'est un intérêt privé qui est lésé et qui doit céder à l'intérêt général (1).

438. Une question analogue s'est présentée dans une espèce plus difficile, sur laquelle la cour de Bruxelles s'est trouvée en désaccord avec la cour de cassation. Le concessionnaire d'un chemin de fer se plaint que sa voie est traversée par le chemin de fer de l'Etat ; ce qui l'oblige d'arrêter ses trains, de ralentir sa circulation et, par suite, lui cause un dommage. Y a-t-il un droit lésé? En apparence, il y a un droit conventionnel, puisqu'une convention est intervenue entre l'Etat et le concessionnaire ;

(1) Bruxelles, 31 octobre 1871 (*Pasicrisie*, 1872, 2, 20).

cette convention a créé une propriété d'une nature particulière qu'il est très-difficile de caractériser, mais toujours
est-il qu'elle confère un droit; et comme c'est l'Etat lui-
même qui l'a concédé, peut-il ensuite altérer ce droit et le
diminuer? La cour de Bruxelles s'est placée à ce point de
vue et a jugé que l'Etat, en construisant un chemin de
fer qui diminue les avantages attachés à une concession,
est tenu des dommages-intérêts qui en résultent. Si l'on
admet que l'Etat est lié par la concession, il faut dire qu'il
est tenu à une réparation, non en vertu de l'article 1382,
mais en vertu de la convention qu'il viole. La cour de
cassation nie qu'il y ait lésion d'un droit. Elle dit que la
construction du chemin de fer se fait en vertu d'une loi,
que l'arrêté royal qui fixe le tracé a force légale. Si donc
la voie de l'Etat coupe une voie concédée, c'est en vertu
d'une loi. Tel est le point de départ dans ce débat. Il suffisait pour décider la contestation : la loi, quand même
elle léserait un droit, ne donne pas lieu à une réparation
(n° 418). La cour de cassation n'allègue pas ce motif, elle
s'efforce de prouver qu'il n'y avait pas de droit lésé. Le
concessionnaire peut-il se plaindre que le tracé viole la
loi du contrat intervenu entre lui et l'Etat? Non; en accordant une concession, le gouvernement n'entend pas
abdiquer le droit, pour mieux dire, l'obligation qu'il a
d'étendre et de perfectionner les voies de communication
existantes; la concession, accordée dans un intérêt général, est toujours subordonnée à l'intérêt général. Sur ce
premier point, il n'y a aucun doute, et il est décisif. En
effet, si l'Etat a le droit de construire un chemin de fer
qui traverse une voie concédée, le concessionnaire se
trouve par cela même soumis aux obligations qui incombent à tout propriétaire dont la propriété est traversée
par une voie ferrée. L'arrêté royal du 16 janvier 1836
porte (art. 1er) : « La traversée des routes royales, provinciales, communales ou particulières, par des voitures
ou attelages de toute nature, ne pourra avoir lieu en vue
des convois remorqués par des machines à vapeur qu'immédiatement après leur passage. » Cette disposition
oblige-t-elle les concessionnaires d'une voie ferrée? L'af-

firmative n'est pas douteuse, puisqu'il s'agit d'un règlement d'ordre public. Dira-t-on que l'Etat qui a concédé une voie ne peut pas porter atteinte aux droits que lui-même a conférés au concessionnaire, et que s'il le fait il est tenu des dommages et intérêts? Ici est l'erreur de la cour de Bruxelles. Supposons que la concession donne au concessionnaire le droit absolu de propriété, est-ce à dire que l'Etat le dispense d'observer les règlements d'ordre public auxquels tous les propriétaires sont soumis? La propriété n'est jamais un pouvoir absolu, elle est assujettie aux limitations qui résultent de l'état social; à plus forte raison en doit-il être ainsi d'une concession qui ne donne au concessionnaire qu'une propriété imparfaite; la traversée d'un convoi est une gêne et une entrave pour tous les propriétaires riverains, sans qu'ils puissent, de ce chef, réclamer une indemnité, sauf en cas d'expropriation; les concessionnaires sont, sous ce rapport, soumis au droit commun. En définitive, il y a des intérêts lésés, il n'y a pas de droit lésé; donc il n'y a pas de fait dommageable dans le sens de l'article 1382 (1).

4. APPLICATION DU PRINCIPE AUX COMMUNES.

439. Ce que nous disons de l'Etat s'applique à la province et à la commune. Les principes sont identiques. Quoiqu'elles agissent comme pouvoir quand elles exécutent des travaux, les tribunaux les déclarent responsables quand elles lèsent un droit. Nous citerons d'abord un arrêt concernant l'Etat. L'Etat relève le niveau d'une grande route pour la raccorder avec le chemin de fer. Il résulta de ces travaux qu'une maison construite sur la route avec autorisation de l'administration des ponts et chaussées se trouva au-dessous du niveau de la route; par suite, les eaux pluviales inondèrent les caves. De là une demande en dommages-intérêts contre l'Etat. L'action fut admise par le premier juge. Pourvoi en cassation. Le gouvernement soutint qu'il avait le droit et l'obligation de pres-

(1) Deux arrêts de cassation du 15 mars 1855 (*Pasicrisie*, 1855, 1, 126).

crire les travaux qu'il avait exécutés ; que, par suite, il ne saurait être tenu des dommages-intérêts. La cour prononça un arrêt de rejet sur le rapport de M. De Cuyper. Elle pose en principe que l'Etat est soumis au droit commun en ce qui concerne l'usage qu'il fait des propriétés publiques. Le principe est incontestable : mais est-ce bien comme *propriétaire* que l'Etat agit? La cour ajoute que l'établissement des routes impose à l'Etat des obligations particulières envers les propriétaires riverains. Il est certain que l'Etat, quand il construit une route, agit comme pouvoir public : quelles sont les obligations qui lui incombent à ce titre? « Si l'administration, dit l'arrêt, ne peut être tenue de faire jouir les riverains de tous les avantages résultant pour eux de l'établissement d'un chemin public, au moins est-il incontestable qu'elle ne peut, sans les indemniser du dommage qu'ils éprouvent, leur enlever l'usage d'un chemin ou entraver cet usage en tant qu'il est nécessaire pour la jouissance et l'exploitation de leurs propriétés (1). » Cela implique qu'il y a des dommages dont l'Etat répond, qu'il y en a d'autres dont il ne répond pas. Dans l'espèce, il n'y avait guère de doute : l'Etat ne peut pas rendre impossible un mode d'exploitation légalement établi sur la foi de l'existence d'une route et conformément à sa destination. Mais quels sont les dommages dont l'Etat ne répond pas? Nous retrouverons les difficultés plus loin. A notre avis, il n'y a qu'une seule solution ; il ne s'agit pas des obligations du gouvernement qui construit une route, il s'agit des droits des propriétaires. Dès que l'Etat lèse ces droits, il est responsable. La question est donc toujours de savoir s'il y a un droit lésé.

L'Etat exécute des travaux dans le lit d'une rivière dépendant du domaine public ; par suite les eaux, en se précipitant sur des bâtiments, font tomber un mur et une grande partie de la maison d'habitation. Sur l'action en dommages-intérêts, on soutint encore que l'Etat avait agi dans l'intérêt général. Cela n'empêche pas, dit la cour de Liége, que l'Etat soit soumis aux mêmes règles de res-

(1) Rejet, 9 janvier 1845 (*Pasicrisie*, 1845, 1, 197).

ponsabilité que les particuliers et qu'il doive réparer le dommage causé par sa faute à des propriétés privées. Tout fait de l'homme, dit l'arrêt, qui cause à autrui un dommage oblige celui par la faute de qui il est arrivé à le réparer. Ce principe est applicable à l'Etat comme aux particuliers. Voilà le vrai principe. Dans l'espèce, la décision n'était pas douteuse, car il était constant, en fait, qu'il y avait faute de la part des agents du gouvernement (1).

La même cour a cassé un arrêt qui paraît contraire à ce principe; elle distingue entre le dommage direct et le dommage indirect. Qu'importe s'il est constant que le dommage est résulté des travaux? A vrai dire, l'arrêt est une décision d'espèce, car il y est dit qu'il n'est pas vraisemblable que la ruine des bâtiments soit arrivée par les travaux (2).

La même question s'est présentée devant la cour de Bruxelles dans une affaire où il a fallu déterminer jusqu'où allait la responsabilité de la commune qui exécute des travaux de voirie. On alléguait aussi la convention tacite qui se forme entre celui qui construit et la commune qui autorise; la cour a raison d'écarter ces considérations qui sont étrangères au débat. Il est certain, dit-elle, que la commune a un droit inaliénable de modifier la voie publique selon les exigences de l'intérêt public. Mais il est tout aussi certain que la commune ne peut pas porter atteinte à la propriété du fonds, ni aux droits essentiels qui en résultent. L'arrêt ajoute à la propriété *matérielle* et aux *droits directs*. Cela implique une restriction que nous n'admettons pas : la propriété étant un droit, nous ne comprenons pas qu'on la qualifie de *matérielle*; quant aux droits, qu'ils soient directs ou non, dès qu'ils sont inhérents à la propriété, la commune n'y peut porter atteinte sans être responsable. La cour range parmi les droits directs et essentiels l'accès, les issues et les rues ; elle n'y comprend pas les avantages accessoires ou secon-

---

(1) Liége, 13 juin 1846 (*Pasicrisie*, 1847, 2, 155).
(2) Liége, 13 juillet 1844 (*Pasicrisie*, 1846, 2, 49).

daires que le propriétaire peut retirer, soit de la circulation plus ou moins grande, soit du voisinage de certains
établissements publics qui y attirent la clientèle. Sur ce
dernier point, la cour a raison; le voisinage n'est pas un
droit, mais la circulation libre des rues est un droit, car
c'est là leur destination, et le droit des riverains est de-
jouir de cette libre circulation. Si la commune entrave la
circulation, elle lèse un droit, elle est responsable. Si ce
n'est qu'un simple désagrément, il n'y a pas de droit lésé;
mais si l'entrave va jusqu'à nuire aux riverains, il y a
plus que désagrément, il y a droit lésé (1).

En résumé, la jurisprudence admet notre principe pour
ce qui concerne les travaux de voirie. Il n'y a de difficulté
que sur le point de savoir s'il y a un droit lésé. La distinction des droits directs et indirects ne nous paraît pas
juridique.

440. Une commune ouvre un chemin nouveau, les
travaux s'exécutent par voie d'entreprise; elle néglige
d'éclairer et de clore une tranchée; par suite, une personne qui passe pendant la nuit fait une chute et se casse
le pied. De là une action en dommages-intérêts contre la
commune. La cour de cassation a jugé qu'il y avait lieu
d'appliquer les articles 1382 et 1383, l'accident étant arrivé
par la faute de la ville qui avait négligé d'éclairer la tranchée qu'elle faisait creuser pour l'établissement d'un chemin de coude et d'y placer une barrière. On lit dans l'arrêt
de la cour d'appel, qui a été confirmé par un arrêt de rejet,
que la ville était tenue, comme tout propriétaire faisant
exécuter des travaux qui intéressent la sécurité du public,
de prendre les précautions nécessaires pour le préserver.
Est-ce bien comme propriétaire que la ville agissait dans
l'espèce? Non, certes; l'ouverture d'une communication
nouvelle est un travail d'utilité publique; la commune y
procède, comme pouvoir public, dans l'intérêt public, et
non comme propriétaire. C'est donc à titre de pouvoir public qu'elle a été déclarée responsable (2). Si les cours de
France insistent pour démontrer qu'il ne s'agit que d'in-

(1) Bruxelles, 13 juillet 1874 (*Pasicrisie*, 1874, 2, 331).
(2) Rejet, 17 février 1868 (Dalloz, 1868, 1, 273).

térêts privés, c'est que, d'après la législation française, les tribunaux ne sont pas compétents pour juger des droits politiques, tandis qu'en Belgique la juridiction adminis- trative est à peu près abolie.

441. Un propriétaire actionna la ville de Mons en payement de dommages-intérêts pour n'avoir pas pris les mesures qu'elle aurait dû prendre à l'effet de faciliter l'écoulement des eaux de la Trouille, grossies par des pluies d'orage et charriant beaucoup de limon. La ville répondit qu'elle n'avait fait qu'exécuter des manœuvres prescrites par une ordonnance de police, qu'elle avait donc fait ce qu'elle avait le droit et l'obligation de faire. Cette justification n'a pas été admise par la cour de Bruxelles. Elle pose en principe que la loi n'exempte pas les autorités publiques de l'obligation de réparer le dommage causé par les fautes, négligences ou imprudences qu'elles commettent en procédant à l'exécution des mesures qu'elles sont forcées de prendre dans un intérêt général, provincial ou communal (1). Donc l'Etat est responsable, quoiqu'il agisse comme pouvoir public, dès qu'il commet une faute; or, il commet une faute, non-seulement quand il agit par imprudence ou négligence, mais aussi quand il lèse un droit.

442. Les communes sont encore responsables quand elles causent un dommage par la négligence qu'elles met- tent à remplir les obligations qui leur incombent, quoi- qu'il s'agisse de mesures de police. Un ruisseau coule au milieu d'un chemin communal, la commune est proprié- taire des deux rives; l'autorité locale ayant négligé de curer le ruisseau, la vase et les immondices s'y accumu- lèrent au point de causer un dommage aux propriétés ri- veraines. La commune était-elle responsable? La cour de Riom jugea qu'elle ne l'était point, parce qu'elle n'avait contrevenu à aucune loi, le chemin sur lequel coulait le ruisseau n'étant pas un des chemins vicinaux que la com- mune était tenue d'entretenir en bon état de viabilité. C'était

(1) Bruxelles, 31 juillet 1844 (*Pasicrisie*, 1844, 2, 287). Comparez décret du conseil d'Etat, 25 avril 1855 (Dalloz, 1855, 5, 451, n° 16).

déplacer la question. Il ne s'agissait pas de l'entretien obligatoire d'un chemin communal, il s'agissait d'un fait dommageable, de l'accumulation des vases et des immondices dans un chemin communal; et le chemin n'eût-il pas été communal, la commune aurait encore été obligée d'ordonner des mesures de propreté et de salubrité. La cour de cassation ajoute que tout propriétaire d'un terrain au milieu duquel coule un ruisseau est tenu de prendre, dans l'étendue de sa propriété, les précautions nécessaires pour prévenir la dégradation des propriétés voisines par l'encombrement du ruisseau, et que, faute d'avoir pris ces précautions, il est responsable du dommage causé par sa négligence. Cela est vrai; et quand la commune est propriétaire, elle est soumise au droit commun. Toujours est-il que la commune n'est pas un propriétaire ordinaire et que, dans l'espèce, il s'agissait de mesures de police, plutôt que des soins qu'un propriétaire doit prendre de sa chose. Nous négligeons les autres objections auxquelles la cour de cassation répond d'une manière péremptoire(1).

5. DES CONCESSIONNAIRES DE TRAVAUX PUBLICS.

443. Les concessionnaires de travaux publics sont les représentants de l'Etat, bien qu'ils aient aussi une espèce de propriété qu'il est très-difficile de caractériser. En ce qui concerne les faits dommageables, il n'y a aucun doute : les compagnies concessionnaires sont soumises au droit commun. Dans notre opinion, cela est d'évidence, puisque nous admettons que l'Etat est responsable alors même qu'il agit comme pouvoir public. Il suit de là que les compagnies ne peuvent pas s'excuser en alléguant le silence de l'acte de concession ou du cahier des charges quant aux obligations qui leur sont imposées; l'obligation résultant d'un fait dommageable n'a pas besoin d'être écrite dans un acte, elle est écrite dans la loi et elle incombe à tous ceux qui lèsent un droit. Il a été jugé, par application de ce principe, que la compagnie concession-

---

(1) Cassation, 30 novembre 1858 (Dalloz, 1859, 1, 20).

naire d'un canal est responsable de l'accident causé par suite de la négligence qu'elle a commise en ne construisant pas une barrière à l'endroit où le canal traverse un chemin pavé. Le cahier des charges ne l'y obligeait point, mais l'article 1382 la rendait responsable des suites de sa négligence (1).

Le conseil d'Etat distingue le dommage direct et le dommage indirect; il ne déclare l'administration ou les concessionnaires responsables que du dommage direct. Il nous semble que la distinction est arbitraire; elle est, en tout cas, tellement vague, qu'il serait difficile et parfois impossible de décider si le dommage est direct ou indirect. Des eaux stagnantes s'accumulent dans les excavations creusées pour l'extraction des terres nécessaires aux remblais. Les exhalaisons nuisibles qui en émanent occasionnent des maladies. Est-ce un dommage direct ou indirect? Le conseil d'Etat a condamné la compagnie à des dommages-intérêts, parce qu'elle avait négligé de faire exécuter les travaux nécessaires pour l'écoulement des eaux, ce qui en avait amené la stagnation et, par suite, des fièvres (2).

III. *Du pouvoir judiciaire.*

444. Quand on parle de la responsabilité de l'Etat, on entend par Etat le gouvernement, agent du pouvoir exécutif. Nous venons de dire sous quelle condition il est responsable. Il y a deux autres pouvoirs; le pouvoir législatif est irresponsable, en ce sens que les lois ne donnent pas lieu à une action en dommages-intérêts contre l'Etat. Il en est de même du pouvoir judiciaire; les magistrats sont, en certains cas, responsables; les tribunaux et les cours peuvent être pris à partie, mais l'action n'est pas dirigée contre l'Etat, elle est formée contre les magistrats inculpés.

La responsabilité du juge a commencé par être abso-

(1) Gand, 8 mars 1866 (*Pasicrisie*, 1867, 2, 17).
(2) Décret du 29 mars 1855 (Dalloz, 1855, 3, 81).

lue : au moyen âge, il pouvait être contraint à combattre
en champ clos pour défendre son jugement. Quand l'appel
fit place à cette justice barbare, les juges étaient encore
obligés de venir soutenir leur décision devant le tribunal
supérieur, et ce à leurs dépens et péril, dit Bouteiller.
Quant aux parties, l'appelant se bornait à les *intimer*,
c'est-à-dire à leur dénoncer l'appel; de là vient le nom
d'*intimé* que l'on donne au défendeur en cause d'appel.
L'ajournement du magistrat ne tenait aucun compte de la
mission des tribunaux; ils rendent la justice au nom de
la nation et, à ce titre, ils ne sauraient être responsables
de leurs décisions; ils peuvent se tromper, puisqu'ils sont
hommes; la loi organise à cet effet une instance supérieure qui revise les jugements rendus en premier ressort. Toutefois les magistrats, à la différence des législateurs, sont mêlés à des débats où s'agitent les passions
les plus violentes, ils peuvent se laisser entraîner par la
faveur ou la haine; dans ce cas, ils ne méritent plus le
nom d'organes de la justice. La loi permet de les prendre
à partie (1). Aux termes de l'article 505 du code de procédure, les juges peuvent être pris à partie dans les cas
suivants : 1° s'il y a dol, fraude ou concussion qu'on prétendrait avoir été commis, soit dans le cours de l'instruction, soit lors des jugements ; 2° si la prise à partie est
expressément prononcée par la loi; 3° si la loi déclare les
juges responsables à peine de dommages et intérêts; 4° s'il
y a déni de justice.

Nous n'entrons pas dans les détails de cette matière,
qui appartient à la procédure (2); ce principe seul entre
dans le cadre de notre travail. Qu'est-ce que la prise à
partie? C'est l'action en responsabilité que la loi permet
d'intenter dans certains cas contre les magistrats. Il suit
de là qu'il n'y a d'autre action en dommages-intérêts contre le juge, à raison de la sentence par lui rendue, que la
prise à partie (3). L'article 1382 n'est donc pas applicable
aux magistrats; ils sont soumis à une responsabilité spé-

(1) Toullier, t. VI, 1, p. 153, nᵒˢ 184-189.
(2) Voyez Toullier, t. VI, 1, p. 157, nᵒˢ 190-229.
(3) Rejet, 13 mars 1850 (Dalloz, 1850, 1, 320).

ciale, beaucoup moins sévère que celle qui pèse sur les hommes en général, ainsi que sur les fonctionnaires publics, comme nous allons le dire. La faute la plus légère, la plus légère imprudence suffisent pour engager la responsabilité de celui qui, par son fait, cause un dommage à autrui; tandis que le magistrat n'est pas responsable de sa faute, il ne répond que de son dol. Et comme cette responsabilité est exceptionnelle, il faut aussi prendre le mot *dol* dans son acception la plus étroite. C'est la décision de la cour de cassation; elle conclut en disant qu'en droit le dol est un tort moral qui tient surtout à l'intention et qu'on ne saurait, en cette matière, l'assimiler à la faute, quel qu'en soit le degré; qu'il faut le dessein de nuire. En dernière analyse, dit la cour, sauf les cas déterminés par la loi, le juge ne peut être pris à partie que lorsqu'il a jugé par faveur, par haine ou par corruption (1).

Quelle est la raison de cette indulgence, qui paraît excessive quand on la compare à la sévérité de la responsabilité établie par l'article 1382? La loi couvre d'une présomption de vérité les erreurs qui échappent aux juges, parce que le respect de la justice et de ses arrêts est une des bases de l'ordre social. C'est une fiction; mais la fiction est une nécessité, et elle doit profiter, dans une certaine mesure, aux magistrats. Quelle est la partie condamnée qui ne maudisse son juge? Si la faute la plus légère suffisait pour lui demander raison de sa sentence, la passion multiplierait à l'infini les actions en dommages-intérêts contre les magistrats; et que deviendrait alors le prestige de la justice, journellement attaquée et avilie?

§ III. *Un fait imputable.*

Nº 1. QUAND LE FAIT CESSE D'ÊTRE IMPUTABLE A RAISON D'UN DÉFAUT DE LIBERTÉ.

445. Le fait dommageable prévu par les articles 1382 et 1383 sont ou des délits ou des quasi-délits. Pour qu'il

(1) Rejet, 6 juillet 1858 (Dalloz, 1858. 1, 279). Comparez Rejet, chambre civile, 18 juillet 1832 (Dalloz, 1832, 1, 281); Besançon, 3 mars 1860 (Dalloz, 1860, 2, 69).

y ait délit, il faut que l'auteur du fait cause du dommage à un autre par dol ou malignité ; ce sont les expressions de Pothier. Pour qu'il y ait quasi-délit, il faut que le dommage ait été causé par une imprudence qui n'est pas excusable. De là suit, dit Pothier, qu'il n'y a que les personnes ayant l'usage de leur raison qui soient capables d'un délit ou d'un quasi-délit, c'est-à-dire d'un fait dommageable dans le sens des articles 1382 et 1383; les personnes qui n'ont pas encore l'usage de la raison, les enfants, ou celles qui l'ont perdu, les insensés, ne peuvent commettre ni délit ni quasi-délit, car elles ne sont capables ni de malignité, ni d'imprudence. Pothier en conclut que si un enfant ou un fou cause du tort à quelqu'un, il n'est pas obligé de le réparer, sauf l'action contre ceux que la loi déclare responsables du fait d'autrui. Nous traiterons de cette responsabilité plus loin.

L'article 1382 est donc conçu en termes trop absolus quand il dit : « Tout fait *quelconque* de l'homme »; et l'article 1382 s'exprime aussi d'une manière trop absolue en disant que *chacun* est responsable du dommage causé par son *fait*. Si la loi s'énonce ainsi, c'est pour opposer aux obligations contractuelles les obligations naissant d'un délit ou d'un quasi-délit : les incapables peuvent s'obliger par un délit ou un quasi-délit, tandis qu'ils ne peuvent pas contracter. Un interdit ne peut pas même contracter pendant un intervalle lucide, ni un mineur avant sa majorité, bien que de fait il jouisse de la plénitude de sa raison, ni une femme mariée, alors qu'avant de se marier elle était pleinement capable. La loi dit formellement que le mineur n'est point restituable contre les engagements résultant de son délit ou quasi-délit (art. 1310). Cela est vrai, par identité de raison, de l'interdit qui se trouve dans un intervalle lucide et, à plus forte raison, de la femme mariée. Pothier semble dire que les interdits sont toujours obligés, mais il parle des personnes que l'on interdisait dans l'ancien droit pour cause de prodigalité; d'après le code civil, on leur nomme un conseil; leur incapacité n'est pas absolue, elle n'existe que pour les actes que la loi leur défend de faire sans l'assistance de leur conseil; les prodigues s'obligent donc par leurs délits et quasi-délits, car la loi s'est bien gardée de les déclarer incapables de s'obliger par un fait dommageable. Il en est de même des personnes faibles d'esprit, auxquelles on nomme un conseil, car la faiblesse d'esprit, telle que la loi l'entend, ne va point jusqu'à priver ceux qui en sont affligés de la conscience du mal qu'il fait. Cela est d'évidence quand ils le font avec intention de nuire. Cela est encore évident quand ils causent un dommage par leur imprudence; seulement il faut dire d'eux ce que Pothier dit des mineurs, que l'imprudence s'excusera plus facilement chez eux. Alors même qu'il n'y aurait pas d'interdiction, l'aliénation mentale suffirait, si elle était constante, pour décharger de toute responsabilité l'auteur du fait dommageable. Le principe n'est pas douteux, sauf la difficulté de preuve. Il se peut aussi que la folie ne fasse pas cesser l'imputabilité. La cour de Rouen a déclaré responsable un capitaine de navire et, par suite, l'armateur, à titre de commettant, pour avoir blessé un matelot, quoique le coupable prétendît qu'il l'avait fait dans un accès de folie; la cour répond que cette espèce d'aliénation momentanée avait eu pour cause l'abus de boissons alcooliques, c'est-à-dire une faute de celui qui avait causé le dommage; par conséquent, l'état de folie même pouvait à juste titre être imputé au capitaine, ce qui entraîna la condamnation de l'armateur (1).

· L'enfant n'est pas capable de délit ni de quasi-délit, tandis que le mineur en est capable. A quel âge l'enfant devient-il capable de s'obliger par un fait dommageable? Pothier répond à la question. On ne peut pas définir avec précision l'âge auquel les hommes ont l'usage de la raison et sont, par conséquent, capables de malignité ou de faute. Cela doit s'estimer par les circonstances : le juge décidera s'il y a imputabilité et, par suite, délit ou quasi-délit (2).

446. Il a été jugé, par application de ces principes,

(1) Rouen, 17 mars 1874 (Dalloz, 1874, 2, 290).
(2) Pothier, *Obligations*, nᵒˢ 118-120. Aubry et Rau, t. IV, p. 747, et notes 6-8, § 444, et p. 754, § 446.

que le mineur, même impubère, est tenu de réparer le dommage qu'il cause par un quasi-délit, s'il avait l'intelligence assez développée pour comprendre la faute qu'il a commise : dans l'espèce, le mineur n'avait que onze ans (1). La jurisprudence s'est prononcée dans le même sens pour les aliénés. C'est un point de fait souvent très-difficile à juger, quand la démence n'est pas absolue. En droit, il n'y a aucun douté ; la cour de cassation dit très-bien que l'article 1382 décide implicitement la question. En effet, la loi exige la faute pour qu'il y ait fait dommageable, ce qui suppose un fait dépendant de la volonté ; or, un insensé n'a pas de volonté, il ne saurait donc être responsable, même civilement, des actes par lui accomplis pendant l'état de démence (2). Il y a cependant un arrêt en sens contraire. La cour de Montpellier prétend que, dans l'application des principes de la responsabilité civile, la loi ne tient compte ni de la volonté ni de l'intention ; la cour ajoute que si l'*inexpérience* d'un insensé est excusable au point de vue de la répression pénale, quand elle amène un fait dommageable, elle n'oblige pas moins son auteur à le réparer (3). La cour de cassation a répondu d'avance à l'argument de droit, si l'on peut donner ce nom à la violation de la loi. Il s'agit bien d'*inexpérience*, alors qu'il n'y a ni intelligence ni volonté ! Dans l'espèce jugée par la cour de Montpellier, la cause des demandeurs, héritiers de la victime, était très-favorable ; et la cour constate, en fait, que l'auteur du délit jouissait, au moment de l'acte, d'une raison suffisante pour apprécier les conséquences et la moralité de son action. Cela était décisif, et il était inutile de donner une mauvaise raison de droit à l'appui d'une décision qui se justifiait par l'état intellectuel de l'aliéné.

(1) Bordeaux, 31 mars 1852 (Dalloz, 1854, 5, 656, n° 17).
(2) Rejet, 14 mai 1866 (Dalloz, 1866, 1, 296). Comparez Bruxelles, 3 juillet 1830 (*Pasicrisie*, 1830, p. 173). Liége, 10 janvier 1835 (*Pasicrisie*, 1835, 2. 12). Caen, 2 décembre 1853 (Dalloz, 1855, 2, 117). Lyon, 22 février 1871 (Dalloz, 1872, 2, 133).
(3) Montpellier, 31 mai 1866 (Dalloz, 1867, 2, 3).

N° 2. L'IMPUTABILITÉ CESSE-T-ELLE QUAND LE FAIT EST COMMIS PAR UN ORDRE DE L'AUTORITÉ.

447. L'affirmative est consacrée par la jurisprudence. S'il est jugé qu'obéissance est due à l'ordre de l'autorité, il ne peut plus être question de réclamer des dommages-intérêts contre celui qui a exécuté l'ordre, puisqu'il n'y a plus de volonté libre de sa part, et sans liberté, il n'y a pas d'imputabilité (1). Reste à savoir si l'autorité est responsable des conséquences de l'ordre qu'elle a donné. Nous reviendrons plus loin sur cette question.

L'administration d'un chemin de fer loue un terrain à un entrepreneur de transport pour servir de station aux omnibus. Intervient un arrêté du préfet qui ordonne d'admettre toutes les entreprises de transport dans l'enceinte du débarcadère. La compagnie était-elle responsable de l'inexécution de ses engagements? Non, dit la cour de cassation, parce que, à son égard, l'acte de la puissance publique était un cas de force majeure. Le préfet était-il responsable, ou l'Etat, au nom duquel il agissait? Non, dit la cour, parce que l'arrêté était un acte de police et de sûreté publique. Il ne restait au demandeur qu'à se pourvoir administrativement pour obtenir que l'arrêté fût rapporté s'il y avait lieu (2).

Des ouvriers exécutent des travaux, par ordre de l'autorité communale, sur un terrain que le possesseur prétend être sa propriété. Action en dommages-intérêts contre les ouvriers. Le tribunal décide que les ouvriers ne sont pas responsables, puisqu'ils n'ont agi que d'après les ordres de l'autorité locale, sauf à la partie lésée à diriger son action contre la commune. Pourvoi en cassation pour violation de l'article 1382. La cour décida que le tribunal avait fait une juste application des vrais principes de droit (3). Si la commune agissait par ordre de l'autorité supérieure, elle cesserait d'être responsable: la

(1) Bruxelles, 4 juillet 1846 (*Pasicrisie*, 1847, 2, 44).
(2) Cassation, 3 mars 1847 (Dalloz, 1848, 1, 78).
(3) Liége, chambre de cassation, 9 octobre 1828 (*Pasicrisie*, 1828, p.293).

province et l'Etat seraient-ils responsables? Cela dépend
de la nature de l'acte et de la qualité en laquelle l'Etat
agit (1). Nous reviendrons sur la question en traitant de
la responsabilité de l'Etat.

448. Le fonctionnaire qui obéit à un ordre de ses
supérieurs est-il responsable du dommage qu'il cause? Si
l'ordre émane de l'autorité qui avait le droit de commander, il n'y a plus d'imputabilité, puisque la volonté est
contrainte. La jurisprudence est en ce sens. Il a été jugé
que l'inspecteur voyer qui concourt à un fait dommageable n'encourt aucune responsabilité s'il a agi sur les
ordres du maire (2). De même, quand le ministre de la
guerre prend fait et cause pour ses subordonnés qui ont,
sur ses ordres, enfreint le règlement de l'octroi, il n'y a
pas d'action contre les auteurs, pour mieux dire les instruments du fait dommageable; la responsabilité pèse
sur le ministre et sur l'Etat dont il est l'organe (3).

Que faut-il décider si l'ordre est illégal? Le fonctionnaire doit-il obéir à un ordre contraire à la loi? S'il obéit,
sera-t-il tenu des dommages-intérêts? C'est une thèse de
droit public que nous n'entendons pas discuter. Voici un
cas singulier qui s'est présenté. Un membre du corps
législatif est emprisonné par la voie de la contrainte par
corps. La chambre ordonne son élargissement. Un des
questeurs signifie au directeur de la maison de Clichy
l'ordre de mettre le représentant en liberté, en déclarant
qu'en cas de refus, il allait requérir la force armée et
faire enfoncer les portes. Le greffier obéit. De là une action en dommages-intérêts; on soutint que l'élargissement était illégal, les représentants étant contraignables
par corps. Le tribunal de la Seine jugea que le directeur
de la prison n'était pas responsable, parce qu'il n'avait
cédé qu'à la menace de l'emploi de la force publique, ce
qui constituait un cas de force majeure (4).

(1) Gand, 3 mars 1854 (*Pasicrisie*, 1854, 2, 239).
(2) Bourges, 20 août 1828 (Dalloz, au mot *Responsabilité*, n° 279).
(3) Cassation, 11 août 1848 (Dalloz, 1848, 1, 186).
(4) Jugement du tribunal de la Seine du 15 janvier 1850 (Dalloz, 1850,
3, 76)

449. Le mandataire qui commet un acte dommageable peut-il invoquer comme excuse l'ordre qu'il a reçu du mandant? Il va sans dire que s'il s'agit d'un délit crimi-nel ou même d'un délit civil, le mandataire est person-nellement responsable. La question ne peut être agitée sérieusement que pour les quasi-délits. Elle a été décidée contre le mandataire par la cour de cassation (1). Le man-dataire n'est pas dans la position d'un fonctionnaire qui doit obéissance à l'autorité supérieure; il y a impru-dence, de sa part, à exécuter un ordre qui constitue un quasi-délit, dès lors il doit être responsable.

N° 3. DE LA FORCE MAJEURE.

I. *Principe général.*

450. La loi prévoit le cas de force majeure dans les obligations conventionnelles. Aux termes de l'article 1148, « il n'y a lieu à aucuns dommages et intérêts lorsque, par suite d'une force majeure ou d'un cas fortuit, le débi-teur a été empêché de donner ou de faire ce à quoi il était obligé, ou a fait ce qui lui était interdit. » En est-il de même dans les obligations qui naissent d'un délit ou d'un quasi-délit? L'affirmative n'est pas douteuse; pour qu'il y ait délit ou quasi-délit, il faut qu'il y ait faute; or, la force majeure exclut toute idée de faute. Si donc le dommage résulte du cas fortuit, la partie lésée n'a aucune action en dommages-intérêts, parce que personne n'est responsable du dommage. Un crime est-il un cas fortuit quand il est commis dans un wagon contre un voyageur par un tiers qui n'est pas le préposé de la compagnie ou de l'Etat? S'il n'y a aucune faute à imputer à la compa-gnie, elle n'est pas responsable. Dans l'espèce, on soute-nait que la disposition défectueuse des voitures avait fa-cilité l'attentat. La cour de Paris jugea que les wagons satisfaisaient à toutes les conditions prescrites par l'auto-rité administrative dans l'intérêt de la sûreté publique.

(1) Rejet, 19 janvier 1833 (Dalloz, au mot *Action possessoire*, n° 584).

Par suite, elle rejeta l'action en dommages-intérêts intentée par la victime contre la compagnie (1).

451. Le principe est certain ; s'il se présente des difficultés dans l'application, c'est qu'on allègue toujours quelque faute à charge de celui que l'on prétend être l'auteur du dommage. C'est une question de fait. Les événements de la nature sont certainement des faits de force majeure, tel est un orage ; toutefois, le débat a été porté devant la cour de cassation et il y avait quelque doute. Pendant les courses de chevaux, une tribune s'effondra et entraîna dans sa chute les spectateurs qui s'y trouvaient. Les personnes blessées intentèrent une action en dommages et intérêts contre la société des courses. La demande, admise en première instance, fut rejetée en appel. L'arrêt constate que l'accident devait être attribué à l'invasion de la tribune par un grand nombre de spectateurs qui s'y réfugièrent pour se garantir de l'orage. Il est vrai que l'orage n'était que l'occasion de l'accident, mais l'invasion de la foule tumultueuse, irrésistible, était également un cas de force majeure ; en tout cas, il n'appartenait pas à la commission des courses de l'empêcher, puisqu'elle n'avait pas la police. On lui reprochait de n'avoir pas fait visiter la tribune par l'architecte de la ville ; la cour répond très-bien que ce reproche n'aurait d'effet juridique que si la tribune avait manqué de solidité ; or, il avait été constaté, sur des poursuites correctionnelles dirigées contre le charpentier et le surveillant des travaux, qu'il n'y avait aucun vice de construction dans l'estrade. Cela décidait la question. Sur le pourvoi, il intervint un arrêt de rejet (2).

452. L'inondation est un cas fortuit ; mais quand elle provient du débordement d'une rivière, les riverains peuvent la prévenir en faisant des travaux de défense. De là une complication d'intérêts et un conflit de principes qui donnent facilement lieu à des procès. La Garonne est sujette à des débordements fréquents, bienfaisants en hiver quand les eaux déposent sur le sol un limon fertilisant,

(1) Paris, 16 décembre 1873 (Dalloz, 1 874,1, 126).
(2) Rejet, 22 janvier 1872 (Dalloz, 1872, 1, 302).

désastreux en été quand elles détruisent les récoltes ou les endommagent. Pour se préserver de ces inconvénients, les riverains établissent une digue parallèle au fleuve qui s'oppose à l'invasion des eaux et ils y ménagent des vannes au moyen desquelles ils les laissent passer lorsqu'ils en ont besoin. L'un des riverains ouvre sa vanne et, par suite, le fonds de son voisin est inondé. Est-il responsable du dommage causé? Non, car il n'a fait qu'user de son droit sans léser un droit de son voisin. Vainement celui-ci opposait-il que, s'il souffrait un dommage, ce n'était point par le cas fortuit, que c'était par le fait du riverain qui avait ouvert ses vannes; le riverain inondé n'avait aucun droit ni légal ni conventionnel à ce que les vannes restassent fermées; car les riverains qui exécutent des travaux dans leur intérêt ne sont pas tenus de préserver en outre l'héritage de leur voisin; c'était à celui-ci de se garantir (1).

Un cas analogue s'est présenté devant la cour de Bruxelles. Une fabrique ayant été inondée par les eaux de la Senne, le fabricant demanda des dommages et intérêts à la ville de Bruxelles qui, d'après lui, avait occasionné l'inondation par les mesures qu'elle avait prises dans l'intérêt des habitants. La demande a été rejetée. D'abord parce que l'autorité communale, en prenant des mesures pour défendre les habitants contre le danger de l'inondation, avait agi dans la limite de ses droits et rempli un devoir. Avait-elle porté atteinte aux droits du fabricant? L'un des riverains a le droit de se défendre contre l'action des eaux, sans être tenu de défendre les autres. De plus, l'usine était mal construite, sans aucune prévoyance du danger de l'inondation, qui est un fait habituel dans la vallée de la Senne. Si donc il y avait faute, elle existait du côté de la partie lésée; il y avait cas fortuit, mais le dommage était imputable à la partie lésée (2).

453. La loi française sur les postes, du 4 juin 1859, porte, article 3 : « L'administration des postes est res-

(1) Bordeaux, 12 avril 1866 (Dalloz, 1866, 2, 179).
(2) Bruxelles, 17 juillet 1873 (*Pasicrisie*, 1873, 2, 373).

ponsable jusqu'à concurrence de 2,000 francs, sauf le cas de perte, par force majeure, des valeurs insérées dans des lettres et déclarées. » Cette disposition applique le principe général concernant le cas fortuit. On a prétendu que les mots *force majeure* signifiaient, dans l'article 3, un vol à main armée. La cour de cassation a jugé que c'était restreindre sans raison une disposition générale et de droit commun ; l'expression *force majeure* a un sens traditionnel, elle s'entend de tout événement que l'on n'a pu prévoir ni prévenir et auquel on n'a pu résister. Par application du principe, la cour a décidé que l'administration des postes n'est pas responsable de la perte de valeurs contenues dans une lettre, quand la lettre a péri dans le naufrage du paquebot auquel elle avait été remise (1). Dans l'espèce, il s'agissait de la responsabilité conventionnelle plutôt que d'un quasi-délit ; nous dirons plus loin que la responsabilité, dans le cas de l'art. 1382, est plus rigoureuse, mais, quelque rigoureuse qu'elle soit, elle cesse quand il y a force majeure.

454. L'incendie n'est pas toujours un cas fortuit ; il serait plus vrai de dire que, sauf le feu du ciel, il s'y mêle toujours quelque faute. C'est aux tribunaux à apprécier les faits. Un capitaine quitte son navire au moment où on le chargeait ; pendant son absence, un incendie éclate ; on prétend qu'il en est responsable, parce qu'il est en faute, la loi lui faisant une obligation d'être sur son navire à l'entrée et à la sortie des ports, sous peine d'être responsable de tous les événements (C. de c., art. 227, 228). Néanmoins, il a été jugé que le capitaine n'était point responsable ; d'abord le chargement n'était pas encore achevé le navire n'était donc pas à sa sortie. Puis l'absence du capitaine avait une cause légitime. En définitive, il y avait force majeure, en ce qui concernait le capitaine (2).

Quand le cas fortuit a été amené par une faute, il devient imputable : c'est le droit commun. Une pluie d'orage est, en général, un accident dont personne ne répond ;

(1) Rejet, chambre civile. 26 décembre 1866 (Dalloz, 1867, 1, 28).
(2) Rouen, 13 juin 1848 (Dalloz, 1848, 4, 407).

mais si ceux qui exécutent les travaux laissent les terrains sans défense contre l'action des eaux, les éboulements qui en résultent leur sont imputables, bien entendu lorsque ceux qui exécutent les travaux doivent veiller à ce qu'ils ne nuisent pas aux voisins : tels sont les entrepreneurs de travaux publics (1). Mais les éboulements de terrains peuvent ne pas être imputables à ceux dans les fonds desquels ils se produisent. Un jardin formait la cime d'un rocher dans lequel il existait plusieurs fentes ou crevasses. Un éboulement eut lieu sur le fonds inférieur ; le propriétaire réclama des dommages-intérêts. Il était constaté que le propriétaire du jardin aurait pu empêcher le dommage en construisant un mur de soutenement : était-il responsable pour ne l'avoir point fait? Non, certes ; c'était au propriétaire inférieur à prendre les mesures que nécessitaient la situation de son fonds et la nature du rocher. Quant au propriétaire supérieur, il n'avait aucune obligation de ce chef, ni en vertu de la loi, ni en vertu d'une convention; il n'y avait donc aucune faute à lui imputer (2).

II. *Des faits de guerre.*

455. Les faits de guerre donnent-ils droit à une indemnité contre l'Etat? Il faut distinguer. Le dommage que cause l'ennemi est un cas de force majeure qui frappe les victimes sans qu'elles aient, de ce chef, aucun recours à exercer. Ce n'est pas le fait de l'Etat auquel appartient la partie lésée, donc la première condition requise pour qu'il y ait lieu à dommages-intérêts manque; l'auteur direct du fait dommageable, l'ennemi, ne répond pas du dommage qu'il cause ; c'est l'exercice de ce qu'on appelle le droit de guerre. Sans doute, il peut y avoir, et il y a presque toujours un coupable, celui qui, sans raison suffisante, provoque ces luttes terribles ; mais cette responsabilité est une responsabilité politique, et d'ordinaire elle se couvre par la complicité de la nation et de ses représen-

(1) Rejet, 17 novembre 1868 (Dalloz. 1869, 1, 102).
(2) Poitiers, 6 mai 1856 (Dalloz, 1856, 2, 182).

tants. Les articles 1382 et 1383 supposent un conflit d'intérêts et de droits privés (1); la responsabilité politique de l'Etat et de ceux qui le gouvernent est étrangère au code civil, nous l'abandonnons au droit public.

456. Pour qu'il puisse s'agir de responsabilité du chef de faits de guerre, il faut que les faits dommageables soient l'œuvre du gouvernement contre lequel la partie lésée réclame la réparation du préjudice qu'un acte de guerre, commandé par l'autorité publique, lui a causé. Ici de nouvelles distinctions sont nécessaires. C'est dans le cas d'invasion que les faits de guerre se produisent comme faits dommageables. Les faits de guerre proprement dits, batailles, siéges et les pertes qui en résultent pour les personnes et pour les choses ne donnent pas lieu à une action en dommages-intérêts contre l'Etat. Pourquoi un dommage causé par le fait de l'Etat n'oblige-t-il pas l'Etat à le réparer? Nous venons de dire que les articles 1382 et 1383 ne sont pas applicables aux faits politiques; or, la guerre est essentiellement un acte politique. Aucune des conditions requises pour qu'il y ait délit ou quasi-délit ne se rencontre dans le dommage causé par les luttes sanglantes des peuples. Qui est l'auteur du dommage? Ce n'est pas celui qui le cause : les armées obéissent passivement aux ordres qu'elles reçoivent. Ce n'est pas le général qui donne les ordres : il est investi du terrible pouvoir d'envoyer les hommes à la mort et de détruire les choses, quand cette destruction est une nécessité de la guerre. Le vrai coupable est celui qui a provoqué la guerre, si l'appel à la force n'est pas suffisamment justifié. Mais ces débats appartiennent à la politique, et c'est l'histoire qui les décide : l'agresseur n'est pas toujours celui qui ouvre les hostilités, il se peut qu'il ne fasse que prévenir l'ennemi. Si les juges étaient saisis de ces questions, ils n'auraient aucun moyen de découvrir la vérité; et s'il ne leur est pas possible de connaître le vrai auteur du fait dommageable contre qui prononceraient-ils des dommages-intérêts?

(1) Comparez Bruxelles, 24 décembre 1842 (*Pasicrisie*, 1843, 2, 187).

Mais s'il n'y a pas d'action civile à raison du dommage qui résulte des désastres de la guerre, n'est-il pas juste qu'une guerre soutenue par la nation soit aussi supportée par elle dans toutes ses conséquences? Pourquoi les malheurs de la guerre frapperaient-ils exclusivement ceux qui en sont les innocentes victimes? La justice n'exige-t-elle point qu'une indemnité leur soit allouée sur le trésor de l'Etat, sauf à frapper tous les contribuables d'un impôt extraordinaire? Les indemnités que le vaincu est obligé de payer au vainqueur, en vertu des traités de paix, sont supportées par la nation; pourquoi n'indemniserait-elle pas aussi les malheureuses victimes des hostilités? Après la funeste guerre provoquée par la France contre l'Allemagne, une proposition fut faite en ce sens à l'assemblée législative; elle était formulée comme suit: « Les contributions de guerre, les réquisitions, soit en argent, soit en nature, les amendes et les dommages matériels directs que la guerre et l'invasion ont fait subir aux habitants, aux communes et aux départements d'une partie du territoire français seront supportés par toute la nation. » C'était proclamer la responsabilité de l'Etat pour faits de guerre. Le président de la république, M. Thiers, combattit vivement cette doctrine. L'Etat, dit-il, n'indemnise jamais des hasards de la guerre; voilà pourquoi on ne s'est jamais servi du mot de *dette,* alors même que l'Etat intervient pour réparer les maux que la guerre a causés; il soulage des misères, en tenant compte des souffrances et en tenant compte aussi des ressources du trésor et des nécessités du crédit. Un nouveau projet fut présenté et adopté comme mesure d'équité. L'Etat n'est donc pas un débiteur : représentant de la nation, il vient au secours de ceux qui ont subi des pertes; l'article 3 de la loi du 6 septembre 1871 porte : « Lorsque l'étendue des pertes aura été constatée, une loi fixera la somme que l'état du trésor public permettra de consacrer à leur dédommagement et en déterminera la répartition (1). »

(1) Voyez la loi et la discussion dans le *Répertoire* de Dalloz, 1871, 4, 154.

457. La loi française de 1871 a consacré la doctrine de Grotius (1) : « Le droit de la guerre, dit-il, s'exerce de peuple à peuple, et non entre les citoyens d'un même Etat. Ceux-ci étant associés, il est équitable qu'ils supportent en commun les dommages qu'ils subissent pour la cause de tous. » C'est à titre d'équité que l'Etat intervient; il ne peut donc pas y avoir d'action judiciaire contre l'Etat du chef des dommages éprouvés par un fait de guerre. On entend par faits de guerre les batailles, les siéges et prises de ville. Une construction est détruite par l'artillerie, une charge de cavalerie ravage un champ et les récoltes qui le couvrent, un mur est crénelé ou renversé, une tranchée est creusée sur le lieu du combat pour abriter les combattants : voilà des exemples de faits de guerre. Il est rare que la justice ait à s'en occuper, le principe que la guerre ne donne pas lieu à indemnité étant universellement admis. Voici un cas qui s'est présenté devant le conseil d'Etat à la suite de la dernière guerre. Des sacs de laine avaient été réquisitionnés par l'autorité militaire le jour de la bataille de Saint-Quentin; de là une action en indemnité à raison de la perte ou des avaries survenues aux sacs fournis sur la réquisition. La demande fut rejetée par le motif que les sacs avaient été employés à la construction d'une barricade dans un des faubourgs de la ville; cette mesure de défense, ayant été prise par l'autorité militaire en vue des nécessités immédiates de la lutte, constituait un fait de guerre qui ne donnait pas lieu à indemnité par la voie contentieuse, sauf à la partie lésée à se pourvoir à l'effet d'avoir une part dans la répartition des sommes allouées, à titre d'équité, pour la réparation des dommages causés par la guerre(2).

458. Les cours de Belgique ont appliqué le même principe aux faits de révolution. Dans les journées de septembre 1830, l'hôtel de Galles situé dans le voisinage du Parc fut occupé militairement par les volontaires belges : une action en dommages-intérêts fut intentée, de ce chef,

---

(1) Grotius, *De jure belli*, lib. III, cap. XX, § 8.
(2) Décret du 8 août 1873 (Dalloz, 1874, 3, 20).

contre l'Etat. Admise en première instance, elle fut rejetée par la cour de Bruxelles. L'arrêt pose en principe que
les désastres de la guerre occasionnés par la lutte et le
combat doivent être considérés comme des événements de
force majeure qui ne produisent aucune action, sans qu'il
y ait à distinguer si le dommage a été causé par l'ennemi
ou par les armées nationales. La cour reconnaît que les
dommages causés par la guerre devraient retomber, au
point de vue de l'équité, sur la communauté entière; mais
une impérieuse nécessité doit faire écarter l'action en justice, c'est que les ressources de l'Etat ne suffiraient point
pour faire face à cette dépense. On objectait, dans l'espèce, la loi de 1791; nous y reviendrons (1).

De nombreux pillages signalèrent et, disons le mot,
souillèrent la révolution de 1830. Les communes, déclarées responsables en vertu de la loi du 10 vendémiaire
an IV, appelèrent l'Etat en garantie. Elles soutinrent, et
non sans raison, que les pillages étaient des faits d'insur-
rection, donc de révolution; que, par conséquent, s'il y
avait une responsabilité, elle devait retomber sur la nation entière. La cour de Bruxelles repoussa ces prétentions, mais par d'assez singuliers motifs (2). En supposant,
dit-elle, que les articles 1382 et 1383 soient applicables
aux faits d'une nation qui agit en masse, il est universellement admis que celui qui use de son droit, sans en excéder les justes limites, n'est pas tenu de réparer le dommage qu'il cause par l'exercice de son droit. Or, la nation
belge n'a fait qu'user d'un droit en faisant la révolution
de 1830. Sans doute, il est difficile aux tribunaux de nier
la légitimité de la révolution, alors que la Belgique n'existe
qu'en vertu de la révolution. Mais le droit de révolution
implique-t-il le droit de pillage? La cour répond par des
propositions contradictoires. La révolution, dit-elle, ne
pouvait s'accomplir sans émeutes, et la nation, qui a le
droit de s'insurger, ne saurait être responsable des suites
de l'émeute. Tel est le vrai principe; mais s'applique-t-il
aux pillages? La cour les flétrit comme l'œuvre de quel-

(1) Bruxelles, 14 août 1835 (*Pasicrisie*, 1835, 2, 320).
(2) Bruxelles, 23 avril 1835 (*Pasicrisie*, 1835, 2, 167).

ques malveillants; or, le fait de malveillance, la destruction méchante de ce qui appartenait à des partisans du
gouvernement déchu étant un délit criminel, entraînait
par cela même une responsabilité. Une loi spéciale rend
les communes responsables, sans donner un recours contre l'Etat. Comment l'Etat, dans l'espèce, aurait-il été responsable, alors qu'il n'y avait d'autre Etat légal que le
gouvernement des Pays-Bas contre lequel la révolution
se faisait? En deux mots : les pillages étaient-ils un fait
de révolution et de guerre, l'État n'en répondait pas;
étaient-ce des faits rentrant dans la loi du 10 vendémiaire
an IV, les communes seules étaient responsables.

459. Il y a dans le cours de la guerre d'autres faits
dommageables que ceux qui résultent de l'emploi de la
force : ce sont les mesures ordonnées par l'autorité militaire en vue des opérations stratégiques. Ces faits diffèrent
de la force majeure en ce sens qu'ils sont prémédités, ré-
fléchis; c'est une œuvre de prévoyance et de prudence.
Donnent-ils lieu à une action en dommages-intérêts? La
question a été souvent débattue en France à la suite de
la funeste guerre qui, outre le désastre national, a occasionné tant de malheurs individuels. On décide la difficulté par une distinction. Quand le fait dommageable est
en relation directe avec les opérations stratégiques, il n'y
a guère de doute, c'est un fait de guerre proprement dit,
qui n'entraîne aucune responsabilité civile. Cette doctrine
a été consacrée par un arrêt du conseil d'Etat que l'on a
souvent invoqué lors des derniers événements et des procès auxquels ils ont donné lieu (1).

Après la bataille de Vittoria (juin 1813), le maréchal
Soult, comprenant qu'il ne pouvait défendre longtemps la
frontière contre Wellington, donna ordre de préparer sur
ses derrières des camps retranchés et des fortifications
de campagne destinés à couvrir sa retraite et à créer à
l'ennemi des obstacles sans cesse renaissants. Ces travaux s'effectuèrent sur une vaste étendue de territoire; le

(1) Nous empruntons les détails qui suivent à un excellent réquisitoire
de Laferrière, commissaire du gouvernement près le conseil d'Etat (Dalloz, 1874, 3, 9).

génie utilisa tous les cours d'eau, tous les accidents naturels ; il fallut à l'armée anglaise près de six mois de combats pour forcer toutes les positions. Ces retranchements, ordonnés et exécutés longtemps avant la lutte dont ils devaient être le théâtre et dont plusieurs n'avaient pu être utilisés, constituaient-ils des faits de guerre? Le conseil d'Etat se prononça pour l'affirmative par un arrêt du 26 mars 1823. En effet, il s'agissait de travaux de défense ayant pour objet de s'opposer à l'envahissement du territoire français ; ils furent exécutés pendant que l'armée manœuvrait en présence de l'ennemi ; ils constituaient donc un fait de guerre et, comme tels, ne pouvaient donner lieu à aucune indemnité.

Le conseil d'Etat est resté fidèle à cette jurisprudence. Il considère comme faits de guerre toutes dispositions stratégiques, lorsqu'elles sont prises pendant la période d'action militaire sur le théâtre de l'action et qu'elles ont avec cette action un lien direct et immédiat. Un corps de troupe occupait un domaine situé près de Versailles ; ce corps faisait partie de la réserve qui opérait contre la commune de Paris ; le fait était donc un fait de guerre civile. Des dégâts furent causés par le séjour des troupes ; le propriétaire adressa au ministre de la guerre une demande en indemnité qui fut rejetée, et le conseil d'Etat maintint la décision : le campement était une nécessité des opérations militaires dirigées contre Paris, donc un fait de guerre (1).

Des propriétaires réclamèrent une indemnité à raison de la perte de leurs récoltes, incendiées par ordre du gouverneur de Paris. Ces actes de destruction avaient eu lieu, du 13 au 16 septembre 1870, à l'approche ou même en vue de l'ennemi et dans le but de lui enlever ses ressources, c'était donc une mesure commandée par la nécessité de la lutte ; partant on devait la ranger parmi les désastres de la guerre, d'où la conséquence que la perte ne donnait pas ouverture à une action en dommages et intérêts (2).

(1) Arrêt du 9 mai 1873 (Dalloz, 1874, 3, 4).
(2) Arrêt du conseil d'Etat, 6 juin 1873 (Dalloz, 1874, 3, 11).

Dans les premiers jours de septembre 1870, le génie militaire fit démolir, en vue de la défense de Paris, une maison et un vaste établissement industriel situés dans la zone des servitudes militaires. Le propriétaire réclama une indemnité de 550,000 francs; sa réclamation fut rejetée par le conseil d'Etat. La démolition avait eu lieu au commencement de septembre, dans les journées qui s'écoulèrent entre le désastre de Sedan et l'investissement de la capitale. A raison de la certitude et de l'imminence de l'investissement, la destruction des bâtiments, ordonnée par l'autorité militaire, devait être rangée parmi les actes qui s'imposent comme une nécessité actuelle de la lutte, donc parmi les faits de guerre qui ne donnent pas droit à une réparation civile (1).

Nous croyons que cette jurisprudence est conforme aux vrais principes. Tout acte fait pendant la période de lutte, en vue de la lutte, qui mène directement à la lutte et dont le combat est le dénouement, est un fait de guerre. Cette période d'action, qui n'est pas encore le combat, est certainement la guerre; donc on doit considérer comme fait de guerre tout ce que fait l'autorité militaire pendant le prélude du combat : marches, manœuvres, campements, travaux, dispositions de prévoyance, etc. La doctrine, qui ne voit le fait de guerre que dans l'acte du combat, divise et sépare ce qui est indivisible et inséparable. « Elle admet le fait de guerre là où s'établit la batterie de siége, là où porte le boulet de canon, là où passe la colonne d'assaut; elle ne l'admet pas là où campent les hommes prêts à former la colonne d'assaut, là où sont les réserves de troupes, d'artillerie, de munitions qui permettent d'entretenir le feu, comme si l'un était possible sans l'autre (2). »

460. Il ne faut pas confondre avec les actes faits pendant l'action ceux qui sont purement préparatoires. On n'a jamais considéré comme faits de guerre le recrutement, l'armement, le rassemblement des troupes, l'approvisionnement; tout cela n'est pas l'action, donc ce n'est

---

(1) Arrêt du conseil d'Etat, 23 mai 1873 (Dalloz, 1874, 3, 12).
(2) Laferrière, conclusions précitées (Dalloz, 1874, 3, 10).

pas la guerre, et partant il n'y a pas de fait de guerre. Il en faut dire autant des mesures prises en vue de la défense d'une place qui n'est pas attaquée, qui peut-être ne le sera point. Le cas s'est présenté pendant la dernière guerre. Des travaux de défense furent exécutés à Lyon, place forte qui n'a point subi de siége, n'a pas été investie; on supposait que la ville pouvait être menacée; toujours est-il qu'elle ne le fut point. Il en est de même des travaux exécutés dans le département de la Manche, que l'ennemi n'a jamais abordé; ce n'étaient pas des travaux commandés par la nécessité de la lutte, donc il n'y avait pas de fait de guerre; c'étaient des travaux de prévoyance lointaine ne se reliant directement à aucune action militaire. On a jugé la même chose pour les travaux faits à Belfort, près de deux mois avant l'investissement de la place, à une époque où le siége effectif de la forteresse était encore douteux (1).

Un seul et même fait peut donc être tantôt un fait de guerre, tantôt un fait dommageable. Des immeubles furent détruits, dans la zone défensive de Paris, avant le désastre de Sedan; ce n'était pas un fait de guerre, parce que les travaux n'étaient pas imposés par les nécessités immédiates de la lutte. A partir de la bataille de Sedan, au contraire, ces démolitions constituaient un fait de guerre, parce que, dès lors, l'investissement de la capitale était certain et imminent; par suite, les destructions ordonnées par l'autorité militaire étaient une nécessité immédiate de la lutte. A plus forte raison les destructions opérées après que le corps de siége avait commencé l'attaque des abords de Paris avaient-ils le caractère de faits de guerre, bien qu'il n'y eût pas encore d'investissement (2).

On objectera que la distinction que l'on fait entre les destructions opérées pendant l'action et celles qui ne sont que des mesures de défense est très-subtile. N'est-ce pas la guerre qui nécessite les unes et les autres? Aurait-on

(1) Arrêts du tribunal des conflits du 11 janvier, du 1er février et du 15 mars 1873 (Dalloz, 1873, 3, p. 1, 24 et 25).
(2) Arrêts du conseil d'Etat, 1er mai, 13 février 1874 (Dalloz, 1874, 3, 45 et 46). Comparez Arrêt, 14 novembre 1873 (Dalloz, 1874, 3, 46).

fait des travaux de défense dans le département de la Manche, sans l'invasion? Non, certes. Cependant il y a une nuance qui justifie la doctrine consacrée par le conseil d'Etat. En principe, l'Etat est responsable du dommage qu'il cause, quand même il agit dans un intérêt public, dès qu'il porte atteinte à un droit; or, c'est certainement léser le droit de propriété que de détruire des constructions. Quand cette obligation cesse-t-elle? Lorsqu'il y a force majeure. Reste à préciser dans quel cas il y a force majeure. C'est là le vrai point de la difficulté. On ne peut pas dire qu'il y ait force majeure quand l'autorité militaire prend des mesures de défense en vue d'un danger futur qui peut ne pas se réaliser : la force majeure n'existe, comme le dit le conseil d'Etat, que dans les cas où la destruction ou le fait dommageable s'impose comme une nécessité de la lutte.

Lorsque le fait dommageable ne constitue pas un fait de guerre, il donne lieu à une indemnité. Le droit des propriétaires est consacré par la loi du 8 juillet 1791 qui porte (art. 36) : « Lorsqu'une place sera en état de guerre, les inondations qui servent à la défense ne pourront être tendues ou mises à sec sans un ordre exprès du roi; il en sera de même pour les démolitions des bâtimens ou clôtures qu'il deviendrait nécessaire de détruire pour la défense desdites places; et, en général, cette disposition sera suivie pour toutes les opérations qui pourraient porter préjudice aux propriétés et jouissances particulières » (art. 37). « Dans le cas d'urgente nécessité, qui ne permettrait point d'attendre les ordres du roi, le commandant des troupes assemble le conseil de guerre à l'effet de délibérer sur l'état de la place et de la défense de ses environs, et d'autoriser la prompte exécution des dispositions nécessaires à sa défense. » L'article 38 porte que, dans les cas prévus par les articles 36 et 37, les particuliers dont les propriétés auraient été endommagées seront indemnisés aux frais du trésor public. Pour comprendre la portée de ces dispositions, il faut connaître le sens légal de l'expression *en état de guerre*. La loi de 1791 porte que l'état de guerre est déterminé par un décret du corps législatif. L'état de guerre existe donc pour toutes les parties du territoire dès que la guerre est déclarée, bien qu'il n'y ait aucune hostilité et, par conséquent, aucun fait de guerre. Et c'est précisément parce qu'il n'y a point de fait de guerre que les mesures prises par l'autorité militaire donnent droit à une indemnité; on reste sous l'empire du droit commun. Il en est autrement quand une place de guerre est dans l'*état de siége*. Dans ce cas, il y a hostilité ouverte, et tous les actes de l'autorité militaire en vue de la défense sont des faits de guerre; la loi n'accorde pas d'indemnité du chef de ces faits, parce qu'il y a force majeure (art. 8 et 11).

461. La guerre prend quelquefois les apparences de la justice, apparence menteuse, car la justice est le règne du droit, tandis que la guerre est le règne de la force brutale. Est-ce que tout devient légitime sous l'empire de cette aveugle fatalité? Non, certes; la force n'est légitime qu'en tant qu'elle est nécessaire; elle devient un brigandage dès qu'elle dépasse la limite de la nécessité. Il s'est passé dans la dernière guerre un fait horrible; nous le mentionnons parce qu'il a retenti devant les tribunaux. Dans un village français occupé par la landwehr prussienne, un sous-officier allemand fut tué par des francs-tireurs. Les officiers prussiens prétendirent que les habitants étaient coupables ou complices, malgré les protestations du maire et du curé. Quarante otages furent enfermés dans l'église. Sur le refus du maire d'en désigner deux pour être fusillés à titre de représailles, un conseil de guerre décida que trois des otages seraient passés par les armes. Un officier annonça cette décision aux prisonniers en leur donnant vingt minutes pour désigner les victimes. Il y eut une apparence, disons mieux, une parodie de vote, par suite duquel deux vieillards et un jeune homme furent fusillés. L'une des victimes laissait une veuve; celle-ci réclama des dommages-intérêts contre les bourreaux : ils furent condamnés. Il ne leur appartenait pas, fût-ce par un vote régulier, d'envoyer des innocents à la mort. Vainement alléguaient-ils la décision de l'ennemi. Si l'ennemi se croyait le droit de donner la mort à des hommes innocents, c'était à lui de les désigner, il ne pouvait pas déléguer ce droit affreux et bien moins encore en faire une obligation. Donc, il n'y avait pas de force majeure, partant ceux qui avaient pris part à l'horrible vote étaient responsables de leur fait (1).

§ IV. *Faute aquilienne.*

Nº 1. PRINCIPE.

462. L'article 1382 exige une faute pour que le fait dommageable donne lieu à une réparation civile. Quand il y a délit, il faut plus qu'une simple faute, il faut l'intention de nuire. Aux termes de l'article 1383, la négligence ou l'imprudence suffisent pour qu'il y ait quasi-délit. La volonté de nuire qui caractérise le délit ne soulève aucune difficulté ; il est même rare qu'on se prévale du dol, parce que le demandeur n'y est pas intéressé ; il a droit à des dommages et intérêts dès qu'il y a imprudence ou négligence, et la simple faute est plus facile à prouver que le dol. C'est sans doute pour ce motif que les tribunaux qualifient d'ordinaire le fait dommageable de *quasi-délit*, alors même qu'il y a intention de nuire. La doctrine doit être plus rigoureuse. Il s'agit de savoir ce que la loi entend par *faute* ou par *imprudence* et *négligence*. La morale ainsi que le droit ont toujours distingué divers degrés de faute. Nous avons exposé les difficultés auxquelles donne lieu la diversité des fautes en matière d'obligations conventionnelles (t. XVI, nᵒˢ 213 et suiv.). Le principe diffère en matière de quasi-délits. Dans les contrats, le débiteur n'est jamais tenu de la faute la plus légère, tandis que l'auteur d'un fait dommageable est toujours tenu de cette faute ; nous avons dit ailleurs quelle est la raison de cette différence, il nous reste à la justifier par les textes.

(1) Jugement du tribunal de Rocroi, 16 janvier 1873 (Dalloz, 1873, 3, 46) confirmé par arrêt de la cour de Nancy, 7 mars 1874 (Dalloz, 1874, 2, 184).

La chose est très-facile. C'est la tradition : Domat enseigne, conformément au droit romain, que « toutes les pertes, tous les dommages qui peuvent arriver par le fait de quelque personne, soit imprudence, légèreté, ignorance de ce qu'on doit savoir, ou autres fautes semblables, *quelque légères qu'elles puissent être*, doivent être réparées par celui dont l'imprudence ou autre faute y a donné lieu (1). » L'orateur du gouvernement et l'orateur du Tribunat reproduisent cette doctrine et ils la justifient. N'est-ce pas user d'une rigueur excessive que de rendre l'homme responsable de la moindre négligence et de la moindre imprudence? N'est-ce pas le rendre responsable de la faiblesse de sa nature? Les orateurs répondent qu'il faut considérer non-seulement la faute de celui qui cause le dommage, mais aussi le droit de celui qui l'éprouve; or, quelque légère que soit la faute de l'auteur du fait dommageable, « si l'on met en balance l'intérêt de l'infortuné qui le souffre avec celui de l'homme coupable ou imprudent qui l'a causé, un cri soudain de la justice s'élève et répond que ce dommage doit être réparé par son auteur (2). » Ce n'est pas assez dire : l'auteur du fait dommageable est coupable d'une faute, fût-elle très-légère; la partie lésée a plus qu'un intérêt, elle a un droit; or, peut-on même comparer la situation de celui qui a un droit et la situation de celui qui a lésé ce droit? La justice répond que celui qui a lésé un droit par une faute quelconque doit réparer le dommage qu'il a causé. C'est l'opinion générale des auteurs (3), et la jurisprudence est dans le même sens (4).

463. La responsabilité qui résulte d'un quasi-délit étant plus sévère que celle dont sont tenus les débiteurs obligés en vertu d'une convention, il faut se garder de confondre les deux hypothèses, comme on le fait souvent dans la pratique. On cite d'ordinaire les articles 1382 et 1383

(1) Domat, *Des lois civiles*, livre II, titre VIII, section IV.
(2) Treilhard, Exposé des motifs, n° 9 (Locré, t. VI, p. 280). Tarrible, *Discours*, n° 19 (Locré, t. VI, p. 287).
(3) Toullier, t. VI, 1, p. 148, n° 179, et tous les auteurs.
(4) Bruxelles, 29 novembre 1827 (*Pasicrisie*, 1827, p. 329).

quand il s'agit d'obligations conventionnelles. Cela n'est pas exact. La responsabilité du débiteur dans les contrats est réglée par l'article 1137 : il répond des soins d'un bon père de famille, de ce que l'on appelle la faute légère *in abstracto*; il ne répond pas de la faute la plus légère. On ne peut donc pas se prévaloir de l'article 1383 pour l'appliquer à un mandataire, à un dépositaire, et en induire qu'ils sont responsables, par cela seul qu'ils ont commis une imprudence ou une négligence, quelque légères qu'elles soient : ce serait confondre les conventions avec les quasi-délits et imposer à un débiteur une responsabilité plus sévère que celle que la loi lui impose.—

Il ne faut pas conclure de là qu'il ne peut pas y avoir de délit en matière d'obligations conventionnelles : le dépositaire, le mandataire peuvent se rendre coupables d'un abus de confiance, c'est un délit criminel et il en naît un délit civil. La partie lésée aura, en ce cas, deux actions qu'il ne faut pas confondre : l'action civile à raison de l'abus de confiance, et l'action en dommages-intérêts qui lui appartient, soit en vertu de l'article 1137, soit en vertu de l'article 1382. Toutes tendent au même but, en ce qui concerne la réparation du dommage causé; quant aux dommages-intérêts qui résultent du fait dommageable, il n'y a pas à distinguer entre l'inexécution de l'obligation conventionnelle et le délit civil; la responsabilité civile est la même, puisque l'on suppose qu'il y a dol. Toutefois, il reste une différence quant à la durée de la prescription; nous y reviendrons (1).

464. Quand y a-t-il faute dans le sens de l'art. 1382? C'est essentiellement une question de fait que les juges décident d'après les circonstances de la cause. Ils jouissent, à cet égard, d'un pouvoir souverain; leur appréciation échappe à la censure de la cour de cassation; dès qu'ils décident qu'il y a faute, celui qui l'a commise doit être condamné à des dommages-intérêts qu'il appartient également aux tribunaux de déterminer (2).

---

(1) Larombière, t. V, p. 690, n° 9 (Ed. B., t III, p. 421).
(2) Rejet, 9 août 1837 (Dalloz, au mot *Responsabilité*, n° 135, 3°).

Nous disons que le juge doit constater la faute; en effet, toute condamnation doit être motivée, et la condamnation aux dommages-intérêts se fonde sur la faute. Il ne suffit donc pas que le juge établisse le fait matériel qui a causé le dommage, il faut qu'il ajoute que le dommage a été causé par la faute de l'auteur du fait. L'arrêt d'une cour d'assises acquitte l'accusé et le condamne néanmoins à des dommages-intérêts, en donnant comme unique motif que l'accusé est l'auteur de la mort de la victime. Cette décision a été cassée. Il fallait de plus, dit la cour de cassation, que l'arrêt reconnût et déclarât que la mort avait été causee par la faute de l'accusé (1).

La doctrine énumère les éléments qui constituent le quasi-délit; le juge doit-il entrer dans ces détails pour motiver la condamnation? Non; il suffit que le tribunal déclare que le fait constitue une faute dommageable (2). Il n'est pas même nécessaire que la faute soit constatée par des motifs exprès et formels; la cour de cassation a jugé qu'il est satisfait à la loi quand la faute résulte implicitement des déclarations de l'arrêt. Une explosion de gaz se produit dans un établissement industriel et blesse le contre-maître; celui-ci réclame des dommages-intérêts contre le fabricant et le directeur. L'arrêt qui les condamna entrait dans de longs détails pour établir les faits, mais ne disait pas formellement qu'ils étaient imputables à la faute des défendeurs. La cour de cassation rejeta néanmoins le pourvoi, parce que l'arrêt attaqué constatait implicitement qu'il y avait eu de la part des défendeurs une faute ou une négligence engageant leur responsabilité. En effet, il prenait soin de rappeler que ceux-ci avaient le devoir d'assurer protection à leur préposé, ce qui implique contre eux le reproche d'avoir négligé l'accomplissement de ce devoir. L'arrêt déclarait encore que s'il accordait aux condamnés un recours contre le directeur de l'usine à gaz, c'est parce que celui-ci avait commis une faute préexistante et prédominante d'où ré-

---

(1) Cassation, 12 décembre 1873 (Dalloz, 1874, 1, 230). Comparez Cassation, 16 décembre 1845 (Dalloz, 1846, 1, 41).
(2) Rejet, 20 janvier 1874 (Dalloz, 1874, 1, 223).

sultait que le dommage éprouvé par le contre-maître avait été, sous certains rapports, occasionné par la faute de ses patrons (1).

465. Toullier dit que les dispositions des articles 1382 et 1383 sont tellement générales et tellement étendues, qu'il est presque impossible et heureusement inutile d'énumérer tous les cas où elles doivent s'appliquer. Sans doute, il serait inutile d'énumérer toutes les décisions judiciaires qui ont été portées sur des quasi-délits; mais il importe de faire connaître celles qui touchent à une question de principe. Il s'élève tous les jours de nouveaux procès sur l'application des articles 1382 et 1383; au lieu de diminuer, le nombre va plutôt en augmentant; les relations sans cesse plus étendues que font naître le commerce et l'industrie sont une source de richesses, mais aussi de cruels accidents. De là le grand nombre de faits dommageables; il est donc bon de noter les précédents qui peuvent servir à décider les contestations nouvelles.

La règle est générale et absolue : dès qu'il y a un fait dommageable et une faute qui l'a causé, les articles 1382 et 1383 doivent recevoir leur application. Toute personne, dit la cour de cassation, est soumise à cette règle, et tout fait; il faudrait une exception formelle dans la loi pour qu'un quasi-délit ne donnât pas lieu à une réparation civile (2). Comme exemple de la variété infinie des faits dommageables, nous citerons l'espèce suivante qui a été portée devant la cour de cassation. Un neveu habitait avec sa tante et connaissait le désordre de ses facultés intellectuelles; déjà son interdiction était provoquée, lorsqu'il contribua à lui faire vendre deux inscriptions de rentes sur l'Etat dont le prix fut immédiatement dissipé et perdu : il s'élevait à 6,696 francs. Après la mort de la personne interdite, son héritier actionna le neveu comme responsable de la perte des rentes. La cour d'Amiens le déclara responsable; il avait commis une faute en mettant

---

(1) Rejet, chambre civile, 13 janvier 1868 (Dalloz, 1868, 1, 13).
(2) Rejet, 21 juillet 1862 (Dalloz, 1862, 1, 419).

à la disposition de sa tante, dans l'état où elle se trouvait, un capital qui était bien placé, dont elle n'avait pas besoin et dont elle fut ensuite spoliée par des tiers. Pourvoi en cassation. Le défendeur soutint qu'il avait procuré un capital à sa tante, mais que le mauvais usage du capital ne pouvait lui être imputé, puisqu'il y était resté étranger ; il en conclut que l'arrêt de la cour d'Amiens l'avait rendu responsable d'un événement casuel et imprévu. La cour de cassation répond que la cause directe de la perte du capital consistait dans le fait d'avoir mis, sans raison aucune, une somme considérable à la dispotion d'une personne dont les facultés intellectuelles étaient dérangées ; ce fait constituait une faute, la faute avait causé un préjudice à la tante et, par suite, à ses héritiers. Donc il y avait fait dommageable dans le sens de l'article 1382 (1).

N° 2. APPLICATION.

I. *Imprudence.*

466. Le principe est que la faute la plus légère suffit pour engager la responsabilité de celui qui cause un dommage par son fait. Donc la moindre imprudence constitue un fait dommageable dans le sens des articles 1382 et 1383. Un tonnelier est appelé dans les magasins d'un négociant pour réparer des tonneaux endommagés. En sortant du magasin, il fut atteint d'une énorme balle de laine lancée des croisées supérieures par le commis et le domestique du négociant ; le coup fut mortel : deux heures après, le tonnelier expira. Sa veuve et ses enfants réclamèrent des dommages-intérêts. La cour de Liége leur alloua une somme de 2,000 francs. L'arrêt est notable : il dit que pour être à l'abri de tout reproche d'imprudence, l'on aurait dû prendre toutes les précautions possibles pour mettre le tonnelier à l'abri de l'accident qui pouvait résulter, et qui malheureusement résulta du

---

(1) Rejet, 26 novembre 1856 (Dalloz, 1856, 1. 57).

jet de la balle, et le défendeur n'avait pas prouvé suffisamment que toutes les précautions eussent été prises. Néanmoins la cour reconnut que le malheur était le résultat d'une imprudence légère et qui se rapproche beaucoup du cas fortuit; en conséquence, elle décida qu'il y avait lieu d'arbitrer les dommages-intérêts à une somme modique; au lieu des 30,000 francs demandés, elle en alloua 2,000 (1).

467. Par application du même principe, il a été jugé qu'il y a imprudence donnant lieu à responsabilité dans le fait de porter un fusil chargé dans une direction telle que, s'il vient à partir, même par accident imprévu, il puisse atteindre un compagnon de chasse (2). Vainement a-t-on objecté, dans une affaire analogue, que la chasse était un amusement périlleux de sa nature, que tout chasseur était exposé à des accidents qui ne pouvaient par cela même engager la responsabilité de personne. La cour d'Amiens répond que l'accident cesse d'être un cas fortuit dès qu'il est le résultat d'une imprudence; que tout chasseur doit prendre les précautions nécessaires pour ne pas blesser ceux avec lesquels il chasse, et qu'il est responsable, faute de n'avoir pas pris ces précautions (3).

468. Les accidents causés par des cavaliers ou des voitures sont très-fréquents. Il faut appliquer le principe que la moindre imprudence suffit pour qu'il y ait fait dommageable. Trois personnes se trouvent dans une voiture découverte attelée de deux chevaux; un cavalier, se promenant dans la même direction accompagné de quatre sous-officiers de chasseurs, proposa à ceux-ci un temps de galop, afin de dépasser la voiture qui les avait d'abord dépassés. Les chevaux de la voiture, effrayés par le bruit des cavaliers arrivant à fond de train derrière eux et passant rapidement à leur gauche, s'emportèrent; une des rênes, qui étaient neuves et bonnes, s'étant rompue sous les efforts tentés pour maîtriser l'attelage, la

(1) Liége, 20 février 1810 (Dalloz, au mot *Responsabilité*, n° 190).
(2) Bordeaux, 14 février 1831 (Dalloz, au mot *Responsabilité*, n° 188, 1°).
(3) Amiens, 4 février 1826 (Dalloz, au mot *Responsabilité*, n° 333).

voiture se renversa et les personnes qui s'y trouvaient, lancées sur le sol, reçurent de nombreuses contusions. De l'aveu du défendeur, l'accident était dû à la vitesse des cavaliers passant, selon l'expression d'un témoin, comme un ouragan. Cette allure désordonnée, que rien ne justifiait, avait un but de pur agrément; il y avait encore un sentiment de vanité, dit le juge du fait; ce qui constituait une imprudence d'autant moins excusable que la police avait souvent averti le défendeur des dangers auxquels la rapidité de son cheval exposait les passants. Sur le pourvoi en cassation, on soutint, pour le cavalier coupable, que le fait de passer au galop sur une route à côté d'une voiture qui vient elle-même de vous dépasser ne constitue pas une imprudence; que c'est l'exercice régulier d'un droit qui, lors même qu'il aurait causé quelque dommage à un tiers, ne peut donner lieu à aucune action en responsabilité. La cour de cassation répond qu'il appartient aux tribunaux de rechercher et d'apprécier si l'exercice d'un droit a été régulier et s'il a été prudent. Or, dans l'espèce, le tribunal correctionnel avait déclaré qu'il y avait eu un fait direct et personnel d'imprudence de la part de l'inculpé, ainsi qu'un préjudice occasionné; ce qui justifiait l'application des articles 1382 et 1383 (1).

Il y a également imprudence et faute quand deux cochers luttent de vitesse; l'un d'eux renverse un passant et le blesse : sont-ils tous les deux responsables? L'affirmative a été jugée, et elle n'est pas douteuse; le premier juge avait déclaré non responsable celui des cochers qui n'était pas l'auteur direct du fait dommageable. Cette décision a été réformée en appel et avec raison. En effet, c'est la lutte de vitesse qui provoqua la marche précipitée des voitures et occasionna un accident; si l'un des cochers plutôt que l'autre renversa le passant, c'était un fait purement accidentel, et ce n'est pas dans ce fait que se trouvait le principe de la responsabilité, c'est dans la lutte qui s'était établie entre les deux cochers, dont l'un voulait devancer l'autre; donc ils étaient également coupables

_____

(1) Rejet, chambre criminelle, 7 novembre 1873 (Dalloz, 1874, 1, 95).

de la même imprudence, par conséquent ils étaient responsables l'un et l'autre (1).

469. Un seul et même fait peut constituer une faute à l'égard d'une personne et ne pas être une faute à l'égard d'une autre. Un débiteur envoie à son créancier un billet de banque dans une lettre, sans la recommander ni la charger; le billet fut volé. Y avait-il imprudence de la part de l'expéditeur? L'affirmative n'était guère douteuse, car c'est au débiteur à assurer la réalité du payement; or, ce n'est pas payer que d'envoyer un billet de banque, alors que ce billet ne parvient pas au destinataire. La cour qui l'a ainsi jugé constate que le créancier n'avait pas autorisé le débiteur à user de cette voie et que le débiteur n'avait ni recommandé ni chargé la lettre, ce qui peut-être aurait empêché le vol (2).

Un mandataire salarié envoie une lettre de change dans une lettre confiée à la poste sans recommandation. De plus, la lettre, contenant une traite de 9,000 francs, avait été déposée dans une boîte supplémentaire dont la porte ouvrait sur la rue et qui offrait par cela même peu de sécurité. Enfin l'expéditeur avait négligé d'envoyer avant l'échéance un avis nouveau qui aurait permis au destinataire de former opposition, entre les mains du tiré, dans le cas de non-réception de la lettre. Il y avait imprudence et partant responsabilité (3).

Le contraire a été décidé dans un cas où l'expédition d'un bon sur la Banque de France avait été faite sur la demande du destinataire, par la voie de la poste, sans qu'il y eût aucune imprudence de l'expéditeur. La cour de cassation a jugé que le seul fait de ne pas recommander une lettre contenant un bon sur la Banque n'est pas une imprudence, ce bon ne pouvant être touché que par le destinataire et l'usage général des commerçants étant de ne recommander que les lettres contenant des valeurs

(1) Bordeaux, 12 août 1859 (Dalloz, 1859, 2, 216). Comparez Rouen, 24 février 1821 (Dalloz, au mot *Responsabilité*, n° 188, 5°); jugement du tribunal de Lyon, 29 janvier 1870 (Dalloz, 1871, 3, 23).
(2) Lyon, 16 mars 1854 (Dalloz, 1855, 2, 141).
(3) Aix, 25 novembre 1869 (Dalloz, 1871, 2, 26).

au porteur. Ce dernier point nous paraît décisif : l'usage a une grande autorité en matière de commerce, celui qui s'y conforme ne peut donc pas être taxé d'imprudence (1).

470. Quoique la plus légère imprudence suffise pour constituer le quasi-délit, il se peut qu'il n'y ait point fait dommageable quand le juge décide qu'il n'y a aucune imprudence à reprocher à celui que l'on prétend être l'auteur du dommage. Un ouvrier est chargé de faire des déblayements considérables au moyen de la mine. La dureté du sol ne permettait pas d'employer, comme à l'ordinaire, des épinglettes en cuivre; les entrepreneurs remirent donc à l'ouvrier des épinglettes en fer, instruments très-dangereux, puisque le choc contre la pierre suffit pour produire une étincelle et amener une explosion instantanée. Mais l'ouvrier était instruit du danger et il savait quelles précautions il fallait prendre pour l'éviter. Malgré toutes les précautions employées, la mine fit explosion et occasionna à l'ouvrier une incapacité de travail pour le reste de ses jours. Action en dommages-intérêts, admise par le premier juge et rejetée par la cour. Quelque rigoureuse que soit cette décision, elle nous paraît juridique. Il n'y avait pas d'imprudence à employer des épinglettes en fer, puisque la nature du sol en faisait une nécessité ; si, malgré les précautions recommandées à l'ouvrier et prises par celui-ci, la mine sauta, ce fait ne pouvait être imputé aux entrepreneurs comme une faute ; c'était un cas fortuit qui frappait la malheureuse victime (2).

Les tribunaux s'attachent parfois au fait matériel du dommage, et considèrent comme quasi-délit tout fait dommageable. C'est violer l'article 1382, qui exige formellement qu'il y ait faute. Une diligence qui doit passer une rivière sur un bac est submergée : le voiturier est-il responsable? Il faut voir s'il y a une faute quelconque à lui reprocher. Il était constaté que la submersion provenait de la rupture des cordes du bac; le conducteur était donc

(1) Rejet, 1er juillet 1857 (Dalloz, 1857, 1, 433). Comparez Bordeaux, 28 mai 1856 (Dalloz, 1856, 2, 219).
(2) Bourges, 15 juillet 1840 (Dalloz, au mot *Responsabilité*, n° 94).

hors de cause, puisqu'il n'avait pas même le droit de visiter les cordes (1).

II. *Négligence.*

471. L'article 1383 considère la simple négligence comme une faute qui entraîne l'obligation de réparer le dommage qui en est la suite. Cela suppose que celui qui se rend coupable de négligence était tenu à quelque diligence. Quand une personne est négligente dans la gestion de ses intérêts, dans l'exercice de ses droits, sera-t-elle responsable du dommage qu'elle cause par sa négligence? Oui, si elle lèse un droit; car tout homme doit veiller, dans ses actions, à ne pas léser les droits des tiers. Nous sommes libres d'être négligents à notre préjudice, mais, dès que notre négligence nuit à une autre personne dont elle lèse les droits, nous sommes tenus de réparer le dommage que nous lui causons.

En 1629, des droits d'usage furent concédés dans une forêt à une commune. Les riverains usurpèrent insensiblement le sol de la forêt, et le propriétaire, représenté aujourd'hui par l'Etat, ne réprima pas ces usurpations. Il en résulta que, la forêt ayant moins d'étendue que lors de la concession, les droits de la commune furent diminués. Avait-elle, de ce chef, une action en dommages-intérêts contre l'Etat à raison de la négligence que le propriétaire avait mise à conserver son droit? L'affirmative a été jugée et elle est certaine. Libre au propriétaire de négliger son droit, mais il ne lui est pas permis d'être négligent au préjudice des tiers. L'Etat, en qualité de propriétaire, est soumis au droit commun; s'il cause un dommage par sa négligence, il doit le réparer. On objectait, dans l'espèce, que c'était à la commune usagère de réprimer les usurpations, et non au propriétaire de la forêt. La cour de Nancy répond que la concession de 1629 formait un contrat synallagmatique qui imposait au propriétaire l'obligation de maintenir les usagers dans leurs droits; que les

(1) Cassation, 17 mars 1806 (Dalloz, au mot *Responsabilité*, n° 92, 3°).

usagers n'avaient ni action pétitoire ni action possessoire, qu'il n'y avait donc aucune négligence à leur reprocher.

On faisait une autre objection. La commune, disait-on, se plaint que des usurpations ont amoindri ses droits, et c'est elle qui est la coupable, car ce sont les habitants de la commune qui avaient usurpé le droit de l'Etat; et peut-elle se prévaloir d'un délit pour en induire un droit? La cour de cassation répond, et la réponse est péremptoire, que ce n'est pas la commune, comme telle, qui a usurpé et que ce n'est pas elle qui a profité des usurpations; loin de là, elle y perdait, puisque son droit d'usage en était amoindri. Cela est très-vrai, mais il reste toujours une singularité; les habitants de la commune qui avaient usurpé le sol de la forêt conservaient le terrain usurpé et ils profitaient en même temps des réparations pécuniaires auxquelles l'Etat fut condamné à raison de ces usurpations. En droit, cela s'explique parfaitement. Les usurpateurs étaient des individus, et n'avaient, comme tels, rien de commun avec la commune; et s'ils profitaient des dommages-intérêts, ce n'est plus comme individus, c'est comme habitants de la commune (1).

472. Il y a négligence quand on ne prend pas, pour prévenir un accident, les mesures que la plus simple prudence commande. Le courrier d'une malle-poste omet d'enrayer sa voiture dans une descente; il est passible de dommages-intérêts envers la personne tuée par suite de la rapidité imprimée à la voiture. On objectait les règlements d'administration publique qui prescrivent aux courriers de malle-poste de marcher avec rapidité. La cour de cassation répond que les courriers doivent concilier la vitesse que l'intérêt public exige avec la vigilance continuelle que la sûreté des personnes commande; certes les règlements ne demandent pas que les courriers marchent avec une vitesse qui compromet la vie des voyageurs (2).

Dans une affaire analogue, le débat portait sur le point de savoir si le courrier était responsable ou le postillon;

(1) Rejet, chambre civile, 30 décembre 1844 (Dalloz, 1845, 1, 73).
(2) Cassation, chambre criminelle, 3 juin 1843 (Dalloz, au mot *Responsabilité*, n° 661).

la question était très-importante, car le courrier est l'agent de l'administration et engage, par conséquent, la responsabilité de l'Etat, tandis que le postillon est le préposé du maître des postes. Il s'agissait donc de décider si l'Etat était responsable de l'accident causé par la marche rapide de la voiture : la cour d'Agen se prononça pour l'affirmative, et son arrêt fut confirmé par la cour de cassation. L'accident était arrivé sur un boulevard rempli de monde, sans que le courrier eût sonné de son cornet, sans que le postillon eût crié *gare;* la voiture avait continué, au milieu de la foule, la course rapide que les règlements prescrivent, alors qu'en ralentissant sa marche, l'accident aurait été évité. Telle était la faute du courrier. L'administration des postes opposa ses règlements, que le courrier n'avait fait qu'exécuter : le postillon, dit-elle, n'est pas le préposé du courrier; celui-ci n'a pas d'ordre à lui donner, et les règlements n'imposent au courrier de sonner du cornet que pour annoncer l'arrivée de la malle aux relais et pour avertir les autres voitures de céder la moitié du pavé. Le pourvoi fut admis par la chambre des requêtes, et la chambre civile ne prononça l'arrêt de rejet qu'après un délibéré en la chambre du conseil. La difficulté se résumait en ceci : le courrier qui exécute les règlements ainsi que le postillon cessent-ils par là d'être responsables? Il y a une exécution plus ou moins prudente et plus ou moins intelligente des règlements et des ordres administratifs. La cour d'Agen avait apprécié, sous ce rapport, la conduite du courrier et du postillon; elle en avait le droit, et elle avait conclu que l'accident était arrivé par la négligence, l'imprudence, le défaut de prévoyance et de précaution de l'administration des postes, ou de ses agents et préposés, dans l'exécution de ses règlements ou de ses ordres. Cette décision était souveraine[1].

La question présentait encore une autre difficulté. Il est certain que la plupart de ces accidents sont dus à la

[1] Agen, 24 avril 1843 (Dalloz, au mot *Responsabilité*, n° 660, 2°), et Rejet, chambre civile, 1er avril 1845 (Dalloz, 1845, 1, 261). Comparez Rejet, 30 janvier 1844 (Dalloz, au mot *Responsabilité*, n° 660, 2°), et 22 novembre 1848 (Dalloz, 1848, 1, 252).

sévérité des règlements administratifs; on demande si l'administration, c'est-à-dire l'Etat, encourt une responsabilité de ce chef. Nous reviendrons sur ce point.

473. Si la stricte observation des règlements n'est pas une excuse pour l'auteur d'un fait dommageable, à plus forte raison le concessionnaire d'un travail d'utilité publique est-il responsable pour n'avoir pas pris les précautions commandées par la prudence, bien que la concession et le cahier des charges ne lui en fassent pas une obligation. Une personne, voulant traverser pendant la nuit un pont construit sur la Loire par voie de concession, tomba de la chaussée sur la grève, après avoir franchi la tête du pont, et se cassa la cuisse. La compagnie concessionnaire n'y avait point fait placer de lanternes d'éclairage, et aucune rampe n'avait été placée le long de la chaussée. Demande en dommages-intérêts. La compagnie répondit qu'elle s'était conformée strictement aux clauses et conditions du cahier des charges sous lesquelles la concession avait eu lieu; que les précautions qu'on lui reprochait d'avoir négligées ne lui avaient nullement été ordonnées; que partant aucune responsabilité ne pouvait peser sur elle. Il était facile de répondre à cette défense. Les compagnies concessionnaires restent sous l'empire du droit commun, et le droit commun oblige toute personne de prendre les soins nécessaires pour ne pas causer à autrui un dommage par sa négligence. Qu'importe donc le silence du cahier des charges? La convention intervenue entre l'Etat et les concessionnaires ne déroge pas à une responsabilité générale qui est d'ordre public. Il y avait négligence de la part de la compagnie à ne pas prendre les précautions qui auraient empêché l'accident; donc elle était responsable (1).

474. Tous les jours il arrive des accidents dans les fabriques; l'industrie est comme une bataille, dans laquelle les faibles et les imprudents succombent. Nous reviendrons sur l'imprudence que l'on peut reprocher aux victimes et nous dirons dans quel cas elle fait cesser ou

(1) Lyon, 16 novembre 1841 (Dalloz, au mot *Responsabilité*, n° 196, 2°).

atténue du moins la responsabilité qui pèse sur l'auteur du fait dommageable. Pour le moment, il nous faut voir quand les chefs d'industrie répondent des accidents qui tantôt tuent l'ouvrier, tantôt le mutilent. Ils sont soumis à la responsabilité générale des articles 1382 et 1383. Cela n'est pas douteux; la cour de Lyon a formulé le principe dans les termes les plus généraux. « Il est du devoir des chefs d'établissements industriels de pourvoir complétement à la sûreté des ouvriers qu'ils emploient, et ils sont responsables, à l'égard de ceux-ci, de tous les accidents et dommages qui peuvent provenir, soit des vices de construction ou du défaut d'entretien des machines et appareils, soit de la négligence ou de l'inhabileté des préposés aux divers services de l'établissement. Ils ne peuvent décliner leur responsabilité qu'en cas de force majeure (1). » Cette formule comprend, outre la disposition des articles 1382 et 1383, celle de l'article 1384 qui porte : « On est responsable non-seulement du dommage que l'on cause par son propre fait, mais encore de celui qui est causé par le fait des personnes dont on doit répondre, ou des choses que l'on a sous sa garde. » Or, les fabricants et tous patrons quelconques répondent, à titre de commettants, du dommage causé par leurs préposés dans les fonctions auxquelles ils les emploient; ils répondent également du dommage causé par les machines et appareils qui sont sous leur garde. Nous traiterons spécialement de la responsabilité définie par l'article 1384; il a fallu la mentionner ici parce que, dans la réalité, les divers cas de responsabilité se confondent : il y a presque toujours un préposé en cause, ainsi qu'une machine, et le résultat est la responsabilité du chef d'établissement.

475. Le principe est général et s'applique à toute industrie. Dans l'espèce jugée par la cour de Lyon (n° 474), un bateau à vapeur avait fait explosion; plusieurs des mariniers furent blessés et l'un d'eux perdit la vie. La veuve de celui-ci et ses quatre enfants assignèrent le propriétaire du navire en payement de dommages-intérêts. Il

_____

(1) Lyon, 13 décembre 1854 (Dalloz, 1855, 2, 86).

résultait du rapport des experts et des plaidoiries que la rupture de la chaudière paraissait avoir eu lieu, soit par un manque d'eau, donc négligence d'un préposé, soit par un chauffage trop intense, ce qui impliquait également une faute de l'ouvrier préposé à ce service, soit par un vice de construction, cas prévu par l'article 1384. D'un autre côté, il n'était fait preuve d'aucun événement de force majeure auquel on pût attribuer l'explosion de la machine à vapeur. Il y avait donc une faute; et quelle que fût cette faute, le maître du bateau en devait répondre, parce que toutes les causes possibles impliquaient sa responsabilité (1).

Une compagnie concessionnaire d'une mine faisait descendre à bras des bennes de charbon d'un poids considérable sur un plan fortement incliné. Les barres de fer destinées à entraver les roues, seul moyen de précaution mis à la disposition des ouvriers, n'avaient pas une longueur suffisante; le jour même de l'accident qui donna lieu au procès, les ouvriers en avaient fait la remarque au gouverneur de la mine qui n'en avait tenu aucun compte. Il y avait donc faute par la négligence des préposés de la compagnie; la simple précaution d'une chaîne et d'une poulie placées à l'arrière des waggons aurait fait disparaître toute possibilité de danger. La compagnie le reconnut elle-même en employant, dès le lendemain de l'accident, une chaîne et une poulie pour descendre les bennes. C'est à juste titre que la cour de Lyon, réformant la décision des premiers juges, condamna la compagnie à des dommages-intérêts (2).

Il y a une jurisprudence nombreuse sur ces tristes accidents qui régulièrement coûtent la vie à des ouvriers, ou les mettent dans l'impossibilité de travailler. La cour de Lyon a jugé qu'il y avait responsabilité lorsqu'une administration de chemin de fer, en donnant à un ouvrier, pour le travail dont il est chargé, un outil nouveau dont le maniement est dangereux, ne lui a pas fourni des

(1) Lyon, 13 décembre 1854 (Dalloz, 1855, 2, 86). Rejet, 29 mars 1854 (Dalloz, 1854, 1, 235).
(2) Lyon, 20 juin 1873 (Dalloz, 1873, 2, 189).

instructions suffisantes sur la manière de l'employer. L'accident survenu par suite de l'inexpérience de l'ouvrier est, en pareil cas, imputable à la négligence du patron (1).

476. Le principe reçoit son application aux travaux agricoles comme aux établissements industriels ; l'agriculture est devenue une industrie, on emploie les machines à vapeur pour le battage du blé. Malheureusement les accidents se multiplient à mesure que l'industrie s'étend. Une jeune ouvrière est employée à ramasser la paille qui sort de la machine, travail approprié à ses forces et à son sexe. Le mécanicien ou chauffeur fait monter l'ouvrière sur la batteuse pour délier les gerbes ; à peine arrivée sur la plate-forme, la jeune fille fut victime d'un accident qui nécessita l'amputation de la main droite. La cour de Bourges dit très-bien qu'en admettant qu'une femme pût être employée sans inconvénient et sans danger à ce service, la prudence la plus vulgaire commandait, soit d'arrêter la marche de la machine avant d'installer l'ouvrière dans la position qu'elle devait occuper, soit au moins de veiller à tous ses pas jusqu'à sa plus complète installation, alors surtout que, par son attitude, la jeune fille trahissait son inexpérience et ses craintes. Vainement le machiniste alléguait-il qu'il lui avait fait des recommandations ; ces conseils, plus ou moins précis, en tout cas mal compris, étaient insuffisants ; il y avait négligence, donc faute et responsabilité à charge du préposé et de son commettant (2).

477. L'obligation pour les maîtres de veiller à la sûreté de leurs ouvriers est plus rigoureuse lorsque les ouvriers sont des enfants. Nous avons vu des enfants arrachés à l'école à l'âge de huit ans et revenant bientôt de la fabrique mutilés. C'est le législateur qui est le grand coupable là où, comme en Belgique, par un vain prétexte de liberté, il refuse obstinément de régler le travail des enfants dans les fabriques. Toujours est-il que si les patrons emploient des enfants, ils doivent tenir compte de la légèreté de leur âge et redoubler de prudence.

---

(1) *Moniteur judiciaire* de Lyon, 12 août 1873.
(2) Bourges, 23 janvier 1867 (Dalloz, 1867, 2, 197).

Un enfant de quatorze ans est employé, par une compagnie de mines, au triage des pierres d'avec le charbon destiné à être broyé; on lui avait fait défense de ramasser les pierres aux abords de la machine à broyer; il tomba et eut le pied écrasé par la machine. Y avait-il responsabilité? L'enfant avait désobéi à la défense que lui avait faite la compagnie, mais c'était en se conformant aux ordres des ouvriers broyeurs sous la direction desquels il était placé par son âge et par l'ensemble du service. Il y avait imprudence de confier un service dangereux à un enfant, il y avait faute directe des ouvriers broyeurs, ce qui engageait la responsabilité de la compagnie à titre de commettant; elle fut condamnée à réparer le dommage résultant de l'accident (1).

Les patrons qui emploient des enfants ne manquent point de leur faire des recommandations et des défenses qui, si elles étaient strictement observées, préviendraient les accidents. Est-ce une excuse pour eux quand un accident arrive par suite de l'inexécution de leurs ordres? La cour de Lyon dit très-bien qu'il ne suffit point, quand il s'agit d'enfants, de leur faire des défenses, que l'on doit aussi prendre des mesures suffisantes pour que la défense soit observée. Un enfant est blessé, non à l'endroit où il avait été placé, mais à un point plus rapproché d'une machine à vapeur confiée aussi à la garde d'un enfant. Il y a faute, dit la cour, par cela seul que le patron n'a pas exercé une surveillance aussi rigoureuse que l'exigeaient les dangers courus par le jeune ouvrier et la présence d'autres enfants. Il ne faut pas demander à l'enfant une prudence qui n'est pas de son âge; celui qui s'en rapporte aux soins d'un enfant est lui-même coupable d'imprudence et sa faute est la plus grande (2).

478. Nous passons à une responsabilité qui a pour objet la réparation d'un préjudice pécuniaire, mais qui touche à des considérations morales de l'ordre le plus élevé. Tous les jours on fait des recommandations, ou l'on donne des renseignements, et trop souvent avec une

(1) Lyon, 9 décembre 1854 (Dalloz, 1855, 5, 391, n° 23).
(2) Lyon, 26 avril 1871 (Dalloz, 1871, 2, 41).

coupable légèreté, ou avec des réticences également con-
damnables. Celui qui donne de faux renseignements ou
celui qui fait une recommandation contraire à la vérité
est-il responsable du préjudice qui en résulte? L'affirmative est certaine : tout fait dommageable rentre sous l'application de l'article 1382. Je demande des renseignements sur un domestique chez son ancien maître : on me
répond qu'il est fidèle, et il se trouve qu'il s'était rendu
coupable d'infidélité. Sur la foi de ces renseignements, je
le prends à mon service, et il me vole. N'est-ce pas là un
fait dommageable? On ne se fait aucun scrupule de donner des renseignements inexacts ; c'est à la justice d'apprendre aux hommes à être consciencieux. La jurisprudence est en ce sens, mais parfois trop indulgente, sans
doute parce que les juges se sentent eux-mêmes coupables de la faute qu'ils sont appelés à condamner. Notre
niveau moral est encore bien bas !

Un individu condamné pour vol à cinq ans de prison
et à cinq ans de surveillance est spontanément recommandé
à un négociant comme méritant toute confiance; sur cette
recommandation, le négociant lui donne un emploi de confiance dans sa maison d'Anvers ; avant de l'employer définitivement, il communique son intention à celui qui lui
avait recommandé cet individu : on renouvela les premières attestations. Le protégé commet des soustractions
s'élevant à plus de 3,000 francs, au préjudice de son patron. De là une action en dommages-intérêts que la cour
de Paris a accueillie. La cour dit que la condamnation
pour vol n'est pas une raison pour ne plus employer ni,
par suite, recommander celui qui s'est amendé; mais celui
qui recommande un pareil individu doit au moins porter
le fait à la connaissance du correspondant qu'il engage à
le placer. La réticence de ce fait constitue une imprudence
préjudiciable et dont il doit réparation (1).

479. Un propriétaire prête à un industriel une somme
de 40,000 francs : l'emprunteur est constitué en faillite
sept ans plus tard. Ce prêt avait été fait sur les instances

---

(1) Paris, 16 juillet 1869, et Bordeaux, 19 juillet 1869 (Dalloz, 1870, 2,
150).

du frère de l'emprunteur, lequel avait toute la confiance du prêteur dont il était le conseil. Le nom même et la situation de l'industriel étaient inconnus du prêteur, tandis que le frère de l'emprunteur savait que celui-ci ne trouvait plus de crédit chez les banquiers ; l'emprunt retarda sa chute, mais ne pouvait pas l'empêcher. C'est donc bien à la recommandation du frère que le prêt avait été consenti et, par conséquent, la recommandation était la cause de la perte éprouvée par le prêteur. Il y avait quasi-délit et responsabilité (1).

Une maison française accepte comme représentant en Belgique un individu dont un négociant belge lui avait attesté la moralité et la solvabilité; or, dit la cour de Bruxelles, à l'époque où ces renseignements furent donnés, la solvabilité et la moralité de cet individu n'étaient qu'une pure fiction. La maison éprouva des pertes et agit en dommages-intérêts, que la cour lui accorda. Dans le jugement du tribunal de première instance il est dit que le négociant belge avait donné des renseignements qu'il savait être faux ; ce qui ne laissait aucun doute sur le fait de responsabilité (2).

Les renseignements donnés sous forme de références sont très-fréquents en matière de commerce. Peu importe la forme, si le fait est dommageable dans le sens de l'article 1382, il donne lieu à une action en dommages-intérêts. Un négociant déclaré en faillite à Alger vient s'établir à Marseille; n'ayant aucune ressource pour traiter des affaires au comptant, il y fait des achats de marchandises à terme. Il lui fallait, pour obtenir crédit, des références; c'est un de ses créanciers qui se chargea de ce soin; le failli adressait les personnes avec lesquelles il traitait à son ancien créancier, lequel donnait des références favorables. Une nouvelle faillite éclata; de là une action en dommages-intérêts. Ces renseignements, dit le tribunal de commerce de Marseille, étaient le résultat

(1) Bruxelles, 30 mai 1865 (*Pasicrisie*, 1865, 2, 361).
(2) Bruxelles, 26 avril 1864 (*Pasicrisie*, 1865, 1, 185). Comparez Bruxelles, 12 août 1869 (*Pasicrisie*, 1870, 2, 134). Riom, 28 juin 1859 (Dalloz, 1860, 2, 18).

d'une complaisance trop légère et qui peut même avoir
été intéressée de la part d'une maison créancière d'une
somme importante : il fallait ou s'abstenir de donner des
renseignements ou n'en donner que de vrais ; en indui-
sant, par des références inexactes, des négociants à faire
des crédits à un homme insolvable, celui qui a commis
cette imprudence s'est rendu coupable d'un quasi-délit
dont il doit supporter les conséquences (1).

480. Dans les procès que nous venons de rapporter,
les renseignements et recommandations avaient été donnés de mauvaise foi, en ce sens que celui qui les fournis-
sait en connaissait l'inexactitude. Est-ce à dire que ce
soit là une condition requise pour qu'il y ait lieu à responsabilité de ce chef? La cour de Gand le dit : il faut une
faute pour qu'il y ait fait dommageable dans le sens de
l'article 1382; et, dans l'espèce, porte l'arrêt, cette faute
ne peut exister que pour autant que les renseignements
sont erronés et sciemment erronés. Le plus souvent, il
en sera ainsi en fait. Mais, en droit, on ne peut pas exiger
une condition que la loi ignore. Le quasi-délit existe dès
qu'il y a faute la plus légère, la moindre imprudence
suffit; telle est la tradition, telle est la doctrine, telle est
la jurisprudence. Pour qu'il en fût autrement dans le
cas de renseignements inexacts, il faudrait une exception écrite dans la loi, et il est inutile d'ajouter que la loi
ne fait aucune exception à la règle générale et absolue de
l'article 1382; l'article 1383, que la cour ne cite point,
condamne son système, puisqu'il se contente de négligence
et d'imprudence. Du reste, dans l'espèce, il était inutile
d'alléguer un argument juridique erroné, le fait ne tombait point sous l'application de la loi. La référence disait
d'un négociant : « *Semble* bien marcher et mériter un crédit modéré. » La cour a raison de dire qu'une pareille
référence n'est pas une recommandation, c'est plutôt un
conseil de prudence, car le correspondant n'affirme rien
et ne conseille rien (2).

---

(1) Jugements du tribunal de commerce de Marseille, des 29 octobre et
15 décembre 1869 (Dalloz, 1870, 3, 21).
(2) Gand, 24 juillet 1873 (*Pasicrisie*, 1873, 2, 348).

481. Il s'est établi à Bruxelles une association commerciale sous le nom de *Mutua Confidentia*. Chaque mois elle publie un bulletin ou circulaire qu'elle envoie à un grand nombre de négociants ; on y trouve les noms des négociants qui ne payent pas leurs dettes. C'est une contrainte morale exercée sur les mauvais débiteurs ; dans la crainte qu'ils ne soient dénoncés comme tels au commerce, ils se décident à payer, ce qu'ils n'auraient peut-être pas fait sans la publicité dont ils sont menacés. La société prétend qu'elle est parvenue à faire rentrer sans frais beaucoup de créances que l'on pouvait considérer comme perdues. Mais la médaille a son revers : s'il y a de mauvais débiteurs, il y a aussi des créanciers de mauvaise foi ; s'ils dénoncent et font figurer comme débiteurs, sur des circulaires qui ont une grande publicité, des personnes qui ne sont réellement pas débitrices, ils leur causent un dommage et, par suite, ils sont tenus de le réparer. La *Mutua Confidentia* est complice de ce fait dommageable, et partant elle en répond aussi ; il y a deux arrêts de la cour de Bruxelles en ce sens, et cela n'est pas douteux (1).

III. *Impéritie.*

482. L'article 1383 ne parle pas de l'impéritie ou de l'ignorance, mais la tradition supplée à ce silence. Les lois romaines mettent au nombre des dommages causés par des fautes ceux qui arrivent par l'ignorance des choses que l'on doit savoir ; elles citent comme exemple le charretier qui a mal rangé des pierres sur sa charrette : si la chute d'une pierre cause quelque préjudice, il en répond (2). Les auteurs modernes citent les cas où les artisans sont tenus de réparer le dommage qu'ils causent pour ne pas savoir ce qui est de leur profession ; en réalité, il ne s'agit pas, dans ces cas, de quasi-délits ; il s'agit de l'inexécution d'une obligation conventionnelle. Cette confusion

---

(1) Bruxelles, 16 février 1874 (*Pasicrisie*, 1874, 2, 98 et 100).
(2) Toullier, t. VI. 1, p. 124, n° 153, et tous les auteurs.

existe aussi dans la jurisprudence et, pour ce qui concerne les dommages-intérêts résultant de la faute, la distinction est indifférente. Un chaudronnier applique mal
l'étamage dans une fontaine en cuivre; de là des maladies
et des symptômes d'empoisonnement : il est responsable
envers le propriétaire qui l'a employé en vertu du contrat
qui l'oblige à faire, avec les soins d'un bon ouvrier, l'ouvrage dont il s'est chargé(1). Cela suppose que l'ouvrier ne
s'est pas conformé aux règles de son art. Un architecte
emploie du zinc pour la construction de tuyaux destinés
à la conduite des eaux : il est reconnu aujourd'hui que ce
métal est tout à fait impropre à cet usage; cependant la
cour de Toulouse a jugé, et bien jugé, que l'architecte
n'était pas responsable; c'est qu'au moment de l'établissement des tuyaux, l'opinion commune considérait le zinc
comme le métal le plus propre à de pareils ouvrages; or,
un ouvrier n'est pas coupable d'impéritie quand il fait ce
que font les meilleurs ouvriers (2). Par contre, l'architecte
est responsable des accidents arrivés aux ouvriers employés à la construction dont il est chargé quand c'est lui
qui leur a fourni les matériaux dont la mauvaise qualité
a occasionné le dommage (3).

483. Les officiers publics qui, par la nature de leurs
fonctions, doivent avoir une certaine connaissance du
droit, sont responsables par cela seul qu'ils ignorent le
droit. Un greffier de justice de paix constate des conventions dans des actes dressés par lui et il garde ces actes
en dépôt pour en assurer la conservation. Jusque-là il est
dans son droit, car toute personne en peut faire autant.
Mais il faisait plus; il mettait ces actes au nombre des
minutes du greffe de la justice de paix : ce fait est illicite,
et vainement le greffier prétendait-il s'excuser par sa
bonne foi. La cour de cassation répond que l'ignorance
d'un officier public, quand elle porte sur les règles et
devoirs de sa profession, est une faute lourde que la bonne
foi ne saurait excuser et qui engage sa responsabilité à

---

(1) Paris, 30 décembre 1826 (Dalloz, au mot *Responsabilité*, n° 193, 1°).
(2) Toulouse, 19 février 1836 (Dalloz, au mot *Désistement*, n° 156).
(3) Rejet, chambre criminelle, 21 novembre 1856 (Dalloz, 1856, 1, 471).

l'égard des tiers, si cette faute leur a causé préjudice. Dans l'espèce, la chambre des notaires avait formé une action en dommages-intérêts contre le greffier; mais la cour d'appel ayant constaté en fait que les notaires plaignants n'avaient éprouvé aucun préjudice de la faute du greffier, le fait, quoique illicite, ne constituait pas un quasi-délit : il ne peut pas y avoir lieu à réparation là où il n'y a pas de dommage causé (1).

484. Les notaires et les avoués ne peuvent pas non plus invoquer leur bonne foi pour s'excuser d'un dommage qu'ils ont causé par une erreur de droit. Ils sont en faute quand ils ignorent le droit, comme l'ouvrier qui ne connaît pas les règles de son art. Et comment la faute deviendrait-elle une excuse? Quand même il s'agirait d'un point de droit controversé, ils doivent choisir l'opinion qui les met à l'abri de toute responsabilité et non celle qui pourrait donner lieu à une action en dommages-intérêts. C'est la remarque de la cour de Bourges, et elle est parfaitement fondée; il y aurait imprudence à adopter une opinion, quelque probable qu'elle paraisse, dès qu'elle laisse un doute, alors qu'en suivant l'autre opinion, l'officier public se met à couvert de toute action, et l'imprudence suffit pour engager la responsabilité (2). Il y a des décisions plus indulgentes (3). Nous n'entrons pas dans ce débat, puisque, à vrai dire, il est étranger à la matière des quasi-délits; si l'avoué et le notaire sont responsables, c'est en vertu d'un contrat et non en vertu d'un délit ou d'un quasi-délit. Nous reviendrons plus loin sur la question de principe.

Nº 3. QUAND LA FAUTE CESSE-T-ELLE D'ÊTRE UN QUASI-DÉLIT?

485. Il y a un vieil adage qui dit que celui qui éprouve un dommage par sa propre faute n'est pas censé être lésé, c'est-à-dire que, quoique lésé, il n'a pas l'action en

---

(1) Rejet, chambre civile, 14 mars 1866 (Dalloz, 1866, 1, 213).
(2) Bourges, 22 février 1855 (Dalloz, 1855, 2, 150). Comparez Poitiers, 30 juin 1847 (Dalloz, 1847, 2, 190).
(3) Bordeaux, 14 juin 1859 (Dalloz, 1859, 2, 201). Agen, 18 février 1873 (Dalloz, 1874, 2, 79).

dommages-intérêts; les auteurs donnent l'exemple suivant : Je jette quelque chose par la fenêtre de ma maison sur un terrain adjacent qui m'appartient et je blesse, par hasard, un étranger qui s'y trouve. Proudhon dit que je ne suis coupable d'aucune faute, parce que j'avais le droit de jeter sur mon propre terrain ce que je veux, tandis que celui qui a été blessé, n'ayant pas le droit de passer par mon fonds, est en faute pour s'y être introduit, ce qui le rend non recevable à s'en plaindre ; il doit imputer à lui-même le dommage qu'il souffre (1). L'explication restreint le principe qui est formulé d'une manière trop absolue. Qu'un étranger ait ou non le droit de passer par mon fonds, moi, en aucun cas, je n'ai le droit de le blesser ; il faut donc voir s'il y a eu imprudence de ma part; seulement, dans l'appréciation de la faute, le juge tiendra compte de la circonstance que le jet a eu lieu sur un terrain appartenant à l'auteur du fait dommageable. La faute de celui qui souffre le dommage ne fait donc pas cesser nécessairement la faute de celui qui le cause par son fait; c'est un élément du débat que le juge doit prendre en considération pour apprécier s'il y a faute et quelle est la gravité de la faute.

486. L'adage est applicable quand aucune faute ne peut être reprochée à celui qui, par son fait, a causé un dommage. Des entrepreneurs de travaux publics font sauter un rocher en tirant des mines ; un arrêté de l'autorité compétente prescrivait que la mise à feu ne pouvait avoir lieu que de onze heures du matin jusqu'à deux heures de l'après-midi ; le maire était chargé de prendre des mesures de police pour empêcher le passage aux heures fixées. Cet arrêté avait été publié et affiché, et de plus un agent de police était placé sur les lieux pour interdire le passage. Néanmoins un habitant de la ville passa et fut blessé; il a été jugé que les ouvriers et l'entrepreneur des travaux n'étaient pas responsables, ils devaient croire que l'arrêté serait observé; on ne leur reprochait aucune négligence,

(1) Proudhon, *De l'usufruit*, t. III, p. 459, n° 1487. Aubry et Rau, t. IV, p. 755, note 4, § 446.

aucune imprudence ; dès lors le fait, quoique dommageable, ne constituait point un quasi-délit (1).

Le principe s'applique aux accidents qui surviennent dans les fabriques : quand toute l'imprudence est du côté de l'ouvrier et qu'aucune imprudence n'est reprochée au patron, le juge doit se prononcer contre la malheureuse victime, quelque dure que la décision paraisse. Le juge décide en droit, et en droit il n'y a aucun doute. L'équité même ne peut réclamer quand il s'agit d'un ouvrier employé comme chef d'équipe ou contremaître ; comme tel, il connaît plus que tout autre le danger et on doit lui supposer l'intelligence nécessaire pour s'en garantir (2). La cour de Paris a poussé là rigueur plus loin, sans dépasser les limites du droit, en refusant les dommages-intérêts à un ouvrier mécanicien qui fut blessé en employant, pour réparer un laminoir, un burin que son maître lui avait envoyé ; l'instrument était tout à fait insuffisant pour l'opération, il se brisa, et l'éclat qui en jaillit fit perdre un œil à l'ouvrier imprudent. Il était imprudent, parce que c'était un habile ouvrier ; il aurait dû refuser l'instrument que le maître lui remettait sans le lui imposer (3).

487. L'adage ne reçoit plus d'application lorsqu'il y a une faute à reprocher à celui par le fait duquel le dommage est arrivé, quand même la partie lésée serait aussi coupable d'imprudence. Il ne faut point perdre de vue le principe fondamental en cette matière, c'est que la faute la plus légère est une cause de responsabilité ; de là suit que l'imprudence de la victime du fait dommageable n'efface point la faute de l'auteur, à moins qu'il ne soit établi que cette imprudence est la seule cause du dommage souffert. Si ce n'est pas la seule cause, il reste une faute à charge de l'auteur, et, quelque légère qu'elle soit, elle le rend responsable. Ce sont les termes d'un arrêt de la

---

(1) Lyon, 16 février 1826 (Dalloz, au mot *Responsabilité*, n° 192, 2°). Voyez une autre application du même principe dans un arrêt de rejet du 11 mai 1853 (Dalloz, 1853, 1, 263).

(2) Jugement du tribunal de la Seine, 1er janvier 1872 (Dalloz, 1873, 3, 48).

(3) Paris, 19 janvier 1867 (Dalloz, 1867, 5, 370, n° 8).

cour de Liége, et nous croyons que c'est le vrai principe. Celui qui, par son fait, cause le dommage aurait dû prendre toutes les précautions pour l'éviter ; s'il ne l'a point fait, il est en faute, et partant il est soumis à une action en dommages-intérêts (1).

La jurisprudence est en ce sens. Un voyageur insiste pour prendre place dans une voiture déjà trop chargée ; la voiture verse par excès de chargement : le voyageur aura-t-il une action ? L'affirmative a été jugée et avec raison. Il faut voir si, malgré l'imprudence du voyageur, le conducteur est en faute, et cela ne peut pas être nié. Ce n'est pas au voyageur, toujours pressé de partir, qu'il incombe de prévoir et de prévenir le danger qui résulte d'une surcharge, c'est là le devoir du conducteur ; il manque à son devoir en consentant à recevoir le voyageur ; donc il est en faute d'avoir accédé à ses désirs. Dans l'espèce, la faute ne saurait être niée, puisqu'elle constitue une contravention aux règlements, de la part du conducteur, et toute infraction est un délit civil (2). On cite un arrêt de la cour de Riom, comme étant contraire à cette doctrine. En réalité, il y est conforme, puisqu'il condamne le conducteur à des dommages-intérêts ; mais dans l'évaluation de ces dommages-intérêts, il tient compte de la faute du voyageur, ce qui est l'application d'un principe général, comme nous le dirons plus loin. Rien de plus juste ; si l'imprudence du voyageur n'efface pas la faute du conducteur, elle la diminue du moins, et la réparation doit être proportionnée à la faute (3).

488. Ce principe est d'une grande importance quand il s'agit d'apprécier la responsabilité des chefs d'industrie. Il y a presque toujours une imprudence à reprocher à l'ouvrier qui éprouve un dommage, mais cela ne suffit pas pour affranchir le patron de toute responsabilité, si lui-même est en faute, et il est en faute, comme le dit très-

---

(1) Liége, 3 janvier 1862 (*Pasicrisie*, 1863, 2, 143).
(2) Lyon, 16 juillet 1862 (Dalloz, 1863, 5, 329). Larombière, t. V, p. 709, n° 30 (Éd. B., t. III, p. 431).
(3) Riom, 11 mars 1851 (Dalloz, 1853, 2, 76). Comparez Rejet, 29 juillet 1874 (Dalloz, 1875, 1, 320).

bien la cour de Lyon, lorsqu'il ne prend pas, pour la protection de ses ouvriers et de ses employés, les plus minutieuses précautions ; il doit les préserver de leur propre imprudence. Cette décision paraîtra d'une rigueur excessive pour le maître, elle est cependant aussi juridique qu'humaine ; les ouvriers, incultes, et imprévoyants parce qu'ils sont incultes, se familiarisent avec les dangers de leur profession, au point qu'ils négligent les précautions que la plus simple prudence commande : n'est-ce pas au patron, plus intelligent et plus prévoyant, de veiller à leur sécurité et à leur vie? Trop souvent les chefs se contentent de donner des ordres ou de porter des défenses sans veiller à l'exécution ; ce n'est pas remplir tout leur devoir : l'essentiel est que les ordres soient exécutés et que les défenses soient observées. L'entrepreneur d'un terrassement intime à ses ouvriers l'ordre de se retirer alors qu'il y a imminence d'un éboulement ; il est responsable, en cas d'accident, s'il n'a pas veillé à l'exécution de cet ordre en protégeant ses ouvriers contre leur propre imprudence (1).

C'est surtout quand il s'agit de jeunes ouvriers que la responsabilité du patron devient plus sévère. Il ne peut pas leur demander la prudence, ce serait demander l'impossible ; en les employant, il s'engage à être prudent pour eux, et s'il ne prend pas toutes les précautions possibles, il est lui-même coupable d'imprudence. La cour de Paris a jugé qu'il y a faute de la part du maître d'une imprimerie d'avoir omis d'entourer d'un grillage ou de tout autre moyen préservatif l'organe à engrenage d'une machine près de laquelle il installait un enfant pour faire le travail de receveur de feuilles. Peu importe que cette précaution ne soit prescrite par aucun règlement, elle est prescrite par la sollicitude que le patron doit avoir pour ses jeunes ouvriers (2).

489. La question de responsabilité présente encore une autre difficulté : quand y a-t-il faute de la part de

(1) Voyez les décisions de la cour et du tribunal de Lyon, rapportées dans le *Répertoire* de Dalloz, 1871, 2, 42, note 2.
(2) Dalloz, 1871, 2, 42, note.

celui qui éprouve un dommage? Doit-on appliquer à la partie lésée le principe que l'on applique à l'auteur du fait dommageable? Celui-ci est tenu de la faute la plus légère, de la moindre imprudence, de la moindre négligence : la sécurité des hommes commande cette rigueur. Entre la victime et le coupable, la justice prend parti pour la victime, quelque légère que soit la faute de l'auteur du quasi-délit. On ne peut pas apprécier avec la même sévérité l'imprudence ou la négligence commise par celui qui est lésé ; il est étranger au fait qui a causé le dommage, ce n'est pas à lui de prendre les précautions nécessaires pour qu'aucun dommage ne soit causé. Il faut donc revenir à la règle générale en matière de faute ; s'il a fait ce qu'auraient fait la plupart des hommes, on ne peut pas dire qu'il soit en faute.

Si la prétendue imprudence que l'on impute à la partie lésée est l'exercice d'un droit, toute faute disparaît. Une glace d'un prix élevé est brisée dans la vitrine d'un magasin par une charrette. Le maître de la charrette, actionné en dommages-intérêts, prétend qu'il ne doit réparer qu'une partie du dommage, parce que le propriétaire du magasin avait commis une imprudence en fermant sa devanture avec un vitrage de luxe au lieu d'un vitrage ordinaire. Le tribunal n'a pas accueilli cette défense ; le propriétaire use de son droit, et celui qui use de son droit n'est pas en faute (1).

L'imprimeur est responsable des fautes d'impression : c'est un fait de négligence qui rentre sous l'application des termes généraux de l'article 1383. On demande si cette faute est couverte par le *bon à tirer* que l'auteur signe? La jurisprudence s'est prononcée pour la négative et avec raison. L'auteur revoit l'épreuve, surtout au point de vue de la forme littéraire, du style ; il fait les corrections qui concernent le fond ; c'est le correcteur de l'imprimerie qui doit corriger les fautes d'impression pro-

(1) Jugement du tribunal d'Anvers du 1er avril 1865 (Dalloz, 1865, 3, 62). Dans le même sens, un jugement du tribunal de paix de Bourbon-l'Archambault, 8 janvier 1867. En sens contraire, tribunal de paix de Béziers, 22 juillet 1866 (Dalloz, 1868, 3, 74 et la note de l'arrêtiste).

prement dites. Aussi est-il d'usage, comme le constate un jugement du tribunal de commerce de Paris, de faire une dernière correction, appelée *lecture en seconde*, après que l'auteur a délivré le *bon à tirer*, et cette lecture a précisément pour objet la correction des fautes typographiques et des fautes de grammaire, d'orthographe, de ponctuation qui auraient échappé à la révision de l'auteur. Toutefois, si l'auteur avait négligé de corriger des fautes grossières qui frappent à vue d'œil, il y aurait aussi négligence de sa part et, par suite, le juge pourrait modérer les dommages-intérêts mis à charge du correcteur en ne le condamnant à supporter qu'une partie des frais que nécessitent les cartons (1).

Quand la partie lésée a enfreint un règlement et que c'est par suite de cette infraction qu'elle a éprouvé un dommage, elle ne peut pas, en général, se plaindre; c'est le cas de dire avec l'adage qu'elle est censée n'avoir pas été lésée. Toutefois, il faut se garder des propositions absolues en cette matière. Les questions de faute sont essentiellement des questions de fait, et il appartient toujours au juge d'apprécier les circonstances de la cause. Un ouvrier employé au chemin de fer est blessé. La compagnie soutient qu'il l'a été en enfreignant le règlement qui prescrit à tous les ouvriers de s'éloigner à l'approche des trains. Cette défense n'a pas été admise dans l'espèce. L'ouvrier avait été renversé au moment où il cherchait à enlever avec sa pelle des cailloux qui se trouvaient sur un rail du chemin de fer et qu'il supposait pouvoir faire dérailler un train de voyageurs. S'il avait enfreint les règlements, c'est sous l'influence d'un sentiment généreux, et la compagnie avait mauvaise grâce de lui imputer à faute ce qui était un acte de dévouement ou au moins d'un grand zèle (2).

490. Les accidents de voiture donnent souvent lieu à un conflit de fautes. Il y a quelque imprudence à reprocher à la victime, mais cela n'empêche pas que le

_____

(1) Tribunal de la Seine, 23 août 1828 (Dalloz, au mot *Responsabilité*, n° 133). Tribunal de commerce de Paris, 16 août 1860 (Dalloz, 1861, 3, 72).
(2) Lyon, 5 avril 1856 (Dalloz, 1857, 2, 86).

cocher soit en faute. Une demoiselle, en traversant rapidement une place à Paris pour éviter les voitures, fit une chute lorsqu'elle allait mettre le pied sur le trottoir; une voiture qui passait en ce moment lui cassa les deux jambes. La victime demanda des dommages-intérêts, tout en reconnaissant qu'il y avait, dans une certaine mesure, imprudence de sa part; néanmoins la cour de Paris condamna le cocher et son maître, en constatant la faute du cocher; le cheval était à une allure telle, qu'il eût été facile de l'arrêter à temps pour que la voiture ne passât point sur le corps de la personne qui était tombée (1). Suffit-il que le cocher crie *gare!* pour que le passant, averti et blessé parce qu'il n'a pas tenu compte de l'avertissement, n'ait pas d'action? La cour de Paris l'a jugé ainsi (2), mais il faut se garder de traduire en règle générale des décisions qui sont toujours rendues en vue des circonstances de la cause. Le passant est en faute, soit; mais le cocher est-il sans faute aucune? Nous n'admettrions la non-responsabilité que dans le cas où l'imprudence de la victime a été la seule cause de l'accident. Il ne faut jamais oublier que la rigueur de la loi, en matière de quasi-délits, a pour but de sauvegarder la vie des hommes.

491. La conséquence la plus naturelle de la faute est, non d'affranchir de toute responsabilité l'auteur du fait dommageable, mais de la diminuer, en ce sens que les dommages-intérêts auxquels il est condamné doivent être proportionnés à l'étendue de la faute, et la faute est diminuée quand le dommage est imputable, en partie, à la faute de celui qui l'éprouve. Telle est la jurisprudence. Un ouvrier monté sur une machine pour la graisser; la machine, mal montée, se met elle-même en mouvement et blesse l'ouvrier. A la demande en dommages-intérêts, la compagnie opposa que l'ouvrier était en faute, attendu qu'il n'avait pas besoin de monter sur la machine pour faire le travail de graissage. Le tribunal de la Seine, tenant compte de cette circonstance, en conclut qu'il y

(1) Paris, 6 juillet 1867 (Dalloz, 1871, 5, 334, n° 5).
(2) Paris, 16 février 1867 (Dalloz, 1867, 5, 371).

avait lieu de modérer les dommages-intérêts. Sur l'appel, la cour les majora, par le motif que la faute de la compagnie était proportionnellement plus grande que celle que l'on pouvait imputer à l'ouvrier (1).

492. Il se peut que les fautes réciproques des deux parties soient de telle nature qu'elles excluent toute cause de responsabilité. Quand le demandeur est coupable à l'égard du défendeur de la même faute qu'il reproche à celui-ci, il n'y a pas lieu de lui allouer des dommages-intérêts, car l'indemnité qu'il obtiendrait à ce titre, il devrait la payer par suite de la condamnation prononcée au profit de la partie adverse; de sorte que les dommages-intérêts dont il est créancier se compensent avec ceux dont il est débiteur. Un pharmacien de Vichy réclame des dommages-intérêts contre un autre pharmacien de la même localité, du chef d'imputations qui seraient de nature à nuire à la réputation des eaux minérales sorties de son officine. Mais lui-même avait dirigé des imputations analogues contre le pharmacien défendeur. La cour de Riom décida qu'ils avaient manqué l'un et l'autre aux règles de la délicatesse et de la bonne foi qui doivent régner dans les relations commerciales; elle en conclut qu'ils s'étaient rendus réciproquement non recevables dans leurs demandes en dommages-intérêts (2). La décision est juste, mais est-elle bien motivée? Un délit, fût-il identique, commis par le demandeur n'empêche pas la condamnation du défendeur coupable du même délit; il en doit être de même des délits civils, en principe. Mais la condamnation serait frustratoire quand les deux créances se compensent; ce que l'on doit supposer; car si les dommages-intérêts étaient inégaux, ils devraient être prononcés contre les deux parties.

La cour de cassation a appliqué ce principe à l'action en dommages-intérêts intentée par une partie contre le

(1) Paris, 16 novembre 1871 (Dalloz, 1871, 2, 208). Comparez Nîmes, 20 février 1872 (Dalloz, 1872, 5, 387, n° 10). Rejet, 29 juillet 1874 (Dalloz, 1875, 1, 320). Comparez Bruxelles, 3 mars 1814 (*Pasicrisie*, 1814, p. 25), et 18 décembre 1834 (*Pasicrisie*, 1834, 2, 280).

(2) Riom, 23 novembre 1852 (Dalloz, 1853, 2, 137). Comparez Rejet, chambre civile, 20 novembre 1867 (Dalloz, 1867, 1, 448).

notaire qui avait reçu un acte annulé pour cause de fraude ; or, les imputations mensongères étaient le fait de la partie, le notaire avait eu tort de prêter la main à la fraude, mais il l'avait fait dans l'intérêt et selon le désir de son client ; celui-ci, dit la cour, n'était pas recevable à exciper de sa propre turpitude (1). Nous avons déjà rencontré plus d'une fois cet adage que le code ignore et que la morale ignore aussi ; de ce que le client est un malhonnête homme, cela n'excuse pas le notaire de s'être rendu complice de sa malhonnêteté : il a des devoirs professionnels que le client n'a point ; le notaire n'a certes pas d'action contre la partie, donc il est, lui, le grand coupable, et il doit être condamné, sauf à modérer les dommages-intérêts à raison de la faute du client. A plus forte raison le déciderions-nous ainsi si le notaire avait commis un faux, bien que le client fût complice ; plus la faute est grave, plus les tribunaux doivent se montrer sévères pour la réprimer ; il faut apprendre aux officiers publics que leur devoir est de refuser leur ministère à une œuvre de mensonge et de fraude (2).

SECTION III. — Applications.

§ Ier. *Propriété. Commerce et industrie.*

493. Le principe de la responsabilité s'applique à toutes les relations civiles : dès qu'il y a un fait dommageable, une faute et préjudice causé, les articles 1382 et 1383 doivent recevoir leur application. Mais les divers ordres de faits font naître des difficultés diverses. On ne peut donc pas se borner à établir des principes, il faut les appliquer. Nous avons déjà rencontré une des grandes difficultés de la matière en traitant de la propriété ; il s'agit de savoir si le propriétaire peut user de son droit sans être responsable du dommage qu'il cause : est-il responsable par cela seul qu'il lèse un intérêt, ou n'est-il responsable que s'il lèse un droit ? L'exercice du commerce et de l'industrie soulève une autre difficulté. Il en résulte

(1) Rejet, chambre civile, 26 mars 1855 (Dalloz, 1855, 1, 326).
(2) En sens contraire, Rejet, 26 juillet 1856 (Dalloz, 1856, 1, 323).

presque nécessairement des inconvénients pour les voisins dans les villes ; dans ce conflit de droits et d'intérêts, quelle est la limite à laquelle s'arrête le droit et où commence l'obligation ? La vie commune impose des devoirs réciproques aux hommes ; jusqu'où vont ces obligations de voisinage ? Nous renvoyons à ce qui a été dit au titre de la *Propriété* (t. VI, nᵒˢ 136-155).

494. L'industrie et le commerce, en devenant une source de richesses, sont devenus une cause de rivalité ardente. Cette concurrence est un droit, mais la liberté a ses limites comme la propriété. Où finit le droit ? où commence le fait dommageable ? On applique à la concurrence les principes qui régissent les délits et les quasi-délits. Elle constitue un droit, et celui qui use d'un droit ne doit pas réparer le dommage qu'il cause, à moins qu'il ne lèse un droit. La concurrence est un droit, mais ce droit implique qu'il est l'usage pur et simple de la liberté qui appartient à toute personne d'exercer tel commerce, telle industrie qu'elle veut. On peut abuser de la liberté, et l'abus d'un droit n'est plus un droit. La concurrence n'est plus un droit, mais l'abus d'un droit, quand elle est déloyale, et elle est déloyale lorsque le commerçant ou l'industriel usurpent un droit quelconque appartenant à un autre commerçant, à un autre industriel. Toute lésion d'un droit est un délit ou un quasi-délit, et donne lieu à une action en dommages-intérêts, donc aussi la concurrence déloyale. Reste à déterminer quand il y a droit lésé. La question présente des difficultés particulières à raison de l'insuffisance de la législation. Cette matière n'est pas de notre domaine ; nous renvoyons le lecteur à l'excellent traité de notre collègue, M. Waelbroeck (1). Il suffira à notre objet d'en extraire quelques applications concernant les faits dommageables.

495. Il y a des industriels dont les produits jouissent d'une renommée qui les fait particulièrement rechercher par les consommateurs. Le produit prend, dans ce cas, le nom du fabricant ; ce nom est une valeur créée par l'in-

---

(1) *Cours de droit industriel,* 2 vol. in-8° (Gand, 1863, et Paris, 1867).

telligence et l'honnêteté ; c'est donc un droit ; usurper ce nom, c'est léser un droit, c'est donc commettre un délit ou un quasi-délit.

L'eau de Cologne de Jean-Marie Farina a une réputation européenne. Un fabricant, portant le même nom de famille et les mêmes prénoms avec quatre autres, supprima ceux-ci ; de sorte que les enveloppes de ses flacons, ses adresses, ses factures présentaient le nom connu du public. C'est une usurpation de nom que les tribunaux ont réprimée. Le jugement du tribunal de commerce de Paris pose en principe que « lorsqu'un commerçant veut exercer dans une ville une industrie déjà exploitée par une personne ayant le même nom que lui, il doit combiner les noms et prénoms de telle sorte que sa raison de commerce soit bien distincte de celle qui a été précédemment adoptée par la maison préexistante. Dans l'espèce, on objectait que le second Farina avait ajouté une énonciation qui le distinguait de l'ancien Farina, à savoir : *vis-à-vis le marché de Cologne*. Le tribunal répond que cette énonciation est insuffisante pour empêcher toute confusion, que c'est le nom qui frappe le consommateur et souvent le détermine à acheter. Le tribunal ajoute que le défendeur avait six prénoms et, de plus, il avait un associé ; il était donc très-facile à la nouvelle société de prendre une raison de commerce autre que celle de Jean-Marie Farina. Si elle ne l'a pas fait, si elle a adopté de préférence certains prénoms qui caractérisent l'ancienne maison, il est évident qu'elle a eu pour but d'induire le public en erreur et de s'emparer, à l'aide d'une méprise, de la clientèle attachée à la maison de Jean-Marie Farina. Par cette usurpation de nom, la nouvelle maison causait un préjudice grave à l'ancienne et trompait la foi publique. Il y avait délit civil. Le tribunal ordonna que Farina apporterait une modification à sa raison de commerce, de manière qu'il n'y eût pas de confusion possible avec l'ancienne maison portant le même nom, le tout à peine de dommages-intérêts (1).

(1) Rejet, 2 janvier 1844 (Dalloz, au mot *Industrie*, n° 343, 3°).

496. L'usurpation des marques de fabrique constitue également un délit civil. On appelle marques de fabrique les signes apposés sur les produits pour en indiquer la provenance; elles ont pour objet de protéger le fabricant contre la concurrence déloyale. Les marques de fabrique sont la propriété du fabricant; toute atteinte portée à ce droit est un faux dommageable, dans le sens des articles 1382 et 1383 (décret du 22 germinal an XI, art. 16). Un décret du 20 février 1810 règle l'exercice de l'action civile qui naît de la contrefaçon des marques. Le fabricant doit adopter une marque assez distincte des autres marques pour qu'elles ne puissent être confondues et prises l'une pour l'autre. Ce sont les conseils de prud'hommes qui jugent de la suffisance ou de l'insuffisance de la différence entre les marques déjà adoptées et les nouvelles. Les contestations sur l'usurpation des marques de fabrique sont portées devant les tribunaux de commerce (art. 5 et 6).

497. L'enseigne ne peut pas faire l'objet d'une usurpation proprement dite, car elle ne constitue pas une propriété spéciale, comme les marques de fabrique. Mais l'usurpation d'enseigne tombe sous l'application de l'article 1382. Vainement celui qui prend pour enseigne une figure ou une dénomination dirait-il qu'il ne fait qu'user de son droit et qu'il ne lèse pas un droit; on lui répondrait que l'abus d'un droit n'est plus un droit; or, en adoptant l'enseigne d'une maison rivale, il a pour but de s'enrichir à son préjudice. C'est le cas de dire avec Toullier qu'entre plusieurs manières d'exercer son droit il n'est pas permis de choisir celle qui peut être préjudiciable à un autre et dans le dessein de lui nuire. Il suit de là que le commerçant a une action en dommages-intérêts contre celui qui, en prenant la même enseigne que la sienne, amène entre les deux établissements une confusion de nature à nuire à sa clientèle (1).

Il existe à Bruxelles, depuis plus de trente ans, une maison de commerce portant l'enseigne : *Au Petit Saint-Thomas*. A Paris, une maison vendant en grande partie

---

(1) Waelbroeck, *Droit industriel*, t. II, p. 64, nᵒˢ 287 et 288.

les mêmes objets est établie depuis le commencement de
ce siècle. Y avait-il, dans le fait du commerçant belge
d'imiter l'enseigne du commerçant français, usurpation
d'enseigne? Si l'enseigne était une propriété reconnue en
Belgique en vertu d'un traité, l'usurpation serait évidente.
Mais l'imitation d'une enseigne n'est qu'un fait de concurrence; or, la concurrence ne se conçoit guère qu'entre
des maisons d'une même ville ou d'un même pays; si la
maison de Paris avait établi une succursale à Bruxelles,
elle aurait eu une action contre le commerçant belge qui
avait pris la même enseigne. Elle ne le fit que longtemps
après que la maison de Bruxelles se fut établie. Pouvait-
elle prendre à Bruxelles l'enseigne *Au Petit Saint-Thomas*,
alors qu'il y existait une maison avec cette enseigne? Le
tribunal de commerce de Bruxelles se prononça avec raison pour la négative; la maison de Paris était libre de
fonder une succursale en Belgique, mais en sauvegardant
complétement le droit de la maison belge. Au lieu de cela,
elle mit sur son enseigne, en grands caractères, les mots :
Au Petit Saint-Thomas, et en petits caractères : *de Paris*.
Cela ne suffisait pas pour éviter la contrefaçon. Le tribunal accorda des dommages-intérêts pour des annonces
malveillantes insérées dans les journaux et ordonna que
l'enseigne portât en grands caractères : *Succursale de la
maison établie rue du Bac à Paris* (1).

498. L'enseigne est la marque extérieure d'un établissement; il peut y en avoir d'autres. Une nouvelle maison
peut-elle se former à côté d'une maison plus ancienne
pour lui faire concurrence? L'affirmative est certaine,
quelque nuisible que soit cette rivalité; tant qu'elle est
loyale, elle ne constitue pas un fait dommageable dans
le sens de l'article 1382. Mais si le nouvel établissement,
attenant à l'autre, imite celui-ci par son aspect extérieur
pour lui donner une physionomie exactement semblable,
dans le but d'enlever sa clientèle par la confusion inévi-
ble qui en résulte, il y a abus de la liberté, usurpation

---

(1) Jugement du tribunal de commerce de Bruxelles, 15 décembre 1873
(*Pasicrisie*, 1873, 3, 71).

déloyale d'achalandage et, par suite, délit civil. Le tribunal de commerce de Paris dit très-bien : « Si la liberté commerciale est un principe sacré auquel il faut se garder de porter atteinte, cette liberté ne comporte pas l'emploi de moyens que l'on ne saurait avouer et qui ne sont pas à l'usage des commerçants guidés par la loyauté et la bonne foi, sans lesquelles la considération commerciale serait perdue si la juridiction consulaire, qui en est une émanation, ne réprimait sévèrement ces abus. » Le tribunal condamna le commerçant coupable à des dommages-intérêts et ordonna que l'extérieur de la maison fût changé de façon qu'on ne pût la confondre avec la maison voisine (1).

499. Les distinctions accordées lors d'une exposition sont devenues une nouvelle occasion de concurrence déloyale. Ces distinctions ne sont pas purement honorifiques, elles deviennent, pour les industriels auxquels elles sont accordées, une recommandation qui les signale à la confiance des acheteurs. Il est juste de leur maintenir cet avantage, parce que c'est la rémunération du travail intelligent et un principe d'émulation et de progrès qui deviendrait illusoire si les concurrents auxquels elle n'a pas été accordée pouvaient s'en targuer aux yeux du public et se présenter comme l'ayant obtenue. Ce sont les termes d'un arrêt de la cour de Bordeaux. La cour de Lyon dit, dans une affaire analogue, que les commerçants ont les uns à l'égard des autres des devoirs de loyauté et de bonne foi qui devraient être les seuls éléments de leur prospérité. On faisait une objection : il s'agissait d'une médaille accordée à l'étranger par la commission de l'exposition universelle de Londres : ces récompenses ont-elles une valeur légale en France? La cour de Bordeaux répond qu'elles ont reçu l'attache et la sanction du gouvernement français, puisque des commissaires par lui désignés ont fait partie de la commission et que de plus il a été, dans une solennité présidée par le chef de l'Etat, imprimé aux distinctions obtenues par l'industrie fran-

(1) Paris, 29 décembre 1852 (Dalloz, 1853, 2, 163).

çaise un caractère national. Une médaille avait été décernée à un fabricant de chocolat, de Bordeaux; un fabricant de produits similaires de la même ville combina lés étiquettes et vignettes par lesquelles il s'annonçait au public, de manière à faire supposer, contrairement à la vérité, qu'il avait obtenu la même récompense. Il avait, par là, porté atteinte aux droits du commerçant médaillé, usurpé, afin d'attirer à lui les consommateurs, une recommandation qui ne lui appartenait pas et qui appartenait au demandeur et lui avait fait, à l'aide de ce moyen illégitime, une concurrence dommageable. La cour, réformant la décision du premier juge, prononça des dommages-intérêts : « Attendu qu'il importe de réprimer des supercheries qui tendent à abuser le public et nuisent au commerce loyal (1). »

500. Les commerçants ont le droit de vanter leurs produits et, s'ils ont obtenu l'approbation d'un corps scientifique, tel que l'Académie de médecine, ils peuvent publier les rapports qui leur sont favorables. Mais il ne leur est pas permis de dénigrer publiquement les produits rivaux, en les signalant comme inférieurs à ceux qu'ils débitent. Il a été jugé que c'est dépasser les limites d'une concurrence convenable et licite (2). Le plus souvent ce dénigrement se fait dans l'intention d'engager les consommateurs à ne pas acheter les produits désignés comme inférieurs et à se pourvoir chez celui qui prétend débiter des marchandises d'une valeur supérieure; mais, quand même il n'y aurait pas intention de nuire, il n'y aurait pas moins fait dommageable : c'est ce qu'a décidé la cour d'Aix (3). Nous en avons déjà fait la remarque : l'intention de nuire, exigée pour qu'il y ait délit, n'est pas requise pour qu'il y ait quasi-délit. La cour de Bruxelles a montré plus d'indulgence; elle exige, pour qu'il y ait concurrence déloyale, qu'il y ait intention doleuse (4). A notre

---

(1) Bordeaux, 20 décembre 1853 ; Lyon, 4 mai 1854 (Dalloz, 1866, 2, 132, 133).
(2) Paris, 27 juillet 1850 (Dalloz, 1851, 2, 168).
(3) Aix, 12 mars 1870 (Dalloz, 1871, 2, 134).
(4) Bruxelles, 23 novembre 1864 (*Pasicrisie*, 1865, 2, 284).

avis, c'est confondre le délit avec le quasi-délit. La cour objecte la liberté d'industrie et de commerce. Nous répondons que la propriété est le plus absolu des droits ; néanmoins il est de doctrine et de jurisprudence que l'abus de ce droit est un délit ou un quasi-délit. Il en est de même de la liberté du commerce : l'abus de tout droit est un fait dommageable, et quand, de plus, il y a intention doleuse, le fait devient un délit.

§ II. Responsabilité des fonctionnaires et officiers ministériels.

501. Les fonctionnaires sont-ils soumis à la responsabilité générale établie par les articles 1382 et 1383? L'affirmative se fonde sur le texte et l'esprit de la loi. L'article 1382 dit : « Tout fait quelconque de l'*homme*; » et l'article 1383 porte : « *Chacun* est responsable du dommage qu'il cause. » Ainsi le principe est formulé dans les termes les plus généraux ; par cela même il s'applique aux fonctionnaires qui causent un dommage aux particuliers dans l'exercice de leurs fonctions. Il y a un motif de plus pour rendre les fonctionnaires responsables : c'est qu'en acceptant une fonction, ils contractent l'obligation de la remplir avec intelligence et probité ; voilà pourquoi la loi punit plus sévèrement les fonctionnaires que les particuliers pour un seul et même crime, tel que celui de faux. Là responsabilité formant une règle générale, tout fonctionnaire, dans la plus large acception du mot, y est assujetti ; il faudrait une exception formelle pour qu'un fonctionnaire ne fût point responsable. Nous ne connaissons qu'une exception établie par la constitution en faveur des membres du corps législatif : « Aucun membre de l'une ou de l'autre chambre ne peut être poursuivi ou recherché à l'occasion des opinions et votes émis pâr lui dans l'exercice de ses fonctions » (art. 44). L'indépendance dont doivent jouir les représentants de la nation explique cette exception qui confirme la règle.

La législation française contient une restriction au

principe de responsabilité. D'après la constitution de l'an VIII, « les agents du gouvernement ne peuvent être poursuivis pour des faits relatifs à leurs fonctions qu'en vertu d'une décision du conseil d'Etat. » C'est une garantie contre des poursuites irréfléchies; mais ce qui est une garantie pour les fonctionnaires devient une entrave pour les citoyens. Toullier critique cette disposition avec une vivacité extrême. C'est une mesure tyrannique, dit-il, imaginée par le plus habile et le plus absolu des despotes; elle rend presque toujours illusoire la responsabilité des fonctionnaires (1). La constitution belge l'a abolie : « Nulle autorisation préalable n'est nécessaire pour exercer des poursuites contre les fonctionnaires publics pour faits de leur administration ».(art. 24). Un décret du 19 septembre 1870 a aussi supprimé le préalable administratif en France.

502. La responsabilité des fonctionnaires est-elle aussi soumise au droit commun quant à son étendue? Il s'agit de savoir si les fonctionnaires sont tenus de la faute la plus légère, de la moindre imprudence et de la moindre négligence. L'affirmative nous paraît certaine. Il n'y a qu'un seul et même texte pour la responsabilité de tout homme; si les fonctionnaires sont responsables, c'est en vertu des articles 1382 et 1383, donc le droit commun leur est en tout applicable. La cour de cassation, tout en appliquant le principe des articles 1382 et 1383, semble le limiter aux fautes graves. Il s'agissait, dans l'espèce, du syndic d'une faillite; la cour décida que la responsabilité établie par ces dispositions était applicable aux syndics; elle formule la règle dans les termes suivants: « Un fonctionnaire, un mandataire quelconque, comme tout agent auquel la loi départ une mission, contracte le devoir de la remplir avec exactitude, avec attention, impartialité et avec vérité, de manière à ne porter atteinte ou préjudice inconsidérément ou arbitrairement à autrui. Il importe peu que le dommage causé soit l'effet de la *malice* ou de l'*impéritie*, parce que le premier soin de tout homme

(1) Toullier, t. VI, 1, p. 151, n° 182.

qui accepte des fonctions est d'apprendre et de savoir les obligations qui lui sont imposées. Dans l'exercice d'un devoir, toute *faute* ou *erreur grave* devient un *quasi-délit* et s'assimile au *dol* pour donner lieu à des dommages-intérêts envers celui au préjudice duquel la *faute* et l'*erreur* se trouvent commises (1). » Faut-il conclure de là que, dans la pensée de la cour de cassation, les fonctionnaires ne sont tenus que de la faute grave? Le langage de l'arrêt est trop peu précis pour que l'on en puisse tirer une conséquence qui serait en opposition avec le texte de la loi. La cour dit que *toute faute grave* dans l'accomplissement d'un devoir devient un *quasi-délit*, et est assimilée au *dol*. Or, ce qui caractérise le quasi-délit, c'est précisément l'absence de dol. Nous croyons que l'opinion de la cour est plutôt celle-ci : c'est que tout inaccomplissement d'un devoir, par impéritie, ou autre faute, devient pour le fonctionnaire une faute grave, laquelle, en principe, est assimilée au dol. Mais il est impossible que la cour entende dire que les fonctionnaires ne sont responsables que de la faute grave ; ce serait créer pour les fonctionnaires une responsabilité spéciale, qui ne serait ni celle des obligations conventionnelles, ni celle des quasi-délits, la moindre de toutes les responsabilités ; tandis que la responsabilité des fonctionnaires doit être plus sévère en matière civile, comme elle l'est en matière pénale. On doit donc s'en tenir aux articles 1382 et 1383, et les appliquer aux fonctionnaires dans toute leur sévérité.

La haute cour des Pays-Bas a fait une application remarquable du principe de responsabilité, et elle l'a appliqué sans restriction aucune. Un officier de police judiciaire avait dressé un procès-verbal de coups et blessures qui donna lieu à une instruction et à un emprisonnement préventif de huit jours ; puis la chambre du conseil décida que le prévenu n'avait pris aucune part au délit. Plainte en dommages-intérêts contre le rédacteur du procès-verbal. Elle fut admise et, sur le pourvoi, il intervint un arrêt de rejet. La haute cour constate, en fait, que la dé-

(1) Rejet, 14 décembre 1825 (Dalloz, au mot *Faillite*, n° 437, 1°).

signation *irréfléchie* consignée dans le procès-verbal, qu'elle ait eu pour cause une erreur sur la personne, ou des renseignements erronés, constitue au moins une *très-grave imprudence*. On objectait que l'officier de police judiciaire avait agi dans les limites de son droit; la cour répond que l'acte peut être licite et néanmoins dommageable, si l'auteur du fait a agi avec imprudence : ce n'était pas l'exercice d'un droit, c'en était l'abus (1).

La jurisprudence offre peu de monuments en ce qui concerne les fonctionnaires proprement dits. Un arrêt de la cour de Bourges condamne un maire pour *imprudence*. Il avait violé le droit de propriété en faisant arracher une haie de sa propre autorité ; c'était sans doute ignorance des plus simples notions de droit (2).

503. Les lois contiennent parfois des dispositions spéciales relatives à certains fonctionnaires. Ainsi le code civil et la loi hypothécaire belge déclarent les conservateurs des hypothèques responsables du préjudice résultant de l'omission d'une transcription ou d'une inscription requises dans leurs bureaux, et du défaut de mention, dans leurs certificats, d'une transcription ou d'une inscription existantes. Nous reviendrons sur cette responsabilité au titre des *Hypothèques*.

Le code civil déclare encore responsables les dépositaires des registres de l'état civil, du chef des altérations qui y surviendraient, sauf leur recours, s'il y a lieu, contre les auteurs desdites altérations (art. 51). Et l'article 52 ajoute : « Toute altération, tout faux dans les actes de l'état civil, toute inscription de ces actes sur une feuille volante et autrement que sur les registres à ce destinés donneront lieu aux dommages-intérêts des parties. » Le code ne parle pas de la nullité des actes, parce qu'il est de principe que les actes ne sont pas nuls pour inobservation des formes prescrites par la loi. Toutefois, ces irrégularités obligent les parties intéressées à faire rectifier les actes qu'elles sont dans le cas de produire ; de là des frais qui sont imputables à la négligence ou à l'im-

---

(1) Rejet, 18 février 1853 (*Belgique judiciaire*, 1858, p. 1441).
(2) Bourges, 20 août 1828 (Dalloz, au mot *Responsabilité*, n° 279).

péritie des officiers de l'état civil : seraient-ils tenus de réparer ce dommage? Oui, et sans doute aucun. L'article 52 n'est pas une exception à la règle de la responsabilité, il ne fait que l'appliquer, et la règle reçoit son application à tous les cas où, par sa faute, l'officier de l'état civil cause un dommage.

504. Le code de procédure contient une disposition générale sur la responsabilité des officiers ministériels : « Les procédures et les actes nuls ou frustratoires et les actes qui auront donné lieu à une condamnation d'amende seront à la charge des officiers ministériels qui les auront faits, lesquels, *suivant l'exigence des cas,* seront en outre passibles des dommages et intérêts de la partie » (article 1031).

Cette disposition s'applique-t-elle aux greffiers? Non, car les greffiers ne sont pas des officiers ministériels. Toutefois le principe de la responsabilité établie par l'article 1031 reçoit son application aux greffiers. Il est de jurisprudence que si une procédure est nulle par la faute du greffier, il est tenu des frais, parce qu'ils sont occasionnés par sa faute, c'est-à-dire des frais que nécessitera la nouvelle procédure (1).

Les greffiers sont aussi responsables envers les parties, d'après le droit commun. Il a été jugé que le greffier qui a laissé retirer du greffe, sans récépissé, les titres produits dans un ordre par un créancier est responsable envers ce dernier de la totalité du préjudice résultant pour lui de la perte de ces titres. La cour fonde sa décision sur la *négligence* du greffier : c'est l'application pure et simple de l'article 1383 (2).

505. Les avoués sont responsables en vertu de l'article 1031 du code de procédure; ils le sont encore en vertu du droit commun. Aux termes de l'article 1031, ils sont tenus des dommages-intérêts *suivant l'exigence des cas.* Ces termes impliquent-ils une restriction apportée à

(1) Rejet, chambre criminelle, 27 mars 1845; Cassation, 13 mars 1845; Rejet, 1er juin 1844 (Dalloz, 1845,4, 457 et 458). Cassation, chambre criminelle, 28 novembre 1846 (Dalloz, 1846, 4, 446).
(2) Riom, 21 février 1857 (Dalloz, 1857, 2, 147), Comparez Montpellier, 6 février 1872 (Dalloz, 1872, 2, 91).

la responsabilité des avoués? Non, la loi ne fait qu'appliquer aux avoués le principe général de droit qui rend tout mandataire responsable. D'ordinaire on cite pour les avoués, comme pour les notaires, les articles 1382 et 1383. Cela n'est pas exact. L'avoué agit en vertu d'un mandat que lui donne le client; il est donc responsable comme débiteur; c'est dire qu'il est tenu de la faute légère *in abstracto*, ou, en d'autres termes, qu'il doit remplir son mandat avec les soins d'un bon père de famille, sans être tenu de la faute la plus légère, comme il le serait si on lui appliquait le principe de l'article 1383. La jurisprudence ne fait pas cette distinction; les cours appliquent simultanément la responsabilité qui naît du mandat et la responsabilité qui naît du quasi-délit. Il y a des cas où cela est indifférent : telle serait la faute commise par un avoué par ignorance du droit; il en est tenu en vertu de l'article 1137 aussi bien qu'en vertu de l'article 1383. Une procédure en partage et licitation est annulée par la faute de l'avoué qui n'avait pas fait intervenir le subrogé tuteur, alors qu'il existait une opposition d'intérêts entre le mineur et le tuteur. L'avoué est-il responsable? On l'a vainement contesté en soutenant que c'était à la partie de s'imputer de n'avoir pas choisi un homme plus instruit. Singulière défense qui cherche une justification là où est la faute! La cour d'Aix oppose d'abord le principe de justice et de morale publique proclamé par l'article 1382 : ce principe, dit l'arrêt, s'applique plus particulièrement à l'officier public qui, à raison du caractère dont il est revêtu, de la confiance que lui attire sa position, du privilège qu'elle lui donne, est soumis à une responsabilité morale et légale. L'avoué objectait qu'il s'agissait d'une erreur de droit, et non d'un vice de procédure. C'était dire que les avoués peuvent ignorer impunément les principes les plus élémentaires de droit. La cour répond que cette ignorance constitue, au contraire, une faute grave, que l'avoué en est tenu comme officier ministériel et comme mandataire salarié, en vertu de l'article 1992 (1). Précisément

(1) Aix, 8 février 1838 (Dailoz, au mot *Responsabilité*, n° 456).

parce que la faute était grave, il importait peu que l'on appliquât à l'avoué la responsabilité conventionnelle du mandataire, ou la responsabilité légale du quasi-délit.

Mais quand la faute commise par l'avoué est très-légère, alors il importe beaucoup de savoir si l'on doit appliquer la responsabilité conventionnelle ou la responsabilité du quasi-délit. Si c'est comme mandataire qu'il est tenu, on ne peut pas le déclarer responsable, lorsqu'il a mis à l'exécution de son mandat les soins et la diligence d'un officier capable et zélé; tandis que s'il répond de la faute dite aquilienne, il sera presque toujours tenu, sauf dans le cas où il y aurait cas fortuit. Une procédure est annulée par le fait de l'avoué; celui-ci s'excuse en disant qu'il y avait incertitude dans la doctrine et dans la jurisprudence sur l'existence de la nullité. Soit, répond la cour; quand il y aurait doute, il était de la prudence commune pour l'avoué de ne pas préférer à l'accomplissement d'un acte régulier et toujours justifiable le risque d'une omission compromettante(1). Décision très-juridique au point de vue de l'article 1383, mais contraire aux principes, si l'on se place au point de vue de l'article 1992, qui ne fait qu'appliquer la règle de l'article 1137. C'est ce qu'a très-bien jugé la cour de Toulouse. L'avoué, dit-elle, est mandataire; comme tel, il répond des fautes qu'il commet dans sa gestion; il faut donc voir s'il y a faute. Or, dans l'espèce, l'avoué a fait tout ce que l'on pouvait attendre d'un avoué habile et expérimenté autant qu'intègre et zélé; l'erreur qu'on lui reproche est une de celles qui sont inséparables de la condition humaine, ce n'est pas une faute : il faut ajouter, dans le sens de l'article 1137, bien que ce soit une faute dans le sens de l'article 1383 (2).

Quand y a-t-il faute conventionnelle? quand y a-t-il faute dite aquilienne? En théorie, la différence est facile à établir, mais il est très-difficile de l'appliquer. La jurisprudence est de peu de secours en cette matière, non-seulement parce que ce sont des questions de fait et que les circonstances varient d'une cause à l'autre, mais aussi

(1) Bourges. 22 février 1855 (Dalloz, 1855, 2, 150).
(2) Toulouse, 10 juin 1825 (Dalloz, au mot *Avoué*, n° 222).

parce que les tribunaux ne distinguent pas la faute de l'article 1137 et la faute des articles 1382 et 1383; tantôt ils qualifient la faute de négligence (p. 535, note 2), tantôt de légèreté et d'inattention (1), tantôt d'inertie (2). Il serait tout à fait inutile de discuter ces décisions.

506. Il y a une difficulté qui se présente très-souvent et qui tient au droit. L'avoué est mandataire, mais son mandat est spécial, il ne représente son client que pour les actes du procès; le mandat *ad litem* ne s'étend pas aux actes extrajudiciaires. Mais le client peut donner à l'avoué un mandat général d'agir en tout ce qui concerne les droits qui font l'objet du procès. Quand le mandat est-il général, quand est-il limité aux actes du procès? Cela dépend de l'intention des parties contractantes; c'est donc une question de fait (3). Lorsqu'il est reconnu que l'avoué est chargé de représenter son client, même pour les actes extrajudiciaires, ses pouvoirs s'étendant, sa responsabilité s'étend aussi. De là les débats fréquents sur le point de savoir quelle est la nature du mandat donné à l'avoué. Nous nous bornons à citer un exemple. Le client donne à l'avoué mandat de recouvrer une créance dont il lui remet les titres. Ce mandat emporte le pouvoir de faire tous les actes conservatoires de cette créance. Il suit de là que si l'avoué ne renouvelle pas l'inscription pendant qu'il est détenteur des titres, il est responsable de la perte de la créance (4).

La responsabilité attachée au mandat extrajudiciaire diffère-t-elle de la responsabilité qui résulte du mandat *ad litem?* Il règne sur ce point, comme sur tout ce qui concerne les fautes, une grande incertitude dans la jurisprudence. Nous ne connaissons pas d'arrêt qui pose nettement la question; de là une confusion inévitable. La cour de Limoges semble dire que le mandat extrajudiciaire soumet l'avoué à une responsabilité plus étroite (5). Il

---

(1) Riom, 21 février 1857 (Dalloz, 1857, 2, 147).
(2) Bourges, 16 mai 1870 (Dalloz, 1871, 2, 98).
(3) Rejet, 24 janvier 1849 (Dalloz, 1841, 1, 18).
(4) Metz, 14 décembre 1852 (Dalloz, 1854, 2, 113). Comparez Rejet, 6 août 1855 (Dalloz, 1855, 1, 418).
(5) Limoges, 11 juillet 1839 (Dalloz, au mot *Avoué*, n° 224).

nous semble qu'il faudrait plutôt décider le contraire. Le mandat *ad litem* est donné à un officier ministériel en cette qualité; or, dans notre opinion, la responsabilité des fonctionnaires et officiers ministériels est plus stricte, en ce sens qu'elle doit être appréciée plus sévèrement. A la vérité, il s'agit toujours d'un mandat, et partant de la responsabilité conventionnelle; mais quand le mandataire est tenu à la diligence en vertu de la nature de ses fonctions, on doit le traiter plus sévèrement que lorsqu'il s'oblige en dehors des limites de son ministère. Puisque les parties sont forcées de s'adresser à un officier ministériel, elles doivent trouver une pleine et entière garantie dans son ministère; il n'en est pas de même du mandat extrajudiciaire, qu'elles confient à qui elles veulent.

Une autre cour dit que le mandat extrajudiciaire est régi par les seuls principes du droit commun (1), ce qui est évident; mais quels sont ces principes? La cour d'Agen répond que le mandataire n'est responsable que de la faute lourde; d'où elle conclut que l'avoué n'est pas responsable, à titre de mandataire ordinaire, quand il fait ce qu'il était autorisé à croire qu'il avait le droit de faire (2). Ce prétendu principe est en opposition ouverte avec le texte de la loi : le mandataire salarié est tenu de la faute légère *in abstracto,* et non de la *culpa lata;* nous renvoyons à ce qui a été dit sur la théorie des fautes au titre des *Obligations.*

La responsabilité des huissiers est régie par les mêmes principes que celle des avoués. L'article 71 du code de procédure porte : « Si un exploit est déclaré nul par le fait de l'huissier, il pourra être condamné aux frais de l'exploit et de la procédure annulée, sans préjudice des dommages et intérêts de la partie, *suivant les circonstances.* » Nous avons transcrit plus haut (n° 504) la disposition analogue (art. 1031) qui déclare tous les officiers ministériels passibles des dommages-intérêts de la partie en cas d'annulation d'une procédure, *suivant les exigences*

---

(1) Rennes, 7 février 1870 (Dalloz, 1872, 2, 197). Chambéry, 7 février 1869 (Dalloz, 1871, 2, 123).

(2) Agen, 18 février 1873 (Dalloz, 1874, 2, 79).

des cas. Les huissiers sont compris dans les expressions générales de cet article ; d'ailleurs les termes des articles 70 et 1031 sont identiques ; la responsabilité des huissiers et des avoués est donc la même.

Toutefois la jurisprudence semble établir une différence entre eux en ce qui concerne la nature de la faute dont ils sont tenus. Il a été jugé qu'il résulte de l'article 71 « que la loi a laissé aux magistrats à apprécier la conduite de l'huissier, sa bonne ou sa mauvaise foi, et le plus ou moins de difficulté que le texte de la loi appliqué pouvait présenter dans son exécution, et s'en est rapportée à leur prudence et à leur justice pour la conduite à tenir envers lui en ce qui touche les frais ou dommages-intérêts. » Appliquant ce principe à l'espèce, la cour de Poitiers a décidé que l'huissier inculpé remplissait habituellement les devoirs de son état avec zèle, exactitude et bonne foi, et que rien dans la cause actuelle ne portait à penser qu'il fût sorti de sa ligne de conduite ordinaire ; et que s'il avait commis une nullité, c'est à une *erreur involontaire* qu'il fallait l'attribuer, plutôt qu'à une *impéritie grave* (1). » D'après ces considérants, les huissiers ne seraient tenus que de la faute grave à raison de la nullité de leurs actes, et leur responsabilité ne serait engagée que lorsqu'ils causent volontairement un dommage. Ainsi entendue, la décision de la cour de Poitiers est en opposition avec les principes et avec les textes. La responsabilité des huissiers, comme celle des avoués, résulte d'une convention intervenue entre eux et la partie qui les emploie. Ils sont donc tenus de la *faute légère in abstracto.* Si on leur applique le principe des articles 1382 et 1383, ils répondront de la faute la plus légère. Dira-t-on que l'article 71 du code de procédure déroge aux principes généraux du code civil ? S'il y dérogeait en ce qui concerne les huissiers, il y dérogerait également en ce qui concerne les avoués, puisque les textes sont identiques ; or, la jurisprudence, quelle que soit son incertitude, n'a pas déduit cette conséquence de l'article 1031, donc on

_____

(1) Poitiers, 28 (ou 24) août 1834 (Dalloz, au mot *Exploit*, n° 260, 2°).

ne doit pas la déduire de l'article 71. Les termes : *suivant les circonstances* ou *suivant l'exigence des cas* ne concernent pas le degré de faute dont sont tenus les officiers ministériels; ils donnent au juge un pouvoir d'appréciation qui est, du reste, de droit commun. Pourquoi les auteurs du code civil n'ont-ils pas voulu consacrer les distinctions que l'on faisait dans l'ancienne jurisprudence entre les divers degrés de faute? Parce que ces distinctions théoriques sont de peu d'utilité au juge, lequel se décide toujours, en matière de dommages et intérêts, par les circonstances de la cause (1). Le législateur s'est donc borné à poser un principe général (art. 1137) pour les obligations conventionnelles, et une règle plus sévère pour les délits et les quasi-délits (art. 1382 et 1383). Dans l'application, le juge a nécessairement une grande latitude et presque un pouvoir discrétionnaire, puisqu'il lui appartient de décider s'il y a faute et quelle est la gravité de la faute. Les articles 71 et 1031 du code de procédure ne disent pas autre chose.

507. La même question se présente pour la responsabilité des notaires (2). Elle est très-controversée. Il y a une première difficulté sur laquelle la doctrine et la jurisprudence sont muettes : le notaire est-il responsable en vertu d'un engagement contractuel, où l'est-il en vertu d'un quasi-délit? On admet généralement, et sans discuter la question, sans même la soulever, que la responsabilité des notaires, comme tels, résulte des articles 1382 et 1383. Nous avons enseigné l'opinion contraire pour les avoués et les huissiers et, à notre avis, la responsabilité des notaires est aussi fondée sur l'inexécution de la convention qui intervient entre l'officier public et son client. Qu'il existe une convention entre la partie et le notaire qui rédige l'acte, cela ne saurait être nié : il y a concours

---

(1) Nous renvoyons à ce qui a été dit de la théorie des fautes, tome XVI de mes *Principes*, p. 273, nᵒˢ 214-216.

(2) Cette responsabilité est si fréquente, que l'on a écrit des traités sur la matière.

Eloy, *De la responsabilité des notaires*, 2 vol. in-8ᵒ, 1863.

Clerc, Dalloz et Vergé, *Formulaire du notariat*, t. IIᵉ, *De la responsabilité des notaires*.

de consentement, proposition faite par la partie, acceptation du notaire, donc contrat. Par ce contrat, le notaire s'oblige à rédiger l'acte avec les soins et la diligence qu'un fonctionnaire public doit apporter à l'accomplissement de ses devoirs, devoirs pour lesquels il reçoit des honoraires: il est mandataire salarié. Peut-être serait-il plus exact de dire que c'est une obligation de faire différente du mandat, aussi bien que du louage de services. Mais peu importe en ce qui concerne notre question. Dès qu'il y a une convention entre le notaire et son client, la responsabilité des articles 1382 et 1383 est inapplicable. Cela résulte du texte même de la loi. Aux termes de l'art. 1370, les quasi-délits sont des engagements qui se forment *sans qu'il intervienne aucune convention*. C'est, en partie du moins, sur cette absence de convention qu'est fondée la responsabilité plus rigoureuse que la loi établit pour les quasi-délits : l'auteur du fait dommageable répond de la faute la plus légère, parce qu'il n'a pas dépendu de la partie lésée de sauvegarder ses intérêts par des stipulations qui ne se conçoivent même pas quand il s'agit d'un fait dommageable ; la partie lésée devient créancière malgré elle, comme l'auteur du fait dommageable devient débiteur, qu'il le veuille ou non. Ni le texte ni l'esprit de la loi ne reçoivent d'application à la responsabilité du notaire ; c'est la partie qui choisit le notaire ; elle peut, de commun accord avec le notaire, stipuler la responsabilité la plus sévère. Les parties sont dans la condition ordinaire de tous ceux qui contractent, donc elles doivent être régies par le droit commun, à moins qu'il n'y soit dérogé par une loi spéciale. Dans cette opinion, le notaire serait tenu de la *faute légère in abstracto* en vertu de l'article 1137, en supposant qu'aucune loi spéciale ne déroge à la règle que le code établit pour toutes les obligations conventionnelles ; il ne serait pas soumis à la responsabilité de la faute la plus légère que les articles 1382 et 1383 imposent aux auteurs des faits dommageables, à moins qu'il ne s'y fût soumis par convention.

508. Notre opinion est isolée ; nous devons examiner la question au point de vue de la doctrine généralement

suivie par les auteurs et par la jurisprudence. On admet
que la responsabilité du notaire, en qualité de fonctionnaire public, tombe sous l'application des articles 1382
et 1383; mais l'on se divise sur l'étendue de cette responsabilité. Le siége de la difficulté se trouve dans l'article 68 de la loi du 25 ventôse an xi, lequel est ainsi
conçu : « Tout acte fait en contravention aux articles 6,
8, 9, 10, 14, 20, 52, 64, 65, 66 et 67 est nul s'il n'est
pas revêtu de la signature de toutes les parties; et lorsque l'acte sera revêtu de la signature de toutes les parties contractantes, il ne vaudra que comme écrit sous
signature privée, sauf dans les deux cas, *s'il y a lieu,*
les dommages-intérêts contre le notaire contrevenant. »
En supposant que la responsabilité du notaire résulte
d'un délit ou d'un quasi-délit, faut-il conclure de l'article 68 que cette disposition déroge à la règle générale
établie par les articles 1382 et 1383, en ce sens que la
responsabilité des notaires n'est point régie par le code
civil, qu'elle est soumise à la disposition spéciale de l'article 68 de la loi de ventôse? La cour de cassation de Belgique s'est prononcée en ce sens. Elle se fonde sur les
mots *s'il y a lieu* qui, selon elle, impliquent une responsabilité autre que celle des articles 1382 et 1383. D'après
le code civil, l'auteur de tout fait dommageable est responsable toutes les fois que ce fait est le résultat soit de
la faute, soit de la négligence ou de l'imprudence de son
auteur; tandis que la loi de ventôse ne déclare pas le
notaire responsable pour toute faute, imprudence ou
négligence quelconque, quelque légères et excusables
qu'elles puissent être; le notaire ne doit les dommages-
intérêts que *s'il y a lieu,* c'est-à-dire que sa responsabilité dépend de la gravité de sa faute; c'est donc aux
tribunaux à apprécier le degré de la faute imputée au
notaire et à le déclarer en conséquence responsable ou
non (1).

Nous croyons que la cour de cassation a mal interprété
l'article 68. Il ne parle pas de la faute, ni du degré de

(1) Cassation, 20 mai 1853 (*Pasicrisie,* 1853, 1, 299).

faute; il dit seulement que le notaire pourra être condamné à des dommages-intérêts *s'il y a lieu,* ce qui veut dire : s'il y a lieu de prononcer des dommages-intérêts. Quand y a-t-il lieu à des dommages-intérêts? L'article 68 ne répond pas à cette question et ne devait pas y répondre. Quel est l'objet de cette disposition? est-ce de déterminer de quelle faute le notaire est tenu? Non, la loi décide dans quels cas l'acte notarié est nul, et c'est seulement par voie de conséquence que la loi ajoute que le notaire pourra être condamné à des dommages-intérêts. En disant *s'il y a lieu,* la loi s'en réfère au droit commun quant aux conditions requises pour que le notaire puisse être tenu à une réparation civile. Le législateur a dû ajouter ces mots, parce que s'il avait dit simplement *sauf les dommages*-intérêts contre le notaire, on aurait pu croire que le notaire est responsable par le fait seul de l'annulation de l'acte. Une pareille responsabilité eût été contraire à tout principe; c'est pour maintenir les principes généraux que la loi a ajouté *s'il y a lieu.* D'après ces principes, il faut deux conditions : préjudice et faute. Quelle faute? C'est ce que la loi de ventôse n'avait pas à décider ; elle renvoie au droit commun.

L'interprétation que la cour de cassation de Belgique donne à l'article 68 est encore inadmissible pour une autre raison. Il en résulte que l'on ne sait point de quelle faute le notaire est responsable. Les tribunaux seraient donc investis du pouvoir le plus arbitraire ; les uns condamneraient l'officier public pour la moindre faute, sans admettre aucune excuse, les autres ne le condamneraient que pour dol ou faute grave. Cet arbitraire illimité n'est pas dans l'esprit de notre législation moderne; elle tend, au contraire, à enchaîner le juge par des règles invariables. Pourquoi le législateur aurait-il consacré, dans la loi de ventôse, un arbitraire qu'il repousse partout ailleurs? On en chercherait vainement la raison. Ce qui prouve que l'article 68 n'entend pas déroger au droit commun par ces mots *s'il y a lieu,* c'est que l'on retrouve des expressions équivalentes dans le code de procédure pour déterminer la responsabilité des avoués et des huissiers; et certes le législateur n'a point songé, dans les articles 71 et 1031, à déroger au code civil (nᵒˢ 505 et 507).

Les cours d'appel de Belgique suivent le même principe; pour mieux dire, elles n'ont pas de principe, car le prétendu principe consacré par la cour de cassation est l'absence de toute règle. Dans un premier arrêt, antérieur à celui de la cour de cassation, la cour de Bruxelles a jugé, en invoquant l'article 68, que les notaires ne sont tenus des dommages-intérêts que pour *crasse ignorance* et *négligence lourde* (1) : c'est une responsabilité que nos lois ne connaissent plus, ce n'est ni la faute de l'article 1137, ni celle de l'article 1382, c'est une faute que le juge crée et applique à sa fantaisie. Dans un autre arrêt, la cour se montre un peu plus sévère, elle déclare les notaires responsables de leur ignorance, sans ajouter qu'elle doit être crasse; mais le résultat est le même, car la cour pose en principe que les notaires ne répondent que de la *faute grave* et du *dol* (2). C'est peine perdue de chercher un principe là où règne l'arbitraire le plus absolu; la cour de Bruxelles nous le dit : « La loi du 25 ventôse an XI, en consacrant la responsabilité des notaires, y a apporté un juste tempérament en laissant à la sage et équitable appréciation des tribunaux de déterminer les cas où il y aurait lieu de la prononcer (3). » Ainsi les notaires seront responsables ou ils ne le seront pas, selon le bon plaisir des tribunaux. La cour de Liége a un autre système; elle invoque simultanément l'article 68 de la loi de ventôse et l'article 1382 (4); c'est le principe de la cour de cassation de France; nous allons l'exposer.

509. La jurisprudence de la cour de cassation de France a été longtemps assez hésitante. Un arrêt de rejet, sans se prononcer sur le sens de l'article 68, décide que les notaires ne sont pas seulement responsables en cas

(1) Bruxelles, 30 mai 1822 (*Pasicrisie*, 1822, p. 165).
(2) Bruxelles, 28 juin 1854 (*Pasicrisie*, 1855, 2, 77).
(3) Bruxelles, 6 juillet 1858 (*Pasicrisie*, 1858, 2, 272). Comparez Bruxelles, 20 novembre 1872 (*Pasicrisie*, 1873, 2, 5).
(4) Liége, 25 mai 1855 (*Pasicrisie*, 1856, 2, 231).

de dol et de fraude, qu'ils le sont quand la nullité d'un acte est prononcée pour omission d'une formalité substantielle. Cette omission peut être le résultat d'une faute plus ou moins grave : les tribunaux, dit la cour, ont un pouvoir discrétionnaire de prononcer si les dommages-intérêts doivent être accordés ou refusés (1). Cette faute répond à peu près à celle de l'article 1137; ce n'est pas la faute de l'article 1382, cependant c'est dans cet article que la cour de cassation cherche le principe de la responsabilité des notaires.

Un arrêt de la chambre civile pose la question en d'autres termes : l'article 68 de la loi de ventôse est antérieur au code civil; l'article 1382 y a-t-il dérogé? La cour décide que les articles 1382 et 1383 n'ont point abrogé le droit spécial relatif au notariat, et n'obligent pas les juges à rendre les notaires responsables, dans tous les cas, de la nullité de leurs actes. Cela suppose que l'article 68 établit une responsabilité spéciale. Quel est ce droit spécial? La cour de cassation ne le dit point; l'arrêt attaqué avait jugé que les notaires ne sont tenus que de la faute lourde; tel n'est point l'avis de la chambre civile, elle prend soin de dire qu'elle n'approuve point les considérants de la cour de Lyon; tout ce qui résulte de l'article 68, c'est que les notaires ne sont pas tenus nécessairement des dommages-intérêts résultant de la nullité de leurs actes (2). Les notaires répondent donc de leur faute; reste à savoir si cette faute est celle du droit commun et quel est ce droit commun?

Dans des arrêts postérieurs, la cour vise tout ensemble l'article 68 de la loi de ventôse et l'article 1383 du code civil; les arrêts attaqués décidaient, l'un qu'il y avait *faute lourde*, l'autre qu'il y avait *négligence* (3). Du reste, la cour ne s'explique pas sur le degré de faute dont les notaires sont tenus; mais comme elle invoque l'article 1383,

___

(1) Rejet, 14 mai 1822 (Dalloz, au mot *Responsabilité*, n° 307, 1°).
(2) Rejet, chambre civile, 27 novembre 1837 (Dalloz, au mot *Responsabilité*, n° 304).
(3) Rejet, 15 janvier 1835 (Dalloz, au mot *Responsabilité*, n° 431, 3°); Rejet, 7 juillet 1847 (Dalloz, 1847, 1, 268).

il en faut conclure que, dans sa pensée, les notaires sont soumis au droit commun et que le droit commun est celui des articles 1382 et 1383. C'est ce que disent formellement les derniers arrêts de la cour. L'un de ces arrêts explique les mots *s'il y a lieu* de l'article 68 en ce sens que la loi renvoie au droit commun, d'après lequel il doit y avoir *préjudice* pour que la partie puisse réclamer des dommages-intérêts; ce qui est d'évidence (1). Il faut ajouter que l'article 68 renvoie aussi au droit commun en ce qui concerne la *faute*. D'après la cour de cassation, le droit commun applicable aux notaires est donc la responsabilité qui découle des délits et des quasi-délits.

Voici l'espèce d'un de ces arrêts, elle est remarquable. Un testament avait été déclaré nul à raison de la parenté de l'un des témoins avec le légataire; ce n'est pas le notaire qui avait choisi les témoins, ils lui avaient été présentés par le testateur; sa faute consistait donc en ce qu'il les avait acceptés sans s'être au préalable informé de leur capacité et de leur idonéité. En droit, la chambre des requêtes décide que, d'après l'article 68 de la loi de ventôse, les notaires peuvent, en cas de nullité de leurs actes, être condamnés à des dommages-intérêts, et que l'article 1383 déclare chacun responsable du dommage qu'il a causé par sa négligence ou son imprudence. La cour ajoute qu'il appartient aux juges du fond d'apprécier s'il y a eu faute, négligence ou imprudence (2).

Est-il bien vrai que le droit commun, en ce qui concerne la responsabilité des notaires, soit celui des articles 1382 et 1383? Nous avons répondu d'avance à la question (n° 506). Le système de la cour de cassation conduit à une sévérité qui paraîtra souvent excessive; les notaires peuvent être ruinés pour la moindre négligence, pour la moindre imprudence; ils ne peuvent invoquer aucune excuse, sauf celle du cas fortuit, et il ne peut guère être question de force majeure en matière de nullité d'actes.

(1) Rejet, chambre civile, après délibéré en la chambre du conseil, 28 février 1872 (Dalloz, 1873, 1, 485).
(2) Rejet, 5 février 1872 (Dalloz, 1872, 1, 225). Comparez Rejet, 17 juillet 1872 (Dalloz, 1873, 1, 87).

Il est vrai que la cour ajoute que les juges du fait appré-
cieront s'il y a négligence ou imprudence; mais si le juge
reste fidèle à la théorie des quasi-délits, il devra prononcer des dommages-intérêts pour la faute la plus légère.
Il est certain qu'ils ne le feront pas. Ils devront donc se
mettre au-dessus de la loi pour en corriger la rigueur!
Cette considération suffirait pour nous faire rejeter la
doctrine de la cour de cassation. Notre opinion aboutit
au même résultat en fait, mais elle y aboutit par une voie
plus juridique. Nous ne disons pas au juge : Les notaires
répondent de la moindre faute, mais vous pouvez ne pas
les condamner pour la faute la plus légère. Nous disons
au juge : Les notaires ne répondent pas de la faute la
plus légère; ils ne sont pas coupables d'un quasi-délit; ils
répondent de l'inexécution des obligations qu'ils contractent envers leur client, c'est la faute dont tout débiteur
est tenu, la faute que les légistes connaissent sous le nom
de *faute légère in abstracto*. Voilà le vrai droit commun
quand il s'agit d'obligations conventionnelles.

510. La loi de ventôse ne parle que de la responsabilité que les notaires encourent à raison de la nullité de
leurs actes. Ne sont-ils pas encore soumis à une autre
responsabilité en qualité d'officiers publics? Leur mission
se borne-t-elle à être les rédacteurs passifs des volontés
que les parties leur déclarent? Non, il n'en est ainsi, ni
en droit ni en fait. Il y a des actes pour l'existence desquels la loi exige l'intervention d'un notaire, tels que la
constitution d'hypothèque. La raison en est que les parties, alors même qu'elles ne sont pas illettrées, ignorent
les plus simples notions de droit et sont étrangères à la
pratique des affaires. Il faut donc que l'officier public
veille à leurs intérêts, c'est à lui que les parties s'en rapportent; la convention qui intervient entre le client et le
notaire comprend non-seulement la rédaction de l'acte,
mais aussi toutes les mesures de précaution qui s'y rattachent. Nous ne parlons pas, pour le moment, des conséquences dommageables que peuvent avoir pour les clients
les actes qu'ils font; les notaires n'en sont responsables
qu'à titre de mandataires, comme nous le dirons plus

loin. Mais l'acte même que le notaire est chargé de passer, l'hypothèque, exige des informations et des garanties, sans lesquelles le prêteur risque de perdre ses capitaux. Qui constatera l'existence de ces garanties sinon le notaire? L'immeuble sur lequel l'hypothèque va être accordée est déjà grevé d'inscriptions; ce n'est pas au notaire à demander un certificat des inscriptions au conservateur des hypothèques, mais il doit conseiller à la partie de le faire. Si ces inscriptions ont été prises en vertu d'actes que lui-même a passés, s'il suffisait de vérifier les actes par lui reçus pour éclairer le prêteur, et s'il ne l'a point fait, il est responsable. La cour de cassation a jugé que, dans ce cas, il a causé un préjudice par sa faute personnelle et qu'il doit le réparer (1).

Une veuve prête une somme de 250,000 francs à deux personnes sur garantie hypothécaire. Et il se trouve que l'immeuble hypothéqué n'était plus la propriété personnelle des emprunteurs, qu'il avait été mis par eux en société; le notaire négligea de faire connaître cette circonstance à une femme dont il était le conseil ordinaire. La cour d'appel décida qu'en agissant ainsi le notaire avait commis la faute la plus lourde; et, sur pourvoi, la cour de cassation jugea, en principe, que la loi du 25 ventôse an XI, en déclarant les notaires responsables de la nullité de leurs actes, ne les a pas affranchis de la responsabilité dérivant des règles du droit commun, et notamment des article 1382 et 1383, lorsque, par une faute lourde, ils compromettent les intérêts de leurs clients (2). Si c'est l'article 1383 qui est applicable, il faut dire que le notaire répondra de la faute la plus légère. Dans notre opinion, c'est toujours la responsabilité conventionnelle qui forme le droit commun pour le notaire; il faut donc écarter l'article 1383 pour s'en tenir à l'article 1137.

511. Les notaires sont souvent les instruments de transactions frauduleuses; il ne faut pas qu'ils se rendent

(1) Rejet, 3 août 1858 (Dalloz, 1858, 1, 374). Comparez Cassation, 27 mai 1857 (Dalloz, 1857, 1, 290).
(2) Rejet, 16 août 1865 (Dalloz, 1866, 1, 11). Comparez des décisions analogues en matière de donations : Lyon, 8 février 1867 (Dalloz, 1867, 2, 154); Rejet, 19 juin 1872 (Dalloz, 1872, 1, 346).

complices de la fraude, leur devoir d'officiers publics est de dévoiler les manœuvres dont leur client menace de devenir la victime et, au besoin, ils doivent s'abstenir : ils ont pour mission d'assurer l'authenticité des actes, et non de prêter la main à la fraude. S'ils le font, ils manquent au premier de leurs devoirs, l'honnêteté, et les tribunaux font bien de le leur rappeler. La cour de Lyon a condamné un notaire à 50,000 francs de dommages-intérêts pour avoir reçu une procuration d'hypothéquer et d'aliéner donnée par une femme âgée, faible d'esprit, alors que l'officier public avait connaissance des manœuvres pratiquées par des tiers mal famés pour obtenir ces procurations. Sur le pourvoi, le notaire prétendit que la loi de ventôse l'obligeait de prêter son ministère. La cour de cassation se borne à répondre que cela n'est point sérieux (1).

Ce n'est pas seulement quand les parties sont incapables, illettrées, que le notaire doit les éclairer et qu'il est responsable pour ne l'avoir pas fait (2) : « Les notaires, dit la cour de Nancy, ne sont pas les rédacteurs passifs des actes authentiques, ils sont encore les conseils des parties, ils exercent à leur égard une véritable magistrature, chargée de les protéger, de les éclairer sur les conséquences de leurs conventions et de prendre toutes les précautions qui doivent assurer leur validité (3). » Nous transcrivons encore le considérant d'un arrêt de la cour d'Aix qui confirme pleinement notre doctrine : « Les notaires n'ont pas seulement pour mission de donner le caractère de l'authenticité aux actes qu'ils sont appelés à rédiger ; la loi de ventôse, dans son esprit et dans ses motifs mêmes, leur confère un rôle plus élevé : ils sont les conseillers naturels des parties, ils doivent les éclairer complétement sur les conséquences de leurs engagements ; ils doivent être impartiaux et ne pas pencher vers l'une plutôt que vers l'autre, et ne jamais se déterminer par la

---

(1) Rejet, 4 mai 1868 (Dalloz, 1871, 1, 146).
(2) Paris, 4 décembre 1855 (Dalloz, 1856, 2, 74).
(3) Nancy, 23 avril 1864 (Dalloz, 1865, 2, 219). Comparez Liége, 25 février 1874 (*Pasicrisie*, 1874, 2, 261).

préoccupation égoïste de leur intérêt personnel ; ils ont le devoir rigoureux de s'abstenir de clauses ambiguës qui deviendraient un piége tendu à la bonne foi des parties, et de refuser même leur ministère à celle qui voudrait surprendre la religion de l'autre (1). »Il va sans dire que ces préceptes sont sanctionnés par une condamnation aux dommages-intérêts, sinon ce seraient de vains mots.

Cependant la jurisprudence est indécise; il y a des arrêts qui décident que le notaire n'est pas responsable comme conseil (2). Au titre du *Mandat,* nous dirons quelle est la responsabilité attachée aux conseils que l'on donne. Ces principes sont étrangers à la question que nous discutons; il s'agit de savoir si le notaire, en vertu de ses fonctions, est obligé d'éclairer les parties. Dans notre opinion, cette obligation résulte de la nature de la convention qui intervient entre l'officier public et son client. Il n'y a donc pas à distinguer si le notaire donne ses conseils de bonne foi (3), ni si les parties ont besoin de ses conseils (4); il doit éclairer toutes les parties qui se présentent devant lui; à plus forte raison répond-il des conseils dont il prend l'initiative, d'ordinaire dans son propre intérêt. Il a été jugé, en ce sens, que le notaire qui engage son client à faire un placement dépourvu de solidité, à raison de l'insuffisance des garanties hypothécaires dont il avait connaissance, est responsable du préjudice qu'éprouve le prêteur. La cour de cassation prononce le mot de *dol,* et cette sévérité était méritée dans l'espèce. Le notaire prétendait n'être responsable ni comme officier public, la loi de ventôse ne prononçant pas cette responsabilité, ni comme mandataire ou gérant, vu qu'il n'y avait ni mandat ni gestion d'affaires. La cour ne répond pas à cette défense et ne cite pas même un article de loi (5). Il est probable que la cour fonde la responsa-

(1) Aix, 28 avril 1870 (Dalloz, 1872, 2, 79).
(2) Voyez les arrêts dans le *Répertoire* de Dalloz, au mot *Responsabilité,* nᵒˢ 357 et 358.
(3) Caen, 2 février 1857 (Dalloz, 1857, 2, 151).
(4) Rejet, 6 juillet 1870 (Dalloz, 1871, 1, 145).
(5) Rejet, 29 décembre 1847 (Dalloz, 1848, 1, 55). Comparez Nîmes, 16 août 1870 (Dalloz, 1872, 5, 331, nᵒ 25).

bilité du notaire, à titre de conseil, sur les articles 1382 et 1383; c'est le système général de la jurisprudence, même quand il y a mandat extra-notarial.

512. La convention qui intervient entre le notaire et le client ne concerne que l'acte que l'officier public doit recevoir, elle est étrangère aux conséquences de cet acte; si on veut l'appeler mandat, c'est un mandat limité, analogue à celui que reçoit l'avoué. De là suit que le notaire n'est pas obligé, en cette qualité, de veiller à l'accomplissement des conditions nécessaires à la conservation des droits des parties (1). Le notaire dresse un acte de vente; il n'est pas tenu de faire la transcription de l'acte : c'est l'affaire de l'acheteur. De même le notaire qui reçoit un acte d'hypothèque n'est point tenu de prendre l'inscription hypothécaire : c'est l'affaire du créancier. Si donc la partie intéressée néglige de remplir ces formalités, elle n'aura pas d'action contre le notaire à raison du préjudice qu'elle souffre; si elle est lésée, c'est par sa faute, ce n'est pas par la faute du notaire; celui-ci ne peut être responsable pour n'avoir point fait ce qu'il n'avait pas qualité de faire.

Mais il arrive souvent que le notaire reçoit le mandat spécial d'assurer l'exécution de l'acte. Il va sans dire que, dans ce cas, il est responsable comme tout mandataire. Ainsi le notaire chargé de prendre inscription de l'hypothèque est responsable si l'inscription est annulée à raison d'une irrégularité qui se trouvait dans le bordereau qu'il a remis au conservateur des hypothèques (2). Il est encore responsable s'il a pris l'inscription tardivement, c'est-à-dire à une époque où elle ne pouvait plus être faite valablement (3). Si le notaire est chargé de conserver les droits de l'acheteur ou du donataire, il sera tenu des dommages-intérêts s'il n'opère point la transcription (4). La stipulation que le notaire touchera le prix des ventes

(1) Rejet, 19 mars 1856 (Dalloz, 1857, 1, 156). Bruxelles, 7 avril 1857 (*Pasicrisie*, 1857, 2, 353).
(2) Nîmes, 5 février et 27 juin 1849 (Dalloz, 1850, 1, 266 et 267).
(3) Rejet, 14 février 1855 (Dalloz, 1855, 1, 170).
(4) Rouen, 24 novembre 1852 (Dalloz, 1854, 2, 75).

qui se font par son ministère est très-usuelle; il répondra de l'exécution de ce mandat tel qu'il lui a été donné (1).

Le notaire qui reçoit un mandat a une double responsabilité : il est responsable comme officier public et comme mandataire. Cette dernière responsabilité peut être plus étendue que la première et plus dangereuse; de là de fréquents débats sur la question de savoir si le notaire a reçu un mandat. Ce qui complique la difficulté, c'est que le mandat peut être tacite, et il l'est souvent entre le notaire et son client. Comment se prouve le mandat soit exprès, soit tacite? D'après le droit commun, cela va sans dire, puisque la loi n'y déroge point. Les questions dé preuve sont toujours difficiles. Nous avons exposé les principes généraux au titre des *Obligations*, et nous les appliquerons au mandat en expliquant le titre qui est le siége de la matière.

513. Les tribunaux admettent facilement le mandat donné au notaire ; les parties étrangères à la pratique des affaires s'en rapportent d'habitude à l'officier public, et celui-ci y a intérêt, parce que ces mandats sont pour lui la source de profits bien plus considérables que les émoluments des fonctions notariales. Mais quand il s'agit de responsabilité, le notaire est intéressé à contester l'existence du mandat soit exprès, soit tacite. S'il n'y a pas mandat, il peut y avoir gestion d'affaires. Le principe est incontestable : le notaire peut être gérant d'affaires, comme toute personne. Mais il y a des conditions requises pour qu'il y ait quasi-contrat de gestion d'affaires, et il faut l'avouer, les tribunaux n'en tiennent guère compte quand il s'agit des notaires; dès qu'ils voient que le notaire gère les intérêts du client, ils le déclarent responsable comme gérant. Les inexactitudes et les erreurs abondent en cette matière; nous devons les signaler, parce que les principes sont en cause et le but de notre travail est d'établir des principes certains.

Un notaire reçoit un acte de prêt, l'emprunteur est in-

(1) Metz. 24 juin 1822 (Dalloz, au mot *Responsabilité*, n° 345, 4°). Lyon, 1er décembre 1853 (Dalloz, 1855, 5, 392).

solvable. L'officier public a été déclaré responsable de l'insolvabilité, sans qu'il y eût mandat : il s'était fait l'agent du prêteur, dit la cour de cassation, en faisant des suites de ce prêt sa propre affaire. Cette définition de la gestion d'affaires est déjà très-étrange ; les motifs de décider sont plus étranges encore. D'abord, le notaire avait gardé le silence sur la situation hypothécaire et matrimoniale de l'emprunteur, quoiqu'elle lui fût parfaitement connue, parce qu'il avait précédemment refusé, à l'occasion d'un autre prêt, de garantir la solvabilité du même emprunteur. À notre avis, ce notaire avait manqué à ses devoirs d'officier public ; mais il n'y a pas dans ce premier fait un élément de gestion d'affaires ; au contraire, on en doit conclure que le notaire, ayant refusé une première fois de garantir la solvabilité de l'emprunteur, n'entendait pas la garantir lors d'un nouveau prêt ; donc il n'entendait pas s'obliger comme gérant d'affaires, et peut-il y avoir quasi-contrat sans que celui qui gère ait l'intention de s'obliger? Avait-il au moins géré? Le prêteur, simple ouvrier, doit être *présumé*, dit l'arrêt de la cour d'appel, s'en être rapporté au notaire. Nous laissons de côté la question de preuve, qui a été traitée ailleurs ; pour le moment, il s'agit de savoir si les faits constatés par la cour impliquent une gestion d'affaires. La cour admet que le notaire a voulu gérer et que le prêteur y a consenti ; s'il en était ainsi, il y avait concours de consentement, partant contrat, et non quasi-contrat. Enfin, la cour se prévaut de ce que domicile avait été élu dans l'étude du notaire pour l'exécution du contrat (1). Ce n'est pas encore là un fait de gestion, et si c'en était un, il faudrait dire qu'il implique concours de volontés et, par conséquent, contrat. Nous croyons que la cour a bien jugé au fond, mais au lieu de motiver sa décision sur un quasi-délit, il était plus simple et plus juridique de la baser sur la convention intervenue entre le client et le notaire.

Il a été jugé que le notaire est gérant d'affaires quand

_____

(1) Rejet, 22 avril 1856 (Dalloz, 1856, 2, 247). Comparez Rejet, 8 décembre 1874 (Dalloz, 1874, 1, 312).

il s'est entremis pour une partie dans la négociation d'un prêt et qu'il a promis de ne rien négliger pour l'entière sûreté du prêteur. En conséquence, la cour le déclara responsable parce qu'il avait négligé de vérifier si les biens donnés en garantie avaient été aliénés en vertu de contrats transcrits (1). Il est certain que le notaire était responsable, mais il l'était en vertu d'une convention expresse, puisqu'il avait *promis*, et cette promesse avait été acceptée; donc il n'y avait pas quasi-contrat. La cour semble croire que le notaire était gérant d'affaires, parce qu'il avait pris l'initiative de l'affaire; mais qu'importe de qui vienne l'offre, dès qu'il y a concours de volontés?

Il est stipulé dans un acte de vente que les payements seront faits en l'étude du notaire qui a reçu l'acte, d'abord entre les mains des créanciers inscrits auxquels délégation était faite par le vendeur, et ensuite entre les mains dudit vendeur. La cour de Paris a jugé que le notaire se trouvait, par suite de cette stipulation, le *gérant d'affaires* des créanciers. Cela serait admissible s'il n'y avait aucun rapport entre le notaire et les créanciers, mais l'arrêt constate que le notaire s'était mis en correspondance avec eux; il y avait donc concours de volontés et partant mandat (2).

Parfois les cours admettent tout ensemble, et comme à choix, l'existence d'un mandat ou d'une gestion d'affaires; ce qui semble impliquer que, dans leur pensée, le choix est indifférent. L'erreur serait évidente; nous avons établi plus haut (nos 311-318) les différences considérables qui existent entre la gestion d'affaires et le mandat. Il importe donc de préciser s'il y a contrat ou quasi-contrat. On lit dans un arrêt de la cour de Poitiers: « Quand, au lieu de se borner à donner la forme authentique à la volonté des parties contractantes, le notaire se rend, pour préparer, conclure et exécuter la convention, l'*agent* ou le *mandataire* de l'une des parties, dans ce cas, il se soumet aux obligations qui dérivent de la *gestion d'affaires*

_____

(1) Douai, 28 janvier 1846 (Dalloz, au mot *Responsabilité*, no 355, 5o).
(2) Paris, 13 janvier 1865 (Dalloz, 1865, 2, 142).

ou du *mandat*, et devient responsable des fautes qu'il a
pu commettre(1). » Il est impossible qu'il y ait tout ensemble mandat et gestion d'affaires; cela est contradictoire.
Dans l'espèce, il y avait mandat; cela est démontré dans
le réquisitoire de l'avocat général, il est inutile d'y insister.

Il n'y a gestion d'affaires que lorsque le notaire a fait
l'affaire de son client, sans qu'il soit intervenu entre eux
aucune convention, ni expresse, ni tacite (2). Quant aux
conditions requises pour qu'il y ait gestion d'affaires,
nous renvoyons à ce qui a été dit sur les quasi-contrats
(plus haut, nᵒˢ 320-325).

514. Quel est le degré de faute dont est tenu le notaire, soit comme mandataire, soit comme gérant? Sur
ce point, la confusion est tout aussi grande dans la jurisprudence. Les principes sont cependant incontestables.
La loi détermine la responsabilité du mandataire, ainsi
que celle du gérant; elle n'y déroge point quand il s'agit
des notaires, donc ils sont soumis au droit commun, tel
que nous l'avons exposé au titre des *Obligations*, c'est-à-
dire qu'ils encourent la responsabilité résultant du contrat (3) ou du quasi-contrat. Il ne peut pas être question
de la responsabilité des articles 1382 et 1383, puisqu'il
y a contrat ou quasi-contrat entre les parties. Toutefois
la cour de cassation, pour déterminer la responsabilité du
notaire comme mandataire, cite tout ensemble l'article 1992 et l'article 1382 (4), ce qui est contradictoire,
puisque l'article 1992 établit le principe de la faute légère, tandis que l'article 1382 combiné avec l'article 1383
établit le principe de la faute la plus légère. Même confusion, en cas de gestion d'affaires; la cour, en déclarant
le notaire responsable comme gérant, invoque tout ensemble les articles 1374 et 1382 (5), quoiqu'ils consacrent

(1) Poitiers, 30 juin 1847 (Dalloz, 1847, 2, 190).
(2) Rejet, 20 juillet 1821 (Dalloz, au mot *Contrainte par corps*, n° 227, 1°).
Nancy, 10 juin 1835 (Dalloz, au mot *Mandat*, n° 13, 3°).
(3) Il faut donc voir si le notaire est un mandataire salarié. Rejet, 14 janvier 1856 (Dalloz, 1856, 1, 456).
(4) Rejet, 25 novembre 1872 (Dalloz, 1873, 1, 134).
(5) Rejet, chambre civile, 19 mars 1845 (Dalloz, 1845, 1, 187).

une responsabilité différente. Il y a des arrêts plus exacts qui appliquent au notaire la responsabilité conventionnelle (1). Nous avons dit bien des fois que ce n'est pas une question de mots : la responsabilité conventionnelle est moins sévère, c'est ce qu'on semble oublier dans la pratique. Au barreau, on cite régulièrement les articles 1382 et 1383 alors qu'il s'agit d'une faute commise dans l'exécution d'un contrat; cette habitude est si enracinée que les arrétistes, dans le résumé qu'ils font, citent les articles 1382 et 1383 alors que l'arrêt ne parle que de la responsabilité résultant du mandat (2). L'exactitude est toujours de rigueur, elle est surtout nécessaire dans la matière des fautes, puisque le degré de faute diffère dans les contrats et dans les délits et quasi-délits. Il résulte, de l'habitude que les praticiens ont d'invoquer toujours les articles 1382 et 1383, que les juges seront portés à traiter plus sévèrement les notaires mandataires ou gérants qu'ils ne l'auraient fait s'ils avaient appliqué la responsabilité conventionnelle.

Le mandataire est-il responsable d'une erreur de droit? Il a été jugé que le notaire répond de l'erreur de droit quand il est mandataire, décision très-juste, puisqu'il s'agit d'une affaire juridique et que le notaire est homme de loi (3). Mais c'est aller trop loin que de rendre le notaire responsable, alors qu'il s'agit d'un point de droit controversé. Si la controverse est sérieuse, le notaire est excusable, tandis qu'il ne le serait point, si on lui appliquait la responsabilité de la faute la plus légère (4).

515. Dans notre opinion, la responsabilité des fonctionnaires et officiers ministériels est en tout soumise au droit commun. Pour la faute dont nous venons de parler, cela est plus ou moins controversé. L'article 1382 exige une seconde condition pour qu'il y ait fait dommageable, c'est le préjudice causé par la faute. Et la même condition

(1) Rejet, 23 novembre 1843 (Dalloz, au mot *Responsabilité*, n° 346 1°) et 9 juillet 1872 (Dalloz, 1873, 1, 296).
(2) Nous nous bornons à citer un exemple : Rejet, 14 février 1855 (Dalloz, 1855, 1, 170), et la note de l'arrétiste.
(3) Rejet, 19 juin 1850 (Dalloz, 1850, 1, 308).
(4) Comparez Poitiers, 30 juin 1847 (Dalloz, 1847, 2, 190).

est exigée en matière d'obligations conventionnelles; on ne conçoit pas d'action en dommages-intérêts sans qu'il y ait un dommage à réparer. La condition du préjudice est donc essentielle. Il a été jugé que si un arrêt condamne à des dommages-intérêts, sans constater le préjudice, il y a lieu à cassation (1).

Le principe est incontestable et l'application ne soulève que des difficultés de fait (2). Nous nous bornons à citer comme exemple un cas qui s'est plusieurs fois présenté. Un huissier signifie tardivement un acte d'appel, ou l'acte est irrégulier; l'appelant forme une action en dommages-intérêts contre l'officier négligent. La faute est certaine, mais y a-t-il préjudice pour l'appelant, par cela seul qu'il est privé du bénéfice du double degré de juridiction? Non, s'il est certain que la cour eût maintenu le jugement de première instance. Oui, si la cour avait réformé la sentence du premier juge. Il suit de là que la cour d'appel, devant laquelle l'action en responsabilité est portée, doit examiner le jugement, et selon le résultat de cet examen, elle accordera ou elle refusera les dommages-intérêts (3). Quand même elle les refuserait, elle doit condamner l'huissier aux frais de l'action dirigée contre lui, car ces frais ont été occasionnés par sa faute (4).

§ III. *Les professions libérales.*

516. Le principe des articles 1382 et 1383 s'applique-t-il à ceux qui exercent une profession libérale, telle que l'art de guérir? C'est à peine si la question peut être posée. « Ces articles, dit la cour de cassation, contiennent une règle générale, celle de l'imputabilité des fautes et

(1) Cassation, 6 février 1855 (Dalloz, 1855, 1, 133).
(2) Voyez la jurisprudence, quant aux avoués, dans le *Répertoire* de Dalloz, au mot *Responsabilité*, n°s 462, 463 et 464, et quant aux huissiers, *ibid.*, n°s 478-481.
(3) Nancy, 27 décembre 1854 (Dalloz, 1855, 2, 203). Montpellier, 13 janvier 1854 (Dalloz, 1855, 2, 211). Angers, 25 janvier 1862 (Dalloz, 1862, 2, 37).
(4) Nîmes, 10 février 1859 (Dalloz, 1859, 2, 139).

de la nécessité de réparer le dommage que l'on a causé, non-seulement par son fait, mais encore par sa négligence ou son imprudence. Toute personne, quelles que soient sa situation ou sa profession, est soumise à cette règle, qui ne comporte d'exceptions que celles qui sont nominativement formulées par la loi (1). » La cour établit ce principe à l'occasion de la responsabilité des médecins. Que les médecins soient responsables, cela n'a jamais été sérieusement contesté (2). Mais il est difficile de préciser les causes de responsabilité. La cour de Bruxelles dit très-bien qu'il serait aussi injuste que déraisonnable de conclure des articles 1382 et 1383 que les médecins répondent toujours des remèdes par eux employés ou prescrits; et que, d'autre part, il serait aussi absurde que contraire à la loi de soutenir qu'ils ne répondent, dans aucun cas, quelque grave qu'il fût et quelque grande que fût leur imprudence ou leur impéritie. Quand donc le médecin est-il responsable, et quand ne l'est-il pas? Le juge n'a qu'une règle, il doit l'appliquer, c'est celle des articles 1382 et 1383. Dans l'espèce jugée par la cour de Bruxelles, le demandeur a été admis à prouver que la perte du bras de son fils devait être attribuée à l'imprudence, à l'impéritie et à la négligence du médecin (3). C'est dire que les médecins sont soumis au droit commun; ils sont responsables quand ils causent un préjudice par leur faute. Le préjudice est malheureusement trop certain dans ces affligeants débats; quant à la faute, le tribunal l'appréciera. C'est une question de fait que l'on essayerait vainement de résoudre en théorie. Dans l'affaire jugée par la cour de cassation, le procureur général Dupin dit à ce sujet : « Il est impossible d'établir d'une manière générale la limite de la responsabilité des médecins. C'est au juge à la saisir et à la déterminer dans chaque espèce, selon les faits et les circonstances qui peuvent varier à l'infini, en ne perdant jamais de vue ce principe fondamental qui doit toujours lui servir de

(1) Rejet, 21 juillet 1862 (Dalloz, 1862, 1, 419).
(2) Aubry et Rau, t. IV, p. 756, et note 9 du § 446.
(3) Bruxelles, 12 janvier 1828 (*Pasicrisie*, 1828, p. 14).

guide : qu'il faut pour qu'un homme soit responsable de
sa profession, qu'il y ait eu *faute* dans son action, soit
qu'il lui eût été possible, avec plus de vigilance sur lui-
même ou sur ses actes, de s'en garantir, ou que le fait
qui lui est reproché soit tel, que l'ignorance sur ce point ne
lui était pas permise dans sa profession. C'est aux tribunaux à faire cette application avec discernement, en laissant à la science toute la latitude dont elle a besoin, mais
en accordant aussi à la justice et au droit tout ce qui
leur appartient (1). »

Nous n'avons qu'une réserve à faire, c'est sur le point
de savoir si la responsabilité du médecin est régie par
les articles 1382 et 1383, ou s'il faut lui appliquer la
règle de l'article 1137, concernant la responsabilité conventionnelle. Ce que nous avons dit des officiers ministériels, qui prêtent leur ministère en vertu d'un contrat,
préjuge notre opinion. On ne saurait nier qu'il intervienne
une convention entre le malade et son médecin ; celui-ci répond donc de l'inexécution de ses obligations. Cette opinion,
fondée sur le texte et sur l'esprit de la loi (nᵒˢ 505 et 507)
est aussi en harmonie avec l'équité. Il serait très-dangereux de déclarer les médecins responsables en vertu des
articles 1382 et 1383, car ils répondraient de la moindre
négligence et de la moindre imprudence. Pour échapper
à cette conséquence, on a essayé de distinguer les faits
de l'homme et les faits du médecin, en déclarant l'homme
responsable de toute faute, tandis que le médecin ne serait tenu que de la faute lourde (2). Il est inutile de discuter cette distinction, car elle n'a de fondement ni dans
le texte ni dans les principes ; c'est la cour qui l'a imaginée,
en oubliant qu'il y avait des principes légaux sur la responsabilité. Il faut choisir, ou la règle de la responsabilité conventionnelle, qui est celle de la faute légère, ou la
responsabilité du quasi-délit, qui est celle de la faute la
plus légère ; la responsabilité admise par la cour de Metz

(1) Réquisitoire de Dupin sur l'arrêt de rejet du 18 juin 1835 (Dalloz,
au mot *Responsabilité*, nᵒ 129, 2ᵒ). Colmar, 10 juillet 1850 (Dalloz, 1852. 2,
196). Jugement du tribunal de Gray du 29 juillet 1873 (Dalloz, 1874,
5, 436).
(2) Metz, 21 mai 1867 (Dalloz, 1867, 2, 110).

n'est ni l'une ni l'autre, c'est dire qu'elle est en dehors de la loi.

517. Un médecin délivre un certificat constatant qu'une personne est atteinte d'aliénation mentale; sur ce certificat, la personne est colloquée dans un hospice. Elle prétend qu'il y a méchanceté ou imprudence dans le fait du médecin, par conséquent, fait dommageable dans le sens des articles 1382 et 1383. La demande en dommages-intérêts a été rejetée par la raison décisive qu'il n'y avait pas imprudence et bien moins encore méchanceté (1). Il s'est présenté un autre cas, à Gand; il n'a pas été porté devant les tribunaux, mais il importe de le noter, ne fût-ce que pour flétrir la coupable légèreté que mettent quelques médecins dans la délivrance des certificats qui leur sont demandés. Un mari, voulant se débarrasser de sa femme, la fait passer pour folle et demande un certificat à un médecin; celui-ci le délivre sans avoir vu la malade, sans s'être enquis de son état mental, sur la seule déclaration du mari. La femme est colloquée. Heureusement qu'un magistrat fit une information et ordonna immédiatement la sortie de la prétendue malade (2); le mari coupable dut souscrire l'engagement de payer une pension alimentaire. Il avait un complice, le médecin, qui, faute de plainte, échappa à la punition qu'il méritait. Il y avait certes délit civil dans ce cas.

518. On accuse parfois les médecins de faire des expériences sur leurs malades, au profit de la science, il faut le supposer, mais aux dépens du patient. Le fait s'est présenté. Un élève interne d'un hospice inocula, avec la permission du chef de service, à un jeune malade le pus d'accidents constitutionnels de la syphilis. L'inoculation eut pour conséquence d'amener des accidents syphilitiques. Sur la poursuite du ministère public, il intervint une condamnation correctionnelle contre l'élève et le chef de service pour blessures volontaires (3). Il n'y eut point

(1) Bruxelles, 2 décembre 1865 (*Pasicrisie*, 1866, 2, 175).
(2) Nous avons déjà cité le fait dans le tome V de ces *Principes*, p. 483, n° 387.
(3) Tribunal correctionnel de Lyon, 15 décembre 1859 (Dalloz, 1859, 3, 87).

d'action civile. Voilà bien l'expérience sur le corps du malade : c'est un délit. Sans doute, le médecin peut employer un moyen nouveau de guérison, mais il faut pour cela que le but essentiel de l'expérience soit la guérison du malade; il ne lui est pas permis de faire des expériences scientifiques sur la personne confiée à ses soins. Cela est si évident qu'il est inutile d'insister. Notons seulement que, dans l'espèce, il y a responsabilité en vertu des articles 1382 et 1383 et non en vertu de l'art. 1137. L'expérience sur le malade n'est pas un fait conventionnel ; c'est un fait délictueux qui se produit à l'occasion d'une convention. Il suit de là que la responsabilité, du chef d'expérience illégale, est beaucoup plus sévère que ne l'est, en général, la responsabilité du médecin ; ce qui est très-juste.

519. Les avocats sont-ils responsables des avis qu'ils donnent? Il a été jugé que l'avocat ne répond pas des conséquences de ses avis, sauf en cas de dol ou de fraude (1). Cette formule est trop absolue, par conséquent inexacte. Nous répétons qu'il n'y a que deux principes de responsabilité : celui de l'article 1137, qui rend tout débiteur conventionnel responsable de la faute légère, et celui des articles 1382 et 1383, d'après lesquels l'auteur d'un fait dommageable est tenu de la faute la plus légère. Quant à la responsabilité naissant du dol, elle ne forme pas un principe particulier ; le juge tient seulement compte du dol quand il s'agit d'apprécier l'étendue des dommages-intérêts (art. 1150 et 1151). Il faut donc dire que l'avocat reste sous l'empire du droit commun.

520. Les ministres du culte ont, en Belgique, une position étrange. Ils ne sont pas fonctionnaires publics, puisque l'Etat n'intervient pas dans leur nomination et dans leur installation (constit. belge, art. 16). Ce sont des individus, a-t-on dit dans la discussion de la constitution (2). Cependant ces individus reçoivent un traitement du trésor public (constit., art. 117); l'Etat les salarie et

_____

(1) Bruxelles, 7 avril 1857 (*Pasicrisie*, 1857, 2, 353).
(2) Voyez mon *Étude sur l'Église et l'État en Belgique*.

n'a aucune action sur eux. Mais du moins restent-ils sous l'empire du droit commun. Le tribunal de Gand l'a jugé ainsi. Un instituteur laïque établit une école dans un village, c'est son droit. Le curé monte en chaire et dénonce la nouvelle école dans les termes les plus violents et les plus injurieux. C'était une école contraire à la religion ; il est entendu que toute école où le prêtre ne domine point est une école d'irréligion ! L'instituteur donnerait un enseignement contraire à la religion et distribuerait des livres immoraux. Qu'en savait le curé? L'école ne servirait qu'à la corruption des mœurs. Imputation odieuse et de pure invention !

Le tribunal de Gand dit qu'il appartient au ministre du culte, comme à tout autre citoyen, de discuter le mérite d'une école, de favoriser sa réussite, ou de travailler au succès d'une école rivale. On pourrait toutefois demander si les ministres du culte reçoivent un traitement de l'Etat pour dénigrer l'enseignement laïque et pour vanter l'enseignement donné par les frères et les sœurs. On va plus loin : on prétend que les ministres du culte ont le droit et même le devoir de signaler aux fidèles les établissements dont l'enseignement serait, dans leurs convictions, immoral ou irréligieux; ce qui revient à dire qu'ils peuvent impunément calomnier les écoles laïques, car ils prétendent avoir le monopole de la morale: les annales des tribunaux correctionnels et des cours d'assises constatent quelle est la valeur de ces prétentions. Le droit des ministres du culte va-t-il jusqu'à signaler du haut de la chaire les écoles qui leur déplaisent? Dans l'espèce, le tribunal n'a pas répondu à ces questions. Il était constant que le curé avait dénigré une école qui n'existait pas encore et signalé à la défiance de ses paroissiens un instituteur qu'il ne connaissait point. C'étaient des accusations en l'air qui tombaient certainement sous l'application des articles 1382 et 1383 (1).

521. La chaire dite de vérité retentit parfois d'accu-

---

(1) Jugement du 13 août 1869 (*Belgique judiciaire*, 1869, p. 1211). Comparez plus haut n° 403.

sations calomnieuses. Une de ces calomnies remonte jusqu'à celui que, dans son aveuglement, l'Eglise a proclamé infaillible. Le pape Pie IX qualifie le mariage civil de concubinage (1); c'est une insulte à la loi qui soumettrait le ministre du culte à la peine portée par le code pénal s'il se la permettait en chaire (art. 268). Il est arrivé qu'un desservant a accusé en chaire des époux mariés civilement de vivre en concubinage. Condamné par le tribunal de Dinant, le coupable interjeta appel. Le tribunal maintint la condamnation; nous transcrivons les motifs de la décision : « Attendu que les expressions injurieuses et diffamatoires qui accompagnaient cette diffamation ne permettent aucun doute sur l'intention méchante qui inspirait l'appelant; que les mots *vivre en concubinage* expriment le fait de cohabitation entre personnes non mariées; qu'en imputant ce fait à des époux mariés civilement sous l'empire de nos lois, qui ne connaissent que le mariage civil, l'appelant a dirigé contre eux une accusation fausse, de nature à susciter contre eux le mépris de leurs concitoyens, réunissant, en un mot, tous les caractères de la calomnie. Attendu que la calomnie est d'autant plus grave que le caractère sacré dont l'appelant est revêtu donnait plus de poids à ses paroles (2). »

Le tribunal n'admit pas les circonstances atténuantes plaidées par la défense. Quand même le fait n'aurait pas présenté les caractères de la calomnie, il aurait constitué un délit civil, dans le sens de l'article 1382. Ainsi ce qui pour les catholiques est un dogme est un délit aux yeux de la loi. Jusque-là va l'opposition que l'ultramontanisme crée entre l'ordre religieux et l'ordre civil. Il n'y a plus rien de commun entre les gens d'église et le monde laïque, pas même la notion du droit. Naguère les journaux catholiques célébraient une décision rendue au Canada par le juge Routhier, et ils portaient ce magistrat aux nues comme le plus profond des jurisconsultes. Voici de quoi il s'agissait. Le curé d'une paroisse avait dit en chaire :

(1) Voyez mon *Étude sur l'Eglise et l'Etat en Belgique* et mon *Etude sur la réaction catholique.*
(2) Jugement du 25 mars 1847 (*Belgique judiciaire*, 1847, p. 453).

« Il y a un homme dans cette paroisse qui a eu l'audace de demander au conseil municipal une licence pour vendre des boissons enivrantes. Je *défends* de lui en accorder une. C'est un paresseux et un fainéant qui vit à vos dépens et s'engraisse de vos sueurs. Il tient une maison de désordre qui est un scandale pour la paroisse. *Il faut l'en chasser*. Ne l'encouragez pas, *ruinez-le*, c'est le meilleur moyen de s'en débarrasser. » Le juge aurait pu plaider les circonstances atténuantes; il fit plus, il décida que, ces paroles faisant partie d'un sermon prononcé dans l'église, le curé n'était responsable qu'à ses supérieurs ecclésiastiques. C'était ressusciter l'immunité ecclésiastique jadis célébrée comme un droit divin, droit divin fondé sur l'ignorance et qui ruine l'ordre social dans ses fondements. La sentence, frappée d'appel, a été réformée. C'est cette œuvre d'un obscur ténébrion que la presse ultramontaine exalte. L'un des juges d'appel, comme c'est l'usage au Canada, motiva publiquement son vote. « Le jugement, dit-il, pose en principe les opinions ultramontaines les plus exagérées et les plus déraisonnables, des prétentions qui feraient retourner la société en arrière et la plongeraient dans l'intolérable absolutisme d'un âge qui est disparu et ne saurait revenir (1). » Non, cet âge de ténèbres et de domination cléricale ne reviendra pas : ceux qui nourrissent ces espérances insensées sont frappés d'aveuglement. C'est le cas de dire avec le poëte : *Quos vult perdere Jupiter amentat.*

SECTION V. — Conséquence des délits et des quasi-délits.

§ Ier. *Des dommages-intérêts.*

Nº 1. PRINCIPE.

522. L'article 1382 établit le principe : « Tout fait quelconque de l'homme, qui cause à autrui un dommage, oblige celui par la faute duquel il est arrivé, à le réparer. » Qu'entend-on par dommage et, par suite, quels sont les

(1) *Belgique judiciaire*, 1875, p. 417-420.

dommages-intérêts dont est tenu l'auteur du fait domma-
mageable? L'article 1149 répond que les dommages-intérêts dus au créancier sont, en général, de la perte qu'il
a faite et du gain dont il a été privé. Ce principe reçoit
son application en matière de faits dommageables : la
partie lésée éprouve une perte par le mal qu'elle souffre,
les dépenses qu'elle doit faire pour réparer le mal ; elle
est aussi privée du gain que le mal l'empêche defaire, par
exemple, en cas de blessure. Cela suppose un dommage
pécuniaire ; le tort peut aussi être moral ; il donne lieu à
l'action ordinaire en dommages-intérêts (n° 395), donc à
une réparation pécuniaire. On a objecté que la réparation
n'est pas en rapport avec la nature du fait dommageable,
ni avec le préjudice qui en résulte. Cela est vrai ; mais la
réparation pécuniaire est la seule que notre législation
admette (1).

523. Les règles que le code établit sur les dommages-
intérêts en matière d'obligations conventionnelles sont-
elles applicables à l'action en responsabilité qui naît d'un
délit ou d'un quasi-délit? Non, en tant que ces règles
sont fondées sur l'existence d'une convention. Ainsi, aux
termes de l'article 1153, les dommages-intérêts ne sont
dus que lorsque le débiteur est en demeure de remplir
son obligation; la raison en est que la mise en demeure
a précisément pour objet de constater l'existence du
dommage résultant de l'inexécution de l'obligation; dès
lors la mise en demeure est inutile en matière de faits
dommageables, en supposant qu'elle soit possible, car le
plus souvent le dommage est causé sans que la partie
lésée soit à même de mettre en demeure l'auteur du fait ;
quand la chose serait possible, il n'est pas nécessaire de
constituer quelqu'un en demeure pour l'empêcher de nuire:
l'on est toujours en demeure de ne pas causer un dommage, dit très-bien la cour de cassation (2).

Les articles 1150 et 1151 établissent une responsabi-

---

(1) Aubry et Rau, t. IV, p. 749, note 8, § 445. Larombière, t. V, p. 705,
n° 27 (Ed. B., t. III, p. 429.
(2) Cassation, 30 novembre 1858 (Dalloz, 1859, 1, 30). Nous renvoyons,
quant au principe et aux difficultés qu'il présente, au titre des *Obligations*
(t. XVI de mes *Principes*, p. 390, n° 328).

lité différente, selon que le débiteur est de bonne foi, ou qu'il est coupable de dol. On s'accorde à enseigner que cette distinction est inapplicable en matière de faits dommageables. L'auteur, fût-il de bonne foi, doit réparer tout le dommage causé, qu'il ait pu être prévu ou non. Si, dans les obligations conventionnelles, on distingue les dommages-intérêts que l'on a pu prévoir lors du contrat et ceux qui n'ont pas pu être prévus, cela tient à la nature même des dommages-intérêts qui résultent d'une convention; on suppose que les parties sont convenues tacitement que la responsabilité ne dépasserait pas les dommages prévus; cela prouve que cette distinction n'aurait pas de raison d'être en cas de délits ou de quasi-délits, qui impliquent l'absence d'un concours de volontés et, par conséquent, de toute prévision (1).

L'article 1153 porte que les dommages-intérêts moratoires ne consistent jamais que dans les intérêts légaux, quand l'obligation se borne au payement d'une certaine somme. Cette disposition ne s'applique pas aux faits dommageables, parce que le motif sur lequel elle est fondée est étranger aux délits et aux quasi-délits. Il est impossible d'estimer avec quelque exactitude le dommage qui résulte pour le créancier du retard que le débiteur met à payer ce qu'il doit, tandis que le dommage que l'auteur du fait dommageable est tenu de réparer s'estime très-facilement. La jurisprudence est en ce sens (2).

Il a été jugé que les dommages-intérêts prononcés pour délit d'escroquerie peuvent excéder les intérêts légaux de la somme due à raison de ce délit. Dans l'espèce, il s'agissait de marchandises dont la vente et la livraison avaient été obtenues à l'aide de manœuvres frauduleuses; l'auteur fut condamné à des dommages-intérêts dépassant les intérêts du prix (3).

L'article 1153 dispose encore que les intérêts ne sont

(1) Mourlon, t. II, p. 891, n° 1698. Rejet de la cour de cassation de Belgique. 3 mai 1861 (*Pasicrisie*, 1861, 1, 397).
(2) Paris, 8 mars 1837 (Dalloz, au mot *Responsabilité,* n° 61, 1°).
(3) Rejet, chambre criminelle, 29 mars 1849 (Dalloz, 1849, 1, 225). Il y a un arrêt en sens contraire de Bruxelles, 2 juin 1814 (*Pasicrisie,* 1814, p. 88).

dus que du jour de la demande, excepté dans les cas où
la loi les fait courir de plein droit. Cette disposition se
justifie, en matière d'obligations conventionnelles, par le
motif qu'il a dépendu du créancier de stipuler des intérêts et que s'il ne l'a point fait, il doit les demander. Il
va sans dire que la partie lésée par un délit ou un quasi-
délit ne peut rien stipuler, puisqu'il n'intervient aucun
concours de volontés. La jurisprudence est en ce sens (1).
Cette conséquence du principe des articles 1382 et 1383
vient à l'appui de ce que nous avons dit de la responsabilité de ceux qui sont tenus en vertu d'une convention, tels
que les notaires et officiers ministériels. Dès qu'il intervient une convention, il faut appliquer l'article 1153; si
on ne l'applique pas aux délits et quasi-délits, c'est parce
qu'il n'y a pas de convention, et l'on ne conçoit même pas
qu'il y en ait une.

Enfin, les juges peuvent prononcer des dommages-intérêts et, de plus, les intérêts de la somme allouée à ce titre
à partir du jour de la citation introductive d'instance. Ces
intérêts ne sont pas des intérêts moratoires dans le sens
de l'article 1153, ce sont des intérêts compensatoires,
c'est-à-dire des dommages-intérêts proprement dits prononcés en vertu de l'article 1382 (2).

524. Quand le fait dommageable résulte d'une cause
permanente, les tribunaux peuvent-ils ordonner des mesures ayant pour objet de supprimer la cause du dommage ou de la neutraliser? La difficulté se présente surtout pour les établissements incommodes, insalubres ou
dangereux. Nous l'avons examinée ailleurs (3). Autre est
la question de savoir si le juge peut statuer sur un dommage qui ne s'est pas encore réalisé, mais dont on craint
la réalisation; nous y reviendrons.

(1) Rejet, 9 juillet 1826 (Dalloz, au mot *Manufactures*, n° 170, 1°), et
27 décembre 1853 (Dalloz, 1854, 1, 143). Cassation, 23 août 1864 (Dalloz,
1864, 1, 367).
(2) Rejet, chambre criminelle, 1er mai 1857 (Dalloz. 1857, 1, 270). Aix,
18 juin 1870 (Dalloz, 1871, 2, 246). Comparez le tome XVI de mes *Principes*
p. 393, n° 330.
(3) Voyez le tome VI de mes *Principes*, p. 204, nos 150 et 151. Comparez
Rejet, chambre civile, 8 juin 1857 (Dalloz, 1857, 1, 293).

Nº 2. ÉTENDUE DES DOMMAGES-INTÉRÊTS.

525. L'étendue du dommage causé et le montant des dommages-intérêts qui doivent être prononcés par le juge sont essentiellement des questions de fait, en matière de délits, comme en matière d'obligations : il appartient donc aux juges du fait d'apprécier souverainement le chiffre des dommages-intérêts (1). Toutefois, il se mêle aux points de fait des difficultés de droit que nous allons exposer.

Nous avons dit que le tort moral peut donner lieu à une action en dommages-intérêts. De là suit que le juge doit aussi tenir compte du préjudice moral dans l'évaluation qu'il fait du dommage causé par le délit ou le quasi-délit (2). L'explosion de waggons chargés de poudre donne la mort à un voyageur. Action en dommages-intérêts de la veuve et des quatre enfants de la victime. La cour d'Aix décida que, pour apprécier l'étendue du préjudice, on devait tenir compte non-seulement de la perte matérielle occasionnée par la mort d'un père enlevé à sa famille à l'âge de cinquante-sept ans, mais encore du préjudice moral qui en est résulté, soit sous le rapport de la direction et de l'influence salutaire du père de famille dont les demandeurs étaient privés, soit sous celui des liens d'affection à jamais brisés et de la douleur de perdre un époux et un père dans des conditions aussi déchirantes. Mais la cour se hâte d'apporter une restriction à cette considération, dangereuse à force d'être vague. « Néanmoins, dit-elle, les dommages-intérêts ne peuvent être élevés à un chiffre hors de proportion avec la perte réelle et appréciable à prix d'argent que les demandeurs ont éprouvée. Après tout, on ne peut payer la vie d'un père ou d'un époux, et sa mort ne doit point devenir le sujet d'une spéculation qui enrichirait sa famille (3).

526. Les tribunaux peuvent-ils allouer des dommages-

---

(1) Rejet, 16 août 1860 (Dalloz, 1860, 1, 493).
(2) Rejet, chambre criminelle, 18 mars 1853 (Dalloz, 1853, 5, 167).
(3) Aix, 6 mai 1872 (Dalloz, 1873, 2, 57). Comparez Aix, 14 juin 1870 et la note de l'arrétiste (Dalloz, 1872, 2, 97).

intérêts pour un préjudice futur? Il faut distinguer. Le dommage peut être futur, en ce sens qu'il se réalisera dans l'avenir, par suite du fait dommageable; à vrai dire, le préjudice est actuel et il continuera à se manifester : telle est l'incapacité de travail résultant de blessures. Il n'est pas douteux que le juge puisse accorder des dommages-intérêts de ce chef (1). Mais si le dommage est incertain et éventuel, l'action en dommages-intérêts n'est pas recevable. Cela résulte du texte de la loi; l'article oblige l'auteur du fait dommageable à réparer le dommage qu'il a causé, et non pas le dommage qu'il causera (2). Comment les tribunaux apprécieraient-ils ce dommage futur et comment fixeraient-ils le montant de la réparation? Nous renvoyons à ce qui a été dit sur les dommages-intérêts en matière d'obligations conventionnelles; le principe est le même, et il n'est pas contesté.

Il suit de là qu'un simple danger ne suffit point pour autoriser une action en dommages-intérêts. Une pareille action serait tout autre que celle qui résulte d'un fait dommageable. Nous dirons, en traitant de la responsabilité, que le droit romain l'admettait. Le code ne l'admet plus; ce qui est décisif. Il y a cependant quelque hésitation dans l'application du nouveau principe. Le voisin d'un établissement industriel prétend que la fabrique présente, par la nature de sa construction, son agencement intérieur et l'espèce d'industrie qui s'y exerce, un danger tout particulier d'incendie. Il demande que le fabricant y fasse les travaux nécessaires pour conjurer le danger. La cour de Douai a décidé que le propriétaire avait usé de son droit en construisant d'après les règlements, et qu'il ne lésait aucun droit actuel de son voisin; donc celui-ci était sans action (3). La cour de Bordeaux a jugé

---

(1) La jurisprudence est en ce sens. Nous nous bornons à citer quelques décisions : Bruxelles, 6 janvier 1820 (*Pasicrisie*, 1820, p. 8); Décret du conseil d'Etat, 11 mai 1854 (Dalloz, 1854, 3, 59); Aix, 9 juin 1873 (Dalloz, 1874, 2, 238). Le même principe s'applique aux établissements industriels, Bruxelles, 7 juillet 1873 (*Pasicrisie*, 1873, 2, 297).

(2) Rejet, 7 juin 1869 (Dalloz, 1871, 1, 117). Bruxelles, 7 juillet 1863 (*Pasicrisie*, 1863, 2, 380).

(3) Douai, 16 août 1856 (Dalloz, 1857, 2, 71).

en sens contraire, mais il y a une nuance dans les faits ; la cour reproche une imprudence au propriétaire, un vice de construction (1). Malgré cela, nous croyons que la décision dépasse la loi en créant une action que le code ignore.

527. C'est le dommage causé qui doit être réparé, d'après l'article 1382 ; donc tout le dommage en tant qu'il résulte du fait dommageable. Le principe est certain, mais l'application soulève une difficulté sur laquelle il y a quelque doute. Un jugement accorde des dommages-intérêts en réparation du préjudice causé par un quasi-délit. La partie lésée peut-elle réclamer une nouvelle indemnité en se fondant sur ce que le dommage qu'elle a éprouvé s'est aggravé ? Il y a un motif de douter, c'est l'autorité qui est attachée à la chose jugée : la demande n'est-elle pas la même : une réparation d'un préjudice ? la cause n'est-elle pas identique : le fait dommageable ? et les parties étant aussi les mêmes, n'y a-t-il pas lieu de repousser la seconde demande par l'exception de chose jugée ? Cela serait très-vrai si l'aggravation du dommage avait été prévue par le premier juge et s'il avait fixé les dommages-intérêts en conséquence. Nous venons de dire que le juge peut accorder des dommages-intérêts pour le préjudice que la partie lésée éprouvera dans l'avenir, mais c'est sous la condition que la cause du préjudice existe lors du jugement, de manière que le tribunal puisse évaluer le dommage qui en résultera. Si le dommage pour lequel une réparation est demandée par la nouvelle action n'existait point lors du premier jugement, s'il ne s'est révélé que depuis, il y a réellement un objet nouveau ; ce qui exclut la chose jugée. Voici un cas qui s'est présenté et qui met le principe en évidence. Une pension de 300 fr. est accordée à raison de la perte d'un œil qui est résultée d'une blessure faite par imprudence. Postérieurement la victime perd le second œil, et il est constaté que c'est une conséquence du même fait. La cour d'Aix a très-bien jugé que la partie lésée avait droit à une nouvelle indem-

_____

(1) Bordeaux, 18 mai 1849 (Dalloz, 1850, 2, 86).

nité; elle éleva la pension à 500 francs. On opposait la chose jugée : la cour répond que, lors du premier jugement, le préjudice consistait uniquement dans la perte de l'œil droit; la perte de l'œil gauche n'a pas été prise en considération par le premier juge, et il n'aurait pu le faire, puisque c'eût été accorder une réparation pour un dommage éventuel et incertain, ce que le juge ne peut pas faire (1).

Il en serait de même si une transaction était intervenue entre l'auteur du fait dommageable et la partie lésée. Les transactions se renferment dans leur objet, dit l'article 2048. Celui qui transige sur le dommage résultant d'une blessure, ne transige pas sur le dommage résultant de sa mort, si la mort est une suite du même accident. La cour de Paris l'a jugé ainsi, en motivant sa décision sur l'erreur commune où étaient les deux parties contractantes. Cela ne nous paraît pas exact. L'erreur implique que les parties ont ignoré ce qu'elles auraient pu connaître; or, elles ne pouvaient pas prévoir que la mort résulterait d'une blessure qui paraissait d'abord si légère que la partie lésée avait accepté une indemnité de 150 francs (2).

528. Les dommages-intérêts doivent comprendre non-seulement la réparation du préjudice éprouvé par la partie lésée, mais aussi celui que souffre la famille quand le fait dommageable rejaillit sur elle. Cela résulte des termes absolus de la loi; elle ne parle pas même de la personne qui est lésée, elle ne se préoccupe que du dommage, et elle veut qu'il soit réparé en entier, comme nous venons de le dire; donc tous ceux auxquels le fait a causé un dommage sont admis à agir. La jurisprudence applique tous les jours ce principe aux accidents de chemin de fer et aux accidents, plus fréquents encore, qui mutilent les ouvriers d'une fabrique ou d'un établissement quelconque. Une jeune ouvrière est blessée par l'imprudence du mécanicien; on doit lui amputer le poignet; elle reçoit, de

_____

(1) Aix, 2 avril 1870 (Dalloz, 1871, 2, 241).
(2) Paris, 11 août 1868 (Dalloz, 1868, 2, 186). Comparez Paris, 16 juillet 1870 (Dalloz, 1871, 2, 169).

ce chef, des dommages-intérêts. Sa mère intervient et demande une réparation que le juge lui accorde; en effet, la mère éprouvait un préjudice personnel de l'accident arrivé à son enfant, qu'elle avait dû soigner pendant longtemps, ce qui l'avait empêchée de travailler et, de plus, elle était privée pour toujours du bénéfice qu'elle retirait du travail de sa fille (1).

529. Dans les obligations conventionnelles, le débiteur n'est tenu, alors même qu'il est de mauvaise foi, que du dommage qui est une suite directe et immédiate de l'inexécution de la convention (art. 1151). Nous avons dit que les principes spéciaux aux conventions ne reçoivent pas leur application aux délits et quasi-délits (n° 523). Quand il s'agit d'un fait dommageable, la partie lésée doit être complétement indemnisée, et elle ne le serait pas si elle n'avait pas droit à une réparation pour les conséquences indirectes du délit ou du quasi-délit. Une saisie-arrêt est pratiquée sur des effets publics ou sur des valeurs industrielles. La saisie est annulée et le saisissant condamné à des dommages-intérêts : comprennent-ils la hausse que les actions ou obligations ont éprouvée pendant qu'elles étaient saisies? L'affirmative est de jurisprudence, et elle ne nous paraît pas douteuse ; en effet, la saisie a empêché le créancier de profiter de la hausse pour vendre, il est donc privé d'un gain par la faute du saisissant; ce qui est décisif (2).

530. Le juge doit-il tenir compte de la gravité de la faute pour fixer le chiffre des dommages-intérêts? Nous avons dit que la distinction que l'on fait, dans les obligations conventionnelles, entre le débiteur de bonne foi et le débiteur de mauvaise foi ne peut pas être invoquée par l'auteur du fait dommageable (n° 523). Il ne faut pas conclure de là que le juge ne puisse et ne doive prendre en considération l'étendue de la faute pour déterminer le montant des dommages-intérêts. La réparation à laquelle l'auteur du fait dommageable est condamné est une peine

---

(1) Bourges, 23 janvier 1867 (Dalloz, 1867, 2, 197). Comparez Lyon, 26 avril 1871 (Dalloz, 1871, 2, 41).
(2) Bruxelles, 2 mai 1807 (Dalloz, au mot *Responsabilité*, n° 233).

civile ; or, toute peine doit être proportionnée à la gravité de la faute. La jurisprudence est en ce sens. Nous avons déjà cité l'arrêt de la cour de Liége qui a arbitré à une somme très-modique les dommages-intérêts dus à raison de la mort d'une personne, parce que le malheur était la suite d'une imprudence légère et qui se rapprochait beaucoup du cas fortuit (1).

Ce principe est d'une grande importance en ce qui concerne la responsabilité des fonctionnaires et officiers ministériels. On est effrayé des conséquences de cette responsabilité, surtout si l'on applique l'article 1383 ; un instant d'inattention peut ruiner le notaire ou l'avoué. La jurisprudence applique avec raison le tempérament d'équité que les principes, du reste, approuvent ; les juges tiennent compte de toutes les circonstances du fait et, notamment, de la gravité de la faute. Dans une espèce où le legs s'élevait à 20,000 francs, la cour de Nîmes a fixé à 12,000 francs les dommages-intérêts dus par les héritiers du notaire (2). La cour de Toulouse a vu avec raison une circonstance atténuante dans le fait que le notaire avait enfreint une loi nouvelle qui venait à peine d'être promulguée et, à raison de toutes les circonstances de la cause, il s'est borné à condamner le notaire aux dépens (3).

531. La partie lésée peut elle-même être en faute. Nous avons dit plus haut quelle est l'influence de cette faute sur l'existence même du délit ou du quasi-délit. En supposant qu'il y ait un fait dommageable, malgré la faute de celui qui éprouve le dommage, il reste à savoir si la faute du demandeur doit être prise en considération pour déterminer le montant des dommages-intérêts. L'affirmative est certaine ; en effet, si la faute de la partie lésée ne détruit pas la faute de celui qui a causé le dommage, elle la diminue du moins, c'est une cause d'excuse ; et de même que la peine criminelle est diminuée quand l'accusé a une excuse à faire valoir, de même l'auteur du fait

---

(1) Liége, 20 février 1810 (Dalloz, au mot *Responsabilité*, n° 190).
(2) Nîmes, 29 août 1863 (Dalloz, 1865, 2, 14). Comparez Douai, 2 juillet 1851 (Dalloz, 1853, 2, 126).
(3) Toulouse, 29 avril 1826 (Dalloz, au mot *Responsabilité*, n° 429, 3°).

dommageable doit être traité moins sévèrement lorsqu'il
a une excuse à proposer. L'analogie est complète quand
le dommage résulte d'un délit et qu'il y a eu provocation ;
cela a été jugé ainsi en cas de duel (1) et de coups et blessures (2). Mais l'analogie peut être aussi invoquée contre
l'auteur du fait dommageable, en ce sens qu'il ne peut
pas s'en prévaloir pour soutenir qu'il ne doit aucune réparation (3). S'il y a simple imprudence de la part de la
personne lésée, on entre dans un autre ordre d'idées, il
n'est plus question de provocation ni d'excuse ; mais comme
le dommage est arrivé en partie par la faute de la personne
lésée, il est juste qu'elle en supporte aussi en partie les
conséquences ; il y a donc lieu à déterminer le montant
des dommages-intérêts auxquels elle a droit. C'est au juge
à apprécier la part que chacune des parties a dans l'accident qui a causé le dommage (4).

532. Il est impossible de prévoir toutes les difficultés
qui se présentent dans l'évaluation et dans le règlement
des dommages-intérêts ; elles varient d'une cause à l'autre.
Nous ne dirons qu'un mot de la dépréciation des propriétés qui résulte du voisinage d'établissements industriels :
quel moment faut-il considérer pour évaluer le préjudice ?
Les voisins font des changements et, par suite, il y a une
nouvelle cause de dommages-intérêts ; le fabricant demande que l'on tienne compte de l'état des propriétés au
moment de l'établissement de l'usine. Cette prétention a
été rejetée par la cour de cassation. De ce qu'une fabrique s'établit dans mon voisinage, il n'en résulte pas que
je sois grévé de la servitude de ne pas bâtir ; le décret du
15 octobre 1810 (art. 9), que l'on invoque, ne dit qu'une
chose, c'est que le propriétaire d'une maison bâtie postérieurement à l'autorisation d'une usine ne peut en demander l'éloignement ; mais il conserve le droit d'user de
sa propriété comme il l'entend, et s'il construit, s'il fait

---

(1) Liége, 5 mai 1838 (*Pasicrisie*, 1838, 2, 115).
(2) Bruxelles, 18 décembre 1834 (*Pasicrisie*, 1834, 2, 280).
(3) Bruxelles, 3 janvier 1866 (*Pasicrisie*, 1866, 2, 186), et 3 mars 1814 (*Pasicrisie*, 1814, p. 25).
(4) Liége, 17 décembre 1864 et 15 février 1871 (*Pasicisie*, 1867, 2, 871, et
1871, 2, 146).

des améliorations, il a droit à une indemnité dans les cas et sous les conditions déterminées par la loi quand le voisinage de la fabrique lèse son droit. La cour de cassation ne fait qu'une exception, en cas de dol, lequel est toujours excepté; il va sans dire que si les voisins agissent de mauvaise foi et spéculent sur le voisinage de l'usine, ils ne peuvent pas se faire de leur dol un titre pour réclamer des dommages-intérêts (n°s 403 et 410) (1). Le juge pourra aussi tenir compte des circonstances de la cause pour diminuer le montant des dommages-intérêts. Si l'industrie n'impose aucune servitude aux voisins, il est certain néanmoins qu'elle altère leur liberté d'action : ils doivent supporter l'incommodité du voisinage dans une certaine mesure, et ils doivent aussi ne pas faire à la légère des travaux dont ils savent d'avance qu'ils ne pourront pas tirer l'avantage qu'ils en retireraient dans un quartier non industriel (2). On voit par là combien il est vrai de dire que les dommages-intérêts sont une question de fait et d'appréciation.

533. Le règlement des dommages-intérêts dépend entièrement des juges du fait. Quand le dommage est consommé et qu'on peut l'évaluer à une somme fixé, le tribunal alloue une somme fixe; tandis qu'il condamne l'auteur du fait dommageable à une prestation annuelle, quand le dommage n'est pas perpétuel (3). Il en est ainsi lorsque la cause du dommage peut venir à cesser ou lorsque celui qui éprouve la lésion vient à mourir ; dans ces cas, les tribunaux accordent une pension ou rente viagère.

Les difficultés ne manquent point en cette matière, ni les objections. Un arrêt de la cour de Paris condamnait l'auteur d'une blessure faite par imprudence à payer, à la partie lésée, d'abord une somme de 6,000 francs pour frais de maladie, puis une rente viagère de 1,000 francs payable pendant six ans ; la cour ajoutait qu'à l'expiration des six années, il serait fait droit. Pourvoi en cassation

---

(1) Rejet, 8 mai 1850 (Dalloz, 1854, 5, 655, n° 11).
(2) Dijon, 10 mars 1865 (Dalloz, 1865, 2, 144).
(3) Liége, 11 novembre 1863 (*Pasicrisie*, 1864, 2, 47).

pour excès de pouvoir et déni de justice, parce que la cour n'avait pas statué définitivement. La chambre des requêtes répond que la cour aurait pu accorder une pension pendant toute la vie de la partie lésée, qu'à plus forte raison elle avait eu le droit d'accorder une rente temporaire, sauf à la partie lésée à former une action nouvelle si le préjudice se perpétuait (1).

D'autres fois on reproche au juge qui accorde des dommages-intérêts pour l'avenir de dépasser son pouvoir, en ce sens qu'il ne lui est pas permis d'accorder une réparation pour un dommage qui n'est pas encore causé. Nous avons d'avance répondu à l'objection. Quand le dommage est actuel et permanent, en ce sens qu'il continuera tant que l'état des choses d'où il résulte subsiste, les tribunaux peuvent régler l'indemnité sous forme d'annuités à payer par les propriétaires de l'établissement; un pareil règlement n'a pas pour objet un dommage futur, puisque nous le supposons déjà existant, et il ne contrevient pas davantage à l'article 5, puisque le tribunal ne décide pas par voie de disposition générale; sa décision n'a pour objet qu'un fait dommageable; les parties sont, du reste, libres, si l'état présent des choses se modifie, de demander une augmentation ou une réduction de l'annuité (2).

Il en serait de même si le tribunal avait fixé les dommages-intérêts pour chaque jour de retard dans l'exécution. Nous renvoyons à ce qui a été dit au titre des *Obligations* sur ce mode de régler les dommages-intérêts. On l'applique aussi aux dommages-intérêts qui résultent des délits et des quasi-délits, avec cet effet que la condamnation étant basée sur le dommage présumé, elle n'a rien de définitif, que, par suite, elle pourra être augmentée ou réduite (3).

(1) Rejet, 28 novembre 1855 (Dalloz, 1856, 1, 56).
(2) Liége, 25 mai 1867 (*Pasicrisie*, 1867, 2, 339).
(3) Gand, 12 août 1864 (*Pasicrisie*, 1865, 2, 28).

§ II. *De l'action en dommages-intérêts.*

534. La loi donne l'action pour le dommage causé,
donc à tous ceux qui sont lésés par le fait dommageable.
Ce principe résulte de la généralité des termes de l'article 1382; il est consacré par la jurisprudence. La cour
de cassation l'a formulé dans les termes suivants, à l'occasion de la mort instantanée d'une personne par suite
d'un accident de chemin de fer : « Le fait dommageable
ouvre une action en dommages-intérêts au profit de toute
personne qui a souffert un préjudice direct résultant de ce
fait (1). » Donc ont action la veuve, le mari, les père et
mère, les enfants (2), les frères et sœurs (3).

Il s'est présenté quelques difficultés dans l'application
du principe. On a demandé si la mère d'un enfant naturel non reconnu peut agir quand l'enfant meurt par suite
d'un quasi-délit. S'il fallait appliquer les principes rigoureux qui régissent la filiation, il faudrait répondre négativement, puisqu'il n'y a point de filiation naturelle sans
reconnaissance. Mais ces principes ne sont-ils pas étrangers à l'espèce? L'enfant est hors de cause, et la mère,
quoique n'étant pas légalement certaine, l'était de fait;
l'enfant était inscrit sous son nom sur les registres de
l'état civil, il avait la possession d'état; l'auteur du fait
dommageable avait traité avec elle, il attaqua ensuite la
transaction. La cour de Paris la maintint, en considérant
la question comme étant de fait plutôt que de droit (4).

Les parties lésées doivent, en principe, agir elles-
mêmes, c'est le droit commun. Voici cependant une espèce singulière dans laquelle des dommages-intérêts ont
été alloués à des parties qui n'étaient point en cause. Un
journaliste est tué en duel; sa mère intente une action en

(1) Rejet, 21 juillet 1869 (Dalloz, 1872, 5, 386, n° 1).
(2) Angers, 9 août 1872 (Dalloz, 1872, 5, 386, n° 2).
(3) Bourges, 16 décembre 1872 (Dalloz, 1873, 2, 197).
(4) Paris, 16 novembre 1871 (Dalloz, 1872, 2, 62).

dommages-intérêts contre l'auteur de l'homicide. Son droit n'était pas contesté. Elle réclama aussi une indemnité à raison du concours qu'elle recevait de son fils pour l'entretien de deux enfants aliénés qui tombaient à sa charge exclusive par suite de la mort de leur frère. L'action n'était pas formée directement par les enfants, ils n'étaient pas en cause; la cour d'assises condamna néanmoins l'auteur du fait, d'abord à une somme de 3,000 fr. pour le préjudice causé à la mère et aux siens, et, en outre, à lui servir une rente viagère de 3,600 francs réversible pour les deux tiers sur la tête de ses deux fils. C'est cette dernière disposition qui fut attaquée devant la cour de cassation. Pouvait-elle agir au nom de ses enfants majeurs et non interdits? Non, certes. De fait, elle avait intenté l'action en son nom personnel et réclamé des dommages-intérêts pour le préjudice que lui causait la mort de son fils. La mère était obligée de fournir des aliments à ses enfants aliénés ; cette obligation devenait plus onéreuse par la mort de son fils : on ne pouvait nier qu'elle eût droit, de ce chef, à une réparation. Mais la cour d'assises était allée plus loin, elle avait ordonné la réversibilité de la rente sur la tête des enfants qui n'étaient pas en cause. Pour concilier cette disposition de l'arrêt attaqué avec les principes, la cour de cassation invoque l'article 1119 qui permet de stipuler pour un tiers, sauf l'acceptation de celui-ci; et ce qui se peut par convention, dit-elle, se peut aussi par jugement (1). Cela nous paraît bien douteux. Il n'y avait qu'un moyen régulier de faire profiter les enfants de l'indemnité, c'était de la fixer en une somme capitale, que les enfants auraient trouvée dans l'hérédité de leur mère.

535. L'action en dommages-intérêts passe-t-elle aux héritiers? peut-elle être intentée par les créanciers de la partie lésée? Quand il s'agit d'un délit civil ou d'un quasi-délit, l'affirmative ne souffre aucun doute. C'est une action purement pécuniaire qui fait partie du patrimoine de celui à qui elle appartient; elle passe donc avec le patrimoine

_____

(1) Rejet, chambre criminelle, 7 novembre 1863 (Dalloz, 1864, 1, 99).

aux héritiers qui le recueillent (1); de même elle fait partie du gage que les créanciers ont sur le patrimoine du débiteur. Quand l'action en dommages-intérêts naît d'un délit criminel, il y a une distinction à faire ; nous renvoyons à ce qui a été dit sur l'article 1166 (2). La question appartenant au droit pénal, nous ne pouvons nous y arrêter.

536. Devant quelle juridiction l'action en dommages-intérêts doit-elle être intentée? Il faut distinguer. L'action qui naît d'un délit civil ou d'un quasi-délit est une action ordinaire, donc de la compétence des tribunaux civils. L'action civile qui naît d'un délit criminel est régie par des principes spéciaux; nous renvoyons cette matière au droit pénal (3).

N° 2. CONTRE QUI L'ACTION PEUT-ELLE ÊTRE INTENTÉE?

537. La loi déclare responsables tous ceux qui par leur faute, leur négligence ou leur imprudence causent à autrui un dommage (art. 1382 et 1383). C'est donc contre l'auteur du fait dommageable que l'action doit être intentée. Peut-elle être intentée contre lui, quand la partie lésée est déjà indemnisée par une compagnie d'assurance ou par une société de secours mutuels? L'affirmative a été jugée et elle ne nous paraît pas douteuse. L'ouvrier qui est membre d'une société de secours mutuels a droit à une indemnité à raison de sa contribution mensuelle, il exerce un droit à titre d'associé. Ce droit n'a rien de commun avec l'action qu'il a contre l'auteur du fait dommageable. Celui-ci ne peut pas se dispenser de remplir l'obligation qu'il a contractée par son fait en alléguant que la société de secours mutuels a réparé le dommage; il y a deux dettes : l'une à charge de la société, l'autre à charge de celui qui a causé le dommage; de ce que l'un

---

(1) Angers, 12 juillet 1872 (Dalloz, 1872, 5, 386, n° 3).
(2) Voyez le tome XVI de mes *Principes*, p. 477, n° 419.
(3) Haus, *Principes du droit pénal belge*, t. II; p. 509, n°ˢ 1275 et suiv.

des débiteurs a payé sa dette, ce n'est certes pas une raison pour que l'autre ne paye pas la sienne (1).

538. Quand il y a plusieurs auteurs d'un fait dommageable, la partie lésée doit-elle les actionner tous? La cour de Paris l'avait jugé ainsi; son arrêt a été cassé. Chacun, dit l'article 1383, est responsable; donc chacun peut être actionné. Libre à celui qui est assigné de mettre ses coauteurs en cause, mais il ne peut pas opposer une fin de non-recevoir au demandeur, parce que celui-ci n'a pas agi contre tous, car la loi ne l'y oblige point, et le défendeur ne peut pas nier qu'il soit auteur; cela suffit pour qu'il doive répondre à l'action (2). S'il ne met pas ses coauteurs en cause, il sera condamné seul, mais il aura son recours contre eux. Tous sont débiteurs, donc entre eux la responsabilité se divise (3) et chacun est responsable dans la mesure de sa faute (4).

539. Il peut y avoir des coauteurs, quoique le fait dommageable soit l'œuvre d'une seule personne. Deux cochers luttent de vitesse, l'un renverse un passant et le blesse : l'autre est-il responsable? Nous avons déjà répondu à la question; c'est la lutte de vitesse qui est la cause du fait dommageable, donc les deux cochers sont responsables, et, par suite, l'action peut être intentée contre tous les deux (5).

540. L'action peut-elle être intentée contre les héritiers ou autres successeurs universels de l'auteur du fait dommageable? Cela n'est pas douteux. Toutes les obligations passent, en principe, aux héritiers; tout successeur universel succède aux dettes comme il succède aux droits du défunt (6). Il va sans dire que les successeurs à titre particulier ne sont pas tenus des obligations de leur auteur. La cour de Paris s'y est trompée. Dans l'espèce, le dommage avait été causé par l'exploitation d'une carrière. Le

_(1) Douai, 24 novembre 1871 (Dalloz, 1872, 2, 17). L'auteur d'un fait dommageable ne peut pas non plus se prévaloir des dons résultant d'une souscription publique. Bruxelles, 4 mai 1874 (*Pasicrisie*, 1874, 2, 294).
(2) Cassation, 23 août 1869 (Dalloz, 1869, 1, 464).
(3) Rocroi, 16 janvier 1873 (Dalloz, 1873, 3, 46).
(4) Lyon, 21 mai 1855 (Dalloz, 1856, 2, 35).
(5) Bordeaux, 12 août 1859 (Dalloz, 1859, 1, 216).
(6) Sourdat, *De la responsabilité*, t. I, p. 70, n° 76.

droit d'exploiter est vendu : l'acquéreur peut-il être condamné à réparer le préjudice que ses auteurs ont causé à
la superficie par un abus de jouissance? La question peut
à peine être posée. La cour de cassation dit très-bien
qu'il en est des engagements formés sans convention,
comme des obligations conventionnelles ; ils n'ont d'effet
qu'entre l'auteur de la faute dommageable et la partie
lésée ; l'obligation de réparer le dommage n'est imposée
qu'à celui qui a commis la faute ; donc l'exécution de cette
obligation ne peut être poursuivie que contre l'auteur et
contre ceux qui succèdent à son obligation, c'est-à-dire
les successeurs universels (1). C'est une hérésie de dire
que le successeur à titre particulier est tenu comme tel
d'une obligation de son auteur ; il n'en peut être tenu
que s'il s'y est obligé.

541. S'il y a plusieurs auteurs d'un seul et même fait
dommageable, en seront-ils tenus solidairement? Nous
avons examiné ailleurs cette question très-controversée (2).
La jurisprudence admet la solidarité. Cela suppose qu'il
s'agit d'un seul et même fait dommageable. S'il y a deux
délits différents, les obligations qui en naissent sont différentes et les débiteurs sont différents. Un propriétaire
se plaint du dommage causé à sa maison et à sa fabrique
par trois établissements industriels qui se trouvent dans
le voisinage ; il actionne l'un des trois industriels en réparation de tout le dommage, en prétendant que tous sont
tenus solidairement. Le premier juge fit droit à cette
demande, mais la décision fut réformée en appel. Les
trois usines, dit la cour de Liége, sont indépendantes
l'une de l'autre, les industries sont différentes, le dommage qu'elles peuvent causer doit également différer ; il
y a donc trois faits dommageables distincts, partant trois
actions distinctes. C'est la difficulté d'apprécier l'influence
de chacune des trois usines sur le dommage qui avait
décidé le premier juge, et il avait néanmoins admis le recours de la partie condamnée contre les deux autres. La
cour de Liége répond que la difficulté est la même, qu'il

---

(1) Cassation, 5 avril 1870 (Dalloz, 1871, 1, 284).
(2) Voyez le t. XVII de mes *Principes*, p. 318, nos 318-325.

s'agisse de diviser la responsabilité dès le principe ou qu'il s'agisse de diviser l'action récursoire. Après tout, une difficulté de fait n'est pas un argument de droit (1).

542. Le principe de la solidarité n'est pas établi par la loi ; si la jurisprudence l'a consacré, c'est parce qu'il semble résulter de la nature du fait dommageable, chacun devant être considéré comme en étant auteur pour le tout. C'est une espèce de présomption que les tribunaux admettent et que la loi ignore. Mais cette présomption ne saurait être absolue ; si les circonstances de la cause prouvent que les divers coauteurs d'un même fait dommageable y ont pris une part inégale, la faute n'étant plus identique, la condamnation solidaire n'aurait plus de raison d'être ; le juge proportionnera, dans ce cas, la responsabilité des divers coauteurs à la faute de chacun d'eux. C'est ce que la cour de Gand a fait dans l'espèce suivante. Un acte authentique contenait des imputations mensongères qui portaient atteinte à l'honneur d'un notaire. Celui-ci forma une action en dommages-intérêts contre le notaire qui avait reçu l'acte et contre la partie dont il avait reçu les déclarations. Il y avait faute de la part du rédacteur de l'acte, mais ce n'était que légèreté, imprudence ; la faute de la partie qui avait fait ces fausses déclarations était bien plus grave. La cour condamna la partie à 2,000 fr. de dommages-intérêts et le notaire aux frais du procès (2).

543. La jurisprudence confond l'indivisibilité et la solidarité ; nous avons dit ailleurs que cette confusion est presque usuelle. Un propriétaire éprouve un dommage par les vapeurs qui émanent des usines du voisinage. La cour d'Aix dit que ce dommage s'effectue d'une manière *indivisible*, et elle en conclut que les fabricants sont tenus *solidairement* (3). Le langage, au moins, est inexact. Il ne peut être question d'indivisibilité là où tout est divisible ; et s'il y avait indivisibilité, l'obligation ne serait

(1) Liége, 12 juin 1852 (*Pasicrisie*, 1857, 2, 103), et 24 janvier 1857 (*Pasicrisie*, 1858, 2, 253). Paris, 27 août 1872 (Dalloz, 1873, 5, 402, n° 5). Comparez Rejet, 11 juillet 1826 (Dalloz, au mot *Responsabilité*, n° 250, 1°).
(2) Gand, 15 juillet 1871 (*Pasicrisie*, 1874. 2. 160).
(3) Aix, 14 mai 1825, et Rejet, 14 juillet 1826 (Dalloz, au mot *Responsabilité*, n° 250, 1°).

pas solidaire. Ce que la cour a voulu dire, c'est qu'il était difficile, pour ne pas dire impossible, de diviser la responsabilité. Cela n'était pas même vrai en fait, puisque la cour de cassation dit que la proportion dans laquelle les divers propriétaires contribueront à l'indemnité sera réglée par eux-mêmes (1); si les propriétaires pouvaient la répartir, le juge aussi le pouvait : ce qui ruine dans son fondement cette fausse théorie de la solidarité entée sur une supposition également fausse d'indivisibilité. Dans une autre espèce, la cour de cassation a admis la solidarité, encore que l'on pût déterminer la proportion dans laquelle les diverses usines contribuaient à l'agglomération des vapeurs. Donc il faut laisser de côté la prétendue indivisibilité; à notre avis, elle est aussi imaginaire que la solidarité. Nous disons qu'elle est imaginaire; en effet, la cour de cassation admet une indivisibilité que la loi ignore et qui existerait quand la dette n'est point susceptible d'une répartition proportionnelle et d'une prestation particulière (2). Ce serait tout au plus une indivisibilité de payement. La cour oublie que l'indivisibilité n'empêche pas le recours de l'un des débiteurs contre les autres; si ce recours est possible, il n'y a pas de motif pour déclarer l'action indivisible; et, quant à la prestation, qu'est-ce qu'il y a de plus divisible qu'une prestation de dommages-intérêts? En définitive, la jurisprudence ne prouve qu'une chose, c'est qu'il y a des cas où les tribunaux devraient avoir le droit de prononcer la solidarité pour les délits civils, mais le législateur seul peut leur donner ce droit.

N° 3. DANS QUEL DÉLAI L'ACTION DOIT-ELLE ÊTRE INTENTÉE?

544. Quand il s'agit d'un délit civil ou d'un quasi-délit, la prescription est de trente ans, d'après le droit commun, auquel il n'est pas dérogé pour les faits dommageables (2). Si le fait constitue un délit criminel, on suit les règles

---

(1) Rejet, 3 mai 1827 (Dalloz, au mot *Manufactures*, n° 177, 1°). Comparez Rejet, 20 juillet 1852 (Dalloz, 1852 1, 248).
(2) Cour de cassation de Belgique, 12 juin 1845 (*Pasicrisie*, 1845, 1, 353).

spéciales qui régissent l'action civile. Cette matière n'entre pas dans le cadre de notre travail.

545. L'action en dommages-intérêts peut encore s'éteindre par la renonciation. Il en est même ainsi de l'action civile qui naît d'une infraction pénale. A plus forte raison en est-il de même d'un simple fait dommageable. L'action qui en naît est d'intérêt privé, et chacun est libre de renoncer à ses droits. Bien entendu que si plusieurs personnes ont une action en vertu d'un délit ou d'un quasi-délit, la renonciation de l'une n'a aucun effet à l'égard des autres (1).

N° 4. DE LA PREUVE.

546. Pour qu'il puisse y avoir une condamnation à des dommages-intérêts à raison d'un fait dommageable, il faut qu'il y ait une demande judiciaire et que le demandeur prouve le montant et la quotité du dommage qu'il a souffert. Qu'il faille une action, cela est si évident qu'il semble inutile de le dire. Toutefois il est arrivé qu'une cour d'assises a prononcé des dommages-intérêts sans qu'il y eût une partie civile. Il s'agissait d'un vol domestique. On avait saisi chez le voleur une partie des objets volés, plus des valeurs autres que celles provenant du vol. La cour ordonna la restitution de tous les objets déposés au greffe. C'était dépasser la loi ; elle veut que les objets volés soient restitués ; quant aux autres valeurs, elles ne pourraient être attribuées à la partie lésée qu'à titre de dommages-intérêts, donc en vertu d'une action, et, dans l'espèce, il n'y en avait point. L'arrêt a été cassé, sans que la cour pût prononcer aucun renvoi : c'était aux parties intéressées à agir (2).

547. Quelles sont les preuves que le demandeur doit faire ? Il doit prouver le fondement de sa demande, c'est-à-dire l'existence d'un fait dommageable dans le sens des articles 1382 et 1383. Or, d'après ces articles, il faut,

---

(1) Aubry et Rau, t. IV, p. 754, et note 25, § 445.
(2) Cassation, chambre criminelle, 6 juin 1845 (Dalloz, 1845, 1, 287).

pour qu'il y ait délit ou quasi-délit, que le demandeur ait
éprouvé un dommage par la faute du défendeur. Il ne
suffit pas d'établir le fait matériel du dommage causé, il
faut prouver qu'il y a faute, négligence ou imprudence.
C'est le droit commun; quand l'obligation résulte d'un
délit ou d'un quasi-délit, le demandeur doit prouver qu'il
y a délit ou quasi-délit; il doit donc prouver qu'il y a
faute (1).

La cour de Bruxelles l'a jugé ainsi (2), et le principe
ne saurait être contesté. Toutefois la même cour a rendu
des décisions qui paraissent en contradiction avec le principe; en réalité, l'antinomie n'est qu'apparente, elle provient de la rédaction embarrassée des arrêts. Deux coups
de fusil sont tirés pendant la nuit sur une personne dans
un enclos. Quelle est la preuve que doit faire le demandeur en dommages-intérêts? Le fait n'était pas contesté;
ce fait, dit la cour, emporte avec lui, jusqu'à preuve contraire, l'existence de la faute, puisque ce n'est que par
exception et dans des cas très-rares que la loi l'autorise
et le légitime. En prenant l'arrêt à la lettre, il faudrait
dire que la cour établit une présomption de faute que la
loi ignore. Ce qui explique la rédaction, c'est que le débat
portait sur le point de savoir si l'auteur du fait se trouvait dans le cas de légitime défense. La légitime défense
est une cause de justification, c'est à celui qui l'invoque à
en faire preuve. Est-ce à dire que le demandeur n'ait rien
à prouver sinon que deux coups de fusil avaient été tirés
sur lui? Dans l'espèce, les coups de fusil avaient été tirés
la nuit dans un enclos; le demandeur devait prouver la
faute; il administrait cette preuve en expliquant sa présence dans l'enclos pendant la nuit. Cela suffisait pour
constituer le défendeur en faute, sauf à lui à prouver qu'il
se trouvait dans le cas de légitime défense (3).

La preuve de la faute, en cette matière, est très-facile
à faire, puisqu'il suffit de la faute la plus légère; voilà
pourquoi d'ordinaire la question ne donne pas lieu à un

(1) Proudhon, De l'usufruit, t. III, p. 501, nᵒˢ 1536 et 1537.
(2) Bruxelles, 21 janvier 1820 (Pasicrisie, 1820, p. 21).
(3) Bruxelles, 14 août 1848 (Pasicrisie, 1849, 2, 50).

débat. A qui incombe la preuve qu'il n'y a aucune faute, pas même la plus légère? Naturellement au défendeur. Le demandeur satisfait à la loi en prouvant l'existence du fait et la faute la plus légère. C'est ensuite à l'auteur du fait dommageable de prouver qu'il n'y a aucune faute de sa part; ce qui ne peut guère se faire que lorsqu'il y a cas fortuit ou ordre d'un supérieur, comme nous l'avons dit en traitant des éléments qui constituent le fait dommageable (1).

548. Quant au mode de preuve, il est réglé par l'article 1348, n° 1; la preuve testimoniale et, par conséquent, les présomptions (art. 1353) sont admises pour établir l'existence du délit. Si une convention est invoquée dans le débat, on ne se trouve plus dans l'exception prévue par les articles 1348 et 1353, on rentre, par conséquent, dans la règle de l'article 1341 : la preuve devra se faire par écrit. Nous avons examiné, en traitant de la preuve, les difficultés auxquelles l'application de ce principe donne lieu. Un arrêt de la cour de Bruxelles l'a méconnu, à notre avis. Le demandeur prouve par témoins le fait dommageable ; le défendeur allègue un mandat donné par l'auteur même du demandeur : est-il admis à la preuve testimoniale ? La cour l'a reçue, parce que la preuve du fait ne peut être divisée (2). Nous répondons que c'est au demandeur à faire la preuve du fait dommageable, et il a le droit de la faire par témoins. Si le défendeur soutient qu'il n'est pas en faute, la preuve lui incombe ; il allègue un mandat, il doit le prouver, et le mandat ne se prouve que par écrit.

Le juge peut-il puiser la preuve du délit civil ou du quasi-délit dans une procédure criminelle à laquelle ce même fait, considéré comme infraction pénale, a donné lieu? Cela n'est point douteux. Le juge peut se décider par des présomptions, et il peut puiser ces présomptions où il veut, puisque en cette matière la loi s'en rapporte à sa prudence; c'est dire que son pouvoir est discrétion-

---

(1) Bruxelles, 29 novembre 1827 (*Pasicrisie*, 1827, p. 329).
(2) Bruxelles, 29 juin 1859 (*Pasicrisie*, 1859, 2, 330).

naire : il ne relève que de sa conscience, comme le dit la cour de cassation (1).

549. Les condamnations prononcées pour dommages-intérêts résultant d'un délit ou d'un quasi-délit sont-elles exécutoires par la contrainte par corps? Si le délit civil est en même temps un délit criminel, et que la condamnation soit prononcée à raison de l'infraction pénale, la voie de la contrainte est de droit; les lois qui ont aboli la contrainte par corps, en matière civile, en Belgique et en France, l'ont maintenue, en matière pénale, pour l'exécution des condamnations aux restitutions, aux dommages-intérêts et aux frais. La loi française l'a abolie d'une manière absolue en matière civile; de sorte que les condamnations prononcées pour un délit civil qui n'est pas en même temps un délit criminel ne sont pas exécutoires par cette voie. D'après la loi belge, la contrainte peut être prononcée, en matière civile, pour les restitutions, dommages-intérêts et frais lorsqu'ils sont le résultat d'un acte illicite commis méchamment ou de mauvaise foi; donc pour délit civil, mais non pour un quasi-délit (2). Voilà une différence notable entre le délit et le quasi-délit.

CHAPITRE III.

DE LA RESPONSABILITÉ.

SECTION I. — De la responsabilité du fait d'autrui.

ARTICLE 1. Des personnes responsables.

§ Ier. *Principes généraux.*

550. L'article 1384 porte : « On est responsable non-seulement du dommage que l'on cause par son propre

---

(1) Rejet, 10 août 1859 (Dalloz, 1859, 1, 441), et 2 mai 1864 (Dalloz, 1864, 1, 266).
(2) Loi française du 22 juillet 1867. Loi belge du 27 juillet 1871.

fait, mais encore de celui qui est causé par le fait des
personnes dont on doit répondre. » Il y a donc des cas
dans lesquels l'homme répond du fait d'autrui. Au premier abord, cela paraît contraire à toute justice : les fautes
étant personnelles, chacun ne doit répondre que de celles
qu'il a commises et qui seules peuvent lui être imputées.
Telle est, en effet, la règle universelle et sans exception.
L'article 1384 n'y déroge qu'en apparence ; il déclare certaines personnes responsables du fait de ceux dont elles
doivent répondre ; mais pourquoi en répondent-elles ? C'est
qu'étant tenues de diriger et de surveiller leurs actions,
s'ils commettent un dommage, le législateur suppose que
le fait dommageable est arrivé par manque de surveillance, donc par une faute. La responsabilité du fait d'autrui résulte donc d'une faute, de même que le délit et le
quasi-délit ; c'est, à vrai dire, un quasi-délit, puisqu'il
dérive d'une négligence. Mais il y a cette différence, et
elle est grande, c'est que la responsabilité du fait d'autrui
est fondée sur une présomption de faute. Le texte même
du code prouve que telle est la théorie légale de la responsabilité. Après avoir dit quelles sont les personnes qui
sont responsables du fait de ceux dont elles doivent répondre, l'article 1384 ajoute que cette responsabilité cesse
quand elles n'ont pu empêcher le fait qui y donne lieu ;
donc, jusqu'à preuve contraire, il y a présomption qu'elles
ont pu l'empêcher (1).

551. De là suit une règle d'interprétation très-importante. Toute présomption est d'interprétation étroite. Il
est de principe qu'il n'y a pas de présomption légale sans
texte et que les présomptions que la loi établit ne peuvent
pas être étendues, fût-ce par voie d'analogie. Il en doit
être surtout ainsi de la présomption de faute sur laquelle
repose la responsabilité du fait d'autrui. Admettre un cas
de responsabilité qui n'est pas prévu par le texte de la
loi, ce serait rendre une personne responsable sans qu'elle
fût en faute, sans qu'il y eût, du moins, une preuve de sa
faute ; on commencerait par présumer la faute, pour rendre

(1) Aubry et Rau, t. IV, p. 756. et note 10, § 446, et les auteurs qu'ils
citent.

ensuite la personne responsable d'un dommage qu'elle n'a point causé; ce serait violer les principes du droit tout ensemble et les principes de la morale (1).

La jurisprudence ainsi que la doctrine (2) admettent cette règle d'interprétation ; mais les interprètes l'oublient parfois. Il ne faut point l'exagérer et en conclure que l'on ne répond jamais du fait d'autrui que dans les cas prévus par l'article 1384. Nous répondons du fait d'autrui dès que ce fait nous est imputable, c'est-à-dire s'il est arrivé par notre faute. C'est l'application de l'article 1382; il faudra donc prouver que celui que l'on prétend responsable du fait d'autrui a occasionné le fait par sa faute ; tandis que, dans les cas de l'article 1384, le demandeur n'a rien à prouver, sinon que le dommage a été causé par une personne dont le défendeur répond. Dans l'un et l'autre cas, il y a quasi-délit; mais, dans le premier cas, il faut prouver la faute de la personne que l'on poursuit comme responsable et, dans le second cas, la faute est présumée.

552. Du principe que la responsabilité du fait d'autrui est un quasi-délit, il suit que les conditions requises pour qu'il y ait quasi-délit sont aussi requises pour la responsabilité. Il faut qu'il y ait préjudice : l'action en responsabilité est une action en dommages-intérêts, et l'on ne peut demander des dommages-intérêts quand il n'y a point de dommage causé (3). Il doit y avoir faute de la part de la personne responsable; ici il y a une différence entre le quasi-délit de l'article 1383 et celui de l'article 1384 : dans les cas de responsabilité prévus par la loi, la faute est présumée. Enfin, il faut un fait d'où résulte le dommage; ce fait peut lui-même constituer un quasi-délit, mais il n'est pas nécessaire qu'il y ait quasi-délit de la part de l'auteur du fait pour qu'il y ait obligation de réparer le dommage à charge des personnes que la loi déclare responsables; la loi ne l'exige pas, et il n'y avait aucun motif

(1) Aubry et Rau, t. IV, p. 767, § 447. Comparez Toullier (t. VI, I, p. 216, n° 258), qui a tort de dire que la responsabilité du fait d'autrui est contraire à la raison.

(2) Cassation, chambre criminelle, 24 mai 1855 (Dalloz, 1855, 1, 426).

(3) Rejet, section criminelle, 9 juillet 1813 (Dalloz, au mot *Responsabilité*, n° 153, 2°).

de l'exiger ; les personnes responsables ne sont pas tenues des dommages-intérêts à raison de la faute de celui qui a causé le dommage, elles en sont tenues à raison de leur propre faute ; elles auraient pu empêcher le fait, elles sont responsables pour ne l'avoir pas empêché. C'est l'opinion générale (1), sauf le dissentiment de Toullier (2), sur lequel il est inutile d'insister, parce que l'erreur est évidente.

§ II. *Des père et mère.*

N° 1. QUI EST RESPONSABLE.

553. « Le père et la mère, après le décès du mari, sont responsables du dommage causé par leurs enfants mineurs habitant avec eux » (art. 1384). Treilhard, l'orateur du gouvernement, expose les motifs d'intérêt général qui justifient cette responsabilité. « C'est, dit-il, une garantie, et souvent la seule garantie de la réparation des dommages. » L'intérêt de la partie lésée n'est pas une raison suffisante pour imposer la responsabilité du dommage à celui qui n'en est pas l'auteur. Treilhard ajoute que les père et mère ont à s'imputer au moins de la faiblesse et toujours de la négligence. « Heureux encore, s'écrie-t-il, si leur conscience ne leur reproche point d'avoir donné de mauvais principes et de plus mauvais exemples (3)! » Ces considérations morales ne justifient pas encore la responsabilité du fait d'autrui. Elle est basée sur une présomption de faute : en quoi consiste cette faute ? L'orateur du Tribunat répond à notre question : « Les père et mère sont investis d'une autorité suffisante pour soutenir leurs subordonnés dans les limites du devoir et du respect dû aux propriétés d'autrui. Si les enfants les franchissent, ces écarts sont attribués avec raison au relâchement de la discipline domestique qui est dans la main des père et mère. Ce relâchement est une faute ; il forme une cause

(1) Marcadé, t. V, p. 287, n° IV de l'article 1384 et tous les auteurs.
(2) Toullier, t. VI, 1, p. 218, n° 260, et p. 224, n° 270.
(3) Treilhard, Exposé des motifs, n° 11 (Locré, t. VI, p. 276).

du dommage, indirecte, mais suffisante pour faire retomber sur eux la charge de la réparation(1). » En définitive, les père et mère sont en faute pour n'avoir pas rempli le devoir d'éducation et de surveillance que leur impose la puissance paternelle. Tel est le principe; nous allons en voir les conséquences.

554. Qui est responsable? L'article 1384 dit que c'est le père et, après le décès du mari, la mère. C'est une conséquence du principe que nous venons d'établir. La responsabilité est fondée sur l'inobservation des devoirs qu'impose la puissance paternelle. Or, qui exerce cette puissance? Le père seul l'exerce durant le mariage (article 373); lui seul doit donc être responsable. Quant à la mère, elle n'exerce régulièrement la puissance paternelle qu'après la mort du mari; voilà pourquoi la loi ne la déclare responsable que lorsqu'elle est veuve. Que faut-il décider si le père est absent dans le sens légal du mot? La mère a, dans ce cas, l'exercice de la puissance paternelle; donc elle est responsable (art. 141). Il en est de même quand le père est frappé d'aliénation mentale; le père est alors dans l'impossibilité d'exercer la puissance paternelle, donc la mère doit l'exercer, car l'autorité lui appartient aussi bien qu'au père (art. 372) (2). Nous renvoyons, quant aux principes, à ce qui a été dit aux titres de l'*Absence* et de la *Puissance paternelle*.

La responsabilité étant attachée à l'exercice de la puissance paternelle, il en faut conclure que la mère n'est point responsable quand elle ne l'exerce pas de droit. La plupart des auteurs vont plus loin et déclarent la mère responsable quand, de fait, elle a la surveillance, notamment lorsque le père est en voyage (3). Que la responsabilité morale de la mère soit engagée, cela va sans dire; mais la loi ne tient aucun compte de cette considération, puisqu'elle décide que la mère n'est pas responsable pen-

---

(1) Tarrible, *Discours*, n° 21 (Locré, t. VI, p. 287). et le rapport de Bertrand de Greuille, n° 11 (Locré, t. V, p. 280).

(2) Aubry et Rau, t. IV, p. 756, et note 1, § 447. Mourlon, t. II, p. 889, n° 1692. Duranton, t. XIII, p. 734, n° 716.

(3) Toullier, t. VI, 1, p. 232, n° 281. Marcadé, t. V, p. 286, n° II de l'article 1384. Larombière, t. V, p. 789, n° 3 (Ed. B., t. III, p. 444).

dant le mariage, quoique de fait ce soit elle qui surveille les enfants plutôt que le père. Une faute morale ne suffit donc pas pour rendre la mère responsable, il faut une faute légale; or, la mère n'est légalement en faute que lorsqu'elle a une autorité légale. Cela est décisif (1).

L'article 1384 dit que la mère est responsable après le décès du mari, parce que régulièrement le mariage ne se dissout que par la mort de l'un des époux, et pendant le mariage le père seul est responsable. Mais le mariage peut aussi se dissoudre par le divorce, et la séparation de corps est assimilée au divorce en ce qui concerne l'exercice de la puissance paternelle. Nous avons dit, au titre du *Mariage,* à qui les enfants sont confiés en cas de divorce et de séparation de corps : c'est à celui qui exerce la surveillance que la responsabilité incombe; le père peut donc ne plus être responsable, quoique le mariage subsiste, s'il est séparé de corps et que les enfants aient été confiés à la mère (2).

Il suit du même principe que les père et mère naturels sont responsables aussi bien que les père et mère légitimes, car ils ont la puissance paternelle. C'est celui qui l'exerce qui est responsable. Nous renvoyons, quant aux difficultés, à ce qui a été dit ailleurs sur les droits et les devoirs des père et mère naturels.

555. Le tuteur est-il responsable du dommage causé par son pupille? Presque tous les auteurs enseignent l'affirmative. Nous n'hésitons pas à dire que c'est une erreur. Il s'agit de savoir si le tuteur est légalement présumé être en faute quand le pupille commet un dommage. Poser la question, n'est-ce pas la résoudre? Il n'y a pas de présomption légale sans texte, et de texte il n'y en a pas. Vainement invoque-t-on l'analogie; nous répondons que l'analogie ne suffirait point, quand même elle serait complète (n° 551); or, elle est loin d'être entière. Le tuteur doit surveiller son pupille. Sans doute; mais quelle différence entre lui et le père! Le père est surveillant par la nature, le tuteur a un devoir légal. Si le père a la charge

(1) Aubry et Rau, t. VI, p. 756, note 1, § 447.
(2) Voyez les témoignages dans Aubry et Rau, t. IV, p. 758, note 9.

de la puissance paternelle, il a également les avantages qui y sont attachés, il est usufruitier légal, il est héritier. Sa puissance aussi est plus étendue que celle du tuteur. On conçoit donc que la responsabilité soit plus grande. C'est déjà une lourde charge que la tutelle; ne l'aggravons pas en imposant au tuteur une responsabilité que la loi ne lui impose point. Ce n'est pas lui qui d'ordinaire a dirigé la première enfance; il serait d'une sévérité outrée que le tuteur, mandataire obligé et gratuit, fût tenu des excès d'un enfant sur lequel il n'a jamais l'autorité qui appartient au père (1).

Le tuteur n'est pas présumé en faute, mais il peut l'être en réalité. Si la partie lésée parvient à prouver que le fait dommageable doit être imputé à la négligence du tuteur, celui-ci sera déclaré responsable, en vertu de l'article 1382, comme auteur du fait dommageable.

556. On a essayé de rendre responsables l'oncle et la tante qui ont chez eux un neveu ou une nièce. La cour de cassation s'est bornée à décider que la loi n'impose pas cette responsabilité; ce qui est, en effet, décisif (2). On pouvait invoquer le vieil adage qui assimile l'oncle et la tante aux père et mère dont ils tiennent la place; la loi tient parfois compte de ce lien de parenté, mais il faut une loi et, dans l'espèce, il n'y en a point.

N° 2. CONDITIONS DE LA RESPONSABILITÉ.

I. *Minorité de l'enfant.*

557. Il faut que les enfants soient mineurs. La présomption légale de faute n'existe que lorsqu'il y a un devoir légal de surveillance et une autorité légale pour empêcher le dommage. De là suit que la responsabilité ne peut pas durer quand la puissance paternelle a cessé. Elle ne s'applique qu'aux dommages causés par des en-

---

(1) Colmet de Santerre, t. V, p. 683, n° 365 *bis* IV. En sens contraire, tous les auteurs. Voyez les citations dans Aubry et Rau, t. IV, p. 758, et note 11. Il faut ajouter Mourlon, t. II, p. 889, n° 1693.
(2) Cassation, chambre criminelle, 24 mai 1855 (Dalloz, 1855, 1, 426).

fants mineurs. Il n'y a pas à distinguer quel est l'âge des enfants, quand même le fait ne leur serait pas imputable. Deux enfants s'amusent sur un chemin ; ils se poursuivent, et une pierre lancée par l'un atteint l'autre à l'œil droit. La mère a été condamnée à 600 francs de dommages-intérêts (1). Vainement alléguerait-on comme excuse l'âge tendre de l'enfant qui a causé le dommage ; la prétendue excuse constitue, en réalité, la faute des parents ; c'est précisément parce que des enfants abandonnés sans surveillance peuvent facilement causer un dommage, en se blessant l'un l'autre, qu'il faut les surveiller. Les parents sont présumés en faute et responsables comme tels (2).

558. L'article 1384 dit : les *enfants mineurs*. Que faut-il décider si les enfants sont émancipés ? Les mineurs émancipés restent mineurs, ils sont donc compris dans le texte de la loi, qui ne distingue pas ; n'est-ce pas le cas de dire que là où la loi ne distingue pas, il n'est pas permis à l'interprète de distinguer ? Cette opinion absolue n'est soutenue par personne. On distingue entre l'émancipation qui se fait par le mariage et l'émancipation dative. Le fils mineur qui se marie devient chef de famille, il acquiert la puissance maritale et la puissance paternelle ; cette situation se concilie difficilement avec la surveillance à laquelle il resterait soumis. Quant à la fille qui se marie, elle tombe sous puissance maritale ; ce n'est plus le père, c'est le mari qui est chargé de la surveiller (3). Nous admettons cette opinion, mais non à raison du changement que le mariage apporte à la condition des époux mineurs ; il y a une raison plus décisive, c'est que le motif pour lequel la responsabilité du père est consacrée par la loi vient à cesser, c'est que l'émancipation met fin à la puissance paternelle, donc au devoir légal de surveillance et au droit légal de surveiller ; or, là où il n'y a ni droit ni devoir de surveillance, il ne saurait y avoir de présomption de faute pour manque de surveillance.

Ce motif préjuge notre opinion sur la seconde hypo-

---

(1) Nîmes, 13 mars 1855 (Dalloz, 1855, 2, 161).
(2) Lyon, 30 mars 1854 (Dalloz, 1855, 2, 1).
(3) Duranton, t. XIII, p. 733, n° 715.

thèse. Le mineur est émancipé par son père : celui-ci est-il encore responsable? Tous les auteurs répondent affirmativement, à l'exception de Toullier (1). Nous croyons que Toullier a raison. Il y a des objections dont l'une est sérieuse, mais ne peut guère être faite par les partisans de l'opinion générale. Est-il permis de distinguer, alors que la loi ne distingue pas si les mineurs sont émancipés ou non? Nous répondons que l'interprète doit distinguer, quand la distinction résulte du principe même qu'il s'agit d'appliquer. Le père est présumé en faute : pourquoi? Parce qu'il est légalement tenu de surveiller l'enfant mineur; donc il ne peut plus être responsable quand il n'a plus le devoir légal de surveillance. Le motif de distinguer est dans l'article 372, aux termes duquel l'enfant ne reste sous l'autorité de ses parents que jusqu'à son émancipation : peut-il y avoir présomption de faute à charge du père pour n'avoir pas exercé son autorité, alors qu'il n'a plus d'autorité? On objecte que l'autorité morale survit à la puissance légale. Mauvaise raison; l'autorité morale peut aussi survivre à la majorité : en conclura-t-on que le père est responsable du dommage causé par ses enfants majeurs? Ce n'est pas sur l'autorité morale que se fonde la présomption de faute, c'est sur la puissance légale, qui seule donne un droit au père, et sans droit on ne conçoit pas d'obligation. On insiste et l'on dit que le père est en faute pour avoir conféré l'émancipation à un enfant qui a prouvé par sa conduite qu'il ne la méritait pas. La réponse est facile et elle est péremptoire; l'article 1384 repose sur une faute présumée : est-ce que la loi présume que le père est en faute quand son enfant émancipé commet un quasi-délit? Ce serait une présomption bien injuste. La moindre imprudence constitue un quasi-délit : le mineur est-il indigne de l'émancipation pour avoir causé un dommage par la plus légère imprudence?

559. Les père et mère sont-ils responsables du dommage causé par l'enfant majeur qui habite avec eux et

(1) Toullier, t. VI, 1, p. 227, n°277. En sens contraire, tous les auteurs. Voyez les citations dans Aubry et Rau, t. IV, p. 757, note 4.

qui est aliéné? Nous ne concevons pas que la question soit sérieusement posée : peut-il être question d'une présomption légale de faute alors que l'on est hors des termes de la présomption? Or, l'article 1384 limite la présomption aux enfants mineurs; donc elle cesse à leur majorité. Il y a lacune dans la loi, elle ne prévoit pas le cas du dommage causé par une personne qui est en état de démence; et par cela même qu'il y a lacune, il n'y a pas de présomption légale, car il ne saurait y avoir de présomption légale sans loi. Mais si les père et mère ne sont pas présumés en faute, ils peuvent l'être de fait; en gardant chez eux un enfant aliéné, ils s'obligent à le soigner et à empêcher sa divagation; cette dernière obligation est légale. La partie lésée doit donc être admise à prouver que le dommage est arrivé par la faute des père et mère.

La jurisprudence est en ce sens, bien qu'elle manque de précision dans les motifs de décider. Il a été jugé que les parents sont responsables; les arrêts ne disent pas que c'est en vertu de l'article 1384, ils prennent soin d'établir que la mère de l'insensé, auteur du fait dommageable, était en faute; donc c'est une décision basée sur les articles 1382 et 1383 (1). Quand y a-t-il faute? C'est une question de fait. Il a été jugé que le fait seul de ne pas provoquer l'interdiction de l'aliéné ne constitue pas une faute qui rende le père responsable (2). Non; mais, à défaut d'interdiction, on peut demander la collocation dans un hospice; et si on ne le fait pas, on doit surveiller le malheureux qui est privé de l'usage de la raison; le dommage qu'il cause pourra donc être imputé à celui qui, par sa négligence, est la cause du fait dommageable.

II. *L'enfant doit habiter avec ses parents.*

560. L'article 1384 porte : « habitant avec eux ». Aux termes de l'article 374, l'enfant ne peut quitter la maison paternelle sans la permission du père. Si l'enfant quitte

---

(1) Bruxelles, 3 juillet 1830 (*Pasicrisie*, 1830, p. 173). Caen, 2 décembre 1853 (Dalloz, 1855, 2, 117).
(2) Grenoble, 15 décembre 1859 (Dalloz, 1860, 2, 30).

la maison sans la permission de son père, celui-ci cessera-t-il d'être responsable? Non, ce sera, au contraire, une circonstance aggravante de sa responsabilité ; car le père manque à son devoir en ne gardant pas son enfant à la maison, et en ne l'y faisant pas rentrer si l'enfant la quitte sans permission.

Quel est donc le sens de la condition établie par l'article 1384? La loi suppose que l'enfant a été placé par le père soit en apprentissage, soit en pension; l'enfant passe alors d'une surveillance à une autre surveillance, puisque, aux termes de l'article 1384, l'instituteur et l'artisan sont responsables. Mais ils ne le sont que pendant le temps que les élèves et apprentis doivent être par eux surveillés. Si, en dehors de ce temps, l'enfant cause un dommage, le père en sera-t-il responsable? Le rapporteur du Tribunat semble dire que non, puisque le père n'a plus le moyen de surveiller son fils (1). Si tel est le sens du rapport, c'est une erreur. Le père doit toujours surveiller, ou faire surveiller son enfant mineur; il est donc toujours en faute, à moins que sa responsabilité ne soit remplacée par celle de l'instituteur ou de l'artisan (2).

Nº 3. A QUELS FAITS S'APPLIQUE LA RESPONSABILITÉ.

561. L'article 1384 dit que les père et mère répondent du *dommage* causé par leurs enfants mineurs, donc de tout fait dommageable, quand même ce fait ne constituerait ni un délit ni un quasi-délit (nº 552); à plus forte raison s'applique-t-elle aux infractions pénales (3). Peu importe que l'infraction soit prévue par une loi spéciale. Il a été jugé que le père est responsable du dommage causé à la chasse (4). Le fait d'établir une voiture publique sans employer les chevaux de la poste est une infraction, d'après la loi du 15 ventôse an XIII; la cour de cassation a décidé

(1) Bertrand de Greuille, *Rapport*, nº 11 (Locré, t. VI, p. 281).
(2) Aubry et Rau, t. IV, p. 757, note 2. Rejet, 29 décembre 1831 (Dalloz, au mot *Responsabilité*, nº 565).
(3) Bourges, 16 décembre 1872 (Dalloz, 1873, 2, 197).
(4) Cassation, section criminelle, 5 novembre 1829 (Dalloz, au mot *Chasse*, nº 431).

que le père était civilement responsable de cette contra-vention commise par son fils mineur (1).

N° 4. QUAND LA RESPONSABILITÉ CESSE-T-ELLE ?

562. Le père est responsable du fait de son enfant mineur, parce qu'il a le droit et le devoir de le surveiller. Ce droit et ce devoir subsistent jusqu'à la majorité ou l'émancipation. Toutefois il se peut que l'enfant, pendant sa minorité, passe sous une autre surveillance. La puissance paternelle subsiste ; en faut-il conclure que la responsabilité du père subsiste également ? Non ; dès que le père est dans l'impossibilité de surveiller l'enfant, sans qu'il y ait aucune faute à lui reprocher, sa responsabilité cesse ; c'est ce que dit le paragraphe final de l'art. 1384, sur lequel nous reviendrons. Pour le moment, nous supposons que l'enfant est placé sous une autorité qui a le droit et le devoir de surveillance et qui, par suite, est responsable du dommage causé : tels sont, d'après l'article 1384, les maîtres et commettants, les artisans et les instituteurs. Si l'enfant mineur cause un dommage pendant qu'il est placé sous la surveillance d'une de ces personnes, celle-ci sera responsable, le père ne le sera point (2). Cela ne fait aucun doute quand l'enfant est placé sous l'autorité permanente d'un maître ou d'un chef de pension, ou d'un commettant ; la surveillance du père devient, dans ce cas, impossible, son droit et son devoir de surveiller appartiennent au maître ou au patron ; c'est celui-ci qui sera responsable. Il en serait de même si l'enfant était confié temporairement à un maître, par exemple à un instituteur ; il a été jugé que le père n'est pas responsable du dommage causé au collège par son enfant pendant la récréation. Le père n'est pas responsable, parce que l'enfant n'est pas placé sous sa surveillance ; dès lors la présomp-

---

(1) Rejet, chambre criminelle, 20 décembre 1834 (Dalloz, au mot *Responsabilité*, n° 581, 1°).
(2) Cassation, 28 décembre 1855 (Dalloz, 1856, 1, 208) ; Cassation, chambre criminelle, 30 août 1866 (Dalloz, 1867, 5, 378, n° 40). Bruxelles, 27 juillet 1866 (*Pasicrisie*, 1866, 2, 388). Aubry et Rau, t. IV, p. 757, note 7.

tion de faute sur laquelle repose la responsabilité du père n'a plus de raison d'être, et c'est parce qu'elle présume la faute, que la loi déclare responsables les personnes aux-quelles appartiennent le droit et le devoir de surveillance (1). Il pourra arriver, dans ce cas, que personne n'est res-ponsable du fait de l'enfant : le père, parce qu'il n'a plus la surveillance; le maître ou le patron, parce que le dom-mage a été causé quoiqu'il ait rempli son obligation de surveiller; la partie lésée n'aura d'action que contre l'auteur du fait dommageable, en supposant que le fait constitue un délit ou un quasi-délit.

La jurisprudence est en ce sens; mais, tout en affran-chissant le père de sa responsabilité, elle fait une restric-tion pour le cas où il aurait donné une mauvaise éduca-tion à l'enfant et n'aurait pas corrigé ses penchants vicieux; on considère alors le dommage comme étant imputable au père, quoiqu'il n'ait pas pu surveiller l'enfant au mo-ment où le fait dommageable est arrivé (2). Nous admet-tons la réserve, mais avec une explication. Lorsque la surveillance n'est pas exercée par le père, il ne peut plus s'agir de le déclarer responsable, en vertu de l'article 1384, comme présumé en faute; s'il est en faute, c'est comme auteur d'un quasi-délit, par application du principe gé-néral des articles 1382 et 1383. La partie lésée devra prouver la faute du père; celui-ci en sera tenu personnel-lement, et non par voie de responsabilité. Le principe est différent et les conséquences aussi diffèrent, comme nous le dirons plus loin.

563. Il se peut que la responsabilité du père cesse sans que l'enfant passe sous une autre autorité respon-sable de ses faits. L'enfant peut s'enrôler avant sa majo-rité; d'après le code civil, il le pouvait même sans la permission de son père, après l'âge de dix-huit ans révo-lus (art. 374). Peu importe; quand même l'enfant s'enrô-lerait avec le consentement de son père, il n'est plus sous

---

(1) Agen, 23 juin 1869 (Dalloz, 1870, 2, 223). Aix, 17 décembre 1870 (Dal-loz, 1872, 2, 131).
(2) Aix, 11 juin 1859 (Dalloz, 1859, 2, 195), et l'arrêt précité d'Agen, note 1.

sa surveillance, il est placé sous le commandement absolu de ses chefs. Le père n'est plus responsable et l'autorité militaire ne l'est pas davantage (1).

Le principe a donné lieu à une difficulté singulière. L'enfant mineur s'enrôle dans le régiment dont le père est colonel; il cause un dommage par imprudence : le père sera-t-il responsable en vertu de l'article 1384? La cour de Colmar a décidé que le père, conservant, dans ce cas, son autorité, devait être responsable du dommage causé. Il y avait, dans l'espèce, un motif de douter. L'enfant n'habitait pas avec son père, donc on n'était pas dans les termes de l'article 1384. On ne pouvait pas reprocher une faute de ce chef au père; c'est la conséquence légale de l'enrôlement. Donc le père cessait légalement d'être responsable, il ne pouvait l'être que s'il y avait une faute personnelle à lui reprocher en vertu de l'article 1383 (2).

564. Aux termes de l'article 1384, dernier alinéa, la responsabilité des père et mère cesse quand ils prouvent qu'ils n'ont pu empêcher le fait qui donne lieu à responsabilité. C'est une conséquence du principe sur lequel est fondée la responsabilité. La loi établit une présomption de faute contre le père, c'est-à-dire qu'elle présume que le fait dommageable est arrivé par sa faute, parce qu'il n'a pas exercé la surveillance qu'il aurait dû exercer sur l'enfant. Cette présomption peut être combattue par la preuve contraire, mais la loi précise ce que le père doit prouver : il faut qu'il prouve qu'il n'a pas pu empêcher le fait. La responsabilité de l'article 1384 constituant un quasi-délit (n° 520), il suffit de la faute la plus légère pour engager la responsabilité du père. Si l'on prenait ce principe à la lettre, il serait très-difficile au père de prouver qu'il a été dans l'impossibilité d'empêcher le fait dommageable. Mais il y a une nuance entre le quasi-délit de l'article 1383 et le quasi-délit de l'article 1384 : celui qui répond de son propre fait ne peut pas se plaindre si on lui impute la moindre négligence, car il peut et doit veil-

(1) Aubry et Rau, t. IV, p. 758, note 8.
(2) Colmar, 30 avril 1863 Dalloz, 1863, 2, 81).

ler à ses actions. Il n'en est pas de même de celui qui répond du fait d'autrui : il faudrait une surveillance continue, de tous les instants, pour empêcher le fait de l'enfant; cela est moralement impossible. La loi ne dit pas ce qu'il faut entendre par impossibilité, elle laisse par cela même au juge un pouvoir d'appréciation (1).

Les auteurs remarquent tous qu'il ne suffit pas que le fait soit arrivé en l'absence du père pour que la responsabilité cesse (2). Cela est d'évidence. Le père est en faute par cela seul qu'il laisse son enfant à l'abandon. Mais il ne serait plus en faute s'il était infirme ou malade au moment où le fait s'est passé. Cela prouve que la théorie est de peu de secours en cette matière : tout dépend de l'appréciation des faits qui varient d'une cause à l'autre. Un père s'absente pour affaires; pendant son absence, ses enfants, l'un majeur, l'autre mineur, se rendent à un divertissement dans une commune voisine et prennent part à une rixe. Il a été jugé que le père n'est point responsable. Nous croyons que la cour a bien jugé, mais les motifs de la décision sont trop absolus. Nous ne voudrions pas dire, comme le fait l'arrêt, que le père n'est plus responsable quand le fait dommageable a eu lieu alors qu'il se trouvait dans une autre commune, à une grande distance de son fils et qu'il était, par conséquent, dans l'impossibilité de prévenir le dommage (3). Cela n'est vrai que si l'éloignement du père ne constitue aucune faute de sa part; c'est donc l'absence de toute faute que le père doit prouver et que le juge doit constater. Dès qu'il y a une faute à reprocher au père, il ne peut plus être question de l'excuser (4). Des miliciens ivres blessent une personne par imprudence, et la blessure cause la mort. La cour de Bruxelles a très-bien jugé que les pères étaient responsables; ils savaient que le jour du tirage au sort est une occasion d'excès qui ne témoignent guère pour la culture morale des classes laborieuses; le devoir des

(1) Larombière, t. V, p. 765, n° 24 (Ed. B., t. III, p. 454).
(2) Aubry et Rau, t. IV, p. 759, note 12, et les autorités qu'ils citent.
(3) Bruxelles, 29 juin 1826 (*Pasicrisie*, 1826, p. 218),
(4) Bruxelles, 13 janvier 1859 (*Pasicrisie*, 1859, 2, 188).

pères était donc d'accompagner les enfants; loin d'être une excuse, leur absence est une circonstance aggravante (1). Il a même été jugé que le père était responsable, bien que, au moment du fait, il fût atteint d'une maladie mortelle qui l'empêchait de surveiller son fils. La cour d'assises, en condamnant le fils, n'a pas admis l'excuse du père, par la raison que le père était en faute pour n'avoir pas réprimé les désordres de son fils; c'est à ce relâchement de la discipline domestique que la cour attribue le crime du fils; il y avait donc une faute de la part du père, ce qui excluait l'excuse résultant de l'impossibilité de surveiller l'enfant au moment du crime (2).

565. Si le relâchement de la discipline domestique est une faute qui empêche le père de se prévaloir de l'excuse que l'article 1384 lui fournit lorsqu'il n'a pas pu empêcher le fait, en faut-il conclure que le père est excusable par cela seul qu'il n'a rien négligé pour corriger l'enfant? C'est une excuse habituelle que les parents allèguent et, moralement parlant, elle peut être fondée. L'enfant naît avec des vices que l'éducation doit combattre; mais a-t-elle toujours la force de les vaincre? C'est un des problèmes les plus terribles de notre destinée; prenons les hommes tels qu'ils sont, et nous dirons de la plupart d'entre eux ce que dit le poëte, c'est qu'on ne chasse point le naturel. Reste à savoir si cette excuse morale peut être invoquée en vertu de l'article 1384. En principe, il faut répondre négativement : quand le naturel de l'enfant est vicieux, c'est une raison de plus pour le surveiller de près, le devoir et la responsabilité du père augmentent. Cela est sévère, mais cela est légal : dès qu'il aurait pu, par sa surveillance, empêcher le fait, le père est responsable, quand même il aurait rempli le devoir d'éducation qui lui incombe (3).

---

(1) Bruxelles, 1er mars 1862 (*Pasicrisie*, 1862, 2, 229).
(2) Rejet, chambre criminelle, 29 mars 1827 (Dalloz, au mot *Responsabilité*, n° 579, 3°). Bordeaux, 1er avril 1819 ; Bourges, 9 mars 1821 (Dalloz, *ibid.*, 1° et 2°).
(3) Liége, 19 mars 1870 (*Pasicrisie*, 1870, 2, 293). Comparez un arrêt plus indulgent de la cour de Gand, du 4 février 1875 (*Pasicrisie*, 1875, 2, 207).

§ III. *Des instituteurs et artisans.*

566. « Les instituteurs et les artisans sont responsables du dommage causé par leurs élèves et apprentis
pendant le temps qu'ils sont sous leur surveillance. » Le
rapporteur du Tribunat expose les motifs de cette responsabilité comme suit : « Les instituteurs et artisans
remplacent alors les parents; la loi leur délègue une portion d'autorité suffisante pour retenir les enfants et ouvriers
qui sont sous leur direction dans les bornes de la circonspection et du devoir; ils doivent à ces enfants et ouvriers
de bonnes instructions et de bons exemples; enfin, ils ont
la faculté de renvoyer ceux qui leur paraissent pervers
ou incorrigibles (1). »

C'est une responsabilité analogue à celle des père et
mère : mais elle en diffère sous certains rapports, elle est
tantôt plus étendue, tantôt moins. Les père et mère ne
répondent que du fait de leurs enfants mineurs, tandis
que la loi ne limite pas à la minorité la responsabilité des
instituteurs et artisans ; d'ordinaire les élèves et apprentis sont mineurs, mais ils peuvent ne pas l'être. La raison
de la responsabilité imposée aux instituteurs et artisans
existe dans le cas où les enfants et apprentis sont majeurs, aussi bien que s'ils sont mineurs : l'élève et l'ap-
prenti sont soumis à l'autorité du maître à tout âge, tandis que l'enfant cesse d'être sous puissance à sa majorité. D'autre part, la responsabilité des instituteurs et
artisans est limitée au temps pendant lequel ils ont autorité sur leurs élèves et apprentis; cette limite ne se conçoit pas pour les père et mère, leur autorité existe toujours; donc la responsabilité qui en dérive doit aussi
toujours exister.

567. Du reste, la responsabilité des instituteurs et
artisans et celle des père et mère ont le même caractère;
c'est une présomption de faute qui ne peut s'appliquer

(1) Bertrand de Greuille, *Rapport*, n° 12 (Locré, t. VI, p. 181).

qu'à ceux à l'égard desquels la loi l'établit. Tout instituteur chargé d'instruire les enfants et de les élever, tout artisan chargé de l'instruction professionnelle des jeunes ouvriers est responsable. On enseigne que la responsabilité n'incombe aux instituteurs que s'ils sont chargés d'une manière plus ou moins permanente de l'éducation ou de la surveillance d'enfants ou de jeunes gens; d'où l'on conclut que ceux qui donnent des leçons pendant une ou plusieurs heures de la journée ne sont pas responsables (1). Cette distinction est contraire au texte de la loi et à son esprit. La loi prévoit le cas où la surveillance n'est pas continuelle, et la conséquence qu'elle en tire c'est que la responsabilité est limitée au temps où les enfants sont sous la surveillance de leur maître; c'est donc faire une exception à la loi que d'exclure la responsabilité quand la surveillance n'est *pas plus ou moins* permanente. Le législateur s'est bien gardé de consacrer une exception aussi vague que celle-là, et il n'y avait aucune raison de faire une exception; quand l'instituteur ne donnerait leçon que pendant une heure, il doit surveiller son élève pendant ce temps et répondre, par conséquent, de ses faits.

568. La responsabilité établie à l'égard des instituteurs s'applique-t-elle aux directeurs d'établissements où l'on traite les aliénés? Il a été jugé que l'article 1384 est applicable. La cour d'Agen ne dit pas que les directeurs doivent être assimilés aux instituteurs et artisans; elle semble plutôt les mettre sur la même ligne que les tuteurs (2). Ni l'une ni l'autre interprétation n'est admissible, à notre avis. La responsabilité du fait d'autrui est d'étroite interprétation, parce qu'elle repose sur une présomption de faute : où est le texte qui établit cette présomption contre les directeurs d'hospices? Ils ne peuvent être déclarés responsables du fait des aliénés que lorsqu'ils ont commis une faute personnelle, c'est-à-dire en vertu du principe général de l'article 1383.

---

(1) Aubry et Rau, t. IV, p 762, et note 27, § 447.
(2) Agen, 16 mars 1872 (Dalloz, 1872, 2, 153).

569. La responsabilité des instituteurs et artisans cesse, comme celle des père et mère, quand ils ont été dans l'impossibilité d'empêcher le fait dommageable. Nous renvoyons à ce que nous venons de dire de cette impossibilité (n° 564).

§ IV. *Des maîtres et commettants.*

ARTICLE 1er. Principe.

N° 1. QUI EST RESPONSABLE ET DE QUOI?

570. « Les maîtres et les commettants sont responsables du dommage causé par leurs domestiques et préposés dans les fonctions auxquelles ils les ont employés » (art. 1384). C'est encore la responsabilité du fait d'autrui. A-t-elle aussi pour fondement une présomption de faute de la part des maîtres et commettants? La responsabilité étant un quasi-délit, il doit y avoir une faute quelconque à imputer aux maîtres et commettants, mais cette faute ne consiste pas dans un défaut de surveillance; l'orateur du gouvernement dit qu'ils ont à s'imputer le mauvais choix qu'ils ont fait de leurs préposés. Pothier dit la même chose : il remarque que les maîtres sont responsables du dommage causé par le fait de leurs serviteurs, quand même il n'aurait pas été en leur pouvoir d'empêcher le fait : « ce qui a été établi pour rendre les maîtres attentifs à ne se servir que de bons domestiques (1). » Les auteurs du code ont consacré cette doctrine. On lit dans le rapport fait au Tribunat : « Les maîtres et les commettants ne peuvent, dans aucun cas, argumenter de l'impossibilité où ils prétendraient avoir été d'empêcher le dommage causé par leurs domestiques ou préposés dans les fonctions auxquelles ils les ont employés. » Le rapporteur explique ensuite les motifs de cette différence que le code établit entre la responsabilité des maîtres et commettants et celle des autres personnes déclarées respon-

_____

(1) Treilhard, *Exposé des motifs*, n° 11 (Locré, t. VI, p. 276, note 11). Pothier, *Des obligations*, n° 121.

sables par la loi. » Cette disposition ne présente rien que de très-équitable. N'est-ce pas, en effet, le service dont le maître profite qui a produit le mal qu'on le condamne à réparer? N'a-t-il pas à se reprocher d'avoir donné sa confiance à des hommes méchants, maladroits ou imprudents? et serait-il juste que des tiers demeurassent victimes de cette confiance inconsidérée, qui est la cause première, la véritable source du dommage qu'ils éprouvent (1)? »

571. A quelles personnes s'applique cette responsabilité? La loi nomme d'abord les *maîtres* qui répondent du dommage causé par leurs *domestiques* dans les fonctions auxquelles ils les emploient. Puis elle parle des *commettants* qui sont responsables du dommage causé par leurs *préposés* dans les fonctions auxquelles ils les ont employés. A vrai dire, le premier cas est une application du deuxième qui contient la règle ; car le maître est aussi un commettant et le domestique un préposé ; mais, dans l'usage, on ne confond point les préposés avec les domestiques ; le législateur a suivi l'usage. Cela n'empêche pas les deux cas d'être identiques : la loi les met sur la même ligne. Le principe est donc le même. Une personne est employée par une autre à un service quelconque ; la loi se sert du terme général de *fonctions* pour désigner ce ministère. En remplissant ses fonctions, elle cause un dommage ; ce terme est également général ; il comprend tout fait dommageable, délit ou quasi-délit. Le principe est donc que tout fait dommageable commis par un préposé dans l'exercice de ses fonctions donne lieu à une action en responsabilité contre le commettant. Il n'y a pas à distinguer la nature de la convention qui intervient entre le commettant et le préposé. Ce peut être un louage de services : il en est ainsi du maître et du domestique. Ce peut être un mandat. Peu importe, la loi ne distingue pas et il n'y avait pas lieu de distinguer ; celui qui confie un service quelconque à une personne est responsable des faits dom-

---

(1) Bertrand de Greuille, *Rapport*, n° 11 (Locré, t. VI, p. 280). Colmet de Santerre, t. V, p. 684, n° 365 *bis* VII.

mageables de cette personne. La faute du préposé sera d'ordinaire complétement étrangère au commettant ; peu importe, elle lui est imputée, en ce sens qu'il a fait un mauvais choix. Tel est le principe, d'après le texte et l'esprit de la loi ; nous allons voir si la doctrine et la jurisprudence y sont restées fidèles. Le principe même est restreint par la jurisprudence. Il a été jugé par la cour de cassation « qu'un ouvrier d'une profession connue et publiquement employé comme tel ne peut être considéré, dans ses rapports avec celui qui l'emploie, comme domestique ni préposé, toutes les fois qu'un fait particulier n'établit aucun rapport plus *intime* (1). » La cour exige donc un *rapport intime* entre le propriétaire et l'ouvrier pour que l'un soit le *commettant* et l'autre le *préposé*. Nous ne savons sur quoi la cour se fonde pour limiter ainsi les termes généraux de la loi ; nous devons donc nous borner à constater la décision.

Il y a d'autres arrêts dans le même sens. La cour de Bordeaux dit qu'un ouvrier qui n'est pas attaché à la personne ou à la maison de celui qui le fait travailler n'est pas son domestique. Cela est certain. La cour ajoute que l'ouvrier n'est pas non plus son préposé dans le sens de la loi, puisqu'il ne le représente pas, qu'il ne le remplace jamais, qu'il agit dans les limites de sa profession (2). A ce titre, il n'y aurait guère de préposés : où est le propriétaire qui est dans le cas de faire lui-même ce qu'il fait faire par un préposé ? La loi ne dit pas que le préposé est un mandataire, elle dit qu'il est employé à certaines fonctions ; c'est donc altérer la loi que de dire que le préposé doit être le représentant du commettant.

Il n'y a qu'une restriction que l'on doive admettre. L'entrepreneur est le préposé du patron qui le charge de certains travaux, et les ouvriers employés par l'entrepreneur sont ses préposés. Sont-ils aussi les préposés du maître ? Non, car ce n'est pas le maître qui traite avec les ouvriers et qui les charge de certaines fonctions, c'est l'entrepreneur ; bien que celui-ci soit préposé, on ne peut pas aller

---

(1) Rejet, 25 mars 1824 (Dalloz, au mot *Louage*, n° 367).
(2) Bordeaux, 31 juillet 1826 (Dalloz, au mot *Louage*, n° 415, 2°).

jusqu'à qualifier de *préposés* du maître les préposés de son préposé. L'ouvrier n'est préposé qu'en vertu d'un contrat; or, il n'intervient aucune convention entre les ouvriers de l'entrepreneur et le propriétaire. Cela est décisif (1).

572. La responsabilité du commettant est la responsabilité du fait des préposés, donc d'un fait étranger au commettant. Cela résulte du texte de la loi; l'article 1384 commence par dire que l'on répond non-seulement du dommage que l'on cause par son propre fait, mais encore de celui qui est causé par le fait des personnes dont on doit répondre; puis l'article applique cette responsabilité aux commettants; ce n'est donc pas de leur fait qu'ils répondent quand un dommage est causé par un préposé, c'est du fait de celui-ci. Le fait dommageable du préposé est étranger au commettant, en ce sens que celui-ci n'a pas chargé son préposé de commettre ce fait; quoique le dommage soit causé dans l'exercice des fonctions auxquelles le commettant emploie le préposé, on ne peut pas dire que le commettant emploie le préposé à commettre un délit ou un quasi-délit. Tel est aussi l'esprit de la loi: le commettant, dit Pothier, a fait un mauvais choix; il a choisi un préposé négligent, imprudent ou méchant; il répond des suites de ce mauvais choix, bien que ces suites, par elles-mêmes, lui soient tout à fait étrangères (2).

Des garçons meuniers détruisent une vanne servant à l'irrigation du terrain d'autrui, dans le but de procurer de l'eau au moulin qui n'en avait pas assez pour le moment. Action en responsabilité contre le meunier. Le premier juge le déchargea par le motif que le meunier n'avait pas ordonné à ses domestiques de briser la vanne, et qu'il avait manifesté son improbation lorsqu'il en eut connaissance. C'était violer l'article 1384; la décision a été cassée (3).

Des agents d'une compagnie d'assurances se permirent

(1) Paris, 15 avril 1847 (Dalloz, 1847, 4, 324, n° 6).
(2) Aubry et Rau, t. IV, p. 759 et note 14, et les autorités qu'ils citent.
(3) Cassation, chambre criminelle, 3 décembre 1846 (Dalloz, 1847, 4, 422). Comparez Rejet, 13 mai 1820 (Dalloz, au mot *Responsabilité*, n° 698, 1°).

des propos diffamatoires au préjudice d'une société rivale.
Sur l'action en responsabilité dirigée contre la compagnie,
celle-ci objecta qu'elle n'avait pas donné mandat à ses
agents de diffamer, que ses instructions, au contraire, le
leur défendaient. Peu importe, dit la cour d'Orléans ; le commettant est poursuivi, non comme auteur du fait, ni comme
complice, il est poursuivi comme responsable du fait de
ses agents (1). Quand le commettant est coauteur ou complice du fait dommageable par les ordres ou instructions
qu'il a donnés à ses préposés, ou par l'approbation de ce
qu'ils ont fait, il est responsable de son propre fait; et
cette responsabilité est plus étendue que celle de l'article 1384; elle s'étend aux amendes, tandis que la responsabilité du fait d'autrui est purement civile et ne comprend que les dommages-intérêts (2).

573. En principe, tout commettant est responsable;
nous verrons plus loin les difficultés que présente l'application du principe. Il se peut que la position du commettant soit illégale; cela est indifférent; dès qu'il est
commettant, il est responsable; il ne peut pas s'affranchir de la responsabilité qui pèse sur lui, en se fondant
sur l'illégalité de sa position, ce serait invoquer un délit
comme excuse d'un quasi-délit. En France, les offices de
notaires se transmettent par convention. Un des nombreux abus qui résultent de cette espèce de vénalité, c'est
que le notaire est parfois simple prête-nom et que le vrai
propriétaire de l'office est celui qui a avancé les fonds;
c'est pour le compte et au bénéfice de ce dernier que
l'étude est gérée, de sorte que le notaire devient un préposé et qu'il a un commettant. Si le notaire cause un dommage à un client, celui-ci aura-t-il un recours contre le
propriétaire de l'office? L'affirmative a été jugée et elle
n'est point douteuse; la cour de cassation dit très-bien
que l'illégalité de sa position, créée par le commettant,

(1) Orléans, 21 décembre 1854 (Dalloz, 1857, 2, 30), et Rejet, 5 novembre
1855 (Dalloz, 1856, 1, 353).
(2) Rejet, section criminelle, 21 juillet 1808 (Dalloz, au mot *Responsabilité*, n° 691). Comparez Gand, 29 avril 1869 (*Pasicrisie*, 1869, 2, 226). Il
y a un arrêt d'espèce qui exige un ordre. Bruxelles, 25 février 1842 (*Pasicrisie*, 1842, 2, 259).

ne peut être invoquée pour échapper à la responsabilité des faits qui s'accomplissaient dans l'étude à son profit (1).

574. Le commettant est responsable du fait de son préposé. Pour qu'il y ait un préposé, il faut qu'il y ait une convention entre le préposé et le commettant. Si le préposé nomme, à son tour, des agents secondaires qui l'aident dans ses fonctions, le commettant sera-t-il responsable des faits de ces agents? Oui, s'il a donné pouvoir au préposé de les nommer. Non, s'il ne lui a donné aucun pouvoir. Dans le premier cas, il y a un contrat entre le commettant et les agents secondaires; dans le second cas, il n'y en a aucun, et sans un lien de droit, il ne saurait y avoir ni commettant, ni préposé. Une compagnie d'assurances autorise ses agents principaux à se faire assister ou remplacer par qui bon leur semblera, pour recueillir des souscriptions; c'est approuver d'avance le choix des agents inférieurs. Il a été jugé que cette délégation des pouvoirs du directeur assimilait les élus des agents principaux aux préposés du directeur et que, par suite, la compagnie était responsable des actions des uns et des autres (2). Mais si des agents inférieurs agissent sans pouvoir aucun qui leur soit délégué par le directeur, les tiers lésés n'auront pas d'action contre la compagnie, parce que l'auteur du fait dommageable n'est pas un préposé (3).

575. Qui sont les commettants et les préposés auxquels s'applique le principe de responsabilité établi par l'article 1384? Nous avons formulé le principe; il se présente tous les jours de nouvelles applications. Il est inutile de les rapporter; il suffit de citer les exemples qui ont donné lieu à quelque difficulté.

Quelle est la position du gérant d'une société en commandite? La cour de cassation a jugé qu'il est le représentant légal de la société, qu'il la personnifie dans ses rapports avec les tiers. De là suit que lorsqu'il contracte au nom de la société dans la sphère de ses attributions,

---

(1) Rejet, Ier août 1866 (Dalloz, 1867, 1, 26).
(2) Rejet, 5 novembre 1855 (Dalloz, 1856, 1, 353).
(3) Grenoble, 24 novembre 1838 (Dalloz, au mot *Responsabilité*, n° 618).

c'est la société elle-même qui s'oblige. La cour de cassation en conclut que s'il pratique des manœuvres frauduleuses et s'il commet un dol dans un acte de sa gérance, la société est responsable à titre de commettant. Dans l'espèce, la cour d'Aix avait condamné le gérant seul aux dommages-intérêts, en affranchissant de toute responsabilité la société à raison de la bonne foi de ses actionnaires. L'arrêt a été cassé; la cour de cassation a décidé que la société était tenue, comme obligée directe et personnelle, de toutes les conséquences dommageables du fait de son gérant (1). L'arrêt ne cite que l'article 1382; est-ce à dire que la société soit personnellement responsable comme ayant commis elle-même le dol? Si telle est la pensée de la cour, elle dépasse la loi et les principes; la société donne mandat à son gérant de contracter et non de commettre des délits; si donc elle est tenue de son dol, ce ne peut être qu'à titre de commettant, en vertu de l'article 1384.

576. Le mécanicien et le chauffeur d'un bateau à vapeur sont-ils les préposés du capitaine ou ceux du propriétaire du navire? Un passager, blessé par l'explosion d'un bateau à vapeur, forma une action en dommages-intérêts contre le propriétaire; celui-ci opposa que le mécanicien et le chauffeur, par la faute desquels l'explosion avait eu lieu, étaient les préposés du capitaine, dont la responsabilité se trouvait dès lors seule engagée. La cour de cassation déclara le propriétaire responsable du dommage causé par les gens de l'équipage dans le service auquel ils étaient employés (2). C'est l'application du principe, tel que nous l'avons formulé.

577. La même responsabilité incombe à tous ceux qui sont entrepreneurs de transport. Si le cocher d'une vigilante cause un dommage par son imprudence ou sa maladresse, soit au voyageur qu'il transporte, soit à un passant, le propriétaire de la voiture est civilement responsable; c'est lui qui choisit le cocher: s'il le choisit malhabile ou imprudent, il est en faute dans le sens de l'article 1384,

(1) Cassation, 15 janvier 1872 (Dalloz, 1872, 1, 165).
(2 Rejet, 29 mars 1854 (Dalloz, 1854, 1, 235).

donc responsable (1). La question est la même pour l'entreprise des messageries, sauf qu'elle se complique par l'intervention d'un nouvel agent, le postillon qui conduit les chevaux, outre le conducteur chargé de conduire la voiture. Il faut dire de tous les agents qui concourent au transport qu'ils sont les préposés de l'entrepreneur, puisqu'ils sont employés au service du transport (2). Les entrepreneurs ont vainement essayé de mettre leur responsabilité à couvert en alléguant que les chevaux fournis par le postillon ou par son maître étaient impropres au service. On a répondu que c'était, dans ce cas, à l'administration, représentée par le conducteur, à les refuser ; elle est responsable des chevaux comme elle l'est des hommes, non parce qu'il y a une faute à lui reprocher, mais parce qu'elle les emploie (3). On a tort, dans ces débats, d'aller à la recherche d'une faute à imputer à l'entrepreneur ; il est tenu à raison du choix qu'il a fait de ses agents ; il faut écarter toute autre considération. Une voiture verse parce qu'elle est surchargée ; le conducteur avait pris un voyageur en surcharge, malgré la recommandation ou la défense particulière qui lui avait été faite. Néanmoins l'entrepreneur a été déclaré responsable et avec raison ; il était en faute, dans le sens de l'article 1384, pour avoir choisi un préposé qui, par sa désobéissance, compromettait la sécurité des voyageurs (4).

578. Les ouvriers sont-ils préposés de ceux qui les emploient? Il nous semble que l'affirmative résulte du texte et de l'esprit de la loi. L'ouvrier est employé à un service ; en exerçant sa fonction, il cause un dommage ; celui qui l'a choisi est responsable. C'est l'application du principe, tel que nous l'avons formulé, en prenant appui sur la tradition (n° 570). Peu importe par qui l'ouvrier est employé, que ce soit par son patron, le maître-ouvrier, l'entrepreneur, ou que ce soit par le propriétaire ; dans tous les cas, il est préposé de celui qui lui confie un tra-

---

(1) Aix, 6 janvier 1871 (Dalloz, 1871, 2, 45).
(2) Bruxelles, 20 décembre 1839 (*Pasicrisie*, 1841, 2, 20).
(3) Liége, 27 février 1846 (*Pasicrisie*, 1846, 2, 179).
(4) Riom, 11 mars 1851 (Dalloz, 1853, 2, 76).

vail, parce qu'il est l'homme de son choix. Dès lors on est dans le texte et dans l'esprit de la loi.

La jurisprudence établit un autre principe, et la plupart des auteurs l'approuvent. C'est celui, dit-on, qui dirige l'ouvrier et le surveille que l'on doit considérer comme le vrai commettant. De là on conclut que le patron de l'ouvrier, l'entrepreneur, est responsable, puisque l'ouvrier travaille sous sa direction et sa surveillance. Mais le propriétaire pour lequel l'ouvrier travaille n'est pas son commettant; il ne dirige ni ne surveille des travaux que le plus souvent il serait incapable de diriger et de surveiller; donc il ne peut pas y avoir, à son égard, de présomption de faute, partant il n'est pas responsable. Il en serait autrement si, de fait, le propriétaire dirigeait l'ouvrier; dans ce cas, il serait responsable à raison de cette direction, qui ferait de lui un véritable commettant(1). Cette doctrine introduit dans le texte une distinction qui n'y est point, une distinction qui est en opposition avec la tradition et avec les motifs sur lesquels la responsabilité du commettant est fondée. Il s'agit d'une présomption de faute : la loi présume-t-elle que le commettant est en faute parce qu'il a mal dirigé le préposé ou parce qu'il ne l'a point surveillé? Non; une pareille présomption devrait admettre la preuve contraire et il en résulterait, ce qui résulte de la jurisprudence, c'est que très-souvent il n'y a pas de responsabilité efficace du dommage causé par l'ouvrier. Il y a plus d'un maître qui ne dirige pas ses domestiques et ne les surveille point; néanmoins la loi déclare le maître responsable d'une manière absolue; or, elle met le commettant sur la même ligne que le maître; donc le principe doit être le même. Conçoit-on qu'une seule et même disposition établisse deux principes différents, l'un à l'égard du maître, l'autre à l'égard du commettant, alors que le maître n'est rien qu'un commettant? Si le maître est responsable parce qu'il choisit ses domes-

(1) Rejet, 17 mai 1865, deux arrêts (Dalloz, 1865, 1, 372 et 373). Sourdat, t. II, p. 120, nᵒˢ 890 et 891. Aubry et Rau, t. IV, p. 761 et suiv., notes 25 et 26. En sens contraire, Larombière, t. V, p. 747, nᵒ 10 (Ed. B., t. III, p. 447).

tiques, celui qui choisit l'ouvrier doit aussi être responsable, par cela seul qu'il le choisit, peu importe qu'il le dirige ou qu'il ne le dirige pas.

579. Nous allons examiner la jurisprudence, elle n'est pas aussi certaine qu'on le dit. Il y a des cas dans lesquels les deux principes conduisent à la même conséquence. Un cultivateur français prend à son service, pour la moisson, un moissonneur belge. Celui-ci, qui avait l'habitude de beaucoup fumer et qui fumait en moissonnant, dépose dans un trou, à côté des récoltes en javelles, des charbons ardents dans l'intention de s'en servir pour allumer sa pipe. De là un incendie qui détruit les récoltes sur une étendue de 30 à 40 hectares. Le cultivateur fut déclaré responsable. Il est dit dans l'arrêt que le moissonneur représentait le cultivateur pour lequel il travaillait, que ce dernier avait le droit et le devoir de le diriger et de le surveiller dans son travail; enfin que le cultivateur avait à s'imputer d'avoir employé un moissonneur imprudent, dont il connaissait même les habitudes dangereuses, et de n'avoir pas veillé à prévenir les accidents qui pouvaient en résulter. Après avoir constaté ces faits, d'après l'arrêt attaqué, la cour de cassation en conclut que l'ouvrier avait été *choisi* par le maître et *commis* par lui à un travail qu'il exécutait pour lui et sous son *autorité;* ce qui, d'après l'article 1384, rendait le maître responsable (1). La cour réunit les deux principes, l'un et l'autre justifiait la responsabilité du maître; de sorte que l'on ne sait point quel est, d'après la cour, le principe décisif.

Il y a un arrêt analogue de la cour de cassation de Belgique. Un propriétaire emploie un bûcheron pur abattre un arbre; au moment où une charrette passe l'arbre tombe et blesse une jeune fille, qui meurt de ses blessures. Le propriétaire a été déclaré responsable par la cour de Gand; sur le pourvoi, il intervint un arrêt de rejet. La cour de cassation constate que le bûcheron avait été préposé par le demandeur pour abattre l'arbre : voilà le principe de la loi; puis que le propriétaire avait le droit et le

---

(1) Chambre criminelle, Rejet, 13 décembre 1856 (Dalloz, 1857, 1, 75).

devoir de diriger le travail de l'ouvrier : voilà le principe de la jurisprudence. La cour conclut que ces circonstances justifient pleinement l'application de l'article 1384 (1).

A plus forte raison, n'y a-t-il aucun doute quand le débat porte sur la responsabilité de l'entrepreneur, dont l'ouvrier a causé un incendie par son imprudence. Dans l'espèce, il s'agissait d'un ouvrier couvreur qui avait mis le feu en fumant dans un grenier renfermant des déchets de coton. Il est admis par tout le monde que l'entrepreneur est le commettant de l'ouvrier qu'il emploie (2).

580. Le conflit des deux principes s'est présenté dans l'espèce suivante. Un propriétaire loue un ouvrier couvreur en ardoises. Pendant que celui-ci était occupé à placer un tuyau dans la cheminée, plusieurs briques s'en échappent et blessent un passant. De là la question de savoir si le propriétaire était responsable. La cour de Douai la décida négativement, en vertu du principe que nous avons combattu; elle exige deux conditions pour qu'il y ait lieu à la responsabilité de l'article 1384 : d'abord que le commettant ait choisi un préposé capable de remplir la mission qu'il lui donne; puis qu'il ait le droit de le diriger et de le surveiller dans l'accomplissement de ses fonctions. Cette seconde condition est de l'invention de la jurisprudence; la cour de Douai ne la justifie pas; elle ne se rencontrait pas dans l'espèce, et elle ne se rencontrera presque jamais : quel est le propriétaire qui connaît les métiers de tous les ouvriers qu'il emploie? En conséquence, la cour décida que le propriétaire n'était pas responsable (3). L'arrêt fut cassé par un motif étranger à notre question, et la cause renvoyée à la cour d'Amiens. Il y avait deux causes de responsabilité : d'abord l'imprudence ou l'impéritie de l'ouvrier, dont le commettant était civilement responsable, puis la négligence du propriétaire et de l'ouvrier de n'avoir pas averti les pas-

---

(1) Rejet, 6 juillet 1868 (*Pasicrisie*, 1868, 1, 468).

(2) Paris, 15 avril 1847 (Dalloz, 1847, 4, 423, n° 9). Il n'y a pas à distinguer si l'ouvrier travaille à la journée ou à la tâche. Aix, 13 mai 1865 (Dalloz, 1866, 2, 237).

(3) Douai, 26 décembre 1865 (Dalloz, 1866, 2, 237). Comparez Douai, 25 juin 1841 (Dalloz, au mot *Responsabilité*, n° 613).

sants des travaux que l'on exécutait sur le toit. Nous laissons, pour le moment, le second fait de côté ; sur le pourvoi, la cour de cassation avait évité de se prononcer, et la cour d'Amiens n'en dit qu'un mot : « Si, dit-elle, pour le travail qu'il accomplissait, l'ouvrier zinguiste peut, *à la rigueur*, être considéré comme ayant pris l'entreprise à sa charge et ne travaillant pas sous la surveillance directe du propriétaire (1). » On voit que la cour évite également de se prononcer sur le principe de la responsabilité que la cour de Douai avait consacré d'une manière formelle. Il y a de quoi hésiter, puisque le prétendu principe est en opposition avec la tradition et avec les motifs de la loi.

581. Les rapports de commettant et de préposé impliquent l'existence d'un contrat. Quand le propriétaire traite directement avec les ouvriers, il n'y a aucun doute dans notre opinion ; le maître est, dans ce cas, commettant. Mais que faut-il décider s'il traite avec un entrepreneur par un marché à forfait? L'entrepreneur exécute, dans ce cas, les travaux en vertu de son contrat, c'est lui qui choisit les ouvriers, c'est lui qui est leur commettant, ce n'est pas le propriétaire. La cour de cassation l'a jugé ainsi dans une espèce où le dommage avait été causé par les ouvriers, précisément parce qu'ils n'avaient pas observé les clauses du contrat d'entreprise. C'était une raison de plus pour ne pas rendre le propriétaire responsable. Nous devons ajouter que la cour allègue des motifs que l'on donne d'habitude à l'appui du principe que la jurisprudence a consacré (2). C'est encore un cas dans lequel les deux principes aboutissent à la même conséquence.

Une question analogue s'est présentée devant la cour de Bourges, qui l'a décidée dans le même sens. Un propriétaire traite avec un entrepreneur de battage pour battre ses grains par la machine que l'on appelle *batteuse*. L'entrepreneur choisit ses ouvriers, et par leur

(1) Amiens, 24 février 1869 (Dalloz, 1869, 2, 153).
(2) Rejet, chambre criminelle, 10 novembre 1859 (Dalloz, 1860, 1, 49).

imprudence il arrive un accident à une jeune ouvrière. Le propriétaire est-il responsable? Non, dit la cour, parce qu'il s'est reposé sur l'entrepreneur pour tous les soins de ce travail : la marche de la machine, la surveillance et la direction des ouvriers (1). Dans notre opinion, on aboutit à la même conséquence : le propriétaire ne traite ni directement ni indirectement avec les ouvriers, il n'est donc pas leur commettant, et, par suite, il n'est pas responsable; il ne les a pas choisis.

Il va sans dire que les mêmes principes reçoivent leur application au cas où une compagnie traite avec un entrepreneur, lequel a la direction exclusive des travaux et, par suite, le choix des ouvriers. La cour de cassation a jugé que la compagnie n'est pas responsable du fait des ouvriers; elle donne le motif habituel, c'est que la responsabilité de l'article 1384 suppose que le commettant a le droit de donner des ordres et des instructions aux ouvriers sur la manière de remplir leurs fonctions (2). Dans cette opinion, la responsabilité est fondée sur une faute commise dans la direction ou sur un défaut de surveillance. La présomption de faute serait donc la même pour les commettants et pour les entrepreneurs que l'article 1384 déclare responsables du fait d'autrui. Si le principe était identique, pourquoi la loi admettrait-elle, pour les père et mère, instituteurs et artisans, une excuse qu'elle n'admet point pour les commettants? La jurisprudence s'est mise au-dessus de la loi, parce que la responsabilité lui a paru trop sévère pour les propriétaires. Mais la sévérité est dans la loi; et l'indulgence que l'opinion générale témoigne aux propriétaires ne devient-elle pas une injustice pour ceux qui sont victimes de l'impéritie ou de la négligence des ouvriers?

Nº 2. CONDITION DE LA RESPONSABILITÉ.

582. L'article 1384 exige une condition pour que les commettants soient responsables du fait de leurs pré-

(1) Bourges, 23 janvier 1867 (Dalloz, 1867, 2, 197).
(2) Cassation, chambre criminelle, 20 août 1847 (Dalloz, 1847, 4, 421).

posés, c'est que le dommage ait été causé dans les fonctions auxquelles ils les ont employés. De là suit que si le dommage a été causé en dehors de ces fonctions, les commettants cessent d'être responsables. Cette condition est une conséquence du motif sur lequel la responsabilité des commettants est fondée. Ils choisissent un préposé pour remplir certaines fonctions; c'est en accomplissant ce service que le préposé cause un dommage par un délit ou un quasi-délit; la loi présume que le dommage est causé par la faute du commettant, parce qu'il a fait choix d'un préposé malhabile, imprudent ou méchant. La présomption de faute et, par suite, la responsabilité du commettant supposent donc que c'est dans le service que le dommage a été causé. Si le préposé a causé le dommage en dehors de son service, la raison de la responsabilité du commettant cesse, on ne peut pas lui reprocher d'avoir fait un mauvais choix, car le dommage causé n'a rien de commun avec le service pour lequel le commettant a choisi le préposé, et dès qu'il n'y a plus de présomption de faute, la responsabilité de l'article 1384 n'a plus de raison d'être.

Un seul et même fait peut donc engager la responsabilité du commettant ou ne pas l'engager, suivant qu'il est commis dans le service ou en dehors du service. Voici une espèce dans laquelle le dommage a été causé par des préposés ayant des commettants différents; l'un de ceux-ci a été déclaré responsable, l'autre a été déclaré non responsable par application du principe que nous venons d'établir. Un employé de l'octroi aperçoit un charretier monté sur sa voiture, contrairement au règlement; il lui enjoint d'en descendre et, sur son refus, veut l'y contraindre. Une lutte s'engage, à laquelle vient prendre part un autre charretier qui précédait le premier. Des blessures donnent lieu à une action en dommages-intérêts et en responsabilité contre les maîtres des deux charretiers; ils furent, l'un et l'autre, condamnés par le premier juge. Il n'y avait aucun doute quant au maître du premier charretier: c'est bien dans son service qu'il avait d'abord contrevenu au règlement, puis aggravé sa faute en résis-

tant à l'ordre qu'il avait reçu et en blessant celui qui le
lui avait donné. Le maître du second charretier se pour-
vut en appel, et la cour le déchargea, avec raison, de
toute responsabilité. En effet, le second charretier avait
abandonné son service, la conduite de la charrette, pour
se mêler à une querelle qui était complétement étrangère
à son service; donc ce n'était pas un dommage causé
dans les fonctions auxquelles son maître l'employait, et
partant il n'y avait pas lieu à responsabilité (1).

583. On voit, par cet exemple, que le maître est responsable du dommage causé par son préposé, alors même
que le fait n'a eu lieu qu'à l'occasion du service confié au
préposé. Les blessures faites au receveur de l'octroi
n'avaient rien de commun avec le service du charretier;
ce n'est pas en remplissant mal ses fonctions de charretier qu'il avait causé un dommage, c'était à l'occasion de
son service; cela suffisait pour rendre le maître responsable du mauvais choix qu'il avait fait.

Ce point est cependant controversé. On enseigne que
le commettant n'est responsable que lorsque le préposé
exerce avec imprudence, malhabileté ou méchanceté les
fonctions que le maître lui a confiées. Ainsi le charretier
conduit mal sa voiture et, par cette impéritie, il blesse un
passant: le maître sera responsable; mais si le charretier
blesse de propos délibéré un passant, le maître ne sera pas
responsable, parce que le dommage n'a pas pour cause
l'exercice inhabile de la fonction de charretier; donc le
maître est sans faute (2). Il y a un arrêt en ce sens; mais
l'arrêt montre ce qu'a de faux le principe d'où l'on part.
La cour de Bruxelles a décidé que la responsabilité des
commettants devait être restreinte aux faits qui constituent une faute dans la manière d'accomplir les fonctions
auxquelles les préposés sont appelés; quand donc le
préposé casue méchamment un dommage qu'aucune prévoyance humaine ne saurait prévoir ni empêcher, le commettant n'est plus responsable (3). Nous disons que

---

(1) Rouen, 18 janvier 1837 (Dalloz, 1845, 2).
(2) Mourlon, *Répétitions*, t. II, p. 890, n° 1694.
(3) Bruxelles, 8 décembre 1864 (*Pasicrisie*, 1865, 2, 360).

l'application condamne le principe ; en effet, la cour limite à certains faits la responsabilité que la loi établit pour tous les faits qui causent un dommage, que ce soient des quasi-délits ou des délits.

584. La jurisprudence est dans le sens de notre opinion. Il nous faut entrer dans quelques détails pour faire connaître la jurisprudence; car les cours ne procèdent guère par principes généraux. Une action en responsabilité est dirigée contre une compagnie du chef de propos diffamatoires reprochés à ses agents. La compagnie objecte ce que l'on dit dans l'opinion que nous combattons : que ses agents ont agi contrairement à ses instructions formelles, donc en dehors de leur mandat et, par conséquent, de leurs fonctions. Non, dit la cour d'Orléans; il suffit que les faits des préposés se rattachent à l'objet de leur mandat, et aient eu lieu à l'occasion de son exécution, pour que les commettants soient responsables (1).

Un crime odieux est commis par un cocher sur la personne d'une enfant de treize ans qu'il était chargé de conduire en pension. Voilà certes un fait étranger au service du préposé; cependant le commettant a été déclaré responsable, parce que l'attentat avait eu lieu à l'occasion de l'exercice de ses fonctions (2); le texte et l'esprit de la loi demandent que le commettant soit responsable des délits de ceux à qui il confie un service, dès que ces délits sont commis à l'occasion de leur service.

Un domestique tire un coup de fusil aux oiseaux pendant qu'il travaille dans la grange avec son maître; il blesse une jeune fille qui passait en ce moment : le maître a été déclaré responsable. Le domestique ne remplissait certes pas une fonction de son service en tirant un coup de fusil, mais il l'avait fait tout en travaillant; il suffit, dit la cour de Nancy, que le fait se rattache aux fonctions d'une manière quelconque par des circonstances de temps, de lieu et de service. La cour ajoute que le maître est responsable pour n'avoir pas été assez soigneux dans

(1) Orléans, 21 décembre 1854 (Dalloz, 1857, 2, 30). Rejet, 5 novembre 1855 (Dalloz, 1856, 1. 353).
(2) Tribunal de la Seine, 28 mai 1872 (Dalloz, 1873, 3, 7).

son choix, ni assez attentif dans sa surveillance (1); ce dernier motif est de trop, car il en résulterait que le maître peut s'excuser lorsqu'il n'a pas pu empêcher le fait; or, la cour remarque que la loi ne lui permet point cette excuse, il faut donc laisser de côté toute idée de surveillance. Il n'y a qu'une restriction à faire, c'est que, s'agissant d'un délit ou d'un quasi-délit, il faut qu'il y ait faute. La loi présume la faute du commettant. Mais la présomption n'est applicable que lorsque le dommage a été causé dans les fonctions auxquelles le préposé a été employé. Une fois ce fait établi, le commettant n'est pas admis à prouver qu'il n'a pu empêcher le fait qui donne lieu à sa responsabilité. Nous reviendrons sur ce point. La cour de Paris a appliqué la restriction au crime commis par un domestique en dehors de son service, et par suite de l'animosité personnelle que le coupable nourrissait contre la victime (2).

Mais la même cour a déclaré responsables du meurtre commis par un garde-chasse le propriétaire et les locataires de la chasse, parce que le crime avait eu lieu dans l'exercice des fonctions auxquelles le garde était employé, c'est-à-dire, à la chasse à laquelle il prenait part en sa qualité de garde (3).

585. Pour que le maître ne soit pas responsable, il faut que le fait ait eu lieu en dehors du service. Quand le service est permanent, on pourrait croire que le préposé agit toujours dans l'exercice de ses fonctions, parce qu'il ne peut pas se dépouiller de sa qualité de domestique, d'ouvrier ou de commis. Le texte répond à l'objection, puisqu'il implique que le préposé peut causer un dommage en dehors de ses fonctions et que, dans ce cas, le maître n'est pas responsable. Quand le préposé est-il dans ses fonctions, quand n'y est-il pas? C'est une question de fait (4); il faut en laisser la décision au juge, sans vouloir le lier par des présomptions que la loi ignore.

(1) Nancy, 5 avril 1873 (Dalloz, 1874, 2, 52).
(2) Paris, 19 mai 1874 (Dalloz, 1874, 2, 214).
(3) Paris, 19 mai 1874 (Dalloz, 1874, 2, 214).
(4) Voyez des applications dans le *Répertoire* de Dalloz, n° 577, au mot *Responsabilité*.

La chambre criminelle de la cour de cassation dit qu'un domestique, dans la maison de son maître, est toujours placé sous l'autorité de celui-ci et *réputé* agir dans les fonctions auxquelles il est employé (1). C'est créer une présomption et la présomption, si on l'admettait, aboutirait à rendre le maître toujours responsable; en effet, le maître n'a-t-il pas une autorité permanente sur son domestique, aussi bien hors de chez lui que dans sa maison? C'est toujours l'idée d'*autorité* et de *surveillance* qui égare la cour; il faut l'écarter, puisqu'elle est étrangère à la loi. Il se peut très-bien que le domestique ne soit pas dans l'exercice de ses fonctions, alors qu'il cause un dommage dans la maison du maître. Le cas s'est présenté devant la cour de cassation : les domestiques avaient invité une personne étrangère et lui avaient donné à boire une boisson empoisonnée. On ne dira pas qu'une invitation est un service auquel le maître emploie ses domestiques; aussi la cour de cassation a-t-elle jugé que ce malheureux accident n'était imputable à personne (2).

Les fonctions des commis sont très-diverses et, par conséquent, très-divisées. Il faut strictement maintenir la règle du code, en ce qui les concerne. Ont-ils agi dans le cercle de leurs attributions, le maître sera responsable. Un commis fait escompter des traites fausses fabriquées au nom de son patron; celui-ci a été déclaré responsable, parce que le préposé était habituellement chargé de présenter les effets de son maître à l'escompte chez le banquier et d'en recevoir le produit (3).

Un employé d'une compagnie de chemin de fer travaillait dans les bureaux où était le registre à souche. Il détacha de ce registre huit obligations au porteur portant seulement l'une des trois signatures qui devaient y être apposées, il falsifia les deux autres, puis il négocia ces obligations. Le tiers trompé agit en responsabilité contre la compagnie. Cette demande n'a pas été accueillie,

(1) Cassation, 30 août 1860 (Dalloz, 1860, 1, 518).
(2) Rejet, 5 juin 1861 (Dalloz, 1861, 1, 439).
(3) Gand, 14 août 1873 (*Pasicrisie*, 1873, 2, 395).

l'employé ayant commis le crime de faux en dehors de ses fonctions (1).

Quand le préposé agit en dehors de ses attributions, on ne peut pas dire que le patron soit responsable pour l'avoir employé à un service dans lequel il a causé un dommage. Mais, dans cette hypothèse, le patron pourrait être tenu de son propre chef si le dommage avait été causé par sa négligence. Un banquier laisse les registres, timbres, griffes et empreintes de sa maison à la disposition d'un de ses employés qui s'en sert pour fabriquer de faux mandats. Il a été jugé que le banquier n'était point responsable en vertu de l'article 1384, mais qu'il l'était en vertu de l'article 1382, parce qu'il avait commis personnellement un quasi-délit (2).

586. Les cours reculent parfois devant l'application de la responsabilité que l'article 1384 établit à charge des commettants. S'étend-elle jusqu'aux délits criminels? L'affirmative n'est pas douteuse, puisque la loi ne distingue pas, et il n'y avait pas lieu de distinguer. Toute limitation est arbitraire, puisqu'elle crée une exception, alors que la loi n'en admet aucune. Vainement dit-on que la responsabilité des commettants est exorbitante et qu'il ne faut pas l'étendre au delà des opérations et faits de commerce (3). Nous répondons, avec la cour de Paris, que la loi a voulu être sévère ; l'est-elle trop, il faut la corriger. L'arrêt de la cour confirme l'opinion que nous avons enseignée : « Cette responsabilité spéciale est des plus étendues ; elle se mesure sur l'entière liberté dans son choix du maître ou commettant qui donne sa confiance, et la possibilité qu'il a de se renseigner complétement sur la moralité et la capacité du domestique ou préposé qu'il en investit. Une seule condition existe à cette responsabilité des maîtres et commettants, c'est que le dommage ait été causé par leurs domestiques et préposés dans les fonctions auxquelles ils les ont employés, ce qui doit s'entendre surtout des abus commis dans l'accom-

---

(1) Paris, 19 mai 1848 (Dalloz, 1848, 2, 146).
(2) Rejet, 25 novembre 1845 (Dalloz, 1846, 2, 32).
(3) Bruxelles, 21 février 1842 (*Pasicrisie*, 1842, 2, 259).

plissement de ces fonctions, quasi-délits, délits ou crimes même. Pourvu que le fait dommageable se rattache à la fonction, qu'il n'en soit qu'une extension abusive, la condition de la loi existe et la responsabilité des maîtres est encourue (1). »

587. Il arrive souvent que le dommage est causé par un préposé à un autre préposé. On demande si le maître ou commettant sera responsable. La cour de cassation s'est prononcée pour l'affirmative et avec raison. La loi est générale, elle ne distingue pas et il n'y avait pas lieu de distinguer ; il y a, au contraire, un motif de plus de responsabilité ; le maître doit veiller à ce que l'un de ses domestiques ne soit pas blessé ou lésé par l'imprudence, la négligence ou la méchanceté d'un autre domestique. On suppose, bien entendu, que le dommage a été causé pendant que les domestiques exécutaient un travail en commun qui leur avait été confié (2). Si le fait dommageable est étranger aux fonctions des préposés, le maître n'est point responsable : c'est le droit commun (3).

Il y a quelque hésitation dans la jurisprudence. La cour de Toulouse a jugé que les domestiques sont, à la vérité, responsables entre eux, mais que le maître s'affranchit, par le salaire promis, des chances du travail que les salariés acceptent. C'est une mauvaise raison : le salaire que le commettant paye à ses préposés n'a rien de commun avec la responsabilité que la loi lui impose. L'arrêt a été cassé (4). La cour de Lyon a jugé comme la cour de Toulouse : que les préposés acceptent les chances de danger que présente le travail, et que cette chance est compensée par le salaire qu'ils reçoivent (5). Cette jurisprudence confond deux ordres d'idées très-différents. Sans doute, celui qui se charge d'un travail accepte les chances qui résultent du travail même, et ces chances sont prises en considération dans la stipulation du salaire.

---

(1) Paris, 15 mai 1851 (Dalloz, 1852, 2, 240).
(2) Aubry et Rau, t. IV, p. 760, note 19, et les autorités qui y sont citées.
(3) Tribunal de la Seine, 20 août 1872 (Dalloz, 1873, 5, 406, n° 27).
(4) Cassation, 28 juin 1841 (Dalloz, au mot *Responsabilité*, n° 630, 1°).
(5) Lyon, 29 décembre 1836 (Dalloz, au mot *Responsabilité*, n° 632).

Le maître ne répond pas du dommage que l'ouvrier éprouve, parce qu'il l'a payé d'avance ; on suppose qu'il n'y a aucune imprudence à reprocher au commettant, car celui-ci répond toujours de son fait (1). Mais si le dommage n'est pas causé par l'exécution du travail, s'il l'est par un fait qui constitue un quasi-délit ou un délit, le préposé a droit à une indemnité par action directe contre l'auteur du fait dommageable et par action en responsabilité contre le maître. Ici on ne peut plus dire que le salaire indemnise l'ouvrier, car les délits et les quasi-délits ne sont certes pas pris en considération pour fixer le montant du salaire.

La cour de Lyon est revenue sur sa première jurisprudence. Un bateau à vapeur ayant fait explosion, plusieurs des mariniers furent blessés et l'un d'eux y perdit la vie. La veuve de celui-ci et les enfants demandèrent des dommages-intérêts contre le propriétaire du bateau. Cette demande a été accueillie par la cour. Elle pose en principe qu'il est du devoir des chefs d'établissements industriels de pourvoir complétement à la sûreté des ouvriers qu'ils emploient et qu'ils sont responsables, à l'égard de ceux-ci, de tous les accidents et dommages qui peuvent provenir, soit des vices de construction ou du défaut d'entretien des machines et appareils, soit de la négligence ou de l'inhabileté des préposés aux divers services de l'établissement. Or, dans l'espèce, la rupture de la chaudière était attribuée à l'une ou à l'autre de ces causes (2).

N° 3. QUAND CESSE LA RESPONSABILITÉ ?

588. Pothier, après avoir dit que les maîtres sont responsables du tort causé par leurs serviteurs ou ouvriers qu'ils emploient à quelque service, ajoute : « Ils le sont même dans le cas où il n'aurait pas été en leur pouvoir

---

(1) Sourdat, t. II, p. 145, nos 912 et 913. Aubry et Rau, t. IV, 760, notes 20 et 21. Lyon, 19 juillet 1853 (Dalloz, 1853, 2, 233).

(2) Lyon, 13 décembre 1854 (Dalloz, 1855, 2, 86). Comparez Lyon, 9 décembre 1854 (Dalloz, 1855, 5, 391, n° 23).

d'empêcher le délit ou le quasi-délit, lorsque les faits sont commis dans l'exercice des fonctions auxquelles ils sont employés par leurs maîtres, quoique en leur absence : ce qui a été établi pour rendre les maîtres attentifs à ne se servir que de bons domestiques (1). » Cette doctrine a-t-elle été consacrée par le code civil? L'affirmative résulte du texte et des travaux préparatoires. L'article 1384 commence par établir la responsabilité des père et mère, des maîtres et commettants, des instituteurs et artisans; puis vient un dernier alinéa ainsi conçu : « La responsabilité ci-dessus a lieu, à moins que les *père et mère, instituteurs et artisans* ne prouvent qu'ils n'ont pu empêcher le fait qui donne lieu à cette responsabilité. » L'exception est donc limitée aux père et mère, aux instituteurs et artisans, la loi ne l'étend pas aux maîtres et commettants; par conséquent, ils ne peuvent pas l'invoquer. On dira que c'est un argument tiré du silence de la loi; mais l'argument est décisif quand on met le texte du code en rapport avec le passage de Pothier que nous venons de transcrire. Le rapporteur du Tribunat le dit formellement; après avoir justifié l'exception que l'article 1384 établit en faveur des père et mère, instituteurs et artisans, il ajoute : « Il n'en est pas de même des maîtres et commettants. Ils ne peuvent, *dans aucun cas*, argumenter de l'impossibilité où ils prétendraient avoir été d'empêcher le dommage causé par leurs domestiques ou préposés dans les fonctions auxquelles ils les ont employés; le projet les assujettit *toujours* à la responsabilité la plus entière et la moins équivoque. » Quelle est la raison de cette rigueur? Bertrand de Greuille répond qu'elle n'a rien que de très-équitable. « N'est-ce pas, en effet, le service dont le maître profite qui a produit le mal qu'on le condamne à réparer? N'a-t-il pas à se reprocher d'avoir donné sa confiance à des hommes méchants, maladroits ou imprudents? et serait-il juste que des tiers demeurassent victimes de cette confiance inconsidérée, qui est la cause première, la véritable source du dommage qu'ils

(1) Pothier, *Des obligations*, n° 121.

éprouvent(1)? » Ces raisons ne nous paraissent rien moins que décisives. Il n'est pas exact de dire que c'est le service du maître qui a produit le mal : le service est l'occasion, et non la cause. Quant à la faute que l'on reproche au commettant, d'avoir donné sa confiance à des hommes méchants, maladroits ou imprudents, elle suppose que les patrons ont le choix des préposés. Jadis il en était peut-être ainsi, mais les choses sont bien changées. Que l'on demande aux femmes de ménage si elles ont le choix de leurs domestiques. Que l'on demande aux chefs d'industrie s'il leur est possible de choisir leurs ouvriers, en ne prenant que les plus capables et les plus moraux. Le temps approche où les domestiques et les ouvriers feront la loi aux maîtres et commettants. Dans cet ordre de choses, la présomption de faute sur laquelle est fondée la rigueur de la loi n'a plus de raison d'être. C'est une exception à une règle qui n'en comporte aucune. Le rapporteur du Tribunat avoue que l'impossibilité bien constante d'empêcher le fait dommageable équivaut à la force majeure; or, la force majeure ne donne aucune action à celui qui en est la victime (2). Tel est le vrai principe.

589. Les maîtres et commettants ne peuvent se prévaloir de l'exception de l'article 1384. Est-ce à dire qu'ils ne puissent invoquer aucune autre exception? Non, ils restent sous l'empire du droit commun, sauf en ce qui concerne l'impossibilité d'empêcher le fait dommageable. Il faut donc appliquer aux maîtres et commettants ce que nous avons dit de la responsabilité résultant des délits et quasi-délits; elle cesse, sous certaines conditions, lorsque la partie lésée a éprouvé le dommage par sa faute (nos 573-575). La responsabilité du fait d'autrui est aussi fondée sur un quasi-délit; donc sans quasi-délit il n'y a pas de responsabilité. C'est aux tribunaux à apprécier si, à raison de la faute de la partie lésée, il n'y a plus de

(1) Bertrand de Greuille, *Rapport*, nº 14 (Locré, t. VI, p. 281). Aubry et Rau, t. IV, p. 761, note 22, et les autorités qu'ils citent. Mourlon, t. II, p. 390, nº 1695. La jurisprudence est en ce sens. Cassation, chambre criminelle, 25 novembre 1815 et 11 juin 1836 (Dalloz, au mot *Responsabilité*, nº 695, 1º). Paris, 15 mai 1851 (Dalloz, 1852, 2, 241).
(2) Rapport au Tribunat, nº 13 (Locré, t. VI, p. 281).

faute à reprocher au commettant du préposé, auteur du fait dommageable.

En fait, la question est très-délicate. L'agent d'une compagnie d'assurances reçoit des actes d'adhésion de plusieurs cultivateurs, lesquels ont l'imprudence de payer les primes entre ses mains, quoique les statuts, à la suite desquels se trouvaient inscrites les adhésions, portassent qu'aucun payement valable et libératoire ne pouvait se faire qu'avec l'autorisation expresse du directeur général. Un sinistre éclata; les cultivateurs, qui se croyaient assurés, agirent contre la compagnie. En réalité, ils n'étaient pas assurés, l'agent infidèle n'ayant transmis leur adhésion qu'après l'accident; quant aux primes, il se les était appropriées. Il y avait délit de la part de l'agent. La compagnie en était-elle responsable? La cour d'Orléans a jugé qu'elle ne l'était pas en réformant le jugement de première instance, et contrairement aux conclusions du ministère public. Elle se fonde sur les statuts imprimés de la compagnie, qui prouvaient que l'agent avait dépassé son mandat; ce que les adhérents pouvaient et devaient savoir. La cour en conclut que le préposé n'avait pas agi dans l'exercice de ses fonctions et que la compagnie était sans faute(1). Nous préférons la décision du premier juge. L'agent avait-il causé le dommage dans les fonctions auxquelles la compagnie l'employait? Il serait difficile de le nier, car les fonctions d'un agent d'assurances consistent certainement à recueillir des adhésions. Dans l'exercice de ses fonctions, l'agent avait commis deux délits : il n'avait pas envoyé les adhésions à la compagnie et il avait remis des quittances non signées du directeur. Cela empêchait-il, comme le dit la cour, que cet agent ne fût le préposé de la compagnie? Il avait agi comme préposé, mais infidèlement, en trompant la compagnie et les adhérents. On était donc dans le texte et dans l'esprit de l'article 1384. Il est vrai qu'il y avait faute de la part des adhérents de n'avoir pas pris connaissance des statuts imprimés; encore ce fait est-il contestable. Il y avait

(1) Orléans, 12 novembre 1860 (Dalloz, 1861, 2, 21).

parmi les cultivateurs un homme illettré qui ne savait pas même signer son nom. Ceux-là mêmes qui savent lire comprennent-ils les clauses des polices d'assurances, lesquelles parfois sont obscures à dessein? Mais admettons qu'il y eût faute : en résultait-il que la compagnie n'eût aucune faute à se reprocher? Si les adhérents ne lisent pas les statuts, c'est qu'ils ont confiance dans l'agent, mandataire de la compagnie. Cette confiance est trompée quand l'agent est un fripon. Or, n'est-ce pas précisément le mauvais choix que le commettant fait qui constitue la faute à raison de laquelle le commettant est responsable? Cela nous paraît décisif.

ARTICLE 2. Application du principe.

N° 1. L'ÉTAT EST-IL RESPONSABLE?

590. L'article 1384, en déclarant les commettants responsables du dommage causé par leurs préposés, établit un principe général : il y a lieu à responsabilité dès qu'il y a un commettant et un préposé et que le dommage a été causé par le préposé dans les fonctions auxquelles il est employé. On a prétendu que la responsabilité du fait d'autrui étant une exception, il fallait une disposition expresse de la loi pour rendre le commettant responsable; et on en a conclu, en France, que, les lois et règlements sur le chemin de fer ne rendant pas les commettants responsables des délits commis par leurs préposés, on ne pouvait pas leur appliquer la règle de l'article 1384. Cela a été jugé ainsi par un tribunal correctionnel. C'était très-mal raisonner. Il est vrai que la responsabilité du fait d'autrui est exceptionnelle; mais dès que l'exception est établie en termes généraux, comme l'est celle des commettants, elle forme une règle; et il est de l'essence de toute règle qu'elle doit recevoir son application à tous les cas qui se présentent, sans qu'il soit nécessaire de la répéter pour chacun de ces cas. La cour de cassation l'a jugé ainsi, en déclarant un entrepreneur de voitures publiques responsable de la contravention commise par son cocher aux règlements du chemin de fer (1).

591. La règle de la responsabilité des commettants s'applique-t-elle à l'Etat? C'est une des questions les plus difficiles de cette difficile matière. La doctrine ne s'en est pas assez occupée ; il en est résulté que la jurisprudence aussi est incertaine. Si l'on en croyait des auteurs très-exacts d'ordinaire, la question n'en serait pas une. MM. Aubry et Rau enseignent que « l'Etat, représenté par les divers ministères et administrations ou régies publiques, est, comme tout commettant, responsable des dommages causés par ses employés, agents ou serviteurs dans l'exercice de leurs fonctions ou de leur service (2). » D'après cela, l'Etat serait en tout régi par le droit commun : c'est dire que la difficulté que nous venons de signaler n'existe pas. Mais elle consiste précisément à préciser quand l'Etat est commettant ; les éditeurs de Zachariæ semblent dire qu'il l'est toujours, dès que le dommage est causé par un de ses subordonnés ; de sorte que tout fonctionnaire ou agent quelconque de l'Etat serait un préposé dont les délits et les quasi-délits entraîneraient la responsabilité de l'Etat. La conséquence témoigne contre le principe d'où elle découle, car cette responsabilité universelle de l'Etat n'est admise par personne ; tout le monde reconnaît que l'Etat n'est pas toujours commettant ; il s'agit de déterminer quand il l'est, quand il ne l'est pas.

Larombière a aperçu la difficulté et il a essayé de la résoudre. Il distingue. « Lorsque l'Etat organise une administration publique, dans un intérêt de *monopole* ou de *spéculation ordinaire,* en vue d'une véritable *exploitation industrielle,* il est censé exercer une industrie privée et, par suite, les rapports qui en résultent entre lui et les citoyens sont régis par le droit commun. » Dans cette première hypothèse, il n'y a aucun doute ; l'Etat industriel est sur la même ligne qu'un particulier qui exerce l'industrie. Toutefois Larombière ajoute une restriction : « sauf

_____

(1) Cassation, chambre criminelle, 14 juin 1861 (Dalloz, 1861, 1, 453).
(2) Aubry et Rau, t. IV, p. 759 et note 16, § 447. Comparez Sourdat, t. II, p. 400, n° 1299.

les modifications que cette responsabilité qui, par rapport à lui, n'est *ni générale ni absolue*, peut subir dans son étendue et ses effets, suivant la nature et les besoins de chaque service. » La restriction est si vague, qu'elle détruit la règle. Si la responsabilité de l'Etat, en qualité d'industriel, n'est ni générale ni absolue, il n'est pas exact de dire qu'elle est régie par le droit commun, car le droit commun de l'article 1384 est général et absolu. Quant aux modifications que Larombière admet à la responsabilité, ce seraient des exceptions à la règle : où ces exceptions sont-elles écrites? quelle en est la limite? Larombière ne donne pas de réponse à ces questions.

L'Etat n'est-il responsable que lorsqu'il dirige une exploitation industrielle? Larombière dit qu'il l'est encore lorsque, sous l'autorité de la loi, il fonde un établissement de *services publics* dont il règle les conditions d'existence et les rapports avec les citoyens; quelles que soient les considérations d'ordre public et d'utilité générale qui s'y rattachent, la position de l'Etat ne diffère point de celle d'un simple particulier. Quels sont ces *services publics?* Faut-il y comprendre, comme le font les éditeurs de Zachariæ, les *divers ministères* et les *administrations ou régies publiques?* Larombière ne précise rien. Il admet, du reste, pour cette seconde hypothèse, les mêmes restrictions et modifications que pour la première. En définitive, les cas où l'Etat est responsable à titre de commettant restent incertains. Une chose seulement est certaine, c'est que l'Etat n'est pas toujours responsable. Quand ne l'est-il pas?

Larombière répond : « Quant aux *actes de gouvernement proprement dits*, l'Etat n'est point responsable du dommage causé par les délits ou quasi-délits de ses divers fonctionnaires qui, dans les différentes branches de l'administration, sont dépositaires d'une part plus ou moins considérable d'autorité publique. Leurs actes, de quelque nature qu'ils soient, n'engagent point sa responsabilité. Autrement la marche du gouvernement serait constamment entravée et son action amoindrie. L'intérêt public souffrirait de tout ce qui serait concédé à des intérêts

individuels… Les parties lésées n'ont de recours que contre les fonctionnaires et agents qui, dans l'exercice de leurs fonctions, ont commis un délit ou un quasi-délit(1). »
Reste à savoir quels sont les *actes de gouvernement proprement dits* pour lesquels l'Etat n'est point responsable à titre de commettant; et comment peut-on les distinguer des actes dont l'Etat est responsable, quoiqu'ils soient d'ordre public et d'utilité générale? Larombière ne répond pas à ces questions.

592. La jurisprudence française est profondément divisée : il y a opposition radicale entre la cour de cassation et le conseil d'Etat. La cour de cassation décide que l'article 1384 est applicable à l'Etat comme aux particuliers, et elle formule sa doctrine dans les termes les plus absolus. Une malle-poste, chargée du transport des dépêches, renverse et blesse une personne. De là une action en dommages-intérêts contre le courrier et contre l'Etat. La cour d'Agen condamna le courrier; nous avons rapporté l'espèce plus haut. L'Etat fut condamné comme civilement responsable de son préposé. Pourvoi en cassation; la cour, après délibéré en chambre du conseil, prononça un arrêt de rejet. Elle pose en principe que les articles 1382, 1383 et 1384 sont applicables, sans exception, dans tous les cas où un fait quelconque de l'homme cause à autrui un dommage produit par la faute de son auteur. L'Etat, dit l'arrêt, représenté par les différentes branches de l'administration publique, est passible des condamnations auxquelles le dommage causé par le fait, la négligence ou l'imprudence de ses agents peut donner lieu. La cour conclut qu'en condamnant le courrier, préposé de l'administration pour la conduite de la malle-poste personnellement, et l'administration générale des postes comme civilement responsable, à réparer le préjudice causé par la négligence du courrier, la cour d'Agen avait fait une juste application des articles 1383 et 1384(2).
Nous laissons de côté la difficulté de compétence, sur la-

---

(1) Larombière, t. V, p. 756. n° 15 de l'article 1384 (Éd. B., t. III, p. 451).
(2) Rejet, chambre civile, 1er avril 1845 (Dalloz, 1845, 1, 261). Comparez Rejet, chambre civile, 19 décembre 1854 (Dalloz, 1855, 1, 87).

quelle existe le même conflit entre la cour de cassation et le conseil d'Etat; cette difficulté ne se présente pas dans notre droit, puisque nous n'avons plus de juridiction administrative.

Le conseil d'Etat nie que l'article 1384 soit applicable à l'Etat; cette disposition, de même que tout le code civil, ayant pour objet de régir les rapports des particuliers entre eux, et non les rapports de l'administration avec les citoyens. Ce n'est pas que le conseil d'Etat conteste toute responsabilité civile de l'Etat, il reconnaît que l'Etat, comme propriétaire, comme personne civile capable de s'obliger dans les termes du droit commun, est soumis aux règles du droit civil. Mais l'Etat, puissance publique, n'est pas soumis aux règles du droit civil. Il n'y a pas de loi qui déclare l'Etat responsable; il y a seulement quelques lois spéciales qui, pour des cas déterminés, ont reconnu le principe de la responsabilité de l'Etat à raison de la faute de ses agents. Telle est, par exemple, la loi des 6-22 août 1791 sur les douanes (titre VIII, art. 19) qui déclare la régie responsable du fait de ses préposés dans l'exercice et pour raison de leurs fonctions. Telle est encore la loi du 15 juillet 1845 sur les chemins de fer (art. 22), qui soumet l'Etat à une responsabilité semblable lorsque le chemin de fer est exploité pour son compte. Ces lois spéciales sont des exceptions et ne s'appliquent qu'à ce titre; elles seraient inutiles si le principe était que l'Etat est responsable comme le sont les particuliers.

Ce qui complique la difficulté en France, c'est l'existence d'une juridiction administrative. Les conflits entre cette juridiction et celle des tribunaux sont journaliers. Pour les vider, on créa un tribunal des conflits sous le second empire. Nous transcrivons une décision de ce tribunal sur la question que nous examinons. Dans l'espèce, une action en dommages-intérêts avait été intentée devant les tribunaux ordinaires par un père, pour blessures que sa fille avait éprouvées par le fait d'ouvriers employés par l'administration des tabacs. Le tribunal civil s'étant déclaré compétent, le préfet éleva le conflit,

lequel fut maintenu par le tribunal. On lit dans le jugement : « Que la responsabilité qui peut incomber à l'Etat
pour les dommages causés aux particuliers par le fait des
personnes qu'il emploie dans le service public ne peut être
régie par les principes qui sont établis par le code civil
pour les rapports de particulier à particulier ; que cette
responsabilité n'est ni générale ni absolue ; qu'elle a ses
règles spéciales qui varient suivant les besoins du service
et la nécessité de concilier les droits de l'Etat avec les
droits privés (1). »

Nous n'entrons pas dans la discussion du conflit qui
divise la cour de cassation et le conseil d'Etat ; nous l'avons
fait d'avance en exposant la doctrine : le système de
MM. Aubry et Rau est celui de la cour de cassation, tandis que Larombière a emprunté sa théorie à la jurisprudence administrative. Le premier système est trop absolu,
comme nous allons le dire ; le second nous paraît en
opposition avec la loi. Il n'y a pas deux droits, l'un pour
les particuliers, l'autre pour l'Etat ; il n'y en a qu'un :
c'est le code civil qui en trace les règles. Si des lois spéciales ont déclaré l'Etat responsable, il faut les considérer
comme une application du principe de responsabilité écrit
dans l'article 1384. Reste à savoir si cette responsabilité
est générale et absolue, comme semble le dire la cour de
cassation.

593. Nous admettons avec la cour de cassation que
l'article 1384 est applicable à l'Etat lorsqu'il est commettant. La difficulté est de savoir quand on peut dire que
l'Etat est commettant et quand les fonctionnaires et employés sont des préposés. Il faut appliquer par analogie
à l'Etat ce que la loi dit des particuliers. En quel sens le
maître est-il un commettant à l'égard de ses domestiques?
Le maître emploie ses domestiques à un service qu'il ne
veut ou ne peut faire lui-même ; la loi le déclare responsable lorsque le domestique, dans l'exercice de ces fonctions, cause un dommage par sa faute. Il en est de même

---

(1) Tribunal des conflits, 8 février 1873, et les conclusions de David
(Dalloz, 1873, 3, 20).

du patron et du chef d'industrie. Ce qui caractérise le commettant et le préposé, c'est donc un service que le préposé exécute au nom et pour le compte du commettant. La question est de savoir si tous les fonctionnaires et employés sont des préposés agissant au nom et pour le compte de l'Etat. Il en est ainsi quand c'est l'Etat qui agit par l'intermédiaire de ses agents. Tel est le transport des dépêches; c'est un service que l'Etat remplit par l'intermédiaire des courriers; ceux-ci sont les préposés de l'Etat, qui leur commet ce service. A plus forte raison l'Etat est-il commettant quand il exerce le monopole d'une industrie, telle que la fabrication du tabac; l'Etat industriel ne diffère en rien du particulier industriel, il est commettant comme l'est un chef d'industrie, et il doit être responsable comme tel. Le motif de la responsabilité est, en effet, le même : l'Etat choisit ses agents; s'il prend des agents imprudents ou méchants, il doit répondre de son choix, comme les particuliers répondent de leur. Vainement objecte-t-on l'immensité de cette responsabilité : si la responsabilité de l'Etat est plus étendue que celle des particuliers, il a aussi mille moyens de s'éclairer que les particuliers n'ont pas. Et les avantages qu'il offre à ses agents étant plus considérables, il en résulte que le service public est plus recherché que le service des particuliers; partant l'Etat a réellement un choix que les individus ont rarement. Donc le texte et l'esprit de la loi concourent pour rendre l'Etat responsable lorsqu'il est commettant.

Mais il ne l'est pas toujours. Il y a des services publics que l'Etat organise et dirige, sans que l'on puisse dire qu'il est commettant et que les employés sont préposés. La distribution de la justice et l'enseignement sont des services publics; néanmoins les magistrats, les professeurs et les maîtres ne sont pas des préposés, et l'Etat n'est point leur commettant. Ce n'est pas l'Etat qui juge et qui enseigne par l'intermédiaire de ses fonctionnaires; ceux-ci, une fois nommés, exercent leurs fonctions, non comme des préposés auxquels le commettant donne ses ordres, mais comme des organes de la souveraineté nationale. Cela est évident des magistrats, puisque l'Etat, en Belgique du moins, n'est pas même libre de les choisir, et il ne peut les révoquer. S'il a le droit de révoquer les professeurs et les maîtres, il n'en est pas moins vrai que l'on ne peut pas dire que l'Etat enseigne par des préposés dont il est le commettant.

La difficulté est de préciser les conditions requises pour que l'Etat soit commettant. Voici un cas qui s'est présenté devant le tribunal de Bruxelles. L'Etat est-il responsable d'un acte posé par un consul dans l'exercice de ses fonctions? Le tribunal a décidé la question négativement. On invoquait contre l'Etat la règle générale et absolue établie par l'article 1384. Le tribunal répond que cet article règle les intérêts privés et les rapports des citoyens entre eux. Ce n'est pas à dire que l'article 1384 ne soit pas applicable à l'Etat. Il faut distinguer les cas où l'Etat agit comme pouvoir public et les cas où il agit comme personne juridique; dans la première hypothèse, les actes de l'Etat ne tombent pas sous l'application de la loi civile; ils y tombent dans la seconde hypothèse. Or, les consuls ne sont pas des agents par l'intermédiaire desquels l'Etat agit comme personne juridique, ce sont des agents internationaux, leur mission est essentiellement politique, ils sont soumis au droit international; leurs relations ne sont pas des rapports d'intérêt privé, quoiqu'ils aient pour mission de protéger ces intérêts; donc l'article 1384 est hors de cause (1).

La définition donnée par le tribunal de Bruxelles n'est-elle pas trop étroite? Il y a des cas où l'Etat agit, non comme personne juridique, mais comme gouvernement, et où néanmoins il est civilement responsable. Peut-on dire que l'Etat agisse comme personne juridique lorsqu'il organise le service des postes? Non; ce qui n'empêche pas l'Etat d'être civilement responsable de ses agents. Le principe admis par le tribunal de Bruxelles est trop restrictif; il aboutit à la doctrine consacrée par la jurisprudence du conseil d'Etat, c'est-à-dire à limiter la respon-

_____

(1) Tribunal de Bruxelles, 30 avril 1873 (*Pasicrisie*, 1873, 3, 294). Comparez 11 janvier 1862 (*Belgique judiciaire*, 1863, p. 291).

sabilité de l'Etat aux cas où il agirait comme propriétaire ou comme partie dans un contrat. Il faut maintenir le principe plus large de l'article 1384 et déclarer l'Etat responsable dès qu'il est commettant. Il ne l'est pas toujours. Quand l'est-il? Quand ne l'est-il pas?

Devant le tribunal de Bruxelles, le demandeur soutenait que l'Etat, comme toute personne, est commettant, sous les conditions suivantes: d'abord, que le préposé ait été volontairement et librement choisi; puis, que l'Etat ait le droit de lui donner des instructions et même des ordres sur la manière d'accomplir les actes qui lui sont confiés. Le tribunal a rejeté cette doctrine, et avec raison; elle conduirait à considérer comme préposé tout fonctionnaire public, sauf les magistrats, ce qui est inadmissible. Il faut, en outre, dit le tribunal, que la mission donnée au préposé ait pour objet des intérêts privés et que ce soit le commettant qui en retire le bénéfice. Cette condition est également trop restrictive; il en résulterait que l'Etat n'est jamais commettant, car il n'agit jamais dans un intérêt privé et il ne retire jamais un bénéfice de ce qu'il fait, l'Etat, de même que toute personne morale, n'étant qu'un être fictif. L'Etat, comme organe de la société, agit toujours dans un intérêt social; c'est la société qui retire le bénéfice, comme c'est elle qui supporte les conséquences de la responsabilité qui incombe à l'Etat.

En définitive, il faut s'en tenir au texte de l'art. 1384: l'Etat est commettant dans les cas où un particulier l'est et sous les mêmes conditions. On applique, par conséquent, à l'Etat les conditions requises pour qu'il y ait un commettant et un préposé; nous les avons exposées (nos 571 et suiv.). L'application n'est pas sans difficulté, même quand il s'agit de particuliers. Il y a une difficulté particulière pour l'Etat. L'Etat est commettant quand c'est lui qui agit par l'intermédiaire d'un agent; il n'est pas commettant quand le fonctionnaire agit, non comme préposé et instrument de l'Etat, mais de son chef, comme exerçant la mission sociale qui lui est déléguée. C'est au juge à apprécier, dans chaque espèce, si les idées de commettant et de préposé peuvent s'appliquer aux rapports de l'État et du fonctionnaire ; la question est de fait plutôt que de droit.

594. En supposant que l'État soit commettant, il faut encore, pour qu'il soit responsable, que le préposé ait commis le dommage dans les fonctions auxquelles il est employé. C'est le droit commun établi par l'article 1384, et il reçoit son application à l'État ; sur ce point, il ne saurait y avoir de doute. Un agent forestier ou un agent de l'administration des douanes commet un délit de chasse: l'État est-il responsable? Non, car loin d'être commis dans l'exercice de ses fonctions, le délit en est, au contraire, exclusif, comme le dit très-bien la cour de cassation, ce qui rend l'article 1384 inapplicable (1).

595. Ce que nous disons de l'État s'applique à la commune et à la province, les communes et les provinces étant chargées des intérêts communaux et provinciaux, au même titre que l'État a la gestion des intérêts généraux. La commune et la province sont donc civilement responsables du dommage causé par leurs agents dans les fonctions auxquelles ils sont employés. Il faut, bien entendu, que la commune ou la province soient *commettants* et que l'agent soit leur *préposé*. La difficulté que nous avons examinée pour l'État se représente donc pour la commune et la province. Elle a divisé la cour de cassation de Belgique et la cour de Gand dans l'espèce suivante.

La commune d'Ostende est-elle responsable du dommage que causent les pilotes dans leurs fonctions? Il s'agit de savoir si les pilotes sont les préposés de la commune. La cour de Gand a décidé la question affirmativement ; son arrêt a été cassé et la cour de Bruxelles, à laquelle l'affaire a été renvoyée, s'est rangée à l'avis de la cour de cassation. Nous croyons aussi que la cour de Gand s'est trompée, mais nous n'acceptons pas tous les motifs donnés par la cour de cassation. La cour de Bruxelles a très-bien établi que la commune ne pouvait être considérée comme commettant en matière de pilo-

_____

(1) Cassation, 2 mars 1854 (Dalloz, 1854, 1, 104). Rejet, chambre criminelle, 16 avril 1858 (Dalloz, 1858, 1, 295).

tage. Légalement, le service du pilotage est étranger à la commune; avant 1830, l'Etat en avait la surveillance dans l'intérêt de l'ordre public, de la police, de la navigation et du commerce. Cette surveillance n'était pas une direction, une régie. Par suite, l'Etat n'était pas commettant et les pilotes n'étaient point ses préposés. Après 1830, l'Etat n'exerçant plus de surveillance, la commune fut obligée, par la force des circonstances, de s'emparer de ce service, bien qu'il n'entrât pas dans ses attributions. De là le règlement du 30 novembre 1830 sur lequel on s'appuyait pour rendre la commune responsable du fait des pilotes. Cet arrêté avait-il changé la nature et l'objet de ce service en le transformant en service dirigé par la commune et ses agents? Du tout, le service resta ce qu'il avait toujours été; seulement la surveillance, au lieu d'être exercée par l'Etat, l'était par la commune. Cela est décisif; d'après notre principe, la commune n'était pas commettant, parce qu'elle n'agissait point par l'intermédiaire des pilotes; ceux-ci n'étant pas ses préposés, l'article 1384 n'était pas applicable (1).

La cour de cassation examine la question de principe: que faut-il entendre dans l'article 1384 par *commettants* et par *préposés?* Elle répond que le code civil traitant exclusivement de l'*intérêt privé* et du *droit civil* des citoyens, les dispositions de ce code ne peuvent concerner que les *personnes* régies par le droit civil et les *actes* appartenant à la *vie civile* par leur *nature* et leurs *effets*. De là suit que les qualifications générales de *commettants* et de *préposés* doivent être restreintes au cas où des commissions ont été confiées dans un *intérêt privé* et pour des actes de la vie *civile*. La cour en conclut que l'article 1384 est inapplicable aux charges et fonctions publiques établies par des lois qui intéressent l'ordre public et la bonne administration de l'Etat. La cour de Bruxelles dit aussi que l'article 1384 n'est relatif qu'à des *intérêts civils*. C'est le système de la jurisprudence

---

(1) Cassation, 24 avril 1840 (*Pasicrisie*, 1840, 1, 375), et sur renvoi, Bruxelles, 18 janvier 1843 (*Pasicrisie*, 1843, 2, 46). Comparez Bruxelles, 10 février 1841 (*Pasicrisie*, 1841, 2, 369).

du conseil d'Etat; il aboutit à nier que l'Etat soit soumis à une responsabilité civile, à moins qu'il ne traite comme propriétaire. Nous avons combattu cette jurisprudence; la cour de cassation de France pose le principe tout contraire. Il est certain que la règle, telle que la cour de cassation de Belgique la formule, est trop restreinte. Tout le monde admet, comme nous allons le dire, la responsabilité de l'Etat et, par suite, celle des communes en matière de travaux publics; cependant ce n'est pas là un intérêt civil, et l'Etat ou la commune n'agissent point comme propriétaires.

A vrai dire, le conflit qui existe en France entre le conseil d'Etat et la cour de cassation concerne la compétence plutôt que le principe de l'article 1384; c'est une lutte du pouvoir exécutif contre le pouvoir judiciaire. Si le conseil d'Etat soutient que l'article 1384 ne s'applique pas à l'Etat, c'est pour soustraire à la juridiction ordinaire l'action en responsabilité dirigée contre le gouvernement, mais une fois que l'action est portée devant un tribunal administratif, le conseil d'Etat applique les règles du droit civil et déclare le gouvernement ou la commune responsables, alors même qu'il s'agit d'intérêts politiques (1). Et quand les tribunaux civils sont saisis d'une question de responsabilité, ils font de même. Nous citerons un exemple remarquable. Pendant la malheureuse guerre de 1870, un détachement de l'armée prussienne occupa la ville de Gien; le maire et le sous-préfet furent arrêtés et constitués prisonniers. Un interprète prussien donna ordre à la mairie de tenir prêts, le lendemain matin, un cheval et une voiture pour conduire le sous-préfet à Orléans. Là un officier s'empara de l'attelage. Le propriétaire intenta une action en indemnité contre la ville. Celle-ci opposa qu'il s'agissait d'un fait de guerre qui retombait sur les victimes. La cour d'Orléans n'a pas admis cette défense. C'est la ville qui était mise en réquisition, c'est donc elle qui devait en supporter les conséquences. La ville objecta que le maire n'avait donné aucun ordre et que c'était un

(1) Décret du 25 février 1864 (Dalloz, 1864, 3, 83), et du 25 avril 1867 (Dalloz, 1868, 3, 25).

agent inférieur, le tambour, qui avait mis en réquisition la voiture et le cheval. Peu importe, répond l'arrêt, que l'agent ait outre-passé ses pouvoirs; il est un préposé de la commune; donc celle-ci répond de sa faute et de son délit (1).

N° 2. TRAVAUX PUBLICS.

596. Dans des travaux qui se font par voie d'entreprise, un dommage est causé à un particulier. Qui est responsable? Que l'entrepreneur le soit, cela va sans dire; c'est le droit commun de l'article 1382. Il a été jugé que l'entrepreneur est tenu à une indemnité à l'égard des propriétaires riverains d'un canal à raison des dommages causés à leurs propriétés inondées à la suite d'un violent orage, l'inondation ayant été occasionnée par la mauvaise disposition d'un pont de service jeté sur le canal pour faciliter le transport des matériaux de l'entreprise (2).

Quand il s'agit de travaux d'utilité publique exécutés par un entrepreneur, il s'élève une difficulté sur laquelle il y a quelque incertitude dans la jurisprudence : l'Etat est-il responsable du dommage? Il y a un cas dans lequel la solution n'est pas douteuse. L'Etat a des agents chargés de surveiller les travaux; on suppose que le dommage provient tout ensemble de malfaçons du fait de l'entrepreneur et d'un défaut de surveillance des agents de l'administration dans la direction et l'exécution des travaux. Dans ces circonstances, le conseil d'Etat a déclaré l'Etat responsable en vertu de l'article 1384; en effet, le texte est applicable à la lettre, l'Etat étant commettant à l'égard de ses agents, qui sont ses préposés (3). Mais peut-on aussi considérer l'Etat comme étant le commettant de l'entrepreneur? Si l'on admet le principe que nous avons établi (n°s 591-593), il faut décider que

(1) Orléans, 8 mars 1872 (Dalloz, 1872, 2, 106, 2ᵉ espéce).
(2) Conseil d'Etat, 27 août 1823 (Dalloz, au mot *Travaux publics,* n° 835).
(3) Conseil d'Etat, 27 mai 1839 (Dalloz, au mot *Travaux publics,* n° 836), et 7 mai 1863 (Dalloz, 1863, 3, 61).

l'entrepreneur est le préposé de l'Etat, d'où la conséquence que l'Etat est responsable du dommage causé par
l'entrepreneur. En effet, l'Etat exécute les travaux par
l'intermédiaire de l'entrepreneur ; celui-ci est donc son
agent, son préposé, auquel il commet les travaux ; il le
choisit ; si, par la négligence ou l'incapacité de l'entrepreneur, un dommage est causé, l'Etat en est responsable : on est dans le texte et dans l'esprit de la loi.

La jurisprudence a d'abord distingué si l'entreprise se
fait à forfait ou non ; elle affranchissait l'Etat de toute
responsabilité lorsqu'il traitait à forfait avec un entrepreneur. Un ouvrier périt dans l'exécution de travaux de
terrassement ; la veuve réclame des dommages-intérêts
contre l'entrepreneur et contre l'Etat, civilement responsable du fait de ses préposés. La cour de Paris condamna
l'Etat, mais son arrêt fut cassé par la cour de cassation,
chambre criminelle. La cour pose en principe que la responsabilité à laquelle l'article 1384 soumet les commettants ne dépend pas seulement de ce qu'ils ont choisi
leurs préposés, mais suppose, en outre, qu'ils ont le droit
de leur donner des ordres et instructions sur la manière
de remplir les fonctions auxquelles ils les emploient,
autorité sans laquelle il n'y a pas de véritables commettants. Nous avons combattu le principe dans les relations
des particuliers (n° 572); nous rejetons aussi l'application
que l'on en fait aux rapports de l'Etat avec les entrepreneurs. Sans doute, le commettant a le droit de donner
des ordres et des instructions à ses préposés ; est-ce à
dire que, s'il n'use pas de ce droit, il cesse d'être responsable? C'est l'Etat qui impose ses conditions à l'entrepreneur, il est libre de stipuler que dans l'exécution
des travaux, il aura le droit de lui donner des ordres ; s'il
ne le fait pas, il abdique un droit qui lui appartenait,
mais l'entrepreneur ne laisse pas d'être son préposé. S'il
en était autrement, la responsabilité de l'article 1384
deviendrait illusoire ; l'Etat n'aurait qu'à traiter à forfait pour s'affranchir de la responsabilité que la loi lui
impose. Dans l'espèce jugée par la chambre criminelle,
la compagnie concessionnaire avait traité à forfait avec

l'entrepreneur; il y avait néanmoins un surveillant des travaux dans l'intérêt de la compagnie; mais, dit l'arrêt, cet agent devait seulement veiller à ce que les travaux fussent exécutés conformément aux conventions intervenues entre les parties, sans qu'il pût donner des ordres à l'entrepreneur sur le mode d'exécution des travaux. La cour en conclut que la compagnie ne s'était réservé aucun droit de surveillance à cet égard. En cet état, dit l'arrêt, la compagnie n'était pas un commettant, ni, par conséquent, responsable (1). N'est-ce pas ajouter à la loi une condition étrangère au texte, et contraire à la tradition? Que le commettant surveille le préposé ou qu'il s'en rapporte à lui, qu'importe? Ce n'est pas parce que le commettant néglige de surveiller le préposé qu'il est responsable, c'est uniquement parce qu'il l'a choisi; en le choisissant, il pouvait se réserver le droit de lui donner des ordres; cela suffit pour qu'il soit et reste commettant.

Un arrêt de la cour de Paris, tout en maintenant le principe consacré par la jurisprudence, se montre plus sévère pour l'Etat et les compagnies. Dans l'espèce, il y avait entreprise à forfait; l'entrepreneur, qui avait creusé une profonde tranchée, avait eu l'imprudence de n'en défendre l'abord que par une faible barrière, sans même l'éclairer durant la nuit; une voiture passe et roule dans le précipice; l'un des voyageurs périt. Action en dommages-intérêts de la veuve. La compagnie oppose qu'elle a traité à forfait avec l'entrepreneur. Cette défense n'a pas été accueillie. La cour admet, à la vérité, que l'entrepreneur est seul responsable lorsqu'il est entièrement maître de la direction et des opérations; mais quand il est placé pour une part sous la surveillance de la compagnie, celle-ci reste, pour cette part, responsable des travaux dans lesquels les imprudences et les négligences deviennent des fautes communes aux deux intéressés. Il

---

(1) Cassation, chambre criminelle, 20 août 1847 (Dalloz, 1847, 4, 421). Comparez Rejet, chambre criminelle, 10 novembre 1859 (Dalloz, 1860, 1, 49). Lyon, 20 janvier 1863 (Dalloz, 1863, 2, 199). La jurisprudence des cours de Belgique est dans le même sens. Liége, 18 décembre 1851 (*Pasicrisie*, 1852, 2, 320). Bruxelles, 30 mars 1874 (*Pasicrisie*, 1874, 2, 208).

s'agissait de la construction d'un chemin de fer ; la nature même des travaux, dit la cour, implique que la direction générale en était maintenue entre les mains de la compagnie. L'entreprise était, il est vrai, à forfait ; mais cela ne concerne que la nature et le prix des travaux ; la conduite et les détails de l'opération restaient, en vertu du cahier des charges, sous l'autorité des ingénieurs ; donc la compagnie ne cessait pas d'être commettant ; elle le sentait si bien qu'elle avait stipulé la garantie à son profit pour tous les accidents qui seraient le résultat des imprudences de l'entrepreneur. La cour ajoute que les précautions à prendre pour la sûreté publique étaient du nombre des mesures que la compagnie avait le droit et le devoir de prescrire à l'entrepreneur ; d'où suit que sa négligence sur ce point la rendait responsable. Sur le pourvoi en cassation, il intervint un arrêt de rejet qui confirma la décision de la cour de Paris en se fondant sur la déclaration constatant que la compagnie s'était réservé la direction des travaux (1). Ainsi la cour a moins égard au forfait qu'à la direction ; elle attache la responsabilité au droit et au devoir de surveillance. A notre avis, c'est confondre la responsabilité des commettants avec celle des père et mère, instituteurs et artisans ; cette dernière repose sur une présomption de défaut de surveillance, l'autre est fondée uniquement sur le choix que le commettant fait de son préposé.

597. Le principe de la responsabilité s'applique-t-il à l'Etat quand il exploite un chemin de fer ? En France, la question est décidée par la loi du 15 juillet 1845 qui porte, article 22 : « Les concessionnaires d'un chemin de fer seront responsables soit envers l'Etat, soit envers les particuliers, du dommage causé par les administrateurs, directeurs ou employés à un titre quelconque au service de l'exploitation du chemin de fer. L'Etat sera

---

(1) Paris, 30 janvier 1864 (Dalloz, au mot *Voirie par chemin de fer*, n° 632, et 1864, 2, 215), et Rejet, 17 mai 1865 (Dalloz, 1865, 1, 373). Comparez Rejet, 10 novembre 1868 (Dalloz, 1869, 1, 133), et un jugement du tribunal de Bruxelles du 19 mars 1873 (*Belgique judiciaire*, 1873, p. 913) et le réquisitoire du ministère public (M. Heiderscheidt).

soumis à la même responsabilité envers les particuliers, si le chemin de fer est exploité à ses frais et pour son compte. » En Belgique, les lois spéciales sur le chemin de fer gardent le silence sur la responsabilité de l'État ; de là une difficulté qui a donné lieu à de vifs débats dans lesquels le principe même de la responsabilité de l'Etat a été remis en question. Il faut nous y arrêter ; la jurisprudence est incertaine, parce qu'elle manque d'un principe ; celui qu'elle a formulé n'a pas la précision nécessaire dans une matière aussi difficile. Cela explique le conflit qui a existé entre la cour de cassation et les cours d'appel, conflit qui a abouti à un changement de jurisprudence de notre cour suprême ; mais l'opinion qui l'a emporté est toujours sujette à controverse, au moins quant au principe.

Un incendie éclate dans un convoi ; un voyageur blessé réclame des dommages-intérêts contre l'Etat, en vertu de l'article 1384. L'Etat prétend que cette disposition ne lui est pas applicable, parce que la responsabilité établie par le code civil ne concerne que les actes de la vie civile, et que l'Etat exploite le chemin de fer en vertu de sa mission gouvernementale. Le tribunal de Liége rejeta l'exception. Il est vrai, dit-il, que le transport des voyageurs et des marchandises par l'Etat est un service public ; mais quand, dans un service public, l'Etat lèse des intérêts particuliers par les délits et les quasi-délits de ses agents, il est responsable comme toute personne civile. L'Etat réclame le bénéfice de cette responsabilité contre les particuliers, il doit aussi s'y soumettre quand il lèse des intérêts privés. La cour d'appel confirma le jugement, en posant comme principe que l'article 1384 contient une disposition générale applicable aux administrations publiques comme aux particuliers. Nous admettons le principe, mais au lieu de la lésion des *intérêts* dont parlent le tribunal et la cour de Liége, il faut dire que l'Etat est responsable quand il lèse un *droit* privé ; et pour que l'article 1384 soit applicable à l'Etat, il faut de plus que l'Etat soit avec ses subordonnés dans les rapports d'un commettant et d'un préposé. Nous renvoyons à ce qui a été dit plus haut (n°ˢ 591-593). Peu importe, après cela, la nature du service, et peu importe que l'Etat agisse comme gouvernement ou comme propriétaire.

Sur le recours en cassation, l'arrêt de la cour de Liége a été cassé. La cour de cassation part du principe que nous avons déjà combattu : « Les qualifications de *commettant* et de *préposé*, quoique générales, doivent être restreintes aux commissions données dans un *intérêt privé* pour des *actes* de la *vie civile;* elles ne s'appliquent pas aux fonctions publiques créées par les lois et règlements qui ont pour objet l'*intérêt général* et l'*administration de l'Etat.* » A notre avis, la cour confond l'*acte* qui lèse le droit avec le *droit* lésé. La responsabilité est un principe général, sans exception; elle s'applique à *tout acte,* quel qu'il soit, qu'il s'agisse d'un acte de la vie civile ou d'un acte d'administration; nous allons voir que cette distinction est fausse. Cette responsabilité est civile, dans les cas prévus par les articles 1382-1384, en ce sens que tout *droit lésé* appartenant à une personne lui ouvre une action en réparation. Le *droit lésé* doit être un droit *privé* pour qu'il y ait lieu à responsabilité. Il y a droit lésé quand il y a un délit ou un quasi-délit, c'est-à-dire un fait dommageable. Et tout fait dommageable d'un préposé rend le commettant responsable. La seule difficulté est de savoir quand l'Etat est commettant; or, dans l'espèce, cette difficulté ne se présentait pas. Il est bien certain que l'Etat est commettant quand il exploite un chemin de fer par l'intermédiaire de ses agents; donc il est responsable.

La cour de cassation objecte que l'administration des chemins de fer de l'Etat fait *acte de gouvernement* en transportant les voyageurs et les marchandises, puisque c'est dans un intérêt général que l'Etat a été chargé de construire et d'exploiter les voies ferrées (1). Nous avons répondu d'avance à l'objection, et nous dirons à l'instant comment il y a été répondu par la cour de Gand et par la cour de cassation chambres réunies. Dans notre opinion,

---

(1) Cassation, 23 février 1850 (*Pasicrisie*, 1850, 1, 163).

et si l'on admet le principe tel que nous venons de le rappeler, la réponse est simple et péremptoire. L'Etat est responsable, alors même qu'il agit dans un intérêt général, dès qu'il lèse un droit privé; or, la lésion est certaine et il est tout aussi certain que l'Etat est commettant, ce qui est décisif.

La cour de Gand, à laquelle l'affaire fut renvoyée, se prononça contre l'Etat. Elle pose en principe que l'Etat est soumis au droit commun pour les actes de la vie civile qu'il accomplit. Il faut donc lui appliquer l'article 1384 qui règle les obligations de quiconque a recours à un préposé pour l'accomplissement des engagements qu'il contracte. Le principe nous paraît mal formulé : le commettant, comme tel, ne contracte aucun engagement direct et personnel; ce n'est pas lui qui est l'auteur du délit ou du quasi-délit, mais il en est responsable par cela seul que le fait dommageable est commis par son préposé. Pour établir la responsabilité de l'Etat quand il exploite un chemin de fer, il suffit donc d'établir que l'Etat est commettant. La cour de Gand dit que le commettant est responsable parce que le préposé est censé le représenter en tout point; par suite il répond de tout dommage causé par son représentant dans l'exercice de son mandat. Cette formule aussi ne nous paraît pas exacte; le mandataire ne représente pas le mandant quand il commet un délit ou un quasi-délit; et, d'un autre côté, le commettant n'est pas toujours un mandant; le maître est un commettant, quoique le contrat qui intervient entre lui et son domestique ne soit pas un mandat. La définition du commettant doit faire abstraction du mandat : dès qu'une personne, au lieu d'agir elle-même, a recours à un intermédiaire, il y a un commettant et un préposé et, par suite, il faut appliquer l'article 1384.

La cour de Gand répond ensuite à l'argument qui avait entraîné la cour de cassation. Est-il vrai que l'Etat agit comme *gouvernement* quand il exploite une voie ferrée? La cour distingue : l'Etat agit comme gouvernement quand il réglemente l'exploitation du chemin de fer dans l'intérêt public, pour en assurer la police et le service;

mais quand lui-même transporte les voyageurs et les marchandises, ce fait constitue un acte ordinaire de la vie civile, lequel est soumis aux règles générales du droit privé (1). Ainsi la cour de Gand est d'accord avec la cour de cassation sur le principe; l'une et l'autre distinguent l'Etat agissant comme gouvernement et l'Etat *agissant comme personne civile,* dit la cour de cassation, ou, comme le dit la cour de Gand, *posant un acte ordinaire de la vie civile.* Mais les deux cours diffèrent quant à l'application: la cour de cassation dit que l'exploitation du chemin de fer est un acte de gouvernement, tandis que, d'après la cour de Gand, c'est un acte ordinaire de la vie civile.

Le procureur général à la cour de cassation, M. Leclercq, va répondre à la cour de Gand. Sur le nouveau pourvoi porté devant les chambres réunies, M. Leclercq soutint la première décision de la cour. Nous venons de dire quel est le point qui divisait la cour suprême et les cours d'appel : l'exploitation du chemin est-elle, oui ou non, un acte du gouvernement? Le procureur général analyse les lois qui ont créé et organisé le chemin de fer de l'Etat, et partout il trouve qu'il y a un intérêt public en cause. Pourquoi le législateur a-t-il chargé l'Etat de construire et d'exploiter le chemin de fer? Dans l'intérêt général du commerce, de l'industrie et de l'agriculture. Est-ce que les actes de la vie civile se font dans un intérêt général? L'Etat exploite, il perçoit un péage : est-ce une affaire, une spéculation, comme en feraient des particuliers? Non, l'Etat exploite à perte, sans que l'on puisse dire qu'il y perd ; car la nation y gagne, et l'Etat est l'organe de la nation. Le péage que l'Etat perçoit est un impôt : cela seul caractérise l'entreprise; est-ce que l'on peut comparer une gestion intéressant les finances à un contrat d'intérêt privé? Donc l'Etat intervient comme gouvernement, et non comme personne civile, gérant des intérêts privés (2).

Nous croyons que sur ce point le procureur général a

(1) Gand, 30 mai 1851 (*Pasicrisie,* 1851, 2, 228).
(2) Réquisitoire du procureur général Leclercq (*Pasicrisie,* 1852, 1, 373 et suiv.).

raison contre la cour de Gand. Seulement nous n'en tirons pas la conséquence que l'Etat n'est pas responsable quand il agit comme gouvernement. A notre avis, l'Etat n'agit jamais comme une personne privée, il agit toujours dans un intérêt général, car il est de son essence de représenter la nation dont il est l'organe. Le procureur général fait de vains efforts pour distinguer les actes de l'Etat agissant comme gouvernement et les actes de l'Etat agissant comme personne civile. Il n'y a qu'une manière d'agir, c'est à titre de personne; l'Etat est donc toujours personne civile, mais il est par essence une personne civile publique, tous ses actes ont nécessairement pour objet un intérêt public. Est-ce à dire que l'Etat ne soit jamais responsable? Il faut, au contraire, répondre qu'il l'est toujours quand il lèse un droit comme pouvoir exécutif; et par la même raison il est responsable, à titre de commettant, du dommage causé par ses préposés.

La cour de cassation, chambres réunies, a abandonné la jurisprudence de la chambre civile soutenue par le procureur général, et s'est prononcée pour la responsabilité de l'Etat, sur le rapport de M. Defacqz, un de nos magistrats les plus éminents. Elle pose en principe que la responsabilité établie par les articles 1382 et 1384 est une règle de droit naturel applicable à l'Etat comme à toute personne. On ne pourrait admettre d'exception que si la loi dérogeait au droit commun en faveur de l'Etat; or, aucune loi ne fait exception. La cour admet une exception virtuelle pour les actes qui ont un caractère politique. Ceci est le côté faible et attaquable de l'arrêt. Quand un acte a-t-il un caractère politique? et est-il vrai qu'il y a des actes qui n'engagent pas la responsabilité du gouvernement parce que ce sont des actes politiques? L'arrêt ne répond pas à ces difficultés, et ce qu'il dit n'est pas tout à fait exact. Il dit que l'Etat, comme *personne civile*, a des intérêts et des droits *de même nature* que ceux des simples citoyens et que, par suite, il est soumis au droit commun. Nous répondrons que les droits et intérêts de l'Etat ne sont jamais de la même nature que ceux des simples citoyens; il implique contradiction que l'Etat, organe des intérêts généraux, agisse dans un intérêt privé, comme le font les particuliers. La cour essaye de répondre à l'argumentation du procureur général; à notre avis, la réponse n'est pas satisfaisante. Elle dit que le fait de transporter les voyageurs n'est pas un acte appartenant *par essence* à l'exercice du pouvoir exécutif. Qu'importe que ce soit par *essence* ou en vertu de la loi? Or, le transport par l'État, tel qu'il est organisé par la loi, ne saurait être confondu avec une entreprise de messageries; d'un côté, tout est d'intérêt public et, d'un autre côté, tout est d'intérêt privé (1).

598. On n'a jamais contesté que la responsabilité de l'article 1384 ne s'applique aux compagnies qui exploitent un chemin de fer. En France, où les chemins de fer sont tous construits par voie de concession, le principe a reçu de nombreuses applications (2). Nous citerons un des arrêts les plus récents qui décide des difficultés concernant la faute. Il faut naturellement qu'en cas d'accident il y ait une faute à reprocher à la compagnie, et c'est au demandeur d'en faire la preuve. Des waggons chargés de poudre de guerre firent explosion. Un voyageur périt; la veuve et les enfants réclamèrent des dommages-intérêts. Pour établir la faute de la compagnie, les demandeurs allèguèrent qu'elle avait violé les lois et règlements qui défendent aux compagnies de chemins de fer d'admettre dans des trains de voyageurs des waggons chargés de matières inflammables et explosibles. La compagnie répondit que le ministre des travaux publics l'y avait autorisée en vue des nécessités de la guerre, et que cette autorisation équivalait à un ordre. Cet ordre avait, en effet, été donné à toutes les compagnies, et toutes y avaient obéi; on pouvait contester la légalité de l'ordre, mais, dit la cour, il était irrésistible dans les circonstances où se trouvait la France : un fait commandé par les pouvoirs publics, inspiré par le salut public et universellement pratiqué ne saurait constituer une faute. A notre avis, le salut public est une fausse théorie; on ne peut pas sacrifier les droits

(1) Rejet, chambres réunies, 27 mai 1852 (*Pasicrisie*, 1852, 1, 370).
(2) Voyez Dalloz, au mot *Voirie par chemin de fer*, nos 559-566.

des hommes au salut de la nation. On voit par cet exemple
à quoi conduit la maxime que le salut public est la première loi : pour sauver la France, on compromet la vie
de milliers de voyageurs; la France ne fut pas sauvée et
des voyageurs périrent.

Nous passons d'autres fautes que l'on imputait à la
compagnie et qui ne soulèvent que des difficultés de fait,
pour arriver à celle qui entraîna sa condamnation, l'insuffisance de l'emballage et le vice d'arrimage des poudres.
Les poudres n'étaient pas protégées par un double emballage, l'arrimage était vicieux. C'était la première cause
de l'accident. La compagnie opposait que ce fait était
celui de l'expéditeur, et non le sien propre; elle avait
reçu les waggons de la compagnie du Midi, et elle n'avait
ni l'obligation ni le temps de les vérifier elle-même. L'ar-
rêt répond|que lorsqu'une compagnie transportait des mar-
chandises aussi dangereuses que les poudres de guerre,
la prudence exigeait qu'elle s'assurât que l'expéditeur
avait pris toutes les précautions nécessaires pour amoin-
drir le danger. En ne faisant pas la vérification, la compagnie en assumait la responsabilité à l'égard des voyageurs, sauf à exercer son recours contre l'expéditeur (1).

599. Le feu qui s'échappe des locomotives produit
assez souvent des incendies. On demande si les compagnies en sont responsables. L'affirmative n'est pas douteuse quand l'accident arrive par la mauvaise construction de la locomotive. Il a été jugé que le mécanicien qui
accepte une locomotive mal conditionnée commet le délit
prévu par l'article 458 du code pénal, l'incendie par imprudence; et, une fois le délit du préposé constaté, la
responsabilité de la compagnie en résulte par voie de
conséquence (2). Quand la machine est pourvue d'un ap-
pareil propre à empêcher la sortie des flammèches ou
scories par la cheminée, la question devient douteuse. La
cour de Bordeaux a décidé que les compagnies étaient
néanmoins responsables; c'est à elles, dit l'arrêt, de
prendre les précautions nécessaires pour prévenir le dan-

(1) Aix, 6 mai 1872 (Dalloz, 1873, 2, 57).
(2) Rejet, chambre criminelle, 23 juin 1859 (Dalloz, 1859, 1, 329).

ger, sinon elles sont en faute. Si les mesures commandées par l'administration ne suffisent pas, elles doivent en prendre de plus efficaces. Et, en supposant que la science soit impuissante pour conjurer le danger, les compagnies n'en seraient pas moins obligées d'indemniser les propriétaires incendiés. En effet, le dommage nécessaire occasionné par une industrie doit être à la charge de cette industrie. On applique, dans ce cas, les principes qui régissent les établissements dangereux. Vainement la compagnie invoquerait-elle l'autorisation qui lui a été donnée ; la cour répond que l'Etat n'a pas concédé ni pu concéder le droit d'incendier, sans indemnité, les propriétés riveraines des chemins de fer (1).

600. Les tribunaux se montrent sévères pour les compagnies, et avec raison, puisque la vie et la propriété des hommes sont sans cesse en danger. Dans l'espèce suivante, la sévérité nous paraît excessive. Dans la nuit du 1er décembre 1861, un chauffeur, employé dans les ateliers de l'usine d'un chemin de fer, fut trouvé sans vie près d'une chaudière dont il était chargé d'alimenter le feu. Il fut constaté que la mort était le résultat d'un crime. On ne découvrit pas le coupable; néanmoins la cour de Lyon déclara la compagnie responsable en vertu de l'article 1384. Il est de principe, dit l'arrêt, que les maîtres et commettants ont le devoir de veiller avec soin sur leurs ouvriers et préposés, de les protéger avec une sollicitude constante et d'écarter d'eux, dans la mesure du possible, tous les dangers qui peuvent les menacer dans les fonctions auxquelles ils sont employés. La cour constate ensuite que la compagnie n'a pas exercé pendant la nuit du 1er décembre une surveillance active parmi les ouvriers de l'usine. Il en est résulté qu'un homme a pu mourir de mort violente sans que personne dans les ateliers ait rien vu ni entendu, et sans qu'on ait pu lui prêter secours. Dans de pareilles circonstances, dit la cour, il est impossible de ne pas admettre, de la part de la compagnie, une négligence caractérisée qui a occasionné ou facilité l'ac-

(1) Bordeaux, 21 juin 1859 (Dalloz, 1859, 2, 187).

cident; ou qui a au moins aggravé les circonstances dommageables (1). Cette rigueur dépasse la loi, déjà très-sévère. L'article 1384, que la cour invoque, suppose que le préposé a causé un dommage par un délit ou un quasi-délit; il faut donc avant tout qu'il soit prouvé que le fait dommageable est celui d'un préposé; or, dans l'espèce, l'auteur du fait était inconnu, on ne pouvait pas même présumer que ce fût un préposé; dès lors la responsabilité de la compagnie n'avait plus de base.

601. Les tribunaux ont raison de ne pas écouter les mauvaises raisons que les compagnies allèguent pour se décharger de la responsabilité que la loi leur impose. Un ouvrier aiguilleur trouve la mort en aidant les hommes d'équipe à déplacer un waggon. Ce travail ne le regardait pas, dit la compagnie et, de plus, l'accident doit être attribué à l'imprudence de l'ouvrier, qui aurait pu échapper au danger en faisant un tout autre mouvement. Peu importe, répond la cour de Bordeaux, que ce soit par pur zèle ou par ordre de ses supérieurs que l'ouvrier ait mis le waggon en mouvement; il suffit, pour engager la responsabilité de la compagnie, que la mort lui soit imputable; or, la mort avait été occasionnée par un affaissement du sol et par un vice de la voie ferrée, donc par une faute qui remontait à la compagnie. Quant au défaut d'adresse ou de présence d'esprit de la victime, ce fait ne changeait rien aux conditions de la responsabilité, à moins qu'il ne fût prouvé que le fait devait être attribué à la seule faute de la partie lésée; ce qui, dans l'espèce, n'était pas même allégué (2).

602. Un ouvrier périt par la faute d'un autre ouvrier: l'Etat ou la compagnie sont-ils responsables? On l'a contesté, au nom de l'Etat, dans une espèce où un machiniste avait péri par la faute d'un chef-garde, lequel avait négligé de prendre les mesures nécessaires pour éviter la rencontre de deux trains. Le machiniste, disait-on, était employé de l'Etat; ses droits sont définis par les lois et les règlements, il jouit de son traitement, de sa pension de

---

(1) Lyon, 22 août 1863 (Dalloz, au mot *Voirie par chemins de fer*, n° 634).
(2) Bordeaux, 15 juin 1857 (Dalloz, 1858, 2, 31).

retraite, de la pension pour infirmités accidentelles et il participe aux caisses de secours. Voilà un ensemble de mesures qui ont pour objet de sauvegarder les intérêts de l'ouvrier; hors de là, il est sans droit. Le tribunal de Bruxelles répond que cela n'est pas sérieux; les avantages attachés à un emploi sont une rétribution des services rendus par l'ouvrier; s'il éprouve un dommage par la faute directe ou présumée de ses commettants, il a un autre droit qui dérive, non de ses fonctions, mais du délit ou du quasi-délit dont il est la victime. L'Etat opposait une autre défense, tout aussi peu fondée : l'article 1384, disait-on, ne concerne pas le dommage qu'un ouvrier employé avec d'autres ouvriers éprouve par la faute de ses compagnons. Nous avons déjà répondu à cette mauvaise excuse (n° 587); il est certain que l'ouvrier qui se charge d'un travail dangereux doit accepter les conséquences du danger auquel il s'expose, mais il ne se soumet pas pour cela à supporter, sans indemnité, le dommage qu'il éprouve par un délit ou un quasi-délit d'un autre ouvrier ou préposé. Sur le pourvoi, il intervint un arrêt de rejet. La cour de cassation dit très-bien que l'article 1384 ne distingue pas quelle est la partie lésée; que ce soit un ouvrier ou un employé, cela ne décharge pas le commettant de la responsabilité qui lui incombe; on pourrait dire plutôt que cette circonstance aggrave la responsabilité; car l'Etat comme les compagnies doivent veiller sur leurs ouvriers, tandis qu'ils n'ont aucun devoir spécial à remplir à l'égard des étrangers (1).

603. L'Etat et les compagnies sont responsables du préjudice qui résulte du retard qu'éprouve le transport des personnes ou des choses. Il n'y a aucun doute quant aux personnes, pourvu qu'il y ait faute de la part de l'administration dans le sens de l'article 1384. Un train éprouve un retard par suite d'une avarie survenue à une machine; un voyageur de commerce réclame une indemnité de ce chef. La compagnie lui oppose que les accidents de vapeur sont des cas fortuits dont elle ne répond pas. Cette

(1) Bruxelles, 18 mai 1868 (*Pasicrisie*, 1868, 2, 385), et Rejet, 7 mai 1869 (*Pasicrisie*, 1869, 1, 330).

excuse n'a pas été admise. Le tribunal de commerce de la Seine dit très-bien que les compagnies ne doivent faire usage que de machines capables de fournir un service sûr et régulier; elles sont donc en faute quand elles emploient une machine vicieuse (1). La jurisprudence invoque l'article 1384. A notre avis, il s'agit plutôt d'une responsabilité conventionnelle, puisqu'il intervient un contrat entre la compagnie et les voyageurs. Nous reviendrons sur ce contrat, au titre du *Louage*.

Il en serait de même de la rupture d'une pièce de la locomotive. Dans une espèce jugée par la cour de Dijon, la compagnie soutenait que c'était un cas de force majeure dont elle n'était pas responsable. La cour répond que c'est à la compagnie d'éprouver ses machines et de les tenir toujours en bon état de réparation. D'ailleurs le chef de gare aurait dû demander par le télégraphe une locomotive de secours à la gare voisine, ce qui eût prévenu le retard. Un voyageur, par suite du retard, manqua une adjudication; la compagnie fut condamnée à des dommages-intérêts (2).

604. En Belgique, la responsabilité de l'Etat pour retard dans le transport des marchandises a donné lieu à des difficultés sérieuses. Nous les examinerons au titre du *Louage*.

605. Les canaux sont des voies de transport comme les chemins de fer. Ceux qui les exploitent, l'Etat ou les compagnies, sont donc responsables, en vertu de l'article 1384, du dommage causé par leurs préposés. C'est le droit commun. L'application des principes a soulevé une difficulté très-sérieuse. Des bateaux sont ensablés dans le canal de la Campine à cause du manque d'eau. La société à laquelle ils appartenaient réclama des dommages-intérêts; elle soutint que le manque d'eau provenait de la faute des ingénieurs qui avaient contrevenu à l'arrêté royal du 25 novembre 1844, aux termes duquel le canal de la Campine doit assurer aux navigateurs un tirant d'eau d'un mètre cinquante centimètres, tandis qu'il ne

---

(1) Tribunal de commerce de la Seine, 9 août 1864 (Dalloz, 1864, 3, 103).
(2) Dijon, 20 novembre 1866 (Dalloz, 1866, 2, 245).

présentait qu'un tirant d'eau d'un mètre; les ingénieurs avaient dépensé pour l'irrigation des terres riveraines une partie de l'eau nécessaire à la navigation. Le tribunal de première instance condamna l'Etat; sa décision a été cassée. La cour de cassation dit que l'arrêté de 1844 prescrit des règles dans l'intérêt général et ne crée pas, en faveur de chaque particulier, un droit positif et direct à la navigation du canal et à l'usage du volume d'eau nécessaire. Ce motif nous laisse des doutes. Quel est cet intérêt général? Celui de la navigation, et cet intérêt est bien celui des navigateurs. La loi promet donc aux navigateurs un tirant d'eau que le canal est destiné à leur procurer, et il se trouve que le volume d'eau est insuffisant par le fait des ingénieurs : ce fait constitue un quasi-délit, puisque c'est une violation des règlements; donc l'Etat en doit répondre. La cour prétend que le législateur a laissé au gouvernement le soin de régler la distribution des eaux entre les besoins de l'irrigation et ceux de la navigation; elle en conclut que cette distribution est tout ensemble un droit pour l'Etat et une obligation; que de là peut résulter pour l'Etat une responsabilité politique, mais non une responsabilité civile (1). N'est-ce pas confondre l'exercice du pouvoir réglementaire avec l'exécution des règlements? Sans doute les navigateurs ne pourraient pas attaquer l'arrêté royal de 1844 et soutenir qu'il ne donne pas assez d'eau à la navigation et qu'il en donne trop à l'agriculture: cette responsabilité serait une responsabilité politique. Mais là n'était pas la question. L'arrêté a fait la distribution entre l'agriculture et la navigation; cette distribution donne un droit aux navigateurs et ce droit était lésé par le fait des ingénieurs. L'Etat en devait répondre.

N° 3. LOIS SPÉCIALES.

606. Il y a des lois spéciales qui déclarent l'Etat responsable ou qui l'affranchissent de toute responsabilité. Nous nous bornons à citer celles qui ont été portées en

(1) Cassation, 28 décembre 1855 (*Pasicrisie*, 1856, 1, 46).

Belgique. De nombreuses difficultés se sont élevées sur la responsabilité de l'Etat en ce qui concerne le transport des lettres. Une loi récente a réglé cette matière (loi du 29 avril 1868); nous y renvoyons, les lois spéciales et exceptionnelles étant en dehors des cadres de notre travail.

La loi du 1er mars 1851 dispose que l'Etat n'est soumis à aucune responsabilité à raison du service de la correspondance privée par la voie télégraphique (art. 6). Nous renvoyons à la brochure de M. Girardin sur la législation des télégraphes.

Il y a une loi spéciale sur la responsabilité des communes à raison des troubles qui y éclatent : c'est la fameuse loi du 10 vendémiaire an IV. Nous devons nous borner à la mentionner (1).

ARTICLE 3. Des cas dans lesquels il n'y a pas lieu à la responsabilité de l'article 1384.

N° 1. DU MARI ET DE LA FEMME.

607. Le mari est-il responsable du dommage causé par sa femme? Il ne peut pas être question de la responsabilité de l'article 1384, puisque le mari, comme tel, n'est pas le commettant de la femme, et, d'un autre côté, la loi ne place pas le mari parmi les personnes qu'elle déclare responsables du fait d'autrui, en se fondant sur une présomption de faute; et comme cette responsabilité est une exception, il suffit que la loi ne l'établisse pas pour qu'on ne puisse pas l'admettre. L'article 1424 est conçu en ce sens : il porte que « les amendes encourues par la femme ne peuvent s'exécuter que sur la nue propriété de ses biens personnels tant que dure la communauté. » Nous reviendrons sur cette disposition au titre du *Contrat de mariage* (2).

608. Le principe que le mari n'est pas responsable du

(1) Voyez Dalloz, au mot *Communes*, nos 2652 et suiv. Aubry et Rau, t. IV, p. 762-765.
(2) Aubry et Rau, t. IV, p. 769, note 49, § 447, et les autorités qu'ils citent.

fait de sa femme reçoit-il des exceptions? Il y en a une première qui n'est pas douteuse, puisque c'est l'application de l'article 1384. Si la femme est la préposée du mari, dans ce cas celui-ci est responsable à titre de commettant; c'est le droit commun. Quand la femme est-elle préposée du mari? Sur ce point encore on applique le droit commun. Il ne faut pas confondre les cas où le mari est obligé, comme chef de la communauté, par les obligations que la femme contracte avec son autorisation, avec la responsabilité de l'article 1384; celle-ci ne reçoit d'application qu'aux faits dommageables, c'est-à-dire aux délits et aux quasi-délits; tandis que les obligations que la femme contracte avec autorisation du mari sont des faits licites. Au titre du *Contrat de mariage,* nous dirons pourquoi le mari est obligé par les actes faits avec son autorisation; nous dirons aussi quelle est l'étendue du mandat tacite que le mari donne à sa femme pour les besoins du ménage.

La cour de Bordeaux a jugé que la femme était la préposée du mari en cas d'absence de celui-ci; elle en conclut que le mari est réputé agir lui-même par le ministère de sa femme et qu'il peut, par conséquent, être poursuivi pour les actes résultant d'un fait de cette dernière. Par application de ce principe, la cour a déclaré le mari responsable du dommage résultant d'un incendie qui avait éclaté, pendant l'absence du mari, par l'imprudence de sa femme (1). La cour fonde ce principe sur la jurisprudence qui, *d'accord avec la loi,* a voulu que, lorsque le mari s'absente, la femme fût regardée comme sa préposée, son agent. Nous cherchons vainement dans le code un texte qui établisse le principe invoqué par la cour; et, quant à la jurisprudence, elle n'a pas le droit d'établir des présomptions, et bien moins encore de présumer que la femme soit la préposée du mari.

609. Toullier enseigne que le mari est responsable des délits de sa femme quand il est en faute de ne l'avoir pas dirigée. La femme est en la puissance du mari; il peut

---

(1) Bordeaux, 25 novembre 1831 (Dalloz, au mot *Responsabilité,* n° 595).

lui commander, elle doit obéir, il doit donc diriger ses
actions; s'il ne le fait pas, il est en faute. Mais, comme la
loi n'établit pas contre les maris une présomption de négligence et de faute, la partie lésée devra prouver que le
mari est en faute. Cette doctrine, ainsi restreinte, est une
application de l'article 1382, et non une conséquence de
l'article 1384 (1). En théorie, on peut l'admettre, puisque
tout fait dommageable oblige l'auteur du dommage à le
réparer. Mais l'application sera très-difficile; la jurisprudence n'en offre aucun exemple. Comment prouver qu'un
délit de la femme doit être imputé à la mauvaise direction du mari? Nous croyons inutile d'insister.

610. Il y a des lois spéciales qui déclarent le mari
responsable. Le code rural (titre II, art. 7 de la loi des
28 septembre-6 octobre 1791) porte : « Les maris seront
civilement responsables des délits commis par leurs femmes. » Cette disposition, quoique générale, ne s'applique
qu'aux délits ruraux. Elle a été étendue aux délits fores-
tiers par la loi belge du 19 décembre 1854 (art. 173). Il
est à remarquer que le mari n'est responsable que dans
les cas où la femme s'est rendue coupable d'un *délit* rural
ou forestier. Si donc le fait dommageable ne constitue
pas un délit, le mari cesse d'être responsable. Il a été
jugé que le mari n'est pas responsable quand la femme,
accusée d'un délit, est en état de démence; la femme ne
peut être condamnée et, par suite, il ne peut y avoir de
condamnation contre le mari (2).

611. La femme est-elle responsable des faits dommageables de son mari lorsque celui-ci est en état de démence? Il a été jugé que la femme ne répond pas des faits
de son mari (3); la raison en est simple, c'est qu'aucune
loi ne la déclare responsable. La femme ne répond donc
que des faits qui lui sont personnels. Quoique n'ayant pas
d'autorité légale sur son mari, elle doit le soigner quand
il est affligé d'une maladie mentale et, par conséquent, le

(1) Toullier, t. VI, 1, p. 231, n° 280. Sourdat, t. II, p. 91, n° 851.
(2) Liége, 12 février 1852 (*Pasicrisie*, 1852, 2, 335).
(3) Cassation, chambre criminelle, 26 juin 1806 (Dalloz, au mot *Interdiction*, n° 46).

surveiller; c'est une conséquence des devoirs qui naissent du mariage (art. 212). Si le mari est colloqué dans une maison d'aliénés, toute responsabilité de la femme cesse. Nous supposons que le mari n'est pas interdit : peut-on imputer à faute à la femme de n'avoir point provoqué l'interdiction de son mari? Non, car l'interdiction n'a pour objet que de sauvegarder les intérêts pécuniaires de l'interdit et de sa famille (1).

N° 2. DU BAILLEUR.

612. Le bailleur répond-il du dommage que le preneur cause à des tiers? Ainsi posée, la question ne présente aucun doute. Il n'y a pas de loi qui déclare le bailleur responsable, et il ne l'est pas en vertu de l'article 1384, puisqu'il n'est pas le commettant du preneur. On donne de cela une raison que nous croyons mauvaise : le bailleur, dit-on, n'est pas le commettant du preneur, parce qu'il n'a pas le droit de le surveiller et de le diriger (2). Cela suppose que le commettant est responsable, parce que, ayant le droit et le devoir de surveiller, il ne l'a pas fait. Nous avons dit et répété que telle n'est pas la théorie du code.

La cour de cassation a jugé que le bailleur n'est pas responsable des faits de jouissance du preneur qui constitueraient un délit ou un quasi-délit. Dans l'espèce, le fermier d'un moulin avait exhaussé les vannes du déversoir sans l'autorisation ni l'approbation du bailleur. La cour, en déchargeant le bailleur de toute responsabilité, ajoute cette réserve que le propriétaire pourrait être tenu des conséquences civiles du mode abusif ou illégal de jouissance de la chose louée, si cet abus ou cette illégalité était l'effet nécessaire ou l'exécution des stipulations du bail (3). Le fait du fermier serait, dans ce cas, le fait du bailleur, et celui-ci en répondrait, non en vertu de l'article 1384, mais en vertu de l'article 1382.

---

(1) Sourdat, t. II, p. 74, n° 828. Aubry et Rau, t. IV, p. 768, note 50.
(2) Sourdat, t. II, p. 126, n° 895. Comparez Aubry et Rau, t. IV, p. 768, note 52.
(3) Rejet, 12 juin 1855 (Dalloz, 1855, 1, 422).

La cour de Grenoble a appliqué ce principe à une espèce qui présente quelque doute. Un fermier fait des charrois pour le compte du propriétaire, en exécution des clauses du bail : le propriétaire sera-t-il responsable du dommage que le fermier a causé en faisant ces charrois? Il s'agit de savoir si le fermier agit comme préposé ou comme fermier. La cour de Grenoble a décidé qu'il agissait comme fermier, d'où suivait que le bailleur n'était pas responsable. Il est vrai que le fermier était obligé de faire les charrois en vertu de son bail, les charrois tenant lieu d'une partie du fermage ; d'un autre côté, on ne pouvait pas invoquer le principe formulé par la cour de cassation, car le quasi-délit du fermier n'était pas l'exécution d'une stipulation du bail. Ce sont ces motifs qui ont entraîné la cour de Grenoble. Il reste cependant une raison de douter. Si le propriétaire avait chargé une personne qui n'est pas son fermier de faire des charrois pour son compte, on serait dans les termes et dans l'esprit de l'article 1384, le propriétaire serait un commettant et responsable comme tel. Le fait change-t-il de nature parce que c'est un fermier qui en est chargé? Non, pas plus qu'un prêt étranger au bail ne cesse d'être un prêt parce qu'il est stipulé dans un bail. C'était la décision du tribunal de première instance (1).

Nº 3. DE L'ACTION *de effusis et dejectis.*

613. Le projet de code civil soumis au conseil d'Etat contenait une disposition ainsi conçue : « Si, d'une maison habitée par plusieurs personnes, il est jeté sur un passant de l'eau, ou quelque chose qui cause un dommage, ceux qui habitent l'appartement d'où on l'a jeté sont tous solidairement responsables, à moins que celui qui a jeté ne soit connu, auquel cas il doit seul la réparation du dommage. » Cette disposition, empruntée au droit romain, a été retranchée lors de la discussion, par la raison qu'elle n'était que l'application de la règle établie par l'article 1382 et qu'il était inutile d'en donner des exemples.

(1) Grenoble, 19 juin 1866 (Dalloz, 1866, 2, 196).

C'est une erreur ; l'action *de effusis et dejectis* dérogeait, au contraire, au droit commun en établissant une présomption de faute à charge de ceux qui habitaient la maison, dans l'intérêt de la partie lésée, qui pouvait difficilement prouver quel était l'auteur du fait dommageable ; le projet de code dérogeait encore au droit commun en établissant la solidarité à la charge des habitants de l'appartement. La disposition était donc exceptionnelle ; comme elle a été retranchée, on doit s'en tenir au droit commun ; il n'y a plus de présomption, c'est à la partie lésée de prouver quel est l'auteur du dommage (1). Quant à la question de savoir si les auteurs d'un fait dommageable en sont tenus solidairement, nous renvoyons à ce qui a été dit au titre des *Obligations*.

§ V. *Effet de la responsabilité.*

Nº 1. DES DOMMAGES-INTÉRÊTS.

614. L'artice 1384 détermine l'effet de la responsabilité : la personne déclarée responsable doit réparer le dommage causé par la personne dont elle répond. Il suit de là que l'étendue de la responsabilité dépend de l'étendue du dommage causé par l'auteur du fait dommageable. On lit dans un arrêt que la personne responsable, telle que le maître ou le commettant, peut être condamnée à une portion plus considérable des réparations civiles que celui par la faute duquel le dommage a été causé. Cela suppose que les dommages-intérêts se répartissent entre la personne responsable et l'auteur du fait ; ce qui ne pourrait arriver que dans le cas où le délit ou le quasi-délit aurait été commis sur l'ordre du maître ou du commettant, et il faudrait encore supposer que le préposé est responsable des ordres qu'il exécute ; or, en général, sa responsabilité cesse quand il exécute un ordre d'un supérieur auquel

---

(1) Toullier, t. VI, 1, p. 47, nᵒˢ 148 et 149. Aubry et Rau, t. IV, p. 768, note 55. Larombière, t. V, p. 771, nº 30 (Ed. B., t. III, p. 457).

il doit obéir (n° 447). La cour de Poitiers s'est donc trompée en décidant que le commettant est tenu directement et que sa faute peut être plus grande que celle de son préposé (1). La responsabilité de l'article 1384 est fondée sur une présomption de faute, et cette faute consiste uniquement dans le fait d'avoir mal choisi le préposé, ou, quand il s'agit des père et mère, instituteurs et artisans, d'avoir mal dirigé ou surveillé l'auteur du fait dommageable. Sans doute, il y a des degrés dans toute faute; mais de ce que la faute est plus ou moins grande, il ne s'ensuit pas que la personne civilement responsable doive supporter personnellement une part dans les réparations civiles; il y a contradiction à rendre personnellement responsable celui qui n'est pas l'auteur du fait dommageable et qui n'en répond que parce que la loi le déclare responsable du fait d'autrui.

615. La responsabilité établie par l'article 1384 consiste dans la réparation du dommage causé; elle est donc purement civile. Si le fait dommageable est un délit, l'auteur du fait sera condamné à une peine criminelle, mais cette peine est personnelle, de même que le délit; elle ne peut donc pas frapper la personne responsable, que nous supposons étrangère au délit; celle-ci ne serait punie que si elle était coauteur ou complice. Il n'y a aucun doute quant au principe (2), et la jurisprudence le consacre. Il a été jugé que le père ne peut être condamné à l'amende pour un délit commis par son fils (3); que le maître ne peut être condamné à la peine encourue pour une contravention commise par son domestique (4); qu'un entrepreneur de messageries ne peut être condamné à l'amende ou à l'emprisonnement pour des contraventions à la police du roulage commises par ses préposés (5); ni,

---

(1) Poitiers, 6 janvier 1838 (Dalloz, au mot *Responsabilité,* n° 525).
(2) Sourdat, t. II, p. 21, n° 777, et les auteurs qu'il cite.
(3) Cassation, chambre criminelle, 29 février 1828 (Dalloz, au mot *Responsabilité,* n° 506, et les autres arrêts qui y sont cités).
(4) Voyez les arrêts rapportés dans le *Répertoire* de Dalloz, au mot *Responsbailité,* n° 505, 1°, 4°, 5°, 6°, 7°).
(5) Cassation, chambre criminelle, 9 juin 1832 (Dalloz, au mot *Responsabilité,* n° 505, 2°).

en général, un commettant à la peine encourue par son préposé (1).

Le principe s'applique aux amendes, puisque les amendes sont des peines. Il y a cependant des cas où, en vertu de lois spéciales, les amendes sont considérées comme des réparations civiles; elles peuvent être prononcées alors contre la personne responsable. Ainsi, en matière de douanes, la loi des 6-22 août 1791 dispose (titre XIII, art. 20) que « les propriétaires des marchandises seront responsables civilement du fait de leurs facteurs, agents, serviteurs et domestiques en ce qui concerne les droits, confiscations, *amende* et dépens. » Par application de cette loi, il a été jugé que le père répond des amendes encourues par son fils mineur, habitant avec lui, pour contravention aux lois de douane (2).

Le décret du 1er germinal an XIII contient une disposition analogue en matière de contributions indirectes. Il a été jugé, en termes généraux, que les amendes fiscales sont, par leur nature, moins une peine que la réparation du préjudice causé à l'Etat par la fraude (3).

Aux termes de la loi du 6 frimaire an VII sur la police des bacs et bateaux, les adjudicataires sont civilement responsables des restitutions, dommages-intérêts, *amendes* et condamnations pécuniaires prononcées contre leurs préposés et mariniers (art. 54).

Parfois les lois se servent indifféremment des termes *amende* et *dommages*. L'amende a, en effet, un double caractère; c'est une peine, puisqu'elle est invariable, et elle sert en même temps d'indemnité à l'Etat pour le préjudice présumé causé. Il en est ainsi des amendes prononcées en matière de police de roulage (4).

Le code forestier belge (19 décembre 1854) porte (article 173) : « Les maris, pères, mères, tuteurs, maîtres et

---

(1) Cassation, chambre criminelle, 14 novembre 1844 (Dalloz, 1845, 4 459). Rejet, cour de cassation de Belgique, 4 octobre 1844 (*Pasicrisie*, 1845, 1, 213).
(2) Douai, 9 avril, 22 avril et 19 mai 1842 (Dalloz, au mot *Responsabilité*, n° 508). Rejet, chambre criminelle, 11 déc. 1863 (Dalloz, 1864, 1, 200).
(3) Cassation, chambre criminelle, 4 décembre 1863 (Dalloz, 1864, 1, 195).
(4) Cassation (cour de cassation de Belgique), 13 février 1843 (*Pasicrisie*, 1843, 1, 59).

commettants sont responsables des *amendes*, restitutions, dommages-intérêts et frais résultant des condamnations prononcées contre leurs femmes, leurs enfants mineurs et pupilles non mariés demeurant avec eux, leurs ouvriers, voituriers et autres subordonnés, sauf tout recours de droit (1). »

Les cas dans lesquels les amendes sont assimilées aux réparations civiles sont des exceptions, et les exceptions n'existent qu'en vertu d'une disposition expresse de la loi. Il a été jugé en ce sens, par la cour de cassation de Belgique, que, les peines étant essentiellement personnelles, la responsabilité civile d'un délit ou d'une contravention ne peut s'appliquer qu'aux dommages-intérêts et ne saurait être étendue à l'amende encourue par l'auteur du fait dommageable, à moins que le législateur, par une disposition expresse, n'en ait ordonné autrement, ou que l'amende n'ait été comminée que comme réparation civile du dommage causé (2). Par application de ce principe, la cour de Liége a jugé que le père n'est pas responsable de l'amende encourue pour un délit de pêche commis par son enfant mineur (3).

616. La confiscation jouait un grand rôle dans l'ancien droit. C'était évidemment une peine et la plus injuste des peines. Elle n'existe plus dans le droit moderne que pour les instruments du délit. Pour devenir spéciale, la confiscation n'a pas perdu son caractère pénal. Cela décide la question de savoir si la confiscation atteint les personnes civilement responsables. La question s'est présentée en matière de chasse; la cour de Grenoble, après avoir jugé que la confiscation des armes, filets et engins est une condamnation civile, est revenue sur sa jurisprudence, et la cour de cassation s'est aussi prononcée pour la négative (4). La loi belge sur la chasse a consacré le même principe. Elle porte (art. 10, loi du 26 février 1846)

---

(1) Comparez Aubry et Rau, t. IV, p. 765, note 41, § 447.

(2) Rejet, chambre criminelle, 19 janvier 1841 (*Pasicrisie*, 1841, 1, 103). Comparez Liége, 20 février 1834 (*Pasicrisie*, 1834, 2, 48).

(3) Liége, 13 août 1850 (*Pasicrisie*, 1851, 2, 49).

(4) Grenoble, 16 février 1850, et Rejet, chambre criminelle, 6 juin 1850 (Dalloz, 1850, 2, 95 et 1850, 5, 60).

que les père et mère, les maîtres et les commettants sont civilement responsables des délits de chasse commis par leurs enfants mineurs non mariés demeurant avec eux, par les domestiques ou préposés, mais que cette responsabilité ne s'applique qu'aux dommages-intérêts et aux frais.

617. L'Etat est-il responsable des amendes et, s'il y a lieu, de la confiscation en tant qu'il répond des délits de ses préposés? La cour de cassation a décidé la question négativement : l'Etat, dit l'arrêt, ne peut jamais être réputé auteur d'un délit ou d'une contravention. Si, dans certaines circonstances, il est responsable des faits de ses agents et s'il doit réparer le tort qu'ils ont occasionné, ce n'est là qu'une responsabilité civile qui ne peut, dans aucun cas, s'étendre aux confiscations et aux amendes. La cour en conclut que les tribunaux excèdent leurs pouvoirs lorsqu'ils prononcent contre l'Etat de pareilles condamnations (1). On pourrait objecter que l'amende n'est plus une peine quand elle tient lieu de réparation civile; mais, même dans ce cas, elle conserve un caractère pénal qui suffit pour qu'elle ne puisse être prononcée contre l'Etat.

618. Les frais des procédures criminelles doivent-ils être supportés par les personnes civilement responsables? L'affirmative est admise par la doctrine (2) et par la jurisprudence. Il y a un motif de douter, c'est que les frais sont nécessités par une instruction qui tend à l'application de la peine : la peine étant personnelle, les frais ne doivent-ils pas participer de ce caractère de personnalité? Des textes formels répondent à l'objection. Le code d'instruction criminelle (art. 194) porte : « Tout jugement de condamnation rendu contre le prévenu et contre *les personnes civilement responsables* du délit, ou contre la partie civile, les condamnera aux frais. » L'article 156 du décret du 18 juin 1811, qui organise cette responsabilité, est conçu en termes encore plus généraux : « La condamnation aux frais sera prononcée, dans toutes les procédures, solidairement contre tous les auteurs et complices du même fait et *contre les personnes civilement responsables* du délit. »

---

(1) Cassation, chambre criminelle, 11 août 1848 (Dalloz, 1848, 1, 186).
(2) Aubry et Rau, t. IV, p. 765, note 39, et les auteurs qu'ils citent.

Cette responsabilité se justifie facilement. Si une poursuite et des frais deviennent nécessaires, c'est par la faute de celui qui a commis le délit, c'est donc un dommage qu'il cause par son fait; dès lors la réparation est purement civile et doit, à ce titre, tomber à charge des personnes civilement responsables.

Les dispositions que nous venons de transcrire reçoivent leur application sans difficulté au cas où il y a une partie civile (1). On doit les appliquer aussi au profit de l'Etat quand il n'y a pas de partie civile. Ici il y a un nouveau motif de douter. On dit que l'action en dommages-intérêts est établie en faveur de la partie lésée par le fait dommageable; peut-il être question d'une réparation là où il n'y a pas de partie lésée en cause? Nous répondons avec la cour de cassation que le code d'instruction criminelle est général, qu'il ne distingue pas entre la partie lésée et l'Etat; l'Etat est aussi partie lésée, puisque le délit l'a obligé de poursuivre l'auteur du fait et, par conséquent, de faire des frais. C'est un dommage causé par le fait dommageable; partant il y a lieu à réparation, ce qui entraîne nécessairement la condamnation des personnes déclarées responsables (2). La cour de cassation s'était écartée de cette jurisprudence par d'assez mauvaises raisons (3), elle y est revenue (4); et comme la question n'est pas douteuse, nous croyons inutile d'y insister.

619. Quand la responsabilité pèse sur plusieurs personnes, sont-elles obligés solidairement? Si l'on s'en tient à la rigueur des principes, il faut répondre qu'il n'y a pas de solidarité, parce qu'il n'y a pas de loi qui l'établisse. Il s'agit d'une responsabilité fondée sur une présomption de fraude, donc sur un quasi-délit; or, aucune loi ne déclare

(1) Voyez les arrêts de la chambre criminelle cités dans le *Répertoire* de Dalloz, au mot *Responsabilité*, n° 519, 1°.
(2) Cassation, chambre criminelle, 8 mars 1821 (Daloz, au mot *Responsabilité*, n° 521, 2°).
(3) Rejet, chambre criminelle, 15 juin 1832 (Dalloz, au mot *Responsabilité*, n° 522).
(4) Rejet, chambre criminelle, 13 décembre 1856 (Dalloz, 1857, 1, 75). Dans le même sens, arrêt de la chambre criminelle de la cour de cassation de Belgique, 4 mai 1840 (*Pasicrisie*, 1840, 1, 384).

solidairement responsables les coauteurs d'un fait dommageable. Nous avons dit, en traitant des délits et des quasi-délits, que la jurisprudence s'est prononcée pour l'opinion contraire (n° 541). Elle admet aussi la solidarité pour les personnes déclarées responsables en vertu de l'article 1384, ce qui est très-logique, une fois que l'on admet le principe. Les motifs que donnent les arrêts à l'appui de l'opinion générale ne sont pas de nature à nous convertir. On lit dans un arrêt de la cour de Bordeaux que deux propriétaires d'une voiture sont solidairement responsables du dommage causé par le cocher, parce que la responsabilité résulte d'un fait indivisible (1). Ainsi l'indivisibilité engendrerait la solidarité! L'argument, tel qu'il est formulé, est une hérésie juridique.

La cour de Poitiers a déclaré solidairement responsables le commettant et le préposé; la solidarité est de droit, dit l'arrêt, pour les restitutions, dommages-intérêts et frais, entre tous les individus condamnés pour un même crime, ou pour un même délit (2). C'est poser comme principe ce qu'il s'agit de prouver. Les personnes responsables ne sont pas condamnées pour délit: elles sont tenues à raison d'une présomption de faute civile, donc à raison d'un quasi-délit. Et quelle est la loi qui établit la solidarité pour les quasi-délits? Nous n'insistons pas, puisque nous avons discuté la question en traitant de la solidarité (t. XVII, n° 319).

N° 2. DE L'ACTION EN RESPONSABILITÉ.

620. A qui appartient l'action en responsabilité? L'action naît d'un fait dommageable ; elle appartient donc à celui qui est lésé par le délit ou le quasi-délit. On a demandé si l'action appartient au ministère public. La question suppose que le fait dommageable constitue un délit criminel; et pour qu'il y ait quelque doute, il faut encore supposer que l'amende peut être poursuivie contre la personne civilement responsable. On pourrait croire que,

(1) Bordeaux, 9 février 1839 (Dalloz, au mot *Responsabilité*, n° 568).
(2) Poitiers, 6 janvier 1838 (Dalloz, au mot *Responsabilité*, n° 525).

dans ce cas, le ministère public a le droit d'agir contre celui qui est tenu de payer l'amende. Ce serait méconnaître la mission du ministère public et la nature de l'amende dont sont tenues les personnes responsables du fait d'autrui. Le ministère public est l'organe des intérêts généraux, il ne peut donc poursuivre l'amende que dans l'intérêt de la société ; de là suit qu'il doit avant tout agir contre l'auteur du délit, sauf à mettre les personnes responsables en cause pour recouvrer contre elles l'amende, ainsi que les frais dont elles répondent. La jurisprudence est en ce sens et la question n'est pas douteuse (1).

621. Contre qui l'action peut-elle être intentée? Pour qu'il y ait lieu à responsabilité, il faut qu'il y ait un fait dommageable. Tout fait dommageable donne lieu à une action contre l'auteur du dommage. La partie lésée a donc deux actions, l'une contre l'auteur du fait, l'autre contre la personne déclarée responsable. Les deux actions diffèrent quant aux conditions requises pour qu'elles puissent être intentées. La partie lésée qui agit contre l'auteur du délit doit prouver l'existence du délit ou du quasi-délit. Elle doit prouver notamment que le fait est imputable à celui qui l'a commis. Il se peut donc qu'elle n'ait pas d'action ; elle n'en aurait pas si l'auteur du fait était un enfant qui ne fût pas arrivé à l'âge de raison. L'action en responsabilité n'est pas soumise à cette condition ; il suffit, aux termes de l'article 1384, qu'il y ait un dommage causé par le fait d'une personne dont on doit répondre. La partie lésée qui n'a pas d'action contre l'enfant aura une action contre la personne que la loi déclare responsable, contre les père et mère, ou contre l'instituteur. Dans ce cas, le fait dommageable ne donne lieu qu'à une seule action, celle en responsabilité. Si le fait dommageable réunit toutes les conditions requises pour qu'il y ait délit ou quasi-délit, la partie lésée aura deux actions, l'une contre l'auteur du fait, l'autre contre la personne qui en est responsable (2).

---

(1) Liége, 30 janvier 1835 (*Pasicrisie*, 1835, 2, 40) ; 20 juin 1836 (*Pasicrisie*, 1836, 2, 167), et 24 avril 1841 (*Pasicrisie*, 1841, 2, 347).

(2) Aubry et Rau, t. IV, p. 767, note 46, et les auteurs qu'ils citent.

Quand la partie lésée a deux actions, elle peut agir à son choix, soit contre l'auteur du fait, soit contre la personne qui en est civilement responsable. Il va sans dire que si elle est indemnisée par l'un de ses débiteurs, elle n'aura plus d'action contre l'autre. Mais il ne suffit pas que l'un des débiteurs lui fasse des offres pour qu'elle ne puisse plus agir contre l'autre. Il a été jugé que les offres faites par le commettant, et non acceptées par la partie lésée, n'empêchaient pas celle-ci d'agir contre l'auteur du fait. Dans l'espèce, il s'agissait d'une difficulté de compétence. La partie lésée avait formé sa demande contre l'auteur du fait et contre le commettant devant le tribunal du domicile du préposé. La cour de cassation décida que l'action était bien intentée, puisque s'il y a plusieurs défendeurs, en matière personnelle, l'action peut être portée devant le tribunal du domicile de l'un d'eux, au choix du demandeur (Code de proc., art. 59); le préposé étant l'obligé principal, l'action avait dû être intentée devant le tribunal de son domicile, et accessoirement contre le commettant devant le même juge (1).

La cour de cassation dit que l'action, dans l'espèce, a dû être intentée contre l'auteur du délit. Il ne faut pas entendre cette décision en ce sens que la partie lésée soit tenue d'agir d'abord contre l'auteur du fait dommageable et accessoirement contre le commettant. L'action peut être intentée directement contre la personne responsable, sans que le demandeur doive même mettre en cause l'auteur du fait (2). L'action contre le commettant est accessoire, en ce sens qu'elle suppose l'existence d'un fait dommageable commis par un préposé; mais elle n'est pas subsidiaire, en ce sens qu'elle ne pourrait être intentée qu'après la condamnation de l'auteur du fait, ou du moins subsidiairement à l'action principale; l'action en responsabilité est elle-même une action principale (3).

Si la partie lésée commence par agir contre l'auteur du fait sans mettre en cause la personne responsable, le

(1) Rejet, 29 décembre 1856 (Dalloz, 1857, 1, 22]).
(2) Grenoble, 13 mars 1834 (Dalloz, au mot *Responsabilité*, n° 642).
(3) Rejet, 19 février 1866 (Dallloz, 1866, 1, 420).

jugement qu'elle obtiendra ne pourra pas être opposé à celle-ci; c'est le droit commun régissant la chose jugée. Il peut résulter de là que la personne responsable soit condamnée à des dommages-intérêts qui diffèrent de la condamnation prononcée contre l'auteur du délit. L'action est d'abord intentée au criminel contre l'auteur du délit, puis la partie lésée agit au civil contre la personne responsable; il a été jugé que celle-ci peut demander que le montant des dommages-intérêts prononcés contre le coupable soit réduit. Il y aura contrariété entre les deux jugements; c'est la conséquence des principes qui régissent la chose jugée (1).

622. Si la partie lésée agit contre la personne responsable, celle-ci aura-t-elle un recours contre l'auteur du fait? L'affirmative n'est pas douteuse. La personne responsable paye la dette de l'auteur du fait dommageable, elle doit donc avoir un recours contre lui. Il ne faudrait pas induire de là que les personnes responsables soient des cautions; elles sont tenues personnellement en vertu d'une présomption de faute, donc elles sont débitrices principales. Ce qui le prouve, c'est qu'il peut arriver qu'elles n'aient point de recours. Elles sont tenues par cela seul qu'il y a un dommage causé; tandis que l'auteur du fait n'est tenu que s'il lui est imputable. De là suit que s'il ne lui est pas imputable, il n'y a pas de délit ni de quasi-délit à son égard; partant il ne peut être sujet à aucune action (2). Il a été jugé, conformément à ces principes, que l'administration des postes, déclarée responsable d'un accident arrivé par l'imprudence d'un courrier, avait un recours contre celui-ci (3).

La personne condamnée comme responsable peut aussi avoir un recours contre d'autres personnes également responsables. Cela a été jugé ainsi pour un commettant responsable du fait de son préposé, alors qu'il y avait encore

---

(1) Paris, 15 mai 1851 (Dalloz, 1852, 2, 240). En sens contraire, Larombière, t. V, p. 775, n° 35 (Ed. B., t. III, p. 458).
(2) Duranton, t. XIII, p. 739, n° 722. Toullier, t. VI, 1, p. 226, n° 274.
(3) Tribunal de Bordeaux, 8 avril 1848 (Dalloz, 1848, 1, 252). Comparez Bruxelles, 27 juillet 1866 (*Pasicrisie*, 1866, 2, 389).

un autre commettant également responsable. La cour de cassation dit que la responsabilité doit être partagée entre tous ceux qui devaient surveiller le préposé (1). Nous ne pouvons pas admettre ce motif; la responsabilité des commettants n'est pas fondée sur un défaut de surveillance, elle n'a d'autre fondement que le choix fait par le commettant (n° 570).

623. Devant quelle juridiction l'action en responsabilité doit-elle être portée? La question suppose que le fait dommageable est un délit criminel. On applique les principes généraux qui régissent l'action civile (2). La partie lésée peut l'intenter devant les tribunaux civils ; elle peut aussi agir au criminel en se portant partie civile et en poursuivant les personnes civilement responsables devant la même juridiction, non pas comme auteurs du délit, mais comme répondant des conséquences civiles du délit.

624. Dans quel délai l'action doit-elle être intentée? S'il s'agit d'un délit civil ou d'un quasi-délit, on applique le droit commun, l'action se prescrit par trente ans. S'il s'agit d'un délit criminel, l'action en responsabilité, de même que toute action civile, se prescrit par le même laps de temps que l'action publique (3). Nous nous bornons à établir le principe, cette matière étant en dehors des limites de notre travail.

SECTION II. — De la responsabilité du dommage causé par des animaux.

§ Ier. Principes généraux.

625. Aux termes de l'article 1385, « le propriétaire d'un animal, ou celui qui s'en sert pendant qu'il est à son usage, est responsable du dommage que l'animal a causé, soit que l'animal fût sous sa garde, soit qu'il fût égaré ou échappé. » Quel est le fondement de cette responsabilité?

(1) Rejet, 23 avril 1872 (Dalloz, 1872, 1, 411).
(2) Aubry et Rau, t. IV, p. 766, notes 43 et 44, § 447, et les auteurs qu'ils citent.
(3) Aubry et Rau, t. IV, p. 767, note 47, § 447, et les autorités qu'ils citent.

Le rapporteur du Tribunat répond que le dommage doit être imputé, soit au défaut de garde et de vigilance de la part du maître, soit à la témérité, à la maladresse, ou au peu d'attention de celui qui s'est servi de l'animal. D'ailleurs, dit Bertrand de Greuille, rien de ce qui appartient à quelqu'un ne peut nuire impunément à un autre (1). Le législateur établit une présomption de faute contre le propriétaire de l'animal ou contre celui qui s'en sert. Il ne saurait y avoir de responsabilité sans faute, comme le dit l'orateur du Tribunat : « Le dommage, pour qu'il soit sujet à réparation, doit être l'effet d'une faute ou d'une imprudence de la part de quelqu'un ; s'il ne peut être attribué à cette cause, il n'est plus que l'ouvrage du sort dont chacun doit supporter les chances ; mais s'il y a eu faute ou imprudence, quelque légère que soit leur influence sur le dommage commis, il en est dû réparation. C'est à ce principe que se rattache la responsabilité du propriétaire relativement aux dommages causés par les animaux (2). »

626. Les motifs donnés par le rapporteur et par l'orateur du Tribunat conduisent à une conséquence très-importante. Il y a présomption de faute ; mais la loi n'exclut pas la preuve contraire, comme elle le fait dans le cas prévu par l'article 1384 en ce qui concerne les commettants (n° 588). Le propriétaire de l'animal ou celui qui s'en sert sont donc admis à prouver qu'aucune faute ne leur est imputable ; nous entendons par là non-seulement le cas où le fait dommageable serait un cas fortuit, sur ce point, tout le monde est d'accord (3), mais aussi la preuve qu'aucune faute ne peut être reprochée au propriétaire de l'animal, ou à celui qui s'en est servi, et qu'ils ont fait tout ce qui leur était possible pour empêcher le dommage. Sur ce point, il y a controverse. La jurisprudence est en faveur de notre opinion ; nous citerons un cas qui s'est présenté devant la cour de Bruxelles.

---

(1) Bertrand de Greuille, *Rapport*, n° 15 (Locré, t. VI, p. 281).
(2) Tarrible, *Discours*, n°ˢ 19 et 20 (Locré, t. VI, p. 287).
(3) Aubry et Rau, t. VI, p. 771, note 9, § 448, et les auteurs qu'il cite.

Un cheval conduit par un domestique écrase un passant. Demande en dommages-intérêts, fondée sur les termes généraux de l'article 1385. La cour constate qu'on ne pouvait reprocher au propriétaire de s'être servi d'un cheval dangereux, parce que le cheval n'avait aucun vice quelconque, qu'il était, au contraire, d'un naturel doux et paisible. On ne pouvait non plus imputer au cocher ni imprudence ni impéritie. Le cheval s'était emporté subitement, effrayé par des scieurs de bois; le cocher avait employé tous les moyens possibles pour retenir son cheval et prévenir tout malheur; il avait averti les passants par ses cris. Il suit de là que la présomption de faute établie par l'article 1385 venait à tomber; dès lors il ne pouvait y avoir de responsabilité (1).

La cour de Gand a consacré le même principe. Elle considère l'article 1385 comme une application de la règle générale qui régit les faits dommageables. C'est dire qu'il n'y a pas de responsabilité lorsqu'il n'y a point de faute; donc celui à qui le dommage est imputé doit être admis à prouver qu'aucune faute ne lui est imputable (2). Mais aussi il suffit de la faute la plus légère pour déclarer le propriétaire responsable; c'est une conséquence du principe établi par les articles 1382 et 1383. Dans l'espèce, la cour décida que le propriétaire du cheval n'avait pas administré la preuve, à laquelle il avait été admis, à savoir, qu'il n'y avait aucune faute à lui reprocher (3).

La jurisprudence française est dans le même sens. Il a été jugé par la cour de Paris que le propriétaire d'un animal ne saurait être déclaré responsable du dommage lorsqu'il n'a commis aucune espèce de négligence, et qu'il n'a pu ni prévoir ni empêcher l'accident dommageable (4).

Nous ne savons trop sur quoi se fonde l'opinion contraire. On invoque la doctrine de Domat, reproduite par Merlin. C'est un malentendu. Domat et Merlin ne disent

---

(1) Bruxelles, 11 mars 1829 (*Pasicrisie*, 1829, p. 99). Comparez Bruxelles, 3 janvier 1863 (*Pasicrisie*, 1863, 2, 68).
(2) Gand, 9 août 1861 (*Pasicrisie*, 1861, 2, 365).
(3) Gand, 22 mars 1862 (*Pasicrisie*, 1862, 2, 150).
(4) Paris, 14 novembre 1863 (Dalloz, 1863, 5, 329). Comparez Toulouse, 5 août 1865 (Dalloz, 1866, 5, 411).

pas ce qu'on leur fait dire. Dans tous les cas qu'ils supposent, il y a faute et partant responsabilité ; ils se gardent bien de dire qu'il y a une responsabilité sans faute(1).
D'autres auteurs citent les travaux préparatoires ; nous
avons rapporté les paroles des orateurs du Tribunat ; il
y a une idée qui y domine, c'est qu'une personne ne peut
être responsable quand il n'y a pas de faute à lui reprocher (n° 625). Les éditeurs de Zachariæ ne motivent pas
leur opinion (2), et parmi les auteurs auxquels ils renvoient,
Larombière ne professe pas l'opinion qu'on lui attribue.
Quant à Marcadé, il a son argument qui tranche tout.
« Le propriétaire offrirait en vain de prouver qu'il a fait
tout ce qu'il était possible pour empêcher le mal ; car, de
deux choses l'une, ou il n'a pas pris toutes les précautions
que la prudence commandait, et alors il est en faute, ou
il s'agit d'un animal tellement méchant, que toutes les
précautions imaginables pour l'empêcher de nuire sont
inefficaces, et alors il est en faute par cela seul qu'il le
conserve (3). » Les dilemmes sont excellents dans le domaine de la théorie ; la vie, avec ses nuances infinies, leur
échappe. Nous supposons que le propriétaire parvienne
à prouver qu'il n'est coupable d'aucune faute : préten-
dra-t-on, de par la logique, qu'il est nécessairement en
faute (4)?

627. Qui est responsable du dommage causé par l'animal? L'article 1385 répond : « Le propriétaire de l'animal,
ou celui qui s'en sert pendant qu'il est à son usage. »
En principe, c'est donc le propriétaire qui est responsable, et sa responsabilité est illimitée, en ce sens qu'étant
attachée au droit de propriété, elle dure aussi longtemps
qu'il est propriétaire. L'usage de l'animal, au contraire,
à quelque titre qu'il ait été concédé, est un droit temporaire ; d'où suit que la responsabilité l'est également.
La loi dit : « Le propriétaire *ou* celui qui se sert de

---

(1) Merlin, *Répertoire,* au mot *Quasi-délit,* n° IX (t. XXVI, p. 242).
(2) Aubry et Rau, t. IV, p. 771, note 10, § 448.
(3) Marcadé, t. V, p. 288, n° I de l'article 1385.
(4) Comparez Sourdat, t. II, p. 523, n° 1429 ; et p. 536, n° 1448. Colmet
de Santerre, t. V, p. 685, n° 366 *bis.*

l'animal. » Elle établit donc une alternative, c'est-à-dire que la responsabilité ne pèse que sur l'un des deux. Le propriétaire cesse d'être responsable quand il a confié l'usage de l'animal à un tiers ; c'est naturellement à celui qui se sert de l'animal de veiller à ce qu'il ne cause aucun dommage. Il n'y aurait d'exception que si le propriétaire avait commis quelque faute ; il en répondrait en vertu du principe général des articles 1382 et 1383 (1).

L'article 1385 impose la responsabilité du dommage à celui qui *se sert* de l'animal. Faut-il prendre cette expression au pied de la lettre? La cour de cassation l'interprète en ce sens que la responsabilité incombe à celui *sous la garde* duquel l'animal se trouve. Cela est plus logique. La cour a appliqué la loi ainsi entendue au cas où un propriétaire a confié la garde de ses poulains au pâtre du troupeau commun; ce n'était certes pas pour que le pâtre s'en servît, mais pendant qu'ils étaient sous la garde du pâtre, on ne pouvait imputer aucune négligence au propriétaire (2). On peut d'ailleurs fonder cette décision sur l'article 1382 : ce n'est pas pour une faute présumée que l'on rend le pâtre responsable, c'est pour une négligence réelle. Il a été jugé, dans le même sens, que la responsabilité du dommage causé par le taureau d'un troupeau communal pèse sur celui qui s'est chargé, par bail administratif, de la fourniture et de l'entretien du taureau (3). Par application du même principe, la cour de cassation a décidé que si un cheval fait une blessure à un passant, alors qu'il est ramené de la forge par un ouvrier du maréchal ferrant, c'est l'artisan qui en est responsable et non le propriétaire. On lit dans l'arrêt que l'artisan qui reçoit chez lui un animal pour lui donner les soins que son état exige, doit être considéré comme l'ayant pris sous sa garde et qu'il est assimilé à une personne qui en a momentanément l'usage (4). Nous préférerions baser la décision

(1) Colmet de Santerre, t. V, p. 685, n° 366 *bis* I. Aubry et Rau, t. IV, p. 771 et 772.
(2) Rejet, section criminelle, 14 frimaire an XIV (Dalloz, au mot *Responsabilité*, n° 743). Comparez Besançon, 26 août 1869 (Dalloz, 1870, 2, 187).
(3) Colmar, 27 juin 1833 (Dalloz, au mot *Responsabilité*, n° 745).
(4) Cassation, 3 décembre 1872 (Dalloz, 1873, 1, 337).

sur les articles 1382 et 1383, ce qui oblige le demandeur à prouver la faute. Quant à l'article 1385, il consacre une présomption de faute, et les présomptions légales ne s'étendent pas par voie d'analogie.

628. L'article 1385, conçu dans les termes les plus généraux, ne comporte aucune distinction. Sur ce point, tout le monde est d'accord. Les animaux, dit Toullier, peuvent causer du dommage en suivant leur instinct et leurs habitudes, comme les bestiaux qui vont paître sur les terres d'autrui, en brouter les récoltes; ou en s'écartant de leur nature, comme un cheval qui mord et qui rue, une vache qui blesse avec ses cornes, car ces vices ne sont pas naturels à ces sortes d'animaux. Il n'y a pas à distinguer : celui qui souffre un dommage causé par des animaux, suivant leur instinct ou contre leur naturel, a une action en réparation (1). Il a été jugé, en ce sens, que le propriétaire d'un taureau répond du dommage causé par cet animal naturellement féroce, de même qu'il est responsable des blessures causées par un cheval, animal naturellement doux et inoffensif. Lorsque le propriétaire connaît le caractère vif ou vicieux de l'animal, il est même responsable quand l'animal est sous la garde d'un tiers; car le propriétaire commet une imprudence en confiant un animal dangereux à un tiers qui ne sait pas le conduire (2).

De même il n'y a pas à distinguer si, au moment où le dommage a été causé, l'animal était sous la garde du maître, ou s'il était égaré ou échappé (3). Le principe n'est pas douteux, car le fait que l'animal est égaré ou échappé accuse une imprudence du maître. Mais l'application a donné lieu à une difficulté. Un cheval attelé à une charrette est abandonné sur la voie publique, sans être attaché ni gardé : il s'emporte et prend le mors aux dents. Un passant, voyant la course désordonnée du cheval et craignant des accidents, essaye de l'arrêter; il est

(1) Toullier, t. VI, 1, p. 243, n° 297.
(2) Paris, 24 mai 1810; Bordeaux, 28 janvier 1841 (Dalloz, au mot *Responsabilité*, n° 715, 1° et 2°).
(3) Aubry et Rau, t. IV, p. 771, note 8, § 448.

renversé et tué. Le maître est-il responsable? Il le serait, sans doute aucun, si le passant avait été blessé sans avoir voulu arrêter le cheval. Mais on pourrait dire que celui qui veut arrêter le cheval n'est pas blessé par la faute du maître, qu'il l'est par sa propre faute, puisqu'il s'expose volontairement au danger. On répond, et la réponse est décisive, que l'on ne saurait considérer comme faute le dévouement d'un homme qui expose sa vie pour sauver celle des autres. L'objection a encore été présentée sous une autre forme : le dommage, dit-on, n'a pas été causé par la faute du maître, la faute n'est que l'occasion; et dès qu'il n'y a pas entre la faute et l'accident une relation nécessaire, l'article 1385 n'est plus applicable. Nous croyons que c'est introduire dans la loi une distinction qui n'y est pas. Celui qui risque sa vie afin de prévenir les effets du danger doit être protégé aussi bien que celui qui fuit le danger; le sens moral se révolte contre une distinction qui tournerait au préjudice de l'homme généreux et profiterait à l'égoïste et au lâche (1).

629. Que doit prouver celui qui intente l'action en responsabilité? Dans l'opinion que nous avons enseignée, il y a une présomption de faute à charge du propriétaire ou de celui qui s'est servi de l'animal. Il faut donc appliquer l'article 1352, aux termes duquel la présomption légale dispense de toute preuve celui au profit duquel elle existe. Mais la preuve contraire est de droit, à moins que la loi ne la rejette. Il nous faut donc voir si la loi repousse la preuve contraire. Ce serait une exception au droit commun; cette exception devrait être établie par un texte formel. Nous avons d'avance répondu que ce texte n'existe pas (n° 626).

Il y a un jugement en sens contraire du tribunal de Gand. On y lit que l'article 1385 établit une responsabilité spéciale plus étendue que celle des articles 1382 et 1383. Le tribunal ne dit pas ce qu'il y a de spécial dans cette responsabilité. On a dit, pour justifier la décision,

(1) Metz, 19 février 1863 ; comparez Metz, 29 janvier 1862, et 6 août 1851 (Dalloz, 1863, 2, 153, 154 et note). Paris, 21 juillet 1866 (Dalloz, 1868, 2, 71). Gand, 23 mai 1853 (*Pasicrisie*, 1854, 2, 51).

que l'article 1385 n'exige pas la faute, comme le font les
articles 1382 et 1383; que si l'on exigeait la faute dans
le cas de l'article 1385, la disposition serait inutile, puisqu'il ne ferait que répéter, dans un cas spécial, ce que
l'article 1382 dit en termes généraux. L'argument nous
paraît très-faible. Les articles 1382 et 1383 prévoient un
cas différent de celui qui est réglé par l'article 1385; les
premiers supposent un délit ou un quasi-délit personnel
à l'auteur du fait, tandis que les articles 1384-1386 traitent de la responsabilité de celui qui n'est pas l'auteur
du fait. Peut-on comparer des dispositions qui ont un objet
différent? Le tribunal insiste et dit que les articles 1384
et 1385 ne rattachent pas à quelque faute la responsabilité qu'ils font peser sur le propriétaire de l'animal. Le
rapprochement entre l'article 1384 et l'article 1385 est
assez obscur; on l'a expliqué en ce sens que, dans le projet soumis au conseil d'État, l'article 1385 faisait partie
de l'article 1384; et cette disposition générale du projet
contenait un dernier alinéa d'après lequel la responsabilité des père et mère, instituteurs et artisans venait à
cesser lorsqu'ils prouvaient qu'ils n'avaient pu empêcher le
fait dommageable; cet alinéa n'était pas applicable aux
commettants ni aux propriétaires d'animaux. Donc, dans la
pensée des auteurs du code, les propriétaires d'animaux
n'étaient pas admis à prouver que le fait avait eu lieu
sans leur faute (1). Nous répondons que si les commettants ne peuvent pas s'excuser en prouvant qu'ils sont
sans faute, c'est que les auteurs du code ont suivi sur ce
point l'opinion de Pothier (n° 588); c'est donc une disposition traditionnelle; mais la raison donnée par Pothier
pour les commettants est étrangère aux propriétaires
d'animaux. Le code ne dérogeant pas, à leur égard, au
droit commun, il faut le maintenir. Telle est l'opinion
énoncée par les orateurs du Tribunat.

630. La responsabilité du maître cesse quand le fait

(1) Jugement du 9 décembre 1857 (*Pasicrisie*, 1858, p. 488, et une note
de M. Adolphe Du Bois, p. 489). Dans le même sens, un jugement du tribunal de Montpellier, réformé en appel, du 9 juin 1866 (Dalloz, 1868,
2, 72).

dommageable n'est pas provoqué par la faute de la partie lésée; si, par exemple, elle avait excité ou tourmenté l'animal. C'est l'application du droit commun (nᵒˢ 485-492). Le maître doit prouver la faute; la cour de Montpellier est allée trop loin en décidant que l'on devait présumer qu'il y avait faute de la part du domestique qui ramenait les chevaux de l'abreuvoir à l'écurie, par la raison que le cheval n'était pas vicieux (1). Il y a présomption de faute à charge du propriétaire, c'est donc à lui de prouver qu'il est sans faute; et s'il prétend que l'accident est arrivé par la faute du domestique, il doit également en administrer la preuve. Il peut y avoir une faute à reprocher à la victime, et le maître peut néanmoins être déclaré responsable s'il ne parvient pas à prouver que l'accident est arrivé par la seule faute de la victime : c'est le droit commun (nᵒ 491). S'il y a faute de part et d'autre, le juge peut modérer les dommages-intérêts auxquels la partie lésée a droit (2).

§ II. *Application.*

Nᵒ 1. LES ANIMAUX DOMESTIQUES.

631. Le code rural (28 septembre-6 octobre 1791) contient quelques dispositions spéciales sur le dommage causé par des animaux domestiques. L'article 12 porte : « Les dégâts que les bestiaux de toute espèce, *laissés à l'abandon*, feront sur les propriétés d'autrui seront payés par les personnes qui ont la jouissance des bestiaux; si elles sont insolvables, les dégâts seront payés par ceux qui en ont la propriété. Le propriétaire qui éprouvera les dommages aura le droit de saisir les bestiaux, sous l'obligation de les faire conduire dans les vingt-quatre heures au lieu du dépôt qui sera désigné à cet effet par la municipalité. » C'est ce qu'on appelle la *mise en fourrière*. La loi ne l'autorise que pour les animaux laissés à l'aban-

---

(1) Montpellier, 23 juillet 1866 (Dalloz, 1868, 2, 72).
(2) Paris, 10 août 1867 (Dalloz, 1867, 5, 369, nᵒ 4).

don ; si le maître ou le gardien est présent, on reste dans
le droit commun.

La loi ajoute : « Si ce sont des volailles, de quelque
espèce que ce soit, qui causent le dommage, le propriétaire, le détenteur ou le fermier qui l'éprouvera pourra
les tuer, mais seulement sur le lieu, au moment du dégât. » On entend par volailles tous les oiseaux domestiques qu'on élève dans les basses-cours, tels que les pou-
lets, les canards, les oies, les dindons. Celui qui n'use
pas de ce droit rigoureux peut naturellement réclamer
des dommages-intérêts. La cour de cassation l'a jugé
ainsi, et cela n'est point douteux (1).

632. Les pigeons ne sont pas compris sous le nom
de volailles ; il y a une disposition spéciale à leur égard
dans le décret du 4 août 1789, dont l'article 2 porte : « Les
pigeons seront enfermés aux époques fixées par les communautés. » C'est le temps des semailles et des moissons
où les pigeons peuvent causer de grands dégâts ; le décret permet à chacun de les tuer sur son terrain comme
gibier, pendant le temps où ils doivent être renfermés.
S'il n'y a pas d'arrêté, on n'a plus le droit de tuer les pigeons. Mais qu'il y ait un arrêté ou qu'il n'y en ait pas,
et alors même que les propriétaires usent du droit qu'ils
ont de tuer les pigeons, ils ont toujours le droit de demander des dommages-intérêts en vertu de l'article 1385.
C'est l'opinion générale, sauf le dissentiment d'Henrion
de Pansey, qui enseigne que le droit de tuer les pigeons
est le seul dédommagement que la loi donne à la partie
lésée. Le décret de 1789 ne dit pas cela, et il n'y avait
aucune raison de déroger au droit commun (2).

633. Il n'y a pas de loi spéciale concernant les abeilles ;
elles restent donc sous l'empire du droit commun. On a
prétendu que l'article 1385 ne leur est pas applicable,
parce que les abeilles ne peuvent pas être considérées
comme une propriété privée. L'article 524 répond à l'objection : il place les ruches à miel parmi les immeubles

---

(1) Toullier, t. VI, 1, 245, nᵒˢ 299-301, et les autorités citées par Aubry
et Rau, t. IV, p. 769, note 1, § 448.
(2) Sourdat, t. II, p. 531, nᵒˢ 1442-1444.

par destination. Il est vrai que les abeilles peuvent reprendre leur liberté naturelle, et, dans ce cas, il va sans dire que personne n'est responsable du dommage qu'elles causent; mais, tant qu'elles reviennent à leurs ruches, elles sont une propriété privée et, par conséquent, l'article 1385 est applicable. La jurisprudence est en ce sens. Les décisions judiciaires constatent les faits d'imprudence ou de négligence que l'on pouvait reprocher aux propriétaires des ruches (1). Il ne faudrait pas induire de là que le demandeur doit prouver que le propriétaire des ruches est en faute; il n'a rien à prouver, puisque la loi présume la faute du propriétaire, sauf à lui à faire la preuve contraire.

634. Il y a une grande analogie, en droit, entre les lapins et les abeilles; en fait, ils sont bien plus nuisibles; il importe donc d'établir le principe de responsabilité. Pour le moment, nous ne parlons que des lapins qui sont une propriété privée, c'est-à-dire de ceux qui vivent en commun dans une garenne. Il n'y a pas à distinguer si la garenne est fermée ou ouverte; dès que les lapins appartiennent à un propriétaire, il est responsable du dommage qu'ils causent, en vertu de la disposition générale de l'article 1385 (2). Nous parlerons plus loin des lapins qui vivent en état de liberté et qui, à ce titre, sont considérés comme gibier.

Nº 2. LE GIBIER.

635. L'article 1385 s'applique-t-il au gibier? La négative est certaine; en effet, la loi attache la responsabilité à une condition, c'est que l'animal qui cause le dommage soit la propriété de la personne déclarée responsable; or, le gibier n'appartient pas à celui sur le terrain duquel il se tient; donc l'article 1385 n'est pas applicable. Ainsi, dit Merlin, un loup, un renard, un blaireau qui était réfugié dans une forêt en est sorti et a enlevé et dévoré des

(1) Limoges, 5 décemb. 1860 (Dalloz, 1867, 5, 368). Tribunal de Bordeaux, 6 juin 1869 (Dalloz, 1870, 3, 37).
(2) Toullier, t. VI, 1, p. 250, nº 304, et p. 255, nºˢ 309-314.

moutons ou des volailles dans mon voisinage : je n'en serai pas responsable.

L'ancien droit donnait à ceux dont les champs étaient dévastés par le gibier une action contre le seigneur du fief dans l'étendue duquel étaient situées leurs terres. Quel était le fondement de cette action? Dans l'ancien droit comme aujourd'hui, le gibier n'appartenait à personne, mais les seigneurs avaient le droit exclusif de le tuer. Ce privilége entraînait une obligation, celle de garantir les propriétaires des dégâts que le gibier pouvait causer à leurs récoltes. L'obligation était fondée sur le principe que l'article 1382 a consacré : les seigneurs ayant le droit exclusif de chasse, on pouvait leur imputer à faute d'avoir laissé multiplier le gibier, au lieu de le tuer; et, d'un autre côté, les propriétaires étant privés du droit naturel de détruire les animaux sauvages qui dévastaient leurs champs, il était juste qu'ils eussent un recours contre ceux qui exerçaient ce droit à leur exclusion. Cet état de choses a été changé par les lois des 4 et 11 août 1789, qui abolirent le droit exclusif de chasse et accordèrent à tout propriétaire le droit de tuer le gibier qui se trouve sur son fonds. Le motif exceptionnel qui justifiait la responsabilité admise dans l'ancien droit venant à cesser, la responsabilité cesse également (1).

636. Est-ce à dire que les propriétaires des bois où se tient le gibier soient affranchis de toute responsabilité du chef des dégâts commis par les animaux sauvages qui se tiennent sur leurs fonds? Ils restent soumis au droit commun des articles 1382 et 1383. Si donc il y a une faute à leur reprocher, ils en sont responsables. Le principe n'est pas douteux, puisque c'est l'application d'une règle générale. Mais quand peut-on dire que les propriétaires de bois sont en faute (2)? Il n'y a aucune faute à leur reprocher, par le fait seul que le gibier trouve un refuge

---

(1) Merlin, *Répertoire*, au mot *Gibier*, n° VIII (t. XIII, p. 107 et suiv.), et tous les auteurs (Aubry et Rau, t. IV, p. 770, note 6, § 448). La jurisprudence est conforme. Rejet, 19 juillet 1859 (Dalloz, 1860, 1, 425).

(2) Aubry et Rau, t. IV, p. 770, note 7, § 448, et les autorités qu'ils citent.

dans leurs bois; cela se fait sans leur volonté, et ils n'ont aucun moyen de l'empêcher; aucune loi d'ailleurs et aucun principe ne les obligent de détruire le gibier qui se trouve sur leurs propriétés (1). Les voisins, sur les terres desquels le gibier se répand et cause des dégâts, ont le droit de le tuer; ce droit suffit, en général, pour sauvegarder leurs intérêts.

Y aurait-il faute par cela seul que le propriétaire d'un bois ne chasse pas? Non, car s'il a le droit de chasser, aucune loi ne l'oblige de chasser et aucun principe ne lui fait une obligation de préserver ses voisins du dommage qu'ils éprouvent par la multiplication du gibier. La cour de cassation l'a jugé ainsi. Dans l'espèce, le premier juge avait appliqué au propriétaire du bois les articles 1382 et 1383, en se fondant uniquement sur ce que le dommage avait été causé par les biches, cerfs et chevreuils résidant habituellement sur sa propriété, qu'il ne faisait pas chasser et ne chassait pas lui-même, et qu'ainsi il maintenait ces animaux chez lui. La cour de cassation rappelle qu'aux termes des articles 1382 et 1383, le propriétaire du bois ne pourrait être déclaré responsable du dommage causé à ses voisins par les animaux sauvages existant dans ses bois, qu'autant que le dommage proviendrait d'une faute à lui imputable et résultant de son fait, de sa négligence ou de son imprudence. Or, le jugement attaqué ne constatait aucune faute à charge du défendeur. La cour dit en quoi la faute pourrait consister. Il n'était pas allégué que le propriétaire eût attiré ces animaux, qu'il les eût retenus ou qu'il en eût favorisé la multiplication; il n'était pas constaté non plus que le propriétaire eût laissé ces animaux se multiplier jusqu'à devenir nuisibles aux voisins, et ce en refusant aux voisins de les détruire eux-mêmes ou de les faire détruire. La cour conclut que, *dans ces circonstances*, le seul fait de n'avoir pas chassé ni fait chasser ne constituait pas le propriétaire en faute (2).

(1) Tribunal de Rouen, 23 juin 1858 (Dalloz, 1858, 3. 74, 2e espèce).
(2) Cassation, 4 décembre 1867 (Dalloz, 1867, 1, 456).

Ainsi le fait de ne pas chasser et de multiplier par là le gibier peut devenir une faute si le propriétaire du bois refuse de le laisser détruire par les voisins. Le tribunal de Rambouillet l'a jugé ainsi par un jugement très-bien motivé. Il pose en principe que le fait que des animaux sauvages se retirent dans un bois est un cas fortuit, en ce sens qu'ils y sont attirés par leur seul instinct, sans que le propriétaire ait rien fait pour les y attirer, les y retenir et les multiplier; s'ils causent des dégâts aux voisins, c'est un accident, un fléau naturel dont le propriétaire du bois ne saurait être responsable. Vainement dirait-on que les animaux se multiplient par la négligence du propriétaire qui ne les chasse point, il n'y a pas de faute à ne pas faire ce qu'aucune loi ne nous oblige de faire. Les voisins ont le droit de tuer le gibier qui ravage leurs champs. Mais est-ce leur seul droit? Le tribunal dit que celui dont la propriété est la cause d'un fléau naturel faisant dommage à la propriété voisine est tenu ou de détruire lui-même cette cause, ou de donner à son voisin entrée dans son héritage et de lui permettre de détruire le gibier à ses frais, en remboursant le montant du dommage causé par la destruction. Ici il y a un doute. C'est au nom de l'équité plutôt que du droit que l'on impose au propriétaire du bois l'obligation de laisser ses voisins y pénétrer pour détruire le gibier qui l'habite; mais l'équité suffit-elle pour engendrer une obligation? Les jurisconsultes romains disent qu'il faut permettre ce qui est utile à nos voisins et ce qui ne nous nuit point. On invoque cette maxime traditionnelle, mais, à la rigueur, on pourrait la repousser, puisque nos lois ne la consacrent pas. Bref, il y a lacune, et la jurisprudence l'a comblée. Le tribunal de Rambouillet conclut que si le propriétaire du bois se refuse à détruire le gibier et à le laisser détruire, ce refus constitue une faute qui l'oblige à réparer le dommage causé par la multiplication des animaux sauvages (1).

Quand le propriétaire du bois chasse, la question est

(1) Jugement du 30 décembre 1859 (Dalloz, 1860, 5, 332).

plus facile à décider. S'il est constaté que le propriétaire, par des chasses et des battues fréquentes, a fait ce qui dépendait de lui pour détruire, éloigner et disperser le gibier existant dans ses bois et que, du reste, on n'allègue aucune faute à sa charge, il n'est pas responsable (1). Nous disons s'il n'y a aucune faute à sa charge ; car le fait seul de chasser n'affranchit pas le propriétaire de la responsabilité. Si, pour se ménager le plaisir de la chasse, il la fait garder sévèrement, et si, par sa manière même de chasser, il favorise la multiplication du gibier, il cause par son fait un dommage à ses voisins et, par suite, il est responsable (2). Par application de ces principes, le tribunal de Rouen condamna à des dommages-intérêts l'adjudicataire de la chasse dans un bois pour avoir, par son fait, multiplié les cerfs et les biches ; dans les premiers temps de son bail, il n'avait chassé que le cerf et n'avait pas tué une seule biche : il en résulta que les biches, plus sédentaires que les cerfs, se multiplièrent et devinrent nuisibles. Il y avait là un fait qui constituait une faute (3). La cour de cassation a jugé, dans le même sens, qu'il y avait lieu à responsabilité quand des lièvres sont gardés et entretenus dans les bois pour le plaisir de la chasse (4). Dans un arrêt récent, on lit que les locataires d'une forêt ont favorisé, en conservant soigneusement les laies et les marcassins, la multiplication des sangliers, qui devint effrayante et qui causait des dégâts journaliers aux propriétaires riverains ; que la forêt était gardée par un nombreux personnel, de telle sorte que les voisins ne pouvaient détruire les sangliers qui s'y retiraient et ne sortaient que la nuit. En cet état des faits, dit la cour, le jugement attaqué a fait une juste application de l'article 1382 en déclarant les locataires responsables (5).

La cour de cassation ne prononce guère que des arrêts

---

(1) Rejet, 19 juillet 1859 (Dalloz, 1860, 1, 425), et 15 janvier 1872 (Dalloz, 1872, 1, 212).
(2) Rejet, 10 juin 1863 (Dalloz, 1863, 1, 369).
(3) Rouen, 6 mai 1858 (Dalloz, 1858, 3, 73).
(4) Rejet, 24 juillet 1860 (Dalloz, 1860, 1, 426) ; 10 juin 1863 (Dalloz, 1863, 1, 369).
(5) Rejet, 31 mai 1869 (Dalloz, 1870, 5, 339).

de rejet en cette matière, la difficulté étant d'ordinaire une question de fait dont l'appréciation échappe au contrôle de la cour (1). On a soulevé une question de droit qui n'en est pas une : les riverains doivent-ils mettre le propriétaire du bois en demeure avant d'agir contre lui? La négative est certaine. En effet, les articles 1382 et 1383 n'exigent pas cette condition pour la responsabilité qu'ils établissent; et ils ne pouvaient pas l'exiger, puisque le plus souvent le délit ou le quasi-délit sont imprévus, ce qui rend la mise en demeure impossible (2).

637. Ces principes s'appliquent-ils aux lapins qui se tiennent dans les bois? Voici l'intérêt de la question. Les lapins des garennes sont une propriété privée et, par suite, on leur applique l'article 1385 (n° 634). Si donc les lapins des bois sont assimilés aux lapins des garennes, il en résultera que les propriétaires du bois seront responsables du dommage que les lapins causent par cela seul qu'ils se tiennent dans le bois; tandis que si on les considère comme gibier, l'article 1385 ne leur est pas applicable, et le propriétaire ne pourra être poursuivi en dommages-intérêts qu'en vertu de l'article 1382, c'est-à-dire s'il y a une faute à lui reprocher. Merlin avait d'abord pensé que par le mot *garenne* la loi entend toute espèce de bois dans lequel les lapins établissent leurs terriers; de sorte qu'un bois deviendrait une garenne du moment que les lapins s'y établissent. Il a ensuite abandonné cette opinion en la qualifiant d'erreur. Denisart définit la garenne un lieu *destiné* à élever et à nourrir des lapins. Le Dictionnaire de l'Académie dit, dans le même sens, que la garenne est un lieu à la campagne où il y a des lapins et où l'on prend soin de les conserver. Ces termes font clairement entendre qu'un bois où il y a des lapins n'est point par cela seul une garenne, et qu'il ne devient telle que par le soin que prend le propriétaire de le disposer de manière à y conserver les lapins qui s'y trouvent. Ainsi la question de savoir si un bois est une garenne est

(1) Rejet, 17 février 1864 (Dalloz, 1864, 1, 212).
(2) Rejet, 10 juin 1863 (Dalloz, 1863, 1, 369).

une question de fait. Nous venons de dire quelles en sont les conséquences juridiques : si le bois est une garenne, on applique l'article 1385, et si le bois n'est pas une garenne, on reste sous l'empire des articles 1382 et 1383 (1).

Il y a un arrêt en ce sens de la cour de cassation. Elle constate, en fait, qu'il y avait beaucoup de lapins dans le bois appartenant au défendeur; que l'intention du propriétaire était d'habituer dans les terriers les lapins qui les peuplaient, qu'il leur avait ménagé des demeures permanentes et ne les avait pas laissés à l'état de gibier proprement dit, errant et vaguant sans se fixer nulle part. Le propriétaire ayant fait de ses bois une garenne ouverte, la cour en conclut qu'il était responsable du dégât causé par des animaux dont il était propriétaire. Elle ne cite pas l'article 1385, mais elle l'applique (2).

638. Quand les bois ne forment pas une garenne, les lapins qui s'y trouvent sont assimilés au gibier. De là suit que le propriétaire du bois n'est pas propriétaire des lapins qui s'y tiennent, et on ne pourra pas le rendre responsable, en vertu de l'article 1385, du dégât qu'ils font. Il ne sera responsable qu'en vertu des articles 1382 et 1383, c'est-à-dire quand il y a une faute à lui reprocher. Quand y a-t-il faute? On applique le droit commun qui régit le gibier.

Des lapins s'établissent dans un bois, s'y multiplient et dévastent les terres voisines. Le propriétaire sera-t-il par cela seul responsable? Non, dit Toullier, si ce n'est pas par son fait qu'ils s'y sont fixés et multipliés; dès qu'il n'y a pas de négligence à lui reprocher, il n'y a pas de quasi-délit, donc pas de responsabilité (3). Un arrêt de la cour de cassation établit nettement la distinction entre les lapins des garennes et les lapins qui sont assimilés au gibier. Les lapins qui se trouvent dans un bois par l'effet de l'instinct qui les y rassemble, sans que le propriétaire ait rien fait pour les y attirer et souvent même

---

(1) Merlin, *Répertoire,* au mot *Gibier,* n° VIII (t. XIII, p. 112 et suiv.) ; *Questions de droit,* au mot *Gibier,* § II (t. VII, p. 406).
(2) Rejet, 23 novembre 1846 (Dalloz, 1847, 1, 29).
(3) Toullier, t. VI, 1, 254, n° 308.

malgré lui, sont réputés animaux sauvages ; le propriétaire ne répond des ravages qu'ils exercent dans les terres voisines que dans le cas où il les a laissés multiplier par sa faute, par sa négligence ou son imprudence, n'ayant pas voulu les détruire lui-même et ayant encore refusé aux voisins, qui la lui demandaient, la permission de les détruire (1).

Ainsi le propriétaire du bois n'est pas tenu de détruire lui-même les lapins qui s'y multiplient, aucune loi ni aucun principe ne l'y obligent ; mais la jurisprudence admet qu'il doit permettre aux voisins de détruire ces animaux nuisibles ; s'il refuse, il cause un dommage aux riverains par son fait, et on peut lui appliquer l'article 1382. Nous renvoyons, quant au principe, à ce qui a été dit plus haut (n° 636). La cour de cassation applique à ce cas la maxime romaine : *In suo alii hactenus facere licet, quatenus nihil in alienum immittat.* Nous doutons que ce principe soit applicable à un propriétaire qui ne fait rien sur son fonds et qui permet seulement au gibier de se multiplier. Il n'y a, à vrai dire, qu'une règle d'équité qui oblige le propriétaire à laisser détruire des animaux nuisibles. Nous disons laisser détruire ; la jurisprudence ne va pas jusqu'à obliger le propriétaire à détruire lui-même les lapins qui peuplent ses bois (2). A plus forte raison le propriétaire qui fait des chasses et des battues sérieuses n'est-il pas en faute (3).

Quand les lapins servent au plaisir de la chasse, il n'y a plus de doute, c'est un gibier ; et le propriétaire du bois est responsable du dommage qu'il cause. Ici l'on peut invoquer le principe qui sert de base à la responsabilité des articles 1382 et 1383, c'est que le propriétaire ne peut pas user de son droit de propriété de manière à porter atteinte aux droits de ses voisins. La jurisprudence

---

(1) Rejet, 13 janvier 1829 (Dalloz, au mot *Responsabilité*, n° 738). Cassation, 21 août 1871 (Dalloz, 1871, 1, 112).

(2) Rejet, 3 janvier 1810, et 14 novembre 1816 (Dalloz, au mot *Responsabilité*, n° 740) ; 7 août 1851 (Dalloz, 1858, 5, 743). Jugement du tribunal de Falaise, 9 février 1860 (Dalloz, 1860, 3, 32).

(3) Jugement du tribunal de Namur du 5 février 1874 (*Pasicrisie*, 1875, 3, 104).

est en ce sens. On lit dans un arrêt de la cour de cassation que le propriétaire entretenait et faisait soigneusement garder dans ses bois un grand nombre de lapins pour le plaisir de la chasse. Cela suffisait pour entraîner sa condamnation (1).

La responsabilité du propriétaire étant fondée sur une faute, le tribunal qui le condamne à réparer le dommage doit constater la faute. Il ne suffit pas d'établir qu'il y a dommage causé. Quelque considérable que soit le dommage, il n'y a pas lieu de condamner le propriétaire si aucune faute ne peut lui être imputée. La cour de cassation casse les jugements qui se bornent à constater que les dégâts sont commis par les lapins d'un bois, sans relever à la charge du propriétaire aucun fait qui implique une faute (2). C'est l'application du droit commun.

On applique également le droit commun lorsque la partie lésée est en faute. Cela ne suffit point pour affranchir de la responsabilité celui qui a causé le dommage, mais le tribunal peut tenir compte de l'imprudence de celui qui éprouve le préjudice, pour modérer les dommages-intérêts. Un propriétaire établit des pépinières au milieu des bois, sans les protéger par des clôtures; c'est une grande imprudence, puisque tout le monde sait que les lapins s'attaquent de préférence aux jeunes plants; le tribunal a réduit, en conséquence, l'indemnité due à la partie lésée (3).

SECTION III. — De la responsabilité du dommage causé par des choses.

§ Ier. *Principe général.*

639. Aux termes de l'article 1384, on est responsable du dommage causé par le fait des choses que l'on a sous sa garde. L'article 1386 applique ce principe aux bâti-

---

(1) Rejet, 31 décembre 1844 (Dalloz, 1845, 1, 76); 7 mars et 7 novembre 1849 (Dalloz, 1849, 1, 149, 300); 24 juillet 1860 (Dalloz, 1860, 1, 417).
(2) Cassation, 22 juin 1870 (Dalloz, 1870, 1, 408), et 21 août 1871 (Dalloz, 1871, 1, 112).
(3) Rejet, 22 avril 1873 (Dalloz, 1873, 1, 476).

ments : « Le propriétaire d'un bâtiment est responsable du dommage causé par sa ruine lorsqu'elle est arrivée par une suite du défaut d'entretien ou par le vice de sa construction. » Cette disposition nous fait comprendre la nature de la responsabilité qui pèse sur celui qui a une chose sous sa garde. Le défaut d'entretien et le vice de construction sont des fautes ; c'est à raison de ces fautes que le propriétaire est responsable. Il faut entendre dans le même sens l'article 1384 qui dit, en termes généraux, que l'on répond des choses que l'on a sous sa garde ; si nous sommes responsables, c'est que nous commettons une négligence ou une imprudence dans la garde de la chose. C'est l'application du principe qu'il n'y a pas de responsabilité sans faute. L'article 1386 de même que l'article 1384 prévoient des quasi-délits, c'est-à-dire des faits dommageables arrivés par la négligence ou l'imprudence de celui qui a causé le dommage.

Sur ce point, il ne saurait y avoir de doute. Mais reste à savoir si celui qui a une chose sous sa garde est présumé en faute. La loi tranche la difficulté quand il s'agit d'un bâtiment, puisqu'elle détermine les cas dans lesquels le propriétaire du bâtiment est responsable du dommage causé par sa ruine. Le demandeur n'a donc rien à prouver, sauf au défendeur à faire la preuve contraire, qui est de droit quand il s'agit d'une présomption (1). Que faut-il décider s'il s'agit d'une autre chose, par exemple d'une machine qui fait explosion? Celui qui a la machine sous sa garde est-il présumé en faute? S'il y a présomption de faute, le demandeur n'a rien à prouver, sinon le fait du dommage, et c'est au défendeur à établir, s'il y a lieu, qu'il n'y a pas de faute à lui reprocher. Si, au contraire, il n'y a pas de présomption de faute, le demandeur devra prouver que le dommage a été causé par la faute de celui sous la garde duquel se trouvait la chose. La question est douteuse. La cour de cassation a jugé qu'il faut appliquer le principe général des articles 1382 et 1383 : la faute est la condition de la responsabilité ; c'est au demandeur à prouver

---

(1) Bruxelles, 11 novembre 1874 (*Pasicrisie*, 1875, 2, 78).

que celui qui a la machine sous sa garde a commis une faute (1). La cour ne cite ni l'article 1384 ni l'art. 1386, elle s'appuie sur l'article 1383. Placée sur ce terrain, la question n'est pas douteuse. Mais la difficulté est précisément de savoir si les articles 1384-1386, qui traitent de la responsabilité du fait d'autrui, ne modifient pas la règle générale des articles 1382 et 1383 concernant les délits et quasi-délits. La cour ajoute, ce qui est incontestable, que celui qui se prétend lésé par un délit ou un quasi-délit est, en qualité de demandeur, tenu d'en justifier ; que s'il n'en rapporte pas la preuve, sa demande doit être rejetée, sans que le défendeur ait à prouver le fait sur lequel il fonde une exception de libération. Pour ce qui regarde les faits dommageables des articles 1382 et 1383, cela ne fait pas de doute. Reste à savoir si le dommage causé par l'explosion d'une machine à vapeur tombe sous l'application de ces dispositions.

La cour de cassation décide l'affirmative : « Celui qui poursuit la réparation du dommage par lui souffert doit établir, outre l'accident, la faute qu'il impute au propriétaire comme engageant sa responsabilité. » Le seul motif que la cour donne, c'est « qu'un pareil événement, pouvant être le résultat d'un cas fortuit et de force majeure, n'implique pas nécessairement et par lui-même la faute ou l'incurie du défendeur. » En fait, cela est vrai. Mais il y a une difficulté de droit que la cour ne touche point. Le dommage causé par une machine est le dommage causé par une chose, ce n'est pas un quasi-délit direct, c'est plutôt un cas de responsabilité prévu par l'art. 1384; or, cet article établit une présomption de faute contre les personnes que la loi déclare responsables, ce qui dispense le demandeur de la preuve et en rejette le fardeau sur le défendeur. Il faudrait le décider ainsi sans hésiter si l'article 1384 était la seule disposition légale concernant la responsabilité du dommage causé par une chose. Mais il y en a encore une autre, celle de l'article 1386, et celle-ci impose au demandeur le fardeau de

(1) Rejet, chambre civile, 19 juillet 1870 (Dalloz, 1870, 1, 361). Dans le même sens, Bruxelles, 16 avril 1872 (*Pasicrisie*, 1872, 2, 176).

la preuve quand le dommage est causé par la ruine d'un bâtiment : il doit prouver que la ruine est arrivée ou par un vice de construction, ou par un défaut d'entretien. S'il en est ainsi d'un bâtiment, n'en doit-il pas être de même d'une machine à vapeur dont l'explosion aussi arrive d'ordinaire par un vice de construction ou un défaut d'entretien? L'analogie est évidente; mais l'analogie suffit-elle pour écarter le principe général établi par l'article 1384? Faire de l'article 1386 une disposition générale, c'est effacer de l'article 1384 la disposition concernant le dommage causé par une chose qui est sous notre garde. L'article 1384 établit une présomption de faute, tandis que l'article 1386 met la preuve à charge du demandeur. Nous croyons qu'il faut s'en tenir aux textes, maintenir l'article 1384 comme règle générale et n'appliquer l'article 1386 qu'aux bâtiments. Cette interprétation est aussi en harmonie avec l'équité et avec les faits. Les accidents causés par les machines sont journaliers; ils ne peuvent guère provenir que de l'imperfection de la machine (1), ou d'une négligence de l'ouvrier; donc le législateur a pu présumer la faute. Il est vrai que l'imperfection de la machine peut venir de l'imperfection de la science, laquelle n'est pas imputable au propriétaire; mais alors il y a une considération d'équité : n'est-il pas juste que le propriétaire de la machine supporte le dommage plutôt que celui qui en est la victime (2)?

640. Qui est responsable en vertu de l'article 1386? L'article 1386 dit : « le *propriétaire* d'un bâtiment ». La responsabilité pèse donc sur le propriétaire. Si le bâtiment était occupé par un usufruitier, l'action devrait être dirigée contre le propriétaire, sauf, s'il y a lieu, le recours du propriétaire contre l'usufruitier si celui-ci était en faute. C'est l'opinion générale (3). Il faut y ajouter une réserve : si le dommage avait été causé par une faute imputable à l'usufruitier, la partie lésée aurait une action

(1) Bruxelles, 21 janvier 1873 (*Pasicrisie*, 1873, 2, 196).
(2) Comparez la note sur l'arrêt de la cour de cassation dans le *Recueil* de Sirey, 1871, 1, 9.
(3) Aubry et Rau, t. IV, p. 772, note 15, et les auteurs qu'ils citent.

directe contre l'auteur du fait dommagable, non en vertu de l'article 1386, mais en vertu de l'article 1382. Bien entendu que le demandeur devrait prouver la faute qu'il impute à l'usufruitier, d'après le droit commun.

641. L'article 1792 rend aussi l'architecte responsable; il porte : « Si l'édifice construit à prix fait périt en tout ou en partie par le vice de la construction, même par le vice du sol, les architectes et entrepreneurs en sont responsables pendant dix ans. » Il ne faut pas confondre la responsabilité de l'architecte avec celle du propriétaire. L'architecte est responsable en vertu du contrat qui est intervenu entre lui et le maître; c'est une responsabilité conventionnelle dont les tiers ne peuvent pas se prévaloir. Celui qui éprouve un dommage par la ruine de la maison n'a donc pas d'action directe contre l'architecte, il doit agir contre le propriétaire, lequel est responsable en vertu d'un quasi-délit. Le propriétaire aura son recours contre l'architecte. Mais il est responsable alors même qu'il n'aurait pas de recours. La responsabilité de l'architecte est limitée à dix ans; nous en dirons la raison au titre du *Louage*. Si le bâtiment s'écroule après ce délai, le propriétaire sera toujours responsable, bien qu'il n'ait plus d'action contre l'architecte (1).

642. La loi détermine les causes pour lesquelles le propriétaire est responsable : « Lorsque la ruine est arrivée par une suite du défaut d'entretien, ou par le vice de construction. » Quand il y a défaut d'entretien, la ruine est imputable au propriétaire; mais le vice de construction lui est généralement étranger, à moins qu'il n'ait lui-même dirigé les travaux. Le propriétaire ne laisse pas d'être responsable, quoiqu'il ait ignoré les vices de construction, sauf son recours contre le vendeur, s'il y a lieu, ou contre l'architecte (2). Mais il peut n'avoir aucun recours, comme nous venons de le dire; il est, dans ce cas, responsable, sans qu'il y ait une faute personnelle à lui reprocher. Cela paraît très-injuste, et ce n'est pas justifier la loi que de dire avec Toullier que la ruine arrivera

(1) Toullier, t. VI, i, p. 263, n° 317.
(2) Rouen, 19 juillet 1872 (Dalloz, 1873, 5, 403, n° 11).

rarement après dix ans; pour qu'il y ait responsabilité, il faut naturellement que la ruine arrive. On peut dire d'abord qu'il y a faute de la part du maître d'avoir traité avec un architecte ignorant; puis il a pu stipuler qu'en cas de ruine, il aurait un recours même après les dix ans.

643. Le propriétaire est-il responsable de la ruine arrivée pendant le cours de la construction? Il a été jugé, et avec raison, que, dans ce cas, l'article 1386 n'est pas applicable. La loi suppose que le bâtiment est sous la garde du propriétaire : c'est l'application du principe posé par le premier alinéa de l'article 1384. Le texte de l'article 1386 implique également que la maison est achevée, puisqu'il rend le propriétaire responsable du défaut d'entretien. Pendant le cours de la construction on ne peut imputer aucune faute au propriétaire, à moins que lui-même ne dirige les travaux. La responsabilité pèse donc tout entière sur l'architecte ou l'entrepreneur. Mais le propriétaire n'est-il pas responsable à titre de commettant? La jurisprudence admet que l'entrepreneur n'est pas le préposé du maître, à moins que celui-ci ne se soit réservé la direction (1). Nous renvoyons à ce qui a été dit plus haut (nos 578-580).

644. L'article 1386 ne dit pas à l'égard de qui le propriétaire est responsable. Il l'est à l'égard des voisins et des passants; il l'est aussi à l'égard du locataire et de l'usufruitier, mais en vertu d'un autre principe. La responsabilité de l'article 1386 dérive d'un quasi-délit; elle suppose donc qu'aucune convention n'existe entre le propriétaire et la partie lésée; tandis qu'en cas de bail ou d'usufruit, il y a une convention; le maître est tenu alors de la faute conventionnelle (2). Nous avons dit ailleurs quelle différence il y a entre la faute dont le débiteur est tenu dans les *contrats* et celle dont il répond en cas de *délit* ou de *quasi-délit* (t. XVI, n° 230).

§ II. *De l'action* damni infecti.

645. En droit romain, le propriétaire d'un héritage

(1) Lyon, 20 janvier 1863 (Dalloz, 1863, 2, 199).
(2) Larombière, t. V, p. 794, n° 3 (Éd. B., t. III, p. 467).

contigu à un bâtiment qui menaçait ruine avait le droit de demander au maître une caution pour le dommage éventuel (*damni infecti*) que pourrait causer la chute. Cette action n'existe plus en droit moderne; sur ce point, tout le monde est d'accord. Les éditeurs de Zachariæ disent que la caution *damni infecti* est inutile en droit français, puisqu'elle n'avait pour objet que d'assurer le droit aux dommages-intérêts; or, l'article 1386 donne ce droit sans qu'il soit besoin d'une stipulation. Cela est évident. Il faut dire plus : cette action n'a jamais été admise dans l'ancienne jurisprudence; il ne peut donc en être question sons l'empire du code civil (1).

646. Dans l'ancien droit, on accordait au voisin une action pour forcer le propriétaire à réparer ou à reconstruire le bâtiment qui menaçait ruine, et, sur son refus, le demandeur pouvait se faire autoriser à réparer le bâtiment ou à le démolir aux frais du défendeur (2). Les voisins-ont-ils encore ce droit? La négative nous paraît certaine, bien que la question soit controversée. Il y a un premier point qui est incontestable; l'ancien droit est abrogé dans toutes les *matières* qui sont traitées par le code civil (loi du 30 ventôse an XII); or, le code traite du dommage qui peut résulter de la ruine d'un bâtiment, et le seul droit qu'il donne au voisin, c'est la réparation du dommage causé par la ruine; et il résulte du rapport fait au Tribunat que l'intention des auteurs du code a été de ne pas accorder une action préventive. Après avoir rappelé la disposition de la loi romaine qui donnait action à raison de la seule appréhension du mal, le rapporteur ajoute : « Le projet, au contraire, veut qu'avant tout le mal soit constant. C'est donc *le seul fait de l'écroulement* qui peut légitimer la plainte et la demande du lésé et déterminer une condamnation à son profit (3). » Le silence de la loi est donc décisif.

(1) Aubry et Rau, t. IV, p. 773, note 18. Colmet de Santerre, t. V, p. 636, n° 367 *bis* I.
(2) Plusieurs coutumes en avaient une disposition expresse (Gand, rubr. 18, art. 21; Anvers, tit. 62, art. 45; Malines, tit. 14, art. 41; Ypres, rubr. 16, art. 10).
(3) Bertrand de Greuille, *Rapport*, n° 16 (Locré, t. VI, p. 281).

. L'opinion contraire a trouvé des partisans. Merlin
la soutient (1). Toutefois, on pouvait la considérer comme
abandonnée quand M. Larombière en prit la défense (2).
L'action que l'ancienne jurisprudence donnait aux voisins ne peut être admise que si elle résulte des principes généraux de droit; or, elle est contraire à ces
principes. Pour agir en justice, il faut un droit; en l'absence d'une convention et dans le silence de la loi, d'où
pourrait naître ce droit? D'un délit ou d'un quasi-délit;
or, pour qu'il y ait une action en dommages-intérêts à
raison d'un délit ou d'un quasi-délit, il faut un fait dommageable : je n'ai pas le droit d'agir pour un dommage que
je n'ai pas éprouvé; la crainte d'un mal futur ne donne
pas le droit d'agir à celui qui redoute ce mal. Que répond
M. Larombière? Que les tribunaux devront se préoccuper
de l'imminence et de la gravité du péril, des atteintes
portées à la sécurité du voisin. Il suffit de transcrire ces
arguments pour en faire justice, car ce ne sont pas des
motifs juridiques. Ce sont tout au plus des considérations
à l'adresse du législateur.

Il vaut mieux prévenir le mal, dit-on, que d'avoir à le
réparer. Sans doute. Mais les mesures préventives ne
sont pas du domaine des tribunaux, c'est une affaire de
police. Si le voisin craint qu'un bâtiment ne s'écroule, il
doit s'adresser à l'administration locale : celle-ci peut
ordonner la réparation ou la démolition des édifices me-
naçant ruine. Il est vrai que les particuliers n'ont aucun
moyen de forcer l'administration à agir. Mais, dans le
silence de la loi, ils n'ont pas non plus le droit de demander au juge des mesures préventives (3).

(1) Merlin, *Répertoire*, au mot *Bâtiment*, n° 3. C'est aussi l'opinion de
Maleville et d'autres auteurs. Voyez les sources dans Aubry et Rau, t. IV,
p. 773, note 18.
(2) Larombière, t. V, p. 796, n° 8 (Ed. B., t. III, p. 468).
(3) La jurisprudence est en ce sens. Bruxelles, 17 mars 1825 (*Pasicrisie*,
1825, p. 345 et la note).

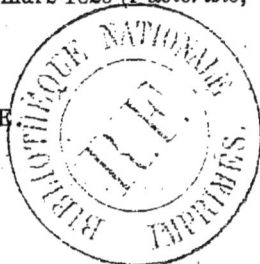

FIN DU TOME VINGTIÈME

TABLE DES MATIÈRES.

II. *Application.*

1. Payement indû d'une somme d'argent ou de choses fongibles.

N° 3. Obligations du demandeur en répétition.

CHAPITRE II. — DES DÉLITS ET DES QUASI-DÉLITS.

SECTION I. — *Notions générales.*

SECTION II. — *Conditions requises pour qu'il y ait délit ou quasi-délit.*

§ Ier. *Un fait dommageable.*

XX.

46

www.ingramcontent.com/pod-product-compliance
Lightning Source LLC
Chambersburg PA
CBHW031539210326
41599CB00015B/1947